D1698489

Carl Heinrich Merck

»Beschreibung der Tschucktschi, von ihren Gebräuchen und Lebensart« sowie weitere Berichte und Materialien

Carl Heinrich Merck

»Beschreibung der Tschucktschi, von ihren Gebräuchen und Lebensart« sowie weitere Berichte und Materialien

Herausgegeben von
Dittmar Dahlmann, Diana Ordubadi
und Helena Pivovar

Mit Beiträgen von
Sylke Frahnert, Michael Knüppel
und Lupold von Lehsten

WALLSTEIN VERLAG

Publiziert mit Unterstützung der
Merck'schen Gesellschaft für Kunst und Wissenschaft e. V.

Bibliografische Information der Deutschen Nationalbibliothek
Die Deutsche Nationalbibliothek verzeichnet diese Publikation in der
Deutschen Nationalbibliografie; detaillierte bibliografische Daten
sind im Internet über http://dnb.d-nb.de abrufbar.

www.wallstein-verlag.de
Vom Verlag gesetzt aus der Stempel Garamond
Umschlag: Susanne Gerhards, Düsseldorf, unter Verwendung
der Zeichnung von Luka Voronin »Čukče mit Frau und Kind« zur
Handschrift »Beschreibung der Tschucktschi« von C. H. Merck,
Handschriftenabteilung der Russischen Nationalbibliothek
in St. Petersburg
Druck: Hubert & Co, Göttingen

ISBN 978-3-8353-1436-8

Inhalt

Merck'sche Wortlisten

Anhang

Einleitung
Carl Heinrich Mercks ethnologische, linguistische und zoologische Forschungen auf der Halbinsel Čukotka und im Nordostpazifik

Dieser Band knüpft an das 2009 erschienene »Sibirisch-amerikanische Tagebuch aus den Jahren 1788-1791«[1] des deutschstämmigen Forschungsreisenden Carl Heinrich Merck (1761-1799) an. Das Reisetagebuch aus der Feder des in Darmstadt geborenen Arztes, der als junger Mann nach Russland ging und sich dort einer geheimen Regierungsexpedition (1785-1795)[2] unter der Leitung des britischen Kapitäns Joseph Billings als Naturforscher anschließen konnte,[3] galt weit über ein Jahrhundert als verschollen und wurde erst 1936 in einem Leipziger Antiquariat wiederentdeckt.[4] Das viele wertvolle und einmalige Details über die Natur und die indigenen Völker des Nordostpazifiks enthaltende Journal wurde damals von der Chemischen Fabrik Merck in Darmstadt für das Familien- und Firmenarchiv erworben und befindet sich seit dieser Zeit in der Geburtsstadt seines Autors.

Da der Nachlass von Carl Heinrich Merck aufgrund mehrerer unglücklicher Umstände im 19. Jahrhundert über ganz Europa verstreut wurde,[5] schien es im Rahmen eines einzigen Editionsprojektes nicht möglich, alle seine noch vorhandenen Aufzeichnungen in einer Ausgabe zusammenzuführen. In diesem Band sollen nun

1 Carl Heinrich Merck, Das sibirisch-amerikanische Tagebuch aus den Jahren 1788-1791, herausgegeben von Dittmar Dahlmann, Anna Friesen und Diana Ordubadi, Göttingen 2009.

2 Erich Donnert, Die Billings-Saryčev-Expedition in den Nordostpazifik 1785-1793 und der Naturforscher Carl Heinrich Merck, in: ders. (Hg.), Europa in der Frühen Zeit. Festschrift für Günter Mühlpfordt, Bd. 6, Weimar/Köln/Wien 2002, S. 1023-1036; ders., Russlands Ausgreifen nach Amerika. Ein Beitrag zur eurasisch-amerikanischen Entdeckungsgeschichte im 18. und beginnenden 19. Jahrhundert, Frankfurt a. M. 2009, S. 57-71.

3 Dittmar Dahlmann/Anna Friesen/Diana Ordubadi, Einleitung, in: Merck, Das sibirisch-amerikanische Tagebuch, S. 7-86, hier S. 38-48.

4 Ebd., S. 72.

5 Vgl. ebd., S. 64-77.

die noch vorhandenen Texte und Manuskripte Carl Heinrich Mercks aus deutschen und russischen Archiven veröffentlicht werden, in denen sie unabhängig voneinander und getrennt nach ihrer ethnologischen, linguistischen oder sonstigen wissenschaftlichen Relevanz aufbewahrt werden.

Bereits im Merck'schen Reisetagebuch war der ethnologische Teil der Aufzeichnungen, in denen der Naturforscher die Lebensweisen und die Sprachen der indigenen Ethnien der Jakuten, Kamčadalen und Alëuten in einer sachlichen, aber auch bildlichen Sprache festhielt, von besonderem Interesse. Kaum behandelt wurden in dem sibirisch-amerikanischen Tagebuch allerdings die indigenen Bewohner der Halbinsel Čukotka, denn ihnen widmete Merck eine selbstständige Abhandlung.[6] Die »Beschreibung der Tschucktschi. Von ihren Gebräuchen und Lebensart« gilt heute als das erste und ausführlichste Dokument des 18. Jahrhunderts zur Ethnologie dieses sibirischen Volkes und steht deswegen im Mittelpunkt dieser Publikation. Neben der Schrift über die Čukčen präsentiert der Band die bisher noch wenig bekannten, ebenfalls in St. Petersburg liegenden, durch Merck angefertigten linguistischen Sammlungen aus der nordostpazifischen Region sowie seine bis heute völlig vergessenen Briefe an den Expeditionsleiter Billings[7] aus den Jahren 1788 bis 1794. Um das Bild von Merck als Wissenschaftler zu vervollständigen und die Breite seiner Forschungsinteressen erneut zu demonstrieren, werden zudem zwei seiner kürzeren, in deutschen Bibliotheken bzw. Archiven aufbewahrten zoologischen Manuskripte veröffentlicht. Da leider über Carl Heinrich Merck wenig Persönliches bekannt ist, er jedoch nicht nur einen wichtigen Beitrag zur Erforschung des Nordostpazifiks am Ende des 18. Jahrhunderts leistete, sondern auch aufgrund seiner Forschungen ein wichtiger Teil der deutsch-russischen Kultur- und Wissenschaftsbeziehungen ist, bietet es sich darüber hinaus an, auf den Merck'schen familiären Hintergrund etwas näher einzugehen.

6 Vgl. Dahlmann/Friesen/Ordubadi, Einleitung, S. 68 f.

7 Raporty doktora Merka kapitanu Billingsu po sobraniju i otsylke v Akademiju Nauk redkostej iz životnogo, rastitel'nogo i mineral'nogo mira; po naznačeniju k Merku pomošnikov i snabženiju ego vsem neobchodimym, in: Russisches Staatliches Marine-Archiv (RGAVMF), fond 214, opis' 1, delo 24.

Das familiäre Umfeld von Carl Heinrich Merck

Im Darmstädter Taufregister der Evangelischen Kirche in Hessen und Nassau für das Jahr 1761 ist unter mehreren kürzeren, relativ gleich erscheinenden Notizen der folgende Eintrag zu finden: »Geboren den 19. November 1761 morgens zwischen 7 und 8. den. 20 ist Herrn Franz Christian Merck, Med. Doct. Allhier et ux. Frau Johanna Maria Elisabeth ein Söhnlein, Carl Heinrich getauft worden.«[8] Als Pateneltern wurden »Frau Caroline Müllerin Hofräthin in Gießen und Herr Johann Heinrich Merck, Theol. stud.« verzeichnet. Demzufolge wurde Carl Heinrich am 19.11.1761 in einer angesehenen lutherischen Familie geboren. Der Vater Franz Christian Merck[9] erhielt drei Jahre nach der Geburt seines ersten Sohnes die Stelle des Stadt- und Landphysikus im oberhessischen Alsfeld,[10] wohin die Familie auch umzog und wo Carl Heinrich seine Kindheit verbrachte. Die Mutter Johanna Maria Elisabeth Merck, geborene Neubauer,[11] war die Tochter des Gießener Theologieprofessors Ernst Friedrich Neubauer und trat als Schriftstellerin hervor.

8 Taufregister 1761, in: Zentralarchiv der Evangelischen Kirche in Hessen und Nassau, Best. 244, KB Darmstadt Nr. 7, Film Nr. 2761.

9 Zu Franz Christian Merck vgl. Aus der Jugendzeit des Alsfelder Amtsphysikus Dr. Franz Christian Merck, in: Mercksche Familienzeitschrift 11, 1929, S. 39-41; Aus dem Leben des Hofrats Dr. med. Franz Christian Merck, Physikus in Alsfeld, und seines Sohnes Jacob Carl Christian Merck, Advokat und Sekretär zu Gießen, in: ebd. 16, 1939, S. 109-112. Weitere Erwähnungen der Familie Carl Heinrichs in: Friedrich Wilhelm Strieder, Grundlage zu einer Hessischen Gelehrten und Schriftsteller Geschichte. Seit der Reformation bis auf gegenwärtige Zeiten, Bd. 8, Kassel 1781, S. 456ff.

10 Ruth Schilling/Sabine Schlegelmilch/Susan Spittler, Stadtarzt oder Arzt in der Stadt? Drei Ärzte der Frühen Neuzeit und ihr Verständnis des städtischen Amtes, in: Medizinhistorisches Journal 46, 2011, S. 99-133; Ruth Schilling, Stadt und Arzt im 18. Jahrhundert. Johann Friedrich Glaser, Stadtphysicus in Suhl, in: Würzburger medizinhistorische Mitteilungen 30, 2011, S. 310-332.

11 Der Heiratseintrag (vom 5.7.1759 aus Best. 244, KB Gießen (Stadtkirchengemeinde) Nr. 33, Heiraten (1728-1807), Film Nr. 886) sowie die Taufregister der ersten drei Kinder Johanna Elisabetha Friederika, Carl Heinrich und Maria Hedwig Merck liegen im Zentralarchiv der Evangelischen Kirche in Hessen und Nassau in Darmstadt vor: Best. 244, KB Darmstadt Nr. 7, Taufregister 1760, 1761 und 1763, Film Nr. 2761. Die weiteren Einträge der Geburten und Todesfälle in der Familie von Franz Christian Merck finden sich im Alsfelder Stadtarchiv.

Abb. 1: Johann Heinrich Merck (1741-1791), Onkel und Förderer von Carl Heinrich Merck, Kriegsrat am Hof in Hessen-Darmstadt, persönlicher Freund Goethes und dilettierender Paläontologe. Nach einer Bleistiftzeichnung von G. F. Schmoll.

Neben ihrer ältesten Tochter, Johanna Elisabetha Friederika, gebar sie Carl Heinrich noch fünf weitere Geschwister. Vier von ihnen starben aber bereits im Kindesalter.

Seit 1760 war Johanna Merck als Dichterin Mitglied und später Ehrenmitglied der Göttinger »Teutschen Gesellschaft«.[12] Ein Jahr zuvor war ihre erste Gedichtsammlung erschienen, im Folgejahr die zweite mit dem Titel »Gedichte eines Frauenzimmers«. Darüber hinaus publizierte sie vier Bände »Versuche in prosaischen Stücken«, deren erster 1763 erschien. Zu Beginn des 20. Jahrhunderts wurde ihr Werk in der Merckschen Familienzeitschrift in höchsten Tönen gelobt: »Ihre heutige Unbekanntheit entspricht nicht ihrer temporären Bedeutung. Sie war zu ihrer Zeit eine moderne Dichterin im guten Sinne des Wortes und hat ihr bescheidenes Teil dazu geholfen, unsere klassische Blüteperiode vorzubereiten«. Ihre Freunde nannten sie wohl die »Deutsche Sappho«; »der gewöhnlich mit diesem Namen beehrten Anna Luise Karsch, deren Namen auch heute noch bekannt ist, war sie an dichterischer Veranlagung mindestens ebenbürtig, wenn nicht überlegen.«[13] Johanna

12 Zur Deutschen Gesellschaft in Göttingen vgl. Ariane Walsdorf, Sprachkritik als Aufklärung. Die Deutsche Gesellschaft in Göttingen im 18. Jahrhundert, 2. Aufl., Göttingen 2005, S. 123 ff. Johanna Merck wird als Ehrenmitglied aufgeführt in Karl Goedeke, Grundriss zur Geschichte der Deutschen Dichtung. Aus den Quellen, Vierter Band, Erste Abteilung, Unveränderter Neudruck, Berlin 1955, S. 33 f.; Friedrich Raßmann, Literarisches Handwörterbuch der verstorbenen deutschen Dichter und zur schönen Literatur gehörenden Schriftsteller in acht Zeitabschnitten, von 1137 bis 1824, Leipzig 1826, S. 188; Elisabeth Friedrichs, Die deutschsprachigen Schriftstellerinnen des 18. und 19. Jahrhunderts. Ein Lexikon, Stuttgart 1981. Vgl. als neueste Darstellung Robert Seidel, Literarische Kommunikation im Territorialstaat. Funktionszusammenhänge des Literaturbetriebs in Hessen-Darmstadt zur Zeit der Spätaufklärung, Tübingen 2003, S. 492-510.

13 Eine Alsfelder Dichterin des vorigen Jahrhunderts, in: Mercksche Familienzeitschrift 6, 1918, S. 91-93, hier S. 92 f. Identische Textteile auch in der Darmstädter Zeitung am 25.7.1893, Nr. 344, S. 1310 erschienen. Vgl. dazu ebenso Peter Merck, Eine »deutsche Sappho« aus Alsfeld. Zum 230. Geburtstag der Dichterin Johanna Merck, in: Gießener Anzeiger Februar 1967, Nr. 8, Sonderausgabe Heimat im Bild. Ferner ders., Die Dichterin Johanna Merck, geb. Neubauer, in: Mercksche Familienzeitschrift 23, 1968, S. 228-237. Johanna Merck wird außerdem erwähnt in Heinrich Gross, Deutschlands Dichterinnen und Schriftstellerinnen. Eine Literaturhistorische Skizze, Zweite Ausgabe, Wien 1882, S. 48.

Merck war somit Teil einer Entwicklung, in der sich immer mehr Frauen entgegen allen Ressentiments der Schriftstellerei und Kunst widmeten.[14]

Die bekannteste Person in der Umgebung des heranwachsenden Carl Heinrich war jedoch sein Stiefonkel väterlicherseits und Taufpate Johann Heinrich Merck (1741-1791).[15] 1761 noch als Theologie-Student registriert, entwickelte er sich zu einem renommierten Schriftsteller, Publizisten, Wissenschaftler und begabten Hobby-Paläontologen, der sein Leben lang einen regen Briefverkehr mit bekannten Gelehrten und Denkern in ganz Europa unterhielt, vor allem aber als enger Freund von Johann Wolfgang von Goethe bekannt geworden ist.[16]

Carl Heinrich Merck studierte nach dem Schulbesuch in Alsfeld[17] in Gießen und Jena Medizin und wurde schließlich 1784 in Gießen zum Doktor der Medizin promoviert.[18] Im Frühjahr 1785 war es sein Patenonkel, der dem Neffen für den Beginn der Karriere im

14 Ursula Linnhoff, »Zur Freiheit, oh, zur einzig wahren –«. Schreibende Frauen kämpfen um ihre Rechte, Köln 1979; Hiltrud Gnüg/Renate Möhrmann (Hg.), Frauen. Literatur. Geschichte. Schreibende Frauen vom Mittelalter bis zur Gegenwart, 2. Aufl., Stuttgart 1999; Kerstin Merkel/Heide Wunder (Hg.), Deutsche Frauen der Frühen Neuzeit. Dichterinnen, Malerinnen, Mäzeninnen, Darmstadt 2000; Karin Tebben (Hg.), Beruf: Schriftstellerin. Schreibende Frauen im 18. und 19. Jahrhundert, Göttingen 1998.

15 Zu Johann Heinrich Merck vgl. Marie-Theres Federhofer, »Moi simple amateur«: Johann Heinrich Merck und der wissenschaftliche Dilettantismus im 18. Jahrhundert, Hannover 2001; Fritz Ebner, Johann Heinrich Merck (1741-1791). Ein Leben für Freiheit und Toleranz, Darmstadt 1991; Walter Schübler, Johann Heinrich Merck 1741-1791. Biographie, Weimar 2001.

16 Vor allem ist hinzuweisen auf Ulrike Leuschner u. a. (Hg.), Johann Heinrich Merck. Briefwechsel, 5 Bde., Göttingen 2007; dies. u. a. (Hg.), Johann Heinrich Merck. Gesammelte Schriften, Göttingen 2012/13. Bisher liegen die Bände 1, 3 und 4 vor.

17 Die Schulprotokolle der Alsfelder Lateinschule von 1774 bis 1787, in denen neben Carl Heinrich Merck auch seine Stiefbrüder Ludwig und Jacob Merck genannt werden, liegen im Stadtarchiv Alsfeld.

18 Carl Heinrich Merck, Dissertatio inauguralis: De anatomia et physiologia lienis eiusque abscessu feliciter curato, Gießen 1784; aufgelistet bei Hermann Schüling, Dissertationen und Habilitationsschriften der Universität Gießen im 18. Jahrhundert, Gießen 1976, S. 196. Zur Studienzeit Mercks vgl. den Beitrag von Lupold von Lehsten in diesem Band.

DISSERTATIO INAVGVRALIS

DE

ANATOMIA ET PHYSIOLOGIA

LIENIS

EIVSQVE ABSCESSV FELICITER CVRATO

QVAM

PRO GRADV DOCTORIS

SVMMISQVE IN MEDICINA HONORIBVS

RITE CAPESSENDIS

D. DEC. CIↃIↃCCLXXXIV.

PVBLICE DEFENDET

AVCTOR

CAROLVS HENRICVS MERCK

DARMSTADINVS

Giessae Cattorum

litteris Braunii, Acad. Typogr.

2

Abb. 2: Carl Heinrich Merck, Dissertation über die Physiologie und Anatomie der Milz, 1784, Titelseite.

Russischen Reich jegliche Referenzen und Empfehlungen verschaffte.[19]

Nachdem Carl Heinrich Merck sich 1786 der geheimen nordostpazifischen Regierungsexpedition[20] unter der Leitung von Joseph Billings angeschlossen hatte, gewann er unter anderem auch einen neuen deutschsprachigen Mentor, Peter Simon Pallas. Der weltbekannte Wissenschaftler, Mitglied mehrerer Akademien der Wissenschaften und anderer wissenschaftlicher Gesellschaften, betreute von St. Petersburg aus den wissenschaftlichen Teil der Forschungen im Rahmen der Expedition. Von ihm stammten auch ausführliche Instruktionen für den Naturforscher des Unternehmens und klare Anweisungen über die Art und Weise der in der fernöstlichen Region zu führenden Beobachtungen.[21] Unter der schriftlichen Anleitung von Pallas in Form einer regen Korrespondenz entfaltete und perfektionierte Merck seine Kompetenzen als allseitig interessierter Forschungsreisender sowie als aufmerksamer Ethnologe.

19 Vgl. dazu ausführlicher Dahlmann/Friesen/Ordubadi, Einleitung, S. 36-37.

20 Die Billings-Saryčev-Expedition wird seit der Mitte des 19. Jahrhunderts zu den wichtigsten Entdeckungsreisen gezählt. Vgl. dazu K. v. Ditmar, Reisen und Aufenthalt in Kamtschatka in den Jahren 1851-1855. Zweiter Theil, Erste Abhandlung, in: Beiträge zur Kenntniss des Russischen Reiches und der Angrenzenden Länder Asiens. Dritte Folge, hg. v. L. v. Schrenck/C. J. Maximowicz, Bd. VIII, Nachdruck der Ausgabe 1900, Osnabrück 1970, S. 196ff. Darin befindet sich zudem ein geographisches Lexikon, das wertvolle Informationen zu heute nur schwer recherchierbaren Orten enthält.

21 Peter Simon Pallas, Instruction für Doctor Merck, der an Stelle des Assessors Patrin den Capitain Billings auf der Expedition als Naturforscher und Reisebeschreiber begleiten sollte, in: St. Petersburger Filiale des Archivs der Russischen Akademie der Wissenschaften (SPb RAN), fond 37, opis' 1, Nr. 5. Eine Abschrift dieser Instruktion von fremder Hand aus dem Jahr 1786 schenkte außerdem Georg Thomas Baron von Asch der Göttinger Akademie der Wissenschaften. Heute wird diese Abschrift im Archiv der Universität Göttingen aufbewahrt (Cod. Ms. Asch 228). Abdruck in: Folkwart Wendland, Peter Simon Pallas (1741-1811). Materialien einer Biographie, Bd. 1, Berlin/New York 1992, S. 823-829, hier S. 824; in russischer Übersetzung veröffentlicht bei Danara A. Širina, Peterburgskaja Akademija Nauk i Severo-Vostok 1725-1917, Novosibirsk 1994, S. 263-270; auch online verfügbar unter http://gdz.sub.uni-goettingen.de/no_cache/dms/load/img/?IDDOC=175933.

Mercks Kontakt zu den deutschen Familienangehörigen ist offensichtlich während der Expeditionsjahre sehr unregelmäßig verlaufen, was unter Berücksichtigung der Entfernung von mehreren tausend Kilometern und des geheimen Status des Unternehmens nicht verwunderlich ist.[22] Während seines Aufenthaltes in Sibirien lernte Merck aber seine russische Ehefrau Nadežda Gavrilovna, geborene Kačka, kennen, mit der er einen russischen Zweig der Familie gründete und zwei Kinder bekam: Seine Tochter Sophie wurde 1797 und sein Sohn Friedrich Karl Wolfgang 1799, erst nach dem Tod des Vaters, geboren.[23] Bereits die Merck'schen Rapporte[24] an den Expeditionsleiter Billings aus den späteren Reisejahren belegen seine durchaus bewundernswerte Beherrschung der russischen Sprache, die er sich neben vielen wissenschaftlichen Kompetenzen ebenfalls durch die unmittelbare Praxis aneignete und mit der er in der neuen Heimat zurechtkommen musste. Nach Beendigung der Expedition ließ Merck sich in der russischen Hauptstadt nieder und unternahm in den Jahren 1796 und 1797 eine Reise nach Deutschland, um seinen Vater und seine Angehörigen in Hessen endlich wiederzutreffen.[25]

Seine Mutter und sein Patenonkel waren zu diesem Zeitpunkt schon verstorben. Johann Heinrich Merck beging 1791 Selbstmord. Johanna Merck war bereits 1773 verstorben.[26] Nach dem Tod sei-

22 Dahlmann/Friesen/Ordubadi, Einleitung, S. 61.

23 Aus Merckschen Stammbüchern. II. Karl Heinrich Merck, Kaiserlich Russischer Hofrat, in: Mercksche Familienzeitschrift 12, 1931, S. 22-35, hier S. 20. Ausführlicher in: Dahlmann/Friesen/Ordubadi, Einleitung, S. 60f. Zu seinem Expeditionsaufenthalt vgl. auch die Beiträge in der Merckschen Familienzeitschrift: Karl Heinrich Merck, Kais. Russischer Hofrat und seine Nachkommen, in: Mercksche Familienzeitschrift 7, 1931, S. 14-21; Arnold Jacobi, Der Forschungsreisende Carl Heinrich Merck und sein Tagebuch, in: Mercksche Familienzeitschrift 15, 1937, S. 46-51.

24 Raporty doktora Merka kapitanu Billingsu po sobraniju i otsylke v Akademiju Nauk redkostej, in: RGAVMF, fond 214, opis' 1, delo 24. Vgl. den Abdruck dieser Briefe im vorliegenden Band.

25 Vgl. Dahlmann/Friesen/Ordubadi, Einleitung, S. 62ff.

26 Drei Dokumente zum Tode der Dichterin Johanna Maria Elisabeth Merck, geb. Neubauer, in: Mercksche Familienzeitschrift 9, 1923, S. 109-115. Die Originale finden sich in der Niedersächsischen Staats- und Universitätsbibliothek Göttingen unter der Signatur Dt. Gesellschaft IV: e; Nr. 19: Schreiben Franz Christian Mercks, vom 26.11.1773, in dem er den Tod seiner Frau mitteilte, und sein Gedicht

ner ersten Frau heiratete Franz Christian Merck erneut. Mit Christiane Justine Klipstein aus Darmstadt, der Tochter des Fürstlichen Forstmeisters J.M. Klipstein, zeugte er vier weitere Kinder, von denen zwei ebenfalls im frühen Kindes- bzw. Säuglingsalter starben. Ludwig Merck, der als einziges dieser Kinder selbst Nachkommen hatte und von Beruf Hauptmann war, starb in der Schlacht von Wagram am 5./6. Juli 1809.[27]

Johann Heinrich Merck hatte insgesamt sieben Kinder. Von seinem Sohn Wilhelm Christian Jacob Merck sind Briefe an seinen jüngeren Bruder Carl Rudolph überliefert, ebenso wie ein Tagebuch, in dem Wilhelm einige Anmerkungen über den Besuch von Carl Heinrich Merck in Darmstadt festhielt: »den 18. Jan. [1797] war ich den Morgen nicht in der Classe, denn ich hatte einen großen Schnupfen [...], heute Morgen erfuhren wir, daß der Merk von Alsfeld da sey. [...] Um 4 Uhr kam der [Name unleserlich] mit seiner Familie, mit dem [...] der alte & der junge Merk, mit weißen Stiefel[n,] und der junge mit einer schönen Medaille; wo auf der eine[n] Seite ein Schif, auf der anderen das Bild der Kaiserin war. Der junge & alte Merk war[en] sehr artig.«[28] Am 29. Januar waren Vater und Sohn erneut zu Gast und trafen auch Adelheid (Adelaide) Merck (1771-1845), die ältere Schwester von Wilhelm: »Sonntag 29. war ich den Morgen von halb neun bis 12 in dem Saal als aber der Hofmann kam [...]. Hernach kamen alle die Herren nach einander, [...]. Wir hatten unter anderem, Sauerkraut und Schweinefleisch, Spinat und Zung, eine gute Suppe und sehr gutes Ochsenfleisch, alsdann zwei Kapaunen, eine kalte Pastete, Lapperdan, und zum Nachtisch einen Bisquitkuchen der sehr gut war, Küchelcher, Krachkuchen pp. und Burgunderwein, der As. [?]

auf ihren Tod sowie ein Gedicht zum Tode Johannas von der Mutter und den Geschwistern. Franz Christian Merck nennt in beiden Dokumenten den 5. November als Todestag, so wie es auf dem Grabstein steht. Das Sterberegister in Alsfeld gibt den 4.11.1773 als Todestag und den 6.11.1773 als Tag der Beerdigung an.

27 Der überlieferte Briefwechsel zwischen seiner Tochter Susette und ihrem Onkel Georg Hessemer sowie seiner Gattin Amalie Hessemer und ihrem Bruder Georg, in dem Ludwig Mercks Tod betrauert wird, ist abgedruckt in: Auszüge aus Briefen betreffs Ludwig Merck, in: Merck'sche Familienzeitschrift 5, 1917, S. 130f.

28 Wilhelm Merck, Tagebuch. Erstes Heft aus 1797, in: Firmenarchiv Merck, Darmstadt, A/556, S. 9.

Merck war am Tisch sehr artig, aber hingegen der Hofman und die Adelheid nicht so wie sonst. Sie tranken nach Tisch Kaffee, und um 5 Uhr Thee, hernach spielten sie, bis um 8 Uhr, wo dann alles fortgieng, und nur die Familie Merck dablieb. Der Alte schlief beim Abendessen ein, allein der Junge und die Adelheid waren recht artig.«[29]

Etwas bedauerlich ist es, dass Wilhelm Merck so wenig über seinen älteren, gerade aus St. Petersburg zurückgekehrten Cousin zu berichten hatte. Außer der erwähnten Medaille mit dem Bild der russischen Kaiserin deutet in seinem Tagebuch nichts auf die ungewöhnliche Lebensgeschichte Carl Heinrich Mercks zu diesem Zeitpunkt hin. Immerhin hatte er zu den Hauptteilnehmern einer im Mai 1785 von Katharina II. in Auftrag gegebenen Expedition zur Erforschung Ostsibiriens und Alaskas gehört, die unter anderem auch dem streng geheimen politischen Ziel diente, alle bis dahin noch nicht besetzten Territorien dieser Region zum russischen Interessengebiet zu erklären. Darüber hinaus galt es auch, einen Teil der Nordostpassage von der Kolyma-Mündung im Ostsibirischen Meer bis zur Beringstraße zu erkunden und bei dieser Gelegenheit mit der an diesen nordischen Küsten lebenden Ethnie der Čukčen endlich freundschaftliche Beziehungen zu knüpfen. Davor hatten die Čukčen fast jeglichen Kontakt mit den aggressiv auftretenden europäischen bzw. russischen Kolonisatoren verweigert.[30] Nun sollte ein auf wissenschaftlicher Forschung basierender Weg eines ergiebigen und friedlichen Kulturkontaktes gefunden werden. Und Carl Heinrich Merck wurde zu einer der wichtigen Figuren dieses Prozesses, in dem er eine erstmalige strukturierte Beschreibung der čukčischen Ethnie aus der Feder eines Europäers lieferte.

29 Ebd., S. 12 f. Wilhelm Mercks Tagebuch wurde in der Merckschen Familienzeitschrift ausführlich behandelt. Vgl. dazu Aus dem Leben des Kriegsrats Joh. Heinrich Merck und seiner Kinder, in: Mercksche Familienzeitschrift 5, 1926, S. 9-35, hier S. 10. Unter der Signatur A/557 sind im Merck'schen Firmenarchiv Briefe von Wilhelm an seinen Bruder Carl aus den Jahren 1805/06 erhalten, allerdings ohne weitere Erwähnung der bereits verstorbenen Alsfelder Familienmitglieder.

30 Vgl. ausführlicher A. S. Zuev, Prisoedinenie Čukotki k Rossii (vtoraja polovina XVII-XVIII vek), Novosibirsk 2009, Kapitel 4: Ustanovlenie mirnych otnošenij s čukčami vo vtoroj polovine XVIII v., S. 157-258.

»Beschreibung der Tschucktschi«

Seit Peter I., aber insbesondere seit der Regierungszeit Elisabeths I. (1741-1761) wurden Missionierungsversuche in den Lebensräumen indigener Völker Sibiriens systematisch unternommen. Lange Zeit befanden sich die Herrscher in dem Glauben, das Christentum treibe durch Bildung das »Wilde« in ihnen heraus und ihre Russifizierung voran.[31] Die Eroberung entlegener Gebiete Sibiriens gelang dem Russischen Reich im 18. Jahrhundert allerdings nur bedingt. Unter der Herrschaft der Kaiserin Anna (1730-1740) konnte die Großmacht ihre Herrschaftsansprüche auf die Halbinsel Kamčatka endgültig durchsetzen. Im östlichsten Teil Sibiriens hingegen leisteten die Einwohner der Halbinsel Čukotka weiterhin erbitterten Widerstand gegen die russischen Eindringlinge. Noch in der Regierungszeit Elisabeths I. wurden vergeblich Versuche unternommen, die Völker Nordostasiens zu sesshaften und loyalen Untertanen zu bekehren. Daraus resultierten gewaltsame Konflikte zwischen den russischen Eroberern und der einheimischen Bevölkerung. Unter heftigster Gegenwehr suchten vor allem die Čukčen und Korjaken gegen jene Übergriffe anzukämpfen. Darüber hinaus verweigerten sie jeglichen Kontakt mit den Russen und lehnten alle Bemühungen der Russifizierung strikt ab.[32] Während dieser Zeit war der Kenntnisstand über

31 Vgl. Dittmar Dahlmann, Sibirien: Der Prozess der Eroberung des Subkontinents und die russische Zivilisierungsmission im 17. und 18. Jahrhundert, in: Boris Barth/Jürgen Osterhammel (Hg.), Zivilisierungsmissionen. Imperiale Weltverbesserung seit dem 18. Jahrhundert, Konstanz 2005, S. 55-71, hier S. 69; Zur Missionierung der orthodoxen Kirche auf Kamčatka vgl. Katharina Gernet, Evenen – Jäger, Rentierhirten, Fischer. Zur Geschichte eines nordostsibirischen Volkes im russischen Zarenreich, Stuttgart 2007, S. 80ff.

32 Vgl. dazu Eva-Maria Stolberg, Sibirien: Russlands »Wilder Osten«. Mythos und soziale Realität im 19. und 20. Jahrhundert, Stuttgart 2009, S. 169f. Auch in der Mitte des 19. Jahrhunderts blieb man sich fremd und suspekt. Baron Gerhard Maydell, der 1861-1871 im Auftrag der Kaiserlichen Geographischen Gesellschaft auch Čukotka bereist hatte, hielt die von ihm empfundene Sonderbarkeit fest, dass die Čukčen »keine Obrigkeit« kannten. »Diese sonderbare Anarchie war schon zur Zeit der früheren Tschuktschen-Kriege zu bemerken gewesen. Man hatte es nie mit einem anerkannten Oberhaupte eines ganzen Volkes, ja selbst nie auch nur mit Stammeshäuptlingen zu thun, es schien vielmehr, dass jedes Mal gewisse, be-

ihre Lebensweisen, ihre kulturellen Riten und die Ansichten der Indigenen unter den Angehörigen der Akademie sehr gering, obwohl es immer wieder Kontakte zwischen Forschungsreisenden und Indigenen gegeben hatte. So berichteten etwa Georg Wilhelm Steller oder Stepan Krašeninnikov im Kontext der Zweiten Kamčatka-Expedition über die Lebenswelten der Itel'menen oder Itėnmėn, wie sich die Einwohner der Halbinsel Kamčatka selbst bezeichneten und was »hier lebend« bedeutete.[33] Die Russen nannten sie jedoch bloß Kamčadalen. Während früherer Expeditionen in den ostsibirischen Raum wurde die indigene Bevölkerung stets gefordert und musste sich an der Umsetzung der Expeditionsvorhaben beteiligen. Dies galt sowohl für die Bereitstellung von Nahrung als auch für den kilometerweiten Transport der Expeditionsmaterialien. Dabei starben viele ihrer Hunde, die zum Jagen und schließlich für ihre Existenz essentiell waren. Aufstände zur Zeit der Zweiten Kamčatka-Expedition ließ Bering gewaltsam niederschlagen.[34]

Ein Umdenken über die interkulturelle Begegnung zwischen Russen und Indigenen fand unter Katharina II. statt. Unter der aufgeklärten Herrscherin gelangte die Regierung des Russischen Reiches zu der Einsicht, nicht eine militärische, sondern vielmehr eine kulturelle Durchdringung der indigenen Bevölkerung könne das

sonders reiche und daher angesehene Tschuktschen zeitweilig an die Spitze kleiner Haufen, ihnen zur Zeit Gehorchenden traten, dass das aber immer nur sowohl zeitlich sehr eng bemessene Vollmachten waren, als auch die Vollmachten selbst nur sehr beschränkte sein konnten. Es war niemals möglich, mit den bei den Russen erscheinenden Gesandtschaften irgendwelche bindende Abmachungen zu treffen.« Gerhard Baron Maydell, Reisen und Forschungen im Jakutischen Gebiet Ostsibiriens in den Jahren 1861-1871. Erster Theil, in: Leopold v. Schrenck/Friedrich Schmidt (Hg.), Beiträge zur Kenntnis des Russischen Reiches und der angrenzenden Länder Asiens, Vierte Folge, Bd. 1, St. Petersburg 1893, S. 109f.

33 Vgl. Stepan Krašenninikov, Opisanie zemli Kamčatki, 2 Bde., St. Petersburg 1755, unveränderter Nachdruck, St. Petersburg/Petropavlovsk-Kamčatskij 1994; Georg Wilhelm Steller, Beschreibung von dem Lande Kamtschatka, dessen Einwohnern, deren Sitten, Nahmen, Lebensart und verschiedenen Gewohnheiten. Unveränderte Neudrucke der 1774 in Frankfurt, 1793 in St. Petersburg und 1753 in Halle erstmals erschienenen Werke. Mit einer Einleitung herausgegeben von Prof. Dr. Hanno Beck, Stuttgart 1974.

34 Dahlmann, Sibirien: Der Prozess der Eroberung des Subkontinents, in: Barth/Osterhammel (Hg.), Zivilisierungsmissionen, S. 68 ff.

gewünschte Resultat erbringen. Während der Expedition wurde Billings angewiesen, freundlichen Umgang mit den »Wilden« zu pflegen und zur Not auch mithilfe von Bestechungsgeschenken ein gutes Verhältnis zueinander aufzubauen.[35] Wie schon zuvor auf Kamčatka oder auf den Alëuten versuchten die Forscher, mit Geschenken das Wohlwollen der Indigenen zu erlangen. Dafür eigneten sich u. a. Tabakblätter, die »eine werthe Ware in diesem Land«[36] darstellten. Die neue Vorgehensweise bewährte sich. Unter ihr erlangte die Halbinsel Čukotka schließlich eine gewisse Form lokaler Autonomie.[37]

Als Billings' Mannschaft mit ihrem Schiff »Slava Rossii« die St.-Lorenz-Bucht auf der Halbinsel Čukotka Anfang August 1791 erreichte, begann ein neuer Abschnitt des gesamten Expeditionsvorhabens.[38] Joseph Billings verließ zusammen mit Carl Heinrich Merck, dem Wundarzt Anton Lehman, dem Expeditionszeichner Luka Voronin, dem Steuermann Anton Batakov, dem Geodäsie-Unteroffizier Aleksej Gilev, dem Naturforschergehilfen John Mein, dem Jäger Fokin, dem Trommler Belorybcov und dem Matrosen Sibirjakov[39] das Schiff und betrieb die Erforschung der Halbinsel auf dem Landweg.

Eine große Hilfe leisteten ihnen dabei zwei bereits in Ostsibirien engagierte Expeditionsteilnehmer, der Kosakensotnik Ivan Kobelev sowie ein getaufter und bei den Russen aufgewachsener

35 Vgl. Aus der »Anweisung des staatlichen Admiralitätskollegiums für den Herrn Kapitänleutnant der Flotte Joseph Billings, Leiter der geographischen und astronomischen Expedition in die nordöstlichen Teile Russlands«, in: G. A. Sarytschew, Reise durch den Nordostteil Sibiriens, das Eismeer und den Östlichen Ozean, Gotha 1954, S. 300-324, hier S. 315.

36 Merck, Tagebucheintrag aus dem Jahre 1791, in: ders., Das sibirisch-amerikanische Tagebuch, S. 298.

37 Dittmar Dahlmann, Sibirien. Vom 16. Jahrhundert bis in die Gegenwart, Paderborn u. a. 2009, Kapitel 3: Eine Welt wird erobert, S. 76-104.

38 Für eine genaue Beschreibung der Reiseroute der Gesamtexpedition vgl. Dahlmann/Friesen/Ordubadi, Einleitung, S. 48 ff. Vgl. Wendland, Peter Simon Pallas, Bd. 1, S. 645 ff.

39 Vgl. Pis'mo I. I. Billingsa G. A. Saryčevu o peredače emu komandovanija sudnom »Slava Rossii« ot 1791 g. avgusta 12, in: A. I. Alekseev/R. V. Makarova (Hg.), Russkie ėkspedicii po izučeniju severnoj časti Tichogo okeana vo vtoroj polovine XVIII v. Sbornik dokumentov, Moskau 1989, S. 294-297, hier S. 295.

Čukče, Nikolaj Daurkin.[40] Im Auftrag des Oberbefehlshabers hielten sich die beiden Kenner der Region und Dolmetscher aus dem Čukčischen bereits seit März 1790 auf Čukotka auf, um die Indigenen auf die Ankunft des Billings'schen Schiffes vorzubereiten und mit zahlreichen Geschenken eine sichere Durchreise für die Expeditionsteilnehmer durch das Land der Rentierčukčen zu erfragen. Dank dieser Bemühungen willigten die Čukčen ein, Billings und seine Mitreisenden freundlich zu empfangen und auch mit sich durch das Innere der Halbinsel ziehen zu lassen.

Über die erste Begegnung mit den sesshaften Čukčen am 4. August 1791 schrieb Merck, wie sich »eine Baidare mit Tschuktschi, doch ohne an unser Fahrzeug zu kommen«[41] ihrem Schiff näherte, bald aber wieder zurückruderte. Als sie an Land gingen, kamen ihnen einige »Stillsitzende« entgegen und haben ihnen »durch Zeichen zu verstehen gegeben, alles was Gewehr gleichte, da sie selbst unbewaffnet waren, zu entfernen.«[42] Anschließend nahmen sie die Fremden mit in ihr Dorf.

Nach einer Weile kamen auch Rentierčukčen hinzu. In ihrer Gesellschaft erkundeten die Expeditionsteilnehmer die Gegend der Halbinsel von der Küste der St.-Lorenz-Bucht aus entlang der Flüsse Čaun, Anadyr', Anjuj und Kolyma. Unterdessen passierten sie das Anadyr'- sowie das Jukagiren-Plateau und sammelten Informationen über die dortigen Mineralien, Flora und Fauna, aber auch die Lebensweisen der einheimischen Bevölkerung.[43] Da die

40 Ausführlicher zu Kobelev und Daurkin sowie zu ihrem Expeditionsbeitrag vgl. A. I. Alekseev, Učenyj čukča Nikolaj Daurkin, Magadan 1961; M. B. Černenko, Putešestvija po Čukotskoj zemle i plavanie na Alasku kazač'ego sotnika Ivana Kobeleva v 1779 i 1789-1791 gg., in: Letopis' Severa, 1957, Nr. 2, S. 121-140.

41 Carl Heinrich Merck, Bericht Nr. 6, 1792, in: ders., Das sibirisch-amerikanische Tagebuch, S. 303.

42 Ebd.

43 Eine umfassende Beschreibung dieser Reise, basierend unter anderem auf den Journalen von Joseph Billings und bearbeitet von Gavriil Saryčev, vgl. in: Gavriil Saryčev, Putešestvie kapitana Billingsa črez Čukotskuju zemlju ot Beringova proliva do Nižnekolymskogo ostroga i plavanie Kapitana Galla na sudne »Černom Orle« po Severo-Vostočnomu okeanu v 1791 g., St. Petersburg 1811. In überarbeiteter, deutscher Fassung: Kapitän Billings Reise durch das Land der Tschuktschen von der Beringstraße zum Ostrog Nishne-Kolymsk, in: Sarytschew, Reise durch den Nordostteil Sibiriens, S. 249-289.

Forscher unter ihnen lebten, hatten sie die Möglichkeit, authentische Beobachtungen dazu anzustellen. Angesichts der Tatsache, dass die indigenen Völker des nordöstlichen Sibiriens in zahlreichen gewaltsamen Konflikten untereinander standen und Merck diese als Gefahrenmomente für die Mannschaft durchaus wahrnahm, ist anzunehmen, dass er das Leben unter den Čukčen als äußerst beschwerlich empfand. Nicht nur verfiel er wegen der befremdlichen hygienischen Bedingungen gelegentlich in einen negativen Sprachduktus, sondern auch aufgrund manch unkalkulierbarer Gefahrensituationen. Extreme klimatische Widrigkeiten erhöhten das Gefahrenpotential ihrer Reise durch Čukotka und erschwerten sie zusätzlich. Unter den Strapazen mussten viele Expeditionsteilnehmer gesundheitlich leiden. Der Proviant wurde nach einigen Monaten Aufenthalts allmählich knapp. Dennoch konzentrierte sich Merck bei der Anfertigung seines Journals auf eine umfassende Beschreibung jener Ethnie und stellte persönliche Empfindungen in den Hintergrund.

Mercks »Beschreibung der Tschucktschi« zeigt sich nicht mehr in der Form von Tagebucheinträgen, sondern bereits als ein systematisiertes, 64 Seiten langes Manuskript, in dem die von dem Naturforscher während der Reise mit einiger Sicherheit angefertigten, aber offensichtlich nicht überlieferten Journalaufzeichnungen überarbeitet und zusammengefasst wurden. Nur am Schluss des Manuskriptes finden sich tagebuchartige Aufzeichnungen.

Die Abhandlung lässt sich in die Kategorien Beschreibung des Umlandes, Riten, religiöse Überzeugungen, Feste, Mythen, Statik und Aufbau der Behausungen, Alltags- und Sozialleben, Sexualität, Bekleidung, Jagd und Nahrung, kriegerische Auseinandersetzungen, Sprache und äußere Erscheinungsformen wie Tätowierungen gliedern. Der Detailreichtum seiner Beschreibung einer ihm unbekannten indigenen Ethnie wurde den Instruktionen seines Mentors Peter Simon Pallas gerecht. Darin wurde sein Aufgabenbereich in zwölf Punkten definiert. Man erwartete »alles was Ihre Einsichten, Ihr Eyfer für die Wissenschaft und für den Dienst, und Ihnen eigene Ehrbegierde zur Pflicht machen.« Merck wurde angewiesen, ein »vollständiges Topographisches und Historisches Journal [zu] halten, darinnen die Gegenden, Flüße, Bäche, Seen, Gebürge und deren Fortsetzungen, Küsten und Inseln, Ihre Merkwürdigkeiten aus den dreien Reichen der Natur, die vorkommende Einwohner, und was von Ihnen Denkwürdiges gesagt werden kann«[44] zu verzeichnen. Pallas' Instruktionen waren sehr detailliert und reichten von der Beschreibung der geologischen und klimatologischen Verhältnisse, der Pflanzen- und Tierwelt bis hin zur indigenen Bevölkerung. Merck wurde angehalten, sämtliche Informationen von der äußeren Erscheinung über ihre Lebensweise und Gebrauchsgegenstände bis hin zu ihrer »sittlichen Beschaffenheit«[45] zusammenzutragen. Als Arzt sollte er auch die Krankheiten von Mensch und Tier untersuchen und seine fachliche Einschätzung einfließen lassen. Merck äußerte sich daher auch zu dem Phänomen des Schamanismus. Dieser wurde zwar nicht als adäquater Religionsersatz angesehen, dafür aber als eine interessante Form des indigenen Heilverfahrens.

Darüber hinaus stellte Merck nicht nur unterschiedliche Lebensgewohnheiten zwischen den rentierzüchtenden und den sesshaften Čukčen fest. Er erkannte auch erhebliche Unterschiede in ihrer Sprache. Er bemerkte Ähnlichkeiten zwischen der Sprache der »Stillsitzenden« und jener der Korjaken, einer auf Kamčatka und Čukotka lebenden, ebenfalls halbnomadisierenden Ethnie, sowie »Untersprachen«, die sich je nach Siedlungsgegend aufgliederten.

Diese Aufzeichnungen haben einen großen historischen Wert, da sie wiederum die ersten ihrer Art waren. Merck fertigte sogar ganze Wortlisten an und stellte Begriffsbezeichnungen unterschiedlicher Ethnien und Sprachgruppen einander gegenüber.[46] Neben den zahlreichen Sprachaufzeichnungen bemühte sich Merck in seinem Journal, die Kultur der Čukčen und ihre über zahlreiche Generationen hinweg tradierten Erzählungen zu Religion und Riten aufzuzeichnen. Gemäß seinen Beschreibungen handelte es sich bei den Völkern des nordöstlichen Sibiriens um naturverbundene Ethnien, die ihren Glauben eng an Naturphänomene und -vorkommnisse koppelten. Aufgrund ihrer tiefen Naturverbundenheit standen ihre spirituellen Überzeugungen in starker Interdependenz zu Natur-

44 Peter Simon Pallas, Instruction für Doctor Merck. Zitiert nach dem Abdruck in: Wendland, Peter Simon Pallas, Bd. 1, S. 823-829, hier S. 824.

45 Ebd., S. 826.

46 Vgl. die Originale im vorliegenden Band.

Abb. 3: Peter Simon Pallas (1741-1811), Arzt, Naturforscher und Universalgelehrter, seit 1767 Mitglied der Kaiserlich Russischen Akademie der Wissenschaften.

erscheinungen, welche sie als Vorzeichen für bestimmte Ereignisse begriffen. Nur an wenigen Textstellen des Manuskripts wurde der emotionale Zustand des Autors evident. Mercks Journal ist reich an detaillierten Beschreibungen des von ihm Erlebten, ohne dabei persönliche Empfindungen in den Vordergrund zu stellen. Im Gegenteil, er überlässt dem Leser die Möglichkeit, die Begegnung mit einer fremden Ethnie selbst zu erleben. Wie Erich Donnert konstatierte, blieb Merck dabei »jedwedem Rassenvorurteil abhold«.[47]

Die Spuren des Nachlasses von C. H. Merck und dessen Rezeption

Nach der Beendigung der Expedition übergab Merck all seine Notizen und gesammelten Naturalien an Peter Simon Pallas zur weiteren Auswertung.[48] Außer der Verwendung zoologischer Materialien zur Vervollständigung seines eigenen großen Werkes »Zoographia Rosso-Asiatica«[49] beschäftigte sich Pallas nachweislich wenig mit dem vielseitigen Nachlass von Carl Heinrich Merck. Pallas sprach Merck allerdings im Vorwort des ersten Bandes der »Zoographia Rosso-Asiatica« seinen besonderen Dank dafür aus, dass er durch das »unermüdliche« Sammeln von Vögeln, Fischen und Pflanzen viel zu den Forschungen beigetragen habe, und erwähnte ihn in den drei Bänden dieses Werkes sehr häufig. Er bezeichnete ihn als

47 Donnert, Russlands Ausgreifen nach Amerika, S. 70. Vgl. ebenso Helena Pivovar, Carl Heinrich Mercks Forschungsarbeiten auf den Halbinseln Kamčatka und Čukotka während der Billings-Saryčev-Expedition 1785-1795, in: Erich Kasten (Hg.), Reisen an den Rand des Russischen Reiches: Die wissenschaftliche Erschließung der nordpazifischen Küstengebiete im 18. und 19. Jahrhundert, Fürstenberg/Havel 2013, S. 77-90. Diana Ordubadi, »Brennendes Eis, jeden Traum verscheuchende Stürme und merkwürdige Fremde«. Carl Heinrich Merck und sein Beitrag zur Erforschung des russischen Nordens, in: Heinz Duchhardt (Hg.), Russland, der Ferne Osten und die »Deutschen«, Göttingen 2009, S. 79-96, hier S. 86 ff.

48 Vgl. dazu ausführlicher Dahlmann/Friesen/Ordubadi, Einleitung, S. 66 ff.

49 Peter Simon Pallas, Zoographia Rosso-Asiatica: Sistens Omnium Animalium In Extenso Imperio Rossico Et Adjacentibus Maribus Observatorum Recensionem, Domicilia, Mores Et Descriptiones, Anatomen Atque Icones Plurimorum, 3 Bde., St. Petersburg 1831.

»hochgelehrten« Mann, eine Charakterisierung, die Adelbert von Chamisso in seiner kurzen Abhandlung über die Wale wiederholte.[50] Auch Tilesius, der Bearbeiter des dritten Bandes der »Zoographia«, in dem die Fische behandelt werden, verwies mehrfach auf Mercks Beschreiben und nannte ihn »hochberühmt.«[51] Aus einigen Ausführungen von Pallas in der »Zoographia Rosso-Asiatica« können wir schließen, dass Merck zahlreiche Manuskripte über Fische, Vögel und eben auch zumindest eines über Wale verfasst haben muss, die aber offensichtlich alle nicht überliefert sind. Im Berliner Museum für Naturkunde findet sich noch die Haut einer Regenbogenforelle, die Merck in Sibirien gesammelt hat.[52] Mercks umfangreiche ethnologische Aufzeichnungen berücksichtigte Pallas allerdings nicht mehr. Nach Pallas' Tod in Berlin 1811 verloren sich allmählich die Spuren von Mercks Schriften, darunter auch seine erstmalige Beschreibung der čukčischen Sitten und Bräuche.[53]

So kannte der russische Ethnologe Vladimir Bogoraz, der mit seiner Tätigkeit am Ende des 19. Jahrhunderts eigentlich als Pionier der Čukčenforschung gilt,[54] die Schriften von Carl Heinrich Merck gar nicht mehr. Auch der russische Admiral und Forschungsreisende Ferdinand von Wrangel erwähnte Merck nicht bei seinen Čukčen-

50 Zoographia Rosso-Asiatica, Bd. 1, S. 292 f. Adelbert von Chamisso, Modelle von Walen des Kamtschatkischen Meeres. Von Aleuten aus Holz geschnitzt, in: Marie-Theres Federhofer (Hg.), Chamisso und die Wale mit dem lateinischen Originaltext der Walschrift Chamissos und dessen Übersetzung, Anmerkungen und weiteren Materialien, Norderstedt 2012, S. 57-72, hier S. 62. Chamisso wies in seinem Text darauf hin, dass die Beschreibung des Wales in Pallas' »Zoographia« aus der Feder von Merck stammte, was Pallas allerdings auch entsprechend kenntlich gemacht hatte.

51 Zoographia Rosso-Asiatica, Bd. 3, S. 309.

52 Ebd., Bd. 1, S. VII und XI. In den drei Bänden der »Zoographia« wird Merck über 60-mal erwähnt. Vgl. auch Hans-Joachim Paepke, Eine alte Fischhaut erzählt, in: Ferdinand Damaschun u. a. (Hg.), Klasse, Ordnung, Art. 200 Jahre Museum für Naturkunde Berlin, Berlin 2010, S. 98-99. An dem dort abgebildeten Exponat ist noch das Originaletikett angebracht, allerdings lässt sich weder die russische noch die deutsche Handschrift eindeutig zuordnen.

53 Vgl. Dahlmann/Friesen/Ordubadi, Einleitung, S. 69 ff.

54 V. G. Bogoraz, Materialy po izučeniju čukotskogo jazyka i fol'klera, sobrannye v Kolymskom okruge, St. Petersburg 1900; W. Bogoras, The Chukchee. Reprint der Ausgabe 1904-1909, New York 1975; V. G. Bogoraz, Material'naja kul'tura čukčej, pod redakciej I. S. Vdovina, Moskau 1991.

Beschreibungen aus den 1840er Jahren, allerdings war ihm der Name Merck nicht völlig unbekannt. So verwies Wrangel auf den Verbleib der Merck'schen linguistischen Sammlungen, »die sich jetzt bei dem Wirkl. Staatsrath von Adelung befinden.«[55] Dafür kannte noch Adelbert von Chamisso, ein deutsch-französischer Botaniker, Dichter und eigentlicher Begründer des Genres der europäischen Reiseliteratur, die Arbeiten von Merck und erwähnte diese lobend in seiner Beschreibung der dritten russischen Weltumsegelung aus den Jahren 1815-1818, an der er als Naturforscher teilgenommen hatte. Allerdings konkretisierte Chamisso nicht, welche einzelnen Texte des hessischen Arztes er gelesen bzw. welche Sammlungen er hatte einsehen können.[56] Ab der Mitte des 19. Jahrhunderts schien der Nachlass von Merck für lange Zeit verschollen zu sein, bis er Jahrzehnte später Stück für Stück in Russland sowie

55 K. E. v. Baer (Hg.), Statistische und ethnographische Nachrichten über die Russischen Besitzungen an der Nordwestküste von Amerika. Gesammelt von dem ehemaligen Oberverwalter dieser Besitzungen, Contre-Admiral v. Wrangell, Auf Kosten der Kaiserl. Akademie der Wissenschaften herausgegeben mit den Berechnungen aus Wrangell's Witterungsbeobachtungen und anderen Zusätzen vermehrt von K. E. von Baer, St. Petersburg 1839 (= Beiträge zur Kenntnis des Russischen Reiches und der angränzenden Länder Asiens, herausgegeben von K. E. von Baer/G. von Helmersen, Erstes Bändchen), S. 226; ein Nachdruck erschien in Osnabrück 1968.

56 Vgl. Adelbert von Chamisso, Bemerkungen und Ansichten auf einer Entdeckungsreise unternommen in den Jahren 1815-1818 auf Kosten Sr. Erlaucht des Herrn Reichs-Kanzlers Grafen Romanzoff auf dem Schiffe Rurick unter dem Befehle des Leutnants der Russisch-Kaiserlichen Marine Otto von Kotzebue von dem Naturforscher der Expedition Adelbert von Chamisso, Weimar 1821, S. 173 (= Teil 3 von: Otto von Kotzebue, Entdeckungsreise in die Süd-See und nach der Beringstraße zur Erforschung einer nord-östlichen Durchfahrt, 3 Bde. in einem, Weimar 1821; eine gekürzte und modernisierte Fassung erschien unter dem Titel: Otto von Kotzebue, Zu Eisbergen und Palmenstränden. Mit der »Rurik« um die Welt 1815-1818, hg. von Detlef Brennecke, Lenningen 2004). Chamisso hat die Erwähnung von Merck dann 16 Jahre später in einer erweiterten und veränderten Neuauflage wiederholt: Reise um die Welt. Kamtschatka, die aleutischen Inseln und die Beringstraße, in: ders., Sämtliche Werke in vier Bänden (einbändige Ausgabe), Berlin/Leipzig [1885], Bd. 4, S. 424-455, hier S. 448 f.; eine Neuausgabe mit 150 Lithographien des Zeichners Ludwig Choris, der die Expedition begleitet hatte, erschien unter dem Titel: Adelbert von Chamisso, Reise um die Welt, Berlin 2012. Dahlmann/Friesen/Ordubadi, Einleitung, S. 70.

in europäischen Kollektionen und antiquarischen Sammlungen wiederaufzutauchen begann.

Im Jahre 1887 verzeichnete die Russische Nationalbibliothek in St. Petersburg, damals noch Kaiserliche Öffentliche Bibliothek (*Imperatorskaja publičnaja biblioteka*), den Zugang des handschriftlichen Manuskriptes »Beschreibung der Tschucktschi – von ihren Gebräuchen und Lebensart« von Carl Heinrich Merck in ihrem Bestand.[57] Es fehlt jedoch jeder Hinweis darauf, von wem die Bibliothek das Manuskript erwarb bzw. geschenkt bekam. Heutzutage ist die Handschrift immer noch im Besitz der russischen Nationalbibliothek und kann dort in der Handschriftenabteilung in Augenschein genommen werden. Es handelt sich um ein vermutlich nachträglich gebundenes Konvolut von Einzelblättern. Die dazugehörenden acht Zeichnungen der Čukčen, angefertigt durch den Expeditionszeichner Luka Voronin,[58] wurden offensichtlich in späterer Zeit in das Journal eingeklebt. Es ist davon auszugehen, dass es noch mehr Zeichnungen von dieser Reiseetappe und höchstwahrscheinlich auch explizit zu den Aufzeichnungen des Naturforschers gab, die heute nicht mehr auffindbar sind bzw. sich dem Merck'schen Manuskript nicht zuordnen lassen. 1989 erhielt das Merck'sche Familien- und Firmenarchiv in Darmstadt eine Kopie der »Beschreibung der Tschucktschi« auf einem Mikrofilm.[59] Der in diesem Band edierte Text basiert auf der Kopie aus Darmstadt. Die Bilder von Luka Voronin wurden für die Publikation bei der Nationalbibliothek in St. Petersburg bestellt.

57 Vgl. Otčet Imperatorskoj publičnoj biblioteki za 1887 g., St. Petersburg 1890, S. 211-212.

58 Luka Voronin, geboren 1764/65, gestorben nach 1800. 1770-1785 Ausbildung in der St. Petersburger Akademie der Künste. Vgl. S. N. Kondakov, Spisok russkich chudožnikov, t. II, St. Petersburg 1916, S. 43; O. Ė. Vol'cenburg/ T. N. Gorina (Hg.), Biobibliografičeskij slovar'. Chudožniki narodov SSSR XI-XX v., Bd. 2, St. Petersburg 2002, S. 344.

59 Nachzuverfolgen ist jene Übergabe in einem privaten Briefwechsel zwischen einer Mitarbeiterin des Merck-Archivs und einer Bekannten im Zeitraum von Mai bis August 1989 unter der Signatur V 15/453 im Firmenarchiv Merck, Darmstadt. Das originale Manuskript »Beschreibung der Tschucktschi. Von ihren Gebräuchen und Lebensart« befindet sich in der Russischen Nationalbibliothek, Handschriftenabteilung, Nemeckij F. IV, Nr. 173 (eine Kopie im Firmenarchiv Merck, Darmstadt unter der Sign. A/78).

Bis jetzt wurde das Merck'sche Čukčen-Manuskript nur zweimal in bearbeiteter Form veröffentlicht. 1814 erschienen Teile davon in der Berliner Zeitschrift »Journal für die neuesten Land- und Seereisen«. Mehr als ein Jahrhundert später widmete sich außerdem die sowjetische Wissenschaftlerin Zoja Titova dem ethnologischen Nachlass der Billings-Saryčev-Expedition und publizierte dabei in russischer Übersetzung die wichtigsten Passagen der Merck'schen Handschrift über die Čukčen.[60] Titova benutzte für ihre Arbeit das handschriftliche Original aus der heutigen Russischen Nationalbibliothek, die zu Sowjetzeiten als öffentliche Saltykov-Ščedrin-Bibliothek in Leningrad bekannt war. Wie und auf welchen Wegen die Vorlage von Merck, aber auch die Aufzeichnungen seines Gehilfen Carl Andreas Krebs jedoch an die Herausgeber einer deutschen Zeitschrift des frühen 19. Jahrhunderts gelangten, lässt sich nicht mehr rekonstruieren.

Der auf der Grundlage der Handschrift über die Čukčen basierende Abdruck mit dem Titel »Nachrichten von den Sitten und Gebräuchen der Tschucktschen, gesammelt von Dr. Karl Heinr. Merck auf seinen Reisen im nordöstlichen Asien«[61] erschien 1814

60 Opisanie obyčaev i obraza žizni čukčej, in: Z. D. Titova, (Hg.), Ėtnografičeskie materialy severo-vostočnoj geografičeskoj ėkspedicii 1785-1795, Magadan 1978, S. 98-150. Die Abbildungen der Čukčen wurden ebenfalls von Titova auf den Seiten 104, 107, 117, 123, 124, 139 veröffentlicht. Unter den Akten in der Handschriftenabteilung der Russischen Nationalbibliothek in St. Petersburg liegt zudem ein 24-seitiges Schreibmaschinenmanuskript, angefertigt von Ju. I. Bronštejn, in dem er die Auszüge aus dem Merckschen Čukčen-Manuskript ins Russische übersetzte und »teilweise nacherzählte«. Vgl. Merk, Karl, Plemena čukčej. Otryvki iz zapisok v perevode i častično pereskaze Ju. I. Bronštejna, in: Russische Nationalbibliothek, Handschriftenabteilung, fond 1000, opis' 3, Nr. 670. In dieser Form ist der Text von Ju. I. Bronštejn nie veröffentlicht worden. Zusammen mit N. Šnakenburg veröffentlichte er aber 1941 in der Zeitschrift »Sovetskaja Arktika« einen Artikel über die Aufzeichnungen von C. H. Merck im Rahmen der Billings-Saryčev-Expedition. Vgl. Ju. Bronštejn/N. Šnakenburg, Zapiski doktora K. Merka – učastnika ėkspedicii Billingsa-Saryčeva v 1785-1792 gg., in: Sovetskaja Arktika, 1941, Nr. 4, S. 76-88. Auf den Seiten 81, 83, 84, 85 und 87 wurden in dem Artikel auch Voronins Zeichnungen der Čukčen publiziert.

61 Nachrichten von den Sitten und Gebräuchen der Tschuktschen, gesammelt von Dr. K. H. Merck auf seinen Reisen im nördlichen Asien, in: Journal für die neuesten Land- und Seereisen, 1814, Bd. 16, S. 1-27, 184-192, Bd. 17, S. 45-71, 137-152.

in drei Ausgaben des »Journals für die neuesten Land- und Seereisen«, das im Berliner Verlag »Achenwall und Comp.« publiziert wurde. Über das »Journal« und seine Herausgeber, Friedrich Braunes und Dr. Ascher, ist kaum etwas zu ermitteln. Der Verlag ging bereits 1816 in mehreren anderen Verlagen auf, darunter F. A. Brockhaus in Altenburg, Duncker & Humblot und Reimer in Berlin sowie der Buchhandlung des Waisenhauses in Halle.[62] In jedem Falle griffen die Herausgeber in das Merck'sche Manuskript stark ein und veröffentlichten eine Version, die stellenweise den Sinn der Merckschen Ausführungen massiv veränderte und sogar in sein Gegenteil verkehrte, wie im Folgenden an einigen Beispielen gezeigt werden soll. Wir haben uns deshalb dazu entschlossen, die handschriftliche Version Mercks im vorliegenden Band als Haupttext in kommentierter Form zu publizieren, die seinerzeitige Druckfassung danach ebenfalls in ihrer authentischen Art zu veröffentlichen, sodass sich der/die Leser/in selbst ein Bild von den vorgenommenen Eingriffen machen kann.

Beim Vergleich des publizierten Textes mit dem handschriftlichen Original fällt der massive sprachliche Eingriff auf, den die Herausgeber der Zeitschrift vorgenommen haben. Inhaltlich folgte die Publikation zwar dem originalen Manuskript und seinen übergeordneten Themen. Viele Ausdrucksweisen, Kommentare sowie die gesetzten Schwerpunkte haben mit dem Original an manchen Stellen nichts gemein, sondern entspringen der Feder der Herausgeber des Journals oder eines Bearbeiters. Die publizierte Version

62 Otto August Schulz (Hg.), Allgemeines Deutsches Bücher-Lexikon, oder Vollständiges alphabetisches Verzeichnis derjenigen Schriften, welche in Deutschland und in den angrenzenden, mit der deutschen Sprache und Literatur verwandten Ländern gedruckt worden sind. Erster Band, die von 1828 bis Ende 1834 erschienenen Schriften enthaltend. Erste Abtheilung A-L, Leipzig 1836, S. 458. F. Braunes lässt sich zwischen 1812 und 1826 als Buchhändler am Hackeschen Markt 8 (damals Haakschemarkt) in den online verfügbaren Berliner Adressbüchern nachweisen; im Jahr 1826 wird er als »ehemaliger Buchhändler« verzeichnet. Auch ein Dr. phil. Ascher findet sich in diesen Adressbüchern. Der Verlag Achenwall und Comp. taucht in diesen Berufs- und Adressverzeichnissen allerdings nicht auf. Das »Journal für die neuesten Land- und Seereisen« lässt sich erst für das Jahr 1836 im gleichfalls online verfügbaren »Allgemeinen Wohnungsanzeiger für Berlin, Potsdam und Charlottenburg auf das Jahr 1836« nachweisen. Als Verleger wird dort »Rücker«, als Redakteur »Dr. Friedeberg« genannt.

Abb. 4: Gavriil A. Saryčev (1763-1831), Marineoffizier und Stellvertretender Leiter der Billings-Saryčev-Expedition.

hatte eindeutig die Unterhaltung der Leserschaft im Blick und griff lediglich die für sie »interessanten« Bestandteile der Reisenotizen heraus.[63] Dabei formulierten sie den Text an manchen Stellen um, tauschten Wörter aus und setzten dem Leser ihre Interpretation von Land und Leuten auf Čukotka, basierend auf Mercks Beschreibungen, vor.

Während Merck z. B. im Zusammenhang mit den »Gottheiten« und »höheren Wesen« der Čukčen von »unzusammenhangend[en]« Begriffen sprach, entschieden sich die Herausgeber für das Wort »verworren«.[64] Während Merck in Bezug auf Opferrituale das Opfer als »knauserigt« bezeichnete, erschien in der Publikation von 1814 »erbärmlich«.[65] Auch wurden Begrifflichkeiten wie »Ostnordländer«[66] angewandt, die Merck nicht gebrauchte, oder Kommentare hinzugefügt, die nicht aus dem Original stammten: »In dieser rohen Lebensart der Tschuktschen erblickt man das Bild der Sitten und Gebräuche der alten Germanen oder Deutschen.«[67] Bei Mercks Beschreibung der Korjaken wurde in der publizierten Fassung der Begriff der »Menschenrace«[68] benutzt, obwohl er im Original nicht verwendet wurde. Zur Schaffung eines Spannungsbogens wurden Sätze bzw. Ausrufe eingefügt: »[...] ungeachtet die Tschuktschen schon des Nachmittags am Schlachttage, die Heerden mehrere Werste von der Hütte entfernen, so kehren dennoch diese Thiere einige Tage hinter einander zurück und suchen ihre Kälber! – So mächtig wirkt der Naturtrieb zur Erhaltung der Thier-Racen!«[69] Ein weiteres Beispiel findet sich im Kontext der Darstellung über Gastgeschenke: »Dies geschieht auch jedes Mal, wenn ein Weib ganz allein zu Gaste kommt. Solche Besuche sind

63 Nachrichten von den Sitten und Gebräuchen der Tschuktschen, in: Journal für die neuesten Land- und Seereisen, 1814, Bd. 17, S. 137-152, hier S. 149, in diesem Band, S. 282.

64 Merck, Beschreibung der Tschucktschi, Bd. 16, S. 1-27, S. 6, in diesem Band, S. 231.

65 Ebd., jeweils S. 9, in diesem Band, S. 233.

66 Nachrichten, Bd. 17, S. 45-71, hier S. 45, in diesem Band, S. 254.

67 Ebd., S. 45, in diesem Band, S. 254.

68 Nachrichten, Bd. 17, S. 142 sowie Merck, Beschreibung der Tschucktschi, S. 48, in diesem Band, S. 178 und 277.

69 Nachrichten, S. 60, in diesem Band, S. 265. Hier und im Folgenden sind die Einfügungen der Herausgeber/des Bearbeiters unterstrichen.

deswegen für die ärmere Klasse einträglich!«[70] Doch es wurden nicht nur Kommentare eingefügt, sondern auch Termini gebraucht, die für die Ethnie der Čukčen nicht anwendbar sind und zugleich bei Merck nie eine Rolle gespielt haben. Dazu gehörten Begriffe wie »Nazion«[71] und »Klasse«.

Andere Texteingriffe zielten offensichtlich auf eine bestimmte Wirkung bei den Lesern ab. So ist über das Tabakrauchen bei den Čukčen folgender Satz in der Publikation von 1814 zu finden: »Sie ziehn aber den Rauch viel tiefer ein als unsere Tabakraucher, und blasen ihn, unter einem ekelhaften Aufstoßen und Hervorbringen des Speichels, von sich«.[72] Bei Merck hingegen stand: »[...] dies Rauchen, ein eintzles tiefes Einziehn deß Rauchs, den sie den meist unter Rülpsen und Aussippern des Speigels, wieder ausstoßen [...]«.[73]

Auch die von Merck notierten Aussprüche der Čukčen bei ihren Opferritualen wurden modifiziert: »Hier bringen wir dir das schuldige Opfer und werden dich nie vergessen. Laß uns keinen Unfal treffen. Schütze unsere Heerden und erhalte unsere Weiber!«[74] Bei Merck hieß es dagegen: »wir bringen dir Opfer und werden dich nie vergeßen, laß keinen Unfal uns treffen, beschütze unsere Heerden und erhalte unsere Weiber.« Er fuhr fort: »Ich freue mich diese Gäste erwartet zu haben; ich freue mich ebenso, als wen uns Got wilde Rentiere zugeführt oder in unsere rauhen Gegenden, hätte Holz wachsen laßen; alles Glück müße uns begleiten, damit wir gesund und wohl an Ort und Stelle kommen, ihr seht jetzt wie die Sonne auf und herab scheint, muß das Glück uns nicht folgen? Daß doch alles Misgeschick auf einer von unsern Hütten entfernt bleiben mögte.«[75] In der publizierten Fassung hingegen lautete der Absatz: »Ich freue mich über die Gegenwart meiner Gäste nicht minder, als wenn uns Gott wilde Rennthiere zugeführt, oder in unserm rauhen Lande hätte Holz wachsen lassen. Möge uns alles Glück begleiten, damit wir gesund und wohlbehalten

70 Ebd., S. 58, in diesem Band, S. 264.
71 Ebd., Bd. 16, S. 2 und 3, in diesem Band, S. 227f.
72 Ebd., Bd. 17, S. 56, in diesem Band, S. 262.
73 Merck, Beschreibung der Tschucktschi, S. 38, in diesem Band, S. 163.
74 Nachrichten, S. 62, in diesem Band, S. 267.
75 Merck, Beschreibung der Tschucktschi, S. 41, in diesem Band, S. 167.

an Ort und Stelle kommen. Seht wie die Sonne mit ihrem erwärmenden Lichte auf uns scheint, wird uns das Glück nicht zur Seite gehn? Auf immer soll sich alles Mißgeschick von unsern Hütten entfernen.«[76]

Die Wiedergabe von Mercks Reisenotizen im »Journal über die neuesten Land- und Seereisen« endete mit der Anmerkung in einer Fußnote, dass »noch ein Tagebuch von der Witterung während seiner Reise beigefügt ist. Das aber für die Leser dieser Zeitschrift kein Interesse haben kann. Der Herausgeber hebt deswegen nur noch das heraus, wovon er sich überzeugt, daß es doch nicht ganz gleichgültig sein dürfte«, und fuhr mit der Wiedergabe des Berichtes von Mercks Gehilfen Carl Andreas Krebs fort.[77]

Tatsächlich fehlten in der Publikation viele Inhalte gänzlich. So kamen in der veröffentlichten Version keine Hinweise auf den Sprachgebrauch der Čukčen zu bestimmten Gegenständen vor. Auch die Beschreibung der Flora und Fauna wurde nicht wiedergegeben. Doch gerade diese bildeten einen wesentlichen Bestandteil von Mercks Auftrag während der Billings-Saryčev-Expedition. Mercks Sammlung mineralogischer und pflanzlicher Proben sowie die umfassende Beschreibung der sibirischen Fauna dienten Peter Simon Pallas schließlich zur Vervollständigung seiner *Zoographia Rosso-Asiatica*.[78] Für die russische Regierung war die immerhin insgesamt zehn Jahre dauernde und kostspielige Expedition ein voller Erfolg, da die Großmacht so ihr Staatsterritorium um die bereisten Gebiete zu erweitern vermochte. Dies galt ganz besonders für die Angliederung der Halbinsel Čukotka. Merck leistete einen gewichtigen Beitrag zur Erschließung jenes Raumes, der über viele Jahrzehnte hinweg einer erfolglosen Russifizierung und versuchten Angliederung an das Russische Reich unterlegen hatte.

Obwohl das Original der Beschreibungen von den alëutischen Inseln Unalaška und Spirkin (heute: Sedanka oder Bor'ka) aus der Feder des Merck'schen Gehilfen Carl Andreas Krebs als verschollen anzusehen ist,[79] erscheint es im Rahmen dieser Ausgabe

76 Nachrichten, S. 62, in diesem Band, S. 267.

77 Ebd., S. 149, in diesem Band, S. 282.

78 Vgl. dazu Dahlmann/Friesen/Ordubadi, Einleitung, S. 46.

79 Im St. Petersburger Archiv der Russischen Akademie der Wissenschaften werden aber noch die meteorologischen Aufzeichnungen von Carl Krebs aufbe-

vollständigkeitshalber als angemessen, auch diesen Text in der Form, wie er 1814 im »Journal für die neuesten Land- und Seereisen« erschien, abzudrucken.[80] Bei der Lektüre dieser Fassung des Berichtes von Krebs ist allerdings die gleiche Vorsicht geboten wie bei der bearbeiteten Version der Merck'schen Beschreibung der čukčischen Gebräuche und Lebensart, denn hier besteht keine Möglichkeit mehr, die Originalformulierungen von Krebs und die hinzugefügten Kommentare der Herausgeber des »Journals für die neuesten Land- und Seereisen« aus dem frühen 19. Jahrhundert zuverlässig auseinanderzuhalten.

Das Gleiche gilt auch für den russischsprachigen Beitrag »Von der Herkunft, dem Glauben und den Bräuchen der Jakuten«, der 1806 in der St. Petersburger Zeitschrift »Ljubitel' slovesnosti« veröffentlicht wurde. In der kurzen Einleitung zu diesem Text verwies der Herausgeber N. F. Ostolopov darauf, dass seine Informationen auf den »Aufzeichnungen des Professor Doktor Merck«[81] sowie auf anderen Aufzeichnungen von zwei Beamten aus Jakutsk basierten. Unter welchen Umständen die Manuskripte von Merck in seine Hand gelangten, konkretisierte Ostolopov nicht und beschränkte sich lediglich auf den kurzen Hinweis über den reinen Zufall dieses Ereignisses. Aktuelle Recherchen dazu, wie der Text in den Besitz der Zeitschriftenredaktion gelangte, blieben wegen des nicht auffindbaren Archivs des Magazins ergebnislos. In jedem Falle war der Herausgeber oder Bearbeiter dieses Textes mit der Welt der Wissenschaften im deutschsprachigen Raum an der Wende vom 18. zum 19. Jahrhundert einigermaßen gut vertraut. So bezog er sich unter anderem auf Johann Christoph Gatterers »Abriß der Universalhistorie«.[82] Knapp 20 Jahre nach der Erst-

wahrt: Meteorologičeskie nabljudenija, proizvedennye Krebsom, pomošnikom d-ra Merka, s 22.09. po 31.12.1792, in: SPb RAN, razrjad I, opis' 1/6, Nr. 9.

80 Kurzer Bericht des Herrn C. A. Krebs, Mitgehilfe des Herrn Dr. Merk bei der geheimen See-Expedition des Capitain J. Billings, in: Journal für die neuesten Land- und Seereisen und das Interessanteste aus der Völker und Länderkunde zur angenehmen Unterhaltung für gebildete Leser in allen Ständen, 1814, Bd. 17, S. 355-391, in diesem Band, S. 285-312.

81 O proischoždenii, vere i obrjadach jakutov, in: Ljubitel' slovesnosti, 1806, Nr. 2, S. 117-147, hier S. 117, in diesem Band, S. 313-352, hier S. 313 und 328.

82 Vgl. dazu unten, S. 328, Anm. 2.

veröffentlichung erschien 1823 im neunten Band der »St. Petersburgischen Zeitschrift«, die von Christian August Wilhelm von Oldekop herausgegeben wurde,[83] ein Artikel »Schilderung der Jakuten«.[84] Dieser Artikel ist länger als jener Text, der in der Zeitschrift »Ljubitel' slovesnosti« erschienen war, stimmt allerdings teils inhaltlich und teils fast wörtlich mit seinem Vorläufer überein. Der Herausgeber verwies jedoch als Quelle ausdrücklich auf die Nummern 15, 16 und 17 des Jahrgangs 1822 der Zeitschrift »Severnyj Archiv«. Dort allerdings findet sich kein Text über die Jakuten. Da auch in diesem Falle archivalische Überlieferungen fehlen, muss es vorläufig genügen, auf diesen Sachverhalt hinzuweisen. Im vorliegenden Band publizieren wir diesen Artikel unverändert in russischer Sprache, wie er im »Ljubitel' slovesnosti« 1806 erschienen ist, zusammen mit einer modernen deutschen Übersetzung.

Weit weniger entstellt wurden die von Carl Heinrich Merck gesammelten Wortlisten[85] der Sprachen der indigenen Ethnien des nordöstlichen Sibiriens. Zu der Beschreibung indigener Völker gehörten im 18. Jahrhundert linguistische Forschungen unweigerlich dazu, die Merck während der ganzen Expeditionszeit eifrig betrieb. Sie finden sich nur marginal im sibirisch-amerikanischen Tagebuch und werden als selbstständige Manuskripte im Bestand der Handschriftenabteilung der Russischen Nationalbibliothek in St. Petersburg aufbewahrt. Dort bilden sie einen festen Bestandteil des Nachlasses Friedrich von Adelungs, eines berühmten Sprach-

83 Der aus Riga gebürtige Christian August Wilhelm von Oldekop (1787-1845) studierte Medizin, Naturwissenschaften und Philologie an der Universität Moskau; seit Beginn der 1820er Jahre war er in verschiedenen Behörden als Zensor tätig, zugleich gab er die »St. Petersburgische Zeitschrift«, später den »Russischen Merkur« (1831/32) heraus, schließlich war er Redakteur der »St. Petersburger Zeitung«. Vgl. Deutsch-baltisches biographisches Lexikon, Online-Version: www.bbl-digital.de, S. 561-562.

84 Schilderung der Jakuten, in: St. Petersburgische Zeitschrift, Bd. 9, 1823, S. 190-226. Die Zeitschrift erschien mit insgesamt 20 Bänden zwischen 1822 und 1825 im Verlag des Herausgebers und in Kommission bei Carl Cnobloch in Leipzig. Große Teile der Zeitschrift sind online bei google-books verfügbar.

85 Vgl. unter anderem Sravnitel'nye slovari jazykov žitelej o. Kad'jak, poberež'ja rek Tigil' i Kamčatki, Bol'šerecka i drugie, sobrannye K. Merkom, in: Russische Nationalbibliothek, Handschriftenabteilung, fond 7, opis' 1, Nr. 138. Vgl. dazu den Beitrag von Michael Knüppel in diesem Band.

wissenschaftlers an der Russischen Akademie der Wissenschaften zu Beginn des 19. Jahrhunderts.[86] Mercks linguistische Sammlungen der jukagirischen und kamčadalischen Mundart sowie seine vergleichenden Wortlisten von den Inseln Kad'jak und Unalaška benutzte Adelung als eine der Hauptquellen über die Sprache der Indigenen in dieser Region bei der Erstellung seines Werkes »Übersicht aller bekannten Sprachen und Dialekte«,[87] dabei äußerte er sich sehr positiv über die Qualität von Mercks Kollektionen,[88] die allerdings bis heute unpubliziert sind und deswegen im vorliegenden Band als Faksimiles veröffentlicht werden. Mit allergrößter Wahrscheinlichkeit handelt es sich dabei nicht ausschließlich um die Merck'schen Originale, sondern zumindest teilweise um Abschriften von fremder Hand.

Wie Friedrich von Adelung mitteilte, stammen die von ihm benutzten Listen aus den Beständen von Peter Simon Pallas: »Dr. Merk, gestorben zu St. Petersburg 1797. Ein Mann der mit seltenen Kenntnissen eine beinahe in Furchtsamkeit ausartende Bescheidenheit verband. Er begleitete den Capt. Billings auf seiner Entdeckungsreise im nordöstlichen Ozean als Naturforscher, und benutzte diese Reise zu sehr reichen linguistischen Sammlungen. Außer mehrern andern Sprachen verstand er auch sehr gut Jaku-

86 Vgl. Friedrich von Adelung, Catherinens der Grossen Verdienste um die Vergleichende Sprachenkunde. Nachdruck der Ausgabe von 1815 mit einer Einleitung und einem bio-bibliographischen Register von Harald Haarmann, Hamburg 1976, S. 198f. Einzelne Briefe zwischen Adelung und Pallas aus den Jahren 1809 und 1810 sind im Bestand des St. Petersburger Archivs der Russischen Akademie der Wissenschaften zu finden: Pis'mo Adelunga P. S. Pallasu ot 22 janvarja 1810. Černovik, in: SPb RAN, fond 89, opis' 1, Nr. 114; Pis'ma akademika Pallasa Adelungu, Kalmuk-Kara, 1809, 1810, in: SPb RAN, fond 89, opis' 2, Nr. 81. Einer dieser Briefe, Peter Simon Pallas an Friedrich Adelung vom 8.12.1809 aus Kalmuk-Kara, ist abgedruckt bei Annelies Lauch, Wissenschaft und kulturelle Beziehungen in der russischen Aufklärung. Zum Wirken H. L. Ch. Bacmeisters, Berlin 1969, S. 357.

87 Friedrich von Adelung, Übersicht aller bekannten Sprachen und Dialekte, St. Petersburg 1820.

88 Wie bereits oben erwähnt, bestätigte auch Ferdinand von Wrangel die überaus wertvollen Verdienste jener Sprachproben und darüber hinaus, dass sie sich in Adelungs Besitz befanden. Baer (Hg.), Statistische und ethnographische Nachrichten über die Russischen Besitzungen an der Nordwestküste von Amerika, S. 226.

tisch, welches er von seiner Frau, einer in Jakuzk gebornen Russin, erlernt hatte. Seine Vocabularien, zu deren Zusammentragung ihn Pallas in der ihm ertheilten Instruction im Namen der Kaiserin besonders aufgefordert hatte, lieferte er diesem bei seiner Zurückkunft ab, und aus dessen Händen erhielt ich sie mit seiner übrigen Sammlung.«[89] Somit gehen die Merck'schen linguistischen Sammlungen auf die Instruktionen zurück, die der Naturforscher von Pallas 1786 erhalten hatte. Letztere ihrerseits stehen in einem eindeutigen Zusammenhang mit dem kaiserlichen, seit 1785 offiziell laufenden Wörterbuchprojekt *Vocabularia comparativa*,[90] mit dessen Fertigstellung Peter Simon Pallas von Katharina II. betraut wurde, weswegen er alle seine Korrespondenten zum Sammeln von Sprachproben ermutigte. Insgesamt wurden in dem 1789 erschienenen vergleichenden Wörterbuch 285 Wörter aus dem russischen Grundwortschatz den Äquivalenten aus 200 weiteren Sprachen gegenübergestellt.[91]

Aber nicht nur im Bereich der Ethnologie oder Linguistik stößt man auf Stücke aus dem Merck'schen Nachlass. Wie es die Bezeichnung seiner Position innerhalb der Billings-Saryčev-Expedition schon verrät, waren die Auftraggeber in St. Petersburg sehr stark an seinen Kollektionen aus der Pflanzen- und Tierwelt interessiert.

89 Adelung, Catherinens der Grossen Verdienste um die Vergleichende Sprachenkunde, S. 198.

90 Peter Simon Pallas (Hg.), Linguarum totius orbis vocabularia comparativa, 2 Bde., St. Petersburg 1786-1789.

91 Welche Bedeutung die *Vocabularia comparativa* für die slavistische Sprachforschung hatte, erforschte jüngst Helmut Keipert, Die Pallas-Redaktion der Petersburger Vocabularia comparativa und ihre Bedeutung für die Entwicklung der slavischen Sprachwissenschaft, in: Historische Linguistica 40, H. 1/2, 2013, S. 121-149; vgl. ebenso Stéphane Viellard, Catherine II: De la Langue aux Langues, in: Histoire, Épistémologie, Langage 32, H. 1, 2010, S. 31-46; Sylvie Archaimbault, Peter Simon Pallas (1741-1811), Un Naturaliste Parmi les Mots, in: ebd., 32, H. 1, 2010, S. 69-92; Harald Haarmann, Das Wörterbuchprojekt Katharinas der Großen: Ein Paradebeispiel aufklärerischer Kulturpolitik in Rußland, in: European Journal for Semiotic Studies 11, 1999, S. 207-258; ders., Nation und Sprache in Rußland, in: Andreas Gardt (Hg.), Nation und Sprache. Die Diskussion ihres Verhältnisses in Geschichte und Gegenwart, Berlin/New York 2000, S. 747-824; ders., Die Rolle der Sprache in der Kulturpolitik Russlands zur Zeit Katharinas der Großen, in: Jörg Meier/Arne Ziegler (Hg.), Deutsche Sprache in Europa. Geschichte und Gegenwart, Wien 2001, S. 443-455, hier S. 450.

Wie seine Briefe an Pallas und Billings belegen, sammelte der Naturforscher auf seiner Reise mehrere Kisten an präparierten Vögeln, Fischen sowie getrockneten Pflanzen und beschrieb sie detailliert. Die Spuren vieler dieser Sammlungsstücke verlieren sich bereits zu Beginn des 19. Jahrhunderts. Das Manuskript der Beschreibung einer Vogelart, die Erwin Stresemann als »*Colymbus pacificus* Lawrence« (*Gavia pacifica*)[92] identifizierte,[93] tauchte allerdings zusammen mit dem sibirisch-amerikanischen Tagebuch von Carl Heinrich Merck 1936 wieder auf. Heute werden diese beiden Manuskripte in einer Mappe unter der gleichen Signatur im Merck'schen Firmen- und Familienarchiv in Darmstadt aufbewahrt.

Ein weiteres Manuskript, das die Beschreibung mehrerer sibirischer Fische[94] in detailreicher Form enthält, gelangte aus der Hand von Peter Simon Pallas nach dessen Rückkehr nach Berlin in den Besitz des Forschungsreisenden Wilhelm Gottfried Tilesius von Tilenau, der 1803 bis 1806 an der ersten russischen Weltumsegelung unter dem deutschbaltischen Kapitän Adam Johann von Krusenstern teilgenommen hatte. In den 1830er Jahren reichte er dieses Manuskript zusammen mit weiteren Materialien, die er von Pallas erhalten hatte, um das Pallas'sche Werk *Zoographia Rosso-Asiatica* zu beenden,[95] an Eduard Rüppell weiter, der wiederum alle Schriften in den Bestand der Senckenbergischen Naturforschenden Gesellschaft in Frankfurt a. M. übergab.[96] In einem Brief an Rüppell

92 Vgl. Erwin Stresemann, Dr. C. H. Mercks ornithologische Aufzeichnungen während der Billingsschen Expedition von Ochotsk nach Alaska (1787-1791), in: Zoologische Jahrbücher, Abt. für Systematik, Ökologie und Geographie der Tiere 78, 1948, H. 1, S. 97-132, hier S. 114.

93 Colymbus Tschukotzkyensis, in: Firmenarchiv Merck in Darmstadt, Sign. A/80. Das Manuskript ist in loser Form dem sibirisch-amerikanischen Tagebuch von C. H. Merck beigelegt. Im Original ist die Überschrift in runde Klammern gesetzt. Zu den ornithologischen Sammlungen von C. H. Merck vgl. den Beitrag von Sylke Frahnert in diesem Band.

94 Handschrift von Merck mit Randbemerkungen von Tilesius, in: Universitätsbibliothek Johann Christian Senckenberg Frankfurt a. M., Lesesaal Handschriften, Sign. 4° HS 34 Nr. 4.

95 Vgl. Brief Tilesius an Rüppell, 18.5.1836, in: Archiv des Senckenberg-Instituts, Frankfurt a. M.: Band: Briefe an Eduard Rüppell.

96 Vgl. dazu Robert Mertens, Eduard Rüppell. Leben und Werk eines Forschungsreisenden, Frankfurt a. M. 1949, S. 177.

schrieb Tilesius am 9. April 1836: »Sie haben mich mit Ihren vortrefflichen ichthyologischen Werken so reichlich beschenkt, daß ich beinahe ängstlich werde und in Verlegenheit gerath, wenn ich, bei dem Gefühl meiner Schwäche, daran denke, mich auf eine würdige Art bei Ihnen zu revengieren.«[97] Tilesius fasste seine »reichlich gesammelten Reisematerialien« ins Auge, besonders jene unveröffentlichten Beschreibungen »neuer« Fische, von denen er »selbst nichts mehr als etwa die Correcturbogen besitze.«[98] Die Handschrift von Merck über die Fische benutzte Tilesius ganz offensichtlich intensiv für eigene Forschungen und zögerte auch nicht, einige handschriftliche Notizen auf dem Schriftstück zu machen. Besonders interessant erscheint an diesem Manuskript allerdings heutzutage die Beschreibung eines kleinen Fisches, der in der Forschung den Namen von Merck erhielt – *Coregonus merkii Günth.* – was darauf hindeutet, dass es sich hierbei um eine ichthyologische Erstbeschreibung aus der Feder eines fleißigen Sammlers am Ende des 18. Jahrhunderts handelt.[99] Das getrocknete Exemplar dieses Fisches befindet sich heute in der Sammlung des Berliner Museums für Naturkunde und lässt sich laut den Auskünften des dortigen Kustos der Ichthyologischen Sammlung Dr. Peter Bartsch vom 16.9.2013 eindeutig auf Merck zurückführen.

Objekte aus Mercks Sammlungen finden sich unter anderem auch im National Herbarium of Victoria (Australien), ohne dass deren Provenienz genau zu klären ist. In diesem Falle handelt es sich um eine Alge von den Alëuten, die aus der Sammlung des Hamburger Apothekers Otto Wilhelm Sonder stammt, die nach

97 Brief von Wilhelm Gottfried Tilesius an Eduard Rüppell vom 9.4.1836, in: Handschriftenabteilung der Universitätsbibliothek Johann Christian Senckenberg Frankfurt a.M., 1614 A.

98 Ebd.

99 F. Richters, Über einige im Besitz der Senckenbergischen naturforschenden Gesellschaft befindliche ältere Handschriften und Fisch-Abbildungen, in: Bericht über die Senckenbergische naturforschende Gesellschaft in Frankfurt a.M., mit neun Tafeln, Frankfurt a.M. 1890, S. 1-36, hier S. 28f. Auf Seite 30 druckte F. Richters einen Ausschnitt aus dem Merck'schen Fisch-Manuskript über den *Coregonus merkii* ab. Die Schreibweise »Merk« ohne »c« benutzte Pallas in der »Zoographia Rosso-Asiatica« fast durchgängig, ebenso wie Tilesius. Auch Mercks Vater Franz Christian schrieb den Familiennamen bisweilen ohne »c«. Carl Heinrich Merck allerdings schrieb seinen Namen stets mit »c«.

seinem Tod 1881 nach Australien verkauft wurde.[100] Dazu gehört auch eine Zeichnung von Tilesius. Es ist trotz einer längeren Korrespondenz mit dem Kollegen Michael Wynne in Ann Arbor und der Kustodin in Victoria, Australien, nicht gelungen, zu klären, wie diese Stücke in die Sammlungen von Sonder gelangten. Der Bestand Sonder, damals eines der größten Herbarien Europas, ist bis heute nur bruchstückhaft aufgearbeitet.

Zudem befinden sich im Herbarium in Halle zwei Pflanzen-Belege, die von Merck gesammelt worden sind: eine Keilblättrige Anemone *(Anemone cuneata)* sowie ein Niederliegender Knöterich *(Polygonum humifusum)*. Auch in diesem Fall gelangten die getrockneten Pflanzen zusammen mit Pallas nach Berlin und nach dessen Tod in das Berliner Herbarium. Da das Herbarium Halle (HAL) durch Diederich von Schlechtendal, der 1833 aus Berlin nach Halle kam, betreut worden ist, konnten durch Tausch und Anschaffung von Herbar-Dubletten viele Belege aus dem Berliner Herbar der Kollektion in Halle hinzugefügt werden.[101] So verdeutlichen die Aufbewahrungsorte der Merck'schen Objekte und Manuskripte die Vielseitigkeit seines Nachlasses, aber auch die verschlungenen Pfade der Überlieferung.

Zu dieser Ausgabe

Wie bei der Herausgabe des sibirisch-amerikanischen Tagebuches von Carl Heinrich Merck folgt auch dieses Mal die Datierung für die Ereignisse in Russland dem dort im 18. Jahrhundert geltenden Julianischen Kalender, der um elf Tage hinter dem im westlichen Europa gültigen Gregorianischen Kalender zurückblieb. In Zweifelsfällen sind beide Daten, durch Schrägstrich getrennt, angege-

100 Vgl. Michael J. Wynne, An Early Collection of the Red Alga *Mikamiella ruprechtiana*. Made by Carl Heinrich Merck on the Billings Expedition to Alaska (1785-94), in: Arctic, Vol. 59, Nr. 4, S. 365-369.

101 Den Hinweis auf die von Merck gesammelten und in Halle vorzufindenden Herbaria sowie das entsprechende Bildmaterial verdanken wir Frau Dr. Heike Heklau vom Institut für Biologie, Institutsbereich Geobotanik und Botanischer Garten an der Martin-Luther-Universität Halle-Wittenberg. Vgl. die Abbildungen 10 und 11 in diesem Band.

ben. Zur Wiedergabe der kyrillischen Buchstaben im lateinischen Alphabet wurde in der Einleitung und der Kommentierung die wissenschaftliche Transliteration benutzt. Sie entspricht im Wesentlichen der im Alphabet von Kroaten, Tschechen und Slowaken gebräuchlichen Form, einige Konsonanten und Vokale mit diakritischen Zeichen (Häkchen oder Punkten) zu versehen. Dabei gilt folgende Ausspracheregel: c wie deutsches z, č wie tsch in »Peitsche«, š wie sch in »Schule«, ž wie j in »Journal«, šč wie schtsch. Ein »e«, ob am Anfang oder in der Mitte des Wortes, wird im Russischen immer mit einem J-Vorschlag gesprochen, also Enisej wie Jenisej, im Unterschied zu einem »ė«, das im Prinzip nur in Fremdwörtern vorkommt und in der Aussprache einem deutschen »ä« ähnelt. Im Russischen wird zudem zwischen stimmhaften und stimmlosen Konsonanten deutlich unterschieden: ein »z« ist stimmhaft wie in« Muse«, ein »s« dagegen stimmlos wie in »muss«. Ein unbetontes »o« wird wie »a« gesprochen, also »Moskva«, Betonung auf der letzten Silbe, wie »Maskva«. Das Weichheitszeichen in der Mitte oder am Ende eines Wortes, wiedergegeben durch einen Apostroph »'«, erweicht den voranstehenden Konsonanten, das Härtezeichen, wiedergegeben durch einen Bindestrich »-«, erhärtet den voranstehenden Konsonanten. Von dieser Transliteration wird nur in jenen Fällen abgewichen, in denen sich im Deutschen eine bestimmte Schreibweise eingebürgert hat, wie Alexander, Zar, Wolga, Baikal oder Altai. Städte- und Ländernamen werden in der im Deutschen geläufigen Form wiedergegeben, also Moskau statt Moskva. Zudem wird für alle geographischen Namen die in Deutschland übliche Form gewählt, die zumeist aus dem Russischen übernommen wurde. Die Bezeichnung der sibirischen bzw. pazifischen Ethnien wurde von Merck übernommen, zumeist handelt es sich dabei um Wortschöpfungen der Russen mit einer häufig negativen Konnotation, teils bezeichnete sie auch nur Teile der Ethnien. In den Anmerkungen wird dann der heute gebräuchliche Name bzw. die Eigenbezeichnung dieser Ethnien genannt.

Dank

Unser herzlicher Dank gilt auch bei diesem Band der Merck'schen Gesellschaft für Kunst und Wissenschaft für die großzügige Förderung bei der Transliteration der Texte und deren Kommentierung sowie der Übernahme der Druckkosten. Ebenso herzlich danken wir wiederum der Leiterin des Firmenarchivs (Corporate History) der Merck KGaA, Frau Dr. Sabine Bernschneider-Reif und ihrem Team, für die Beantwortung zahlreicher Fragen und die Erfüllung vieler Wünsche. Zu großem Dank verpflichtet sind wir zudem Frau Dr. Heike Heklau vom Institut für Biologie der Martin-Luther-Universität Halle-Wittenberg, die uns sehr viele wichtige und hilfreiche Hinweise bei der Kommentierung der Texte gegeben hat. Unser besonderer Dank gilt außerdem Herrn PD Dr. Joachim Scholz vom Forschungsinstitut Senckenberg in Frankfurt a.M. und Frau Raschida Mansour vom Lesesaal Handschriften, Universitätsbibliothek Johann Christian Senckenberg, für ihre wertvolle Rechercheunterstützung und zahlreiche Informationen.

Danken möchten wir zudem erneut Frau Dr. Ulrike Leuschner, Darmstadt, der Herausgeberin der Edition der Briefe und der Schriften von Johann Heinrich Merck, Dr. Wieland Hintzsche, Halle/S., und Dr. Folkwart Wendland, Berlin, für viele wichtige Hinweise und Ratschläge.

Zu danken haben wir gleichfalls den Autoren/innen der Beiträge in diesem Band: Frau Dr. Sylke Frahnert, der Leiterin der Ornithologischen Sammlung des Museums für Naturkunde in Berlin, für ihren Beitrag über den »Colymbus Tschukotzkyensis« und viele hilfreiche Auskünfte, Herrn Dr. Michael Knüppel, Göttingen, für seinen Aufsatz über die von C. H. Merck gesammelten Sprachmaterialien und hilfreiche Informationen sowie Herrn Dr. Lupold von Lehsten, Institut für Personengeschichte in Bensheim, für seinen Beitrag über Carl Heinrich Mercks Stammbuch aus seiner Gießener Studentenzeit. Gleichfalls danken wir Herrn Dr. Hans-Joachim Paepke, dem ehemaligen Kurator der Abteilung Fische des Berliner Naturkundemuseums, Herrn Dr. Peter Bartsch, dem heutigen Kustos der Ichthyologischen Sammlung des Berliner Museums für Naturkunde, Herrn Dipl.-Biologen Markus Lambertz vom Institut für Zoologie der Rheinischen Friedrich-Wilhelms-Universität Bonn und Herrn Dr. Karl August Neuhausen von der Abteilung für Griechische und Lateinische Philologie an der Rheinischen Friedrich-Wilhelms-Universität Bonn für seine Hilfestellungen bei lateinischen Übersetzungen.

Danken möchten wir auch Herrn Oberstudienrat Michael Rudolf, Alsfeld, und den Schülerinnen und Schülern des Leistungskurses Deutsch des Abiturientenjahrgangs 2013 des dortigen Albert-Schweitzer-Gymnasiums für die Zusammenarbeit in einem Projekt, das sich einerseits mit Johanna Merck, Carl Heinrichs Mutter, und deren Werken sowie andererseits mit der Geschichte der Stadt Alsfeld und ihrer Lateinschule befasste. Michael Rudolf fand bei der Suche nach den Spuren der Familie Merck in Alsfeld zudem die Grabsteine der beiden Ehefrauen von Franz Christian Merck wieder, die dann mit Unterstützung der Merck'schen Stiftung für Kunst und Wissenschaft und der Stadt Alsfeld restauriert werden konnten, nun in der dortigen Walpurgiskirche aufgestellt sind und damit vor dem weiteren Zerfall bewahrt wurden. Zu danken haben wir in Alsfeld auch dem ehemaligen Bürgermeister Ralf A. Becker, der sich für diese Aufarbeitung eines Teils der Alsfelder Geschichte sehr engagiert hat, und dem Steinmetz Kurt Schmidt, der die beiden Grabsteine mit großer Hingabe restauriert hat.

Genauso schulden wir unseren Dank den Mitarbeitern/innen der Abteilung für Osteuropäische Geschichte an der Rheinischen Friedrich-Wilhelms-Universität Bonn, insbesondere Alice Lichtva, B. A., Yvonne Krumholz, M. A., Charlotte Pinon, Julia Heinsdorff, Rebecca Möller und Marcus Velke, M. A. für die Bearbeitung und Digitalisierung der zu Beginn des 19. Jahrhunderts publizierten Manuskripte von C. H. Merck sowie für die Mühen des Korrekturlesens und der Erstellung der Register. Für die Übersetzung der russischsprachigen Publikation über die Jakuten bedanken wir uns ganz herzlich bei Natalia Astrin, M. A. Zudem danken wir Iraida Pehl, der Sekretärin unserer Abteilung, für all jene »Hilfsleistungen«, ohne die solche Projekte niemals das Licht der Welt erblicken und niemals beendet würden.

Schließlich haben wir dem Verleger Thedel von Wallmoden und dem Team des Wallstein Verlags – Natascha Wellmann-Rizo, Nikola Medenwald sowie Philipp Mickat – für die erneut so erfreuliche und reibungslose Zusammenarbeit bei der Drucklegung des Bandes zu danken.

Wie schon beim ersten Band hat die Arbeit an dieser Edition allen Beteiligten überwiegend große Freude bereitet. Diese wünschen wir auch den Lesern/innen dieses Werkes, das unter anderem die enorme Bandbreite wissenschaftlicher Forschung an der Wende vom 18. zum 19. Jahrhundert dokumentiert.

Bonn, im Dezember 2013
Dittmar Dahlmann, Diana Ordubadi und Helena Pivovar

Lupold von Lehsten

Das Freundschaftsalbum von Carl Heinrich Merck (1780-1784)

Carl Heinrich Merck immatrikulierte sich am 15. April 1779 an der Universität Gießen. Bis zum August 1780 besaß er bereits sein Freundschaftsalbum, das sich heute in der Universitätsbibliothek Gießen befindet.[1] Die Mehrzahl der Einträge fand zwischen März und April 1781 in Gießen statt. Das Album dokumentiert daher die Freundschaften, die Merck in den zwei Jahren Studium in Gießen schloss, ehe damals viele seiner Freunde den Studienort wechselten. Merck notierte diese Wechsel von eigener Hand auf vielen Blättern seines Albums. Er selbst wechselte zum Wintersemester 1781 nach Jena, wo er wiederum zwei Jahre studierte. Dann kehrte er nochmals nach Gießen zurück. Mit zwei Einträgen aus dem Jahr 1784 schloss Merck das Freundschaftsalbum ab.[2] Zwei weitere

1 Nach dem Online-Verzeichnis der Stammbücher der Universitätsbibliothek Gießen [http://digibib.ub.uni-giessen.de/cgi-bin/populo/stb.pl] hat das Stammbuch die Signatur BS 1216 b. Es hat eine Laufzeit von 1780 bis 1784 und 1787. Heute sind 68 gestaltete Blätter im Format 11,5 × 18 cm vorhanden. Ursprünglich hatte das Buch 289 Seiten; einige sind herausgerissen, viele unbeschrieben. Das Stammbuch gehört dem Oberhessischen Geschichtsverein und wurde beim Antiquar Rosenthal in München erworben. Der ursprüngliche Besitzer Carl Heinrich Merck hat zahlreiche Kommentare und ein Register hinzugefügt.

2 Für Carl Heinrich Mercks Studienzeit ergibt sich durch die Eintragungen in das Stammbuch das folgende Itinerar: Von August 1780 bis Mai 1781 war er in Gießen. In dieser Zeit, vornehmlich im März und April 1781, werden die meisten Einträge vorgenommen. Es tragen sich hier ein: J. C. O. F. Steube (1.8.1780, S. 74), L. Cramer (o. Datum 1781, S. 57), L. F. Bauer (o. Datum, S. 11), J. C. Follenius (1781, S. 47), A. Wurm (März 1781, S. 23), G. F. K. Müller (März 1781, S. 24), J. W. Ehrhard (März 1781, S. 27), J. D. A. Höck (März 1781, S. 39), J. B. Hundhausen (März 1781, S. 59), C. Neidhardt (März 1781, S. 167), F. C. Bruch (März 1781, S. 169), G. W. C. Müller (o. Datum, vmtl. März 1781, S. 43), F. D. H. Schazmann (27.3.1781, S. 25), W. G. Hoffmann (27.3.1781, S. 170), J. A. Vogler (28.3.1781, S. 26), F. W. Kick (28.3.1781, S. 88), L. W. F. Becker (28.3.1781, S. 138), J. H. Deuerling (28.3.1781, S. 171), F. K. Roos (28.3.1781, S. 172), J. J. Render (28.3.1781, S. 173), G. N. Elles (28.3.1781, S. 183), J. J. Waldeck (29.3.1781, S. 89), C. P. Reichenbach (30.3.1781, S. 41), B. Siebert (30.3.1781, S. 42), G. Strecker (30.3.1781,

Abb. 5: Schattenriß von Carl Heinrich Merck (1761-1799) auf der Seite eines Stammbuches aus dem Jahr 1781, als Merck von der Gießener an die Jenenser Universität wechselte. Das einzig überlieferte Bildnis, dessen Authentizität anzunehmen, aber nicht nachzuweisen ist.

Einträge in seinem Freundschaftsalbum lassen darauf schließen, dass Merck im April 1781 eine kurze Zeit in Buseck und in Alsfeld war.[3] Ebenfalls einer solchen »Exkursion« entspricht ein Eintrag auf dem Gleiberg von C. S. Wagner im September 1781.[4] Im September/Oktober 1781 reiste Merck über Alsfeld nach Jena.[5] Neben den zahlreichen Einträgen seiner Studienfreunde vermittelt jedoch noch immer zuerst die Darstellung Friedrich Christian Laukhards einen Eindruck vom Leben an der Universität: »Zu meinen Zeiten waren ungefähr 250 Studenten in Gießen. [...] Die Gießener Studenten waren meistens Landeskinder; doch befanden sich auch viele Pfälzer, Zweibrücker und andere daselbst. Der Ton der Studenten oder Burschen war ganz nach dem Jenaischen eingerichtet: die vielen relegierten Jenenser, die dahin kamen, um auszustudieren, machten damals das fidele Leben der Brüder Studio von Jena in Gießen zur Mode. Zudem ist Gießen auch so recht der Ort, wo man auf gut mosellanisch hausen kann.«[6] Friedrich Christian

S. 225), F. C. Soldan (31.3.1781, S. 46), J. C. C. Follenius (31.3.1781, S. 48), J. C. Cramer (April 1781, S. 58), C. J. Dietzsch (April 1781, S. 258), C. Martin (1.4.1781, S. 40), C. Dieffenbach (2.4.1781, S. 53), C. L. W. C. Bichmann (2.4.1781, S. 137), J. C. Höck (3.4.1781, S. 87), L. F. Brenner (7.4.1781, S. 51), F. L. Jeambey (26.5.1781, S. 169).

3 Dort trugen sich nämlich F. C. Krauß (2.4.1781, S. 55) und G. F. E. Stein (25.4.1781, S. 56) ein.

4 Der Eintrag ist im Merck'schen Stammbuch auf S. 152 zu finden.

5 In Alsfeld haben sich eingetragen: F. J. Koch (Sept. 1781, S. 61), J. J. Koch (Sept. 1781, S. 65), G. B. Lauer (21.9.1781, S. 279), C. H. Laukhard (1.10.1781, S. 63), J. H. Haas (Oktober 1781, S. 181), Jeanette Venator (6.10.1781, S. 229). Aus der Zeit als Student in Jena finden sich zwischen Oktober 1781 und August 1783 die folgenden Einträge: J. A. Nicolai (Nov. 1781, S. 29), J. G. Beyn (4.11.1781, S. 30), J. J. Scherbius (29.10.1781, S. 31), K. Dieffenbach (Jan. 1782, S. 53), L. A. Spieß (7.4.1782, S. 54), J. G. Fichtmüller (2.1.1782, S. 91), W. Eisenlohr (19.1.1782, S. 101), Schartow (9.5.1782, S. 146), J. P. Falguerolles (Aug. 1783, S. 73). Wieder in Gießen finden sich ab Herbst 1783 bis zum Frühjahr 1784 Einträge von: C. L. Trommershausen (Herbst 1783, S. 259), G. L. Horstmann (November 1781, S. 260), P. L. C. Nies (Dez. 1783, S. 117), E. Wittich (März 1784, S. 35); W. Aschoff (März 1784, S. 111), Karl Elwert (o. Datum, S. 261).

6 Hier zitiert nach Magister F. Ch. Laukhard. Sein Leben und seine Schicksale von ihm selbst beschrieben, hg. von Heinrich Schnabel, München 1912, S. 41 ff. Laukhard hatte sich im Mai 1775 in Gießen immatrikuliert. Zum Vergleich zählte die Universität Gießen zu jener Zeit 1.000 Studenten.

Laukhard hatte der Ludoviciana sein persönliches, abwertendes Urteil aufgedrückt und mit der weiten Verbreitung seiner Schriften diese Meinung in den Ansichten der Nachwelt eingeprägt. Notker Hammerstein hat demgegenüber die Ludoviciana als aufgeklärt-reformierte Landeshochschule aufgewertet.[7] In der zweiten Hälfte des 18. Jahrhunderts gelang es, neue Anstöße zu geben. Zu der Zeit, als sich Carl Heinrich Merck in Gießen immatrikulierte, erreichte die Universität unter denen, die sich neu einschrieben, ihre höchste Attraktivität.[8]

Allerdings blieb die medizinische Fakultät mit zwei Lehrstühlen unter Johann Ludwig Alefeld und Johann Wilhelm Baumer sehr klein.[9] Immerhin hatte Baumer 1767 die Gießener Medizinisch-Philosophische Sozietät gegründet, die aber nicht lange über das Jahr 1774 hinaus Bestand hatte. Friedrich August Cartheuser war zwischen 1766 und 1778 in Gießen Professor der Chemie und Mineralogie an der durch Friedrich Carl von Moser als leitenden Minister neu gegründeten ökonomischen Fakultät. Alefeld und Baumer wurden seit 1771 von Christoph Ludwig Nebel unterstützt, zunächst als außerordentlicher Professor und seit 1775 als ordentlicher Professor, der nun auch die Geburtshilfe unterrich-

7 Notker Hammerstein, Aufklärung und Universitäten in Hessen, in: Bernd Heidenreich (Hg.), Aufklärung in Hessen. Facetten ihrer Geschichte, Wiesbaden 1999, S. 27-34, hier S. 30-32.

8 Vgl. die Zahlen bei Otfried Praetorius/Friedrich Knöpp, Die Matrikel der Universität Giessen, Neustadt an der Aisch 1957, S. 10-11. Über die Entwicklung der von den Nahrungsmittelpreisen abhängigen Studentenzahlen informiert Rainer Christoph Schwinges, Immatrikulationsfrequenz und Einzugsbereich der Universität Gießen 1650-1800. Zur Grundlegung einer Sozialgeschichte Gießener Studenten, Marburg 1982, S. 247-295, hier S. 269 f. Nach einem Tiefpunkt zur Zeit des Siebenjährigen Krieges mit 22 Neuimmatrikulierten im Jahr 1762 hatten sich die Studentenzahlen bis zum Jahr 1776 mit 107 Immatrikulationen wieder verbessert, blieben bis 1785 bei 80-90, um dann wieder bis zum Ende des 18. Jahrhunderts abzufallen. Für den gesamten Zeitraum auch des 18. Jahrhunderts kann ein Ansteigen der ›hessischen‹ Hochschulbesucher verzeichnet werden. Vgl. dazu ebd. S. 282 f. und Praetorius/Knöpp, Die Matrikel der Universität Giessen, S. 10-11.

9 Immer noch einen guten Überblick über den Lehrkörper im 18. Jahrhundert in Gießen bietet Siegfried Rösch, Die Professorengalerie der Gießener Universität. Ikonographische und genealogische Betrachtungen, in: Festschrift zur 350-Jahrfeier der Ludwigs-Universität – Justus Liebig-Hochschule 1607-1957, Gießen 1957, S. 433-442 und Tafeln, hier S. 439. Ludwig Nebel wird auf Blatt 2 behandelt.

tete.[10] Führend für die Frage der Hebammen- und Geburtshelferausbildung war der Straßburger Johann Jacob Fried, bei dem Nebel seine Ausbildung genossen hatte. Nebel starb schon 1782, nachdem er 1778 Rektor und dann noch zwei Jahre Dekan der medizinischen Fakultät gewesen war.[11] 1775 war der Darmstädter Johann Ludwig Friedrich Dietz Professor der Anatomie geworden, im Jahr 1777 allerdings an die neu gegründete ökonomische Fakultät gesetzt worden.[12] Er las seit dem Wintersemester 1777/78 auch »Vieharzneykunst«.[13] Auf Cartheuser folgte dann bereits 1779 Carl Wilhelm Christian Müller aus der Homburger Ärztefamilie.

An der Gießener medizinischen Fakultät studierten in der Regel keine zwanzig Studenten, bisweilen auch nur zwölf.[14] Mercks Freundschaftsalbum ist daher kein eigentliches Dokument für die medizinische Fakultät und ihr gesellschaftliches Umfeld in Gießen.[15]

10 Irmtraud Sahmland, Das »Universitäts-Entbindungshaus«, in: Ulrike Enke (Hg.), Die Medizinische Fakultät der Universität Gießen: Institutionen, Akteure und Ereignisse von der Gründung 1607 bis ins 20. Jahrhundert, Wiesbaden 2007, S. 103 f.

11 Das Rektorat wurde reihum von den Fakultäten besetzt: 1774 Baumer (med.), 1775 Schulz (phil.), 1776 Ouvrier (theol.), 1777 Hoepfner (jur.), 1778 Nebel (med.), 1779 Schmid (phil.), 1780 Bechtold (theol.), 1781 Jaup (jur.), 1782 Dietz (med.), 1783 Schmid (phil.). Seit dem Jahr 1784 bestimmte der Landgraf den Beginn des Rektoratsjahrs mit dem 1. Oktober, dann folgte Büchner (jur.). 1798 folgte als Professor auf Dietz Nebels Sohn Ernst Ludwig Wilhelm.

12 Hier hatte er den führenden Physiokraten Johann August Schlettwein als Kollegen erhalten. Schlettwein, 1777-1785 Dekan, ging auf die mecklenburgischen Güter seiner Frau, weil die Finanzierung der Ökonomischen Fakultät versiegte. Vgl. Diethelm Klippel, Johann August Schlettwein and the economic faculty at the University of Gießen, in: History of political thought 15, 1994, S. 203-227.

13 Christian Giese, Das »Gießener Modell«, in: Enke (Hg.), Die Medizinische Fakultät der Universität Gießen, S. 144-145.

14 Jost Benedum, 375 Jahre Medizin in Gießen. Eine Bild- und Textdokumentation von 1607-1982. Mit Bildnissen und Würdigungen von Leben und Werk der ehemaligen Gießener Fachvertreter der Medizin, 2. Aufl., Gießen 1983, S. 23 f.

15 Von weiteren Kommilitonen, die in den Jahren 1778/1784 in Gießen Medizin studierten, die sich aber nicht in Mercks Stammbuch eingetragen haben, ließen sich feststellen: 1778 Conrad David Nebel aus Worms, Georg Ludwig Franck aus Straßburg wurde promoviert; 1779 Benjamin Baumer aus Solingen, Johann Bernhard Christian Stolle aus Lieberhausen im Schwarzenbergischen; 1780 cand. med. Wilhelm Becke aus Hildesheim, Friedrich Metz aus Heimbach, Simon Meier Cassel aus Bonn, Georg Philipp Volckmer aus Odagsen, Johann Dietrich Westhof aus

Als Carl Heinrich Merck zum Wintersemester 1781/82 nach Jena wechselte, war dort die Zahl der Studierenden in Medizin erst unwesentlich größer. Im Mai 1778 war der junge, aufstrebende Mediziner Justus Christian Loder von Göttingen nach Jena berufen worden und fand hier 23 Studenten vor.[16] Im Jahr 1781 hatte die Universität mit 104 Immatrikulationen ihren Tiefpunkt erreicht.[17] Schon fast sechzig Jahre alt war der theoretische Medizin lehrende Ernst Anton Nicolai. Er war zugleich Chemiker, Vitalist und Anhänger der Leibniz'schen Monadenlehre. Zudem war er »Humoralpathologe mit chemiatrischen Zügen und Anhänger der Phlogistonlehre.«[18] Seit 1758 lehrte er in Jena und hielt seine Vorlesungen als erster Mediziner in deutscher Sprache. Neben Nicolai lehrte an der Fakultät seit 1773 der Medizinhistoriker Christian Gottfried Gruner (1744-1815), der auch die Aufsicht über den Botanischen Garten innehatte. Aber auch Ernst Gottfried Baldinger (1738-1804), der Lehrer Loders, bis 1786 Professor in Jena, brachte ein biographisches Lexikon der Ärzte und Naturforscher heraus. 1780 wurde Johann Heinrich Christoph Schenk (1732-1798) Professor für Anatomie. Loder hatte zwar 1779 das »Accouchierhaus« (Entbindungsanstalt und Hebammenausbildung) eröffnet, aber erst mit mäßigem Erfolg. Es fehlte stets an Leichen für die Anatomie. Dies auch deshalb, weil der Anatomie die Leichen jener Frauen

Westfalen; 1781 Christian Philipp Goldmann aus Treysa, Nicolaus Zahn aus Zweibrücken, Johann Daniel Lindenberg aus Riga wurde 1781 promoviert; 1782 Georg Justus Philipp Großmann Apothekersohn aus Biedenkopf, Johann Friedrich Xell aus Eisenach, Georg Heinrich Schurtz aus Gießen, Jacob Neuschäffer aus Battenberg, Johann Franz Oberlein aus dem Elsaß als cand. med.; 1783 Georg Friedrich Hoffmann aus Frankfurt a. M., Johann Christoph Voit aus Schweinfurt, Philipp Jakob Kempff aus Gießen, nochmals Conrad David Nebel aus Worms; 1784 J. G. Huhn aus Neufreistätt in der Grafschaft Hanau-Lichtenberg, Johann Adam Matthias Schäffer aus Pommersfelden.

16 Steffen Kublik, Justus Christian Loder (1753-1832). Vom ambitionierten Hochschullehrer zum Leibarzt des Zaren, in: Christian Fleck u. a. (Hg.), Wegbereiter der modernen Medizin. Jenaer Mediziner aus drei Jahrhunderten – Von Loder und Hufeland zu Rössle und Brednow, Jena 2004, S. 49-71, hier S. 52.

17 Günther Schmidt, Von der »Hohen Schule« zur Friedrich-Schiller-Universität, in: Fleck (Hg.), Wegbereiter der modernen Medizin, S. 27.

18 Vgl. Susanne Zimmermann, Ernst Anton Nicolai (1722-1802), in: NDB, Bd. 19, Berlin 1998, S. 201; Werner Greiling (Hg.), Andreas Georg Friedrich von Rebmann, Briefe über Jena, Jena 1984.

zugesagt worden waren, die unehelich Kinder im Accouchierhaus zur Welt brachten und daran verstarben. Frauen mieden daher jenen Ort.

Hier im Accouchierhaus hatte der junge Johann Christian Stark eine steile Karriere begonnen.[19] 1777 war er in Jena promoviert worden und 1779 außerordentlicher Professor geworden. Da Loder vom Sommer 1782 bis Herbst 1783 eine Studienreise u. a. nach Paris und London unternahm, war nun Stark als sein Vertreter der Direktor des Accouchierhauses. Nach Loders Rückkehr entwickelten sich zwischen den beiden Spannungen bis zur offenen Feindschaft. Stark hatte 1781 mit Unterstützung des Herzogs in Weimar ein eigenes Krankeninstitut begründet und erhielt, nachdem er einen Ruf nach Gießen abgelehnt hatte, 1783 eine ordentliche Professur. 1786 wurde er Leibarzt der fürstlichen Familie. Stark forderte von den Studenten einen hohen Einsatz und wirkte mit seiner Poliklinik stark auf sozialem Feld. Für Mercks Eindrücke in Jena mag auch der Erwerb der Naturaliensammlung von Johann Ernst Immanuel Walch nach dessen Tod 1779 durch den Herzog von Bedeutung gewesen sein. Diese gliederte sich in ein Botanisches, ein Zoologisches und ein Mineralogisches Kabinett. Erster Kustos wurde der Wundarzt Johann Valentin Heinrich Köhler.[20]

Wenn Mercks Album kein Zeugnis der sich entwickelnden akademischen Medizin war, so kennzeichnet das Titelblatt das Stammbuch als eigentliches Freundschaftsalbum, insofern der Altar der Freundschaft hier mit der Inschrift »Freunden heilig – C. H. Merck« geziert ist. Wie die meisten der zahlreich überlieferten Stammbücher seiner Zeit spiegelt das Freundschaftsalbum deren Beweggründe wider, zunächst die klassische Bildung der Universität, auf Lateinisch und Französisch sowie dem Humanismus verpflichtet, aus der »Regelwelt durchforsteten Geschmackes und beruhigter Wissenschaft«.[21]

19 Johann Christian Stark d. Ältere (1753-1811). Der Arzt Goethes und Schillers, in: Fleck (Hg.), Wegbereiter der modernen Medizin, S. 73 f.

20 Schmidt, Von der »Hohen Schule«, S. 27 und Kublik, Justus Christian Loder, S. 53.

21 Robert Arnold Fritzsche, Aus alten Gießener Stammbüchern, in: Ludoviciana, 1917, S. 5-9, hier S. 5; zu Stammbüchern insgesamt vgl. Silke Cecilie Mo-

Doch treten in Mercks Stammbuch die Elemente der neueren deutschen Bildung des Rokoko, der Sprüche, der Verse von Johann Christoph Gottsched, Gotthold Ephraim Lessing und anderen stärker hervor: Demütig, biedere Untertanen und Patrioten sollen die Einschreibenden noch sein, »würdige Kandidaten einer bürgerlichen Versorgung«.[22] Karl Elwert nennt es in seinem Eintrag »Biedermuth«.[23] Aber zugleich zeigt sich die Fröhlichkeit: »Wer zufrieden ist, ist reich«[24] oder »Ein Weiser teilet seine Zeit / In Arbeith Ruh und Fröhlichkeit«.[25] Entsprechende Zitate finden sich von Lessing und Friedrich von Hagedorn.[26]

Die weitere Entwicklung zwischen 1750 und 1780 zeigt sich an den Versen von J. P. Uz: »Als Vater Hagedorn uns seine Scherze lehrte, / Der Alemannier auf Gellerts Mährchen hörte, / Und da er sonst den Hunold las, / Die plumpen Possen nun bei meinem Gleim vergaß.«[27]

Modischer Agnostizismus erscheint als privates Rebellentum gegen eine theologische Orthodoxie. Die Verse wechseln von der Anakreontik zum Volkslied. Zwischen bukolisch spielender Liebelei und saftiger Zote als die Mode eines ›petit-maître‹ (Laukhard) wird zunächst ›das Fleisch der befreiten Geister emanzipiert‹.[28] Dabei spielte das Trinken eine größere Rolle als die Geschlechterspiele.[29] Bezeichnenderweise findet sich auch der Dreiklang *biederer Untertan – Mädchen – Wein*: »O Bachus! Laß mich klug an dreyen Orten seyn / Am Hofe, bey Maidgen und Wein«.[30]

ning, Die studentischen Stammbücher des 18. Jahrhunderts, in: Aus mageren und aus ertragreichen Jahren, Gießen 2007, S. 120-144. Online abrufbar unter: http://geb.uni-giessen.de/geb/volltexte/2010/7377/, letzter Zugriff am 8. Februar 2013.

22 Merck'sches Stammbuch, S. 26.

23 Ebd.

24 Fritzsche, Aus alten Gießener Stammbüchern, S. 6.

25 Merck'sches Stammbuch, S. 25.

26 Ebd., S. 24 und 27.

27 Johann Peter Uz, Sämmtliche Poetische Werke, Zweyter Band, Neue Auflage, Leipzig 1772, S. 269.

28 Fritzsche, Aus alten Gießener Stammbüchern, S. 6.

29 Im Merck'schen Stammbuch sind Wein und Rausch Thema auf den Seiten 23, 61, 172, 225 usw.; Mädchen und Tändeleien auf den Seiten 61, 172, 183, 208 usw.

30 Ebd., S. 61.

Die Tugend spielt noch ihre große Rolle, aber sie ist durch Friedrich Gottlieb Klopstock nicht mehr abstrakter Zuchtmeister, sondern subjektiviert-individualisiertes Lebensglück. Daher heißt es: »Die Tugend ist nur klein, die nie ein Trieb / Zum Laster rief, und Hindernisse nur, / die sie besiegt, erheben ihren Werth / Und die vergöttern sie«[31] oder »Die Tugend ist der Endzweck erhabner Seelen.«[32] In seinem Vers schreibt Ewald Christian von Kleist: »Fühl Tugenden, so fühlst Du Glück.«[33]

Noch gibt es das »witzig-schlüpfrige Sinngedicht des verrufenen Menantes-Hunold zwischen den kalten Moralitäten zur rechten und zur linken«.[34] Aber die Freiheit und vor allem die Freundschaft weisen auf ein neues Selbstbewusstsein hin: In der studentischen Ungebundenheit verinnerlicht sich zunächst die Freiheit, um dann in der Freundschaft auch nach außen hervorzutreten. Besonders in der Widmungsformel wird dies deutlich. Goethe räsonierte im 18. Buch von *Dichtung und Wahrheit*: »In der damaligen Zeit hatte man sich ziemlich wunderliche Begriffe von Freundschaft und Liebe gemacht. Eigentlich war es eine lebhafte Jugend, die sich gegeneinander aufknöpfte und ein talentvolles, aber ungebildetes Innere hervorkehrte.«[35]

1772 verbanden sich im Hainbund vor den Toren Göttingens die Grafen Stolberg und einige weitere bürgerliche Kandidaten zu einem Bund für das Vaterland.[36] Die ständischen Barrieren wurden in ersten Schritten zugunsten neuer »Bünde« überwunden. Dem entspricht der von Johann Jacob Render in Mercks Stammbuch zitierte Hölty-Vers »Es leb ein jeder deutscher Mann / der seinen Rheinwein trinkt / so lang er's Kelchglas halten kan / u. dann zu Boden sinkt.«[37]

31 Merck'sches Stammbuch, S. 43.

32 Ebd., S. 57.

33 Ebd., S. 170.

34 Fritzsche, Aus alten Gießener Stammbüchern, S. 6.

35 Zit. nach ebd., S. 8.

36 Erich Trunz (Hg.), Goethes Werke. Hamburger Ausgabe in 14 Bänden, Bd. 10, Achtzehntes Buch, Hamburg 1948 ff., S. 124.

37 Der Göttinger Hainbund war eine literarische Gruppe des Sturm und Drang. Vgl. Merck'sches Stammbuch, S. 173.

Für die Freiheit findet man bereits deutliche Worte: »Der Staub hat Willen – dies ist mein erhabenster Gedanke / an den Schöpfer, und den allmächtigen Trieb der Freiheit / schätze ich auch in der sich sträubenden Fliege.«[38] Die Freiheit verbindet sich mit der begrifflich durch Klopstock entwickelten Tugend: »Ein solcher Mensch ist glücklich, / der Tugend so wie Freyheit liebt.«[39] Die politische Absicht ist in dem Spruch »Freyheit ist das Leben der Menschen / Zwang ist ihr Todt«[40] vollends zu spüren. Das erwachende Selbstbewusstsein auch der Gießener Studenten und ihre zunehmende Solidarisierung führten zu Konflikten, die von Laukhard ausführlich geschildert werden. Aus Protest zogen die Studenten zeitweilig aus Gießen aus, um dann bald wieder zurückzukehren.[41]

Zur Forderung nach Freiheit tritt diejenige nach Verbrüderung. In dem neu erfahrenen Bund, einem der zahlreichen studentischen »Geheimorden«, eröffnete sich eine neue Qualität des akademischen Netzwerks. In seinen Anfängen wurde dieses Netzwerk allerdings noch ganz subjektiv empfunden. Daher heißt es im Stammbuch mehrfach: »Heilig war uns mancher Tag, mancher Abend heilig«[42] und vielfach ähnlich.[43] Die Bruderschaft wird durch die Verknüpfung mit der gegenseitigen Memoria überhöht: »Mein Gedächtnis sei ein Brandmahl, und mein Name Schande, falls ich, Brüder, nicht ewig liebe.«[44]

38 Fritzsche, Aus alten Gießener Stammbüchern, S. 8 vermutet, dass der Einträger dieses Spruches, Christian Wilhelm Ernst Wittich, zuvor den Werther gelesen habe. Wittich trat später in holländische Militärdienste, sein weiteres Schicksal ist jedoch bisher unbekannt. Vgl. Merck'sches Stammbuch, S. 35.

39 Ebd., S. 58.

40 Ebd., S. 59.

41 Vgl. Friedrich Christian Laukhard, Eulerkappers Leben und Leiden. Eine tragischkomische Geschichte, Gießen 1804, S. 59ff.

42 Merck'sches Stammbuch, S. 11, 48.

43 So etwa in ebd., Miller 1773 an Esmarch, zuerst im Voßischen (Lauenburger) Musenalmanach für 1776: Eingangsvers der fünften Strophe des Volkslieds »Traurig sehen wir uns an …«, vollständig: Heilig war uns mancher Tag / Mancher Abend heilig / Freundschaft gab uns alles Gutes / Freundschaft macht uns hohes Muthes / Glück, Und schwandst so eilig. Vgl. Als der Großvater die Großmutter nahm. Ein Liederbuch für altmodische Leute, hg. von Anton Kippenberg und Friedrich Michael, Leipzig 1885.

44 Merck'sches Stammbuch, S. 29. Fritzsche, Aus alten Gießener Stammbüchern, S. 8 transkribiert irrtümlich »mein Name Schauder«.

In einem dritten Schritt entwickelt sich auch das politisch-soziale Bewusstsein, wenn etwa Johann August Nicolai seinem Eintrag den Kommentar »auch / [...] wo / beständig Ungerechtigkeith herrscht« anfügt.[45]

Die Geheimorden

Den studentischen Geheimorden[46] gehen Gelehrte – akademische – Gesellschaften voraus. Schon Landgraf Ernst Ludwig wollte in den 1720er Jahren in Gießen eine Akademie ins Leben rufen. Am 12.12.1763 gründete sich eine »Teutsche Gesellschaft« unter dem Lehrer der Beredsamkeit Johann Georg Bechtold. Seit 1765 gab es in Gießen ein »Collegium medicorum«, am 25. August 1767 gründete sich dann in der Wohnung des Professors der Naturlehre Friedrich August Cartheuser die Gießener Gelehrte Gesellschaft, die »Societas Hassiaca Academica Philosophico-Medica«, vornehmlich aus den Mitgliedern der medizinischen und der philosophischen Fakultät und einigen Beamten.[47] Ständiger Sekretär dieser Gesellschaft war der Prosektor Christoph Ludwig Nebel.[48] Der große Förderer und Präsident der Akademie, Hofmarschall Hermann Freiherr Riedesel zu Eisenbach, trat allerdings mit dem »Systemwechsel« nach dem Tod Ludwigs VIII. 1768 von seinen Aktivitäten

45 Merck'sches Stammbuch, S. 29.

46 Studentenorden formierten sich in der Zeit der Aufklärung als geheime Bünde, die meist einen literarischen oder philosophischen Hintergrund hatten. In diesem Kontext erhalten ihre Stammbücher einen besonderen historischen Wert. Aus diesen lässt sich nämlich rekonstruieren, welche Orden für junge Akademiker besonders attraktiv wirkten.

47 Vgl. Volker Press, Die Hessische Gelehrte Gesellschaft. Das Gießener Akademieprojekt im 18. Jahrhundert, in: ders./Peter Moraw (Hg.), Academia Gissensis, Marburg 1982, S. 313-359, hier S. 320.

48 Nach Volker Press waren die Teilnehmer 1767 die Professoren Baumer, Alefeld, Cartheuser, Böhm, die Räte Jakob Thom, Adam, Dr. Bechelmann, Stadtphysicus Dr. Philipp David Busch und Nebel; Gäste waren Rektor Ernst Thom, Vizekanzler Kortholt, Konsistorialdirektor v. Schwarzenau, Prof. Joh. Stephan Müller, Koch, Gatzert, Mogen, Hofmann, RegR. Christian Jak. Lukas Hert, Jak. Christian Klipstein, Archivar Langsdorff, Syndikus Plock, Rezeptor Tasche, Kand. Müller und Amtmann von Gladenbach, Mohengebel.

zurück, und die Akademie musste sich seit 1772 finanziell vollständig auf sich selbst verlassen und erstarb schließlich 1774/1775.[49]

In den letzten Jahrzehnten des 18. Jahrhunderts werden dann parallel zu den Gelehrten Gesellschaften studentische Geheimorden beliebt und treten auch in Mercks Freundschaftsalbum hervor, besonders der Harmonisten-Orden oder Mosellaner-Orden, der Amicisten-Orden und vermutlich weitere.[50]

Merck selbst war entsprechend dem Eintrag auf dem Titelblatt in dem Darmstädter-Orden mit der Buchstabenfolge »I.C.S. / C. A. / N.« Mitglied, weiter bei den Harmonisten und den Amicisten, die sich in Jena 1781 »Schwarze Brüder« nannten. In zahlreichen Einträgen wird auf die sich ausbildenden Regularien der Orden, die sich zwanzig Jahre später in den Landsmannschaften und Burschenschaften wiederfinden, Bezug genommen: Carl Samuel Wagner trägt seinen Spruch »Ihr Freunde lebet wohl! / Scheis Gießen gute Nacht!«[51] in dem Gießen benachbarten Gleiberg ein und fügt

49 Press, Die Hessische Gelehrte Gesellschaft, S. 346f.

50 Zum Constantisten-Orden, der sich von Halle aus verbreitet hat und in Jena erst im Wintersemester 1786/87 vertreten war, vgl. Erich Bauer, Der Constantisten-Orden in Frankfurt/Oder und seine Mitglieder, in: Einst und Jetzt 6, 1961, S. 151; Friedrich August Pietzsch, Fibel der studentischen Gemeinbünde, Vervielfältigung eines hdschr. Mskr., Expl. Institut für Personengeschichte, Bensheim. Pietzsch führte in den 1950er und 1960er Jahren eine »Zentralkartei für Studentenstammbücher« in Heidelberg. Friedrich August Pietzsch hat in seiner Fibel der studentischen Gemeinbünde für Gießen die folgenden Bünde identifiziert: Amicisten-Orden (Zirkel 1770 zwei gespiegelte und ineinandergeschobene »c«; »WA«-Ligatur, »XX«), der Fenster-Orden (1775-1776), Inkundisten-Orden (Wahlspruch: I.C.S.v.), der Darmstädter Orden (Wahlspruch: [im Δ] I.C.S.C.A.N. bzw. I.C.S.A.A.N., 1781: [im Δ] V.W.W.M.F.A. bzw. N.V.N.M.F.A.), der Pfälzer-Orden (1776 eine Gründung vermutlich unter Mitwirkung von Laukhard), der Waldecker-Orden (Wahlspruch: V.W.F.W.v.), Zweibrücker oder Oberrheiner Orden (Wahlspruch: V.A.U.F), der Hessen-Orden (1775 bis mindestens 1792), der Indissolubilis-Orden (Wahlspruch 1768: AE.S.N.C.), der Imnable-Orden (Zirkel: C.N!C.N! / I.), der Faßbinder-Orden (Wahlspruch 1764: O.E.E.), Concordien-Orden oder Creuz-Orden (Wahlspruch: C.C.e.S.), Sincere et constanter-Orden (blauer Orden, Wahlspruch: S.E.C.), Elsässer-Orden, Constantisten-Orden (gegründet in Halle, in Gießen 1795-1804), Harmonisten-Orden der »Schwarzen Brüder« (gegründet in Erlangen 1768, Zirkel: F [»Frater fidelis«] und dem Wahlspruch E.F.T.S.M.).

51 Fritzsche, Aus alten Gießener Stammbüchern, S. 8 transkribiert: »Ihr Freunde lebet wohl! Schöns Gießen gute Nacht!« und hält Wagner für ein Mitglied des Amicisten-Ordens.

hinzu: »als ich wegen des XX / fortgejagt wurde«, und Merck ergänzt später: »wurde auf Ostern / 1781 wieder / recepirt.« – was allerdings mit der Datierung nicht in Übereinstimmung zu bringen ist. Im Oktober 1781 trug sich Friedrich Christian Henrich Laukhard in Alsfeld auf der Durchreise nach Halle in Mercks Stammbuch ein, was Merck auf dem Stammbuchblatt vermerkte. In Halle trug sich Laukhard auf Blatt 109 am 7. Hornung 1783 in das Stammbuch Zierlein ein. Auf dem Blatt 108 desselben Stammbuchs trug sich im März 1783 Carl Heinrich Merck auf einem Ausflug von Jena nach Halle mit dem großen Harmonistenkreuz und der Anmerkung »renovatum Jenae im Mai 1783« ein. Zierlein ergänzte hier: »*ging* gegen Michaeli 83 in patriam, und ich begleitete ihn bis Ketschau.«[52] Der spätere Literat Georg Peter Dambmann (1761-1826) wählte für seinen (verlorenen) Eintrag in das Stammbuch von Carl Heinrich Merck möglicherweise aus Gründen der »Freundschaft« den Namen »Georg Carl«.[53]

Indessen verschlechterte sich die Einschätzung der Gesellschaften und Orden durch die Obrigkeit zusehends. Das Allgemeine Landrecht der preußischen Staaten legte ›in Ansehung der Studierenden‹ 1794 fest: »12. Dauernde Gesellschaften und Verbindungen zu einem bestimmten Zwecke können nicht ohne Vorwissen der akademischen Obrigkeit errichtet werden, und haben, ohne deren Erlaubniss, die Vermuthung einer gesetzwidrigen Absicht wider sich. Sobald aber eine mit Vorwissen der Obrigkeit bestehende Gesellschaft, auf irgend eine Art Andre zum Eintritt, oder zum Beharren in ihr nöthigen wollte, soll die Gesellschaft nicht

52 Mitteilung F. A. Pietzsch, Heidelberg, über F. Ch. Laukhardt, Institut für Personengeschichte, Bensheim.

53 Hans Weber, 500 Jahre Sippengeschichte Dambmann – Dampmann – Dantmann 1463-1970, Darmstadt 1972, S. 353-354, konnte jedenfalls eine andere Begründung für die Namenwahl angeben. Für Dambmann listet Weber die folgenden ihm bekannt gewordenen Stammbucheintragungen auf: 4.12.1778 in Gießen bei Georg Andreas Frey, vgl. Blatt 49 des Merck'schen Stammbuchs; 7.2.1779 in Gießen bei Gravelius, vgl. Blatt 50; 1779 in Gießen bei F. L. Lange; 24.3.1779 in Gießen bei J. W. Steinhauer; April u. Junin 1782 in Jena bei Runkel; August 1782 in Jena bei Rupp; Okt. 1782 in Halle bei K. Ad. G. Schellenberg; 11.8.1783 in Jena bei Ludwig Friedrich Schmidt, vgl. Blatt 21; 30.10.1783 in Jena bei Zierlein; 1783 bei Ludwig Wilhelm Volz; 1783 in Darmstadt bei Brill; 24.9.1789 in Marburg bei Ludwig Scheuermann; 10.5.1793 in Marburg bei Ludwig Freiherr von Vincke.

länger geduldet werden. Auch sind alle diejenigen strafbar, welche Andre zu Collecten nöthigen, besonders werden alle Orden und Landsmannschaften bei Strafe einer immerwährenden Relegation von allen Universitäten in den Königlichen Landen hiermit ernstlich untersagt; wie denn auch durch neuerliche Reichstagsbeschlüsse die Veranstaltung getroffen werden, dass diejenigen, welche deswegen relegirt werden, auf keiner Universität in Deutschland wieder aufgenommen werden.«[54]

Die Elemente der Stammbucheinträge

Wie auch im Denkspruch, so treten im Sinngedicht Boethius, die Vulgata und Zitate der lateinischen Väterliteratur gegenüber Cicero, Ovid und vor allem Seneca im 18. Jahrhundert zurück. Die große Mehrzahl der Verse in Mercks Stammbuch stellen keine Zitate aus dem gelernten Wissensschatz mehr dar. Der Wahlspruch entwickelt sich aus der heraldischen Devise. Er bleibt ein unveränderliches Attribut des Besitzers, welches er überall gleich hinschreibt. Denn er ist von ihm erwählt und haftet ihm an.[55] Den aus dem Wahlspruch entwickelten Denkspruch sucht der Einschreibende für den Stammbuchbesitzer aus und er wählt ihn dem Adressaten passend. Das Stammbuch gewinnt so an Subjektivität. Diese wird zu einem gewissen Teil in der Entwicklung der in Buchstaben abgekürzten Devisen, in einem Maße unterlaufen, wie sie den neu entdeckten landsmannschaftlichen und akademischen Bund betonen.[56]

Bereits auf dem Titelblatt des Merck'schen Stammbuchs findet sich das Dreieck mit der Buchstabenfolge *I.C.S. / C.A. / N.*[57] Häufiger tritt das Dreieck mit der Buchstabenfolge *N.N.N / M.F. /*

54 Gesetze für die Studierenden auf der Königlichen Friedrich-Wilhelms-Universität zu Berlin, Berlin 1832, Teil II, Tit. 12, hier S. 54.

55 Beispiele bei Fritzsche, Aus alten Gießener Stammbüchern, S. 7.

56 Hilfreich waren die Zusammenstellungen von Versen, Verbindungen, Geheimzeichen und Zirkeln durch Johann Theodor Schätzler, Erkenntnisse aus Studentenstammbüchern der Jahre 1620-1820, in: Einst und Jetzt 11, 1966, S. 105-127. Devisen auf S. 55 des Merck'schen Stammbuchs auch »Simb.« genannt.

57 Wiederkehrend auf den Seiten 11, 23, 40, 46ff. und 51 des Merck'schen Stammbuchs.

A. auf.[58] Weiter findet sich um eine Ligatur von vF oben die Folge M-M und unten M-A.[59] Das große F wird auch begleitet von *E.F.T.S.M.*[60] Im Kasten finden sich die Buchstaben V.E.H.L.R., überschrieben mit »Simb. vide sed cui fide«.[61] In die Mitte eines Kreuzes setzt ein Symbol ein M, oben M, unten V, an den Enden des Kreuzbalkens jeweils B.[62] Mercks Freundschaftsalbum weist ihn und manche späteren Eintragenden auf diese Weise als Mitglied des Harmonisten-Ordens und des Amicisten-Ordens aus – daher auch das Zitat »Wohl denen, deren Band die Göttin Harmonie / beschüzt!«[63] Das Symbol des Ordens stellt das große F für »Frater fidelis« dar, begleitet von oben »L« für Liebe und »F« für Freiheit sowie unten »T« und »S«, darunter »M«.[64] Die Buchstabenfolge *E.F.T.S.M.* stammt aus Horaz, Carmen: »Est Fideli Tuta Silentio Merces«, deutsch etwa »Dem getreuen Schweigen ist der Lohn sicher«.[65] Neben einem stilisierten H[66] findet sich ein doppeltes X. Ob dieses jedoch für die Mitgliedschaft im Amicisten-Orden steht, bleibt wie das meiste in Bezug auf die Geheimorden unsicher.[67] Der sich im Stammbuch von Carl Heinrich Merck eintragende Friedrich Christian Laukhard hat selbst 1799 eine erste Beschreibung des Amicisten-Ordens geliefert.[68] Es kam häufig vor, dass die Stammbuchbesitzer in mehreren Orden gleichzeitig Mitglied waren.

Ligaturen entwickeln sich schließlich zu Zirkeln. So findet sich AE (Aeternitas), die gespiegelt, ineinandergeschobenen und waag-

58 Ebd., S. 167ff., 172, 174, 183.

59 Ebd., S. 30f.

60 Ebd., S. 51, 259ff.

61 Ebd., S. 55.

62 Ebd., S. 138.

63 Ebd., S. 260.

64 Ebd., S. 259f.

65 Ebd., S. 259ff.

66 Vgl. ebd., S. 152, 171, 175, 176ff. sowie 58f., 138.

67 Vgl. Friedrich August Pietzsch, Unklarheiten in der Studentengeschichte (Ordensverbindungen), in: Einst und Jetzt 14, 1969, S. 62-70.

68 Friedrich Christian Laukhard, Der Mosellaner- oder Amicisten-Orden nach seiner Entstehung, inneren Verfassung und Verbreitung auf den deutschen Universitäten dargestellt und zur Zurechtweisung der Schrift: Graf Guido von Taufkirchen, wie auch zur Belehrung über das akademische Ordenswesen für Universitätsobrigkeiten und Studierende, Halle 1799.

recht durchstrichenen Ligaturen CC oder VC, FN oder Fv.[69] Auch diese Ligaturen weisen auf Gießener ›Orden‹ der Concordia oder der Constantia hin.

In der Entwicklung der Widmungsformel zeigt sich der Wandel von Gelehrtentum und Verbindlichkeit zu neuer innerer Freiheit und Freundschaft, vom *Sie* zum *Du*: Statt seltener »ergebenster Diener und Bruder dem geneigtesten Andenken des Besitzers« oder »Zum Denkmal von Ihrem ergebensten Diener«[70] heißt es jetzt häufiger »zum Andenken unserer wahren Freundschaft schrieb's Dein treuer Freund« oder »Zum Immerwährenden Andenken Dein unzertrennlicher Freund und Bruder«.[71] Der ›Bruder‹ tritt durch die Gründung des gemeinsamen Ordens, zu dieser Zeit in Bruderliebe gekleidet, stark hervor.

Die Widmung wird in Mercks Stammbuch häufig durch eine Silhouette ergänzt, bisweilen ersetzt die Silhouette alle anderen Elemente, und Merck selbst fügte Namen und Herkunft hinzu.[72] Das Stammbuch weist auf, dass zunächst schon 1780 Merck mit Kommilitonen Scherenschnitte tauschte, er aber nicht in jedem Fall für sein Stammbuch auch einen persönlichen Eintrag erhielt. Um den 28. März 1781 fanden dann auf größeren Zusammenkünften erneut der Austausch von Silhouetten und das Eintragen in die Stammbücher statt. Es hat sich ein gleich gestaltetes Stammbuch von Carl Bichmann erhalten, in dem sich z. T. die gleichen Scherenschnitte wiederfinden.[73]

69 So findet sich AE (Aeternitas) auf S. 225 des Merck'schen Stammbuchs, auf S. 57f. häufig die gespiegelt, ineinandergeschobenen und waagrecht durchstrichenen CC bzw. VC auf S. 138 und 179, FN auf S. 91 und 171 oder Fv auf S. 137.

70 Ebd., S. 57.

71 Zum Freund ebd., S. 26, 31, 35 usw.

72 Vgl. Friedrich August Pietzsch, Silhouetten von Studenten aus der Kurpfalz, Zweibrücken, Nassau-Saarbrücken und dem Elsaß im Stammbuch Zierlein [Halle und Jena 1783, dabei: Laukhard], in: Pfälzische Familien- und Wappenkunde 4, 1961-1963, S. 201; und auch Wilhelm Diehl, Eine Silhouette Friedrich Christian Laukhards aus dessen »Eulerkapperzeit«, in: Hessische Chronik 5, 1916, S. 21-23.

73 Wilhelm Diehl, Silhouetten aus einem Gießener Stammbuch, in: Hessische Chronik 4, 1915, S. 129-132; 5, 1916, S. 60f. Leider ist offenbar nur dieser erste Anfang der Veröffentlichung erschienen, sodass der Vergleich mit Carl Heinrich Mercks Stammbuch nicht vollständig durchgeführt werden konnte.

Die Einträge sind fast alle eindeutig durch Ort und Datum gekennzeichnet. Vielfach ergänzte Merck die Einträge durch Hinweise darauf, wann der Eintragende den gemeinsamen Studienort verließ, und selten vermerkt er etwas über das weitere Schicksal des Eintragenden. Diese Ergänzungen des Besitzers sind für Stammbücher aus der zweiten Hälfte des 18. Jahrhunderts häufiger festzustellen.

Carl Heinrich Mercks Freundschaftsalbum steht für eine große Zahl überlieferter Stammbücher von Studenten aus dieser Zeit. Für einige Gießener und Jenenser Stammbücher kann nachgewiesen werden, wie sich die Einträger vielfach darin verewigten. Die Stammbuchforschung steht allerdings noch am Anfang. Die Datenbank Repertorium Alborcum Amicorum in Erlangen oder der Katalog der studentischen Stammbücher in der Universitätsbibliothek Gießen konnten für die Auswertung von Mercks Stammbuch neben einzelnen bearbeiteten und veröffentlichten Stammbüchern berücksichtigt werden.[74] Für die Bearbeitung des Merck'schen Stammbuchs aus den Jahren 1781-1783 wurden fast alle Einträger in ihrem Kontext der Familie, der Ausbildung und des Berufs identifiziert.

Die Zahl der Mediziner ist nicht überraschend.[75] Sie tragen sich eher auf den vorderen Blättern ein und weisen durch Zusätze wie

74 Schon im Jahr 2000 erschien die CD-ROM »Ins Stammbuch geschrieben«. Studentische Stammbücher des 18. und 19. Jahrhunderts aus der Sammlung des Stadtarchivs Göttingen, bearb. von Maria Hauff, Hans-Joachim Heerde und Ulrich Rasche, Göttingen.

75 Die Zugehörigkeit nach Fakultäten hat offenbar keinen Einfluss darauf gehabt, wer sich aus Mercks Freundeskreis an den Universitäten Gießen und Jena eingetragen hat: Sieben Mediziner sind im Stammbuch vertreten: G. F. K. Müller und F. D. H. D. Schazmann (S. 24 und 25; Kinder von Müller und Schazmann heirateten 1821), J. A. Vogler (S. 26), J. W. Ehrhard (S. 27), G. W. C. Müller (S. 43), J. P. Falguerolles (S. 73), F. C. Bruch (S. 169). 21 Theologen schreiben sich in das Stammbuch ein: J. W. A. Dittmar (S. 5), G. Chr. Isenbeck (S. 7), L. F. Bauer (S. 11), J. A. Nicolai (S. 29), G. C. Dambmann (S. 44), F. C. Soldan (S. 46), F. C. Krauß (S. 55), G. F. E. Stein (S. 56), J. B. Hundhausen (S. 59), J. J. Waldeck (S. 89), P. L. C. Nies (S. 117), C. Bichmann (S. 137), Schartow (S. 146), J. J. Deuerling (S. 171), F. K. Roos (S. 172), J. J. Render (S. 173), S. C. Wagner (S. 178), C. W. S. Welcker (S. 179), G. N. Elles (S. 183), C. J. Dietzsch (S. 258), C. L. Trommershausen (S. 259). Die Mehrzahl der Eintragenden im Stammbuch, genauer 34 an der Zahl, waren Juristen: Leusler (S. 1), Theodor Krebs (S. 13), L. F. Greuhm (S. 19), A. Wurm (S. 23), J. G. Bein

»citia – amicitia nostra« eine enge Verbindung zu Merck auf. Ein Sohn von G. F. K. Müller und eine Tochter von F. D. H. D. Schazmann heirateten 1821 und erweisen damit, dass die Eintragenden auch später im Leben die Verbindungen pflegten.[76] Aus der Zahl der zu identifizierenden Einträger sticht Johann Peter Falguerolles, später als Gründer der Kur-Heilanstalt von Heiligenthal bei Bremen bekannt, hervor.[77] Aus Apothekerfamilien stammen Aschoff und Bruch.

Die Eintragenden stammen hauptsächlich aus der Landgrafschaft Hessen-Darmstadt, dann auch wegen der dortigen Darmstädter Besitzungen aus dem Pfälzischen, Elsässischen und wenige aus Baden und Franken. Kleinere Gruppen von Eintragenden stammen aus dem Westerwald und dem Waldeckischen.

Bemerkenswert scheint, dass Friedrich Christian Laukhard auf der Durchreise in Alsfeld offenbar die Begegnung mit Merck gesucht hatte, da er ihn wohl als Mitglied des Harmonisten-Ordens kannte. Zu beachten ist auch der Eintrag von Georg Peter Dambmann, der leider heute im Exemplar fehlt. Dambmann hat sich in zahlreiche Stammbücher seiner Freunde im Harmonisten-Orden als »Peter Carl Dambmann« eingetragen, möglicherweise als Referenz für den Stammbuchbesitzer.[78] Unter den zahlreichen Ein-

(S. 30), J. J. Scherbius (S. 31), E. Wittich (S. 35), C. W. Lex (S. 37), C. Ph. Reichenbach (S. 41), B. Siebert (S. 42), F. L. Follenius (S. 47), J. C. C. Follenius (S. 48), J. C. T. Gravelius (S. 50), L. F. Brenner (S. 51), C. Dieffenbach (S. 53), L. A. Spieß (S. 54), L. Cramer (S. 57), J. C. Cramer (S. 58), J. J. Busch (S. 72), J. C. O. F. Steube (S. 74), J. C. Höck (S. 87), F. W. Kick (S. 88), W. Eisenlohr (S. 101), W. Aschoff (S. 111), W. W. Varnhagen (S. 140), C. Neidhardt (S. 167), F. L. Jeambey (S. 169), W. G. Hoffmann (S. 170), H. A. Katzner (S. 174), J. P. Stracke (S. 176), J. F. Bender (S. 180), G. Strecker (S. 225), K. Elwert (S. 261), G. B. Lauer (S. 279). Immerhin vier Kameralisten von der 1777 neu gegründeten Fakultät sind vertreten: J. D. A. Höck (S. 39), C. Martin (S. 40), L. W. F. Becker (S. 138), G. L. Horstmann (S. 260), und weiterhin sind wenige Mitglieder von Honoratiorenfamilien in Alsfeld unter den Eintragenden vertreten.

76 Mercks Stammbuch, S. 24 f.

77 Hubertus Averbeck, Von der Kaltwasserkur bis zur physikalischen Therapie, Bremen 2012, S. 132.

78 Hans Weber, 500 Jahre Sippengeschichte Dambmann – Dampmann – Dantmann 1463-1970, S. 353-360. Keine Stammbuchblätter im eigentlichen Sinne stellen dagegen die Persiflage auf S. 208 und die Tarneintragung als »berühmter Verbrecher« auf S. 240 im Merck'schen Stammbuch dar.

trägern befinden sich auch der Gießener Pfarrer Ludwig Friedrich Bauer (1761-1828)[79] und Ludwig Franz Greuhm (1762-1824) aus Darmstadt, am 14.9.1777 in Gießen immatrikuliert und später Großherzoglich Mecklenburgischer Geheimer Legationsrat und Ministerresident, sein Vater war Regierungssekretär und Rat in Darmstadt.[80] Zu Mercks Freunden gehörten auch Georg Friedrich Karl Müller aus Homburg v.d.H., Hofrat und Fürstlicher Leibarzt in Homburg. Sein Bruder Carl Wilhelm Christian Müller wurde 1799 Professor der Medizin in Gießen.[81] Wie Müller verewigte sich Johann Wilhelm Ehrhard mit einer Silhouette mit Zopf in Mercks Freundschaftsbuch. Er war seit dem 18.10.1780 in Gießen immatrikuliert und wurde später Dr. med. Medizinalassessor und Hofapotheker in Darmstadt. Vergebens warb er um die Hand von Adelheid Merck (1771-1845). Im März 1781 schrieb er ins Merck'sche Stammbuch: »Unmenschlich ist der Trieb von Menschen sich zu scheiden / und Timons Bärensstaud ist nimmer zu beneiden / kein Weiser haßt die Welt: auch sie versichert ihn, uns werd in einem Freund ein heilger Schatz verliehen / von Hagedorn.«[82]

Johann Carl Höck aus Gaildorf in Franken wurde später Jurist, sein Vater war Kanzlei-Sekretär in Gaildorf.[83] Christian Ludwig

79 Eingangs-Vers der fünften Strophe des Volkslieds »Traurig sehen wir uns an« (Abschiedslied. An Esmarch, 1773), nach Johann Martin Miller, Gedichte, Neueste Auflage, Wien 1818, S. 180. Der Ulmer J. M. Miller, seit 1770 Student in Göttingen, wurde bald über Bürger mit Boie, Klopstock und dem Göttinger »Hain« bekannt und im »Bund« »Minnehold« genannt. 1775 kam er auch nach Gießen, Wetzlar und Darmstadt zu Merck, vgl. Albert Elschenbroich, Johann Martin Miller, in: NDB, Bd. 17, Berlin 1994, S. 514-516.

80 Zum Stammbuch des Ludwig Franz Greuhm vgl. Hans Dreyer, Ein Stammbuch aus der Werther-Zeit, in: Das Antiquariat 8, 1952, S. 129f.

81 Gotthold Ephraim Lessing, Dramen, Emilia Galotti, 2. Akt, 8. Auftritt. Zum Bruder vgl. Friedrich Wilhelm Strieder, Grundlage zu einer Hessischen Gelehrten- und Schriftsteller-Geschichte. Seit der Reformation bis auf gegenwärtige Zeiten, Bd. 9, Cassel 1794, S. 315-317.

82 Friedrich von Hagedorn (1708-1754), Sämtliche Poetische Werke Erster Theil, Carlsruhe 1777, S. 93. Auch Werke in 3 Bde., Hamburg 1753, S. 146. Auch zitiert von Johann August Unzer in: Der Arzt. Eine medicinische Wochenschrift, Bd. 4. Hier heißt es »Timons Bärenstand«.

83 Christoph Martin Wieland, Beiträge zum Teutschen Merkur, Band 13 der Oßmannstedter Wieland-Ausgabe, Berlin 2011, S. 539.

Leopold Neidhardt aus Pirmasens, immatrikuliert in Gießen am 26.2.1776 (jur.), trägt im März 1781 folgende Zeilen ein: »Genieße was dir Gott beschieden, / Entbehre gern was du nicht hast, / Ein jeder Stand hat seinen Frieden / Ein jeder Stand hat seine Last.«[84] Wilhelm Gustav Hoffmann, aus Rothenburg ob der Tauber, immatrikuliert in Gießen am 12.10.1780 (jur.), vermerkt am 27.3.1781: »Fühl Tugenden, so fühlst Du Glück. / v. Kleist.«[85] Mit einer Silhouette verewigte sich ein gewisser Bender aus Alsfeld, immatrikuliert am 2.5.1778 und später Rentmeister und Rat in Alsfeld. Es bestehen allerdings Unklarheiten, welcher der Brüder Bender hier den Eintrag vorgenommen hat.[86] Schließlich hält Jeanette Venator aus Alsfeld in Carl Heinrich Mercks Stammbuch am 6.10.1781 fest: »Ein wohlgesetztes Hertz hoft, wenns ihm wiedrig geht / und fürchtet, wen sein Glück am allerhöchsten stehet / Freund: wen ein Unglücks Sturm sich reget / bleibe doch dein Geist gesetzt und unbeweget, / Wen günstiges Glück dich wiederum erfreut, / Vergnüge dich mit Mäßigkeit.«[87] Ferner findet sich der folgende Eintrag: »Es ist besser viel mit Unrecht, als wenig mit Recht. / Hierbei erinnern Sie sich Ihres getreuen / aber unglücklichen Vetters Cartouche.« Eine Person dieses Namens war in Gießen nicht immatrikuliert. Es handelt sich um eine Anspielung auf Louis Dominique Garthausen (1693-1721), der unter dem Namen Cartouche ein zu seiner Zeit bekannter Bandenchef, Räuber und Mörder in Paris war und seine Verbrechen immer mit geistreichen Scherzen verband.[88]

84 C[hristian] F[ürchtegott] Gellerts saemmtliche Schriften, Siebenter Theil, Neue verbesserte Auflage, Leipzig 1775, S. 82.

85 Ewald Christian v. Kleist, Geburtslied: Weh Dir, daß Du geboren bist, das große Narrenhaus, die Welt, erwartet dich zu deiner Quahl, [...] Fühl Tugenden, so fühlst Du Glück, Sämtliche Werke, Stuttgart 1971, S. 162-163 und 171-173.

86 Vgl. auch das Stammbuch des Johann Gottfried Bender, der 1783 Rektor in Wiesbaden wurde, 1792 Pfarrer in Esch, vgl. Natalie Schwendemann, in: Hessische Familienkunde 7, 1964-1965, Sp. 361-368.

87 Die ersten beiden Zeilen sind ein Zitat aus David Samuel Madai, »Uebersetzung der ODEN des HORAZ, Zweytes Buch, Braunschweig 1757«, S. 61.

88 Die »Wahrhafte Lebensbeschreibung des französischen Erzspitzbubens Cartouche und seiner Kameraden [...]«, »Kopenhagen im Rothenschen Buchladen auf der Börse« erschien 1762. Die Wiedergabe des Spruchs vertauscht die Worte: Sprüche 16,8 heißt es im Alten Testament »Es ist besser wenig mit gerech-

Carl Heinrich Merck selbst ist in seinem Stammbuch in nur geringem Maße vertreten. Bei der Silhouette auf dem ersten Blatt nach der Titelvignette handelt es sich mutmaßlich um den späteren Naturforscher. Die Titelvignette trägt ebenfalls eine Silhouette im Rahmen auf einem Freundschaftsaltar. Die Inschrift auf dem Altar lautet: »FREVNDEN / HEILIG / C. H. MERCK«. Das Blatt beinhaltet links das Symbol Δ *I.C.S. / C.A. / N.*[89] und links und rechts des Altars die Bemerkungen: »Gießen – [Kürzel]/ Merz – 1.7.81«.

Insgesamt bietet das Freundschaftsalbum von Carl Heinrich Merck wie jedes Album dieser Gattung Einblicke in die Kulturgeschichte der Zeit, der akademischen Welt und der Personengeschichte. Es erweist sich tatsächlich als Schatz von Erinnerungen und wohl auch mancher Verbindungen, die Merck auf seinem weiteren Lebensweg begleiteten.

tigkeit, denn viel einkommens mit unrecht.« Vgl. z.B. Wenzel Niederwerffer, Biblischer Kern und Stern […], Leipzig 1714, S. 644.

89 Ein Dreieck, das die Buchstaben I.C.S. / C.A. / N. umschließt, ist vielfach vom Stammbuchbesitzer auf die Blätter gezeichnet worden, hier beschrieben als »Δ I.C.S. / C.A. / N.«.

Sylke Frahnert

Über die ornithologische Sammlung der Billings-Saryčev-Expedition (1785-1795), ihren Verbleib und ihre wissenschaftliche Bedeutung

Auf der Billings-Saryčev-Expedition (1785-1795) wurden unter der Leitung von Carl Heinrich Merck mehr als 200 Vögel in etwa 120 Arten gesammelt. Die Auswertung der ornithologischen Beobachtungen dieser Reise sowie der Sammlung erfolgte durch Peter Simon Pallas im Wesentlichen in der *Zoographia Rosso-Asiatica*.[1] Insgesamt hat Pallas wenigsten 20 neue Taxa aufgrund dieser Sammlung beschrieben. Die Bedeutung der Sammlung, ihr historischer Verbleib sowie die aus der mangelhaften Etikettierung entstandenen Probleme werden diskutiert.

Einführung

Bereits in Vorbereitung auf seine eigene Akademie-Expedition nach Sibirien (1768-1774) im Auftrag der Zarin Katharina II. (1729-1796) hat sich Peter Simon Pallas (1741-1811) in der Sammlung der Akademie der Wissenschaften in St. Petersburg intensiv mit der Vogelwelt des Fernen Ostens beschäftigt. Allein anhand der Präparate, die Georg Wilhelm Steller (1709-1746) 1741-1744 in Kamčatka und Alaska sammelte, hat er 1769 fünf neue Arten beschrieben. Für das Verfassen seiner Beschreibung der Fauna des gesamten Russischen Reiches reichte Pallas dieses Wissen jedoch

1 Peter Simon Pallas, Zoographia Rosso-Asiatica: Sistens Omnibus Animalum In Extenso Imperio Rossico Et Adjacentibus Maribus Observatorum Recensionem, Domicilia, Mores Et Descriptiones, Anatomen Atque Icones Plurimorum, Bd. 1 und 2, St. Petersburg 1811, S. 1-568 bzw. 1-374; Bd. 3 St. Petersburg 1814, S. 1-428 sowie Register für alle drei Bände in lateinischer Zählung S. I-CCXXV. Allerdings ist der Band erst 1831 erschienen. Ein weiterer Band liegt noch heute in druckreifer Form, aber unveröffentlicht, in den Beständen des Naturkundemuseums Berlin.

nicht aus, und so nutzte er als Wissenschaftler der Akademie das Interesse der Zarin an einer weiteren Erforschung des Fernen Ostens, um eine erneute Expedition in diese Region mit naturwissenschaftlichen Forschungen zu betrauen. Eine ausführliche Beschreibung dieser Reise ist unter anderem in Folkwart Wendlands Pallas-Biographie[2] und im Vorgängerband der vorliegenden Edition von Dittmar Dahlmann, Anna Friesen und Diana Ordubadi[3] zu finden. Erwin Stresemann wertete die Tagebücher des diese Reise begleitenden Naturforschers Dr. Carl Heinrich Merck (1761-1799) ornithologisch aus.[4] An dieser Stelle sollen die wissenschaftliche Bedeutung dieser Sammlung sowie ihr historischer Verbleib beschrieben werden.

Expedition: Durchführung und Sammlungen

Im Jahr 1785 wurde der englische Kapitän Joseph Billings (1758-1806) von der Zarin Katharina II. beauftragt, eine Expedition in den nördlichen Pazifik durchzuführen.[5] Über das Festland zog die Gruppe bis nach Ochotsk. Der als Naturkundler die Expedition begleitende Geologe Eugene Melchior Louis Patrin (1742-1815) kehrte allerdings bereits in Tomsk um, und so musste schlagartig ein neuer naturwissenschaftlicher Teilnehmer gefunden werden. In Irkutsk wurde der am dortigen Hospital arbeitende Dr. Carl Heinrich Merck für das Unternehmen gewonnen.[6] Dieser war seit seiner Jugend naturkundlich interessiert, erwarb später eine medizinische Ausbildung in Gießen und Jena. Allein fühlte sich der überaus

2 Folkwart Wendland, Peter Simon Pallas (1741-1811). Materialien einer Biographie, Bd. 1, Berlin/New York 1992, S. 647f.

3 Dittmar Dahlmann/Anna Friesen/Diana Ordubadi, Einleitung, in: Carl Heinrich Merck, Das sibirisch-amerikanische Tagebuch aus den Jahren 1788-1791, hg. v. Dittmar Dahlmann/Anna Friesen/Diana Ordubadi, Göttingen 2009, S. 7-86, hier S. 15-31; 48-64.

4 Erwin Stresemann, Dr. C. H. Mercks ornithologische Aufzeichnungen während der Billingsschen Expedition von Ochotsk nach Alaska (1787-1791), in: Zoologische Jahrbücher, Abteilung für Systematik, Ökologie und Geographie der Tiere 78, 1, 1948, S. 97-132.

5 Stresemann, Mercks ornithologische Aufzeichnungen, S. 100.

6 Vgl. dazu ausführlicher Dahlmann/Friesen/Ordubadi, Einleitung, S. 43ff.

bescheidene Merck nicht recht der für ihn vorgesehenen Rolle auf der Expedition gewachsen.[7] Von Kapitän Billings erhielt er die von Pallas verfasste Einführung für Patrin und die für diesen vorgesehene Literatur. Weiterhin waren für die ornithologische Erkundung neben Merck vier Personen vorgesehen: Karl Krebs als Gehilfe Mercks, Luka Voronin als Zeichenmeister sowie ein Ausstopfer und ein Jäger.[8] Merck fiel dabei die Aufgabe zu, das Sammeln zu leiten und Tagebuch zu führen. Außerdem hat zumindest auch Karl Krebs eigene Aufzeichnungen angefertigt, die Pallas mit zu seiner Auswertung heranzog.[9] Dies war insbesondere von Bedeutung, da die Reisenden teilweise getrennt unterwegs waren. So sammelte Krebs während der Überwinterung 1791/92 allein auf Unalaška.

Während der Expedition pflegte Merck den Kontakt zu Pallas und sandte ihm mehrere Briefe, wodurch Pallas zum naturkundlichen Mentor Mercks wurde. Auf der Billings-Saryčev-Expedition wurden mehr als 200 Vögel in etwa 120 Arten gesammelt.[10]

Etikettierung der Sammlung

Über die Etikettierung der Sammlung von Merck ist insbesondere im Hinblick auf die Auswertung in der *Zoographia Rosso-Asiatica* von Pallas viel diskutiert worden. Es ist beschrieben, dass die Tiere möglicherweise nicht alle ein Etikett erhielten, sondern nach Fundorten sortiert in Kästen transportiert wurden. Im Rahmen von Umsortierungen auf der Reise sollen so verhängnisvolle Fehler bezüglich der Herkunft der Präparate entstanden sein.[11]

Einzelne mögliche Expeditions-Etiketten sind an einigen Präparaten im Museum für Naturkunde Berlin erhalten geblieben.[12] Diese Etiketten weisen eine Fundlokalität und einen russischen oder lokalen Namen des Tieres auf. Es handelt sich jeweils um

7 Vgl. ebd., S. 43.
8 Stresemann, Mercks ornithologische Aufzeichnungen, S. 103.
9 Ebd., S. 106; Wendland, Peter Simon Pallas, S. 688.
10 Stresemann, Mercks ornithologische Aufzeichnungen, S. 111.
11 Ebd.
12 Vgl. Abbildung 12 und 13 in diesem Band.

zwei Etiketten; eines ist auf Russisch (kyrillische Schrift) und das andere auf Deutsch (deutsche Kurrentschrift) beschriftet. Der Inhalt beider Etiketten ist identisch, offensichtlich eine Übersetzung, vermutlich aus dem Russischen ins Deutsche, da im Deutschen der Artname die russische oder lokale Bezeichnung in lateinischen Lettern ist. Es ist nicht dokumentiert, wer diese Etiketten wann angefertigt hat. Es gibt keinerlei Hinweis (Papier, Schrift) darauf, dass beide Etiketten gleichzeitig oder von derselben Person erstellt wurden. Interessanterweise ist die Bezeichnung der Art auf dem Etikett in deutscher Kurrentschrift nicht vollständig in selbiger, sondern von Buchstaben der russischen Schrift durchsetzt, was auf Verwechslungen einer Person zurückgeführt werden kann, die beider Sprachen und Schriften mächtig war.

Die russischen Etiketten können spätestens in St. Petersburg angefertigt worden sein. Der Handschrift nach könnten zumindest die deutschen Etiketten von Merck selbst geschrieben worden sein und nicht von Pallas. Eine Vergleichshandschrift von Krebs liegt nicht vor. Diese Feld-Etiketten wurden entweder nicht direkt beim Sammeln oder doch von Helfern erstellt, denen die genauen Fundorte nicht bedeutsam erschienen, da sie nicht die exakten Fundorte angeben, die Merck in seinem Tagebuch erwähnt. Möglicherweise wurden sie irgendwann auf der Reise oder beim Auspacken in St. Petersburg angebracht und zeigen daher deutlich die Probleme, die sich für Pallas mit diesen Daten ergaben. So verweisen die Etiketten von zwei Alken (Gelbschopflund – *Fratercula cirrhata*, ZMB 14447; Taubenteiste – *Cepphus columba*, ZMB 14414), die von Merck auf der Insel Telek (bei Tauisk) bzw. auf den Alëuten gesammelt sein könnten,[13] auf die »Kurilischen Inseln«. Ein Exemplar vom Schopfalk (*Aethia cristatella*, ZMB 14428), welches Merck an denselben Orten fand, trägt andererseits die Fundortbezeichnung »Kamtschatka«.

Darüber hinaus ergibt sich beim Abgleich der Etiketten mit der *Zoographia Rosso-Asiatica*, dass die russischen oder lokalen Bezeichnungen der entsprechenden Vogelarten bei Pallas nicht in jedem Fall mit denen auf dem Etikett übereinstimmen. Das kann mit

13 Stresemann, Mercks ornithologische Aufzeichnungen, S. 111, nach Tagebuch Merck.

unterschiedlichen Bestimmungen zu verschiedenen Zeiten zusammenhängen. Es kann aber nicht ausgeschlossen werden, dass sich die Expeditions-Etiketten nicht an den tatsächlich zugehörigen Vögeln befinden. In jedem Fall kann ein späteres Vertauschen am Berliner Museum ausgeschlossen werden, da die Zuordnung der russischen oder lokalen Bezeichnungen zu den Präparaten bzw. zu lateinischen Namen auf den Etiketten mit denen im Katalog von Johann Karl Wilhelm Illiger (1775-1813) übereinstimmen.[14]

Ein besonderes Problem, welches immer wieder wie etwa bei Stresemann oder Ullrich Wannhoff diskutiert wird, ist die Angabe des Fundortes »Kurilische Inseln«. Keiner der hochrangigen Expeditionsteilnehmer hat je einen Fuß auf die Kurilischen Inseln gesetzt. Merck beschreibt in seinem Tagebuch, dass dies sein Ziel gewesen sei, welches jedoch aufgrund ungünstiger Witterungsbedingungen nicht erreicht werden konnte. So wurde nur auf See vor den Kurilischen Inseln gesammelt. Die Übernahme einer Sammlung von den Kurilischen Inseln wird diskutiert, lässt sich aber nicht nachweisen. Eine Verwechselung mit den Alëuten wird ebenfalls diskutiert, erscheint aber bei der ansonsten von Merck angestrebten Genauigkeit der Tagebucheinträge nicht sonderlich wahrscheinlich. Allerdings gibt Wannhoff an, dass Krebs in seiner Publikation den Begriff »Kurilische Inseln« fälschlicherweise für die Alëuten angewendet hat. Möglicherweise hat er den Begriff im allgemeinen Sinne von »Vulkaninsel« verwendet. So könnte man erklären, dass Stücke, die von Krebs gesammelt wurden, möglicherweise die falsche Fundortbezeichnung bekamen. Eine endgültige Aufklärung dieses Problems wird wohl 200 Jahre nach dem Sammelzeitraum nicht mehr möglich sein. Insgesamt belegen jedoch die vermutlich nicht von Pallas angelegten Etiketten, dass die fälschliche Bezeichnung »Kurilen« nicht auf Pallas zurückgeht, wie Stresemann 1948 schrieb.[15]

14 Johann Karl Wilhelm Illiger, Verzeichnis der Vögelsammlung des Zoologischen Museums Mai 1812, Museum für Naturkunde Berlin Historische Bild- u. Schriftgutsammlungen (Sigel: MfN, HBSB) Bestand: Zool. Mus., Signatur: S I, Verz. Vögel 1812.

15 Stresemann, Mercks ornithologische Aufzeichnungen, S. 111; Ullrich Wannhoff, Beobachten – sammeln – konservieren: Ornithologische Aufzeichnungen zur Billings-Expedition in den Tagebüchern von Carl Heinrich Merck (1761-

Darüber hinaus gibt es auf diesen Expeditions-Etiketten weder Hinweise auf den tatsächlichen Sammler oder ein Funddatum noch Querverweise auf Tagebucheinträge, wie dies bei anderen Sammlern in der Regel über Sammlernummern (Feldnummern) durchaus üblich ist. Damit bleiben viele Fragen zur Herkunft der Tiere offen. Eine Zuordnung der Präparate zu einzelnen Sammlern ist nur in Ausnahmefällen über die Lokalität oder Tagebucheinträge von Merck möglich.

Diese Expeditionsetiketten trugen zumindest einige Präparate noch, als sie ins Zoologische Museum Berlin kamen. Damit war zu diesen Präparaten ein wenn auch wenig genauer Fundort gegeben, sodass man Stresemann 1948 widersprechen muss, dass die Fundorte am Museum »erfunden« wurden.[16] Interessant ist, warum diese Etiketten an den Präparaten verblieben, als sie in die Berliner Sammlung integriert wurden, während andere Originaletiketten von Sammlern um 1810 vollständig entfernt wurden. Als die Präparate ins Zoologische Museum Berlin (heute Museum für Naturkunde Berlin) um 1810/1811 übernommen wurden, waren viele dieser Arten noch nicht beschrieben. Illiger, seinerzeit Direktor des Museums, der für die Namensgebung der Präparate zuständig war, kannte das Manuskript der *Zoographia Rosso-Asiatica* zu dieser Zeit nicht und damit auch nicht die von Pallas 1811 vergebenen Namen.[17] Deutsche oder lateinische Namen waren nicht auf den Etiketten vorhanden. So fehlt im Katalog von Illiger für viele Präparate von Pallas die Artbezeichnung.[18] Möglicherweise wurden die Originaletiketten erhalten, da sie einen russischen oder lokalen Namen trugen, den man eventuell später mit der gedruckten *Zoographia Rosso-Asiatica* abgleichen wollte.

1799) sowie der Verbleib ausgewählter Vogelbälge, in: Philippia 15, 2011, 1, S. 65–80, hier S. 74 ff.

16 Stresemann, Mercks ornithologische Aufzeichnungen, S. 114.

17 Ebd.

18 Illiger, Verzeichnis der Vögelsammlung.

Auswertung der Beobachtungen und der Sammlung durch Pallas

Nach der Rückkunft der Expedition begann Pallas, die Sammlung und die Tagebücher von Merck und Krebs auszuwerten. Merck selber beteiligte sich daran nicht, verbrachte ein Jahr in Deutschland (1796/97) und verstarb bald darauf (1799). Da sich Pallas für die Abfassung der *Zoographia Rosso-Asiatica* auf die Krim zurückzog, wäre ein Kontakt ohnehin auf Briefe beschränkt gewesen. Da auch Krebs bald nach Merck verstarb, konnte Pallas somit nur auf die Sammelausbeute und die Tagebücher zurückgreifen. Diskussionen und Rücksprachen mit den Sammlern waren nicht möglich.

In Mercks Tagebuch waren Angaben zum Auftreten von Vögeln an den einzelnen Expeditionslokalitäten verzeichnet, wenn auch keine vollständigen Listen der Vogelfauna für die einzelnen Orte angefertigt wurden, aus denen verlässliche Angaben zur Verbreitung hätten entnommen werden können.[19] Auch wurden morphologische (innere und äußere) Merkmale sowie Beobachtungen zum Zug der Vögel beschrieben. Merck hielt sich dabei offensichtlich strikt an die Anweisungen von Pallas. Da Merck allerdings bislang noch keine wissenschaftlichen Erfahrungen im Bereich der Zoologie hatte, fehlte es ihm insgesamt am wissenschaftlichen Zugang zu den Tieren, am Vergleich sowie an Erfahrung mit der Dokumentation auf Expeditionen, wodurch die Beschreibungen wenig spezifisch und lebendig waren, sich deutlich in ihrer Qualität von anderen Tagebuchaufzeichnungen dieser Zeit wie etwa von Pallas oder Gmelin unterschieden und eben auch genaue Etikettierungen der Sammlungsstücke fehlten.

Deutlich wird dies insbesondere in Mercks nahezu dreiseitiger Beschreibung des *Colymbus tschukotzkyensis* (heute: Weißnackentaucher, *Gavia pacifica*, der auch als Unterart des Prachttauchers, *Gavia arctica*, angesehen wird).[20] Die Abschrift dieser Beschreibung wird im vorliegenden Band unter seiner authentischen Über-

19 Stresemann, Mercks ornithologische Aufzeichnungen, S. 109; Dahlmann/Friesen/Ordubadi (Hg.), Merck, Tagebuch.

20 Vgl. auch Stresemann, Mercks ornithologische Aufzeichnungen, S. 114.

schrift »Columbus tschukotzkyensis« abgedruckt.[21] Die Beschreibung umfasst ausführliche Informationen zur Morphologie dieser Vogelart, einschließlich innerer Organe wie der Zunge, Maße sowie Angaben, wo das Tier gesehen und gesammelt wurde. In ihrer Gliederung erinnert die Beschreibung sehr stark an die Beschreibungen von Pallas in der *Spicilegia Zoologica*,[22] sodass man davon ausgehen kann, dass Merck diese Werke gut kannte. Im Gegensatz zu den veröffentlichten Beschreibungen von Pallas erfolgte die Beschreibung von Merck auf Deutsch.

Merck ging bei der genannten Dokumentation offensichtlich davon aus, eine neue Seetaucherart zu beschreiben, da er nur diese Vogelart so ausführlich beschrieb, einen neuen lateinischen Namen vergab und die Art in die Gattung *Gavia* einordnete. Aber weder der Name noch die Beschreibung von Merck wurden von Pallas wiederaufgegriffen. Offensichtlich hat Pallas diese Art, die dem Prachttaucher (*Gavia arctica*) sehr ähnlich ist, als Abwandlung desselben angesehen und in seiner *Zoographia Rosso-Asiatica* diesem zugeordnet, da sich prinzipiell die von Merck angegebenen Fundorte entsprechend wiederfinden. Dieses Prinzip von Pallas, die Arten sehr weit zu fassen, sprich, sehr viele morphologische Varianten als geographische Variation der Merkmale einer Art anzusehen, hat, wie bereits Stresemann schreibt, dazu geführt, dass er einige Arten nicht als solche erkannt hat.[23] Dies hat wiederum Merck und ihn selbst um den Ruhm der Beschreibung des Weißnackentauchers gebracht, welcher dann 1858 von Lawrence als *Colymbus pacificus* beschrieben wurde.

Insgesamt hat Pallas jedoch in der *Zoographia Rosso-Asiatica* nach Bälgen von Merck (respektive Krebs) mehr als 20 neue Taxa beschrieben.[24] 13 der von Pallas vergebenen Namen sind heute noch taxonomisch relevant, d.h., sie bezeichnen noch heute Arten und Unterarten von Vögeln. Unter diesen befinden sich sieben

21 Vgl. dazu den Abdruck der Merck'schen Beschreibung in diesem Band, S. 369-371.

22 Peter Simon Pallas, Spicilegia Zoologica quibus novae imprimis et obscurae Animalium Species Iconibus, descriptionibus atque commentariis illustrantur, Bd. 5, Berlin 1769, S. 1-32.

23 Stresemann, Mercks ornithologische Aufzeichnungen, S. 107.

24 Ebd.

Alkenarten und der sehr prominente Riesenseeadler (*Haliaeetus pelagicus*). Bis in die Mitte des 19. Jahrhunderts war die Merck'sche Sammlung sowohl in Berlin als auch in St. Petersburg die Grundlage für weitere Beschreibungen durch Johann Friedrich von Brandt (1802-1879), Jean Luis Cabanis (1816-1906), Constantin Wilhelm Lambert Gloger (1803-1863) und Conrad Jacob Temminck (1778-1858).

Verbleib der Sammlung

Wie die Naturalien ging die Sammlung der Vögel an die Russische Akademie der Wissenschaften in Sankt Petersburg. Die für die Ausstellung tauglichen Stücke ließ Pallas dort aufstellen: 147 Stücke in 97 Arten.[25] Für die Bearbeitung der *Zoographia Rosso-Asiatica* hatte Pallas einen Teil der Sammlung bei sich behalten und nahm ihn mit auf die Krim. Ebenso konnte er sich bei seinen Besuchen Präparate aus der Akademie-Sammlung ausleihen. Eine Übersicht über die von Pallas behaltenen sowie aus St. Petersburg ausgeliehenen Präparate existiert nicht.[26]

Der größte Teil der Sammlung von Vögeln der Billings-Saryčev-Expedition mit ca. 126 Exemplaren verblieb an der Akademie der Wissenschaften in St. Petersburg. Nachdem Pallas nicht mehr an der Akademie-Sammlung tätig war, blieb diese jahrelang ohne wissenschaftliche Leitung und entsprechende Pflege. Als Johann Friedrich von Brandt (1802-1879) die Leitung 1831 übernahm, waren von der Billings-Saryčev-Expedition bereits nur noch wenige Stücke vorhanden,[27] und auch diese überdauerten in St. Petersburg nicht, sodass heute kein einziges Exemplar der Billings-Saryčev-Expedition wie auch der anderen Expeditionen von Pallas mehr vorhanden ist.[28] Dies ist wissenschaftlich insbesondere deshalb problematisch, da mit diesen Tieren zahlreiche Typus-Exemplare

25 Peter Simon Pallas, Le cabinet d'Histoire naturelle, St. Petersburg 1794, S. 21-25.

26 Stresemann, Mercks ornithologische Aufzeichnungen, S. 111.

27 Ebd.

28 Diese Information basiert auf den aus dem Jahre 2010 stammenden schriftlichen Auskünften von Vladimir M. Loskot, dem Kurator in der Abteilung für

verloren gingen, die für die unter anderem von Pallas selbst beschriebenen Arten die Grundlage bildeten.

Die Präparate der Billings-Saryčev-Expedition, die man aus verschiedenen Gründen aus der Sammlung in St. Petersburg entnahm, wurden gemeinhin als zur »Sammlung Pallas« zugehörig angesehen. Da Anfang des 19. Jahrhunderts Museumspräparate sehr dürftig etikettiert wurden, ist es heute nicht mehr in allen Fällen möglich, die Präparate eindeutig den einzelnen Expeditionen zuzuordnen. Grundlagen der Zuordnungen bilden die zum Teil sehr weit gefassten Fundorte sowie historische Dokumentationen.

Die private Arbeitssammlung von Pallas, die er mit sich auf der Krim hatte, gelangte 1810 mit ihm nach Berlin. Im selben Jahr wurde die Berliner Universität mit ihren Sammlungen, darunter das Zoologische Museum Berlin, heute Museum für Naturkunde Berlin, gegründet. Einige der Präparate der Pallas-Sammlung gelangten zu dieser Zeit – möglicherweise durch Schenkung oder Tausch – in die noch junge Universitäts-Sammlung. Da Pallas bereits im darauffolgenden Jahr verstarb, gelangte seine persönliche Sammlung an Carl Friedrich Willdenow (1765-1812), der diese wiederum dem Berliner Zoologischen Museum zukommen ließ. So verzeichnet das von Johann Karl Wilhelm Illiger (1775-1813) im Mai 1812 zusammengestellte Verzeichnis der Vogelsammlung des Zoologischen Museums mehr als 75 Präparate, die aus der Sammlung Pallas stammen.[29] Doch auch hier gingen Präparate verloren, wurden doch schadhafte Präparate ausgesondert. So verzeichnet ein weiterer Sammlungs-Katalog, der in den 1850er Jahren begonnen wurde, immerhin noch 62 Präparate, darunter nachweislich 27 von der Billings-Saryčev-Expedition. Von all diesen Präparaten sind heute noch 30 vorhanden, von denen sich 18 der Billings-Saryčev-Expedition zuordnen lassen.[30] Auf der Grundlage von 20 Exemplaren der Sammlung Pallas am Museum für Naturkunde Berlin wurden bis zur Mitte des 19. Jahrhunderts wenigstens 22

Ornithologie am Zoologischen Institut der Russischen Akademie der Wissenschaften in St. Petersburg.

29 Illiger, Verzeichnis der Vögelsammlung.

30 Vgl. Stresemann, Mercks ornithologische Aufzeichnungen, S. 114; seither ein weiteres Exemplar aufgefunden.

neue Arten durch Christian Ludwig Brehm (1787-1864), Jean Luis Cabanis (1816-1906), Constantin Wilhelm Lambert Gloger (1803-1863) sowie Peter Simon Pallas selbst beschrieben. Dazu gehören 15 Exemplare der Billings-Saryčev-Expedition, welche die Grundlage für 16 neue Arten bildeten.

Weitere 21 Präparate aus der Akademie-Sammlung wurden zum Setzen der Tafeln für die *Zoographia Rosso-Asiatica* im Jahr 1806 nach Leipzig zum Illustrator Christian Gottfried Heinrich Geißler (1770-1844) gesandt. Eine unbekannte Anzahl weiterer Präparate folgte nach Leipzig und stammte aus Pallas' Sammlung von der Krim.[31] Geißler jedoch wurde des ihm entgegengebrachten Vertrauens nicht gerecht und versetzte die Präparate an den Leiter der Leipziger Universitätssammlung Christian Friedrich Schwägrichen (1775-1853). Der weitere Weg dieser Sammlung lässt sich über das Zoologische Museum der Universität Leipzig bis zum Naturkundemuseum Leipzig verfolgen,[32] wo sich die Reste dieser Sammlung heute befinden. Da sich lediglich Schwägrichen der Pflege der Präparate intensiv widmete, wozu die Unterbringung in ein für jeden Vogel separat hergestelltes Behältnis gehört, verringerte sich die Zahl der erhaltenen Präparate im Verlauf der Jahre stark, sodass sich im Katalog des Zoologischen Museums der Universität Leipzig noch 21 Vogel-Präparate nachweisen lassen,[33] von denen 13 bis heute erhalten sind. Von diesen Präparaten entstammen möglicherweise vier, darunter drei Alken und eine Ammer, der Billings-Saryčev-Expedition.[34]

Einzelne Präparate können über Schenkungen und Tausch zwischen Sammlungen heute an noch weiteren Museen zu finden sein.

31 Ebd., S. 111 f.; Michael Meyer, Wirbeltierpräparate aus den zoologischen Sammlungen von Peter Simon Pallas (1741-1811) im Naturkundemuseum Leipzig, in: Veröffentlichungen Naturkundemuseum Leipzig 22, 2003, S. 46-59, hier S. 51; Wolfgang Joost, Über einige im Naturkundemuseum Leipzig vorhandene Vögel, die Carl Heinrich Merck (1761-1799) als Teilnehmer der Expedition von Joseph Billings (1761-1806) auf Kamtschatka sammelte, in: Veröffentlichungen Naturkundemuseum Leipzig, 22, 2003, S. 60-65, hier S. 63.

32 Stresemann, Mercks ornithologische Aufzeichnungen, S. 112; Meyer, Wirbeltierpräparate, S. 51 ff.

33 Stresemann, Mercks ornithologische Aufzeichnungen, S. 112.

34 Meyer, Wirbeltierpräparate, S. 53; Joost, Über einige im Naturkundemuseum Leipzig vorhandene Vögel, S. 64.

Auch Pallas scheint bereits Präparate aus seiner Sammlung weitergegeben zu haben. Möglicherweise erhielt er im Tausch Präparate, die er selber nicht hat sammeln können. So sollen beispielsweise ein Schottisches Moorschneehuhn (*Lagopus lagopus scotica*), eine Haubenwachtel (*Colinus cristatus*) aus Guyana und eine Venezuela- oder Gelbscheitel-Amazone (*Amazona amazonica* oder *A. ochrocephala*) aus Brasilien aus der Sammlung Pallas an das Zoologische Museum Berlin übernommen worden sein.[35] Weitere Präparate der Amazonenart im Zoologischen Museum Berlin wurden zu Beginn des 19. Jahrhunderts von Friedrich Wilhelm Sieber in Parà (Brasilien) gesammelt, sodass nicht ausgeschlossen werden kann, dass Pallas dieses Präparat zuvor aus dem Berliner Museum erhielt.

Über internationale Kontakte erfolgte ein weiterer Austausch von Präparaten. So befinden sich heute wenigstens sechs Präparate der Sammlung Pallas im Museum Naturalis in Leiden,[36] worunter sich aber keine der Billings-Saryčev-Expedition nachweisen ließen. Stresemann schreibt, dass Pallas diese Tiere an den jungen Temminck sandte.[37] Allerdings lassen sich die von ihm erwähnten Billings'schen Präparate heute in Leiden nicht mehr nachweisen. Von zwei undatierten Riesenseeadlern (*Haliaeetus pelagicus*) im Senckenberg Museum Frankfurt wird vermutet, dass sie über Tausch aus der Sammlung in St. Petersburg stammen und auf Merck zurückgehen.[38]

Zusammenfassend kann man davon ausgehen, dass ca. 200 Jahre nach der Expedition Mercks von seiner ursprünglich mehr als 200 Exemplare umfassenden Sammlung von Vogelpräparaten heute nur noch ca. 20 bis 25 Präparate vorhanden sind. Das heißt, mehr als 90 % der Sammlung sind verloren gegangen, die meisten davon aufgrund schlechter Erhaltungsbedingungen. Besonders proble-

35 Illiger, Verzeichnis der Vögelsammlung.

36 René W. R. J. Dekker, Type specimens of birds in the National Museum of Natural History, Leiden. Part Two, Passerines: Eurylaimidae – Eopsaltriidae (Peters's sequence), Leiden 2003, S. 1-142; ders./C. Quaisser, Type specimens of birds in the National Museum of Natural History, Leiden, Part Three, Passerines: Pachycephalidae – Corvidae (Peters's sequence), Leiden 2006, S. 1-77.

37 Stresemann, Mercks ornithologische Aufzeichnungen, S. 112.

38 Wannhoff, Beobachten – sammeln – konservieren, S. 78 f.

matisch ist dabei, dass die Typen für viele von Pallas beschriebene Vogelarten damit nicht mehr zur Verfügung stehen und für die Bearbeitung aktueller systematischer Fragestellungen neue Typen ausgewiesen werden müssen.[39]

39 J. Mlíkovský/V. M. Loskot, Neotypification of *Larus cachinnans* Pallas, 1811 (Aves: Laridae), in: Zootaxa 3637 (4), 2013, S. 478-483.

Michael Knüppel

Die Sprachmaterialien C. H. Mercks und die sprachwissenschaftlichen Ergebnisse der »Geheimen astronomischen und geographischen Expedition zur Erforschung Ostsibiriens und Alaskas« (1785-1795)

Zur Bedeutung der aus der »Geheimen astronomischen und geographischen Expedition zur Erforschung Ostsibiriens und Alaskas« hervorgegangenen Sprachaufzeichnungen ist zunächst generell anzumerken, dass natürlich alle Sprachmaterialien vergangener Jahrhunderte aus Sibirien sowie dem Gebiet des heutigen Alaska von größter Bedeutung für unsere Kenntnis des historischen Bestandes dieser Sprachen sind. Es handelte sich bei den Völkern des circumpolaren Raumes nahezu ausnahmslos um sogenannte »schriftlose Völker«, die vor der Verschriftlichung ihrer Sprachen und einer zumeist von Missionaren geschaffenen »eigenständigen« Literatur keine eigenen Schriftzeugnisse angefertigt haben. Somit stellen die Aufzeichnungen der Reisenden in diesen Regionen die frühesten Belege aus den betreffenden Idiomen dar. Je älter und genauer diese Aufzeichnungen sind, desto wertvoller sind selbige für die Kenntnis des lexikalischen Bestandes, der Dialektologie und der historischen Phonologie dieser Sprachen. Allerdings erlauben die Materialien bisweilen auch Aussagen über die materiellen und geistigen Kulturen der Träger der betreffenden Idiome. Dies trifft auch auf einen nicht unerheblichen Teil der in den Expeditionsaufzeichnungen der Billings-Saryčev-Expedition enthaltenen resp. im Zuge dieses Unternehmens angefertigten Vokabularien zu. Zudem sind diese gerade aufgrund ihrer Genauigkeit und der mehrfachen Aufführungen einzelner Wörter in den Listen verschiedener Expeditionsteilnehmer von besonderem Wert. Sie erlauben durch Vergleiche verschiedener Wörter, die, wie etwa bei Michael Rohbeck, den Grundwortschätzen aus einigen der Sprachen zugeordnet werden können, recht zuverlässige Rückschlüsse auf die möglichen Lautungen der entsprechenden Formen.

Da ein nicht unerheblicher Teil des aufgezeichneten Materials aus den meisten der hier behandelten Sprachen im Verlaufe der Expedition erstmalig notiert wurde, ist dieses Material von großem Wert. Die Aufzeichnungen sind auch insofern von Bedeutung, als diese noch wenige oder gar keine Fremdeinflüsse aus europäischen Sprachen aufweisen. So zeigten das Jakutische, die jukagirischen Idiome oder auch das Lamutische im ausgehenden 18. Jahrhundert noch keine russischen Lehnwörter, ebenso die Dialekte des Alëutischen und das Kad'jakische. Auch auf das später zu beobachtende Eindringen russischer Morpheme, wie wir sie im 19. Jahrhundert in den jukagirischen Sprachen oder in einigen alëutischen Dialekten feststellen können, finden sich hier noch keine Hinweise. Als Beispiel sei hier die russische Flexionsendung im Dialekt von Attu und der von alëutischen Siedlern aus Attu im 19. Jahrhundert besiedelten Kupfer-Insel genannt, woraus später eine »Kontaktsprache« hervorging.

Hinzu tritt noch, dass sich aus dem gesamten Material der Wortlisten und Expeditionsberichte bei entsprechender Zusammenstellung recht umfangreiche lexikalische Sammlungen für die betreffenden Idiome im ausgehenden 18. Jahrhundert erstellen lassen. Das gesammelte Material erweist sich für die historische Dialektologie einiger der Sprachen als höchst bedeutsam, da Carl Heinrich Merck teilweise zwischen einzelnen Dialekten unterschied und außerdem sehr präzise Angaben dazu machte, wo er sich gerade aufhielt. In Verbindung mit anderen Beobachtungen, wie den Bezeichnungen der Einheimischen für die von ihm beschriebenen Gegenstände oder Sachverhalte, die Merck an den betreffenden Aufenthaltsorten festgehalten hat, ist hier der in der Literatur eher seltene Glücksfall genauer zeitlicher und räumlicher Bestimmung einzelner aufgezeichneter Formen nahezu durchgängig gegeben. Hinzu treten in Gestalt der Benennung von Längen- und Breitengraden exakte geographische Angaben zu den Aufenthaltsorten an bestimmten Flussläufen auf Kamčatka sowie genaue Angaben zur Lage einzelner, von der Expedition aufgesuchter Inseln der Alëuten-Kette, was die Erstellung von Dialektkarten einiger der Sprachen dieser Regionen erlaubt.

Viele Beobachtungen wurden auch letztmalig festgehalten, da einzelne Sprachformen mit dem in der Folgezeit einsetzenden

Kulturwandel verschwunden und ganze Idiome erloschen sind.[1] So wissen wir, dass die Aufzeichnungen, die aus dem Lamutischen gewonnen wurden, aus den Küstengebieten am Ochotskischen Meer stammen. Da in der Vergangenheit nicht zwischen dem Lamutischen und dem Armanischen, das auch noch später fälschlich als ein Dialekt des Lamutischen betrachtet wurde, unterschieden wurde, ist hier eine gründliche Prüfung des Materials dahingehend erfolgversprechend, als sich möglicherweise hinter verschiedenen der in den Aufzeichnungen notierten »lamutischen« Formen solche aus dem seit den 1960er Jahren ausgestorbenen Armanischen verbergen. Allein dies wäre eine Sensation, da die Sprache nicht mehr untersucht werden kann und als nur unzureichend dokumentiert gilt. Zur historischen Lexikographie des Armanischen liegen sogar überhaupt keine Studien vor! Ebenfalls vor dem Hintergrund des Gewinns von Materialien aus erloschenen Idiomen dürften die Aufzeichnungen Johann Christoph Adelungs von größtem Interesse sein, der auch auf Mercks und Rohbecks Aufzeichnungen zurückgegriffen hatte und 17 verschiedene Dialekte des Itel'menischen aufführte. Da die meisten von diesen Dialekten längst untergegangen sind und heute keine Möglichkeiten mehr bestehen, solche Materialien zu gewinnen, stellen die Aufzeichnungen einzigartige Zeugnisse aus diesem Bereich dar.

Darüber hinaus finden sich in den Expeditionsaufzeichnungen und den in diesen enthaltenen Vokabularien Tier- und Pflanzennamen, die teilweise nur hier belegt sind und in modernen Wörterbüchern fehlen, zumal für Arten, die heute in den betreffenden Regionen nicht mehr vorkommen. So gibt Merck Bezeichnungen für den Gänsegeier (*Gyps fulvus*) im Jakutischen (*borlo*) sowie in verschiedenen tungusischen Idiomen (*lonta* und *gusata*), die in späteren Wörterbüchern fehlen, nicht zuletzt deswegen, da der Gänsegeier »in den Gebieten um Ochotsk«, für die die Formen belegt sind, »nicht mehr verbreitet« ist.[2]

1 Beispielsweise zahlreiche Dialekte resp. Varietäten des Itel'menischen infolge zweier Epidemien in den Jahren 1799 und 1819. Vgl. hierzu unten, das Itel'menische betreffend.

2 Brief an Peter Simon Pallas vom 16. August 1789, in: Carl Heinrich Merck, Das sibirisch-amerikanische Tagebuch aus den Jahren 1788-1791, hg. von Dittmar

Ähnlich verhält es sich mit der religiösen Terminologie, die von den Expeditionsteilnehmern verstreut über die gesamten Aufzeichnungen ohne jede systematische Zusammenstellung gegeben wird. Diese ist in zugleich mehrfacher Hinsicht bedeutsam. Einerseits sind gerade einige der Religionen des nordpazifischen Raumes, mit denen sich die Expeditionsteilnehmer konfrontiert sahen, teilweise früh der Mission der Russisch-Orthodoxen Kirche zum Opfer gefallen und durch den schnell einsetzenden Kulturwandel zurückgedrängt worden. Als Beispiel gelten hier die geistigen Kulturen der Jukagiren, aber auch der Alëuten. Andererseits ist das Wenige, das diese Einschnitte überlebte, später in den in der Sowjetunion entstandenen Wörterbüchern häufig aus ideologischen Gründen nicht berücksichtigt worden.

Dasselbe, was unter anderem die Terminologie der geistigen Kulturen der Träger der verschiedenen hier betroffenen Sprachen betrifft, gilt auch für die Termini aus dem Bereich der materiellen Kulturen, die aus späteren Zeiten aufgrund des bereits mehrfach angesprochenen Kulturwandels ebenfalls nicht mehr belegt sind. Hiervon waren die Bewohner Ost-Sibiriens aufgrund der denkbar weitreichendsten Eingriffe in ihre traditionellen Lebensweisen und primären Existenzgrundlagen in sowjetischer Zeit in stärkerem Maße betroffen als die Bewohner der Alëuten und der Küstenregionen Alaskas, die freilich auch nicht ganz von Zwangsumsiedlungen und Vertreibungen sowie anderen mitunter schon früh einsetzenden Eingriffen und Einflüssen verschont geblieben sind.

Von all dem Ausgeführten abgesehen, sind die Sprachaufzeichnungen nicht zuletzt auch von immensem wissenschaftshistorischem Wert. So sind es für einige der Idiome die frühesten Aufzeichnungen überhaupt, womit sie den Beginn der Befassung mit diesen Sprachen darstellen. In anderen Fällen, bei denen es sich zwar nicht um die ersten Materialien handeln mag, ist es das bis dahin umfangreichste und am genauesten notierte Material aus den betreffenden Sprachen und Dialekten. Anzusprechen wären hier etwa die Aufzeichnungen aus den alëutischen Dialekten; erste Beschreibungen

Dahlmann/Anna Friesen/Diana Ordubadi, Göttingen 2009, S. 124, Anm. 9; siehe dazu meine Rezension in: Orientalistische Literaturzeitung 107, 2, S. 132-138.

finden sich hierzu bekanntlich schon bei Vitus Bering und Georg Wilhelm Steller.

Das im Zuge der Forschungsexpedition durch Merck und Rohbeck zusammengetragene Sprachmaterial ist nahezu einem Dutzend unterschiedlicher Sprachen aus recht unterschiedlichen Sprachfamilien zuzuordnen. Unter den Materialien aus verschiedenen Sprachen, aus denen die Expeditionsteilnehmer Sprachproben in Gestalt von Vokabularien aufzeichneten, sind an erster Stelle die tungusischen Materialien zu nennen; dies schon allein deshalb, weil diese relativ früh das Interesse der Sprachwissenschaftler gefunden haben.[3] Die tungusischen Materialien stammen aus mindestens zwei Sprachen: dem Ost-Ėvenki und dem Lamutischen (Ėvenischen), möglicherweise auch aus weiteren Idiomen. In den diversen Publikationen, die im Zuge der Expedition veröffentlicht wurden, finden sich verschiedene Wortlisten und einzelne Wörter, die von den Expeditionsteilnehmern, Autoren und Herausgebern als »lamutisch« bezeichnet wurden.[4]

Wenden wir uns hier zunächst den lamutischen (ėvenischen) Materialien zu.[5] Einige dieser Aufzeichnungen, darunter eine 250

3 So war beispielsweise der Göttinger Altaist, Turkologe, Mongolist und Tungusologe Gerhard Doerfer (1920-2003) schon zu Beginn des Forschungsprojektes »Nordasiatische Kulturgeschichte«, das von 1972/73 bis in die 1980er Jahre hinein überwiegend am Göttinger Lehrstuhl für Turkologie und Altaistik (später Seminar für Turkologie und Zentralasienkunde) betrieben wurde und innerhalb dessen auch Wörterbücher des Lamutischen und Armanischen erarbeitet werden sollten, auf die lamutischen Materialien aus der Billings-Saryčev-Expedition aufmerksam geworden.

4 So z. B. Martin Sauer, An Account of a Geographical and Astronomical Expedition to the Northern Parts of Russia, for Ascertaining the Degrees of Latitude and Longitude of the Mouth of the River Kovima; of the Whole Coast of the Tshutski, to East Cape; and the Islands in the Eastern Ocean, Stretching to the American Coast. Performed, by Command of Her Imperial Majesty Catherine the Second, Empress of all the Russias, by Commodore Joseph Billings, in the Years 1785 & to 1794, London 1802, S. 141-175. Inwiefern es sich bei diesen als »lamutisch« bezeichneten Wortlisten bzw. Wörtern tatsächlich um lamutisches Material handelt und wieweit es anderen, dem Lamutischen mehr oder weniger nahestehenden resp. geographisch benachbarten tungusischen Idiomen entstammt, bedarf einer gesonderten Prüfung.

5 Das Lamutische wird heute von maximal 7.000 der insgesamt 15.000 bis 17.000 Lamuten (Eigenbezeichnung *Ėven*) in einem sehr ausgedehnten Gebiet,

Wörter umfassende Liste, die Martin Sauer in den Anhängen zum Expeditionsbericht gibt und welche ihm vom Kommandanten von Ochotsk, Ivan G. Koch, ausgehändigt wurde,[6] sind als »lamutisch« bezeichnet. In der russischen Version des Expeditionsberichts findet sich eine ebenfalls etwas mehr als 200 Wörter umfassende lamutische Wörterliste,[7] die allerdings nicht von Sauer resp. Koch,

das von der Lena bis zum Anadyr', also von den nordöstlichen Rayons der Republik Sacha (Jakutien) bis zur Magadanskij oblast', reicht (daneben existieren seit dem 19. Jahrhundert lamutische Siedlungen auf der Halbinsel Kamčatka), gesprochen. Genaue Zahlen zur Sprecherzahl liegen nicht vor. Juha Janhunen und Tapani Salminen gaben im Jahre 1993 die Zahl von rund 7.000 Personen an, konstatierten jedoch eine Überalterung der Population, d. h., die meisten Sprecher waren damals bereits über 40 Jahre alt. Vgl. dazu Juha Janhunen/Tapani Salminen, UNESCO Red Book on Endangered Languages: Northeast Asia, URL: http://www.helsinki.fi/~tasalmin/nasia_report.html, zuletzt aufgerufen am 13.2.2013. Zu den Lamuten und ihrer Sprache vgl. Johannes Benzing, Lamutische Grammatik. Mit Bibliographie, Sprachproben und Glossar, Wiesbaden 1955. Zum Wortschatz vgl. Gerhard Doerfer/Wolfram Hesche/Hartwig Scheinhardt, Lamutisches Wörterbuch, Wiesbaden 1980. Im Weiteren sei hier auf die zahlreichen Beiträge K. A. Novikovas verwiesen sowie auf Gerhard Doerfer/Michael Knüppel (Hg.), Lamutische Märchen und Erzählungen. Teil I: Kategorisierte Märchen und Erzählungen, Nach dem Tod des Verfassers herausgegeben, eingeleitet und kommentiert, Wiesbaden 2011, S. 19-30. Zu den Ethnonymen für die Lamuten vgl. Katharina Gernet, Zur Vielfalt der Ethnonyme der Evenen, in: Erich Donnert (Hg.), Europa in der Frühen Neuzeit. Festschrift für Günter Mühlpfordt, Bd. 7, Köln/Weimar/Wien 2008, S. 819-826; Gerhard Doerfer/Michael Knüppel, Armanisches Wörterbuch, Nordhausen 2013, Einleitung.

6 Auf die Bedeutung russischer Beamter in Sibirien bei der Gewinnung von ethnographischen Angaben und Sprachaufzeichnungen, allerdings auch naturhistorischer Materialien, wurde vom Verfasser dieser Zeilen auch schon bei anderer Gelegenheit hingewiesen. Erwähnt seien hier nur der russische Zivilgouverneur von Jakutsk, Julius von Stubendorff (1811-1878), Baron Gerhard Gustav Ludwig von Maydell (1835-1894), der 1868-1870 im Auftrag der Kaiserlichen Geographischen Gesellschaft die Region östlich der Kolyma sowie Čukotka bereiste, oder Kochs Vorgänger als Kommandant des Hafens von Ochotsk, Johann Friedrich Boensing. Vgl. Michael Knüppel, Wer war Julius von Stubendorff?, in: Central Asiatic Journal 2013, z. Zt. im Druck.

7 Garvriil A. Saryčev, Putešestvie kapitana Billingsa črez Čukotskuju zemlju ot Beringova proliva do Nižnekolymskago ostroga: i plavanie kapitana Galla na sudne Černom Orle po Severovostočnomu Okeanu v 1791 godu. S priloženiem Slovarja dvenadčati narečij dikich narodov, nabljudenija nad stužeju v Verchnekolymskom ostroge, i nastavlenija dannago kapitanu Billingsu iz Gosudarstvennoj Admiraltejstv-Kollegii, St. Petersburg 1811.

sondern vielmehr von Rohbeck stammte. Die Vokabularien sind teilweise mit einer in den Materialien Mercks enthaltenen Liste identisch. Das genaue Verhältnis dieser Materialien zueinander bedarf allerdings noch einer genaueren Untersuchung. Neben den Materialien, die sich in den lamutischen Wortlisten finden, sind über die Werke, die im Zuge der Expedition entstanden, noch weitere tungusische Wörter verteilt. So enthalten Mercks Überlieferungen vier tungusische Wörter, die dem Lamutischen entstammen könnten: *chuma* – »Seehund«,[8] *byte* – »eine Alkenart«, *gusata* – »Gänsegeier« und *lonta* – »Gänsegeier«.[9] Unter den in den verschiedenen Listen, vor allem aber der sicher auf den Statthalter Koch zurückgehenden, dürften sich neben echt lamutischen Formen auch solche aus dem Armanischen befinden, was sich schon aus dem möglichen Aufzeichnungsgebiet ergibt. Das Armanische, das bisweilen als der dem Lamutischen (Ėvenischen) zugehörige »Dialekt von Armaň« bezeichnet wurde und wohl seit mehreren Jahrzehnten ausgestorben ist, wurde am Arman' resp. in der Mündungsregion des gleichnamigen Flusses am Ochotskischen Meer, rund 60 km südlich von Magadan, gesprochen. Zur Zeit der Billings-Saryčev-Expedition dürfte der Raum, in dem dieses Idiom verbreitet war, wohl noch etwas ausgedehnter gewesen sein. So ist es naheliegend, dass sich unter den Wörtern in den Vokabularien und verstreut in mehreren Manuskripten auch armanische Materialien befinden. Eine genaue Bestimmung würde jedoch eine eigenständige, ausführlichere Darstellung beanspruchen.[10]

Neben den Materialien aus dem Lamutischen wurden auch solche aus dem Ėvenki oder genauer aus ost-ėvenkischen Dialekten[11] gewonnen und begegnen uns in den publizierten wie unpublizierten Materialien. Diese werden zumeist als »tungusisch« bezeichnet, was sich aus dem Umstand erklärt, dass die Termini »Tungusisch«

8 Dahlmann/Friesen/Ordubadi (Hg.), Merck. Das Sibirisch-Amerikanische Tagebuch, S. 363.

9 Brief an Peter Simon Pallas vom 16. August 1789, in: ebd., S. 124, 126.

10 Zum Armanischen vgl. grundsätzlich die Einleitung zum »Armanischen Wörterbuch« von Gerhard Doerfer und Michael Knüppel.

11 Zur dialektalen Gliederung des Ėvenki vgl. Vera I. Cincius, Sravnitel'nyj slovar' tunguso-man'čžurskich jazykov. Materialy k ėtimologičeskomu slovarju, Bd. 1, Leningrad 1975, S. XXIV.

und »Ėvenkisch« im ausgehenden 18. und frühen 19. Jahrhundert meist synonym verwendet wurden. Seine Ursache hatte dies darin, dass die ersten Tungusen, denen die russischen Eroberer in Sibirien im 16. Jahrhundert begegnet waren, eben Ėvenken westlich des Enisej gewesen sind. Erst bei Berührung mit den Süd- und Nord-Ost-Tungusen (Lamuten, Man'čžu etc.) wurde deutlich, dass man es mit weiteren tungusischen Sprachen zu tun hatte, die mit dem Ėvenkischen zusammenhängen mussten, und so wurden für diese Idiome entsprechende »abweichende« Bezeichnungen benutzt. Bei einigen der im Expeditionsbericht sowie in Mercks Tagebuch aufgeführten »tungusischen« Wörtern dürfte es sich mit Sicherheit um Material aus ost-ėvenkischen Dialekten handeln. Es sind rund zwei Dutzend Wörter in den genannten Werken enthalten.

Neben den Aufzeichnungen aus tungusischen Sprachen sammelten die Forscher der Expedition Proben aus dem Jakutischen, einer Turksprache, die den sogenannten »altaischen« Sprachen angehört. Im Anhang zu Billings' Expeditionsbericht finden sich jakutische Materialien in Gestalt einer 250 Wörter umfassenden Liste aus der Feder Martin Sauers.[12] Die Liste enthält – wie schon das lamutische Vokabularium – überwiegend solche Wörter, die dem Grundwortschatz zuzurechnen sind. Daneben begegnen uns jakutische Aufzeichnungen, allerdings in Form von 23 Wörtern, welche sich verstreut in Carl Heinrich Mercks Tagebuch wiederfinden. Es ist anzunehmen, dass sich in den verschiedenen jakutischen Materialien, die während der Expeditionen zusammengetragen resp. notiert wurden und teilweise Eingang in die Expeditionsaufzeichnungen gefunden haben, verschiedene jakutische Dialekte widerspiegeln. Einerseits beruht dies auf der Tatsache, dass wohl nicht alle jakutischen Materialien an einem Ort gewonnen wurden, andererseits auf dem Umstand, dass die Dolmetscher im Kontakt mit der autochthonen Bevölkerung, die des Russischen nicht oder so gut wie nicht mächtig war, standen und die Gewährsleute bei Expeditionen in Nordost-Sibirien häufig Jakuten waren, und be-

12 Die russische Version des Expeditionsberichts enthält eine ebenfalls mehr als 200 Wörter umfassende jakutische Wortliste von Rohbeck, die teilweise mit den Aufzeichnungen von Sauer und Merck übereinstimmt.

reits diese wohl kaum alle denselben dialektalen Hintergrund gehabt haben dürften.[13]

Unter den Sprachaufzeichnungen, die aus der Expedition hervorgegangen sind, finden sich auch eine Reihe sogenannter »paläo-asiatischer« bzw. »paläo-sibirischer« Sprachen. Bei diesen handelt es sich um keine Sprachfamilie, sondern vielmehr um eine Reihe von Sprachen, die im 19. Jahrhundert von Leopold von Schrenck (1826-1894) aufgrund der Tatsache, dass sie weder verwandtschaftlich miteinander verbunden werden konnten noch an eine der damals bekannten Sprachfamilien Eurasiens im Sinne einer genetischen Verwandtschaft angegliedert werden konnten, zu einer Gruppe zusammengefasst wurden. Diese »paläo-asiatische« Gruppe umfasst, je nach Autor, die Enisej-Sprachen (Arinisch, Assanisch, Pumpokolisch, Kottisch, Jugisch und Ketisch),[14] die jukagirischen Sprachen (Tundra-Jukagirisch, Kolyma-Jukagirisch, Omokisch und Čuvanisch), das Nivchische, das Korjakische, das Itel'menische, das Čukčische und das Ainu. Einige Autoren gehen so weit, auch das Sibirische Yup'ik oder »Yuitische« als »paläo-asiatisch« zu bezeichnen,[15] wogegen allerdings dessen Zugehörigkeit zu den

13 Die jakutischen Termini aus Mercks Tagebuch wurden gelegentlich vom Verfasser dieser Zeilen ausgewertet, wobei in einigen wenigen Fällen eine Identifizierung des Materials ausbleiben musste. Vgl. dazu Michael Knüppel, Jakutisches in C. H. Mercks »Sibirisch-amerikanischem Tagebuch« (1788/91), in: Turcica 43, 2011, S. 541-552.

14 Hinzu treten hier allerdings noch einige weitere Sprachen, die uns jedoch nur noch dem Namen nach bekannt sind: Jastinisch, Jarinisch, Bajkottisch. Vgl. Heinrich Werner, Die Jenissej-Sprachen des 18. Jahrhunderts, Wiesbaden 2005, S. 1-16.

15 Bereits Leopold von Schrenck hatte es in die »paläo-sibirischen« Sprachen einbezogen, wogegen beispielweise Johannes Angere und Karl Heinrich Menges anlässlich einer Besprechung der Bibliographie paläo-asiatischer Sprachen von Roman Jakobson/Gerta Hüttle-Wort/John Fred Beebe, Paleosiberian Peoples and Languages. A Bibliographical Guide, New Haven 1957 Stellung bezogen: »Jakobsons Maßnahme, das Ainoische, Aleutische und Juitische aus dieser Sprachgruppe auszuschließen, ist nur folgerichtig, weil das Ainovolk nicht in Sibirien wohnt, sondern auf einige Inseln im Stillen Ozean; Aleutisch und Juitisch gehören wiederum zu den Sprachen der außerhalb Sibirien lebenden Eskimos.« Johannes Angere/Karl Heinrich Menges, Eine Bibliographie der paläosibischen Sprachen, in: Ural-Altaische Jahrbücher 32, 1960, S. 133-135, hier S. 133. Ein eher weitgefasster Begriff der »paläo-asiatischen« Sprachen findet sich allerdings auch noch in

eskimo-alëutischen Sprachen spricht. Mit ähnlichen Argumenten ließen sich allerdings auch die Enisej-Sprachen, da diese eine eigenständige Sprachfamilie bilden, aus der Gruppe der »paläo-asiatischen« Sprachen ausgliedern.

Die čukčischen Aufzeichnungen Mercks und Rohbecks sind für die Forschung heute von außergewöhnlichem Interesse, ist in diesen doch a) Zahlreiches belegt, das sich anderweitig nicht findet, und b) stammt dieses vermutlich aus verschiedenen čukčischen Dialekten, die heute nicht mehr nachgewiesen werden können.[16] Im Expeditionsbericht Martin Sauers findet sich eine rund 200 Lexeme umfassende Wortliste aus der Hand Rohbecks, in der russischen Version ein mehr als 200 Wörter umfassendes Vokabularium. Daneben existiert noch eine weitere handschriftliche Liste Carl Heinrich Mercks, welche der Forschungsreisende Peter Simon Pallas übergeben hatte, wie uns Adelung im »Mithridates« mitteilt.[17] Daneben finden sich in Mercks Tagebuch vier weitere verstreute Wörter aus dem Čukčischen: *eiwugien* – »Bezeichnung für die St.-Lorenz-Insel«, *kerut* – »Wurzel des Polygonum Bistorta«,

jüngeren Publikationen, etwa dem Sammelband von Aleksandr P. Volodin, Itel'menskij jazyk, Leningrad 1976 zu dieser Sprachgruppe, in dem neben den verschiedenen Beiträgen E. V. Golovkos, G. A. Menovščikovs und N. B. Vachtins zu den eskimo-alëutischen Sprachen sogar das im nördlichen Pakistan gesprochene Buruṣ̌āskī mitbehandelt wurde. Džoj I. Ėdel'man, Burušaski jazyk, in: Aleksandr P. Volodin, Jazyki mira: Paleoaziatskie jazyki, Moskau 1997, S. 204–220.

16 Heute wird zumeist nur noch zwischen einem west-čukčischen und einem ost-čukčischen Dialekt, die von zwei Gruppen mit unterschiedlicher traditioneller primärer Existenzgrundlage gesprochen werden, unterschieden. West-Čukčisch wird von nomadisierenden »Inlandsbewohnern« und Ost-Čukčisch von Küstenbewohnern, die vorwiegend der Fischerei und Jagd auf Meeressäuger nachgehen, gesprochen. Hans-Rainer Kämpfe/Alexander P. Volodin, Abriß der tschuktschischen Grammatik auf der Basis der Schriftsprache, Wiesbaden 1995, S. 1. Janhunen und Salminen nahmen für das Jahr 1993 bei einer Gesamtstärke der Ethnie von 15.000 Personen eine Sprecherzahl von schätzungsweise 11.000 Personen an. Janhunen/Salminen, UNESCO Red Book on Endangered Languages. Die Autoren weisen die Existenz einer dialektalen Zuordnung, die der Teilung in West- und Ost-Čukčen entspricht, zurück.

17 Johann Christoph Adelung/Johann Severin Vater, Mithridates oder allgemeine Sprachenkunde mit dem Vater Unser als Sprachprobe in bey nahe fünfhundert Sprachen und Mundarten, IV. Theil, Berlin 1817, S. 242ff.

tschautschuo (T)[18] – »rentierbesitzende Čukčen«, *tschawa-waiam* – »Čaun – Fluß im Norden der Čukotka«, *waiam* – »Fluß«.[19] Auch in dem im Jahre 1814 nur auszugsweise publizierten Werk Mercks über die Sitten und Bräuche der Čukčen sind rund 100 Wörter, vermutlich aus verschiedenen čukčischen Dialekten, enthalten. Es war dieses Material, auf das Zoja Titova in ihrem Versuch einer Bearbeitung der Merck-Materialien ihre čukčische Liste gegründet hat. Weiterhin haben aus den unveröffentlichten Materialien von Merck und Rohbeck 30 čukčische Wörter Eingang in Adelungs »Mithridates« gefunden.[20] Dort werden zudem elf Numeralia gegeben und je zehn Wörter aus drei verschiedenen čukčischen Dialekten, welche ebenfalls den unveröffentlichten Materialien Mercks und Rohbecks entnommen sind.[21] In der paläo-asiatischen Bibliographie von Roman Jakobson, Gerta Hüttl-Worth und John Fred Beebe wird zudem auf ein unpubliziertes deutsch-yuitisch-čukčisches Wörterbuch Michael Rohbecks verwiesen, das ca. 400 čukčische Wörter beinhalten soll.[22]

Die erste Behandlung der čukčischen Materialien bei Merck und Rohbeck findet sich in Johann Christoph Adelungs »Mithridates«,[23] wo allerdings lediglich eine vergleichende Aufstellung gegeben wird. Adelung stellt dort die von den beiden Autoren notierten čukčischen Formen zu vermeintlichen kad'jakischen Entsprechun-

18 Das nach Knüppel, [Besprechung von] Merck, Tagebuch nachgestellte »T« bezieht sich auf Slova čukotskogo jazyka, vstečajuščiesja v tekste rukopisi K. Merka o Čukčach, in: Zoja D. Titova, Ėtnografičeskie materialy Severo-Vostočnoj geografičeskoj ėkspedicii 1785-1795 gg., Magadan 1978, S. 151-153. Die hier von Titova ausgewertete Quelle war nicht das »Sibirisch-Amerikanische Tagebuch« Mercks, sondern vielmehr das Manuskript seines Berichts über die Sitten und Bräuche der Čukčen, das gelegentlich von Ju. I. Bronštejn/N. B. Šnakenberg, Zapiski doktora K. Merka – Učastnika ėkspedicii Billingsa–Saryčeva v 1785-1792 gg, in: Sovetskaja Arktika 4,1941, S. 76-88 publiziert worden war.

19 Dahlmann/Friesen/Ordubadi (Hg.), Merck. Sibirisch-Amerikanisches Tagebuch, S. 117, 303, 306.

20 Adelung/Vater, Mithridates, IV. Theil, S. 251 f.

21 Ebd., S. 253.

22 Jakobson/Hüttl-Worth/Beebe, Paleosiberian peoples and languages, S. 186.

23 Johann Christoph Adelung/Johann Severin Vater, Mithridates oder allgemeine Sprachkunde mit dem Vater Unser als Sprachprobe in bey nahe fünfhundert Sprachen und Mundarten, III. Theil, Berlin 1816, S. 467 f.

gen, da er zu der Überzeugung gelangt war, dass das Čukčische und das Kad'jakische miteinander verwandt seien.[24] Eine weitere ausführlichere Behandlung erfolgte dann ebenfalls durch Adelung im vierten Band des »Mithridates«.[25]

Die itel'menischen Materialien,[26] die aus den Expeditionsaufzeichnungen hervorgegangen sind, verdienen in mehrfacher Hinsicht Beachtung. Dies ergibt sich zum einen aufgrund des Umstandes, dass sich die unpublizierten Listen von Merck mit weiteren Formen ergänzen lassen. Dazu zählen die in Martin Sauers Bericht enthaltene Liste von Rohbeck, die rund 250 Einträge aufweist, und das in der russischen Version des Expeditionsberichts befindliche itel'menische Wörterverzeichnis Rohbecks, in dem aus drei itel'menischen Dialekten mehr als 200 Wörter gegeben sind. Hinzu kommen Formen, die sich verstreut in Mercks Tagebuch finden und 17 Wörter aus dem Itel'menischen beinhalten.[27] Zum anderen wurden diese Materialien von Adelung mit weiteren Aufzeichnungen zum Versuch eines vergleichenden, aus 17 verschiedenen »Dialekten« bestehenden Wörterbuchs des Itel'menischen mit dem Titel »Sprache der Kamtschadalen I« zusammengestellt.[28] Dieses Material wird innerhalb des »Depositum Adelung« unter der Nr. 133 und dem Titel »Kamčadal'skij jazyk. Iz bumag Krašenninikova, Merka, Pallasa, Robeka etc.« geführt. Das Material umfasst Aufzeichnungen aus den folgenden »Dialekten«:

24 Vgl. zu den Bemühungen Adelungs auf diesem Gebiet unten, das Itel'menische und verschiedene Dialekte betreffend.

25 Adelung/Vater, Mithridates, IV. Theil, S. 242.

26 Beim heutigen Itel'menischen handelt es sich um das West-Itel'menische; das Süd- und das Ost-Itel'menische sind bereits im ausgehenden 18. Jahrhundert erloschen. Itel'menisch wurde um 1993 von maximal 500 Sprechern, die allerdings überwiegend schon das 60. Lebensjahr überschritten hatten, gesprochen. Die Gesamtzahl der Ethnie betrug rund 2.500 Personen. Janhunen/Salminen, UNESCO Red Book on Endangered Languages.

27 Vgl. hierzu die Zusammenstellung in Knüppel, [Besprechung von] Merck, Tagebuch.

28 In diesen Versuch resp. diese Vorarbeit zu einem vergleichenden Wörterbuch waren auch die von Stepan P. Krašeninnikov 1733-1741 gesammelten Materialien eingeflossen.

»1. Dialekt von Werchnej-Kamtschatka. aus den Papieren von Pallas. Handschr.
2. Aus den Papieren von Pallas. Handschr.
3. Von dem Dr. Robek gesammelt, welcher den Capt. Billings auf seiner Entdeckungs-Reise als Wundarzt begleitete. Diese Sprachprobe ist gedruckt in dem Anhange zu der Reise des Capt. Billings durch das Land der Tschuktschen u. s. w. St. Petersb. 1811. in 4°. S. 91.-129.
4. Aus den noch unbenutzten Papieren des Dr. Merk, der ebenfalls die Expedition von Billings begleitete. Seine linguistischen Sammlungen verdanke ich der Güte des unvergesslichen Pallas. Handschr.
5. Aus Pallas Papieren. Handschr.
6. Aus Pallas Papieren. Handschr.
7. Im Jahre 1806. von dem Schiffs-Lieut. Chwostoff gesammelt, und mir durch die Güte des Hrn. Capt. v. Krusenstern mitgetheilt. Handschr.
8. id.
9. id.
10. Dialekt zwischen den Flüssen Kitschtschick und Begologowa. aus den angeführten Papieren des Dr. Merk. Handschr.
11. Dialekt um Bolscherezkoj, in der Gegend des Bolschaja Reka (Der grosse Fluss), von den Kamtschadalen Kikscha oder Kitschka genannt. Von Krascheninikof, aus Pallas Papieren. Handschr.
12. id. Von Pallas, aus eigenen Sammlungen zusammengetragen. Handschr.
13. id. Von Dr. Robek auf der Billingschen Expedition gesammelt. Abgedruckt in dem Anhange zu Billings Reise durch das Land der Tschuktschen u. s. w. St. Petersburg 1811. in 4.° S. 91-129.
14. id. Aus Dr. Merk's Papieren.
15. Dialekt von Nishnej-Kamtschatka. Aus Bacmeister's Papieren. Handschr.
16. Dialekt von Kolofskoj, am Flüsschen Kol. Gesammelt und mitgetheilt von Dr. Robek. Handschr.
17. Dialekt an dem Flusse Jelowka und der seiner Mündung gegenüberliegenden Insel gleiches Namens. Aus Bacmeister's Papieren. Handschr.«

Dieses Material ist schon insofern von unschätzbarem Wert, als im ausgehenden 18. Jahrhundert noch 17 »Dialekte« unterschieden werden konnten, wenige Jahre später – nach dem Wüten mehrerer Epidemien unter den Itel'menen – jedoch nur das West-Itel'menische, das sich nur bedingt nach Dialekten scheiden lässt, verblieb. Inwiefern wir es bei dem Material tatsächlich mit 17 verschiedenen Dialekten zu tun haben, ist freilich ein Spezialproblem, das noch einer recht eingehenden Analyse bedarf. Möglicherweise spiegelt sich in dem Material auch eine geringere Zahl an Dialekten innerhalb von 17 verschiedenen »Aufzeichnungssituationen« wider. In den Aufzeichnungen ist natürlich stets von »Kamčadalisch« die Rede. Heute verstehen wir, je nach Kontext, unter den »Kamčadalen« zumeist die russischsprachigen Nachfahren der Itel'menen resp. russifizierte Itel'menen. Das Material der »Sprache der Kamtschadalen« hat später in nur sehr geringem Umfang Eingang in den »Mithridates« gefunden. Dort schreibt Adelung: »Ich besitze Wörtersammlungen in siebzehn verschiedenen Kamtschdalischen Dialekten, unter denselben die Wörterbücher, welche die Begleiter von Capt. Billings, Merk und Robek, verfertigt haben. Die grosse Verschiedenheit dieser Mundarten unter einander wird aus einem kleinen vergleichenden Wörterbucher einiger Ostasiatischen und Nordwest-Amerikanischen Sprachen, welches bald erscheinen wird, deutlicher werden«.[29]

Ein entsprechendes Wörterbuch hat aber nie das Licht der Welt erblickt, und die gesamte Arbeit am Itel'menischen, die von den Teilnehmern der Expedition und später von Johann Christoph Adelung geleistet wurde, geriet weitgehend in Vergessenheit.[30] Noch in der deutschen Ausgabe von Aleksandr P. Volodins Arbeit zum Itel'menischen[31] aus dem Jahre 1999 lesen wir: »In den [der Zweiten Kamčatka-Expedition] folgenden 150 Jahren wurden nur sehr vereinzelt weitere Wörtersammlungen geringen Umfanges

29 Adelung/Vater, Mithridates, IV. Theil, S. 245.

30 Lediglich in der Bibliographie von Jakobson/Hüttl-Worth/Beebe, Paleosiberian Peoples and Languages finden sich einige Hinweise auf die unveröffentlichten Materialien, aus denen, aufgrund der Angaben zum Umfang, der Wert derselben zu erahnen ist.

31 Vgl. hierzu Volodin, Itel'menskij jazyk.

publiziert.«[32] Von »geringem Umfang« kann hier natürlich keine Rede sein, umfasste allein die von Carl Heinrich Merck angefertigte Liste des Materials aus dem »Dialekt zwischen Kyktschik und Begologowa«, die sich in Adelungs »Sprache der Kamtschadalen I« findet, 225 resp. 223 Formen!

Itel'menisches Material ist weiterhin in dem im »Depositum Adelung« unter der Nr. 138 geführten vergleichenden Wörterverzeichnis des Kad'jakischen, Itel'menischen (Dialekt von Tigil') und Alëutischen unter dem Titel »Sravnitel'nye slovari jazykov žitelej o. Kad'jak, poberež'ja rek Tigil' i Kamčatki, o. Unalaški, Bol'šerecka i dr., sobrannye K. Merkom« enthalten. Die Bedeutung dieser Zusammenstellung ist kaum hoch genug einzuschätzen, wird hier doch sehr konkret das Bestreben deutlich, möglichen verwandtschaftlichen Zusammenhängen in einer gerade erst entdeckten Sprachenwelt auf die Spur zu kommen – immerhin mehr als ein halbes Jahrhundert vor Leopold von Schrencks Erkenntnis, dass diese Sprachen nicht im Sinne einer genetischen Verwandtschaft miteinander zu verbinden sind, was heute hinsichtlich des Verhältnisses des Čukčischen zum Itel'menischen und Korjakischen (inkl. des Kerekischen und Aljutorischen) zumindest teilweise als widerlegt betrachtet wird.[33] Bemerkenswert ist allerdings, dass Adelung seine Versuche, Sprachfamilien zu etablieren resp. die »Einzelsprachen« des nordostpazifischen Raumes zu größeren verwandtschaftlich begründeten Einheiten zusammenzufassen,

32 Stefan Georg/Alexander P. Volodin, Die itelmenische Sprache. Grammatik und Texte, Wiesbaden 1999, S. 3.

33 Wenngleich auch die »čukčisch-kamčadalische« Sprachfamilie, die wohl erstmals von Vladimir G. Bogoraz im Jahre 1922 erwogen und spätestens von Karl Bouda, Die Verwandtschaftsverhältnisse der Tschuktschischen Sprachgruppe (Tschuktschisch, Korjakisch, Kamtschadalisch), in: Acta Salamaticensia 5, 1952, S. 69-78 postuliert wurde, nicht unumstritten ist, stehen sich das Čukčische und das Korjakische inkl. Kerekisch und Aljutorisch doch sehr viel näher als diese dem Itel'menischen. Kämpfe und Volodin deuten die »Übereinstimmungen« der erstgenannten Sprachen mit dem Itel'menischen »als ein areales Phänomen [...], das im Rahmen einer Konvergenztheorie zu erklären sein wird.« Kämpfe/Volodin, Abriß der tschuktschischen Sprache, S. 2. Konträr dazu positionieren sich beispielsweise Michael Fortescue, Comparative Chukotko-Kamchatkan Dictionary, Berlin/New Haven 2005 oder Oleg A. Mudrak, Ėtimologičeskij slovar' čukotsko-kamčatskich jazykov, Moskau 2000.

noch vor der Etablierung der indoeuropäischen Familie durch Franz Bopp und Friedrich von Schlegel oder der Behauptung einer »ural-altaischen« Verwandtschaft durch Rasmus Christian Rask unternahm. Hier wurde auf der Grundlage der Materialien von Merck, Rohbeck und Kraseninnikov eine Entwicklung vorweggenommen, die in den Bemühungen der Omnicomparatisten[34] unserer Tage, die in der Tradition von Morris Swadesh und anderen einen genetisch begründeten Zusammenhang der Sprachen beiderseits der Beringstraße behaupten (oder schlimmer noch: meinen bewiesen zu haben!), gipfelt.[35]

Einen vergleichsweise geringeren Anteil an dem Material, das im Zuge der Expedition gewonnen wurde, nehmen die Formen aus dem Korjakischen ein, und dies obgleich die Korjaken (Eigenbezeichnung *Nymylan*; einschließlich der Kereken und Aljutoren) damals eine der zahlenmäßig stärkeren Ethnien der nördliche Kamčatka-Halbinsel (und darüber hinaus) darstellten, ihrerseits andere Gruppen wie die Jukagiren und Tungusen erfolgreich verdrängen konnten.[36] Das während der Expedition gesammelte Material be-

34 Der Begriff des »Omnicomparatismus« für den wahllosen Vergleich irgendwelcher Sprachen zwecks eines Beweises von Sprachverwandtschaften wurde gelegentlich von Doerfer geprägt. Gerhard Doerfer, Lautgesetz und Zufall. Betrachtungen zum Omnicomparatismus, Innsbruck 1973. Der amerikanische Linguist James A. Matissof sprach gar von »Megalocomparatismus«. Ders., On Megalocomparison, in: Language 66, 1, 1990, S. 106-120. Der Altamerikanist Heinz-Jürgen Pinnow sprach von den Vertretern dieser Richtung als »Supergruppierern«. Ders., Die Na-Dene-Sprachen im Lichte der Greenberg-Klassifikation, 2. Aufl., Westerland/Sylt 2006.

35 Morris Swadesh, Linguistic Relations across Bering Strait, in: American Anthropologist LXIV, S. 1262-1291. Entsprechende Versuche unter Einbeziehung des Itel'menischen resp. der »čukčo-kamčadalischen« Sprachen wurden unlängst wieder von Michael Fortescue, Language Relations across Bering Strait. Reappraising the archeological and linguistic evidence, London 1998 unternommen.

36 Heute ist das Kerekische erloschen, und das Korjakische inkl. des Aljutorischen wird bei einer nicht bekannten Gesamtstärke der Ethnien von 5.000 bis 9.000 Personen von maximal 4.000 Personen gesprochen. Von diesen machen die Korjaken gegenüber den Aljutoren den deutlich größeren Anteil aus. Ob man das Aljutorische und das ausgestorbene Kerekische als Dialekte des Korjakischen oder doch eher als eigenständige Sprachen einer korjakischen Gruppe auffassen soll, ist nicht restlos geklärt. Die Mehrheit der Forscher geht heute davon aus, dass es sich um Dialekte des Korjakischen handelt. Das eigentliche Korjakische zerfällt

steht vor allem aus einer von Michael Rohbeck zusammengestellten Liste, die in die russische Fassung des Expeditionsberichts Eingang fand. Diese Liste umfasst etwas mehr als 200 Wörter. Ob dieses Material tatsächlich aus einem Dialekt stammt, ist nicht ganz klar. Darüber hinaus kommen noch einige wenige Wörter in Carl Heinrich Mercks Tagebuch vor.[37]

Besondere Aufmerksamkeit unter den Sprachmaterialien, die während der Billings-Saryčev-Expedition gesammelt wurden, haben schon früh die jukagirischen Vokabularien gefunden. Seine Ursache hatte dies darin, dass aus diesen Sprachen insgesamt nur wenig Material aus der Zeit vor den ausgedehnten Forschungen Vladimir I. Iochel'sons am Ende des 19. Jahrhunderts vorlag. In den publizierten Materialien aus der Billings-Saryčev-Expedition findet sich eine rund 250 Wörter umfassende Liste aus dem Kolyma-Jukagirischen.[38] Zu dieser treten einzelne Wörter im Expeditionsbericht. Martin Sauer berichtet in seinem Buch, dass es zur Zeit der Ankunft von Joseph Billings, Carl Heinrich Merck und Michael Rohbeck bei den Jukagiren aufgrund einer zuvor verbreiteten Pockenepidemie insgesamt nur noch 300 Angehörige der Ethnie gegeben habe.[39] Sauer betonte den Niedergang der Jukagiren mit deutlichen Worten, und das wenige, was hier noch zum

in zwei Dialekte, die entgegen der Situation der heutigen čukčischen Dialekte durchaus mit zwei Gruppen von unterschiedlicher primärer Existenzgrundlage verbunden werden können: Küsten-Korjakisch und die Sprache der sogenannten »Rentier-Korjaken«. Vgl. Janhunen/Salminen, UNESCO Red Book on Endangered Languages.

37 Dazu zählen *niunagmin* – »größere Wohnstätte«, *nummillän* – »Seßhafte Čukčen/Korjaken« und *pnaun* – »kleinere Wohnstätte«. Merck, Tagebuch, S. 303.

38 Das Kolyma-Jukagirische ist neben dem Tundra-Jukagirischen eine der beiden heute noch lebenden jukagirischen Sprachen. Es wird noch von ungefähr 50 Personen in den Siedlungen Nelemnoe und Zyrjanka im Unteren Kolyma-Distrikt und in Sejmchan und Balygychan in der Region Magadan gesprochen. Elena Maslova, A Grammar of Kolyma Yukaghir, Berlin/New York 2003, S. 1. Zur Zeit der Billings-Saryčev-Expedition existierten noch zwei weitere jukagirische Sprachen, nämlich Čuvanisch und Omokisch, die allerdings im 19. Jahrhundert erloschen sind.

39 Sauer, An Account of a Geographical and Astronomical Expedition, S. 61. Zur Ausbreitung des jukagirischen Siedlungsraumes in historischer Zeit resp. im ausgehenden 17. Jahrhundert vgl. Aleksej P. Okladnikov/Il'ja S. Gurvič, Drevnie poselenija v del'te r. Indigirki, in: Kratkie soobščenija 27, 1957, S. 42-51; Stephen

Grundwortschatz »sichergestellt« werden konnte, wurde später offenbar immer wieder abgeschrieben, sodass die von Merck angefertigte Liste heute in mehreren Fassungen vorliegt.[40] Die hier zugrunde gelegte Liste wird im »Depositum Adelung« unter der Nr. 137 geführt und trägt den Titel »Wörter Sammlung der Jukagirischen Mundart aus Werchekovimsk« sowie den Vermerk »Bej der Billingsschen Expedition von Dr. Merk gesamlet«. Das Material aus den verschiedenen voneinander abweichenden Vokabularien fand später (mehr oder weniger vollständig) auch Eingang in die Werke von Peter Simon Pallas und Franz Anton Schiefner.[41]

Ein früher Hinweis auf die jukagirischen Materialien von Sauer in Billings' Reisebericht, d.h. die dort wiedergegebene, 250 Wörter umfassende jukagirische Wortliste, findet sich bereits im »Mithridates« von Adelung.[42] Dieser führt jedoch nur 14 der Wörter ohne jede weitere Behandlung auf, da diese von den jukagirischen Formen in der von ihm gegebenen Vaterunser-Übersetzung des Nikolaes C. Witsen[43] abweichen. In den erwähnten späteren Publikationen unterblieb eine weitergehende Behandlung.

A. Wurm, Atlas of Languages of Intercultural Communication in the Pacific, Asia, and the Americas, Bd. 1, Berlin/New York 1996, Karte, S. 106 ff.

40 Vgl. hierzu ausführlich Irina A. Nikolaeva, A Historical Dictionary of Yukaghir, Berlin/New York 2006, S. 18-24, die auch das Verhältnis der verschiedenen Abschriften und Fassungen der Liste zueinander bestimmen konnte.

41 Peter Simon Pallas, Linguarum totius orbis vocabularia comparative. Sravnitel'nye slovari vsech jazykov i narecij [augustissimae cura coll. P. S. Pallas], Sectio prima: Linguas Europae et Asiae complexae, Pars secunda, St. Petersburg 1789; Franz Anton Schiefner, Beiträge zur Kenntniss der jukagirischen Sprache, in: Bulletin de l'Académie Impériale des Sciences 3, 16, 1871, S. 373-399.

42 Johann Christoph Adelung, Mithridates oder allgemeine Sprachenkunde mit dem Vater Unser als Sprachprobe in bey nahe fünfhundert Sprachen und Mundarten, I. Theil, Berlin 1806, S. 563.

43 Nicolaes Witsen, Noord- en Oost- Tartarye, ofte bondig Ontwerp van eenige dier Landen en Volken, zo als vormaels bekent zijn geweest, beneffens verscheide tot noch toe onbekende en meest nooit voorheen beschreve Tartersche en nabuurige gewesten Lantstrecken, Steden, Rivieren, en Plaetzen in de Noorder en Oosterlykste Gedeelten van Asia en Europa, zoo buiten en binnen de Rivieren Tanais en Oby, als omtrent de Kaspische, Indische- Ooster, en Swarte Zee gelegen; gelijk de Lantschappen Niuche, Dauria, Jesso, Moegalia, Kalmakkia, Tangut, Usbek, Noorder Persie, Georgia, Circassia, Crim, Altin enz mitsgaders Tingoesia, Siberia, Samojedia, en andere Hare Zaerze Majesteiten Kroon gehoorende Heer-

Die jukagirischen Materialien aus den publizierten Expeditionsaufzeichnungen wurden wiederholt auch für Publikationen, teilweise unter »Auswertung« derselben, herangezogen. Es handelte sich hierbei im Grunde aber nur um die Wörter aus der Wortliste von Carl Heinrich Merck, welche sich in den Anhängen zu Billings' Reisebericht finden. Die wenigen weiteren jukagirischen Wörter, die in dem Bericht sonst noch erscheinen, blieben unberücksichtigt. Der Erste, der sich dieser Wortliste zuwandte, war Björn Collinder, der jedoch keine systematische Bearbeitung dieses Materials vorlegte, sondern vielmehr aus den in der Wortliste enthaltenen Materialien ur-jukagirische Formen rekonstruierte, anhand derer von ihm Möglichkeiten einer Verwandtschaft des Jukagirischen mit Formen aus verschiedenen uralischen Sprachen durchgespielt wurden.[44]

In jüngster Zeit behandelte erst wieder Irina A. Nikolaeva das Material aus den verschiedenen Fassungen der Liste, deren unterschiedliche Versionen sie in der Einleitung ihres »Historical Dictionary of Yukaghir« auszugsweise verglich bzw. deren Verhältnis zueinander bestimmte. Im Wörterbuch selbst wurden dann lediglich die von ihr z. T. vereinheitlichten Formen gegeben. Auch Nikolaevas Intention bestand offenbar primär in der Rekonstruktion ur-jukagirischer Formen, wobei sich zahlreiche Abschreibefehler aus dem Material der Liste Mercks finden.[45]

Das umfangreichste gesammelte Sprachmaterial aus der Billings-Saryčev-Expedition entstammt dem Alëutischen[46] resp. verschie-

schappyen: met derzelver Landkaerten: zedert nauwkeurig onderzoek van veele Jaren, en eigen Ondervindinge beschreven, gekent, en in't Licht gegeven door Nicolaes Witsen, T'Amsterdam in't Jar 1672, 2. Aufl. 1705. Zum Text bei Witsen vgl. auch Nikolaeva, A Historical Dictionary of Yukaghir, S. 10-12.

44 Einen Überblick über diese Bemühungen, die sogenannte »uralo-jukagirische Hypothese«, gibt Károly Rédei, Zu den uralisch-jukagirischen Sprachkontakten, in: Finnisch-ugrische Forschungen 55, S. 1-58.

45 Vgl. hierzu ausführlich Michael Knüppel, [Besprechung von] Irina A. Nikolaeva, A Historical Dictionary of Yukaghir, Berlin/New York 2006, in: Orientalistische Literaturzeitung 105, 4-5, 2010, S. 624-629; ders., Noch einmal zum historischen Wörterbuch des Jukagirischen, in: Rocznik Orientalisticzny LXVI (2), 2013, S. 109-116.

46 Das Alëutische (alëut. *Unangam Tunuu*), das zusammen mit den Eskimo-Sprachen eine Sprachfamilie bildet und seinerseits in zwei Dialektgruppen (Atka

denen alëutischen Dialekten. Knut Bergsland, der versuchte, alle Materialien für sein großes historisch-vergleichendes Wörterbuch des Alëutischen[47] heranzuziehen, führte die Materialien in der Einleitung zu seinem »Aleut dictionary« bereits nach Manuskripten resp. Verfassern getrennt auf:[48]

1. Materialien Carl Heinrich Mercks, darunter das Manuskript seiner Čukčen-Beschreibung im Archiv der Firma Merck in Darmstadt resp. die Edition desselben aus dem Jahre 1814 sowie die Darstellung des Materials bei Jacobi,[49] Stresemann[50] und der Versuch einer Zusammenstellung des Materials bei Titova[51] etc.;

2. die auf Unalaška aufgezeichnete Liste Michael Rohbecks, die in kyrillischer Umschrift in der russischen Version des Saryčev'schen Berichts der Expedition enthalten ist;

3. die in Martin Sauers Expeditionsbericht enthaltene Wortliste, die rund 200 Einträge umfasst;[52]

4. die von Merck gesammelte Wortliste, die in den Versuch eines vergleichenden Wörterbuchs eingeflossen ist und im »Depositum Adelung« unter der Nr. 136 geführt wird. Allerdings dürfte auch Nr. 138, das vergleichende Wörterverzeichnis des Kad'jakischen, Itel'menischen (Dialekt von Tigil') und Alëutischen von Merck

und Ost-Alëutisch) zerfällt, wird heute von ungefähr 150 Personen bei einer Gesamtzahl von rund 1.250 Angehörigen der Ethnie (Stand 2007) gesprochen. Zum Alëutischen vgl. die Überblicksdarstellung zu den Sprachen Alaskas von Michael E. Krauss, Alaska Native Languages. Past, Present and Future, Fairbanks 1995; ders., Eskimo-Aleut, in: Thomas A. Sebeok (Hg.), Native Languages of the Americas, Bd. 1, New York/London, S. 175-281, besonders die auf S. 232-281 gegebene Bibliographie.

47 Knut Bergsland, Aleut Dictionary. An Unabridged Lexicon of the Aleutian, Pribilof, and Commander Islands Aleut Language, Unangam tunudgusii, Fairbanks 1994.

48 Ebd., S. XXXVIII f.

49 Arnold Jacobi (Hg.), Carl Heinrich Mercks ethnographische Beobachtungen über die Völker des Beringmeers 1789-91. Nach seinem Tagebuch bearbeitet von Arnold Jacobi, in: Baessler-Archiv 20, 1937, S. 113-137.

50 Erwin Stresemann (Hg.), Dr. C. H. Mercks ornithologische Aufzeichnungen während der Billings'schen Expedition von Ochotsk nach Alaska (1787-1791), in: Zoologische Jahrbücher 78, 1, 1950, S. 97-132.

51 Slova aleutskogo jazyka, vstečajuščiesja v tekste rukopisi K. Merka o žiteljach o. Unalaški, in: Titova, Ėtnografičeskie materialy, S. 94-97.

52 Sauer, Account of Geographical and Astronomical Expedition, S. 121-129.

mit dem Titel »Sravnitel'naye slovari jazykov žitelej o. Kad'jak, poberež'ja rek Tigil' i Kamčatki, o. Unalaški, Bol'šerecka i dr., sobrannye K. Merkom« hierher gehören;

5. die Liste, die Rohbeck von dem Atka-Häuptling Ioann Pan'kov erhalten hat, publiziert in kyrillischer Umschrift in der russischen Fassung des Expeditionsberichts;

6. Material aus dem Dialekt der Andreanov-Inseln im vergleichenden Wörterverzeichnis resp. aus der Liste Rohbecks abgeschrieben;

7. die von Robert Hall im Zuge der Billings-Saryčev-Expedition zusammengestellten Listen eines Zensus, in denen rund 1.200 Personennamen aufgeführt sind.

Da jedoch die meisten der Materialien bei ihm die Sigle »E 1791« erhalten haben und unter dieser im Wörterbuch erscheinen, ist es dem Leser oder Benutzer nicht mehr möglich, diese den einzelnen Manuskripten resp. Verfassern zuzuordnen. 251 Wörter aus mehreren Dialekten des Alëutischen finden sich in Mercks Tagebuch. Hinzu treten das Material aus der Wortliste Sauers im Anhang zum Expeditionsbericht (rund 250 Wörter) sowie die Namenslisten, welche während der Expedition zusammengestellt und vor einigen Jahren ebenfalls von Bergsland publiziert wurden.[53] Daneben sind 30 alëutische Wörter aus den unpublizierten Materialien von Merck und Rohbeck sowie elf Numeralia im vierten Band des »Mithridates«[54] gegeben.

Die alëutischen Materialien, die sich in den Expeditionsaufzeichnungen finden, haben zwar wiederholt das Interesse von Forschern erregt, jedoch unterblieb eine systematische Auswertung. Es war zunächst Adelung, der aus verschiedenen unpublizierten Materialien Wörter für seine vergleichenden Zusammenstellungen benutzte. Eine Behandlung des Materials, jenseits der Vergleiche, unterblieb jedoch. Die weiter angeführten Beiträge hatten nur bestimmte Aspekte, nicht hingegen die alëutischen Materialien als

53 Kurt Bergsland (Hg.), Ancient Aleut Personal Names: Materials from Billings Expedition 1790-1792. Kadaangim Asangin/Asangis, Fairbanks 1998. Die Namenslisten, die rund 1.700 Namen umfassen, wurden auch schon in Bergslands, Aleut Dictionary, S. XXXIX einbezogen.

54 Adelung/Vater, Mithridates, IV. Theil, S. 251 f., die elf Numeralia befinden sich auf S. 253.

solche zum Gegenstand. Titova wandte sich zwar den alëutischen Aufzeichnungen in Mercks Tagebuch zu, jedoch ohne eine Analyse des Materials vorzunehmen. Es wurde bei ihr nur alphabetisch zusammengestellt, wobei diese Aufstellung (aufgrund von Abschreibefehlern) recht defizitär ist. Genauer waren allenfalls die Behandlungen bei Bergsland, der einerseits Teile der publizierten Materialien sowie verschiedene Wörter aus den unpublizierten Aufzeichnungen in sein alëutisches Wörterbuch einfließen ließ,[55] andererseits eine sehr gründliche Bearbeitung der Namenslisten, die für eine Volkszählung in Alaska angelegt worden waren, herausbrachte.[56] Die für das Wörterbuch herangezogenen alëutischen Formen wurden bei Bergsland jedoch auch einer gewissen Vereinheitlichung unterzogen, die wenig Rücksicht auf die in den Expeditionsaufzeichnungen notierten Formen nahm.

Gerade Mercks und Rohbecks alëutische Aufzeichnungen sind von besonderem Interesse für die historische Dialektologie dieser Idiome, lassen sich die im Tagebuch Mercks gegebenen alëutischen Formen doch recht genau zuordnen. Merck notierte in seinen Aufzeichnungen sehr gründlich, wann welches »Eiland« der Alëutenkette von den Expeditionsteilnehmern erreicht wurde, welche dieser Inseln bewohnt war und welche Termini von der lokalen Bevölkerung zur Bezeichnungen der Flora und Fauna der betreffenden Insel resp. bestimmter, bei der Gruppe verbreiteten Erzeugnisse ihrer materiellen Kultur verwendet wurden. Die geistige Kultur resp. die Glaubensvorstellungen fanden dagegen eher weniger Beachtung in Mercks Darstellung, obgleich sich auch hier – gemessen an Publikationen späterer Generationen resp. linguistischen Werken aus sowjetischer Zeit – eine Vielzahl von Angaben findet. Entscheidend – und dies macht den Wert der Aufzeichnungen für die historische Dialektologie aus – ist hier der Umstand, dass die notierten Formen aus derselben Zeit und demselben »Aufzeichnungskontext«, d. h. aus der Hand eines Feldforschers, während einer Expedition gewonnen, stammen. Auch wenn zu Mercks Zeit die Prinzipien linguistischer Feldforschungen noch unbekannt waren und keine »vereinheitlichten« Umschriften für die Idiome,

55 Bergsland, Aleut Dictionary.
56 Bergsland, Ancient Aleut Personal Names.

aus denen er seine Materialien gewonnen hat, existierten, und er vermutlich auch kein »aktives Bemühen« um Einheitlichkeit bei der Notation der von ihm aufgezeichneten Formen an den Tag gelegt haben dürfte, ist doch bei aller »Unschärfe«, die sich aus dem muttersprachlichen Hintergrund Mercks, dem Fehlen einer linguistischen Schulung, dem Einwirken der Sprachen diverser »Dolmetscher«, der unzureichenden Kenntnis der fremden Kulturen, Hör- und Verständnis-Schwierigkeiten etc. ergibt, eine gewisse »Grundübereinstimmung« bei der Wiedergabe der Phoneme aus den Sprachen und Dialekten in den Feldforschungsaufzeichnungen und Vokabularien auszumachen.

In Bezug auf die alëutischen Verhältnisse bedeutet dies, dass sich aus den Formen in Mercks Tagebuch, in dem sich aus dem Alëutischen weit mehr Belege finden als aus jedem anderen Idiom, geradezu ein »Dialektatlas« des Alëutischen im ausgehenden 18. Jahrhundert erstellen lässt. Natürlich verbleibt hier insofern eine gewisse Unsicherheit, als die Inseln keine isolierten Einheiten bildeten und auch lange vor der Ankunft der Europäer ein Austausch zwischen den Bewohnern der einzelnen »Eilande« sowie zwischen diesen und dem Festland (wohl beiderseits der Alëuten-Girlande) bestanden haben dürfte.[57] Allein die im Tagebuch enthaltenen Formen lassen sich einzelnen Aufzeichnungsgebieten zuordnen. Dies ist bei Bergsland, der schon die Materialien aus der Billings-Saryčev-Expedition im eigentlichen Wörterbuch nicht differenzierte,[58] unterblieben und stellt somit weiter ein Desideratum der historischen Dialektologie des Alëutischen dar.

Natürlich kann an dieser Stelle nicht gänzlich ausgeschlossen werden, dass Merck zur Bezeichnung eines Gegenstandes oder Sachverhalts aus dem Alëutischen einer der Inseln einen Begriff benutzt hat, der ihm auf einer anderen Insel der Alëutenkette mitgeteilt wurde – handelte es sich für ihn doch schlicht um »Alëutisch« und entsprach es durchaus nicht seinem Erkenntnisinteresse, hier nach Dialekten und Sub-Dialekten zu differenzieren. So verwundert es denn auch nicht weiter, dass die bisherigen Bearbeiter wie

57 Vgl. hierzu oben das Itel'menische und verschiedene Dialekte betreffend.

58 Lediglich das Material Michael Rohbecks aus Atka wird unter der Sigle »A 1791« und das von den Andreanov-Inseln unter »A 1791*« geführt.

Bergsland und Titova sich diesem Problem kaum oder gar nicht zugewandt haben.

In den verschiedenen Aufzeichnungen finden sich auch eine Reihe von Belegen aus dem Kad'jakischen (Alutiiq).[59] Zu nennen sind hier insgesamt 88 Wörter, die verstreut in Mercks Tagebuch erscheinen,[60] und rund 250 in der im Anhang zum Expeditionsbericht gegebenen Liste. Daneben finden sich in dem im »Depositum Adelung« unter Nr. 138 geführten vergleichenden Wörterverzeichnis des Kad'jakischen, Itel'menischen (Dialekt von Tigil') und Alëutischen unter dem Titel »Sravnitel'naye slovari jazykov žitelej o. Kad'jak, poberež'ja rek Tigil' i Kamčatki, o. Unalaški, Bol'šerecka i dr., sobrannye K. Merkom« zahlreiche kad'jakische Einträge. Zudem wurden 30 kad'jakische Wörter aus den unpublizierten Materialien von Merck und Rohbeck in den vierten Band des »Mithridates«[61] mit elf Numeralia aufgenommen.

Dem kad'jakischen Material von Rohbeck und Sauer wandte sich also als Erster offenbar Adelung zu, der in seinem »Mithridates« vergleichende Listen des Kad'jakischen gab,[62] um die angebliche Verwandtschaft mit dem Čukčischen zu belegen.[63] Er versuchte sich jedoch an keinerlei tatsächlicher Auswertung des von ihm verglichenen Materials. Eine Zusammenstellung der kad'jakischen Materialien aus dem Tagebuch wurde von Titova vorgenommen, jedoch ist diese Zusammenstellung, die jeder weitergehenden Analyse entbehrt, recht fehlerhaft, ebenso wie die von ihr gegebenen russischen Übersetzungen.

Im Zusammenhang mit der Behandlung des Kad'jakischen (Alutiiq) bei Carl Heinrich Merck ist hervorzuheben, dass dieser be-

59 Das Kad'jakische (Alutiiq) gehört zum Yup'ik-Zweig der Eskimo-Sprachen und zerfällt heute in zwei Dialekte (Koniag und Chugach), die zusammengenommen noch von rund 400 Personen gesprochen werden. Zum Kad'jakischen (Alutiiq) vgl. ebenfalls Krauss, Eskimo-Aleut, bes. die gegebene Bibliographie; ders., Alaska native languages.

60 Diese Lexeme wurden gelegentlich von Titova im Rahmen ihrer Behandlung der Aufzeichnungen Carl Heinrich Mercks zusammengestellt: Slova kad'jakskogo jazyka, vstečajuščiesja v tekste rukopisi K. Merka o žiteljach o. Kad'jak, in: Titova, Ėtnografičeskie materialy, S. 93-94.

61 Adelung/Vater, Mithridates, IV. Theil, S. 251 f., Numeralia auf S. 253.

62 Ebd., III. Theil, S. 459 und 466-468.

63 Vgl. hierzu oben das Itel'menische und verschiedene Dialekte betreffend.

reits die dialektale Zersplitterung der Sprache nicht nur erkannte, sondern auch notierte. So werden verschiedene in seinem Tagebuch notierte Begriffe als dem Chugach(miutischen) entstammend bezeichnet: *lali* – »erbarme dich!«, *schugatschi* – »Benennung der Bewohner von Chugachmiut in Süden Alaskas«, *uchtschagok* – »Drachen- oder Schlangenwurz – ein Brechmittel«.[64]

Auch aus dem »Yuitischen« oder Sibirischen Yup'ik, der Sprache der »asiatischen« resp. »sibirischen Eskimos«,[65] wurden im Verlaufe der Expedition Aufzeichnungen angefertigt. Es war hier wiederum Michael Rohbeck, der diese Materialien gewann. Sie finden sich im Anhang der russischen Version des Expeditionsberichts. Dort ist eine mehr als 200 Einträge umfassende Wörterliste »yuitischen« Materials gegeben. Daneben haben rund 30 Wörter aus den unveröffentlichten Materialien von Carl Heinrich Merck und Michael Rohbeck Eingang in den vierten Band des »Mithridates« gefunden.[66] Auf mögliche weitere »yuitische« Materialien in Dokumenten, die aus der Billings-Saryčev-Expedition hervorgegangen sind, wird in der paläo-asiatischen Bibliographie von Jakobson, Hüttl-Worth und Beebe verwiesen.[67]

In Mercks Tagebuch finden sich keine Aufzeichnungen aus dem Yup'ik. Die Materialien aus seinen unpublizierten Aufzeichnungen, die teilweise mit den Dokumenten identisch sein dürften, die bei Jakobson und anderen aufgeführt sind, wurden offenbar erstmals von Titova zusammengestellt.[68] Es gilt hier bei der von ihr

64 Merck, Tagebuch, S. 253, 252, 256.

65 Von den fünf Sprachen der Yup'ik-Gruppe wurden drei in Russland gesprochen (Naukanskisch, Sirenik und das Zentral-Sibirische Yup'ik, dessen Ausbreitungsgebiet sich bis nach Alaska erstreckte). Während das Sirenik seit 1997 mit dem Tod der letzten Sprecherin ausgestorben ist, wird das Naukanskische noch von rund 100 Sprechern auf der Čukotka-Halbinsel gesprochen. Das Zentral-Sibirische Yup'ik wird in Russland noch von ungefähr 300 Personen bei einer Gesamtstärke von 1.000 Angehörigen der gesamten Ethnie gesprochen. Vgl. zum Yup'ik ebenfalls Krauss, Eskimo-Aleut, wo auch eine Zusammenstellung der russischen Literatur zum Gegenstand gegeben wird.

66 Adelung/Vater, Mithridates, IV. Theil, S. 251 f. Auf S. 253 des Bandes werden zudem elf Numeralia gegeben.

67 Jakobson/Hüttl-Worth/Beebe, Paleosiberian Peoples and Languages, S. 185 f.

68 Slova ėskimosskogo jazyka, vstečajuščiesja v tekste rukopisi K. Merka o Čukčach, in: Titova, Ėtnografičeskie materialy, S. 153-154.

gegebenen Auflistung allerdings, was bereits zu den Listen des Čukčischen, Alëutischen und Kad'jakischen festgestellt wurde, dass diese einer weitergehenden Auswertung entbehrt und aufgrund zahlreicher Fehllesungen und dergleichen mehr als ausgesprochen defizitär angesehen werden muss.

Schriften aus dem Nachlass von Carl Heinrich Merck

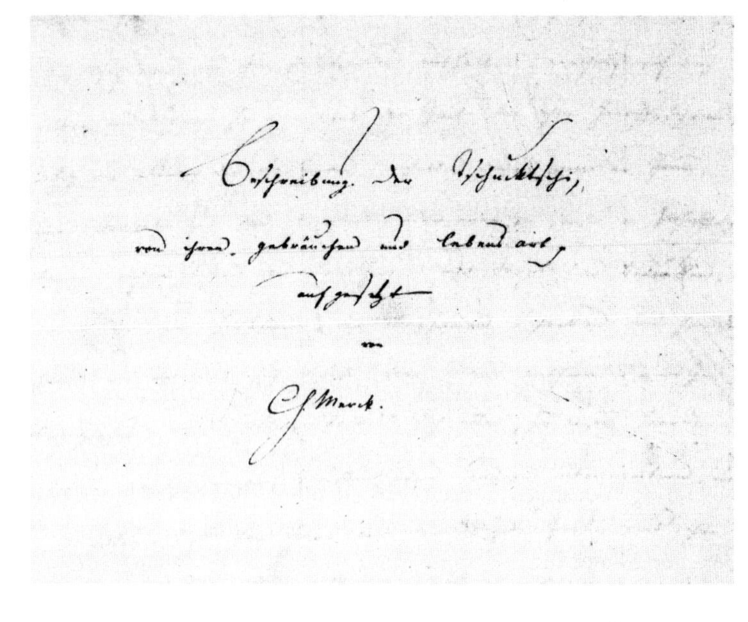
Beschreibung der Tschuktschi,
von ihren gebräuchen und lebensart,
aufgesetzt
von
C H Merck.

Abb. 6: Erste Seite des Merck'schen Manuskriptes über die Čukcen

Beschreibung der Tschucktschi, von ihren Gebräuchen und Lebensart, aufgesetzt von C. H. Merck

[MS 3] Die Tschucktschi theilen sich in Rennthierbesitzende und Stillsitzende; erstere halten sich sommers durch zum Herbst zu mehreren Familien zusammen, nächst den Wohnplätzen der letztern, und daß sie ihre Heerden einige Tagereißen von sich entfernt ob der Weide landein treiben, und Meer auf; den bis jetzt wohnen nur wenige derselben diesseits des Anadir-Flußes[1] beständig. Die sich nun um die Stillsitzenden aufhalten, ernähren sich durch selbige den Somer hin, während der Zeit sie ihre Heerden schonen, einzig vom Fleisch der Seethiere, erhalten daran, wie an Thran, einen Vorrath auf den Winter, oder was sie sonst an Wallfischbarden,[2] rohen Häuten von Seugethieren und dergleichen bedürfen, wonach sie zum Herbste mit langsamen Schritten mit Heerde, Hütte und allem sich meist vom Meer entfernten, ins Gebirg gingen, wo sie denn, so viel sich immer zu einer Heerde zählen, nächsten meist Flüßen oder Inseen[3] überwintern und selten, bis ihre Thiere mit der Weide fertig sind, ihre Stellen wechseln. Zwar theilen die Rennthierbesitzenden den Stillsitzenden für was sie von ihnen nehmen, auch vom Ihrigen mit, das heißt: sie schlachten ihnen Rennthiere ab und überlaßen sie ihnen denn; doch ist dies eben kein Tausch, sondern mehr eine Vergeltung nach Gutdünken; denn die Rennthierbesitzenden halten sich immer nur zu welchen

1 Der Anadyr' entspringt dem zentralen Teil des Anadyr'-Plateaus und mündet nach 1.152 km Verlauf durch das Anadyr'-Tiefland in die Onemen-Bucht (Anadyr'-Golf) ins Beringmeer. An der Mündung gründete Semen Dežnev 1648/1649 den sogenannten Anadyr'-Ostrog, aus dem sich die heutige Stadt Anadyr' entwickelte.

2 Barten bezeichnen die vom Oberkiefer herabhängenden Hornplatten der sog. Bartenwale, wodurch sie von den sog. Zahnwalen unterschieden werden.

3 Mit »Inseen« bezeichnet Merck Binnenseen.

oder Stillsitzenden, haushaltungsweis besonders, von wo sie Jahr ein Jahr aus das ihnen Nötig erhalten und die sie Aiwan (beinah so viel, wie eigene Leute bedeutend) nennen, da sich letztere selbst doch Nimillän (an einer Stelle wohnende) benamten. Die Wohnplätze der Stillsitzenden erstrecken sich vom herzförmigen Fels (Serdze Kamen)[4] bis ohnweit der Schelaginischen Landecke,[5] wohin man von der Bucht Kulutschin[6] nur zwei Wohnplätze noch zählt, [MS 4] wovon der letzte, an der Mündung des Ekechta-Flußes,[7] der kurz vor Kahwak-Weiam[8] disseits, Rirkai-Pija[9] (Walroß-Wohnplatz) heißt. Auch bewohnen welche der Stillsitzenden

4 Als Serdce Kamen' wird heute ein Kap an der nordöstlichen Küste der Čukčensee bezeichnet. Ursprünglich wurde jedoch diese Bezeichnung 1728 einem Kap bzw. einem Felsen in der Kreuzbucht (russ.: *zaliv* (*sv.*) *kresta*) an der nordwestlichen Küste des Anadyr'-Golfs im Beringmeer von Vitus Bering im Rahmen seiner Ersten Kamčatka-Expedition (1725-1730) verliehen. Der Name war einer eindeutig herzähnlichen Form des Kaps geschuldet. (Russ.: *serdce*, dt.: Herz). Bei der anschließenden Kartographierung unterlief dem Historiker Gerhard Friedrich Müller ein Fehler, in dessen Folge das Kap viel weiter nördlich auf die Landkarte gesetzt wurde. James Cook übernahm Müllers Karte für seine dritte Weltumsegelung (1776-1779/80) und konnte sogar das vermeintliche Kap in der Čukčensee »finden«, wobei er auf die Unvollkommenheit von Müllers Aufzeichnungen hinwies und die äußere Ähnlichkeit des Kaps mit der Form eines Herzens nur bedingt bestätigte. Das von Bering tatsächlich beschriebene Vorgebirge wird auf den Karten von Nikolaj Daurkin und Ivan Kobelev, die Billings und Merck als Kenner der Region und Dolmetscher während ihrer Expedition begleiteten, noch korrekterweise in der Kreuzbucht verzeichnet. Auch Fedor P. Litke (Lütke) erkannte in der ersten Häfte des 19. Jahrhunderts das von Bering entdeckte Kap in jenem Felsen mit der čukčischen Bezeichnung *Linglinglėj*, die in ihrer Übersetzung mit der von Bering übereinstimmt.

5 Russ.: *Šelagskij mys*. Das Schelaginische Kap bzw. Šelagin-Kap bildet die Spitze einer Landzunge zwischen der Čaun-Bucht und dem Ostsibirischen Meer.

6 Die Koljučin-Bucht befindet sich im Nordpolarmeer auf der Halbinsel Čukotka, rund 226 km nordöstlich der Beringstraße. Die Länge der Bucht beträgt ca. 112 km, die Breite ca. 13 km. Etwa 18 km nördlich der Koljučin-Bucht liegt eine gleichnamige kleine Insel.

7 Der Fluss Ekechta gilt als äußerst fischreich und mündet in die Koljučin-Bucht.

8 Weiam oder weiem ist die čukčische Bezeichnung für *Fluss*, die Merck übernimmt.

9 Ryrkajpij ist eine erstmals von Joseph Billings 1791 erwähnte und kartierte, bis heute erhaltene čukčische Siedlung mit einer Gesamtbevölkerung von ca. 950 Menschen. Ryrkajpij liegt an der Nordmeerküste gegenüber der Vrangel'-Insel, 3 km von der Siedlung Mys Šmidta entfernt.

den Eyland Churynin oder Kurynin, welcher St. Laurents Eyland[10] nördlich war, der eigentlichen tschuckischen Landecke gegenüber liegt und zu 30 Werste sein soll, worauf sich gleichfalls sommers durch Rennthierhabende, ob der guten Weyde für ihre Thiere, bis die Meerenge zum Winter steht, aufhalten. Die Schelaginischen Landecken, die von der östlichen Seite nur um wenig mercklich zu mute, soll eben nicht beträchlicher sein, als die an der westlichen Seite, die Bucht des Tschauns[11] mit bildet und vor welcher letztere ein kleiner Eyland[12] liegt: die Tschucktschi wollen, daß man Jahrweis, im Juli, wen die Jungen der Vögel schon zimlich behindert sind, vom letzten Wohnplatz, der jenseits nach dem Amckaijan[13] folgt erstern Landecke[14] mit Baidaren[15] vorbei kommen könen, nämlich wenn Landwind das Treibeis wegführe, das doch der Seewind baldig wieder zurücktreibe; die Tschucktschi nennen das Eismeer Ilgy-Ancha oder das weiße Meer: noch haben die Tschucktschi eine allgemeine Überlieferung, daß ehe dem, da sie weit zahlreicher waren und unter sich noch auf den Streit auszogen, eine schwächere Verwandtschaft von obiger Landecke übers Eis mit ihrem Gepäck und Thieren nach dem festen Land übergeflüchtet sey und nur eine Nacht auf dem Eis zugebracht habe; die Meerenge soll

10 Die St.-Lorenz-Insel, Saint Lawrence Island, liegt am südlichen Eingang in die Beringstraße. Sie wurde im Jahre 1728 während der Ersten Kamčatka-Expedition (1725-1730) von Vitus Bering entdeckt und unter diesem Namen auf den Karten eingetragen. Während seiner dritten Weltumsegelung glaubte James Cook eine bis dahin unbekannte Insel entdeckt zu haben und nannte sie Clerke's Island – nach Charles Clerke, dem Kapitän des zweiten Expeditionsschiffs »Discovery«. So war diese Insel im 18. Jahrhundert unter zwei verschiedenen Namen auf russischen und englischen Karten zu finden. Schließlich setzte sich die ursprüngliche Benennung durch.

11 Der Čaun ist ein 205 km langer Fluss, der in die Čaun-Bucht bzw. ins Ostsibirische Meer mündet.

12 An dieser Stelle ist vermutlich die Insel Ajon im Nordwesten der Čaun-Bucht gemeint. Sie hat eine Größe von 2.000 km² und ist zugleich die größte Insel in der Bucht.

13 An dieser Stelle ist wahrscheinlich der Fluss Amguema (auch Omvaam) gemeint. Er hat eine Länge von 498 km und mündet in die Čukčensee.

14 Die Rede ist noch immer vom Schelaginischen Kap bzw. Šelagin-Kap. Vgl. Anm. 5, S. 110.

15 *Bajdara* bezeichnet ein Boot, das mit Walroßhaut überspannt wird. Diese Bootsart war auch bei anderen Ethnien Sibiriens und des Nordostpazifik, u. a. den Korjaken und Alëuten, verbreitet.

daselbst schmal seyn und in selber zur Mitte noch ein Eyland liegen, bei hellem Wetter wollen sie von jener Landecke das feste Land sehn. Auch behaupten sie, daß Frühjahrs wilde Rennthiere, ja Mäuse, von dort überschwimmen; anbei erzählen sie, daß schon einzle der Ihrigen nach dem Lande in einem Tag winters übergefahren seyen, wo sie Menschen gefunden, die ihre Sprache redeten und Rennthiere besäßen, auf dem Land befände sich Holzung,[16] doch da sie den Bewohner nicht getraut, so wären sie, ohne zu übernachten, heimlich wieder zurückgekehrt. [MS 5] In Ansehung der Sprache unterscheiden sich die stillsitzende Tschucktschi ebenfalls von den Rennthierhabenden; letztere Sprache ist von der koriäckischen[17] nur in einzlem unterschieden, und diese verstehen die Stillsitzenden zwar alle, doch haben sie ihre eigne von der ersten völlig entfernte Sprache, welche wiederum zu vier Mundarten abweicht, eine dieser Untersprachen erstreckt sich von Serdze Kamen vom kleinen Eyland Mantschehen[18] bis vorn Wohnplatz Uigin;[19] die zweite von selbem biß zum Wohnplatz Puuchta,[20] die um wenig nördlicher St. Laurentsbucht[21] liegt; die dritte (Paekinskoi)[22]

16 Mit Holzungen bezeichnet Merck Wälder.

17 Die Korjaken sind eine auf Kamčatka und Čukotka lebende Ethnie, die zur sogenannten paläoasiatischen Sprachfamilie gehört. Sie zählen zu den indigenen Bevölkerungsgruppen auf der Halbinsel Kamčatka, die teilweise nomadisierten und teilweise sesshaft waren. Die nomadisierenden Korjaken, in der Selbstbezeichnung *čavčuveny*, züchteten Rentiere und lebten im Landesinneren. Die sesshaften Korjaken, *nymylany*, lebten von der Jagd, der Fischerei und vom Sammeln. Sie bewohnten die Küstenregion Kamčatkas.

18 Mėėčkyn ist eine walroßreiche Insel an der östlichen Einfahrt in die Kreuzbucht (russ.: *zaliv* (*sv.*) *kresta*) im Anadyr'-Golf des Beringmeeres.

19 Ugiin, auch Ungiin, Ugyin oder Uninjach, heute: Ungazik ist eine kleine Siedlung am čukotischen Kap Čaplin, das sich in östlicher Richtung ins Beringmeer erstreckt.

20 Poutėn, auch Puu'tėn, Puvuchtak, Puchatn oder Puchtan, ist eine Bucht an der östlichen čukotischen Küste zwischen der St.-Lorenz-Bucht und dem Ostkap (*mys Dežneva*).

21 Die St.-Lorenz-Bucht liegt vor der gleichnamigen Insel am sibirischen Ufer der Beringstraße. Die Bucht hat eine Länge von 45 km. Darin befinden sich zudem zwei kleine Inseln namens Balka und Benneta.

22 Pėėkskoj ist eine bis zum Beginn des 20. Jahrhunderts unter den russischen Forschern gängige Bezeichnung für die Vertreter des Yupik-Volks Naukan sowie für die von ihnen bewohnte Region.

von letzterem Wohnplatz biß zur nordöstlichen Landecke, die sie Mengihenitkin, mehr aber noch den zwei Wohnplätzen daselbst, als Nuchin und einen südlichen liegenden Peüky, benennen; die vierte, Uwelenskije,[23] von eben angeführten Landspitze bis zum letzten Wohnplatz von der Schelaginischen Landecke. Was sonst diese Sprache betriefft, so soll die Mundart derer, die auf der nordöstlichen Landspitze wohnen, sich der amerikanischen nähern, welche letztere auch die eigentliche der Eyländer des Canals ist, doch verstehn diese meist auch noch die der Tschucktschen: der bewohnten Eylande die im Canal oder in Berringestraße liegen, sind drei: 1) Imaglin oder Imäklin,[24] (n,[25] nach der uwelenskischischen Mundart, wonach auch das Wörterbuch); 2) Ingelin,[26] wobei noch ein kleiner unbewohnter Eyland, namens Ukijen;[27]

23 Gemeint ist Uelen, ein Dorf, das von der Billings-Saryčev-Expedition erstmals kartographisch erfasst wurde. Die Bezeichnung stammt ursprünglich aus dem Čukčischen und bedeutet so viel wie »schwarze Erde«. Uelen ist der östlichste besiedelte Punkt am Kap Dežnev (*mys Dežneva*). Dieses wiederum wurde von Semen Ivanovič Dežnev (um 1605-1673), der als Kosak in Tobol'sk im Dienst stand, im Zuge der Umsegelung der Čukčen-Halbinsel mit Fedot Alekseevič Popov (auch als Fedot Alekseev bekannt) im Jahre 1648 entdeckt. Der Historiker Gerhard Friedrich Müller fand im Rahmen der Zweiten Kamčatkaexpedition (1733-1743) in den Archiven von Jakutsk die Nachweise für diese Entdeckung und konnte zeigen, dass Vitus Bering nicht der erste Seefahrer gewesen war, der die später nach ihm benannte Beringstraße durchfuhr.

24 Hier ist die Rede von einer Inselgruppe in der Beringstraße, die heute unter dem Namen Diomedes-Inseln bekannt ist. Nach Semen I. Dežnev 1648 erreichte Vitus Bering am 16. August 1728, dem Tag des heiligen Diomedes, die Inseln. Eine umfassende Kartographierung erfolgte erst 1732 durch Michail Spiridonovič Gvozdev. Imaklik, wie die Indigenen sie nennen, bezeichnet die Ratmanov-Insel. Mit einer Fläche von 29 km^2 ist sie die größte Insel der Gruppe.

25 Es bleibt unklar, welche Bedeutung der nach den indigenen Bezeichnungen von Merck häufig gebrauchte Kleinbuchstabe »n«, der bisweilen auch als »u« gelesen werden kann, hat. Möglichrweise steht er für »nominatur« im Sinne von »benannt«.

26 *Ingalik*, die indigene Bezeichnung für die kleine Diomedes-Insel, liegt nur vier km von der Ratmanov-Insel entfernt und gehört zur Gruppe der Diomedes-Inseln. Sie trägt ebenso den Namen Krusenstern-Insel. Nach dem Verkauf Alaskas 1867 an die Vereinigten Staaten von Amerika verliefen zwischen jenen Inseln sowohl die Staats- als auch die Datumsgrenze zwischen Russland und Amerika.

27 James Cook dokumentierte erstmals diese kleine Insel, die wie ein Fels aus dem Meer ragt. Ihren heutigen Namen Fairway-Felsen verdankt sie dem britischen

3) Okipen;[28] diese Eyländer sind den Amerikanern, was die stillsitzende Tschucktschi den Rennthier besitzenden sind, ihnen ergeben und sich vor ihnen fürchtend, nur sind die von Imaglin den Tschucktschi mehr zugethan. Noch in Ansehung der Sprache der Stillsitzenden, sprachen die letztern an der eigentlichen tschuckischen Landecke Wohnenden mit den Insulanern von St. Laurents-Eyland (Eiwugi-en, den Tschucktschi,) fast einerlei Sprache; zu letzterm Eyland ist von der Landecke zu einem Tag überrudern, die [MS 6] Tschucktschi fahren ihn, um lange Wallfischbarden und Treibholz ihren Bööten von dort zu holen, an; wilde Rennthiere fehlen daselbst und außer Steinfüchsen befinden sich sonst keine Thiere drauf; die Bewohner haben keine Zähne untern Lippen einsitzen, wohl aber die der weiter südlicher liegender Eylanden. Um noch die verschiedenen Benennungen, womit die Tschucktschi ihre Nachbarn belegen, beizusetzen, so sind selbige folgende: die Bewohner jener drei Eylande deß Canals nennen sich, weil sie Zähne tragen, Skyrngaulet, eben so thun's die Stillsitzenden; die Amerikaner heißen ihnen Kygmylett; die Koriäken[29] Tangitan (Feinde bedeutend), womit letztere auch im Gegentheil die Tschucktschi benennen, da sich selbst je beide den Namen Tschautschue beilegen; die Jukagere[30]

Marineoffizier und Geographen Frederick William Beechey (1796-1856), der 1826 im Verlauf einer Expedition in den Pazifik auch die Beringstraße erkundete. Neben dem Fairway-Felsen gab Beechey der kleinen Diomedes-Insel den Namen Krusenstern-Insel und benannte die große Diomedes-Insel nach dem russischen Marineoffizier Makar Ivanovič Ratmanov (um 1704-1759). Vgl. Frederick William Bleechey, Narrative of a Voyage to the Pacific and Beering's Strait, to co-operate with the Polar Expeditions: Performed in his Majesty's Ship Blossom, under the Command of Captain Frederick Bleechey, R. N., F. R. S. & c., in the years 1825, 26, 27, 28, Published by Authority of the Lords Commissioners of the Admiralty, 2 Bde., London 1831, hier Bd. 1, S. 337f.

28 Die Insel Okipen', auch Ukiben', Ukipen' oder sogar Ukivok genannt, liegt in der Beringstraße nördlich der St.-Lorenz-Insel, westlich der Seward-Halbinsel von Alaska. Sie ist als einzige der genannten Inseln in der originalen Expeditionskarte eingezeichnet. Auf modernen Karten taucht sie unter der Bezeichnung King Island auf.

29 Vgl. dazu Anm. 17, S. 112.

30 Die Jukagiren sind ein paläosibirisches Volk im Nordosten Asiens. Sie leben vornehmlich in der Kolyma-Region bis hin zum Jukagirenplateau. Wie die übrigen paläosibirischen Völker leben auch die Jukagiren von der Jagd sowie der Rentier- und Hundezucht. Ihr Name geht auf eine tungusische Fremdbezeich-

heißen ihnen Etellit und die Tungusen[31] Choraremkyt; die Russen nennen die Rennthiertschucktschi Milgitanggitan, und obwohl nur so neben bei, auch Celuramkitt (Celujamkitt, den Koriäcken, die ihnen auch gleich meist erstern Namen geben) oder bärtige-Leute; was aber erstere Benennung anlangt, so heißt ihnen das Feuer Milgin; (Milgijn den Koriäcken) und also wohl Feuer-Feinde, weil sie mit Feuer kriegen; die Stillsitzenden nennen die Russen Delüromky. Dieses vorausgesagt, gehe zu den Gebräuchen und Lebensart der Rennthierbesitzenden über, anbei ich zugleich auf die Stillsitzende und Koriäken mit Rücksicht nehmen werde:

In Ansehung der Herleitung ihres Ursprung besitzen die Rennthier-Tschucktschi keine Überlieferung, wohl aber die Stillsitzenden;[32]

nung zurück. Sie bezeichnen sich selbst als *vadul* oder *odul*, was »mächtig« und »stark« bedeutet.

31 Als Tungusen wurden und werden sowohl die in Ostsibirien und im Fernen Osten lebenden Ėvenken und Ėvenen als auch alle zur Gruppe der mandschu-tungusischen Sprachgruppe (Mittel- und Ostsibirien sowie nördliches China) zählenden Ethnien bezeichnet. Sie lebten hauptsächlich von der Jagd und nutzten Rentiere als Last- und Reittiere. Ein Teil der Ėvenen, welcher in der Küstenregion lebte, wurde in einigen Quellen des 18. Jahrhunderts unter der Bezeichnung Lamuten geführt, ėven.: *lamu*: das Meer. Es kam aber oft zu Verwechslungen zwischen Ėvenen und Ėvenken bis ins 20. Jahrhundert hinein. Die Bezeichnung Lamuten wurde auch nicht kontinuierlich verwendet. Ėvenen gelten in der Forschung ethnisch gesehen und erwiesenermaßen auch in sprachlicher Hinsicht als Tungusen, die sich aber im Laufe der Zeit stärker mit anderen indigenen Bevölkerungsgruppen Sibiriens assimilierten. Wie Michael Knüppel, Buchbesprechung, in: Orientalistische Literaturzeitung 107, 2012, 2, S. 132-138, hier S. 133 konstatiert, sind sie darüber hinaus »zwar ethnisch wie sprachlich als Tungusen zu betrachten, die historische Gleichsetzung von Ėvenken mit Tungusen (die auf den Umstand zurückzuführen ist, dass die ersten Tungusen, auf die die russischen Eroberer im Zuge der Ostexpansion des moskowitischen Staates stießen, eben Ėvenken waren) allerdings ist mehr als problematisch – zumal irreführend, da die Ėvenen bis ins 19. Jahrhundert wiederum zu den Ėvenken, von denen sie sich in sprachlicher Hinsicht jedoch unterscheiden, gerechnet wurden, eine solche Zusammengehörigkeit z.T. aber auch ihrerseits annahmen.« In seinem Tagebuch schreibt Merck an einigen Stellen von »stillsitzenden Tungusen«, also jenen, die vom Fischfang und von der Jagd lebten und nicht nomadisierten. Vgl. dazu Carl Heinrich Merck, Das sibirisch-amerikanische Tagebuch aus den Jahren 1788-1791, hg. von Dittmar Dahlmann/Anna Friesen/Diana Ordubadi, Göttingen 2009, S. 124, 363.

32 Zu den Glaubensvorstellungen der Čukči vgl. den Artikel »Chukchi« in: Practical Dictionary of Siberia and the North, Moscow 2005, S. 156f.; Waldemar

denn sie erzählen: »ein Wallroß habe an obig angeführtem Eyland Churynin Mann und Weib zur Welt gebracht, und diese seien ihre Stam-eltere, weshalb sich auch jene Thiere, um ihre Nachkommenschaft zu ernähren, so weniglich um diese Gegend aufhielten«. [MS 7] Was einen Gott anlangt, so glauben sie, daß eine Gottheit im Himmel wohne, die vorher auf Erden gewesen sei (Amunonkanon); dieser opfern sie, damit sie die Teufel der Erde abhalten, ihnen Schaden zuzufügen; denn opfern sie auch letztern, damit sie ihnen kein Leid anthun mögen; doch sind ihre Begriffe so unzusammenhangend, daß man wohl wenig, ohne zu irren: mit Gewießheit bestimmen kann; und beim Fragen läuft man immer ehe Gefahr, in Ungewießheit zurückzugerathen, als beim Selbstsehn etwa falsch zu schließen; daß sie aber mehr die Teufel fürchten, als einem höheren Wesen trauen, blieb wohl zu behaupten; noch nennen sie eine Gottheit (Engeng, in beiden Sprachen), die auf Erden wohne und wozu sie gleiche Gaben bringen; auch wähnen sie, daß Sonne, Mond und Fixsterne (Ulwonger) höhere Wesen oder Gottheiten wären, wovon sie erstere besonders verehren; auch während unsrem Reisen, wenn die Sterne häufig sichtbar waren und hell schienen, hielten sie's für ein Zeichen, daß wir gut gegen sie gesinnt seyen. Sie haben Holz-Götzen[33] (Chgirriger), die sie zum Feuer auswirbeln nützen und womit sie eben nicht glimpflich umgehen; denn sie müßen sich das Hin- und Herwerfen, wie das auf die Packschlitten Aufschnüren wohl gefallen laßen; sie nennen selbe die Götter ihrer Rennthiere und der Erde, schmücken sie bei ihren Festen mit einem Weidenkranz oder Band von Sehnen um den Hals, und legen ihnen Weidengesträuch unter, und das, damit sie bei ungestümen Schnee-Stürmen, wobei sich ihre Rennthiere öfters verirren, selbe zur Herde wieder zurücktreiben mögten; sie machen selbge aus einem Wurzelstück, weil sie das Holz dazu weicher halten; auch haben sie kleine Götzen (Chamangau oder Dkamak), die sie an Gürtel oder oben ans Pelzhemd, wie ihre Weiber

Bogoras, The Chukchee, New York 1975: Reprint der Ausgabe Leiden/New York 1904-1909, Kap. 12.

33 Die meist aus Birkenholz geschnitzten Figuren nehmen eine wichtige Rolle im rituellen und spirituellen Leben der Čukčen ein, da sie Abbilder ihrer Gottheiten sind und in ihren religiösen Praktiken immer wieder zum Einsatz kommen. Vgl. Abb. 7, S. 117.

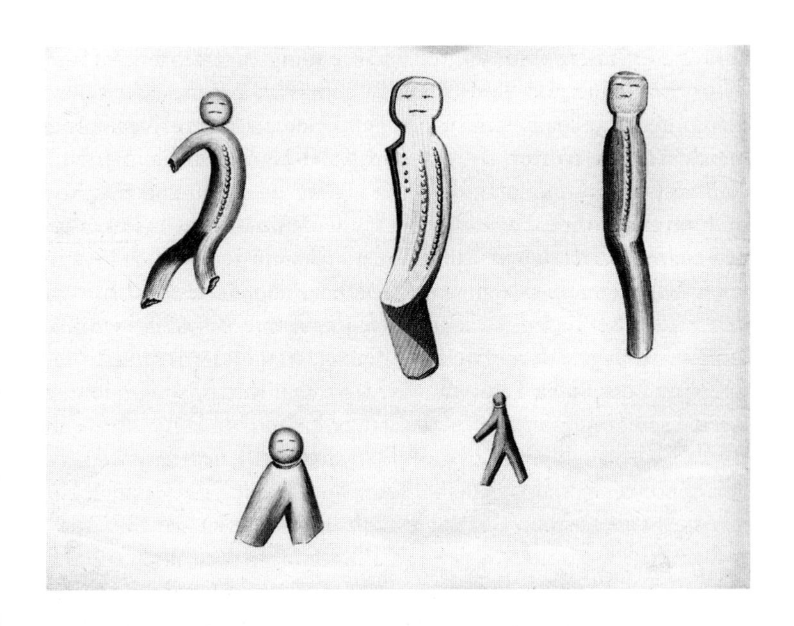

Abb. 7: Čukčische Götzen. Originalzeichnung von Luka Voronin zur Handschrift »Beschreibung der Tschucktschi« von C. H. Merck.

und Kinder, angeknüpft tragen, und die sie als ihre Beschützer und Erhalter ansehen; [MS 8] es sind gabelförmige Ästchen, die sie zu Füßen abstumpfen und am einfachen Ende zu einem Kopf in die Runde kerben, worum sie selbe denn mit einem Riemlein anbinden; von diesen unterscheiden sich andre, die sie zu gleicher Absicht an einzle ihrer Packschlitten binden, und die ihnen Tainiatek heißen, nur darin, daß sie größer oder viel mehr unförmlicher sind; noch haben sie einen ähnlichen Götzen, den sie versteckt halten, und nur beim Rennthier schlachten mit zum Vorschein bringen, wo sie ihn denn auf ein weißes oder so fleckigtes[34] Rennthierfell legen, und der ihnen Tainugun heißt; bei ihm nun forschen sie von ihren Unternehmungen des Ausgangs halben, er hängt denn an einem Faden angebunden: bewegt er sich bei der Frage, so ist's ein Zeichen eines guten, wo nicht, eines schlechten Erfolgs; auch bei ihren Opfern glauben sie die Zukunft enträtseln zu können; denn ehe sie das Thier töden, hängen sie ihm etwas in die Ohren, ein rothes Läppchen, ein Stückchen Troddel[35] vorgefärbter Robben-Haaren und bemercken, was das Thier, ehe sie ihm mit dem Spieß den tödtenden Stich versetzen, für Bewegung mache; wonach sie denn schließen. Gleichfals achten sie auf das Fallen des getödten Thiers; denn setzt sichs auf den Hintern und fällt dann zurück, so ist's kein gutes Vorbedeuten; anbei sie noch das Schulterblatt des geschlachteten Thieres proben (welches ihnen Parant heißt): sie brennen es an einem Fleck seiner dünnsten Stelle über einer Kohle oder über der Lampe, biß es einen Rieß bekommt, da sie denn aufhören, wo es in noch mehrere Risse springt, nach welchen sie nun, ob vorzunehmenden Reisen, ob der glücklichen Beendigung derselben, ob dieser oder jener Weg ihnen bevorstehe, wie bei Krankheid, ob Hoffnung zur Genesung übrig bleibe, zu beurtheilen wähnen, bekommt aber die Stelle ein Loch, [MS 9] so zeigt's eine üble Auskunft an; diese letzte Art der Vorhersehung heißt ihnen Kpargittik.

Was ihr Opfern anlangt, so weihen die Rennthierhabenden Rennthiere, die Stillsitzenden Hunde; beim tödten werfen sie immer mit der hohlen Hand Blut aus der Wunde der Sonne zu; öfters

34 Geschecktes Rentierfell.

35 Eine Troddel bezeichnet ein Fadenbündel, das zu einer Quaste geformt ist.

traf ich solche Opfer von Hunden am Strand mit dem Kopf dem Meer zuliegen, die außer an Kopf und Füßen vom Fell entblößt waren. Eine Gabe der Stillsitzenden, um das Meer zu ihrem Aus- oder Abfahren zu besänftigen, oder um ihrer Farth einen glücklichen Erfolg zuzuwenden; auch wenn Tschucktschi der Bucht bei Serdze-Kamen mit ihren Baidaren glücklich überfahrn, so opfern sie bei einem etwas hohen steilen Felsen des Strandes: jeder macht sein Feuer an, wirft Fett drauf und beklebt den Fels mit gleichem. Angangytteilgin heißt ihnen das Opfern an die Sonne und Erde; und was sie beim Opfern zu schreien Wajorajungrai, wie nach der uwelenskischischen Mundart Tauratauato, das so viel, als seh und nim sie heißt; ihre übrige Gebräuche dieser Art, als ihr Opfern bei Kranksein, ihren Festen und auf ihren Reisen, werde in der Folge, um des Wiederholens nicht zu bedürfen, wenn ich von diesen rede, anführen; nur einen Fall nach dieses Gebrauchs setze seiner Seltsamkeit wegen hier bei: das Weib eines Tschucktschi hatte nachts einen unruhigen Traum gehabt; früh brachte der Älteste dieser Verwandtschaft einen Hasenkopf vor die Hütte, stach ihn mit dem Spieß, so wie sie ihre Rennthiere abstechen, ahmte, als wenn er Blut der Sonne entgegen werfe, nach, und legte das knauserigte Opfer denn kurz von der Hütte ab Süden zu. Ihre Schamane[36]

36 Die Naturreligion des Schamanismus ist unter den Ethnien Sibiriens und Zentralasiens bis in die heutige Zeit weit verbreitet. Allerdings gibt es keine allgemein anerkannte, einheitliche Definition des Begriffs. Das Wort Schamane bzw. Schamanin ist mandschu-tungusischen Ursprungs und bezeichnet denjenigen, der etwas weiß, den Wissenden. Besonderes Merkmal ist der Einsatz verschiedenster Mittel (u. a. rhythmisches Trommeln, Trancetanz, psychedelische Drogen) zum Erreichen von Trancezuständen. Diese werden im Allgemeinen als Übergang in einen anderen Seinszustand bzw. eine Anderswelt interpretiert und dienen der Kommunikation mit Geistern. Der Schamane, so die Annahme, erlange dadurch besondere Fähigkeiten der Heilung und Weissagung sowie verschiedene spezifisch magische Kräfte. In den Schamanenzeremonien und den Gesängen bringt der Schamane die wesentlichen Elemente der Weltanschauung seines Volkes zum Ausdruck und prägt sie so den Zuschauern ein. Die Kleidung der Schamanen ist von Ethnie zu Ethnie unterschiedlich, aber stets voller symbolischer Gehalte. Der Schamane war Priester, Wunderheiler, Ratgeber und Jagdhelfer seines Volkes oder Stammes. Das Geschlecht spielte keine Rolle, sowohl Frauen als auch Männer waren Schamanen. Vgl. Marjorie M. Balzer, Flights of the Sacred. Symbolism and Theory in Siberian Shamanism, in: American Anthropologist 98, 1996, S. 305-318; Wladimir N. Basilow, Sibirische Schamanen. Auserwählte der Geister, Berlin

(Aengaengheli) sie gauckeln so zur Nacht, ohne besondern Anzug, in ihren Rennthierzelten sitzend, ohne Lampe, und Hang als müße des Winters Mühsal Schuld haben, daß sie diesem Schwung, wie theils einzle ihrer Weibsen, so zugethan sind, obwohl nicht alle des Rufs sich rühmen, sondern nur [MS 10] wenige unter den Rennthier-Tschucktschi, wie einige mehrere unter den Stillsitzenden, sich auszuzeichnen vermögen; worin sie sich vor andern dieser Kunst etwa hervorthun, ist, daß sie wißen bei ihren Gaukeleien in abweichender oder fremder, dumpfer Stimme zu antworten oder antworten zu laßen, womit sie den Haufen täuschen, als wenn die Teufel ihren Fragen eigenmündigen Bescheid ertheilten; und da sie bei Krancksein auf ihren Unternehmungen sowohl den Helfer als den Vorhersager spielen, so können sie jener schnöden Geisteraussprüche so lenken, daß selbe immer eins der besten Rennthiere der Herde bestimmt fordern, und dies wird denn, außer etwa des Kopfs, den sie zur Schau aufstellen, oder nur der Geweihe, die sie auf der Opferstelle zurücklassen und einiger handvoll Bluts, die sie der Sonne zu werfen, mit Haut und Fleisch das Ihrige, obwohl sie noch, nachdem sie einem Begüterten dienen, ein lebendiges Thier mit sich führn; auch verstehn welche, zum Beweis ihres Geschicks, nachdem sie sich in die Runde laufend, durch ihre Handpauke in Taumel geeifert, sich in die Zunge einzuschneiden oder in Leib stechen zu lassen, wobei sie des Bluts nicht schonen; noch bescheinigen sie solche Gauckler zu haben, die sich zu verbrennen und den wieder aufleben, oder sich ins Wasser stürzen, längere Zeit zurückbleiben und denn wieder zum Vorschein kommen.

Mehrere dieser Schamanen erborgen, ums Gebot der Teufel zu erfüllen, außer ihrem männlichen Anzug, einiges von der weiblichen Tracht, als sie flechten das Haar zu gleichen Zöpfen, tragen Ringe um die Arme und dergleichen mehr, die der Männer auch

2004; Gudrun Bucher, Die kulturelle Herkunft der ethnographischen Objekte. Das tungusische Schamanengewand, in: Brigitta Hauser-Schäublin/Gundolf Krüger (Hg.), Sibirien und Russisch-Amerika: Kultur und Kunst des 18. Jahrhunderts. Die Sammlung von Asch, Göttingen, München u.a. 2007, S. 150-165; Gloria Flaherty, Shamanism and the Eighteenth Century, Princeton 1992; Mihály Hoppál, Schamanen und Schamanismus, Augsburg 1994; ders., Shamanism in Eurasia, 2 Bde., Göttingen 1984; Mircea Eliade, Schamanismus und archaische Ekstasetechnik, Frankfurt a.M. 1994.

zum theils zugeneigter werden, und bei den Stillsitzenden noch traf ich, daß unter ihnen eben nicht so selten sein soll, einen Menschen, der ganz in weiblichem Anzug mit einem Mann als gute Hausfrau lebte; auch stehn die Gauckler der Koriäken diesem widersinnigen Befehl [MS 11] der Teufel unterthan und alles, was sie von männlichen Beschäftigungen angreifen, misräth oder zerbricht unter ihren Händen, so daß sie denn wider Willen und ohnselten mit Thränen zur Nadel greifen; was hier noch die Schamane ob der üblen Laune ihrer Oberen schadlos hält, ist, daß es kein Tschucktschi wagt, ihnen das Wechseln mit seinem Weib abzuschlagen.

Ihre Hütten, Zarang, sind während sie sommers, wie winters länger in einer Gegend bleiben, je nach weitläuftigeren Verwandtschaft und der mehreren Rennthierzelte deßhalb, die sie in sich fassen, größeren Umfangs; so lange sie selbe aber auf ihren Zügen mit schleppen, das ist bis sie ihre Heerden zum überwintern zurücklassen, trennen sie selbige wohl, um kürzere Zeit zum Aufstellen, welches das Geschäfte der Weibsen ist, zu bedürfen, zu einigen kleineren; zum weiteren Reisen aber, als nach Ischika[37] und jetzt nach der Kovyma[38] oder auf ihre Streifereien nehmen sie nur ihre warme Zelte,

37 Gižiga, auch Ižiga, ist eine Siedlung am linken Ufer des gleichnamigen Flusses, der in die Bucht Gižiginskaja im nordöstlichen Teil des Ochotskischen Meeres mündet. Die Festung wurde 1752 gegründet, 1783 erhielt Gižiginsk den Status einer Stadt, den die Ortschaft 1926 infolge einer sowjetischen territorialen Reform wieder verlor. An der Wende des 18. zum 19. Jahrhundert wird Gižiginsk vorwiegend als fischreiche Gegend beschrieben, in der neben den russischen Gewerbetreibenden (*promyšlenniki*), Geistlichen und Kosaken auch indigene Korjaken und Tungusen lebten.

38 Gemeint ist der Fluss Kolyma im Nordosten Sibiriens. Er ist 2.129 km lang und mündet in die Ostsibirische See. Mercks Schreibweise mit »v« ist in damaligen Forscherkreisen nicht ungewöhnlich. Bereits in den Briefen und Berichten von Semen Dežnev und seiner Gefolgschaft aus den Jahren 1641 bis 1660 war diese Schreibweise gebräuchlich. Auch Johann Georg Gmelin, Teilnehmer der Zweiten Kamčatkaexpedition, bezeichnete in seinem Reisebericht den Fluss als ›Kovyma‹. Vgl. dazu Johann Georg Gmelin, Reise durch Sibirien von dem Jahr 1733 bis 1743, 4 Theile, Göttingen 1751/52, Bd. 3, S. 170. Als »Kowyma« wird der Fluss auch im Titel des Berichts des Sekretärs von Joseph Billings bezeichnet: Martin Sauer, Geographisch-astronomische Reise nach den nördlichen Gegenden Rußlands und zur Untersuchung der Mündung des Kowyma, der ganzen Küste der Tschuktschen und der zwischen den festen Lande von Asien und Amerika befindlichen Inseln. Auf Befehl der Kaiserin von Rußland, Catharine der Zweiten in

wie Thiers noch, um sich gegen stürmisches Wetter zu schützen, eine Decke aus kahl geschornen Rennthierhäuten, zum Drüberspannen, mit: eine geräumliche Hütte, worin zu 6 Rennthierzelte standen, hatte 20 Faden im Umfang, von einer Thür zur andern maß sie 5 und in die quern 4 Faden; die Höhe der Mitte betrug 9 Fuß.

Das Gestell ihrer Hütte bilden theils kurze, theils lange Stangen, welche sie auf ihren Reisen vorsichtlich mitnehmen (denn ihre rauhe Gegenden geben ihnen keine) und kleinen Schlittgen aus zwei meist Wallroßzähnen, aufgebunden, wie sie's auch mit ihren Wallfischbarden thun, zu hinterst ihrer Packschlitten nachschleifen. Der kürzeren Stangen, die so über 4 Schuh lang, bedürfen sie an 18 oder drüber, je zu 2 oder 3 oben durch Löcher zusammengeknüpften Stücke, womit sie den Umkreis der Hütte in die Runde umfasten und die sie zu 4 biß 7 Schuh unter sich entfernt aufstellen, wie selben den, je einzle kurze [MS 12] Stangen oben aufbinden; dem von oben verlängertem Riemen der unter sich aus einander gesperrten Stang-Stücken ist immer zwischen selben, zum festern Anziehn, ein ganzer Robben-Sack mit Thran, wie sonstiger Nahrung, auf Gesträuch niedriger Weiden und Brichbirken[39] liegend und wie mit selben bedeckt, oder ein Stein angebunden. Vom Eingang der Hütte, der so hoch wie als untern Gestell und dem gegenüber theils ein zweiter, stehn unter sich entfernt die zwei Dachstützen, aus je drei, nach oben zusammengeknüpften und auseinander gesperrten Stangen, denen eine einzle mit befestigten Schlingen aus einem Riemen drauf, aufgebunden ist; durch letztere Schlingen stecken sie die langen Stangen oder Latten mit den oberen Enden, zu je zwei immer durch eine Schlinge von entgegengesezten Seiten, durch, und mit den untern binden sie selbe den Querstangen des Gestells an; diese Latten, der Zahl nach in die dreißige, bestehe meist aus einzeln aufeinander gebundenen Stücken, wodurch sie sich besser aufbeugen und von einem der Hütte werden sie zu ihrer Mitte durch Stangen, denen oben welche in die Quere angeknüpft

den Jahren 1785 bis 1794 unternommen von Kapitän Joseph Billings und nach den Original-Papieren herausgegeben von Martin Sauer, Sekretär der Expedition, Berlin 1802.

39 Birken-Arten sind auf der Nordhalbkugel der Erde weit verbreitet, da sie an unterschiedliche klimatische Bedingungen angepasst sind. Auf der Čukčen-Halbinsel kommt die Zwergbirke, lat.: *Betula nana*, vor.

sind und die unten einem Stein oder Wirbelbein eines gröseren See-Thiers aufstehe, unterstützt. Zur Bedeckung ihrer Hütten, nützen sie ihre alte Rennthierzelte, denn da sie letztere jährlich mit neuen wechseln, so stümpfen sie selbige denn kurz, nähen sie zu Decken, deren sie sich anfänglich winters, denn wenn sie durch Wetter und Näße kahl werden, sommers bedienen, mit Riemen dem Gestell aufziehn und befestigen, sodaß oben nur ein ungleiches Offenseyn bleibt; dem untern Gestell der Hütte binden sie nach innen in die Runde, zum Boden aufliegende Wallroßhäute an; wo nur zu einzlen Rennthierzelte in einer Hütte stehn, haben sie nur eine dreistanigte Dachstütze, wie auch auf ihren Zügen, vorn der Thür näher aufgestellt, worauf denn die Latten des Dachs, der Schlinge eines Riementheils, wie unter sich durch gesteckt, so daß ihre Enden auch noch weiter vorstehn, ruhn und mit jenem Riemen werden sie von außen durch Anziehn noch befestigt.

Zu ihren warmen Zelten (Iniri; den Stilsizenden Ulit) bedürfen [MS 13] sie zu 6, 8, bei gröseren der Wohlhabenden aber biß zu 15 Rentierhäuthen; sie sind, teils ein längliches Vierseit, zum Eingehn hebt man die vordere Seite etwas auf und kriecht so ein; innen kan man in selben, auf den Knien oder gebückt sich nur aufrecht erheben, also das einzige ist zu sitzen oder zu liegen; um sie aufzustellen haben sie oben vorn und Seiten, in einer Weise der Decke hin, Schlinge von aufgenehten Lederstriehmen, wodurch eine Stange durchgesteckt, die denn je zu beiden Enden aus je drei oben näher zusammengebundenen Stangen stützend, wie deß untern Gestels, aufgeknüpft ruht und vorn sind diese Zelten teils auch nur, den eintzlen Dachstützen angebunden; innen nach Seiten mehr stützen sie selbge durch eine Stange, der winters noch ein Stock oben zur Quern aufgebunden ist, woran sie ihre Handschu, Mützen, Pelzstrümpfe und leichte Stieffeln, zum Trocknen nachts durch, weil die Lampe dem Stützel unten beisteht, aufhangen; unten 'rum schlagen sie die Zelten zum Boden etwas aufliegend um und belegen den Boden den, nach lezterm Saum aus, mit rohen Rentierhäuthen, (worunter noch eine Walroshauth ausgebreidet) und die sie zum Winter immer mit neuen wechseln, und es ist nicht zu läugnen, daß man auch in einfachen Zelten, bei der stärcksten Kälte, sobald sie die Lampe, nebst der Ausdünstung der Menschen erwärmt, nackend den Eigenthümer gleich, sitzen kann, und wen man in ihre Hütte,

Abb. 8: Sommer-Jaranga, čukčisches traditionelles Zelt. Originalzeichnung von Luka Voronin zur Handschrift »Beschreibung der Tschucktschi« von C. H. Merck.

wo sie zum Überwintern bleiben, komt, da sie diese Zelte zweifach, als mit einer rauhen Seite nach innen, mit der andern nach außen, aufgestelt haben, auch so sitzen muß. Diese Zelten beschützen sie gegen's Einregnen, da die Somerdecken ihrer Hütten meist löcherricht genug sind, durch über selbge, einem Stangengestel, ausgebreidete Walroshäuthe, und ob eben dieses Einregnen, wirds in ihren Hütten, oft kotig, deßhalb sie nicht selten die Stellen wechseln müßen. Auch geben eben angeführte Zelten, den Weibsen, auf ihren Reisen winters durch, tagtäglich ein Stück Arbeit, den sie müßen ob der zum Morgen zwischen haaren einfrierenden Ausdünstung von Menschen als dem Dampf von heißem Eßen, vor jedem Wiederaufstellen mit einem Schlägel aus Rentier- [MS 14] Geweih zu einer Stunde wohl ausgeklopft werden, wonach sie selbge, wozu auch die Mansen beihelfen, im Umkreis anfaßend, zu mehr Mahlen ausschwingen.

Angeführte Hütten sind der Stilsizenden Somerhütten, obwohl auch welche, winters durch in selben fort wohnen; sie sind, gegen jener mit Walroshäuthen bedeckt, mit Riemen überspannt, welchen teils Stücke von Walfischgerippe, zum festern Anziehn, angebunden, und dem untern Gestel anstehn. Die warme Zelten der leztern sind, da sie selbge nicht so oft erneuern können oder sich auch mit Abgelegten behelften müßen, schlecht und von Ungezieffer nie frei. Ebenso sind die Hütten der Koriäken denen der Rentiertschucktschi gleich, nur suchen sie selbge fester aufzustellen, damits den Tschucktschi beim ersten Anlauf minder leicht werde, sie zu zerstören; innen sind selbige, da diese Wilden stets in Holzungen stehn, voller Rauch, so daß den Augen der erste Eintritt schon beschwerlich fält, und ihre warme Zelten zeigen gleich von ihrer säuischen Lebensart, denen sie sich im ganzen, gegen die Tschucktschi zu rümen haben.

Die den Stilsitzenden eigene Winterwohnungen heißen selben Khaigit, den Rentier-Tschucktschi aber Chleivat. Diese Erdhütten[40] sind immer auf Anhöhen oder Hügeln, unter sich zunächst, angebracht, und auf mer gleichen Stellen dabei stehn den ihre Somer-Hütten; gegen leztere sind erstere nur eintzel, weil sich in selben immer zu mehreren Verwandschaften aufhalten, außen sind diese

40 Vgl. dazu Abb. 14 und 15, S. 214-217.

Hütten mit Rasen bedeckt, aufgerundet und gegen Boden und um wenige Schu höher; oben zur Seite ist ein vierteiliges Loch, wodurch man gerade hinabsteigt; um diese äußere Tür, stehe außerm freien Zugang, in die Runde rum, zu anderthalb Faden, daß Durchschnitt, an 7 Fuß hohe Walfischkieffer auf, die den oben mit Walfischribben und diese mit Rasen bedeckt sind. Durch angefürten Eingang nun komt man zuerst in einen Vorhof oder mit der Hütte gleich langen Gang, welcher so an 6 Fuß hoch, zu einem Faden oder drüber breid und gegen Boden der Hütte um wenig tiefer ist; Seine Wände sind ungleich, aus aufeinander liegenden Walfischwirbelbeinen bestehend und oben decken selbige [MS 15] eintzle Walfischkieffer von den Wänden schief, wie noch welche die quern, die den überal mit Ribben und kleinern Gebeinstücken belegt sind; von Mitten dieses Vorhofs geht ein kurzer ähnlicher Gang, worin man sich bringen muß, zur Hütte ab. Was nun diese Hütte selbst betrieft, so ist sie innen vierseitig, teils so zu 14 Fuß lang als breid und zu 8 Fuß oder drüber hoch, das zu zwei Seiten, durchs bogigte Dach, um etwas niedriger wird; sie ist so zu 5 Schu unter der Erde und noch drei Fuß deß Erdwals liegen selbem zu je einzlen Walfischkieffer ins Vierheit auf die den mit noch kleinen Beinstücken, so hoch der Erdwal mehr überal, unterstützt sind und zwischen welchen noch Wirbelbeine oder bei andern auch Steine der Erde mit einliegen; auf angeführten Kieffern ruhn und zur Bildung deß Dachs, vom Eingang die Länge sei, vier unter sich entfernte, gleiche Kieffer, die den überal mit Ribben die quere drauf bedickt sind. An drei Fuß vom Boden, ist in den vier Ecken der Hütte je eine Ribbe die quere angebracht, die zur Mitte ihres Bogens durch einen Stützel aufgehalten wird, auf welchen den, den Vierheiten der Wände hin, je zwei Bolen,[41] die ihre Bäncke machen und worauf sie auch schlaffen, liegen; der Boden ist mit Bolen belegt, untern Bäncken meist nicht, woselbst stat deßen Walroshäuthe ausgebreidet werden; beim Eingang ist ein 4seitige Öfnung im Dach, welche mit der Darmhauth der Walfischleber deren sie sich auch stat Mantels gegen Regen bedienen, bespant ist; vor diesem Fenster ist noch ein kleines Loch angebracht, durch ein

41 Als Bohle wird Schnittholz bezeichnet, das eine vorbestimmte Dicke und Breite hat und aus Baumstämmen gewonnen wird.

dem Dach einsizendes Wirbel-Bein, das fürs Ausgehn deß Dampfs von ihren Lampen, deren in den vier Ecken immer eine steht, bestimt ist; welche der Dachkieffer waren an ihren Seiten weiß bemahlt, als mit Figuren von Walfischen, ihren Bööten und dergleichen, das sie an ihren Festen tun. Den Vorhof erhellet ein Gang zur Hütte, über im Dach angebrachtes gleiches Fenster; Noch hat die andere Seite deß Vorhofs zwei auch drei Zugänge zu ihren Voratskamern und zwei Hütten haben wol nur einen äußeren Eingang und Vorhof. Jezt verstatteten diese Hütten, nur einen eckelhaften Anblick, da der Boden meist überschimelt oder mit tranigten Pfüzen wechselte; winters sol der Aufenthalt in selben mehr heiß als warm seyn, sie kochen den über ihren lampen, die, weil sie den Thran nicht zu schonen brauchen, gegen die der Rentier-Tschucktschi gröser sind. [MS 16] Das Haupthaar tragen die Mansen geschoren, sie näßens naß mit Harn und scherens mit einem Meßer und dies tun sie, um sowohl von Läusen befreit zu bleiben, als damit dasselbe beim Ringen nicht hindere.

Was den Anzug der Mansen anlangt, so ist er dem Körper so paßend als warm und sie erneuern ihn meist zum Winter; ihre biß vorn Fuß reichende Hosen, Chonaita; Kochligit, n; sind, wie bei den Americkaner ohne Band und gleich jenen durch eine, obenrum eingezogene Sehnenschnur, vorn zugebunden, ebenso werden sies auch unten, woselbst ein Band breid niedrig haarigt, von der Farbe der Hose abweichendes Felstück gedoppelt, wodurch die Sehund-Schnur gezogen wird, angeneht ist; so lang's die Jahrszeit erlaubt tragen sie meist Hosen aus Robbenfellen, weniger aus bereidetem Rentierleder, mit noch welchen, wie meist immer aus Lämerfellen drunter; anfangs deß Winters hin als frülings zu sind ihre äußere Hosen meist, aus den weißen Schienen-Lappen der Rentiere (Panga), welche auch gegen windiges Wetter und Schnetreiben beßer dienen; den Winter durch sind ihre äußern Hosen wärmer, aus den Häuthen diesjährigen Rentieren, die sie dazu im spätern August töden; auch tragen sie Hosen von den Wolfsfußlappen, woran sie eintzle Klauen wol dran laßen; ihre Robbenhosen sind auch, hinten herab der Mitte, vom Gesäß an, biß an untern bandbreiden Ansatz, mit je einem Striehmen von schwarzem Hundsbalg[42] bebrämt, wie hin-

42 Gemeint ist ein Sack aus Hundehaut, die zu Leder gefertigt worden ist.

term Knie so, die quere den um außen, biß zur Mitte deß Knies und der Bebrämung wechseln teils noch, kurzen Riemen und Trodel ans wol gefärbter Wolle junger Robben, herab hangend ein.

Ihre kurzen Strümpfe, Pamjat, sind so lang's die Kälte verstattet aus Robbenfellen mit den Haaren nach innen, die der Näße nicht scheuen, winters aber tragen sie welche, aus den wolhaarigten Schienenlappen ihrer Tiere, seltner aus jüngern Rentierfellen, und sie sind ersterer gewohnt, weil in selben die Füße nicht schwitzen.

Somers tragen sie kurze Stieffeln, (Pinnighäit; Akubetschaht, n) aus Robbenfellen mit den Haaren nach innen, auch von bereidetem Rentierleder und gegen Näße aus gegerbten Robbenfellen; sie schnürn selbge unter die äußern Hosen noch mit ein und unten 'rum umbinden sie sie mit Riemen aus weiß oder rot bereidetem Robbenleder; [MS 17] Noch tragen sie Wadestieffel, (Ngentschkyl; Akubyjaggyt, n;) von Robben-Leder, teils biß ans Knie oder weitere fast biß zu oben den Schenckel. Winters tragen sie meist kurze Stieffeln aus den Schienenlappen ihrer Tiere, wozu die, von ihnen im spätern Herbst oder winters abgestochenen, die besten sind; auch tragen sie, während der kälteren Jahrszeit, welche, obwol eintzler, biß zum Knie; beide zieren sie, wen die Lappen weiß sind mit braun oder schwarz Farben zugespitzten Zwickeln der Seiten, wie um die Sohlen ser, nur nicht hinten rum mit Bandbreiden mehr niedrig haarigtem gleichem Fel den oben rum mit breiderem Besatz; sind die Stieffel aber graufarb so sind diese Abwechselungen weiß; die Sohlen ihrer Stieffeln sind meist aus Walroßhauth mit den Haaren nach innen, den auch bei den Winterstieffeln mehr bei denen die zum Knie gehen, aus den zusammengenehten Lappenstückgen zwischen den Hüften ihrer Tiere, mit den borstenartigen weißen Haaren nach außen, die wen sie dichter zusammengeneht wären, den Fuß wärmer halten und bei dem auf dem[43] freien Feld schlaffen als um auf Schne-Schu Frühlings zu gehen, beßer dienen und dazu notwendig sind. Zum Sohlenfutter in ihre Stieffel, ohne das, sie keine Wärme geben, nützen sie meist trocknes weiches Stroh, doch auch das Schabsel von Fischbein.

Ihren Körper decken zwei Pelzhemde (Irun; Atkughat, n;) somers durch, teils schon vorhergetragene oder welche aus Lämmer-Fellen,

43 Merck wiederholt an dieser Stelle noch einmal die Wörter »auf dem«.

wie auch das untere, den Winter hier immer bleibt; das äußere ist den, Herbst und gegen Früling, meist aus den mer mindrig haarigten Fellen ihrer Kälber, die sie dazu biß zum 20ten Julij abstechen; winters aber von solchen der diesjährigen die sie später schlachten; diese Parcken haben oben nur einen geringen gerundeten Ausschnitt auf die Brust, reichen gegen halb der Schenckel und werden durch den Gürtel eines ledernen Riemens, den sie durch Knochenstücke vorn zuknüpfen etwas auf hin geschürzt; sonst sind sie teils auch schmal mit Vielfraß[44] stat deßen, um den Hals meist mit Hunds-Pelz, bebrämt.

Das Haupt laßen sie somers durch wie Herbst und frühlings, wens nur die Witterung vergönt meist unbedeckt; um es zu bedecken, tragen sie, als die Stillsitzende, den Kranz einer Binde, mit denen der Stirn anliegenden [MS 18] Wolfsverbrämung, auf dem Haupt, der teils von weichem rot gefärbtem Robben-Leder zu gerundeten Lappen auf die Ohren, einen warm gefüttert und außen mit Elendsborsten[45] ausgeneht, wozu sie auch mit, die bereidete weiß-gelblichte Schlünde der Hunde nützen, oder sie beschützen das Haupt, wie stets den Winter durch, durch Schleier die die Ohren decken und die meist von Lämer-Fellen, wie mit gleichen gefüttert, den mit Hund oder Wolfspelz verbrämt sind, auch nehen sie leztere aus den Schienenlappen ihrer Tiere, wohl noch mit gerundetem zum Nacken aufliegenden Lappen, der in die Runde teils eine ausgezackte Verzierung von Sämischleder[46] hat; auch tragen welche, somers mehr die Stilsitzenden, zur Stirn auf, einen vierseitig breideren Schirm aus aneinander gereihten Federspuhlen. Noch dient ihnen besonders winters, zur Bedeckung deß Hauptes, über ihre Schleier eine Überzugs-Kappe (Waarko; Natschahat, n) die gerundet noch über die Achseln, wie der Brust und dem Rücken

44 Der Vielfraß gehört zur Familie der Marder oder genauer zur Unterfamilie der Raubmarder. Er ist nicht nur in den nördlichen Territorien Sibiriens, sondern auch in Norwegen, Finnland sowie Nordamerika beheimatet und gilt als geschickter Jäger. Der Vielfraß erreicht eine Körperlänge von einem Meter.

45 Borsten eines Elentiers. Eigentlich werden so Elche bezeichnet. Merck wendet diesen Begriff häufig auch auf Rentiere an. Beide Tierarten gehören der Familie der Hirsche an.

46 Bezeichnet eine bestimmte Ledersorte, die durch das Gerben mit Tierfetten, Fischöl oder -tran hergestellt wird. Bei Sämischleder handelt es sich um Rauleder.

aufliegt, aus wolbehaarten Rentierfellen, und die sie zum festern Aufsitzen, durch je eine Riemenschlinge unter die Arme, anziehn; sie schützen sowohl den unbedeckten Hals vor Wind und Wetter, als, da sie wohl mit Wolfspelz bebrämt sind, das Gesicht selbst; man sezt sie mit den Haaren nach innen auf, doch tragen teils ihre jüngern wohlhabende Mansen, um ihren Putz zu verschönern, welche die außen noch mit weißem Lämerfel überzogen sind und wo der untere aufliegenden Verbrämung, noch zotten[47] von rot gefärbter junger Robbenwolle mit eingeneht sind; auch tragen eintzle stat Mütze, die abgezogene Hauth eines Wolfs-Kopfs mit der vorstehenden Schnauze und Ohren nebst den Löchern der Augen, und derselben ist nur hinten rum ums blasen deß Windes zu hindern, noch schmal Rentierfel angesetzt.

Bei Regenwetter und feuchtem Nebel, die das meiste ihres Somers aus machen, dienen ihnen zum Überziehn ihres Anzugs die Regenhemde; sie haben eine Kappe und sind durch aneinander genehte länglich-vierseitige kleinere Stücke der dünen Darmhauth von Walfischen, die quern faltig sackigt; vorn der [MS 19] Arme und um den Hals kan man sie vermittelst einer eingezogenen Sehnenschnur zubinden, wie unten 'rum der Runde durch ein durchgezogenes schmales Fischbein; angeführte Regenhemde heißen ihnen Parutan: bei anhaltendem Regen, wodurch genante Hemde durchzunäßen pflegen, ziehn sie wohl, noch ein zweites drunter an, wozu sie sich auch der einfach zusammengenehten der Weibsen bedienen; letztere Okontschin; und Kallick, n.

Bei windigem aber trockenem Wetter deß Sommers, beim Schnefallen und stürmischem Wetter deß Winters, tragen sie über ihrer Kleidung ein Überzugshemd aus sämischem Leder, dem wohl an den Achseln je zwei Ringen, mit eingeschnürten eintzlen Corallen noch angeneht sind; sie benennen selbge Etemautitschghin.

Selten bedürfen die Menschen, auf ihren Reisen deß Winters durch, der weiten Überzugsparken aus niedrig-haarigten Rentierfellen, obgleich sie selbge meist besitzen, (Kukläncke, den Russen; Utitschghin, den Rentier-Tschucktschi; Mackak, den Stilsitzenden.)

47 Als Zotte oder Zottel wurde ursprünglich ein Büschel Haare bezeichnet; späterhin auch gebräuchlich für an der Kleidung angebrachte, herunterhängende Verzierungen.

die teils einfach oder doppelt, da sie den die zweite mit den Haaren nach außen anziehn.

Ihre Daumen-Handschu (Cili; Agheiluk; n.) aus den Schienenlappen ihrer Tiere, wozu sie winters die wolhaarigten wählen; sie sind geräumig, lang so daß sie noch unter die Ermel der Parke reichen, ungefüttert mit den Haaren nach außen, und so leicht sie deß Ansehns nach auch scheinen, so sind sie noch warm genug und das Schwitzen ihrer Häude schadet ihnen nichts; noch tragen die Tschucktschi einen Vorlappen aus zusammen gereihten, etwas abgekürzten Schienenlappen, den sie durch zwei den obere Seiten angenehte Felriemen, wovon der eine an seinem Ende zu einem Knopf geschlungen, der zweite den einen Einschnit hat, durch Zuknüpfen um den Hals der Brust vortun; dieser Lappen dient ihnen nun die Überzugskappe oder Parcke daselbst, durch die gleich einfrierende Ausdünstung nicht zu verderben. Ihre Kleidungsstücken müßen sie winters durch jeden Abend, vorm Eingehn in ihre Zelte, ob daß sich ihnen einsetzenden Schnees, mit aus einem Geweihbug ausgehauenen Schlägel (Tewitschigin), den sie auch an ihren Fahrschlitten immer mitführn ausklopffen. In ihrem paßenden und die Teile gleich gut deckenden Anzug, scheuen die Tschucktschi keine Kälte, obwol die strengen derselben, besonders wen sie mit einem Windhauch begleitet ist, doch mehr bei Weibsen, zuweilen ihr Gesicht auch bleibt, da bei stärckerem Wehen deß [MS 20] Windes, dem Meer näher, wo die eintzle Berge weniger Schuz leihen, die Luft mehr umtrübt und gelinder ist; daß welche der Tschucktschi die Füße verfrieren ist noch seltner, es sei den daß schlechte Bekleidung derselben oder Unachtsamkeit im Trocknen der Strümpfe die Schuld wären; bei Regen-Wetter gehn sie mehr baarfuß.

An einem Riemen und den Hals tragen die Tschucktschi unterm Pelzhemd auf der Brust in Sämischledersäckchen, ihren Taback,[48]

48 Die Forschung stimmt darin überein, dass der Tabak im 17. Jahrhundert nach Sibirien gelangte, jedoch fehlt jedes genauere Datum. Die ältere Forschung besagt, dass die Kosaken und die russischen Kaufleute den Tabak nach Russland brachten. Dagegen behaupten manch neuere Forschungen, der Tabak sei aus China mit den Händlern aus Buchara nach Sibirien gelangt. Dies kann zum Teil aus den Notizen von Steller bestätigt werden: »Wenn die Itälmenen von dem ersten Ostrow über nach Lapatka oder von dar ab, zurück nach der Insel gehen, versehen sie sich mit Schar-Toback.« Georg Wilhelm Steller, Beschreibung von

den sie mit feinem Schabsel von Birkenholz mengen, ihre Pfeiffe von Walroß-Bein mehr von Zin, die nebst Röhre nach der Jakuten[49] Art, ihr Feuerzeug als Stahl und Stein, einen Wezstein, wie teils jenes Jaspisstück der Amerikaner zum abstreichen der Meßer (ihnen Kauulan), eine Bein-Röhre vom Kranich zum Wassereinschlürffen auf ihren Weisen, und ein kleineres mit der Fläche zur Spitze gebeugtes Meßer, daß sie zum feinen Schnitzen nicht entbehren können; sonst trägt jeder Rentier-Tschucktschi ein Meßer, an der äußern Seite deß rechten Schenckels; mit längeren pralen die Stilsizende, den sie sind dem Grunde nach, die mit den Russen handeln, den außer den heutgen ihrer Tiere haben die Rentier Tschucktschi nichts eigentümliches, es sei den, was sie durch Tausch, wol auch durch Betrug, den wo gilt der nicht, an sich ziehn; die Stilsizende-Tschucktschi aber, tragen ihre Meßer, wies scheint, nach Sitte der Eyländer im Canal;[50] teils an einem der rechten Achsel aufliegendem breiderem Riemen unterm linken Arm; den, am Gürtel gegen die Spize davon abgebunden; oder am rechten Schenkel; in der ledernen Scheide stecken ihre Meßer nur zu halb ein, und diese ist teils noch mit einer Quaste und Trodeln geziert.

Die Beschäftigungen der Mansen, sind bei den Rentierbesizenden gering, die Aufsicht ihrer Heerde, da wechselweiß von den

dem Lande Kamtschatka, dessen Einwohnern, deren Sitten, Nahmen, Lebensart und verschiedenen Gewohnheiten. Unveränderte Neudrucke der 1774 in Frankfurt, 1793 in St. Petersburg und 1753 in Halle erstmals erschienenen Werke. Mit einer Einleitung herausgegeben von Prof. Dr. Hanno Beck, Stuttgart 1974, S. 20. Als *kitajskij šar* wurde der Tabak aus China bezeichnet. *Šar* bedeutet Sand, weil der chinesische Tabak so fein geschnitten. Im 17. Jahrhundert war in Sibirien unter der indigenen Bevolkerung eine Art Wasserpfeiferauchen, ähnlich wie in Asien, verbreitet. Nachdem Peter I. am Ende des 17. Jahrhunderts den Tabakhandel legalisiert hatte, verbreiteten sich Tabak und das Pfeiferauchen im Laufe des 18. Jahrhunderts auch in Sibirien. »Die Revenüen vom chinesischen Toback und Brandtewein rechne ich jährlich auf 6000 Rubel, seitdem der Preis und Werth des chinesischen Tobacks so sehr gefallen, und der ukrainische Blättertoback beliebet worden.« Ebd., S. 382. Vgl. dazu A. V. Šapalov, Tabak v Zapadnoj Sibiri v XVII-XVIII vv., in: Čuždoe – čužoe – naše. Nabljudenija k probleme vzaimodejstvija kul'tur, Novosibirsk 2000, S. 107-121.

49 Die Jakuten (Eigenbezeichnung *Sacha*) gehören zu den turksprachigen Ethnien im nordöstlichen Sibirien. Heute besteht die Republik Sacha bzw. die Jakutische Republik mit der Hauptstadt Jakutsk als Teil der Russischen Föderation.

50 An dieser Stelle meint Merck die Inselbewohner der Beringstraße.

jüngeren Mansen einer Verwandtschaft, deren Tiere eine Heerde aus machen, dieselbe, zu zwei Tag doch mehr nachts hüthen; auf ihren Reisen die Heerde dem Zug nachzutreiben, vorm Zug, ehe sie noch ihre Hütte zurücklaßen, die Heerde herbeizutreiben; die Zugtiere abzuteilen; den selbe aus dem Kreis, den ihre Weibsen meist, vermittelst eines Riemen umschließen auszufangen; selbe anzuschürgen,[51] wobei doch die Weibsen beihelfen; die eine Reise der Zugschlitten zu führn, doch dies tun sie selber, da sie meist auf ihren leichten Schlitten vorausfahrn, stelweis ihre Tiere füttern, Taback rauchen, zuweilen, nach der Gabe der Gegend ein schwaches Feuer anlegen, den eine bequeme Stelle zum Übernachten, warum Moos für ihre Tiere, und den wens seyn kan, Eis zum auftauen, wie Weyden-Gestrippe[52] zum leichten Aufkochen ihrer Rentierfleischkost, sich finden, auszuwählen; zu Angeführtem komt noch die Arbeit um ihre Schlitten, [MS 21] die sie ob Mangel deß Holzes, oft genug flicken müßen; was die Jagd der wilden Rentiere und Schaafe anlangt, so ist selbe, obgleich mühsam, den wegen ihres Ungeschicks; von keinem Bedeuten; von sonstigem Fang, verstehn sie nur Wölffen nach zu stellen, ein Tier, das sie zu Verbrämung ihrer Kleidung, vorzüglich schätzen; was aber die Jagd auf See-Tiere, wie auf eintzle Landtiere und der Handel, mehr aber der Raub aus Amerika betrieft, so ist dies die Sache der Stilsizenden, wovon ich den zunächst mit reden werde.

Da die Hauptrücksicht der Rentier-Tschucktschi, ihre Tiere sind, so verdients wohl der Mühe, von selben das Merckwürdigste anzuführen; Mit Beginnen des Septembers, waren die Rentierkühe, fast durchgängig schon, vom rauhen Überzug (Kchwatte) an ihren Geweihen, frei; gegen 10ten dieses Monats zeigen auch die Hirsche, zu eintzlen mit Bluten selben zu verlieren, an und zum Ausgang deß Septembers waren teils schon, welche davon rein, da sie die herabhangende Fetzen den abziehn; die Tiere der Koriäcken verlieren diese Hauth früer, weil sie sich mit den Geweihen an Bäumen reiben können, bei erstren bleibt sie aber stelweis den Winter

51 Mittelhochdeutsch für anschüren.

52 Für die Pflanzenwelt der Tundra der Čukčen-Halbinsel sind niedrige, am Boden kriechende Weiden charakteristisch. Manche Weidearten wachsen zwischen einem und zehn Meter hoch.

durch angefroren, da sie den Tieren den Beschwerde macht. Vom Ende Hornungs[53] zum Merz hin, werfen die Hirsche ihre Geweihe ab, die Kühe nach dem Kalben; leiden die frische Geweihe der Hirsche bei den Tschucktschi, obwohl selten, von Frost bei spätern Frülings-stürmen, so fallen diese Tiere den nieder, da man sie durch Unterbinden mit Sehnen-Zwirn, selber beraubt; bekommen solche Gewächse bei den Tungusen einen Schaden, so nehmen sie selbe ab und kochen sie zum Genuß. Mit der Helfte deß Sept: fing almälich die Brunst an die den biß zur Mitte deß Octobers dauert; während dieser Zeit kommen wohl wilde Hirsche unter ihre Heerde, wovon die, die sie, wie sie wähnen besprechen dabei bleiben und die sie den, nach der Brunstzeit töden; die jungen aber durch leztere halten sie sowohl zum Ziehn ausdauernder, als im Lauffen schneller. Ende Aprils zum Mai kalben im zweiten Jahr die Kühe, welches ihnen Kvychgei heißt, zu einem und obwohl selten zu zwei Jungen, da sie doch das zweite meist tödten: den diesjährgen Hirschen, die sie zum Ziehn bestimmen. Kauen hin Herbst die Hoden da selbe den vertrocknen und zu gleichem Ende unterbinden sie die Hoden auch mit einem trocknen Sehnenfaden: beim Schlachten der Jungen im Herbst, geben die Kühe, drei zu vier Tage noch, wenig Milch, die sie in Darmhauthstückgen eingebunden, zu uns brachten; sie melcken den daß sie außerdem nicht kennen; vermittelst Aussaugen mit dem Mund und eben dies schwächt das Schwachhafte derselben. Der Wurm der Rentierbremse heißt ihnen Ritschuwalgin, den Tungusen Ergat, den sie auszudrücken suchen und zu Ende Mai entsteht die Bremse draus, die sie Rokker nennen; sonst wüßten sie uns weiter nichts, von Kranckseit dieser Tiere anzuführn bei den Jukagern und Tungusen etwa, die sich in waldigen Gegenden aufhalten, leiden selbge öfters an [MS 22] den Huffen, das sich den unter ihnen ausbreidet; der Fuß schwilt auf, sodaß sich die Huffen auseinander sperren und aufspringen, da den die Geschwulst weiter geht, und sie diese Tiere den, je ehr je lieber abstechen, weil sie sonst von selbst verrecken.

Noch gewöhnen sie ihre Fahr-Tiere, so wie auch die Koriäken, an Harn, welchen Tranck den, diese Tiere sehr lieben, sich damit herbei locken lassen und ihren Herrn dadurch an die Stime kennen

53 Februar.

lernen; sie sollen mäßig damit getränckt, zu strebigen ausdauernder werden und minder ermütten, weßhalb auch die Tschucktschi zum Wasserabschlagen, eine tiefere Schale aus Leder, ihren Schlitten anhangend, mit führen; somers tränken sie selbge nicht, da sie auch dernach nicht begierig sind, winters aber sind sie auf diesen Tranck so erpicht, daß man sie vorm Übersauffen, da die Weibsen ihnen die Harn-Näpffe immer frü aus ihren Zelten gießen oder ausstellen, wohl hüthen muß; zwei dieser Tiere sah ich in solchem Taumelnden-Überzechen eins verreckte gleich, unds zweite, da es aufgedunsen, nicht auf den Füßen stehen konnte, brachten sie anfänglich beis Feuer, damit ihm der Rauch die Nase reitze, banden es mit Riemen, vergruben es, bis außern Kopf, in Schne, rizten es in der Nase zum Bluten, doch da alles dies nichts half, so stachen sies selbst ab.

Die Tschucktschi haben minder beträchtliche Heerden als die Koriäken, den wer bei ersten 300 Hirschkühe zählt, wird schon vor begütert gehalten; als Ursachen: Frülings-Stürme, welche wohl zum 9ten ja 25 Mai, in den dem Meer, der nordöstlichen als eigentlichen Tschuckitschen Landecke[54] zu, näheren Gegenden, eben nicht unselten sind, da den Lämmer, auch zuweilen jährige Tiere verfrieren, welchen Stürmen noch begüterte Tschucktschi, die mehr einzig den Winter durch, vom Fleisch ihrer Tiere leben, und die den der Stilsizenden eher entbehren können, dadurch daß sie sich weiter ins hohere Gebirg ziehn, leichter entgehn; auch fallen in eben genanten Gegenden, zuweilen aus Mangel deß Futters diese Tiere winters, da mit südlicherm Wetter der Schne zu tauen begint und dennoch auf seiner Fläche starck friert, da den diese Tiere mit den Huffen nichts hervorscharren können, wie verstrichenen Winter der Fal war da auch viele wilde Rentiere fielen; die Tschucktschi bemühen sich den durch Umherfahren auf ihren leichten Schlitten solche Stellen aufzusuchen wo der Schne ungefroren geblieben; Noch macht daß die Heerden der Koriäcken zahlreicher, weil sie letztere, im Abschlachten mehr schonen, sie laßen somers durch welche der ihrigen an fischreichen Flüßen nach, die Fische auf den Winter trocknen und noch welche, die beßer der Jagd auf wilde-Rentiere und Elendstiere nach zugehn; die Tschucktschi selbst jagen, wie schon gesagt,

54 Schelaginisches Kap. Vgl. dazu Anm. 5, S. 110.

ohne sondern Vorteil in einer Ebne deß erstern Gebirgszweig nach den Tschaun,[55] treffen sie einen zimlichen Trup wilder Rentiere an, und da sie ihren daselbstigen Aufenthalt vermutheten so führen schier alle Mansen von einigen Zügen, da wie ohnweit der Gegend übernachtet frü voraus, sie suchten jene Tiere mit ihren leichten Schlitten zu umringen und nur einem der vielen Jäger glückte es, durch einen sich zu einer Schlinge vorn zuziehenden langen Riemen (Tschawutt), womit sie sonst mit tatig bei ihre zahme Tiere, in dem sie mit ihm nach dem Geweih werffen, aus der Heerde zu [MS 23] fangen, auf gleiche Weise ein Tier nicht zu verfehlen, den was Pfeil und Bogen betrifft, so führn sie zwar selbge immer mit sich, doch ohne das Gesick[56] deß Treffens zu besitzen, da sie sich kaum üben, sondern sich vielmehr mit dem ungefähr begnügen; zum beßren Anziehn der Bögenschnur, tragen sie, den Amerikaner gleich, immer deß Vorderarms eine Elfenbeinplatte (ihnen Enwauul), an der rechten, wie an der linken, weils ihnen mit beiden fast einerlei ist, ihre Pfeile abzuschießen. Wilde Schaafe, die sich an den höhern Bergen aufhalten, und Elendstiere (Wopcha) die sich mehr nur um ihre Grenze findten, suchen sie auf ihren Schlitten nachzujagen; erlegen sie ein Wild, so bewilkommen sies, legens vors Feuer, schlachten auch von ihren zahmen Tieren ab und teilen's den mit den nächsten Hütten; auch beim Erhaschen eines Jewraschken,[57]

55 Siehe oben, Anm. 11, S. 111.

56 Geschick.

57 Russ.: *evraška, ovraška, evražka, sibirskaja džambura* oder *stepnaja koška:* Ziesel (lat.: *Spermophilus*). Vgl. *Tolkovyj slovar' živogo velikorusskogo jazyka Vladimira Dalja* [Deutungswörterbuch der lebendigen großrussischen Sprache von Vladimir Dal']. Dem russischen etymologischen Wörterbuch von Max Vasmer zufolge wurde der Begriff *evraška* vom türkischen Wort *jumran* oder dem mongolischen *žumran* abgeleitet. Obwohl heutzutage *evraška* als Ziesel übersetzt wird, verstanden Georg Wilhelm Steller und Stepan Krašenninikov darunter ein anderes Tier: russ.: *piščucha,* dt.: Pfeifhase (Gattung *Ochotona*). Ihren Namen erhielten die Tiere wegen der hohen Töne, die sie als Warn- und Erkennungssignal von sich geben. Vgl. Merck, Das sibirisch-amerikanische Tagebuch, S. 216, Anm. 271. So schrieb Steller in seiner Beschreibung von dem Lande Kamtschatka. Neudruck der Ausgabe von 1774, Bd. 2, hg. v. Erich Kasten/Michael Dürr, Bonn 1996, S. 90: »Jebraschken oder kleine Murmeltiere auf russisch *Pischtschuga* genannt trifft man sehr häufig.« Auch bei Stepan P. Krašenninikov, Opisanie zemli Kamčatki, 2 Bde., St. Petersburg 1755 (unveränderter Nachdruck, St. Petersburg/Petropavlovsk-Kamčatskij 1994), S. 217 wird von »evraški« oder »piščuchi« gespro-

ahmte ein Mütterchen mit ihrer Tochter dies Bewilkommen nach; sie machten vor der Hütte ein kleines Feuer, wovor sies Tierchen auf Weydenzweige legten, schnitten je ein Stückchen Fel von um seine Mundwinkel ab und warffens dem Feuer ein, weihten aus einer beistehenden Schaale mit Rentierfet, etliche Bröckchen der Erde, und zehrten den Rest deß Fettes den selbst auf.

Gegen Wölfe, die sich auch an den nördlichern Gegenden den Winter findten und bei Stürmen vorzüglich ihren Heerden oft Schaden zu fügen, nützen sie wie folget: sie nehmen vom schmalen Teil der Barden, die Spitze nur abgestümpft, legen dasselbe dreifach zusammen, so daß solche Stücke den, zwei zu drithalb Zol lang sind, mit gabelförmig ausgezackten Ecken, umbinden den selbgn fest mit Sehnen-Zwirn, und laßen sie frieren, worauf sie den Faden wegschneiden und diese so auf einander gefroren Fischbeinstücke, überal Fingers dick, mit Rentier oder Walroßfet, das schon zu säuern begint, beschmieren. Auf Anhöhen, mehr ohnweit ihrer Hütten, legen sie nun, teils 4 zu 5 von angeführten Stücken, kleinen Gruben, mit Steinen etwas bedeckt ein, oder sie binden zu zwei derselben mit noch drangebliebenen Ende deß Fadens, einem Stecken, an 4 Fuß vom Boden, an, und dies so hoch um das zu kommen der Füchse zu hindern, weil diese doch solche Stücke nicht verschlingen können; wenn nun Wölfe durch den Geruch

chen. Sogar in Pallas' Werk: Reise durch verschiedene Provinzen des Russischen Reiches, Zweyter Theil, St. Petersburg 1773 wird noch keine klare Trennung zwischen *evraška* und *piščucha* vorgenommen. Im Konspekt dieses Werkes von Nikolaj V. Gogol' ist immer noch die Rede von *»piščucha von der Gattung evraška«*. N. V. Gogol', Polnoe sobranie sočinenij, Bd. 14, Moskau/Leningrad 1952, S. 341. Erst in Pallas' Zoographia Rosso-Asiatica: Sistens Omnium Animalium In Extenso Imperio Rossico Et Adjacentibus Maribus Observatorum Recensionem, Domicilia, Mores Et Descriptiones, Anatomen Atque Icones Plurimorum, Bd. 1, St. Petersburg 1811 [1831] werden »Pistschucha« (S. 151) und »Jewraschka« (S. 157) eindeutig auseinandergehalten. Dennoch gebrauchten sowohl Ferdinand von Wrangel in den 1830er als auch Alexander Theodor von Middendorff in den 1850er Jahren zur genauen Kennzeichnung des Ziesels den lateinischen Begriff in Klammern. Statistische und ethnographische Nachrichten über die Russischen Besitzungen an der Nordwestküste von Amerika. Gesammelt von dem ehemaligen Oberverwalter dieser Besitzungen, Contre-Admiral v. Wrangell. Auf Kosten der Kaiserl. Akademie der Wissenschaften herausgegeben von K. E. von Baer, St. Petersburg 1839, S. 166; Alexander Theodor von Middendorff, Dr. A. Th. von Middendorff's Sibirische Reise, Bd. II, Th. 2. Wirbeltiere, St. Petersburg 1853, S. 83.

des Futters dahin geleitet werden, so verschlucken sie diese Stücke; die den im Magen aufgetaut ihnen anfangs das schnelle Lauffen wehren, bis sie den verrecken; erreichen die Tschucktschi den Wolf noch lebend, so werffen sie ihm eine Riemenschlinge um den Hals, führen ihn auf ihren Schlitten nach Hauß, legen ihn vor ein Feuer, stechen wohl zu zwei von ihren Rentieren ab und setzen ihm von ihrem Fet und sonstig eitlen Gerichten vor.

Um noch von ihrem Fahrn zu erwähnen; ihre leichte Schlitten schnitzen sie [MS 24] niedlich aus Birckenholz, nehmen sie nach dem Früling stückweis auseinander, und setzen sie zum Winter wieder aus, da sie selbge immer erst wieder weiß schaben und die dünnen Schleiffen mit Barden belegen. Ihre Packschlitten sind schwer und ob Mangel des Holzes oft geflickt genug, die Böden drunter meist Geweihbogen der Wilden-Rentiere; die Schlitten dazu, suchen sie mit naßem Moos und den mit Fischbein umwickelt, durch almälich übers Feuer halten oder zwischen heißen Steinen, vorn aufzubeugen, wens ihnen nicht glückt selbge in Holzungen so gekrümt aus zu wählen zu können; zum Aufbinden und Befestigen der Teile bedienen sie sich bei leztern Fischbein und bei obigen mehr Sämischleder-Riemchen; was sie nun auf ihren Zügen noch führn, ihre Nahrungsmitteln und was sie zum Tausch mit den Russen an Pelzereien und dergleichen in Robbensacken mitführn, machen ihr Gepäck; gegen Schne- oder Näße bedecken sie diese Schlitten den mit Walroshäuthen.

Noch haben ihre Weiber bedeckte – Schlitten meist auch aus Birckenholz und mühsamer Arbeit, die über etliche schmale Bretchen oder Steckenbogen, mit niedrig haarigt, weiß oder so fleckigtem Fel, wenn den zu einer Decke davon, überspant sind; unten 'rum ist dieser Überzug weiß band breid mit ihrem Nehwerck besezt und drum noch mit Sämischlederriemchen, statt Franzen, behangen; auch nehen sie diesen Schlitten, teils noch, zu gleicher Zierde hinten ein gerundetes größeres Stück jenen Nehwercks auf, woran mitten einige lange Trodel aus wolgefärbter jungen Robben-Wolle herab hangen; in lezterm Schlitten folgt eine Wöcherin[58]

58 Hier spricht Merck von einer hochschwangeren Frau. Allgemein wird mit Wöchnerin eine gebärende Frau bezeichnet, die über mehrere Wochen das Bett hüten muss. Daraus ergab sich auch der Ausdruck *Sechs*wöchnerin.

dem Zuge nach, den führn sie ihre kleinen Kinder auf halben mit, und noch begleitet das Weib ihren Mann beim zu Gast fahrn, drauf. An diese als erstere leichte Schlitten spanen sie zum fahren, zwei Tiere vor, bei den Packschlitten nur eins; es ziehn aber diese Tiere, so daß deß einen schmaler Riemen der Mitte deß Schlitten und der deß zweiten außen der lincken Seite desselben angeknüpft ist, an welchen Riemen ein breiderer von der lincken um die Brust liegt den unteren rechten Vorderfuß hin mit einem Querhölzchen außen sich eingeknüpft ist; zum Regirn dient je ein schmaler Riemen, den man mit einer Schlinge dem Kopf biß vors Geweih antut, den vermittelst eines kurzen Riemens dran, von der lincken Seite hinten ums Geweih außen zuknüpft; diese Leibriemen tut nun der Fahrende mit einer Schlinge deß einen Ende dem Vorderarm über die Handschu an; bei den Packschlitten binden sie die Tiere einen mit diesen Riemen der lincken Seite deß vorherfahrenden Schlitten an, da von ein Führer eine Reihe von 4-8-17 solcher Schlitten führt. Noch als eine Zugabe zu den Beschäftigungen der Mansen komt, ihre Pfeile zu machen, da sie den Bogen mehr von den Koriäcken, wie Amerikaner ertauschen, so auch ihre Panzer; die Spitze ihrer Pfeile ist meist aus Walroszähnen oder dem Schaambein dieser Tiere mit einigen Wiederzacken, doch haben sie auch Spitze von Eisen; zu diesen arbeiten um ihre Pfeile bedürffen sie deß Leims; die Hauth von Keta[59] oder Golzi[60] durch Kauen [MS 25] oder durchs Meßer von Schuppen gereinigt, kochen sie stückweis, einem darin Stück eingebunden und einem Keßel eingehängt, oder sie brühten selbe in gleichem Säckchen zwischen heißen Steinen und naßem Moos. Ihr Panzer (Myrgau) besteht erstlich aus dem Rückenschild, welches im Vierseit anderhalb Fuß lang, 1' über 3'' breid und einen Zol dickes Holzbrett ist, das außen und innen mit weiß bereideter Robbenhauth überzogen; es deckt den Rücken, wies Haupt ist teils um den Rand her, wie mitten, rot bemalt von wo auch gefärbte Trodel herabhangen; ans Rückenschild verbindt sich von der lincken das vordere, freie, beugsame: lezters besteht aus vier, 4''

59 *Oncorhynchus keta*: Sibirischer Lachs. Der Fisch Keta ist die meistverbreitete Lachsart im fernöstlichen Sibirien.

60 Russ.: *gol'cy* (pl.), *golec* (sg.): Saibling (*Salvelinus alpinus*). Dieser Fisch ist weit verbreitet und in den Flüssen und Seen Sibiriens beheimatet.

breiden, wie oben überzogenen etwas düneren Brust-Stücken, die vorn ein 6½'' breides Stück, endet, das aus zweifacher Löwenhauth: diese Stücke sind unter sich mit schmalen Rimen zusammengeneht und die vordere Stücke schiefen sich, an länge oben ab. Zur weiteren untern Bedeckung dienen in die runde-gebeugte starcke Riemen: Leztere an der Zahl 8. aus doppelter Seelöwenhauth, wovon der erste 5, die übrigen aber 4 Zol breid; das Rückenschild ist dem obersten Riemen mit Riemchen aufgeneht und lezterer ist dem zweiten, wie die folgenden unter sich auf gleiche Weise, außen deß obern Randes ohnweit, mit Sämisch-Lederriemgen angeheftet, wodurch sich diese Bänder, biß zum Gürtel, ums Gehen zu erleichtern aufbinden laßen; vorn ist dem obersten Riemen, die 10'' breide 7'' lange, zum Hals oben mit gerundetem Ausschnit versehen, Brustdecke aus doppelter Seelöwenhauth, angeheftet: woran an den Seiten deß Ausschnits je ein Knochen oder Fischbeinkrabben, welche zum antun deß Panzers dienen, und je dem Einschnit eines Riemen, die hinten innen dem oberen Band, wie dem Rückenschild durchgezogen, den über die Schulder liegen, umfaßen; einer Schlinge innen deß vordern Schilds stecken sie den lincken Arm durch, (eben so den rechten, wen beiderseits, obschon seltner, solche bretgen Decke ist.) womit sie lezteres nach Gefallen, vor und zurück bringen können; der rechten Seite herab stehn die Bänder offen, nur bleiben sie, durch eine Schlinge auf der Brust, den einen Krappen einpaßt, sich genaht. Jüngere Mansen gewöhnen sich ohnselten, tagweisen durch, biß zum späteren Herbst, mit diesem Panzer angetan, noch längs mehr bergigtem Nebenweg dem Zug zu folgen und es fügt sich wohl, daß sie anbei noch was, von einer Last nachschleppen. Auch haben die Tschucktschi eiserne Panzerhemde, die sie vorzüglich schätzen, aus mit Riemgen aneinander gereihten, länglich-vierseitigen Blech-Stückgen, wie gleiche Haube mit Decken auf die Stirn und die Ohren herab. Die Eyländer deß Canals tragen Panzer, einem Wambst ähnlich, kaum über die Schaam reichend, die vom Rücken das Hinterhaupt aufstehend schützen; mit Ermel zu halb deß Hinterarms, aus zu 6'' langen an 2'' breiden Bretchen aus Walroßzahn oder wilden Rentiergeweih, die sie durchs Binden mit Sämischlederriemchen an einander reihen. [MS 26]

Die Beschäftigungen der Stilsizenden macht hauptsächlich die Jagd auf Rentiere; Ende September gehen sie auf die der Walroße;

(Ryrka; Airok, u) sie erlegen ihrer so viel, daß auch die weißn Bärn, sie winters nicht al, mit aufzehren können, ohne waß überal das Meer nicht auswirft; um die Bucht Kulutschin[61] halten sich diese Tiere nur biß zum November auf; um St. Laurents-Bucht und südlicher, den ganzen Winter durch, diesseits Amkaijanfluß[62] können sie nur somers durch und minder häuffig leztern wie auch nur kleinere Walfische jagen und sie fangen daselbst mehr Robben; gegen Walroße, gehen mehre in Hauffen zusammen, lauffen auf sie mit Geschrei zu, und werffen mit der Wurfstange den Wiederhacken ab, da den die übrigen, an den zu 5 Faden langen dran geknüpften Riemen ziehn; springt das angehangene Tier den ins Wasser, so legn sich andere Walroße zuweilen dem Riemen auf und suchen so mit dem Verwundeten fortzuschwimen, da sie selbgn den mit eignen eisernen Spießen dazu (Peigfulan) beim Brustbein völlig tödten; der Wiederhacken vor Walroße, Seelöwen und Robben heißt ihnen Wämek; Chluun, u; und mit der Stange zusammen Jenipin; gegen Früling, wohl auch den Winter hin, gehn die Stilsizenden noch auf die Jagd dieser Tiere, die den durch ihr Geschrei mehr, als man's durchs Gesicht kan, die Gegend, wo sie dem Eise aufliegen dartun und denen man sich den durch ähnliches Geschrei zu nahen sucht; die Stilsizenden nehmen als denn ihre Bööte aus kleinen Knochen schleiffen übers Eis mit, um sich derselben bei freien Stellen von selbem, oder wen lezteres sich vom Strande entfernen sollte, bedienen zu können; erlegen sie ein Tier auf dem Wasser oder wirft sichs verwundet dahin, so schneiden sie nur sein Fleisch ab, unds Gerippe bleibt, meist mit den Zähnen, zum unter sincken und doch könte man jezt, längst diesem Ufer weilend, zu eintzlem kleinern Farzeug jährlich und mehr noch, wen die Tschucktschi erst die Mühe nicht sparen, selbe auszunehmen, mit diesen Zähnen, durch wohlfeilen Tausch, zu 1 biß 2 Blätter Taback für den Zahn, beladen; auch stellen die Stilsizende winters Netze aus Robbenriemen unters Eis, für Robben und junge Seelöwen; Seebärn kommen hier nur selten zu eintzlen vor. Seelöwen suchen sie folgender weise zu erlangen: sie nehmen die Kopfhaut von einem solchen Tier ganz ab, mit Schnauze und Borsten, so den der

61 Zur Koljučin-Bucht vgl. oben, Anm. 6, S. 110.
62 Vgl. dazu Anm. 13, S. 111.

Jäger aufsezt, so kricht er die Füße genau zusammen der Stelle zu, wo dieser Tiere welche, dem Strande aufliegen, merckt den der Seelöwe den näher kommenden und hebt sich nach ihm hinsehend etwas auf, so bleibt der Jäger unbeweglich, nur daß er die fremde Schnauze etwas mehr zeigt und anbei noch, mit von den kleinen dieser Tiere nachgemachten Taze, durch Kratzen auf dem Boden, leztere weiter täuscht, biß sich der Seelöwe wieder zum Fortschlafen bequemt, da den der Jäger wie oben wieder fortschreit, glaubt er sich den nah genug, so wirft er mit [MS 27] einem Zusprung von der Wurfstange den Wiederhacken, woran den gleichfals eine Riemen-Schnur angeknüpft, ab, und sucht ihn den mit dem untern stärckern Knochenende der Wurfstange ins Auge zu treffen und so völlig zu erlegen; um bei dieser Jagd das Fortrutschen zu erleichtern, binden sie noch untern Vorderarm, wie dem Knie unter, Lappen von weißem Bärenfel; das untere Knochenstück der Wurfstange heißt ihnen Etwopal und jene Tatze Weulknuee.

Vom Früling biß October fangen die Stilsizende, Walfische, ohne was hierum von selben nicht strandet; ihr Fang wird zu weilen gefährlich, wen sie mit ihrem Boot nicht schnel genug, so bald sie den Walfisch angehauen, sich entfernen; der Harpun ist meist ganz von Walrosbein, teils an der Spitze von Eisen; an ihm ist ein fester Riemen angeknüpft, woran zu 30 Faden vom Walfisch erst drei aufgeblasene ganze Robben-Hauthe (welche ihnen Pyipu; Wabachpak) stel blasen, angebunden sind, den 20 Faden weiter zwei derselben und nach gleicher Länge, zu oberst eine, welchem leztere aufschwimenden Zeichen sie den solchen und den Ermattenden mit Spießen, wie auch die angeschoßene Robben, völlig zu tödten suchen. Die Stilsizende-Koriäcken deß Kamenoi Ostrogc[63]

63 Russ.: *ostrog*: Festung, befestigte Ansiedlung mit Beobachtungstürmen und Palisaden. Auf Kamčatka war die Bezeichnung *ostrožek*, eine Diminutivform, verbreitet. Der Ostrog war eine typische Siedlung während der Erschließung Sibiriens, die dann zu einem administrativen Zentrum des Kreises wurde. Die großen sibirischen Städte wie Tobol'sk, Tomsk und Enisejsk wurden als Ostrog gegründet. Kamennoj Ostrog befindet sich an der Mündung des Flusses Penžina, der in die gleichnamige Bucht fließt. Diese bildet den nordöstlichen Teil des Ochotskischen Meeres. Ein weiterer Ort namens Kamennoj Ostrog lag an einem Nebenfluß der Kamčatka. Zu Zeiten der Zweiten Kamčatkaexpedition (1733-1743) lebten dort nur rund 15 Mann, weil die Einwohner an vielen Aufständen teil-

fangen gleichfals derselben, in der Bucht vom Sentschuiefluß,[64] welcher den Tschucktschi Miyrky, den Koriäcken Migykin-Weiam heißt, ein tratten; sie binden den Riemen vom Harpun an breiden Schnabel ihrer ledernen Boote, womit sie den beim drei mahligen Hauptuntertauchen deß angehauenen Walfisches, wie ein Pfeil mit fort schießen. Angeführte Seetiere leihen den meisten Stilsizenden reichliche Nahrung, aber doch wird's zuweilen der Fal, daß sich ihnen der Mangel naht, und als Ursache: wen Jahrweiß, nach den Winden, sich das Treibeis zu früh, zur Mitte des Augusts wohl schon, zum Strande drängt, das zuweilen im Januar den, von selbem wieder abgetrieben wird, und ihnen folglich, das zum Fang ausfahrn, mehrt, den zur Zeit, sich mit genugsamen Vorrath zu versorgen, scheinen sie eben noch nicht gefaßt zu haben; was Fischen anlangt, so treibens die Hiesigen nur so im Vorbeigehn, zum frischen Genuß, aber nicht um Fische zu trocknen; zu diesem Zweck dienen ihre Netze aus Walfischsehnen-Zwirn oder Riemlein aus Robbenfel (Jyginghi; Nigachpach, u;); für Wechna, ein Samen aus Fischbein-Striemlein, dem ein Stein unten eingebunden; für kleinere Fische, bleibt eine Knochen-Angel (Tscherünie; Nikschick, u;).

Ihre Bööte sind mit geteilten Walroshäuthen überzogen, das Gestel befestigt oben 'rum je eine Stange noch zum stumpfen Ende weiter; diese Bööte haben vier Ruderbäncke, wo auf der vorderen ein, auf den übrigen drei, zwei Ruderer und einer am Steuer, alle mit, mehr [MS 28] kurzem, einspatlichtem Ruder, sitzen; bei entfernterem Ausfahrn, binden sie ihren Baidaren, mehr der Mitte dem Schnabel kaum näher, eine Stange die quern auf, und den vorragenden Enden derselben, je eine ganze aufgeblasene Robbenhauth, wodurch sie das Einschlagen der Wellen hindern und ihre Farth sichern, wie sie sich auch ohne diese Blase nicht aufs Meer

genommen hatten. Vgl. dazu Krašenninikov, Opisanie zemli Kamčatki, unveränderter Nachdruck, St. Petersburg/Petropavlovsk-Kamčatskij 1994, Bd. 1, S. 13 f. Während der Erschließung Kamčatkas fanden mehrere Aufstände der indigenen Bevölkerung statt, die mit Hilfe der Kosakentruppen blutig niedergeschlagen wurden. Manche Aufstände dauerten mehrere Monate, einige sogar Jahre an.

64 Wahrscheinlich ist hier der Fluss Sejmčan gemeint. Er ist ein linker Nebenfluss der Kolyma und hat eine Länge von 186 km.

wagen; noch dienen selbge, zum Einnehmen der Seetiere wie zum Abschneiden des Fleisches derselben, beide zugleich an einer Seite gebunden, damit die andere dadurch in Gleichgewicht bleibe; das Sämischledersegel zu ihren Bööten nennen sie Eteme-Tleue; Tempore; u; und's Ruder Terenó; Amgaghun, u. Bärn jagen sie mit dem Spies und sie wollen, daß die weißn Bärn, denen sie auf dem Wasser auch nachstellen, leichter zu erlegen sind als die schwarzen, weil die lezteren flincker im Wenden wären. Füchse und Steinfüchse suchen sie zu fangen, in eine dem Boden aufgebreidete Schlinge Futter einlegen und die freßenden Füchse den durch Zuziehn vermitelst deß langen Riemens zu erhaschen trachten. Hasen treiben sie in Schneenetze ein und Vielfras jagen sie auf leichten Schlitten mit Rentieren nach.

Winters fahrn die Stilsizende mit Hunden; ihre Schlitten sind so 5½'' lang, 8-10'' hoch und 1', 4'' oder kurz drüber breid, den schleiffen, die mehr dün und mit Fischbein belegt, stehn 7-8 Geweihbogen auf, denen 2, 4'' unter sich entfernte stärckern Stecken der länge hin, mit Fischbeinstriemgen aufgebunden sind und diese liegt den, gleicher Weise, ein länglich-vierseitig, Leitersproßen gleiches, aus 7 oder 8 Sproßen bestehendes Stück auf, dem vorn beiderseits, je eine den Schlitten mit einem Bug anvereinte schwache Stange, angeknüpft ist; hinten machen sie teils, jenen Schlitten der Rentier-Tschucktschi ähnlich, einen Sitz für Weibsen, auf die ihrige; an eintzle vorn des Schlittens angeknüpften Riemen schnüren sie die Hunde 3-7, in eine Reihe der quern, an, und sie legen mit ihnen, besonders Frülings guthe Tagreisen zurück, besonders da den Hunden seltner an Futter felt und die Peitsche sonst das Übrige ersezt. s. Seite 38. a.[65]

Noch scheints füglich, was von ihren Streifereien, wie von ihrem Handel nach den Eylanden deß Canals zu bemercken; hier beizusetzen; die Streifzüge der Rentier-Tschucktschi gegen Koriäcken, die sie noch nicht vergeßen lernen, ehemals auch gegen Jukager, die durch ihre beihülfte jetzt fast ausgerottet sind,[66] und als Ursach

65 Der Abschnitt, auf den Merck verweist, findet sich in diesem Band, S. 163.

66 Vgl. dazu James Forsyth, A History of the Peoples of Siberia. Russia's North Asian Colony 1581-1990, Cambridge 1994, S. 74-80. Aufgrund eingeschleppter Krankheiten und Epidemien sowie militärischer Auseinandersetzungen sank die

ihres Streites deß Raubs der Rentiere halber. Beim Vorhaben angezeigter Art, folgen sie, was sonst wohl schwerlich der Fal ist, einem Vormann; nahen sie sich fremder Gegend, so laßen sie Weib und Zelter zurück, und der Vormann berathschlagt sich mit den erfahrenen Ältern, weils Alter bei ihren Unternehmungen befragt zu werden, den ersten [MS 29] Anspruch hat, während sich der übrige Hauffen mit Stilschweigen begnügt, schickt Partheyen nach dieser oder jener Hütte ab und bestimt die Gegend zum Wiedervereinen. Sie beginnen ihre Anfälle auf die Hütten mit der ersten Morgen-Dämerung, da welche mit ihren Fangriemen zu ihren Rentieren, die Hütte, in dem sie die Stangen derselben auseinanderziehn, zu zerstören suchen, während andre mit Spießen einsweilen durch die Decke der Hütte einstechen, andern die Heerde, öfters in vollem Trab, auf ihren leichten Schlitten, in mehrern Hauffen geteilt, wegtreiben; zu weilen glückts den Koriäcken, einige der Angreiffenden, mit ihren Büchsen aus der Hütte zu erlegen und zu verwunden, da die Tschucktschi den meist unverrichteter Sache wieder abziehn, doch da leztere meist schnel genug die Hütte zerstören, so gelingt jenen seltner zum zweiten Mahl oder drüber zu schießen, wo den die Tschucktschi alles von wehrhaften Mansen niederstechen, (den wans zum Spieß komt so stehn diese Weiber der Russen, wie die Tschucktschi die Koriäcken nennen, es sei den daß die Menge ihnen mehr als ein Übergewicht gäbe, erstern ein,) und Weib als Kind mit wegführn; die Weiber der Koriäcken tragen kleine Meßer an der Seite womit sie ihre eignen Kinder den morden; die Anverwandten der Gefangenen kommen wohl schon, wenige Tage darnach, zu den Tschucktschi, um ihre Verwandte auszukauffen, ohne weitere Feindseligkeiten befürchten zu müßen.[67]

Zahl der Jukagiren bis zum Ende des 17. Jahrhunderts um mehr als 50 %; am Ende des 17. Jahrhunderts gab es noch etwa 2.500 Jukagiren. Ebd., S. 78.

67 Die Praxis der gegenseitigen Geiselnahme (*amanat*) war unter den indigenen Ethnien des Nordens weit verbreitet. Auch die Russen übernahmen diese Praxis, die sie seit mongolischen Zeiten kannten. Häufig bot man solche *amanaty* als Pfand bzw. als Zusicherung des guten Willens von selbst an. Die Čukčen irritierten die Russen zu Beginn des 18. Jahrhunderts damit, dass sie sich als Erste weigerten, ihre *amanaty* wieder abzukaufen. Bis dahin hatte diese Taktik für die Unterwerfung anderer indigener Ethnien stets Erfolg gehabt. Die Gefangennahme und den Loskauf konnte Merck auch auf den Aleüten beobachten, wo »ein Wohnplatz [...]

Ehe die Tschucktschi einen Streit im offenen Feld anfangen, opfern sie vorher einige Rentiere der Erde; ihre getödete Feinde berauben sie der Kleidung und legen sie den, damit sie nicht noch zur Sonne aufblicken mögten mit dem Antliz auf die Erde, bleiben aber Tapfere ihrer Feinde, die vorher mehrere der Ihrigen getödet, so zerstechen sie selben noch, wie sie beim Major Paullutzki[68] taten, mehr überal, den rechten Vorderarm mit der Pfeilspitze; die Stilsizenden laßen sich noch, die Feinde, die sie getödet, in ähnlenden Figuren auf dem Arm ausnehen;[69] auch üben die Tschucktschi wohl, doch seltner, Grausamkeiten an ihren Gefangenen aus, da sie einige Kasacken,[70] die in ihre Hände gerathen, vorher mit glüenden Meßern die Hauth weggebrant, den selbe getödet, auch haben sie ehe dem einen gefangen bekommenen jungen Kasacken deß Anadirskoi Ostroge[71] in ihr Land mitgenommen und daselbst der Erde geopfert.

Ob gleichen Zwecks, deß Raub halber, fahren die Stilsizenden in ihren Baidaren Amerika über, überfallen einen Wohnplaz, tödten die Mansen und schleppen Weib und Kind als Gefangene mit, wodurch sie auch teils ihre Pelzereien, die sie an die Russen vertauschen, bekommen; die Rentiertschucktschi kauffen von den Stilsizenden, für 12 Rentierkühe, oder für 10 Kühe und zwei zum Ziehn gelernten Hirsche, ein amerikanisches Weibsen, Kinder um

gegen andern [zieht], mehr deß Raub's halben. […] Ihre Sklaven teils Waisen die man erzieht, teils Gefangene, die doch zuweilen ausgewechselt oder von ihren Verwandten ausgekauft werden.« Merck, Das sibirisch-amerikanische Tagebuch, S. 249. Dass jene Gefangenen von ihren Geiselnehmern gut behandelt und sogar der Besuch von Verwandten gewährt wurde, bestätigen mehrere Quellen.

68 Dmitrij Ivanovič Pavluckij (gestorben 1747) war ein russischer Offizier und Leiter einiger Militärexpeditionen auf Čukotka. 1727 erhielt er zum ersten Mal den offiziellen Auftrag, im Rahmen der Šestakov-Expedition neue Territorien auf Čukotka zu erkunden und »unfriedliche« Indigene zu russischen Untertanen bzw. tributpflichtig zu machen. 1730 übernahm Pavluckij nach dem Tode von Šestakov die Leitung der Expedition und führte die Kriege mit den Čukčen weiter fort. Vgl. dazu Gudrun Bucher, »Von der Beschreibung der Sitten und Gebräuche der Völcker«. Die Instruktionen Gerhard Friedrich Müllers und ihre Bedeutung für die Geschichte der Ethnologie und der Geschichtswissenschaft, Stuttgart 2002, S. 18.

69 Tätowieren.

70 Gemeint sind Kosaken.

71 Vgl. dazu Anm. 1, S. 109.

geringeren Preis, die sie den zu steter Arbeit brauchen, leicht schlagen, Fremden preis geben, und sich übrigens mit abgelegter Kleidung begnügen müßen; (Purēl, ein Gefangener.); durch diesen als sonstigen Handel werden die Stilsizende auch wohl Rentier-Habende, um den mit jenen herumziehn zu können, ob sie gleich von leztern, nie so geachtet werden; zu 10, zu 2 oder 1½ Rentier besizen die mehrsten der Stilsizenden; die sie den bei den Heerden der Rentier-Tschucktschi laßen; noch trieft man Koriäcken, wie eintzle Jukagere untern Tschucktschi als Arbeitsleuthe an, die sie zuweilen [MS 30] an arme Weibsen unter ihnen verheurathen, auch nehmen die Stilsizenden öfters solche Amerikanerinen zu Weiber. Dies Jahr waren die Stilsizenden in mehren Baidaren, nach Amerika auf den Streit ausgezogen, doch fandten sie nur verlaßene Hütten: und als Ursach, weil voriges Jahr, bei stürmender See von vier ihrer Baidaren, drei an diese Küste waren geworffen worden, die Amerikaner aber alle Mansen ermordet hatten; die Tschucktschi der vierten Baidare hatten sich, da der alte Überzug ihres Boots zerries, und ihnen nur die Aussicht zu ersauffen übrig blieb, mit Meßern untereinander selbst getödet.

Nur wenige der Stilsizenden gehen, deß Tausches halber, nach Amerika selbst; im Merz zum April wagen sich wohl eintzle, von der nordöstlichen Landecke, zufuß oder mit Hunden übers Eis, obwohl nicht aufs sicherste, dahin, vielmehr schicken sie verheurathete Gefangene dortige Weibsen, ab, oder sie tauschen ihre Eisenwaaren und Corallen, auf den Eylanden des Canals um, wogegen sie Marder und Mausparcken, Wolfs, Luchs, Vielfras, Fuchs und Fischotterfelle erhalten. Die Bewohner auf Okipen empfangen, nach ihrem Gebrauch, die Baidaren der Tschucktschi, geharnischt und mit Pfeil, Bogen und Meßern bewaffnet, ebenso begleiten sie auch ihr Abfahrn, das die Tschucktschi gleichfalls erwiedern; leztre Eylander verteilen solche Gäste, zu eintzlen unter sich und gehn als sitzen in ihren Hütten den meist mit bloßen Meßern; sie nehmen wohl zu 8 Weiber, womit sie gegen Fremde eben nicht geizig sind.

Das Haupthaar flechten die Weibsen an den Seiten zu zweiteiligem Zopf, welche sie meist im Nacken mit den Enden zusammen binden. Was ihr mehreres Ausnehn betrieft, so nehen die Weibsen, mit eisernen, teils vierseitigen Nadeln, (Titinga; Sikuk, u.) (welche leztere sie durch Glühn über der Lampe, auf einem Stein den aushämmern.) indem sie die Spitze derselben ins verbrante mit Tran vermischte Moos ihrer Lampen erst einstechen, wohl auch, in auf einem Stein mit Harn abgeriebene Bleistieft Erz,[72] (Telngniacher; Tainegli, n), das sie reichlich in Stücken, an einem Fluß, nächst dem Wohnplaz Pnuchta[73] findten, und das sie übrigens, bei ihrem sonstigen Nehen, zum Abziehn deß Zwirns brauchen) den mit noch einem Faden von Sehnen-Zwirn dran, zu nehen beginnen, da jene Schwärze den zurück bleibt, wonach sie die Stelle, die um wenig aufschwilt mit Fet beschmieren. Noch vorm zehnten Jahr nehen sie Mädchen, zuerst in zwei Linien über die Nase der Länge zur Stirn hin, aus; (Jakchajakchyukaligybyk) (Atkahutschikschi, u) den folgt das Ausnehen am Kinn; (Kuwelkulkali) (Talüuchtichyi, n) drauf das an den Backen; (Chelpukeligitt; Ukchutschichtschi, u) und wen sie an Mann gehen, oder gegens 17 Jahr, außen deß Arms biß auf die Hand, in verschiedenen lienigten Figuren; (Krumkeligitt, oder Runmuckel, das die Weibsen denn Zunmuckel aussprechen; eben so u), bei den mehrsten bezeichnet lezteres ausnehen, den ganzen Arm hier und bei wenigen, nur den Vorderarm oder vorn der Hand kurz auf den Rücken derselben; seltner sind noch Weibsen am Schulderblatt oder Monte Veneris,[74] ähnlich, ausgeneht.

Auch sind die Mansen der Stilsizenden ausgeneht, kaum welche der Rentier-Tschucktschi; als im Gesicht; von der Achsel an die Brust; außen am Arm, wo sie die Figuren der von ihnen getödeten Feinden ausnehen; sie bezeichnen sich aber außen deß Vorderarms mit , das ihnen Temyngytschinchteikitik; Juguljachtschi, u, heißt; und Gesicht bezeichnen sie sich an [MS 31] der Stirn, als je beiderseits mit und darunter soweit mit einer Linie begrenzt; den von den äußern Augenwinckel mit : teils noch weiter mit zwei kürzern und zwischen den Augen über die Nase mit ;

72 Graphit.

73 Merck schreibt auf Seite 5 seines Manuskripts von einem Wohnplatz namens Puuchta. Es handelt sich dabei um Poutėn, auch Puu'tėn, Puvuchtak, Puchatn oder Puchtan, eine Bucht an der östlichen čukotkischen Küste zwischen der St.-Lorenz-Bucht und dem Ostkap (*mys Dežneva*). Vgl. Anm. 20, S. 112. Womöglich ist hier ein und derselbe Wohnplatz der Čukčen gemeint.

74 *Mons veneris* oder ital. *monte di venere*, Venushügel.

übern Augenbraunen je mit [Zeichen] von außen; von den Mundwinckeln teils mit schreglicher [Zeichen], wie mit [Zeichen], so auch teils von den Augenwinckeln; noch sind welche von den Mundwinckeln an, mit [Zeichen]; [Zeichen] und [Zeichen] gleichen Figuren ausgeneht, und an der untern Kinnlade dabei mit [Zeichen] oder mit [Zeichen] daselbst, wie länglich gerundet [Zeichen] in einfachen Linien; eintzle sind an den Backen ganz, in gebeugten Wanderungen von Linien, ausgeneht. Zu ihren längeren Ohrgehängen (Wilülgin; Kupagyt, u) nützen diese, obwohl nicht schönen, mehr blaue Schmelzgranaten[75] und unsere schlechtere Ohrgeschmeide scheinen ihnen, als Geschencke, nicht zu mißfallen, auch ahmen ihnen meist die Mansen mit jener Zierde nach; eben so giebt eine Amerikanerin dieser Nachbarschaft solchen Granaten den Vorzug, doch begnügt sie sich wohl auch stat derselben oder stat Corallen mit gerundet mehr kürzern Alabasterröhrgen,[76] die den Tschucktschi Wankat-bililet heißen, da sie mit der leztern Benenung Glas oder Schmelzcorallen,[77] und Granaten zugleich belegen; noch haben die Amerikanerinen im Nasenknorpel ein Loch, wodurch sie eine blaue Coralle eingefädelt biß auf die Lippe tragen. Schnüre von Corallen, zu zwei oder drüber, tragen die tschucktschische Weibsen, teils auch Mansen, um den Hals zur Brust herabhangend, wie von selben Armbände, auch ziern sie, noch vorn um den Arm, wie obig bei den Amerikanerinen schon angeführt, gleiche eiserne Ringe, zu drei. Um den Hals tragen diese Weibsen einen Riemen, der weiter, einer eisernen Röhre, zum hin und zurück ziehn, durchsteckt, wo unter die Nadeln dem Riemen eingestochen, und diesem Riemen hängt teils unten, zwischen Füßen biß, eine, bei Mädchen wohl zwei, kleinere Schellen an.

75 Hier geht es um einen Stein, der von den Čukčen zur Anfertigung von Schmuckgegenständen gebraucht wird. Keinesfalls aber kann es sich um den Halbedelstein Granat handeln, da dieser nicht in der Farbe Blau vorkommt. Möglicherweise vergleicht Merck diesen Stein allgemein mit granularer Materie wie getrockneten und grobkörnigen Harzen, unter welche beim Schmelzvorgang zusätzlich blaues pflanzliches Farbpulver beigemischt worden ist.

76 Alabaster ist eine Varietät des Minerals Gips und eignet sich hervorragend zur Verarbeitung zu Kunst- oder Gebrauchsgegenständen.

77 Auch Korallen nutzten indigene Ethnien als Rohstoff, um etwa Schmuckstücke oder Gebrauchsgegenstände herzustellen.

Abb. 9: Armtätowierung einer čukčischen Frau. Originalzeichnung von Luka Voronin zur Handschrift »Beschreibung der Tschucktschi« von C. H. Merck.

Ihr Anzug ihnen Kerker, den Stilsizenden Kachlibagyt; den Leib deckt er mehr anliegend und geht zu sackigt-weiten Hosen, die sie unterm Knie zuschnüren, aus; diese Kleidung ziehn sie von oben an und um diesen Eingang zu erweitern hat er einen Ausschnit auf die Brust; wie einen etwas kürzern auf den Rücken; die Ermel bleiben vorn noch weit, wo sie, wie die Ausschnitte mit Hundsfel bebrämt sind; diesen Anzug tragen sie doppelt; der untre ist aus Lämerfellen und der äußere aus den späteren Herbstfellen, mit den Haaren nach außen. Bei Mansen und Weibsen der Stilsizenden bedecken die Schaam, kurz an die Schenckel reichende Unterhosen und ihre Weibsen tragen auch noch andere aus Seehundsfellen mit den Haaren nach außen, auch Seiten herab eine Hunds-Bebrämung aufgeneht ist und welche biß zum Knie reichen, wo sie offen stehn, drüber: eine Nachahmung der Bekleidung aus Amerika. Die Weibsstieffeln (Pläket; Kumgyt, u) gehn bis ans Knie, wo selbge unter die Hosen eingeschnürt; so langs die Jahrszeit vergönnt, sind sie aus gegerbten Robben-Fellen, winters aber aus den Rentierfußlappen und sie ziehn selbge über Pelzstrümpfe an. [MS 32]

Über obige Kleidung tragen sie winters Pelzhemd mit einer Kappe, das biß gegen die Knie reicht und welches sie bei ihren Festen, beim zu Gast fahren, den auch winters auf ihren Zügen antun; von beiderseits Hals nach hinten einen gerundeten Ausschnit, der sich von der Mitte, wieder kurz länglich-ausgreiffend und vorn umrundet verlängert; sie ziehns mit den Haaren nach innen an, doch tragen auch Wohlhabene noch ein zweites mit den Haarn nach außen, drüber, wozu sie den weiß-fleckigte mehr kurz haarigte Felle wählen; das erstere ist meist bleich bräunlich gefärbt, aber unten rum, wie oben stat Kraggen vor zur Achsel noch auf, als breide Binde, dunkel braun; der Bebrämung ist von Wolf, bei andern teils nur um die Kappe so, und unten rum von meistens langhaarigten Hundsfel; vom Hals hangen schwarze Hundsfußlappen mit ihren Klauen auf die Brust herab; den Achseln, wie je der Seite deß Rücken sind eintzle kleinere Stücke von Wolfsbalg aufgeneht, von denen Sämischlederriemgen zu einigen herabhangen und welchen teils eintzle Corallen eingefädelt sind; bei der lezten, wo die Haare nach außen wechseln diese Rimgen mit, aus schwarz und rot farbig junger Robbenwolle, Trodeln; reichere setzen einen staat in breidere Wolfsbebrämung und Hundsfußlappen müßen denen von Vielfraß weichen; stat angeführter Überzugsparcke wählen auch Mütterchen eine einfache längere, die auch winters wohl deß Schleiers nützen; ihre Handschu und Vorlappen sind wie bei den Mansen; bei Regenwetter tragen die Weibsen auch einfache Regenhemde, den haben sie noch andere von gebleichter Darmhauth, die aber mehr zur Zierde dienen, als gegen Näße zu schützen.

Die Beschäftigungen der Weibsen: die Sorge für ihre Nahrungsmitteln, das Bereiden der selbe; das Nehen ihrer Kleidungsstücke.

Ihre Nahrungsmitteln: vom Rentier; vom spätern Herbst-Schlachten, so lange diese Tiere noch fetter, führn sie ihr Fleisch in Vorrath, zerstückt, mit, ob sie schon den Winter über, noch welche zum frischen Genuß abstechen; dies Fleisch, von dem Knochen geschält trocknen sie teils in etwas, so lange sie noch stil stehn, überm Rauch ihrer Hütten, sonst genießen sies den Winter über, wen die Gegend ihres Standlagers Weydengestrippe darbiet, kurz gekocht oder auch geforen, in dem sies auf einem Stein mit gleichem Schlägel klein klopfen, an welches Gericht wir uns auch baldig gewöhnten; die Brühe vom Aufgekochten, schlürften sie teils aus runder Fischbeinschale heiß ein, und den dient sie ihnen auch zum Trinken, in dem sie Schne zu legen; Knochenmarck, frisch oder gefroren, Fett und die Zunge halten sie fürs schmackhafste; das receptaculum chyli[78] füllen sie mit dem Fett ums Zwergfel, das bei ihnen den Vorzug hat, anderes Fet heben sie in Därmen auf, die sie auch, von Unrath gereinigt, zum Genießen trocknen; die Knochen zerstoßen sie zum Kochen, da sies Fet den abschabben. Winters machen die tschucktschische Weiber aus Rentierfleisch mit Fett einen schmackhaften Bißen; sie zerstoßen ersteres wohl klein und knetten es mit Rentierfett, Marck, wie mit etwas Walfischtran, damits minder leicht friere, zusammen; dies Eßen nennen sie Preräm; die um den Anadirfluß wohnende, mischen noch die Neulinge der Pinus Cembra[79]

78 *Receptaculum chyli*, *cisterna chyli* oder Lendenzisterne bezeichnet einen Sammelraum für Lymphe. Dieser besteht aus zahlreichen kleinen Drüsen, die an den ersten beiden Lendenwirbeln zur Bauchseite hin liegen und mit den Lymphgefäßen von Bauch, Becken und Beinen verbunden sind. Die Lendenzisterne bildet einen Teil des Lymphsystems.

79 *Pinus cembra* ist die lateinische Bezeichnung für die Zirbelkiefer, ein Nadelbaum, der selten höher als 20 m wird und im Alpenraum verbreitet ist. In Sibirien

Zapfen darzu, die Koriäcken führens immer auf Reisen mit und füllen die Mitte noch mit Marck aus.

Noch nutzen sie deß Magenbreis und des Bluts dieser Tiere: ersterer heißt ihnen Rilgyril, den Weibsen, da sies r nicht aussprechen können Zilgyzit; so lange ihre Tiere noch Weydenblätter freßen, heben sie den Magenbrei auf, mengen ihn teils mit vorher schon gesamelten Weydenblätter und füllen dies Gemisch Säcken aus ganzen Robbenhäuthen ein, wo's ihnen den winters [MS 33] mit Tran, Fet und Blut gleichfals behagt. Das Blut heben sie in Mägen auf, worin sie noch Lunge und Leber, am Feuer etwas gebrant, den zerstückt einwerffen, sie hängen selbge anfangs um dem Blut eine Säure zu geben, in ihren Hütten auf und winters führn sies gefroren mit sich. Zulezt gebrauchen sie noch die Sehnen der Füße zu schnüren, die deß Rückens zum Nehen.

Somers kochen die Stilsizenden Walfischfloßen und heben sie den in ihren Vorrathskammern auf, Herbst legen sie selbge roh ein; das Fleisch dieser See Tiere, trocknen sie in ihren Hütten an der Querstange deß Dachs im Rauch oder tun es nebst dem von Walroßen in ganze aufgeblasene Robbenhäuthe, worins gut säuert, da sie's den roh mit Tran oder gekocht genießen; noch hangen sie Walfischstücke an Ribben derselben, in der Luft auf, die sie den mit einem Garn aus Riemlein geteilter Walroßhauth überziehen; den Walfischspeck (Rangmytkymytt; Mytscheghan, u) legen sie Gruben, meist nächst dem Strand hin, ohnweit ihrer Hütten, ein, und bedecken ihn mit Stücken Walfischgerieps, schappen das Fet von oben ab, unds Regenwasser fließt den durch eine Rinne, so wie bei ihren Vorrathskamern, aus; auch stopfen sie diesen Speck, ohne die Schwarte,[80] in größern Würffen, Säcken ganzer Robbenhäuthe ein,

ist eine Varietät der Zirbelkiefer ebenfalls anzutreffen und wird *Pinus sibirica* oder *Pinus cembra* Subspezies *sibirica* (dt.: Sibirische Zirbelkiefer) genannt. Ihre essbaren Samen schmecken mandelartig, und ihr Holz eignet sich hervorragend zur weiteren Verarbeitung wie zu Schnitzarbeiten. Mit »Neulinge« meint Merck die noch jungen Zapfen, deren Samen wie bei der Zwergkiefer (*Pinus pumila*), die vornehmlich im Osten Sibiriens vorkommt, erst im zweiten oder dritten Jahr ausreifen.

80 An dieser Stelle ist allgemein die Haut gemeint. In der ursprünglichen Bedeutung wurde mit Schwarte behaarte Kopfhaut bezeichnet, später auch Speck mit Haut.

wo er den von selbst in Tran (Mitchimit) schmelzt; lezterer bleibt ihnen, außer zum Genuß, noch unentbehrlich zu ihren Lampen, (Eijak oder Näek; Kennach, u) welche von Ton oder Stein sind und denen sie noch zwei gleich grose Schaalen unter setzen; stat Docht dient ihnen Moos (Witnä; Packak, u) Walfisch oder Robbenspeck kochen sie noch, nach und nach, so lange biß sichs nicht mer ziehen läßt, zu einem schwarzen Harz ähnlich, (Wana) daß sie den zum Zeitvertreib kauen; auch kochen die Stilsizenden bei einem Feuer, das sie mit Knochen und Walfischspeck unter halten; Füße von Walroßen, vorn 'rum zugeneht, trieft man auch, so ganz in ihren Hütten liegen.

Aus dem Pflanzenreich nützen sie: 1) der Weyden, deren hier zwei Arten; a) auf Seiden zu den Bergen, aufliegend; um Flüßgen von Bergen und hohen Ufern geschüzt, zu 3-4 Fuß hoch; sog. lanceolata,[81] sub serratula,[82] subtus albidula[83] oder sparsamlich weißlicht angeflogen; die Weide der Rentiere! S. repens?[84]

b) um Flüßgen wohl über Manshöhe, fol. latiora,[85] vis serratula,[86] subtur albo tomentosa;[87] die junge Zweige, ins grün-gelblichte, weiß wolligt, den abhin abnehmend weißlich-wolligt; die Weide

81 *Plantago lanceolata* ist die lateinische Bezeichnung für den Spitzwegerich, der auch Katzenpfötchen oder Hundszunge genannt wird. Er gehört zu den Wegerichgewächsen, die auf der ganzen Welt verbreitet und als Heilpflanzen bekannt sind.

82 *Serratula* gehört einer Korbblütergattung an, die häufig in Asien vorkommt. Diese Hochgebirgsstaude wird auch als Scharte oder Schärtling bezeichnet.

83 Neben den von Merck bereits aufgeführten Zwergweidenarten gibt es auf der Čukčen-Halbinsel noch zahlreiche weitere. *Subtus albidula* meint in der Übersetzung aus dem Lateinischen eine Kriechweide, die weißlich blüht. Doch könnte Merck ebenso die Arktische Weide (*Salix arctica*) oder die Graue Weide (*Salix glauca* Subspezies *acutifolia*) gemeint haben. Eine Art, die bislang keine Erwähnung fand, ist die sogenannte Weide der Čukčen (*Salix tschuktschorum*).

84 *Salix repens* ist eine Pflanzenart der Gattung Weiden. Der Zwergstrauch wird selten bis zu einem Meter hoch, weshalb er auch Kriechweide genannt wird. Offenbar ist sich Merck unschlüssig, ob es sich tatsächlich um jene Pflanze handelt, ist sie doch eher in Europa bis Mittelasien beheimatet.

85 Lat. *latifolius*, breitblättrig.

86 Vgl. Anm. 82, S. 155.

87 *Myrcia albotomentosa* aus der Familie der Myrtengewächse (*Myrtaceae*).

der Elends-Tiere. (S. Arenaria?[88] Famrot oder Fomrat heißt die Weyde den Tschucktschi, den Stilsizenden Okfüt, u; die zulezt angeführte Art benennen sie, ob ihres wolligten Wesens Pokata oder Poka-Fomrot; von beiden Arten schälen sie die Rinde der Wurzel, selten die deß Stames, doch ziehn sie die der zweiten Art, vor; sie genießen diese Rinde, mit Blut, Walfischspeck und mit dem Fleisch der Seetiere; das Holz der Wurzel kauen die Mansen zum Zeitvertreib weich und flechtens zu einer Lunte, zum Anzünden der Pfeiffe; von der ersten Art samlen sie noch die jungen Blätter, kochen sie in einem Ton-Topf, (Rä-Kukeng) die leztere Benenung bedeutet auch einen Keßel; Kolumtschit, u; welche Töpfe sie, wie ihr Holzgeschir, von Amerika bekommen) heben sie in Robbensäcken auf und genießen sie winters mit Speck. [MS 34] 2) polygonum divaricatum,[89] (die untern Stängel sind ausgebreidet, die Blüte aber nur rötlich-weiß) deren Wurzel sie anfangs September häuffiger auf den Winter samlen; diese Wurzel heißt ihnen Kuret, das die Weibsen den Kutzat aussprechen; die Pflanze aber nennen sie Poigitzes. Angeführte, etwas zusammenziehende Wurzel wird so weit sie dicker, inwandig faulend hol, und sie eßen selbge in Blut eingetunckt mit Speck; die Blätter genießen sie teils frisch mit geseuertem Robben-Blut wie mit gleicher Walroßleber, meist aber kochen sie selbge wie obig, zum Aufheben, auf den Winter, da sie den Saft mit den Händen erst ausdrücken.

3) Ebenso samlen sie die Wurzel von hedysarum alpinum,[90] die sie Inetent benennen. 4) noch macht ihren Wintervorrath eine

88 *Arenaria* bezeichnet ganz allgemein das Sandkraut aus der Gattung der Nelkengewächse, zu der etwa 150 Arten gehören. Diese sind global verstreut, kommen aber besonders häufig in gemäßigteren und kühlen Gegenden der Nordhalbkugel vor. Wahrscheinlich meint Merck an dieser Stelle *Arenaria serpyllifolia* (russ.: *pesčanka tim'janolistnaja*), das weißblühende Quendelblättrige Sandkraut, welches vor allem an Wegrändern zu finden ist.

89 Diese Pflanze gehört der Gattung des Vogelknöterichs an, welche wiederum der Familie der Knöterichgewächse (*Polygonaceae*) zuzuordnen ist. Die Kräuterpflanze kommt mit rund 150 Arten in verschiedenen Teilen der Erde vor. Ein konkreter Nachweis ist jedoch nur für *Polygonum humifusum* (Niederliegender Knöterich) in Mercks Herbaria zu erbringen. Diese liegen in der botanischen Sammlung der Martin-Luther-Universität Halle-Wittenberg vor.

90 In dem 1814 publizierten Manuskript Mercks wird der Hinweis gegeben, dass es sich hierbei um die »Schweizer Esparsette« handelt. Vgl. dazu Nachrichten

Graswurzel, mit vielen schmalen langen Blätter, die um Inseen und sumpfigte Stellen wächßt; die Russen dieser Gegend, nennen die Wurzel Pelcha und die Pflanze Ufeka;[91] die Tschucktschi aber benennen erstere Pelkchomyr und leztere Weipelkchomyr; selbst bemühen sie sich kaum, um ihr Ausgraben, sondern berauben vielmehr gegen Ende des Septembers zu, die Behälter einer kurzschwänzigen Mausart; diese Behälter machen eine ungleiche mehr umrundete Höle, kurz unterm moosigten Wasen, mehr um Flüßgen, worin diese Mäuse am häuffigsten angeführte, den die Wurzeln von Hedysarum und eintzler die von Polygonum,[92] beide in Stückgen, eintragen; leztere Wurzel eßen sie teils, mit frischem Rentierblut und Fet kurz aufgekocht oder für sich, wie obige Wurzeln. Seltner samlen sie noch die Wurzel von jenem Astragalus[93] mit blasenförmigen Schotten, welche von Geschmack flüssigt, und ihnen Kytschupat heißt, und eine zweite einer Pedicularis Art;[94] mit roten Blüten.

von den Sitten und Gebräuchen der Tschucktschen, gesammelt von Dr. Karl Heinr. Merck auf seinen Reisen im nordöstlichen Asien. Aus einer Handschrift, in: Journal für die neuesten Land- und Seereisen und das Interssanteste aus der Völker und Länderkunde zur angenehmen Unterhaltung für gebildete Leser in allen Ständen, 1814, Bd. 17, S. 45-71, hier S. 48, im vorliegenden Band auf S. 257. Die Esparsette (*Onobrychis*), übersetzt Süßklee, ist eine nahrhafte Futterpflanze. Ihre Gattung gehört zu *Hedysareae*, einer Unterfamilie der Schmetterlingsblütler. *Hedysarum alpinum* (eigentl. *Hedysarum hedysaroides*), der Alpensüßklee (bzw. Süßklee), gehört derselben Familie der Hülsenfrüchtler (*Fabaceae*) an. Er kommt jedoch nur vereinzelt im Westen der Halbinsel Čukotka vor.

91 Nach Mercks Beschreibung zu urteilen, handelt es sich hierbei entweder um ein Süßgras (*Poaceae*) oder um Sauer- bzw. Riedgras (*Cyperaceae*).

92 Knöterich. Siehe Anm. 89, S. 156.

93 *Astragalus* oder *Tragant* gehören zur Gattung der Schmetterlingsblütler. Insgesamt gibt es rund 2.000 Arten, die überwiegend in trockenen Gebieten der Nordhalbkugel wie etwa Zentralasien oder Nordamerika vorkommen. Je nach Kultivierungsort werden die Stauden zwischen 40 cm und 1 m hoch. Hier könnten die Arten *Astragalus polaris*, *Oxytropis revoluta* oder *Oxytropis maydelliana* gemeint sein, da jene Arten aufgeblasene Hülsen besitzen.

94 Mit *Pedicularis* wird in der Botanik Läusekraut bezeichnet, welches der Gattung der Braunwurzgewächse angehört. Mit rund 500 Arten ist es auf der gesamten Nordhalbkugel, insbesondere in den Gebirgen Zentral- und Ostasiens zu finden. Für die Vegetation auf der Halbinsel Čukotka kommen insgesamt jedoch nur neun rot blühende Pedicularis-Arten in Frage. Eine davon ist *Pedicularis verticillata*.

Zum Graben angezeigter Wurzel-Arten, bedienen sich die Weibsen einer Haue aus einem Walroszahn oder Geweihstück, (Windid). Auch samlen sie Tang, (Myrgomyr) den sie mit Walfischspeck, Blut und dem Magenbrei ihrer Tiere ausgekocht genießen. Appenbeeren,[95] die um Anhöhen wohl häuffig samlen sie zwar, doch nur zum frischen Genuß.

Das Bereiden der Rentierhäuthe: nach dem Trocknen der frischen Häuthen, wozu sie selbge zu eintzlen zusammennehn, reinigen sie solche von dünner Hauth und Fet, das ihnen zur Arbeit behagt, durch Abgerben, mit mitten einem runden Holzstiehl eingeseztem scharfem Schiefer oder sonstigem Steinstück und wechseln den auch mit zweitem, dem Stab deßen ein geschärftes Eisen einsizt, ab; hiernach näßen sie diese Seite mit Harn, das sie auch noch weiter tun und dem sie teils Magenbrei ihrer Tiere beimischen, gerben den Winter fleißig, überschmieren sie mit kurz aufgekochtem Magenbrei und laßen sie eine Nacht durch, zusammengeschlagen liegen, da sie das Abschaben den wiederholen; drauf suchen sie selbge geschmeidig zu machen, durch häuffiges Abtretten mit den Fersen, zu welchem Ende sie leztere ein, teils doppeltes Sohlenstück überziehn, schaben oder reiben sie auch mit rauhem sandartigen Stein ab und walken sie untern Händen, beschmieren sie noch eine Nacht über, mit Magenbrei, wo sie selbge den, nach dem Abschaben, färben. Um loh-braun zu färben, dient ihnen die Rinde von Ellern,[96] die sie erst gröblich pulvern, den mit Harn ansetzen; die Kasacken in Ischika kochen selbge; mit dem Zusatz von etwas Weydenasche in Wasser auf; stat dieser Rinde brauchen die Tschucktschi auch ein rotes Eisenerz, (Tschewutsche) das sie an einigen Flüßen finden (in dem sies auf einem Stein mit Harn abreiben.

[MS 35] Die Koriäcken bedienen sich zu Bereidung ihrer Felle nicht deß Harns, sondern nur einzig des Magenbreis der Rentiere, deßhalb auch selbge weicher, noch in der Kälte feucht wurden oder jenes Geruchs duften.

95 Vermutlich meinte Merck die Apfelbeere (*Aronia*). Die Apfelbeere, russ.: *aronija* oder *rjabina černoplodnaja*, aus der Familie der Rosengewächse (*Rosaceae*) ist nicht sehr empfindlich und für Pflanzenkrankheiten nicht anfällig.

96 Bekannter ist die Bezeichnung Erle, eine Gattung der Birkengewächse, die in unterschiedlichen Arten auf der gesamten Nordhalbkugel verbreitet ist.

Ihr Sämischleder bereiden sie auf ähnliche Art, in dem sie die Felle zum Abgerben der Haare erst in Harn weichen, den zu mehrmahlen mit angeführtem Magenbrei beschmieren; die Koriäcken geben, mit den Blättern der Sibirischen Schnee-Rose,[97] die sie samlen und trocknen, lezterm Leder, in dem sie die Blätter aufkochen, eine gelblichte Farbe, weßhalb auch diese Pflanze Koriäckskoi-Trawa heißt.[98]

Ums wolligte Haare junger Robben rot zu färben, dient ihnen die Wurzel von Galium Boreales[99] (Rekinmangyt das die Weibsen Tscheknimangyt aussprechen, den Russen dieser Gegend heißts Maronne); sie samlen selbge im Herbst, wählen die gesätigt gelbern oder wie sie sich ausdrücken ins rötlich fallende, das sie durch Abschaben mit den Nägeln proben, zerstoßen sie und kochen mit Wasser, anbei sie noch der im Herbst rot werdenden Blätter von Arbutus Alpina[100] (Klokauwitt, ein Blat ihnen Witwitt) und etwas Asche zusetzen, worin sie den, mehr kleinere Stücke obiger Felle zum Färben einwerffen, und sie wollen das diese Farbe von Dauer sei; die Jukagern färben gleichfals mit diesen Wurzeln, als mit der Rinde von Ellern.

Außer mit den Haaren, bereiden die Stilsizenden ihre Robbenfelle noch verschiedentlich; als sie laßen selbge in Harn weichen, biß die Haar ausgehn, hangen sie den in Formungs Frost zum weicher werden und weiß bleichen, auf; dieso so bereideten Fellen nennen die Kasacken Mandarka,[101] die Tschucktschi Emtenugyn, und sie brauchen selbge zum oberen ansetzen an ihre leichte kür-

97 *Rhododendron chrysanthum*. Die Schneerose oder Christrose kommt in unterschiedlichen Arten auch in europäischen Breitengraden vor. Besonders häufig ist sie in den Alpen anzutreffen.

98 Russ.: *trava*: Gras, Kräuter.

99 Lat.: *Galium boreale*; russ.: *podmarennik boreal'nyj* (*severnyj*) oder *marëna*, Nordisches Labkraut; früher auch als »glatte Wiesenröte« bezeichnet.

100 Ursprünglich als *Arbutus alpina* von Carl von Linné 1753 beschrieben. Mittlerweile wird diese Pflanzenart aus der Familie der Heidekrautgewächse als *Arctous alpina* oder *Arctostaphylos alpina* (dt.: Alpen-Bärentraube) geführt. Russ.: *toloknjanka al'pijskaja* oder *arktous al'pijskij*, in Sibirien auch unter der Bezeichnung »amprik« bekannt. Die Früchte sind genießbar, und ihr Geschmack wird durch Kochen verbessert.

101 Russ.: *Mandara*, gefärbtes und gegerbtes Rentier- oder Seehundsfell.

zere als Wad-Stieffeln, wie zu Riemen womit sie leztern umbinden und so weiter; andern in Harn vorher geweichte Felle, färben sie auch, nachdem sie selbge weicher gegerbt, auf einer Seite, mit Ellern-Rinde, rot; zu ihren leichten kürzern als längern Stieffeln, die sie besonders gegen Näße, so langs die Jahrszeit verstattet, tragen, als zu Säcken über Bogen und Pfeile, gerben sie die Haare von Robbenfellen, indem sie vorher Asche aufstreuen, obwohl nicht aufs reinste, ab, da den dies Leder, obschon nicht überal gleich, schwarz wird und bleibt.

Was ihr Nehwerk anlangt, so gehts ihnen zwar flink von der Hand, aber es ist auch desto schlechter.

Das Weiber nehmen; hat der Freier die Einwilligung der Eltern, so schläft er mit der Tochter in nehmlichen Zelt und bestrebt sich den, dem Mädchen an die Scham zu kommen, womit wens ihm glückt, die Heurath volbracht ist; felt aber die Zuneigung der bestimten Braut, so biet sie ihrer Gespielinen mehrern auf diese Nacht zu sich, die dann dem Bestreben dieses Gastes mit weiblichen Waffen, mit Händen und Füßen, entgegen arbeiten; doch läßt eine Koriäkin nur ihren Freier länger schmachten, der mehrere Jahre wohl vergebens diesem Ziel nachträumt, während welcher Zeit, er in der Hütte bleibt, Holz schleppt, die Heerde hüthet und keiner Arbeit entsagt, wobei ihn die andern, um ihn zu proben, necken, ja schlagen, das er geduldig erträgt, biß ihm ein Augenblick weiblicher Schwäche, dafür mit seinem Wunsche folgt.

[MS 36] Die Tschucktschi laßen zuweilen schon Kinder sich zusammengesellen, die den bei den Eltern Anverwandter zum ehlichen Geschäfte aufwachsen von Mitgabe wießen diese Wilden nichts, und die Tochter bekommt außer Kleidung nur einen Schlitten mit zwei Rentieren, womit sie ihrem Mann folgt. Zwar beschenkt wohl der Schwiegervatter den Eidam[102] mit Rentieren; doch erwiedert dieser mit gleichen; ein Koriäcke aber verteilt seine Heerde unter seine Kinder gleich aus; erstere scheinen nicht über 4 Weiber zu nehmen, mehr zu zwei oder drei und minder Wohlhabende begnügen sich auch mit einer. Stirbt ein Weib, so nimt der Mann ihre Schwester, jüngere Brüder heurathen die Witwen ihrer älteren, doch ists ihren Gebräuchen zuwieder daß der ältere Bruder

102 Veraltete Bezeichnung für Schwiegersohn.

die Witwe des jüngeren zu sich nehme. Eine Ehefrau die unfruchtbahr, verstoßen sie, ohne allen Hader von Seiten der Anverwandten, baldig, und man trieft oft noch junge Weiber, die auf diese Art schon, dem 4ten Mann zuteil waren, biß sie endlich ein älterer oder der schon Kinder zählt, ob Jugend oder etwas von Reitzen auf immer aufnimt. Bei der Geburth haben diese Weiber kaum Beihülfe als die Natur, und nicht selten sollen welche in Kindsnöthen sterben; die Nachgeburt (Jaranu; Algakspach, u) belegen sie ohnweit der Hütte mit Rasenstücken und eintzlen Steinen; während der monatlichen Reinigung[103] (Rekokalje; Awtuk, u) halten sie die Weiber vor unrein, wo die Männer sich auch deß Beischlafs enthalten, denn sie wähnen daß man davon Rückenschmerzen bekomme; eine Jungferschaft nennen sie Fepachoimuryekile. Koriäckische Weibsen, die vol tückischen Eigensins, sollen wohl, um ihren Unwillen gegen ihre Männer freien Lauf zu laßen, durch stärkeres Drücken mit den Händen, ihre Frucht abtreiben, die tschucktschische scheinen dies nicht nachzuahmen.

Um ihren Neugebornen Nahmen zu geben, halten sie an einem Faden ein Steinchen unten angebunden, rufen den ihre verstorbene Vorfahren, nach dem Geschlecht des Kindes, bei Nahmen, mit dem Zusatz, »bist du gekommen?« und diesen Zuruf setzen sie solang fort, biß sich das Steinchen mit dem Faden zu bewegen scheint, da sie den, deß zulezt genanten Nahmen dem Säugling beilegen; ihre Nahmen leiden selten einige Übersetzung; sie haben alle zwei Nahmen, doch gewöhnen sie sich nur an einen, aber bei Kranckheiten wechseln sie den ersten öfters mit dem zweiten, ihre Kinder säugen sie lang, mehr biß sie sich selbst entwöhnen; wohl zu zwei auf ein Mahl, weshalb auch ihre Weiber früer welck werden, besonders erschlappen baldig ihre Brüste; sie geben ihren Kindern gern allen Willen und frönen meist ihren Eigensin; im Zelt wo ich unsre Reise über schlief, war ein Junge von 5 Jahren, der an der Brust der Grosmutter, weil er sich an sie mehr, als an seine Mutter gewöhnt, zu der Fleischkost die sie ihm fast stetig einpropften, noch fort saugte, diesen hatten die gute Groseltern so verzogen, daß er beim Geringsten worin man ihm nicht wilfahren wollte, gleich mit gepler auf Mutter und Grosmutter zuschlug, zur

103 Menstruation.

Freude des Grosvatters, der ihn dafür recht herzig liebkoste und an sich drückte, auch seine Mutter, ein hageres langes Geschöpf teilte der ihrigen manchen Trit und Puff zu; die Männer leben meist in Eintracht mit ihren Weibern [in Eintracht][104], doch sezt ihnen [MS 37] zuweilen auch derbe Künste, dagegen auch sie ihre Waffen nicht schonen. Der Anzug ihrer Kleinen, mit den Haaren nach außen, mit Lämerfel gefuttert, zu Handschu und Stieffeln ausgehend und mit Hundsfel langhaarigt bebrämter Kappe; vorn hat er eine Klappe, die zwischen Füßen sich biß hinten öfnet und so lang sich die Kleinen noch verunreinigen, wechseln sie öfters, vermittelst selber, ein Futter aus Rentierhaaren mit Moos; sie tragen ihre Kleine übern Achseln.

Ihr Weiber wechseln: (Newtumgin) werden die Männer einig, auf diese Art ihre Freundschaft zu vereinigen, so fragen sie die Einwilligung ihrer Weiber, die dies Gesuch den selten nur ablehnen; sind beide Teile also zufrieden, so schlaffen die Männer ungefragt, wenn sie nahe beisammen stehn oder beim zu Gast kommen, wechselnd bei fremden Weiber, mehr nur mit einem oder zweien wechseln die Tschucktschi ihre Weiber, doch felts an Beispielen nicht, daß welche auch biß mit zehn gleiche Verwandtschaft erhalten, den ihre Weiber scheinen diesen Tausch gleichfals nicht unzuträglich zu findten, dafür sie auch, nahmlich die der Rentierbesizenden, sich selten zum Ausschweiffen neigen, sogar erdulden sie kaum, ohne doch das Heuchlen zu verstehen, fremdes Scherzen, und es ist eine schnelle Folge, daß sie statt Gleiches zu erwiedern mit ins Gesicht speien oder um sich schlagen, danken; die Koriäcken kennen dies Weiber-Wechseln nicht, sie begnügen sich dafür mit Eifersucht und Ehebruch bestraften sie ehedem mit dem Tod, jetzt nur mit Verstoßen. Auch gehorchen die Kinder der Tschucktschi, insoweit dies bei ihnen der Brauch ist, den fremden Vättern, was aber das Harntrinken bei diesem Wechseln betrieft, so ist dies eine Zugabe von Unwahrheit, wozu wohl ihr Waschen deß Gesichts und Händen mit selbem mag Anlaß gegeben haben. Während dem langweiligen Herbstreisen kam öfters solcher Gast zu unser Wirthin, wo den ihr Mann zu jenes seinem Weib wanderte oder nur in einem andern Zelt schlief; obige beide taten sich

104 Wiederholung im Text.

wenig Zwang an, wollten sie auch tagsüber, ihre Lüste befriedigen, so schickten sie uns ohne Umschweiffe aus dem Zelt, sonst aßen sie öfters, wie fettere Bißen, schmauchten wechselnd Taback, liebkosten minder, wobei das Küßen ein Reiben mit den Nasen ersezt, und um ihre Notdurft zu verrichten, diente beiden, wie immer, – eine Schaale.

Die Stilsizende wechslen gleicher Weise unter sich; nicht so tuns die Rentier-Tschucktschi mit selben, noch verheurathen sich leztere mit den Töchtern der erstern, den da sie die Stilsizende weit unter sich schätzen, so würden sich ihre Weiber nie zu diesem Wechsel verstehen, aber das hindert nicht, daß sie nicht mit den Weibern der Stilsizenden schlaffen sollten, wogegen auch die Ihrigen nicht scheel sehen, aber entfernt mit gleichem zu vergelten, füttern sie nur Mann und Weib, wenn zu ihnen zu Gast kommen, beßer und beschenken sie den mit frisch geschlachtetem Rentier zum Mitnehmen.

Noch geben die Stilsizenden ihre Weiber Fremlingen preis, aber nicht als wans sies allein für einen Beweiß von Freundschaft hielten oder sich durch solchen Wechsel nach fremder Nachkommenschaft sehnten, nein sie tuns nur deß Wuchers halben; dem Mann einen Bäusch[105] Taback, dem Weib eine Schnur Corallen um den Hals, eintzle Fäden Schmelzgranaten um den Arm, auch wen man verschwenderisch seyn will, wohl noch Ohrgehänge und der Vertrag ist geschloßen.

[MS 38] a. zu Seite 28.[106] Vielleicht auch könte man ihren Beschäftigungen das Tabackrauchen beizählen, worin sie kaum ihre Weibsen übertreffen; ihnen ists ein Ersatz gegen unsre geistige Geträncke; dies Rauchen, ein eintzles tiefes Einziehn deß Rauchs, den sie denn meist unter Rülpsen und Aussippern des Speigels, wieder ausstoßen; minder selten, dem Grad von Durst bekommen gleich, wo unter Unbewußtseyn und Schwitzen, Brechen folgt; auch felts nicht an Beispielen, daß sich untern Jakuten welche, durch diesen Rauchrausch ins Feuer ihres Heerds gefallen und sich so zu Tode gerößtet, wie auch deß andern beim Durchwadten eines Flußes, vom Pferd gefallen und so ertruncken.

105 Eigentlich Bausch: gemeint ist ein kleiner Bund oder ein Gebinde.
106 Siehe dazu oben, S. 145.

Um Kranckheiten, die ihnen allenhalb Fremde zubringen könten, von sich zu entfernen, empfingen uns die Rentier-Tschucktschi, wie folget; noch in Entfernung unsrer Boöte von den Ufern ihres Sommer-Aufenthalts, hatten das Weib unsers zukünftigen Wirths und das seines Sohnes, zwei kleine, kurz unter sich entfernte, Feuer, nächst dem Strande, angelegt, wonach sie da wir uns dem Strand näherten, wie auch Kinder, von dem brennenden Weyden und Appenbeeren Gestriep, nebst Gruß, mit Geschrei uns entgegen warffen; nachdem wir ausgestiegen und unser Gepäck ans Land gebracht worden, blieben alle vor dem Feuer stehn, den weihten beiderseits diese Weiber, geschäftig genug, von einem Gemisch aus Rentierfett, Weydenblätter und Tran, wie von Walrosdärmen, Stückgen, dem Feuer, den ging erst der Wirth, drauf unser Befelshaber, zwischen den zwei Feuern durch, wobei sie sich mit den Händen wie etwas abschlugen, wonach auch wir, nebst dem mit uns angekommenen Hauffen von Tschucktschi gleicher Weise noch folgten, und zulezt trugen sie, unser Gepäck, eben so durch; jetzt zog der Wirth seine weiße Lämerparcke aus und schenckte selbge unserm Befelshaber zum Anziehn, dagegen ihm derselbe ein Hemd, daß er den stat der Parcke anzog, zurückgab, worauf der Wirth Gesundheit und glückliche Reise zur Kovyma[107] anwünschte und uns zur Hütte führte; dies Empfangen fremder Gäste heißt ihnen Ktangytangyt, und Tughnagaityk den Stilsizenden. Den ihrigen, die von Tschika[108] und Kovyma zurückkehrn gehn die nachgebliebene eine Strekke von der Hütte entgegen, schlagen mit Spießen an ihrer Kleidung herab, schießen neben ihnen hin Pfeile in die Luft und laßen sie den zwischen Feuer durchgehn; auch wen sie winters von den Stilsizenden heimfahrn, halten sie nach kurzem Entfernen von diesen Wohnplätze, im Fahrn inne, wenden sich um und ruffen, um nichts von Seuchen mitzubringen, als wen sie von Teufeln begleitet wären den Winden zu, »kehrt zurück, bei uns ists kalt, bei uns werdet ihr frieren.«

Kommen sie unter sich zu Gast, so ists der einzige Gruß, daß sie sagen, »ich bin gekommen«, worauf der Wirth antwortet »bist du

107 Siehe Anm. 38, S. 121.

108 Vermutlich ist hier der 41 km lange Fluss Ček-Čeka gemeint, der in die Mylga mündet und zum Einzugsbereich der Kolyma gehört.

gekommen« und beim Fortgehn, sagen sie beiderseits, was ihnen das Lebewohl ersezt, tam, tam, soviel als genug, genug, und dem sie seltner nur den Anfang zweier Buchstaben, tamto, tamto, zufügen.

Beim zu Feste fahrn nehmen sie meist ein Weib mit, mehr um, wen sie [MS 39] zu Begüterten kommen, einen Beitrag der Nahrung zu suchen, den es ist ihrem Herkommen gemäß, daß sie ihren Gästen, wen sie ihre Weiber mitbringen oder wen leztere auch allein kommen, ein Rentier abstechen und ihnen solches den ganz mit der Hauth mitgeben.

Die Feste der Rentier-Tschucktschi; im Herbst so vom 20. July bis zum 20. August,[109] nach dem Abschlachten ihrer Tiere, wie frülings nach dem Kalben derselben, und als Augenzeuge setze was sie beim Schlachten des drauf folgenden Tags beobachteten, anher: nachdem die Weibsen unsrer Hütte der Heerde eine Strekke entgegen gegangen, so machten sie vor derselben zwei Feuer an, weichten denselben von Walfischspeck, Fleisch und einem Brei aus gesäuerten Weydenblätter, mit dergleichem Blut und Tran, warfen ersten den das brennende reißig der Heerde zu und zehrten die Überbleibsel von ihren hölzernen Schaaben auf; jezt treiben sie die Heerde nächst zur Hütte, stelten ihre beiderseitige Fahrschlitten, welchen sie ihre Spieße beistelten, in einer Reihe derselben vor und sperten den weiteren Umfang der Heerde mit Riemen; zwischen oder vor den Fahrschlitten machte nun jedes Weib ihr eigenes Feuer an; wonach die Männer mit dem Abstechen der Tiere anfingen; zuerst tat dies unser Wirth, als der Angesehenste dieser Verwandtschaft, mit weiß geflecktem Kalb, dem Meer näher, wobei er Blut der Wunde mit der holen Hand, einem dem leztern einfließenden Bach zu warf; »wir fürchten das Meer« war seine Antwort, »den unsere Böote sind nur klein.« Auch warffen sie Blut der Sonne entgegen, wie der Gegend unsers zukünftigen Wegs und legten den das getödete Tier, ihrem Zweck nach, warum? als der Sonne, dem Meer, dem vorhabenden Weg, ihren Hütten, auf Weydenzweigen mit dem Kopf zu oder so vors Feuer; auch beschmieren sich die Tschucktschi, nebst Weib und Kind, mit dem Blut aus der frischen Wunde, zu einem Strich auf die Stirn, ihre Schlitten an

109 Zu den Festen der Čukčen vgl. den Artikel »Chukchi«, in: Practical Dictionary of Siberia, S. 157 sowie Bogoras, The Chukchee, Kap. XIV: Ceremonials.

mehreren Stellen, die Decke der Hütte, ihre Kleidung, auch tun sies noch untern Achseln, wie an der untern Seite der Walroshäuthe worauf sie schlaffen, und dies tun sie, damit die Teufeln von ihnen entfernt bleiben und sie keine Krankheit treffe; mehr beschäftigt ihre Weiber dieser Tag; sie trennen die Hauth ab; reinigen die Därme; samlen den Magenbrei; füllen das Blut; schälen das Fleisch ab und so weiter. Welchen der Häuthe und mit Blut beschmierten Weyden, legten sie ihren Bogen und Köcher, ihre unförmlichen Holzfiguren, den Schädel von einem Bärn und Wolf, nebst eintzlen Schienenknochen mit Huften, von Lämer, das sie al schon anfänglich einem unbereideten Rentierfel ausgebreidet hatten, bei; zulezt, ehe sie alles wegschlepten, klopften sie noch Fußknochen auf, wozu sie einen gerundeten Stein mit gleichem Schlägel und eine lederne Schaale mit sich führn; beklebten den mit Marck den Mund ihrer Götzen allerlei Größe, den Rachen jener Schädel, um die Tiere dieser Art zur Schonung ihrer Heerden zu bewegen und welches noch klebten sie den Lämmerhuffen zwischen; [MS 40] obige Läuffe nebst der Weydenbüscheln binden sie den Haltstützeln innen ihrer Hütte an, und dies, damit die Mütter der geschlachteten Kälber aufhören mögten sich zu grämen und zu trauern; den ob sie schon dem Nachmittag die Heerde zu mehreren Wersten von den Hütten wieder entfernten, so kamen diese Tiere doch einige Tage noch zurück und suchten ihre Jungen; Natur, teurer Nahme! Biß diese Augenlieder auf immer fallen, sollen mich deine Bande feßeln!

Die vom rauhen Überzug gereinigte Geweihe, noch mit dem Stirnknochen laßen sie meist auf der Stelle wo sies Tier abgestochen liegen, oder sie hangen selbge in ihren Hütten auf.

Seit frü schon deß folgenden Morgens kochten die Weibsen unserer Hütte ab, volle große Keßel vol Rentierfleisch, kneteten Knochenmarck mit Weydenbletter und wenigen Appenbeeren zusammen und mischten düneren Brei aus Weydenblätter mit Rentierblut und Tran; mit diesem Zubereiden zu Ende, zerstückten sies Fleisch auf einer ausgebreideten Hauth und sezten die Schaalen mit dem neben Eßen bei; jetzt schlug unser Wirth mit einem Steckenstück den Reif der Handpaucke unten kurz an, wonach welche der Weibsen durch neues Auswirbeln zwei Feuer anzündeten, die Mansen aber denselben rohes Marck, Stückchen Blättertaback, wie deß geschnittenen mit Birckholzschabsel untermengten, einwarffen und dan das gekochte Fleisch den häuffig sich eingefundenen Weibsen der Stilsizenden preis gaben; dies den auch, unter Zudrängen, Säcken einstopften und sich drauf, nachdem ihnen noch zu eintzlen Tabackblätter ausgeteilt worden, aus der Hütte wieder verlohren; da dies Bewirthen vorbei, umdeckten sie die Hütte von außen, mit rohen Walroßhäuthen und schmagten mit unter das Gemisch der Schaalen, mit den Fingern, aufs Reinste auf; jetzt legten sie Häuthe der gestrig geschlachteten Tiere noch mit Kopf und Geweihen beiden Feuern vor, dem Kopf aber unter, den Götzen, der ihnen zum Feuermachen dient, der von ihm, muß, wie sie sagen »das Feuer ohne Auslöschen seyn«. Sie legen den Kopf des Tiers Süden zu »den in Norden, dem finsteren Himelstrich ist nicht die Wohnung der Sonne«; nun fingen unser Wirth mit mehreren Alten, ums Feuer zu gehen an, wobei sie dem Reif der Handpaucke, die sie vorher zum minder laut tönen mit Wasser näßten, anschlugen mit wechselndem Zuruf deß Einladens obigem Unhold zu; jetzt fangen die Älteren wechselnd und langsam, wozu die übrigen so-so-so, sei-sei-sei mit unter zurieffen; den tanzten zu eintzlen, die Mansen, sich nur, die Handpaucke anschlagend, zu den Seiten schneller werdend, wobei die Weiber, denen aus Amerika gleich, mit tanzten; den trabten erstere von ein zur andern Seite, die Handpaucke härter anschlagend und mit gleichem Ausruffen um die Feuer; drauf sang unser Wirth, dem Götzen [MS 41] ihrer Rentiere zu, »wir bringen dir Opfer und werden dich nie vergeßen, laß keinen Unfal uns treffen, beschütze unsern Heerden und erhalte unsere Weiber«- den erzählte er einem Greis zu – »ich freue mich diese Gäste erwartet zu haben; ich freue mich ebenso, als wen uns Got wilde Rentiere zugeführt oder in unsern rauhen Gegenden, hätte Holz wachsen laßen; alles Glück müße uns begleiten, damit wir gesund und wohl an Ort und Stelle kommen, ihr seht jetzt wie die Sonne auf und herab scheint, muß das Glück uns nicht folgen? Daß doch alles Misgeschick auf einer von unsern Hütten entfernt bleiben mögte« zu welchen Wünschen der Greis einer Chaiuwa,[110] soso; oder daß es geschehen mögte, sagte; den fuhr der Wirth fort, »nur muß es uns Leid tun, daß uns an Holz fehlt und ich wünsche daß uns keine Stürme hindern mögten,

110 Die Bedeutung des Begriffes ließ sich nicht ermitteln.

das Weydengestrippe aufzufinden; – zwar hat uns gedeucht, als wen man uns Kranckheiten zubringen werde, aber die sehn wir noch nicht, und wir weisen unsern Danck dafür; wahr, man hat uns Seuchen provezeit, aber die können andere Orten hin, uns vorbei gezogen seyn, wir freuen uns der Russen, nie wohnten diese Fremde so unter uns, nicht allein uns haben sie mit Taback und Corallen beschenckt, sondern auch unser Land.«

Jetzt tanzten die Mansen nach obiger Weise mit Gesang fort, da den auch welche Dinge der Zukunft erzählten und mit glücklichen Wünschen schlossen, als ein Greis sagte, »eins der Rentiere vorm Feuer scheint der Türe zuzurücken« und da ihn die andern um die Deutung davon fragten; so erwiederte er, da er sich erst durch stärckeren Lerm mit der Handpaucke etwas in Taumel gewiegt; »daß die Aussicht der Ferne ihren Wünschen entspreche« auch Weibsen gauckelten zum Nebenspiel wobei sie jedes Mahl folgenden Gesang wiederholten.

»Nenjo – jojo – nenjo – nenjo – und hüpften dabei an ihrer Stelle mit Grimaßen deß Gesichts und als man sie vor sich gebeugt, unverständliche Worte, teils wie vom Boden aufzögen; Enjomai, jojojo-enjomai, e, e, e, – je, je, je, numjen, koje – no no – no no, – ko, ko – ko, ko – kokoi, eho – jo, jo – joho, joho – hokook, kokook – so, so, – do-ooi, doooi, – doooi, doooi; – chei, chei – go, go – demenjo, awewei, – lezteres noch zu 10 mahl, aiga, aiga – dieses noch 8 mahl wiederholt – jaje, mete a mete, enzonot on – ono, ono – mono, onoton, – eljo, jo – aneu, ogoi.

Dies Belustigen dauerte biß den Abend hin, da sie den wieder volle Keßel leerten und das Tabackschmauchen nicht sparten. Diese Feste nennen sie Myirkit, den Stilsizende Uväla, u. und ersteren heißt Nymnychinaet, so viel als feiern.

Bei den Stilsizenden folgen nach dem Walfischfang, im November, December und Januar, ihre Tänze, wo sie unter sich zu Gast kommen und wo der Überfluß das Leckern der Speisen ersetzen muß.[111] Beim Robbenfang heben [MS 42] die Stilsizenden die Schädel dieser Tiere, so viel jeder getödet, an einer Schnur zusammen auf, und legen den diese leere Schädel, Ende Mais, wan der Fang

111 An dieser Stelle betont Merck den Überfluss an Walfischfleisch nach dem Fang eines Tieres.

vorbei, auf Anhöhen, als Zurückgabe für die Erde, wobei sie das Schmaußen gleichfals nicht vergeßen.

Mans als Weibstänze der Stilsizenden sind denen aus Amerika gleich; außer Bekleidung der Füße tanzen die Männer nackt, das Haupt teils nur mit eintzlen Schwungfedern geziert; ein wildes Nachahmen von Streit und Jagd, teils als wen sie einen Bogen spanten mit sonstig schnellen Wendungen.

Noch begleiten die Weiber der lezteren, die Tänze der Männer, unter Gesang mit einem Spiel deß Nachahmens eigner Geschäfte, als deß Beerensamlens und so weiter; sie saßen in gerundeter Reihe, sich genaht auf dem Boden, (in ihren Winterhütten sitzen sie hiezu auf den Bänken der Seiten) den lincken Fuß untergeschlagen, den rechten von sich hingestreckt, dabei mit dem rechten Arm und Brust entblößt: zuerst zu wiederholten Mahlen, die rechte langsam zur Brust, womit sie sich etwas wie zu heben scheinen, führend, den selbe zum Boden unter Bücken wieder ausstreckend; den gleicher Mahlen den Arm schnel ausstreckend, wonach den Vorderarm aufrecht haltend; den mit der Handfläche aufs lincke Knie gestüzt, sich wechselnd, beiderseits hin, wie mehr vorwerts, wozu sie den Leib wie etwas heben, bewegend.

Noch belustigen sich die Stilsizenden, denen Aleuten[112] gleich, auf einer Walroßhauth, wozu sie zum Gesang die Handpaucke mit

112 Die Alëuten (in der Eigenbezeichnung: *unangan*) sind eine auf der Inselgruppe der Alëuten lebende Ethnie, die zur eskimo-alëutischen Sprachfamilie gehört. Georg Wilhelm Steller nannte sie »Amerikaner«. Als Alëuten wurden sie in den überlieferten Dokumenten erstmals im Jahre 1747 erwähnt. Über die Herkunft der Bezeichnung »Alëuten« gibt es unterschiedliche Auffassungen in der Wissenschaft. L. S. Berg vertritt die Auffassung, dass sie auf einen Dolmetscher der Zweiten Kamčatkaexpedition zurückgeht, der Čukče war. In dieser Sprache bedeutet *aljat* Insel und *alijut* Inselbewohner. Diese Auffassung wird von Waldemar Jochelson angezweifelt. Beide weisen die Version von Ivan Evseevič Veniaminov (1797-1879), einem Missionar in Diensten der Russisch-Amerikanischen Kompagnie auf den Alëuten, zurück, der ethnographische Notizen über das Leben der Alëuten machte und vermutete, dass die indigene Bevölkerung bei der Ankunft der Russen untereinander gesagt habe: »Alik-uaja« oder »aliuaja«, was übersetzt bedeutet: »Was ist das?« Vgl. dazu L. S. Berg, Otkrytie Kamčatki i ėkspedicii Beringa, Moskau/Leningrad 1946, S. 225 f.; Waldemar Jochelson, History, Ethnology and Anthropology of the Aleut, Washington, D. C. 1933. Nachdruck Oosterhout 1966 und 1968, S. 14. Eine weitere Meinung vertreten G. A. Menavščikov und R. G. Ljapunova, nach deren These geht die Bezeichnung auf das

rühren; auch dient ihnen zum Zeitvertreib, gerades Aufhüpfen ohne den Riemen zu berühren, welchen, so ihn an den Enden halten, dem Hüpfenden übern Kopf und untern Füßen schmal wegschwingen.

Solangs die Jahrszeit vergönt, üben sich die Tschucktschi meist zu jedem Abend, im Lauffen in einem Kreis herum; sie fangen mit Traben an, lauffen almählich schnel, weteifern zum Ende immer schneller und stete Gewohnheit von Jugend auf, läßt sie auch wohl, ehe sie außer Athem komen und ausruhen müßen, aushalten können; auch Bejahrte gehn noch, obschon die Jahre ihnen das weitere nicht erlaubt, mit, innen deß Kreises herum; aufs Lauffen folgt das Ringen, wozu sich der Hauffen in die Runde sezt; die Ringenden entblößen sich von ihrem Pelzhemd und gehen mehr langsam zu Werck; sie packen sich mit manchem Klatsch an den Ärmen, an Schuldern; die Köpfe aneinander gedruckt, mit den Füßen sich entfernend, suchen sie sich ein Bein unterzuschlagen oder sich auf den Boden zu schleudern, springen mit eintzlem Schrei unter sich ab setzen sich auch wohl, um ihren Gegenüber sich zu werffen, auf den Boden und so weiter; wer von beiden die Oberhand behält, erwartet einer so lang frischen Gegner biß er den selbst unterliegt.

[MS 43] Auch versamlen sich die Rentier-Tschucktschi zuweilen winters, zu einem Rennen auf ihren leichten Schlitten, wie unser Wirth, während der Reise, ob der Genesung seines Sohnes anstelte; sie fuhren eine Strekke von 5 Werste ab, auf zwei hölzernen Schüßeln, gekochtes Fleisch, Marck und jenes Gericht aus kleingestoßenem Fleisch, worauf der Wirth noch, einen Bausch Tabackblätter weis, wie einen halben Bausch für den ersten der Zurückkommenden, auflegte; von obigen Schüßeln weihten sie zuerst Stückgen dem Feuer und gaben denn den Rest den Zurückfahrenden zum Aufzehren preis; nur das Geweih eines, der hierzu geschlachteten Tiere, dem eine Weydengeerte die quere mit Fisch-

aleütische Wort *allitchuch* zurück, das die Abteilung (Trupp), das Heer etc. bedeutet. So könnten sich die Aleüten bei dem ersten Kontakt bezeichnet haben. Vgl. dazu R. G. Ljapunova, Aleuty. Očerki ėtničeskoj istorii, Leningrad 1987, S. 9; R. G. Liapunova, Essays on the ethnography of the Aleuts. At the End of the 18th and the First Half of the 19th Century, Fairbanks 1996. Leider fehlen in der englischen Fassung einige Abschnitte, weshalb nach dem russischen Original zitiert wird.

bein angebunden war, blieb auf der Stelle liegen. Nachdem dies Rennen vorbei, lieffen die jüngere Mansen, nur in ihrer Lämerparcka, Unterhosen, und Pelzstrümpfen einige Werste weit in die Wette, wonach sie mit Ringen dies Fest schloßen und gegen Abend mit ihren Weibern, zu ihren Hütten zurückfuhren. Obiges Lauffen benennen sie Medatschumuk; die Stilsizenden Achwaitutü, u; laßt uns ringen heißt den erstern Minteikeum; den Stilsizenden aber Tunchlutuk, u; die Monathe benennen die Tschucktschi; wie folget, ihnen heißt der Januar Juplüjl; Edscheachtschu, u. der Hornung, Temgleorgin; Teilüchtschuch, u; der Merz, Ceorgipel; Hiogsvit, u. der April, Rojalgin; Nedshechtsch, u; der Mai, Imdreelgin; Kiutaghnät, u; der Juny, Tewtilgelgin; Angutoghwit, u. der July, Hantturilgin; Pelervit, u; der August Nérnär; Kumläwik, u; der September, Gytcheelgin; Naiwegwit, u; der October, Kultschchav; Akumuk, u; der November, Jeraotschin; Kangaingytschik, u; der December, Tschucktschänje; Challübick, u.

Die Tschucktschi zählen, andere Wilden gleich, vermittelst der Finger und Zehen, und rechnen den so durch Verdoppeln weiter. Beim Aussprechen fremder Wörter, verwandeln sie den Bustaben f und v, immer in b oder p; sonst sprechen sie lateinisch leichter und rein, rußisch und deutsch aber schwerer aus.

Seltner sind untern Tschucktschi Kranckheiten: die Liebesseuche,[113] die sonst meist untern Wilden dieser Gegenden herscht, ist biß jetzt noch von ihnen entfernt geblieben und die Blattern,[114] haben nur ein Mahl, unter den Stilsizenden gewüthet in den ersteren Jahren von 1730, von wo man jetzt noch, biß jenseits St. Laurentsbucht, Überbleibsel ehmalicher Wohnungen sieht, deren Bewohner, wie sie sagen, die Teufel erwürgt hätten; mehr fielen von dieser Seuche damals der Stilsizenden, [MS 44] die, ob deß durch Schwemen[115] der wilden Rentiere, zum Anader-Fluß,[116] wohin selbe durch die Kasacken aus dem Ostroge zuge-

113 Bei der »Liebes-« oder »Lustseuche« handelt es sich um Syphilis. Geschlechtskrankheiten waren in Sibirien und den angrenzenden Inselketten weit verbreitet. Sie wurden von allen Forschungsreisenden seit den ersten Expeditionen in der ersten Hälfte des 18. Jahrhunderts erwähnt.

114 Pocken.

115 Schwimmen.

116 Gemeint ist der Anadyr'.

führt worden, gekommen waren, aber die Rentier-Tschucktschi blieben meist von selben befreit, den aufs Gerücht einer Seuche, zogen sie mit ihren Heerden Land ein, und übrigens laßen sie auch keine Krancken zu ihren Hütten noch verstatten sie Fremden, wen sich ein Siecher in den Ihrigen befindet, und beim Greisen den Zugang. Rote trieffende Augen, sind unter diesen Wilden, seltner bei Weibsen, gemein; Schwäre,[117] Eunelli; Aningrek, u; sind auch ihnen, doch wies scheint nicht so gefährlich wie auf Kamtschatka, eigen; was aber die histerischen Zufälle dieser sonstigen Gegenden betrieft, so kennen sie die tschucktschische Weiber noch nicht. Von heilsamen Kräuter oder sonstigen Mitteln und Aderlaßen, wießen die Tschucktschi nichts, nur haben sie von den Koriäcken gelernt, den Schwam[118] von Pappeln oder Bircken auf der schmerzenden Stelle abzubrennen; dieser Schwam heißt ihnen Kejuk, das Brennen selbst aber, Chkejutik; eine Bircke Wulgylt; die Koriäcken benennen diesen Schwam, wie ihren Zunder gleichfals Kejuk, die Tschucktschi aber lezteren, Ewelmik. Mehr nehmen sie bei Kranksein zu den Gauckeleien der Schamane ihre Zuflucht; in so weit ich dies während der Reise beobachtet, setze hier bei; der Sohn unsern Wirths bekam von Überladung[119] ein schwaches hitziges Fieber, sie schlugen ihm außer der Hütte ein besonderes Zelt auf, weil wie sie sagten, ihm der Geruch von unseren Speisen, von gebratenem Fleisch, wie von Mehlfladden, die uns das Brot ersezten, zuwieder wäre; nachdem ein Schaman, zwei Nächte vorher, weder freie Stund noch seine Handpaucke geschont, so opferte er kurz vor der Hütte, der Sonne; er warf unter Murmeln von Zwergfels Fett, erst mehr Mahl ins Feuer, den welches der Sonne zu, und dann das Feuer selbst; strich drauf mit der Hand an der Parcke deß Vatters herab, den strich er dem Krancken der auf einem Schlitten eingehült saß, mit der Hand übers Haupt und Ohren und seine Hülfe war zu Ende, wofür er nun ein abgeschlachtetes Rentier erhielt und von dannen ging. Da sich der Sieche noch keiner Beßerung nahte so stach der Vatter einen Hund ab, beschmierte den Krancken an der Stirne und Rücken

117 Veraltete Bezeichnung für Geschwür.

118 Lat.: *Fomes fomenatius*, Zunderpilz.

119 Hier im Sinne von Überfüllung oder Überlastung des Magens gebraucht.

mit dem Blut der Wunde, worauf Weibsen den Bauch deß Hundes aufschnitten und die Därme herauszogen, der Sohn aber, nachdem der Vatter eine Reihe Worte vorgemurmelt, unter der Darmschnur durchtrat, wodurch wie sie glaubten die Kranckheit in den Hund fahre; drauf machten, nachdem sie Hauth des Hundes abgezogen vorm Schlitten des Krancken Feuer an, und verbranten Stückgen vom Oments,[120] wobei der Vatter genau, um den Erfolg vorher zu schließen aufs Verbrennen Acht hatte. Jetzt, da sich der Sohn seiner Gesundheit wieder erfreuen konnte und ehe sie den Zug wieder antratten, trieben sie vorher [MS 45] die Heerde zwischen zwei Feuer durch, damit die Kranckheit zurückbleiben mögte; den Tag drauf müßte der Genesene ein junges Tier abstechen, wobei er zweimal Blut Mittag zuwarf, den legten sie das gereinigte Geweih, mit dem Fangriemen, Süden gegen, wohin auch Vatter als Sohn Fet warffen und wonach man lezterm je ein Büschelgen gedünter Halmen den Benden seines Schleiers einbandten.

Wähnen die Männer der Tschucktschi sterben zu müßen, so laßen sie sich meist erstechen, – die Pflicht eines Freundes – und Brüder als Söhne betrübt den sein Hinscheiden nicht, vielmehr erfreuen sie sich daß er Muth genug hatte, den Weibertod, wie sie ihn nennen nicht zu erwarten, sondern den Qualen der Teufel zu entgehen wußte;[121] auch während unser Reise traf sichs, daß der Ehemann, seine alte krancke Frau, nicht ohne ihren Beiwillen, um die Zahl der Leiden zu endten, mit einem Meßer, im Zelt, nachdem er vorher alle übrige herausgeschickt hatte, erstach; sie lag den auf ihrem Schlitten ausgestreckt, in einer Übergangsparcke, das Gesicht mit der Kappe verhült, mit Riemen umschnürt, und auf der Brust lag noch ihr Meßer, ihr Nadelfutteral,[122] wie zu den Seiten deß Kopfs je ein Darm mit Fett, – zur Mitgabe.

Der Leiche tun sie weiße oder so gefleckte Kleidung an; 24 Stunde bleibt sie in der Hütte, und ehe sie selbge heraus bringen, proben sie zuerst den Kopf einige Mahl durch Aufheben biß sie

120 Lat.: *Omentum* (*majus* oder *minus*); (großes oder kleines) Bauchnetz oder Bauchfell, umhüllt wie ein geschlossener Sack die Innenwand der Bauchhöhle und die Oberfläche der meisten Bauchorgane.

121 Nach Mercks Beobachtungen lassen sich die Männer der Čukčen bei einer tödlichen Krankheit umbringen, bevor sie an ihr versterben.

122 Nadelhülle.

ihn leicht zu findten glauben, so lange sie ihn aber auch noch für schwer halten, scheints ihnen das der Verstorbene hin wieder noch was vergessen habe und folglich nicht fort wolle, weßhalb sie ihm auch, von ihren Nahrungsmitteln oder Nadeln und dergleichen vorhalten; sie tragen die Leiche nicht durch die Türe sondern neben der selben durch, indem sie die Decke der Hütte aufheben; beim Herausbringen des Todten, wartet einer und gießt den zurückgebliebenen Tran der Lampe, die während der 24 Stunde bei der Leiche gebrant hat, wie von jener Farbe aus Ellernrinde,[123] über den Weg; vorm Wegführn, legen sie zwei Stücke Holz, die quere den Schleiffen des Schlittens unter und proben den, ob er knart oder leicht wegrutscht; in ersterem Fal behaupten sie, der Verstorbene wolle andere Hirsche vorgespant haben und wechseln mit selben den solange biß es ihnen nicht mehr zu knarren scheint. Zum Verbrennen führn sie die Leiche eintzle Werste von der Hütte zu einer Anhöhe; ums Verbrennen aber zu erleichtern, stechen sie die Leiche mit einer Stange in den Leib wodurch die Eingeweide herauskommen; anbei weihen sie noch diesem Feuer, [MS 46] deß Verschiedenen Bogen und Pfeile, Spieß und Schlitten, welche Stücke sie alle vorher zerbrechen. Wo Weydengesträuch zum Verbrennen felt, belegen sie auch die Leiche über der Erde mit Steinen, wie man bei den Hütten der Stilsizenden ohnselten antrieft. Das Verbrennen der Todten heißt ihnen, Chanlüatik; Schtykyngek, u; ein Todter aber Panetje; Publiangok, u. Zur Denckstelle deß Verstorbenen, umlegen sie die Stätte, wo sie die Leiche verbrant, länglich – umrundet mit Steinen, das der Gestalt eines Menschen gleichen sol, oben und unten je mit dickerem Stein ein, wovon der obere, Mittag zuliegt und den Kopf bedeutet, von untern aber legen sie, zwei unter sich kurz entfernte Stangstücke stat der Füße, ab, die um liegen zu bleiben noch ein Stein deckt; vom Kopfstein biß zum dritten deß Umkreises, ist der Raum innen noch mit kleineren Steinen belegt, das wohl auf die zusammengeschlagene Arme deutet; diese Steinumlegung nennen sie Melolan, einen Verstorbenen bedeutend; nächst an bei legen sie gereinigte Geweihe noch mit dem Stirnbein, auf einen Hauffen, Tenmai. Die Rentiere, mit welchen sie den Todten abführn, stechen sie den auf der Stelle

123 Vgl. oben, Anm. 96, S. 158.

ab, verzehren ihr Fleisch, bekleben den Kopfstein unten mit Knochenmarck oder Fett und laßen die Geweihe zu jenem Hauffen zurück.

Sie errennern sich jedes Jahr ihrer Verstorbenen, welches Rückerrinnern ihnen Melület, den Stilsizenden aber Knugut heißt: stehn sie in der Nähe, so tödten sie auf der Stelle Rentiere, wo aber entfernt so fahrn sie doch jährlich zur Stätte; zu 5 biß 10 Schlitten von Anverwandten und Bekanten; machen aus ihren Holzgötzen Feuer an, werffen ihm Marck ein, wobei sie sagen, »eßts«, bekleben den Kopfstein mit gleichem, schmaußen selbst, rauchen Taback und legen gereinigte Geweihe dem Hauffen auf.

Ebenso verbrennen die Koriäcken ihre Todten, sie schieben sie von dem Schlitten auf den Scheiterhauffen, Reichere in beßerem weißen Anzug; verbrennen ihren Spies, Schneschu, Köcher und Bogen auch Feuerrohr mit, schlachten die Rentiere ab, verzehrn ihr Fleisch und laßen die Knochen mit dem Geweih zurück; auch geben sie diese zwei Rentiere, womit sie die Leiche zugeführt, wohl an die Kasacken ab und bringen die Geweihe nur zur Stelle.[124]

Sie trauren um ihre Kinder; – in unser Hütte, war ohnlängst vor unser Ankunft, ein Mädchen gestorben; die Mutter beweinte es jeden Morgen, vor der Hütte, wie auch noch während der Herbstreise; – ein Gesang dem Geheul einwechselte; – jetzt wollte sie vor keinen Fremden was arbeiten, auch der Vatter blieb einsweilen von ihren gemeinschaftlichen Geschäften befreit, biß die Heerde herbeigetrieben worden, und sie sich der Verstorbenen errinnert hatten; auch dem Bruder der Verstorbenen, einen Knaben von 12 Jahren, schwärzte die Mutter mit jenem Bleistiefterzt, immer schlaffend, zu einem breiden Strich über [MS 47] die Nase, wie beiderseits auf die Stirn mit gröserm Zug.

Um noch im Algemeinen von diesen Wilden was beizusetzen, so sind die Tschucktschi mehr von mitler Größe, doch triefft man auch nicht eintzle, die sich einer Länge von 6 Schu nahn; sie sind wohlgebaut, starck, ausdauernd und werden betagt; die Stilsizenden stehn denen die mit Rentiern herumziehn, um wenig nach; – die rauhe Witterung, die Strenge der Kälte, deren sie sich stetig aus-

124 Zu den Begräbnisritualen der Korjaken vgl. den Artikel »Koryaks«, in: Practical Dictionary of Siberia, S. 462.

setzen müssen: ihre teils rohe, teils halb gare Nahrungsmitteln, die ihnen fast immer einen Überfluß darbieten; ihre Leibesbewegungen, deren sie sich so langs die Jahrszeit, ihr Alter oder ihre wenige Geschäfte erlauben, fast mit jedem Abend nicht entziehn, geben ihnen diese Vorzüge der Stärcke, Gesundheit und Dauer; – nun trieft man unter ihnen noch nicht feiste Bäuche, als wie untern Jakuten, wo weichere, die meist ihre Fürsten heißen, bei guter und voller Kost, die Bürde der Arbeit lieber auf Ärmere legen und sich stat deßen mit fetten Bießen[125] pflegen. Sonst sind die Tschucktschi frei, sie tauschen ohne alle Rücksicht auf Höflichkeit, wen ihnen was nicht gefält oder die Gegengabe zu gering scheint, so ists eine leichte Folge was sie tun, daß sie drauf speien; im Stehlen haben sies mit Hurtigkeit weit gebracht, besonders die Stilsizenden, den in diesem Fal findt man bei den Rentiertschucktschi doch noch Ausnahmen und dies auch selten; – unter ihnen leben müßen, die wahre Schule der Gedult; dem Befelshaber[126] entwandte ein Rentiertschucktschi einen Sack mit Taback, weil ers leichter hielte alles zu nehmen, als sich mit einigen Bauschen, die ihn vor eine Tagreise weiter führe deßselben gehörten, zu begnügen und alles was eintzle Greise uns zum Trost gaben, war, daß sie sagten »es sind junge Leuthe die ihrem Eigenwillen nachleben, sie sind wie kleine schnelle Flüßgen die bald ausfriern« und es blieb mehr als ratsam, das Nachfragen aufzugeben, den es felte wenig dran, daß wir, um das Seine nur zurückzufordern, – nicht zu den Ufern deß Styg,[127] – wen man von dort aus dahin komt, – wären abgefertigt worden. Ihre Vorurtheile noch: Sie leiden nicht daß man von verjahrten

125 Bissen.

126 Gemeint ist Joseph Billings.

127 Die Styx (oder Styg) ist in der griechischen Mythologie der Fluss der Unterwelt. Sie trennt die Welt der Lebenden von Hades' Totenreich. Dem Mythos zufolge überqueren die Seelen der Toten mit dem Fährmann Charon den Fluss und gelangen in das Reich der Toten. Der Fährmann verlangt jedoch zur Überschiffung einen Obolus. Wurde dem Verstorbenen durch die Lebenden keine Münze mitgegeben, musste er in Ewigkeit am Ufer des Flusses verweilen. Die Assoziationen mit dem Fluss Styx sind dementsprechend negativ: »abscheulich«, »verhasst«, er verkörpert den Tod. Dem Wasser des Flusses werden zudem unheilvolle Eigenschaften nachgesagt. Otto Waser, Styx, in: Ausführliches Lexikon der griechischen und römischen Mythologie, Bd. 4, Leipzig 1915, Sp. 1566-1579, hier Sp. 1567.

Denckstellen der Verstorbenen, die Füße deutende Stangstücken, in ihren Hütten verbrenne, sondern sie halten dies Holz für unrein;[128] sie wähnen daß wen man gegen jemand mit einem Meßer nur spaße, oder von ungefähr durch seine Kleidung steche, so müße solcher darnach sterben; sie leiden nicht daß man den Schlitten, worin ihr Weib und Kinder fahre, etwas Fremdes auflege oder selbge aus der Reihe die quere etwa, stelle; sie lieben nicht, daß man vom Eßen von Haaren etwas abnehme oder sonst gar was wegwerffe; sie leiden nicht daß man von niedrigem Weydengestrippe deß Bodens, wo- [MS 48] rauf sie ihre Hütten aufstellen, was ausraufte; sie geben nicht zu daß man aus einer andern Hütte, mit einem Licht, Feuer in die Ihrige bringe oder ihnen Lampe anstecke, sondern löschens gleich aus, da sie den selbst durch Auswirbeln welches anzünden.

Untern Tschucktschi komts seltner zu Streitigkeiten aber desto leichter endten sie sich auch dafür mit Mord, wie noch von neulich die Beispiele, daß der Sohn den Vatter und die Neffen den Oheim[129] tödeten, – beider Zwist so unbedeutend und beiden nicht der Mord nach; der Vatter macht beim Ausfahrn dem Sohn den Vorwurf, dass er nicht hurtig genug sei und folglich wenig genug tauge gegen die Koriäcken auszuziehn, welches leztern so aufbrachte, daß er den der ihm daß Leben gegeben auf der Stelle erstach; – der Oheim geht mit seinem Sohn und beiden Neffen winters aus, um ein Garn auf Robben zu stellen; – ein Zwiest ohne Bedeutung, läßt auch jene, den Vatter mit dem Sohn mordten.

Sie scheinen gefällig, wie dienstfertig und fordern alles was sie sehn und wünschen dargegen; sie kennen nicht was man Schweinereien nennt; sie verrichten ihre Nothdurft in ihren Zelten, und was das Unangenehme dabei ist, sie nöthigen Fremde oft mit bittendem Stos, die Schaale auszuschütten; sie knickern Läuse, mit ihren Weibsen, untern Zähnen, um die Wette; so jene aus den Beinkleidern, wie diese aus den Haaren. Noch sind diese Mansen tapfer, gegen Feige oder wo ihnen die Menge ein Übergewicht giebt, ob sie doch den Tod minder fürchten; – genug von ihnen und wenig nur von

128 Zum Aberglauben der Čukčen vgl. Bogoras, The Chukchee, Kap. XIII: Charms and Sacred Objects und Kap. XVI: Protective and Aggressive Magic.

129 Onkel.

ihren Schönen;[130] – die der Rentier-Tschucktschi sind keusch aus Gewohnheit; die der Stilsizenden eben deßhalb das Gegenteil, aber die Natur hat leztere mit holdern Zügen geschmeigelt und beide sind sparsam schamhaft doch ohne es zu wießen.

Zum Beschluß noch eine Beigabe von den Koriäcken; diese Wilden sind unahnsehnlich, klein, und ihr Gesicht schon mahlt ihre verschwiegene Tücke; – jede Gabe, vergeßen sie mit dem Empfange – beleidigen mit dem Tod; – gleich so die Tschucktschi, und es scheint dies Asien überhaupt mehr eigen zu seyn; man muß sich in allem nach ihrer Laune bequemen, um sie nicht zu Unfreunde zu bekomen; durch Befehlen und Härte richt man nichts aus; werden sie zuweilen durch Prügeln bestraft, so hört man von ihnen weder Schreyen noch Bitten, ihnen bleibts mit hartnäckiger Trägheit gleichgültig, sie kauen allenfals an ihrem Pelz, ohne zu mucken, und doch findt dies Züchtigen nur bei den Getauften-Stilsizenden[131] statt, den die Rentier-Koriäcken halten einen Schlag für härter, als den Tod, sich entleiben ist ihnen mit Schlaffengehn schier eins, [MS 49] er mordt entweder den Drohenden, oder wen ihm das

130 Unsichere Lesart.

131 Mit der Erschließung neuer Territorien im Osten des asiatischen Kontinents begann auch die Mission der orthodoxen Kirche. Schon 1705 kamen die ersten Geistlichen auf die Halbinsel Kamčatka. In der Regierungszeit der Kaiserin Elisabeth fand zwischen 1740 bis 1755 eine systematische Zwangschristianisierung der Animisten in Sibirien statt. So behauptete Krašeninnikov, dass fast alle Kamčadalen (Itel'menen) und die nördlichen Korjaken zur Orthodoxie bekehrt worden seien. Krašenninikov, Opisanie zemli Kamčatki, Bd. 2, S. 81. Jedoch fand die Christianisierung eher oberflächlich statt, und die indigene Bevölkerung hielt weitgehend an den Gewohnheiten und Ritualen ihrer Naturreligion fest. Zur Missionierung der orthodoxen Kirche auf Kamčatka vgl. auch Katharina Gernet, Evenen – Jäger, Rentierhirten, Fischer. Zur Geschichte eines nordostsibirischen Volkes im russischen Zarenreich, Stuttgart 2007, S. 80ff. Auf Čukotka fanden ebenfalls Missionierungsversuche statt. Lange Zeit befanden sich die Regenten in dem Glauben, das Christentum treibe durch Bildung das »Wilde« in ihnen heraus und ihre Russifizierung voran. Die Čukčen hingegen verweigerten sich unter heftiger Gegenwehr der Missionierung, in deren Folge es zu kriegerischen Auseinandersetzungen zwischen ihnen und den Russen kam. Vgl. dazu Dittmar Dahlmann, Sibirien: Der Prozess der Eroberung des Subkontinents und die russische Zivilisierungsmission im 17. und 18. Jahrhundert, in: Zivilisierungsmissionen. Imperiale Weltverbesserung seit dem 18. Jahrhundert, hg. von Boris Barth/Jürgen Osterhammel, Konstanz 2005, S. 55-71, hier S. 69.

unmöglich bleibt, so würgt er Weib und Kind und sich den selbst; unsre Geräthschaften oder Kleidungsstücke, haben ihnen, wie den übrigen Wilden nichts Anseherliches, die wen ihnen auch die Verschiedenheit deß Metals oder woraus sonst die Sache besteht, mindern Aufmärcksamkeit raubt, doch die Arbeit umgaffen; noch sind diese Wilden feig, den dortiger Ostrogen Kasacken die gegen die Tschucktschen ihrethalben schon mehrmahlen haben ausziehn müßen, ließen sie, sobalds nur etwas in die Enge ging, nicht nur im Stich, sondern auch wenn leztere mit ihnen flüchten mußten so stümpften sie ihnen wohl, um das Anhalten an den Schlitten zu wehren, die Finger, und im Ganzen haben die Koriäcken weit mehr derselben im Schlaf, wie das schrieftliche Aufzeichnen lert, als die Tschucktschi bei Tag mit Pfeil und Spies getödet; ob aber die Aufführung solcher Leuthe, nicht die Hauptursach davon war, da die Kasacken dieser entfernten Gegenden solche Wilde mehr, als für sie geschaffene Scharen, stat für untern Scepter der größten Monarchie stehende Unterthanen, ansehn und behandeln, – müßten einsichtsvolle Befehlshaber entscheiden und hierin, wen sie hiedurch nicht glaubten, ihrem Eigennutz frönen zu können, Einhalt tun; – Das was an den Koriäcken zu loben bleibt, ist daß sie gastfrei sind, worin sie aber den Tschucktschi noch nachstehn.

Ihre Weiber kämen wohl ihr Haupthaar ein; der Schmier ihrer Kleidung scheint der Eifersucht der Männer für ihre Keuschheit zu bürgen, obgleich ihr Antliz nie, das selten auf den Schatten von Reitzen nur Anspruch machen kan, sich beim Blick eines Fremden zum Lächeln verzert.

Ein zahmes Rentier, Khorän; Kuingit, u.
–– wildes –––––, Coylü; Tungku, u.
Eine Heerde, Nelvyl, ebenso u.
Die Hirsche mit Hoden, den Tschucktschi als Koriäcken, Choetsch-Chill.
––––––– ohne ––––, –––––––––––––––––––,
Tawachoi.

Das Geweih, Aiwalkal; ein abgeworfenes alte oder ein Stück davon heißt ihnen Peteritte; die Brunst Ewulchkaerkin. Die Tschucktschi stechen auch Frülings, tragbahre[132] Kühe ab, mehr, um dadurch

132 Trächtige.

nach den Jungen urtheilen zu können um welche Zeit die Kühe kalben werden. Sie wollen, der Erfahrung zu Troz, daß Rentiere zu 100 Jahren alt werden und daß man an den Ringen [MS 50] um die Hörner der wilden Schaafe, der Zahl nach, ihre Jahre erkenne. Die Felle von jüngeren wilden Schaafen, deren Haare weicher, wie im ganzen dichter, sollten die beste Wärme, noch gegen die von Rentieren, leihn.

Der weiße Bär, Umcka; Nänuk, u.

Der Vielfras, Chepaer;

Der Wolf, Inych.

Der Steinfuchs, Rechokalgin; Uliahak, u.

Jewraschke,[133] Ileill; Sekit, u.

Der hiesige ungeschwänzte Alpenhase,[134] hält sich zwischen Steinen deß Strandes von St. Laurentsbucht, ums Meer weiter wo steinigter Boden auf; [b] (([b][am linken Rand:] wo sie sich durch ihren pfeiffenden Laut verrathen. Oben am Kopf breid übern Rücken hin, sind sie schwarz, mit bleich gelb bräunlichem untermengt (das am Kopf mehr gelb bräunlich): teils sind die Haare schwarz, teils ins gelb-bräunliche-weißlich, meist mit schwarzen Spitzen; zu den Seiten hin, an die deß Kopfs, ist die Farbe, leicht gelb-bräunlich, (bei etwas kleineren sind sie nur bleich dieser Farbe) das unten zur Mitte sich mit weißlichen schwächt. Der Kopf ist lang, seine oberen längern Bartborsten, woran die längsten beinahe an 2'', sind schwarz, die untern weiß, die etwas länger als breidliche gerundete Ohren haben einen weißen Rand. Die Füße kaum ins gelbbräunliche weißlich; die Nägel schwarz. Er wird zu 5½ Zol lang.));

Wuvyltu; Wuutschelkalin, u.

die kleinste Maus, wie auf Kamtschatka, benennen sie Girrair. Eine Maus im Allgemeinen, Pipichelgin. ((([am rechten Rand:] und

133 Vgl. dazu Anm. 57, S. 137.

134 Der Alpenhase oder Alpenpfeifhase, *Lagomys alpinus* oder *Lepus alpinus*, erstmals von Pallas im zweiten Band seiner Reise durch Sibirien von 1773, S. 701 beschrieben; danach auch von Thomas Pennant und anderen übernommen. Beschrieben auch in: Alfred E. Brehm u. a., Brehms Tierleben. Allgemeine Kunde des Tierreichs. Die Säugetiere, 2. Bd., Leipzig/Wien 1900, S. 640-642. Gemeint ist wohl der Nordische Schneehase (*Lepus timidus timidus*), der in ganz Sibirien, der Mongolei und Nordchina verbreitet ist.

unter dieser Benennung verstehn sie M. Torquatus, P.[135] und noch eine zweite, zu 4'' lang übern Rücken ist sie mehr schwarz und glänzend, mit gelb-bräunlichen; zu den Seiten bleichen Haaren untermengt; unten sie von Farbe weiß; der Schwanz ist etwas über einen halben Zol lang zu borstigem Quast, oben ist er schwarz, an den Seiten und unten weiß, die ovalen Ohren stehn kaum den Haarn ab von ihren längern Baartborsten, sind die obern schwarz, die untern weiß farb; die Zehen sind bei der M. Ratilus P.[136] auch weisz gräulich.))

Beluga, Puriak; ebenso u.

Seehund, Mämill; Nachschak, u.

die aufgeblasnen ganze Robbenhäuthe, deren sie sich sowohl zum Walfischfang, als beim Ausfahrn auf ihren Boöten bedienen, Pyipu; Watacherpak, u. Watachpak, u.

die Eidergans, Emäkulgin; Chatypagyt, u.

See-Rabe, Jurgit; Nilkhat, u.

mergus merganser, Kilágvuállá.[137]

Die kleine Schnepfe[138] von Kamtschatka, Tscheratschalingin.

135 Lat.: *Mus torquatus,* (Pallas, 1778). In der Literatur des späten 18. und frühen 19. Jahrhunderts wird *Mus torquatus* als die Uralmaus bezeichnet. Vgl. z.B. Friedrich Justin Bertuch, Bilderbuch für Kinder enthaltend eine angenehme Sammlung von Thieren, Pflanzen, Blumen, Früchten, Mineralien, Trachten und allerhand andern unterrichtenden Gegenständen aus dem Reiche der Natur, der Künste und Wissenschaften; alle nach Originalen gestochen und mit einem kurzen wissenschaftlichen, und des Verstandes-Kräften eines Kindes angemessenen Erklärung begleitet, Bd. 2, Weimar 1803, Tafel 96, Nr. 6; J. D. Herz/G. F. Riedel, Angenehmes und lehrreiches Geschenk für die Jugend: Theils zum Nutzlichen Zeitvertreib, theils zu Erweckung eines innerlichen Antriebs, nicht nur die Naturhistorie zu erlernen, […], Bd. 1, Augsburg 1783, S. 66. Heute wird die Bezeichnung *Mus torquatus* nicht mehr verwendet und der Gattung *Dicrostonyx* zugeordnet: *Dicrostonyx torquatus*, russ.: *Kopytnyj lemming*, engl.: *Arctic lemming*, dt.: echter Halsbandlemming.

136 *Myodes rutilus.* Russ.: *polëvka (sibirskaja) krasnaja*, dt.: die Polarrötelmaus.

137 *Mergus merganser* ist der Gänsesäger aus der Familie der Entenvögel (*Anatidae*).

138 Die Schnepfe gehört der Familie der Schnepfenvögel (*Scolopacidae*) an und ist ein kleiner bis mittelgroßer Watvogel, der in den arktischen Tundragebieten brütet.

Die Schwungfedern von Gänsen, Raben, Mewen und Eulen, wie von S. Nyctea.[139] dienen ihnen zur Befiederung ihrer Pfeile.

Fischleim, Yngym.

Fliegenschwam, so wie den Koriäcken, Wapach.

Die Schlitten der Rentiertschucktschi, Ujetük; Chamyjik, u. die bedeckte Schlitten, derselben, Kokawa; den Koriäcken, Kokai. Ihr hölzernes Feuerzeug, Milgiōtschin; Nachtschalüta, u.

Wezstein, Pnaū; Waliāmnak, u.

Außer fürs Eisen haben die Tschucktschi keine eigene Benennung der Mettalle; ersteres heißt ihnen Pilwinten; Gold unterscheiden sie durch den Zusatz von Tirky-Pilwinten (Sonnen-Eisen). Silber nennen sie Tschatame-Pilwinten, (Mond-Eisen) und Kupfer heißt ihnen Rot-Eisen.

Ihre Beile sind der Form nach wie aus Amerika, nur stat Stein von Eisen. Gedruckt und Geschriebenes benennen sie, wie ihr aufgefürtes feines Nehwerck, das die Weibsen der Stilsizenden verfertigen, Kellikel, und die Dinte[140] heißt ihnen Kelli-Mimul. Ihre kleine Schlitten mit den Schlitten aus Walroßzähnen Relkignag. Die eiserne Armbänder der Weibsen, Minanchzauun.

[MS 51] Die Tschucktschi tragen gute Lasten mit einem Riemen oben über die Brust, auf dem Rücken.

Nacht benennen die Tschucktschi Pingping; (Asche) ebenso die Koriäcken.

Brodt – – – – – – – – – – – – – – – Pingtekitschgin; die Koriäcken Pingkinuuen, (einaschen Eßen)

Brandwein – – – – – – – – – beide, Acha-Mimill (so viel als schlecht Wasser, ob sie ihn doch baldig zu lieben lernen)

Salz – – – – – – – – – – – beide, Ancha-Mimill, so viel als See-Wasser, und das sie unter Ausspucken nur proben, nicht so Zucker.

Ein Feuer-Rohr heißt den Tschucktschi, Milgyritt; den Koriäck: Milgeiitt.

Schiespulver – – – – – – – – – – – – –, Pochla-Pingping, ebenso den Koriäcken.

Bleikugeln – – – – – – – – – – – – – – –, Pochla-Machmitt, – – – – – –.

Die Erlen-Rinde, – – – – – – – – – – –, Wirwitty.

139 Lat.: *Nyctea scandiaca*, Schnee-Eule.

140 Tinte.

Der Aklan-Fluß[141] – – – – beiden, Achla-Weiam.
– – – Paren[142] – – – – – – – – – – – –, Poite – – – – –.
– – – Tschiga[143] – – – – – – – – – – –, Nirgy – – – –.
– – – Anadir – – – – – – – – – – – – –, Tawai – – – – –.
Von gegrabenem Elfenbein[144] findt man in diesen lezten Gegenden nur selten was, das die Tschucktschi den für Hörner von's Teufels Rentieren ausgeben. Die Tschucktschi bezeichnen sich ihre Tiere durch Ausbeißen an den Ohren.[145] Anbei setze noch einige Nachrichten vom ehmahlichen andirskoi Ostroge bei. Auf einem Eyland deß Flußes, 666 Werste von seiner Mündung standt der Ostroge und 600 Werste von der Mündung trieft man das erste stehende Holz an, vorher nur Weyden-Gebüsche. Während der 130 Jahren, daß dieser Ostroge gestandten, drückte nur einmal, ob groser Überschwemung, die dortigen Bewohner Mangel der Nahrung, die übrige Zeit, wollen sie, (was man auch dargegen mag gesagt haben, den es ist einmahl zu viel oder zu wenig die Loosung der Welt) in Überfluß gelebt haben. Der Fluß, der gegen den 15ten bis 20ten aufgeht, hat folgende Fische: Nelma,[146] komt um den 4ten Juny, 150 Werste bis von der Mündung, aus dem Meer; zum Ostroge komt er um den 20 oder 25 July, von wo er weiter aufwerts geht, biß zum 8ten Sept. stehn bleibt, seine Roggen von sich giebt und wieder zurück trit; während seinem Aufenthalt im Fluß wird er etwas hagerer; mit Nelma komt zugleich Tschirrok,[147]

141 Oklan, auch Aklan oder Chajachle, ist ein Fluss auf der Halbinsel Kamčatka, der den rechten Nebenfluss des Flusses Penžina bildet.

142 Paren' ist ein ca. 310 km langer Fluss, der im Gebiet der Bucht Penžinskaja in das Ochotskische Meer mündet.

143 Gižiga, auch Ižiga, vgl. Anm. 37, S. 121.

144 Gemeint ist hier das Elfenbein der Mammuts.

145 Hier ist vermutlch die Markierung der Rentiere durch die Čukčen auf eine bestimmte Art und Weise gemeint. Möglicherweise ist darunter »Ausbeiszen« im Sinne von »Ausstechen« zu verstehen. Vgl. Deutsches Wörterbuch von Jacob und Wilhelm Grimm.

146 Nel'ma (*Stenodus leucichthys*): sibirischer Weißlachs. Er kann über einen Meter lang und maximal 40 Kilogramm schwer werden. Er ist in den Flüssen der Nordpolarküste heimisch. Auch heute ist er ein wichtiger Nutzfisch.

147 Čir (*Coregonus nasus*), große Maräne, gehört zu der Familie der Lachsfische (*Salmonidae*) und wird auch *ščokur* genannt. Der Fisch erreicht ein Gewicht von zwei bis vier Kilogramm. Die größten Tiere können maximal 16 Kilogramm schwer werden. Der Čir kommt in den Flüssen und Seen des Nordpazifischen Beckens vor.

Siek,[148] Nalim[149] und etwas später Seltetka,[150] wovon Tschirrok, Siek und Seltetka den stehenden Seen eintretten. Keta[151] komt den 8ten July zum Ostroge, mit dem 1sten August am häuffigsten, den nach biß zum September und er trit nicht wieder zurück; mit diesem kommen zugleich Golzi,[152] denen im Tschaun-Fluß[153] gleich, und frülings gehn sie zur See wieder zurück. Unter angefürten Ruten, findten sich auch Nierka,[154] und Gorbuscha[155] eintzel, Tschawitz[156] selten; Grose Hechte, Charjuß[157] und Waliuck[158] halten sich immer im Fluß auf.

148 Russ.: *sig*: *Coregonus* ist eine Gattung von Fischarten aus der Ordnung der Lachsartigen.

149 Russ.: *nalim*: die Quappe (*Lota lota*).

150 In einer gesonderten Beschreibung widmet sich Merck einem Fisch, dem er den tungusischen Namen Seldetkan gibt. Die frühere wissenschaftliche Bezeichnung lautete »*Coregonus Merkii Günth.*«, die heutige Bezeichnung ist »*Coregonus sardinella Valenciennes*«. Die Handschrift über den sogenannten »Merck'schen Fisch«, welche mit Bemerkungen des deutschen Gelehrten Tilesius versehen ist, wurde im Bericht über die Senckenbergische naturforschende Gesellschaft aus dem Jahre 1890 teilweise abgedruckt. Ferdinand Richters, Über einige im Besitz der Senckenbergischen naturforschenden Gesellschaft befindliche ältere Handschriften und Fisch-Abbildungen, in: Bericht über die Senckenbergische naturforschende Gesellschaft. Mit neun Tafeln, Frankfurt a.M. 1890, S. 3-36, hier S. 28ff. Vgl. dazu in diesem Band S. 373-393, hier S. 380f.

151 *Oncorhynchus keta*: sibirischer Lachs. Der Fisch Keta ist die meistverbreitete Lachsart im fernöstlichen Sibirien.

152 Vgl. Anm. 60, S. 140.

153 Vgl. Anm. 11, S. 111.

154 Mit Nierka ist wahrscheinlich Nerka (*Oncorhynchus nerka*), eine Lachsart, gemeint. Dieser Rotlachs ist entlang der asiatischen Küste des Pazifischen Ozeans heimisch.

155 Russ.: *gorbuša*: der Buckellachs (*Oncorhynchus gorbuscha*). Die Gorbuša ist ein relativ kleiner Lachs, dies wird bei der Nutzung durch die Menge kompensiert.

156 Russ.: *čavic* oder *čavyča* (*Oncorhynchus tshawytscha*): Königslachs, die größte und teuerste Lachsart im Pazifik. Die mittlere Länge eines durchschnittlichen Exemplars beträgt 90 cm, manche dieser Fische werden aber auch erheblich größer und können ein Gewicht von bis zu 50 kg erreichen.

157 Russ: *charius*: die Äsche (*Thymallus arcticus*) oder (*Th. Arcticus pallasi*). Dieser Fisch ist in Ostsibirien heimisch und kommt u.a. in den Flüssen Lena, Jana, Indigirka und Kolyma vor.

158 Russ.: *valek* (*Prosopium cylindraceum*): Zwergweißfisch. Dieser Fisch kommt in Sibirien, u.a. in den Flüssen Ochota und Kuchtuj und in Alaska vor.

[MS 52] Aus mehreren dieser Fische machten sie nun Jukola,[159] die ob deß meist trockenen Somers dort gut werden sollen. Um den 8ten Sept. heben sie die Fische frisch auf, entweder so, oder sie hingen sie ganz auf. Aus der Leber deß Nalim[160] kochten sie langsam in Keßeln ein Fett, wovon sie das Überbleibsel nach dem Kochen den, mit Blau-Beeren[161] genoßen; übrigens schmießen sie diesen Fisch meist wieder ins Wasser; aus den Seltetka kochten sie somers, wen diese Fische mit abnehmendem Wasser aus den Inseen wieder den Fluß eintretten, vermittelst heißer Steinen, in Bütten, (kat.) ein Fett; den 14ten September komt lezterer Fisch wieder zum Ostroge, läßt seine Roggen fahren, wo sie ihn den ganz, Behältern (Seiba) einlegten und winters den solchen Vorrath auf Hunden abholten.

Um den 20ten September steht der Fluß, da sie ihm denn kleine Stelnetze durchstelten. Vom 17ten November biß zum 10ten Jenner[162] war der Winterfang, vermittelst Durchsperren deß Flußes und dazwischen Einstellen von Reußen, wo sie, im Fluß bleibende Fische, die den aufwerts gehn, als Tschirrok, Sigi, Sechte, Nalim und wenig Seltetka fingen.

Das durch Schwemmen der wilden Rentiere; vordem sol's oberhalb dem Ostroge gewesen seyn, jetzt ists unterhalb von selbem; früjahrs um den 20ten Mai, 160 Werste von der Mündung, wohin den alle, mit ganzer Haushaltung, außer der zurückbleibenden Wache, auf Schitiken[163] abfuhren; diese Farzeuge sind 5-6 Faden lang und Segel drauf, besteht aus 80-100 zu weichem Leder bereideten Rentierhäuthen; sie wohnten als den in Hütten mit gleichem Leder bedeckt, tödeten die durch schwimende Tiere auf leichten Kähnen (Walke) mit Spießen, nehmen die Knochen aus und trockneten das Fleisch und mit dem 1sten July kehrten sie wieder zurück; den 1sten August fuhren die Mansen nochmals dahin und

159 Geräucherter oder getrockneter Vorratsfisch bei den Ethnien Ostsibiriens und Alaskas.

160 Vgl. Anm. 149, S. 184.

161 Hierbei handelt es sich um die Früchte der Moor-Heidelbeeren bzw. Rauschbeeren. Vgl. Anm. 168, S. 186.

162 Januar.

163 Vom russischen Wort »Šitik«: ein flach gehendes Flußfahrzeug, auch ein Kahn.

den 1sten September war ihre Rückfarth; sie erlegten den dieser Tiere so viel, daß mehr längs den Ufern liegen bleiben, als sie, außer den Häuthen, die sie von allen mitnahmen, mit führn konten; bei stärkerem wolten sie daß auch zu eintzlen, Kühe ohne Geweihe, mit vorkommen, wovon die Tschucktschi angeben, daß sie von Amerika herüber kämen; auch kamen zu solcher Zeit die Stilsizenden, so ob deß durch Schwemens als ob deß Tausch halben auf Baidaren dahin.

Im August zum September samleten die Weibsen Beeren wie auch Zedernüße;[164] von ersteren: Blaubeeren, welche sie mit Tschibitze[165] kochten und zum Winter in Bütten aufhuben, ebenso kochten sie auch rote und schwarze Johannesbeeren;[166] Scharbocks,[167] rote Heidel[168] und Appenbeeren[169] nebst wenig Kluckwa,[170] waren die übrign ihres Wintervorraths. Von Wurzeln samleten sie, die bei den Tschucktschi benamte, die sie zum Teil auch den Mäusen entwandten. Herbst fingen die Mansen, mit Schlinge und Kleptzi:[171] Hasen, die nur dortige Gegend häuffig seyn sollen; aus den Fellen,

164 Zedernüsse wurden in Sibirien bereits im 18. Jahrhundert wegen ihres guten Geschmacks hoch geschätzt. Außerdem gehörten sie zu den uralten Heilmitteln der nordsibirischen indigenen Volksmedizin. Sie bilden die Samen reifer Zapfen der Sibirischen Zirbelkiefer (*Pinus sibirica*), einer Unterart der Zirbelkiefer (*Pinus cembra*), oder auch der Zwergkiefer (*Pinus pumila*). Vgl. Anm. 79, S. 153.

165 An dieser Stelle ist wahrscheinlich der Königslachs (*Oncorhynchus tshawytscha*), russ.: *čavyča,* gemeint. Gestützt wird diese Vermutung dadurch, dass Georg Wilhelm Steller in seinem Werk *Beschreibung von dem Lande Kamtschatka* diesen Fisch als »Tschabitza« bezeichnet. Steller, Beschreibung von dem Lande Kamtschatka, Reprint der Ausgabe von 1774, S. 145.

166 Hierbei handelt es sich um *Ribes triste* (russ.: *smorodina pečal'naja*, engl.: *northern/swamp redcurrant*), einen Strauch mit niederliegenden oder aufrechten Zweigen, dessen Früchte rot und essbar sind.

167 Gemeint ist das Scharbockskraut (*Ranunculus ficaria L.*), das Vitamin-C-haltige Blätter hat.

168 Die in europäischen Breitengraden gedeihende Heidelbeere (*Vaccinium myrtillus*) reicht in ihrer Vegetation nur bis an den westlichen Rand Sibiriens. Im östlichen Teil Sibiriens wächst hingegen die Moor-Heidelbeere bzw. Rauschbeere (*Vaccinium uliginosum*).

169 Vgl. oben, Anm. 95, S. 158.

170 Russ.: *kljukva*: die Moosbeere.

171 Russ.: *klep'*: eine kleine Falle.

davon sie nun Weynachten fingen, nehten ihre Weibsen Decken, auch stelten sie Fallen auf leztere aus, wen sie frülings die Weydensproßen freßen; Füchse, Wölfe und Vielfras, fingen sie mit Fallen, Kleptzi und vergieftetem Auswurf, mit Schlingen aber Schnehühner.

[MS 53] Den 1sten Merz fuhren sie mit Hunden auf die Jagd der Elendstiere, zu 50 biß 100 Werste auf als abwerts vom Ostroge; sie jagdten sie auf Schneschuen mit Hunden und erlegten sie mit Pfeilen oder ausgezogenen Rören; sie hieltens für ein schlechtes Jahr, wen sie nur 150 biß 200 dieser Tiere, insgesamt auf den Ostroge erlegten, meist aber belief sich die Zahl derselben biß 350 und 400.

Von Zugvögeln schoßen sie mit dem 1sten April auf den offenen Stellen deß Flußes, Schwäne; den Gänse und Enten, deren reichlicher Anflug mit dem 1sten Mai erfolgt; weiter hin fingen sie auch leztere, beim Feder wechseln.

Welche Vorteile der Handel sich, von diesem Wohnplatz aus, mit kleinen Farzeugen, längst der Küste der Tschucktschi, wie mehr noch; nach Amerika versprechen könte, wird vielleicht die Zukunft dartun.

Ischika[172] sol, nach algemeiner Aussage, unweit in Ansehung der Nahrung, ersterm ehmalichen Ostroge nachstehn, den nicht allein fehlt viel gegen den Fisch-Überfluß von Ochozk,[173] sondern oft naht sich der Mangel deselben und auf die Ankunft der Farzeuge von Ochozk aus, ist weglich[174] zu bauen; das Pud Mehl kostet daselbst, 3½ und 4 Rubl. Und wen lezteres in den Magazinen von Jakuzk schon, ob der nicht angewandten Rücksicht, beim vorheri-

172 Vgl. Anm. 37, S. 121.

173 Die Ortschaft Ochotsk wurde 1647 im östlichen Sibirien an der Mündung des Flusses Kuchtuj gegründet. Diese liegt östlich der Mündung des Flusses Ochota (aus dem Tungusischen *okota*: der Fluss) in das Ochotskische Meer. Der Fluß Kuchtuj hat eine Länge von rund 390 Kilometern und entspringt auf dem Bergkamm Suntar-Chajata. Zuerst wurde der Ostrog an der Ochota gegründet, wurde dann aber wegen der häufigen Überschwemmungen verlegt. Ochotsk entwickelte sich im 18. Jahrhundert zu einem der wichtigsten Häfen am Pazifik; heute ist Ochotsk eine kleine Ortschaft mit lokaler Bedeutung.

174 Hier wohl im Sinne von »hilfreich« gebraucht. Vgl. Grimm, Deutsches Wörterbuch, Online-Fassung.

gen Absenden und Überführn als beim dortigen Aufbewahrn, eine gute Haue[175] bedarf, so muß es wohl, biß Ischika, noch weit mehr, seiner Güte verlieren; die Koriäcken haben den Bewohnern von Ischika, schon mehrmal mit ihren Rentieren das Leben friesten müßen, doch da jene nicht immer friedlich gesint sind, so kan man auch auf sie keine stete Zuflucht setzen.

Was die Tschucktschi anlangt, so wollen diese lieber nach Ischika als nach der Kovyma, deß Tausch-Handels halben, ihre jährliche Fahrt vornehmen, außer der minderen Anzahl derer, die am Tschaun[176] wohnen, weil sie lezterem Ort nahe sind; den, obschon allen ersterer Weg entfernter bleibt, so mangelt doch auf dem zur Kovyma, Moos, dem Futter ihrer Tiere; den Birckenholz, das sie zu ihren Fahrschlitten und so weiter bedürften; ferner Elends-Tiere: deren die Tschucktschi, sowohl im Herbst erlegen und ihr Fleisch den, nebst Fett in Ischika vertauschen, als frülings bei der Heimreise, um durch diesen Ersatz ihre magre Tiere nicht abschlachten zu müßen; zulezt noch wohnen längst dem Weg nach der Koryma, keine Koriäcken, den die nach Ischika fahrenden Tschucktschi, haben unter selben ihre Bekanten, den sie, wen sie bei ihnen ankommen, Geschencke an einem Marder-Parcke oder an Füchsen machen, dafür ihnen diese zur weiten Rückreise; welche ihrer ermütteten Rentiere umwechseln und auch noch eintzle, zum Mitnehmen; abschlachten.

Dies vorausgesezt gehe zu unser Ankunft in St. Laurent Bucht wieder zurück und endte so mit der drauf folgenden Reise. Baldig nach unserm Anckern begleiteten den Capt. zum Lande, wo uns kurz drauf, mehrere der Stilsizenden längst dem Strande entgegen kamen und zu einem kleinen Wohnplaz der Nähe mitführten, wohin den auch zu einer kleinen Einbucht vorselbern unser Farzeug zum vor Anckerstehn, geleitet wurde.

[MS 54] Morgens, deß 13ten, [August 1791] tratten den unsre Reise, mit der Abfart vom Farzeug, auf Baidaren der Stilsizenden, derer im allen 15 waren, verteilt an, und nachmittags deß 14ten [August 1791], langten zu einer südlichern Bucht, beim Sommer-

175 Es ist unklar, was hier gemeint ist. Möglicherweise benutzt Merck das Wort »Haue« im Sinne von »Hacke«.

176 Vgl. Anm. 11, S. 111.

aufenthalt unser Rentier-Tschucktschi, an. Zu hier, biß von unsrer Anckerstelle, nach dem Überfahrn der Bucht, kamen folgenden Wohnpläzen der Stilsizenden vorbei. 1. Chertschocher, woselbst 5 Hütten. Der 2te, Nutepenmin.[177] Der 3te, Tschuligen. Der 4ten, Iandagan.[178] Der 5te Akenir. Der 6ten Kokun. Der 7ten Loren;[179] woselbst wir den 13ten [August 1791] übernachteten. Der 8te Auritkin, eintzle Sommerwohnungen, auf einer schmalen gedehnten grußigten[180] Landzunge zur Bucht, worüber der südlichen Seite vorm Eingang der Bucht der 9te Matschigmin,[181] wonach die auch die Bucht benennen; hieselbst 6 grose Hütten, 5 kleine und 2 Winterwohnungen, die Gegend, wo wir jetzt die Rentier-Tschucktschi fandten, woselbst 17 ihrer grosen und 5 kleine Hütten waren, nanten sie Mamku, nach einem mäßigen Berg zunächst; überhaupt benennen sie auch Flüße, Bäche und Inseen, dem Nahmen naher Berge gleich, worum ihre wechselnde Standt-Pläze sind.

Die Witterung seit dem 13ten [August 1791], getrübt, teils mit Staubnäße, nachts zum 15ten, kurz, langsamer Regen. Wo's bei dieser Fart, der flache Strand verstattete, wurden unsre Baidaren an Riemen gezogen, meist durch Hunde, 4-5 zu einer Baidare.

Den 16ten [August 1791], vom früen Morgen an, Regen, der sich zur Nacht almälich legte, abends 6 Gr. Wärme.

Den 17ten [August 1791] morgens feucht, der Regen, wovor 5 G. W.

Den 18ten [August 1791], dauerte mit dem Ostwind der Regen noch fort; neblicht.

177 In Gavriil Saryčevs Putešestvie kapitana Billingsa črez Čukotskuju zemlju ot Beringova proliva do Nižne-Kolymskogo ostroga, St. Petersburg 1811, Neuausgabe von 1954, S. 237 wird diese čukčische Siedlung als »Nutepnut« bezeichnet.

178 Bei Saryčev wird diese čukčische Siedlung auf S. 237 als »Jandanaj« bezeichnet.

179 Ebd., S. 237 wird diese čukčische Siedlung als »Lugren'« bezeichnet.

180 Ableitung von »Grus«, verwittertes Gestein.

181 Mečigmen-Bucht, russ.: *Mečigmenskaja guba*, ist eine ca. 1.500 km² große Bucht im Beringmeer. Vgl. dazu ausführlicher A. V. Andreev (Hg.), Vodnobolotnye ugod'ja Rossii, Bd. 4: Vodno-bolotnye ugod'ja Severo-Vostoka Rossii, Moskau 2001, S. 151-154.

Den 19ten [August 1791], nachts durch der Regen starck; am Morgen Sonnenblicke, mit Nwind; 2 Grad W. den umtrübt, teils mit Staubnäße; der Abend heiter, zur Nacht umtrübt mit draufolgendem Regen.

Den 20ten [August 1791], morgens feucht, den Sonnenschein.

Den 21ten [August 1791], dün umtrübt, den mit Sonnenschein.

Den 22ten [August 1791], dün umtrübt.

Den 23ten [August 1791], seit Mitternacht, Regen.

Den 24ten [August 1791], nachts durch, seit gestern, starck windig aus WNW, meist mit Regen, morgens dün umtrübt, windig.

Den 25ten [August 1791], dün umtrübt, von Mittag sich aufheiternd mit Sonnenschein. Zu frü deß 26ten [August 1791], nahmen die Rentier-Tschucktschi al, ihre Hütten ab, und nachmittags den ging der Zug vorwerts; zu 2 Werste weiter, West. – – – –.

– – – auf der Anhöhe eines kleinen sich almälich verflächenden Berges, dem 3 kleine Inseen zur Seite, woraus ein Bach fließt; der Weg dahin erhebt sich almälich über Tundra, woselbst ledum palustre,[182] aufliegende niedrige Weyden, mehr überal blau, wie eintzel Scharbocksbeeren,[183] zu den Anhöhen Appenbeeren. 4 zu 8 biß 10, zu einer Reihe aneinander gebundenen Schlitten, führten Mädchen und Weiber an, wobei jede noch was auf dem Rücken nachschlepte, so wie die Mansen zu guten Lasten. Auf der alten Stelle der Hütten, legten sie gereinigte Geweihe, mit einem Stein oder Rasen drauf, in die Rinde. Der Tag, frü getrübt, windig, Beginnen von schwachem Regen, den sich aufheiternd, windig. Heute und die folgenden Tage zogen Kraniche vorbei, SO hin;

182 *Ledum palustre*, Sumpfporst. Dieses Heidekrautgewächs (*Ericaceae*) ist in nördlichen Teilen der Nordhalbkugel anzutreffen. Der immergrüne Strauch wird bis zu 1,5 Meter hoch.

183 Russ.: *moroška*, vgl. dazu Steller, Beschreibung, S. 67; moderne Bezeichnung: Moltebeere oder Torfbeere (*Rubus chamaemorus*). Diese Pflanzenart gehört der Familie der Rosengewächse (Rosaceae) an. Sie ist unter anderem in Sibirien und Nordjapan heimisch und wurde in der russischen Volksmedizin verwendet. Eine andere Art, die auf Čukotka verbreitet ist, heißt *Rubus articus*, die Arktische Brombeere. Beide Beerenarten wurden wegen ihres hohen Gehalts an Ascorbinsäure gegen die Krankheit Scharbock, eine veraltete Bezeichnung für den Skorbut, verwendet. Auch eignet sich dafür der Verzehr der Blätter des Löffelkrauts und anderer Kreuzblütengewächse auf der Halbinsel.

sonst [MS 55] fandten sich nur eintzle Eulen und Mewen, Regenpfeiffer[184] und Raben.

Den 27ten [August 1791], Rasttag; nachts durch wurde das stehende Wasser deß moosigten Bodens mit Eis belegt; windig, aufgeheitert mit Sonnenschein.

Den 28ten [August 1791], gestrigen abends und frü 2 G. Kälte. Hier ein mehr niedriger Berg; sich mit mehreren Hügeln und Anhöhen zur See absezend, die kleinsteinigt bedeckt, worunter sich Brocken vulckanischer Felsart findten, mit gröseren Geschieben[185] und teils kurzen vorstehenden Felsen deren Steinart mehr mürb; zwischen Hügeln, eintzle kleine Inseen und moosigt-holprichter Rasen mit aufliegenden niedrigen Weyden und Bircken; arbutus alpina,[186] deßen Beeren jetzt schwarz; Rhod. Dauricum[187] und Kamschat.[188] nebst obigen Beeren.

Nachmittags ging der Zug weiter, 4 Werste den, an einem sumpfigten Bach, auf kurzer Anhöhe, Rast. Der Tag, schwach-windig mit mattem Sonnenschein; abends zur Nacht hin, das Beginnen von Schne-Gefißel. ½ G. W.

Den 29ten [August 1791], frü 1½ G. K. dün gewölkt, Sonnenblicke, nachmittags umwölkt; zur Nacht ½ G. W.

Den 30ten [August 1791], frü 1 den 2 G. W. aufgeheitert mit Sonnenschein.

Den 31ten [August 1791], frü auf dem Gefrierpunckt; der Tag aufgeheitert mit Sonnenschein; abends 2 G. K.

184 Der Regenpfeiffer ist ein kleiner Watvogel mit kurzen oder mittellangen Beinen, der in vielen Regionen der Erde verbreitet ist.

185 Gemeint ist das Gesteinsmaterial, das von einem Gletscher transportiert wurde.

186 *Arbutus alpina*, vgl. Anm. 100, S. 159.

187 Russ.: *rododendron daurskij* (*Rhododendron dauricum*). Der Rhododendron, Azalee oder Alpenrose fasst unter seinen Bezeichnungen zahlreiche Arten zusammen. Hierbei handelt es sich um einen halbimmergrünen Strauch, dessen Blüten bereits zwischen Februar und März in violetter Farbe erscheinen. Er war im östlichen Sibirien sowie dem Amur-Gebiet und auf Kamčatka verbreitet. Die indigene Bevölkerung jener Gegenden gebrauchte die Pflanze für Heilzwecke, aber vor allem auch die Blüte zur Gewinnung von Farbpulver. Heute wächst er nicht mehr in der Tundra.

188 Lat.: *camtschaticus*, ebenfalls eine Rhododendronart, die man allenfalls im Süden der Halbinsel Čukotka antreffen könnte.

Den 1ten Sept. [1791] frü 4 Uhr 3 G. K. nach Nordwind mit heiterem Tag und Sonnenschein, zur Nacht, 1 G. K.

Den 2ten [Sept. 1791], zum Morgen minder windig, heiter Sonnenschein; zum Abend umtrübt.

Den 3ten [Sept. 1791], nachts langsam feiner Regen, der zum Morgen aufhörte, den dün umwölkt. Das niedrig Gebirg, von NW – N biß NO, war schon mit dünem Schne bedeckt.

Den 4ten [Sept. 1791], morgens aufgeheitert, Sonnenschein, den sich wölkend, nachmittags mehr. 1 ½ Werste weiter, zu einem Flüßgen Meta-Weiam,[189] das einem Insee austrit und zur Bucht einfält; ihm tretten Keta,[190] Malma,[191] Charius[192] ein. Der Weg furte, teils über holperichte Rasenhügel.

Den 5ten [Sept. 1791], dün umwölkt, abends ½ G. W.

Den 6ten [Sept. 1791], dem Flüßgen 3 Werste aufwerts, bei einem kleinen Insee Rast. Zum Flüßgen, teils Tundra teils Hügel vor; seine Ufer mehr breidlich, steinigt. Frü 1 G. K. heiter mit Sonnenschein, aus N. windig, der die Tage vorher, selten und kurz mit dem östlichen wechselte.

Den 7ten [Sept. 1791], morgens wieder windig, umwölkt, den sich aufheiternd mit Sonnenschein.

Den 8ten [Sept. 1791], gewölkt, nachmittags aufgeheitert, zur Nacht 2 G. K.

Den 9ten[Sept. 1791], frü, 1½ G. K. dün umwölkt; zur Nacht 3½ G. K.

Den 10ten [Sept. 1791] frü, 7 G. K. heute 4½ Werste weiter; der Weg holperichter Rasen und sumpfigt mit mehreren kleinen Inseen, biß zu einer erhöhten kleinsteinigen Strekke, wovon zur Seite der Ferne mehrere kleine Berge. Mittags 5 G. W. unumwölkt, Sonnenschein, seit gestern windstil. Zur Nacht, 5 G. K.

Deß 11ten [Sept. 1791] frü, aus O starck windig, umwölkt, ½ G. K. zur Nacht 2 G. K. windig aus N, das sich nachts stilte.

189 Vgl. Anm. 8, S. 110.

190 Sibirischer Lachs. Vgl. Anm. 59, S. 140.

191 Mal'ma (*Salvelinus malma*). Der bis zu 80 cm lange Malma-Saibling ist im gesamten Nordpazifik heimisch und zieht im Herbst zum Laichen in die Flüsse. Er wird auch als pazifischer Golec, Golci im Plural, bezeichnet.

192 Russ.: *charius* (lat.: *Thymallus*): die Äsche, eine Gattung der Salmoniden. Vgl. Anm. 157, S. 184.

Den 12ten [Sept. 1791], dün umtrübt auf dem Gefrierpunkt; zur Nacht 1 G. Wärme, den feucht.

Den 13ten [Sept. 1791], frü 1 G. Kälte, umwölkt; zur Nacht 2½ G. K.

Den 14ten [Sept. 1791], frü 3 G. K. schwacher NWwind, unumwölkt, zur Nacht 3 G. K.

Den 15ten [Sept. 1791], frü 2 G. K. wenig windig von NW; heiter, Sonnenschein; zur Nacht 5 G. K.

[MS 56] Den 16ten [Sept. 1791], nachts windig, frü zum Mittag minder; frü 3½ G. K. mittags 1 G. W. heiter mit Sonnenschein; heute 3½ Werste weiter, zu einer kleinen Insee, ohnweit der Bucht, wo leztere sich SW hinzieht; der Weg dahin rasigt: holpericht stelweis mit kleinsteinigt erhabenen Flächen; wie einem Flüßgen vorbei, das vom Fuß mehr mitleren Berge her, teils zwischen erhabenen Ufern fleußt. Zur Nacht 2 G. K.; tags über, kurz, feines Schneyen.

Den 17ten [Sept. 1791] frü 4 G. K. der Tag heiter, Sonnenschein, wenig windig, heute 1 W. weiter, biß zu einem steinigten Flüßgen, das wenige Werste von hier um Bucht fält, um seine Ufer höhere Weyden, zu Armsdicke der Stam und zu 4 Schu Höhe. Hier nun waren die Schnehühner häuffig, wie auch Hasen; nachts, wie der gestrige, bleicher Mondschein.

Den 18ten [Sept. 1791], frü 3½ G. K. windstil, ungewölckter Himel, Sonnenschein, zur Nacht erst 2 drauf 1½ G. K. den 2 G. W. Windstille mit schwachem Mondschein.

Den 19ten [Sept. 1791], frü 8 G. K. mittags 5 G. K. der Tag heiter; heute 3½ Werste weiter, von der Bucht, wo sie sich W-S hin verlängert, noch 1½ Werste entfernt. Der Weg, zwischen niedrigen Bergen und Anhöhen, holperichte Rasen-Fläche; zur Bucht näher mehr sumpfigt. Zur Nacht 1 G. K.

Den 20ten [Sept. 1791], frü 2 G. K. der Wind aus N sparsam, ungewölkt, Sonnenschein, zur Nacht auf o.

Den 21ten [Sept. 1791], frü 2½ G. K. der Wind veränderlich; gewölkt, teils mit schwachem Sonnenschein; mittags 2½ G. W. heute 3 Werste weiter, biß an einem Flüßgen Ourken[193] Rast, das wie die übrigen Flüßgen, mehr von N., zur Bucht fleußt; 2 Werste weiter

193 Dieser Fluss ließ sich nicht ermitteln.

ein Flüßgen Kalaünger,[194] woran gleichfals niedrige Weyden; und sandigen Stellen durch teerte Holzbrocken ein. Abends auf o.

Den 22ten [Sept. 1791], frü 3½ G. K. Sonnenschein, ungewölkt, aus N. windig, nachmittags sich wölckend, zur Nacht auf o.

Den 23ten [Sept. 1791], frü 1 G. K. nachts durch die niedrige Berge sparsam mit Schne bedeckt, der frü den schwand; mittags 3 G. W. abends 2 G. W. der Wind aus NO, nachts durch östlicher.

Den 24ten [Sept. 1791], frü getrübt, 2 G. W. der Wind aus NO-O; nachts teils, wie morgens langsamer Regen, Tags durch getrübt, Beginnen feiner Näße; zur Nacht 3 G. W.

Den 25ten [Sept. 1791], wie nachts durch, der Wind aus O mit feiner Näße, frü 2 G. W. wie mittags; nachts hin umtrübt.

Den 26ten [Sept. 1791], frü, dicker Nebel, der sich nachmittags in Staubnäße sezte, mittags 4 G. W. der Wind noch gelinde; gegen Abend heiterte sichs Wetter auf, den umtrübt, zur Nacht auf o; heute 5½ Werste weiter; von W verflächt sich zu lezterm Flüßgen, mehr hüglicht, niedrige Berg-Ecke, wobei eintzle kleine sumpfigte Inseen, den erhebt sich der Weg, mit holprichten Rasenflächen einige Werste weiter, eintzler nur mit klein steinigt bedeckten etwas erhöhten Stellen und wo die Gegend niedrig sumpfig, fließen Bäche, worum kleine Inseen zur Bucht.

Den 27ten, [Sept. 1791], ½ G. W. trübes Wetter mit Staubnäße, seit gestern mehr Windstille; zur Nacht auf o; der Wind schwach und westlich, nachts sternhel.

Den 28ten [Sept. 1791], frü 3½ G. K. gewölkt; mittags 1½ G. W. gegen Abend zweimahliges Beginnen von körnigt feuchtem Schneyen; heute 3½ Werste weiter, von da 2 Werste [MS 57] zu einem Flüßgen das der Bucht einfält; hier ein hüglichtes Ufer, kleine Geschiebe tonigter Erde jenes durch-teerte Holz einzel und Weg recht einliegend; sonst fandt sich zerstreut, wo ein Bach dem Flüßgen zu reißelt, versteinertes Holz. Zur Nacht 1 Gr. K. baldig weiter, war zu einem Zol hoch die Erde mit Schne bedeckt, der den 2 G. W. wieder schwandt, feuchte Luft, mittags auf o; windstil;

194 Eine ähnlich klingende Bezeichnung, nämlich *Kal'juerka*, wird bei Saryčev, Putešestvie kapitana Billingsa, Neuausgabe 1954, auf S. 249 erwähnt. Allerdings wird die Überquerung dieses Flüsschens hier mit dem 14. Oktober 1791 datiert.

abends auf NW kurz windig; heute 5½ Werste weiter, biß zu einem Flüßgen, das sich zwischen niedrig bergigten Ufern, zur kurzen Fläche vom Meer herfür schlängelt, um selbiges niedrige Weyden; – sonst unser Weg über feuchter Tundra, nebst den zwei Bäche über, wie dem Meer näher kleine auch mittlere Inseen sind und zum Flüßgen, erhebt sich der Boden. Zur Nacht 3½ G. K.

Den 30ten [Sept. 1791], frü 5 G. K. erst Sonnenschein, zu Mittag umwölkter Himel; wechselnd aus N windig; mittags 3 G. K. der Tag frostig, Heute 6 Werste weiter; zwischen einem grosen und kleinen Insee Rast; ersterer mehr länglicht, mit hüglichten Ufern und einem kleinen Eyland in selbem der einen Hügel bildet; sonst unser Weg hüglicht und mehrere mitlere Inseen vorbei, deren Ufer erhaben, teils noch mit klein steinigten schmalem Umkreis dafür. Zur Nacht 3 Gr. K.

Den 1sten October [1791]. Frü 7, mittags 5 Gr. K.; den gewölckter Himel, aus N windig, das sich zum Abend mehr legte.

Heute 5 Werste weiter; zwischen Hügel, meist durch sumpfigt oder hoprichte Rasen strecke, zur Seite Inseen, die meist schon mit Eis belegt waren, und über ein schon zugefrorenes Flüßgen und Bach, die von N zu W der Bucht zu fallen, den auf einem klein steinigt bedecktem Hügel, worum kleinere Inseen, Rast; um lezteres Flüßgen S. repens[195] zu Mannshöhe. Zur Nacht 8 G. K.

Den 2ten [Oktober 1791], frü 10 G. K. dün umwölkt, der Wind aus N; zu Mittag heiter und Sonnenschein, mit spetem Nachmittag, dün bewölkter Himel; mittags 8½ G. K. die Ufer der Inseen, teils sandig mit gleichen Holzbrocken. Zur Nacht 1 G. K. sternenhel.

Den 3ten [Oktober 1791] frü 12 G. K. der Tag heiter mit Sonnenschein, wenig scharfen Nord-Wind, mittags 1 G. K. frü 4½ Werste weiter; der Weg hüglicht, vom Fuß der Berge; die Hügel mit klein steinigter Fläche und zwischen ihnen holprichte Rasenstrecken, die naß und mit einstehendem Wasser; – einem Bach über der zu obigem Flüßgen fält, wie einige Inseen vorbei und an einem Rast. Zur Nacht 10 G. K.

Den 4ten [Oktober 1791], nachts durch windstil; frü 2 G. K. sparsam windig, heiter mit Sonnenschein. Heute 3½ Werste wei-

195 *Salix repens*, Kriechweide, vgl. Anm. 84, S. 155.

ter, über Tundra 2 Werste, etwas aufwerts zum kleinen Fluß Egal-Weiam,[196] der schon zum dreber fahrn mit Eis belegt war, und welcher aus NW, mit gekrümten Lauf der zurückgelegten Bucht einfält; an seinem steinigten Ufer zerstreut Carneode[197] und Dardonyk[198] wie eintzel durchteerte Holzbrocken. S. Repens, ausgebreidet eintzel zu Mannshöhe. Nachmittags [MS 58] kam uns der Sotnik Kobelev[199] nebst 20 Mann der besten Tschucktschi, von der Bucht Kulutschin[200] aus, auf Schlitten entgegen.

Den 5ten [Oktober 1791], der Tag dün umtrübt aus NW windig; frü fuhr Capt. Billings[201] nebst dem Sotnik, einem Matrosen und den gestrig angekommenen Tschucktschi, voraus; heute 4½ Werste weiter, zu einem Flüßgen, das lezterem kleinen Fluß zufält, der Weg über Tundra, sich auch als ebenes abhin neigend.

Den 6ten [Oktober 1791], umtrübt, windig; heute 9½ Werste weiter; Tundra, zwei Flüßgen über, den hoher auf, zwischen 2 mehr niedrigen Bergen über, die in einer Reihe, unter sich entfernter, NO hinziehn; diese Berge bilden ein Saxum basi argillosa;[202] an ein Flüßgen Rast, nach lezterm Gebirgzweig, die Flüßgen W-N hin fließend.

Den 7ten [Oktober 1791], nachts durch mit W-Wind Schnetreiben wie tagsüber und mehr windig; nachmittags kurzer Sonnenschein womit sich das Schneyen legte; die Flocken, kleine Stern-

196 Vgl. Anm. 8, S. 110.

197 Lat.: *carneus*: fleischfarben, rot. In Alaska gibt es eine Pflanze, die »Carnation« genannt wird. Dabei handelt es sich um *Dianthus repens*, engl.: *boreal carnation*, russ.: *gvozdika polzučaja*: die kriechende Nelke. Tatsächlich hat die Pflanze eine fleischfarbene Blüte und wächst auch auf der Halbinsel Čukotka.

198 Merck gibt hier einen Pflanzennamen wieder, den er offensichtlich auf Russisch gehört hatte, der jedoch nicht identifiziert werden kann.

199 Ivan Kobelev begleitete zusammen mit Nikolaj Daurkin als Dolmetscher die Expeditionsmannschaft. Vgl. Gavriil A. Sarytschew, Reise durch den Nordostteil Sibiriens, das Eismeer und den Östlichen Ozean, Gotha 1954, S. 247; diese Neuübersetzung basiert auf der russischen Ausgabe in Moskau aus dem Jahre 1952; sowie Erich Donnert, Die Billings-Saryčev-Expedition in den Nordostpazifik 1785-1793 und der Naturforscher Carl Heinrich Merck, in: ders. (Hg.), Europa in der Frühen Neuzeit. Festschrift für Günter Mühlpfordt, Bd. 6, Mittel-, Nord- und Osteuropa, Köln/Weimar/Wien 2002, S. 1023-1036, hier S. 1027.

200 Siehe oben, Anm. 6, S. 110.

201 Joseph Billings, vgl. dazu Einleitung, S. 18-25.

202 Lat.: *Saxum basi argillosa*; Felsen, bestehend aus weißem Tonmineral.

lein, mit eintzel gefiederten Strahlen. Heute 8½ Werste weiter, mehr längst dem Flüßgen Waranmatzchen-Weiam[203] hin, woran auch Rast; Lezterm Flüßgen gleich benennen sie auch, zunächst in S zwei minder und ungleich hohe obrn mehr flache Koppen eines Berges, wozu sie von Mernku[204] aus die Helfte biß zur Bucht Kulutschin berechnen.

Den 8ten [Oktober 1791], die Nacht durch der Wind aus W. frischer mit Schneyen und Schnetreiben begleitet, nachmittags legte sich der Wind mehr, der Himel heiterte sich etwas auf, mit Sonnenschein. Heute, längs gestrigem Flüßgen, über Tundra, 6 Werste weiter; obige Weyden waren hier kaum 2 Fuß hoch. Beim heutigen Nachtlager blieb uns W-S, an 10 Werste, der Berg Juchni[205] entfernt; er ist mehr von mitlerer Höhe, mit zwei von der Helfte seiner Höhe sich erhebenden, oben flachen Giepfeln die ein breideres Tal trennt, das eintzle niedrige, aufrechtstehende Felsen zeigt; unten sezt er sich mit genährten Hügeln ab; südlicher ihm ohnweit liegt ein groser gleichnamigter Insee; aus ihm entspringt ein Fluß gleichen – Nahmens, der westlicher um den Berg, der Bucht Kulutschi zu fleußt und dem auch unser kleine Fluß einfält; im Insee überwintern Malma, welche die Tschucktschi im späteren Herbst daselbst reichlich fangen. Zur Nacht hin, wieder mehr windig.

Den 9ten [Oktober 1791], Rasttag weil unsre Führer nach Fischen ausfuhren; von Morgen minder windig aus N-W, gewölkter Himel, Sonnenblicke mit Beginnen von Schnefißeln, abends zu umwölkter.

5 Werste von hier, zu NW, findt man mineralische Quellen; auf dem Giepfel eines niedrigen Berges, der sich zu 50 Faden langsam erhebt, und über eine halbe Werste im Umkreis hat, befinden sich alnächst zusammen zwei Keßel mit kaum höheren Rande, unter sich durch schmale Rinnen vereint: der Grösere ist 3 Faden lang und 2 breid, und von ihm fließt ein schmales Bächlein aus; der 2te hat 2 Faden der Länge und 1½ der Breide; das Wasser ist laulicht und sol zu jeder Jahrszeit so bleiben, ohne winters zuzufrieren;

203 Vgl. Anm. 8, S. 110.

204 Merck meint hier das Flüsschen *Mamka*. Dieses wird auch von Saryčev, Putešestvie kapitana Billingsa, S. 238, Neuausgabe 1954 erwähnt.

205 Vgl. Anm. 207, S. 198.

jetzt fast um den Rand der Keßel nur sparsamlich Eis an; sonst ist ohnfarbig, ohne Geruch, von Geschmack holzigt, den mit Harte einfallend, ohne aufsteigenden Dampf, und man bemerckt das Quellen nur an den [MS 59] aufsteigenden Blasen; den Berg belegt eine düne zerbrechliche Decke, die den in eine hochgelbe Erde fält und durchs Übergießen des Wassers aus den Keßeln, scheint auch dieser höhere Hügel gebildet zu seyn; weißlicher ist dieser Aufgus nur am gerundeten Loch eines Hügels an der Seite dieses Berges, worum auch grösere festere Geschiebe, wie kleinere sonst der Erde des Berges mit untermengt sind. Am Fuß des Berges findet man noch einige kleinere Quellen, die almälich Hügel bilden und in Bächleins ausfließen, worin sich beim Ausfluß eine schlam-artig geronnene Materie findet. Auf einer Anhöhe, eine Strekke von den Quellen ab, opfern die Tschucktschi Geweihe, welcher Hauffen, ihnen ebenso, wie bei der Rückerrinerungsstelle ihrer Verstorbenen, Tenmai – heißt: selbst nahn sie sich den Quellen nicht und sie erzählen, daß ehedem Knaben, die der Heerde gehüthet, vom Teufel wären hineingezogen worden; ihnen ists der Wohnsitz des Teufels (Kelin-Jarang, Teufelshütte); die Quellen selbst aber benennen sie Tscheritscher; nächst deß Berges leuft ein Flüßgen, dem auch die Bäche zurießeln, und das ihnen Tscheru-Weiam heißt, dem Waranmatzchen-Weiam[206] zu.

Den 10ten [Oktober 1791], nachts wie tags durch, der Wind aus W starck, wechselnd kurz schwächer, mit feuchtlichem Schne-Treiben, das eine nahe Aussicht schon hinderte; heute nach 4½ stündigem Fahrn, 10 Werste weiter; der Weg über Tundra, mehreren Inseen vorbei und an einem Stilstehn, woran an fußhohes Weydengestrippe; jener kleine Fluß blieb zur Rechten, wir aber fuhren W hin; vorher, ohne Schne, legten in einer Stunde, 1½ Werste zurück.

Den 11ten [Oktober 1791], Nachts durch windig, das sich gegen Morgen schwächte; heute nach 7 stündigem Fahrn zu 16 Werste weiter; von nachmittags, zur Nacht hin abnehmend starcker Wind, mit feinem mehr feuchtlichtem Schne-Gestöber; am Juchni[207] Rast,

206 Vgl. oben, Anm. 8, S. 110.

207 Der Fluss Jugnej entspringt dem gleichnamigen Binnensee im Norden von Čukotka und mündet in die Koljučin-Bucht. Auf modernen Karten ist er

welcher hier über 200 Faden breid, mit Eylanden; worauf wie an seinen Ufern, höhere Weyden stehn; heute frü kamen erst obigen kleinen Fluß über, der mit breideren grob grußigten Ufern, den zwischen kleinen Bergen hin, die sich langsam abhin verflächen und denen teils kleine Felsen einstehn – zu ihnen der Weg Tundra, nicht selten Inseen vorbei.

Den 12ten [Oktober 1791], nachts hin feuchtliches Schne-Gestöber mit starckem NWwind, das sich den Morgen hin minderte; heute nach 2 stündlichem Fahrn 4½ Werste weiter, am Juchnifluß Rast; heute der Weg über Tundra.

Den 13ten [Oktober 1791], heute wie nachts aus NW schwach windig mit sparsamen Schne-Treiben; von 11 biß 5 Uhr, 13½ Werste weiter, über Tundra, der sich teils zu kleinen Anhöhen langsam erhebt; zweimahl, kamen heute einen Fluß über, (Wulolu-Weiam)[208] der zum Juchni fält und erst 15 den 70 Faden breid ist, und vom Weydengestrippe; auch einigen kleinen und mehr gegen's Ende unsrer Farth; drei grosen Inseen, wovon der gröste 450 Faden Breide und 2 Werste der Länge hat, über.

Den 14ten [Oktober 1791], umtrübt, der Wind aus NW her gelinde, teils mit sparsamlichem Schne-Treiben in gerundeten Körnern. Heute 12½ Werste weiter, der Weg anfänglich über kleinere Inseen, wozwischen schmale Tundrastreckken oder sumpfigte gleichen, den fuhren zu [MS 60] 6 Werste, übers Ende der Bucht Kulutschin,[209] (den Tschucktschi, von gleichem kleinem Eylande gleichen Nahmens davor in der See; ihre Mündung, ihnen Kiligine) und wo ihr daselbst ein Flüßgen einfält; Rast. Um ihre Ufer hier, findt man doch angeschwemte Holzung; doch mehr einzel, an Lärchen und Davolnik,[210] das sie zu ihren Hütten und schleiften ihrer Packschlitten nützen. Vor uns eine niedrige Gebirgsreihe, die sich von S zu N, zur Bucht hin zieht. Von Nacht zu Frü, Schnefallen.

nicht mehr zu finden und wird mit dem heute bekannten Fluss Ioniveem in Verbindung gebracht.

208 Dieser Fluss ließ sich nicht nachweisen.

209 Vgl. Anm. 6, S. 110.

210 Russ.: *tavolžnik* oder *volžanka* (*Aruncus*): die Geißbärte, eine Pflanzengattung innerhalb der Familie der Rosengewächse. Aruncus-Arten wachsen als mehrjährige, krautige Pflanzen.

Den 15ten [Oktober 1791], baldig umtrübte sich das Aufgehen der Sonne; fast Windstille und nur sparsamliches Schne-Treiben; zum Abend, kurzes Schneyen, abends mehr und wenig windig. Heute 11 Werste weiter, nach 4½ stündigem Fahrn, an einem Flüßgen Rast, das vom niedrigen Gebirg mit dem gestrigen der Bucht einfält; an beiden kein Weydengestrippe. Die Mündung deß Juchni blieb uns östlicher; unser heutige Weg mehr über Tundra, eintzlen kleinern Inseen vorbei; die Ufer der Bucht hier flach.

Den 16ten [Oktober 1791], heute, ob stürmischen Schne-Gestöber, das sich zur Nacht verstärckte; mehr aber, weil sich unsre Rentiere, fremder Heerde untermengt hatten, Rasttag.

Den 17ten [Oktober 1791], frü linderte sich das Wetter, Tag über stoßweis stärcker, W zu – heute 8¼ Werste weiter, der Weg teils bergauf, woran Tundra – auch einem kleinem Fluß von 40 biß 50 Faden Breide, über, der der Bucht einfält.

Den 18ten [Oktober 1791], minder getrübt, gelinder Wind, kurz und sparsam feines Schneyen; heute 7½ Werste weiter, etwas niedrig bergigt, mit Tundra, biß zu einem kleinen Fluß Jngaatwaatsch-Weiam,[211] an deßen nordlichen Seite, teils niedrige Granitufer. Seine Vorgebirge, bei der Mündung zur Bucht heißen ihnen Jagujacha (Mewe) und Kaingin (Bär).

Den 19ten [Oktober 1791], frü unbelicht, zu mittags Sonnenschein gegen Abend sparsamlich Schne-Staub; Windstille; heute 12 Werste weiter; über Tundra, der sich zwischen entfernten niedrigen Bergkoppen, zu wechselnden Anhöhen erhebt; kleineren Inseen vorbei und an einem von ziemlichen Umfang, Rast; nachts sternhel, mit schwachem Mondschein.

Den 20ten [Oktober 1791], frü dün getrübt, zu abends aufgeheitert, mit Sonnenschein, Windstille, heute 12½ Werste, weiter; der Weg wie gestern, den später dem kleinen Fluß Iljuju-Weiam[212] hin, woran Rast; um ihn niedrige Weyden; vor uns niedrig Gebirg aus SW.

Den 21ten [Oktober 1791], unbelicht, Windstille, abends von O etwas windig, das sich zur Nacht mehr legte. Heute 14 Werste weiter, W hin, meist lezterem kleinem Fluß aufwerts, den eintzle Werste nordlicher, einem zufallendem Flüßchen aufwerts.

211 Vgl. Anm. 8, S. 110.
212 Ebd.

Den 22ten [Oktober 1791], aus O windig, nachmittags hin mit mehr körnigtem Schne-Treiben; frü etwas neblicht, umtrübt, Sonnenblicke, heute 13 Werste weiter, das Gebirg näher; erst jenem kleinem Fluß, der von W zu einer andern Bucht läuft, Tschemin-Weiam,[213] und der hier zu 50 Faden breid; um ihn, sind die Berge höher, mitler Höhe, und an seinen Ufern teils höheres Weyden-Gestrippe.

Den 23ten [Oktober 1791], nachts durch windig mit feinem Schneyen, frü Windstile, teils sich aufheiternd, mittags Sonnenschein.

Den 24ten [Oktober 1791], frü 7 G. K. umtrübt; mittags 15 G. K; gegen Abend scharfer Nord-West-Wind [MS 61] eintzel und kurz mit Schne treiben; heute 6 Werste weiter; vom Insee, worum wir stilgestandten, dem Fluß aufwerts: die Berge von SW zu NO streichend. Um die Mündung lezteren Flußes zur Bucht sollen Weyden von Mannshöhe stehn.

Den 25ten [Oktober 1791] ob purga:[214] Rasttag, frü 17 G. K. biß hierher die stärckste Kälte nur 19 Gr.

Den 26ten [Oktober 1791] noch mit stosweis stärckerem NW-wind Schne-Auftreiben.

Den 27ten [Oktober 1791] wegen der fortdauernden Purga, noch stilstehn frü 18 G. K.

Den 28ten [Oktober 1791] mit dem Tagen 20¾ G. K. Windstille unumwölkter Tag mit wenigem Sonnenschein. Heute an 11 Werste weiter, an dem Teils Weg den zu Mannshöhe, worin sich Schnehühner aufhalten; an einem Flüßgen stilstehn; unumwölkter Tag mit wenigem Sonnenschein sternhel, 25 G. K.

Den 29ten [Oktober 1791] frü 25½ G. K. unumwölkter Tag mit Sonnenschein, heute kurz weiter, der Weg mehr gleich; mittags 18¾ G. K. gegen Abend umtrübt aus SW etwas windig; spet 13 G. K. zur Mitternacht der Wind starck, den Stille mit sparsamen Schneyen.

Den 30ten [Oktober 1791], der Wind nur schwach, umtrübt, heute stilstehn. Frü 12½ G. K. tags durch feines Schneyen; die Tschucktschi, die uns zum Überwintern biß hierher begleitet hatten,

213 Ebd.

214 Russ: *purga*: der Schneesturm.

kehrten teils mit ihren Hütten wieder um; weils Moos durch Regen und Staubnäße und die drauf einfallende Kälte, auf feiner Fläche gefroren war und also zum Futter ihrer Tiere nichts taugte. Zur Nacht 15 G. K. Windstille.

Den 31$^{\underline{\text{ten}}}$ [Oktober 1791], nachts durch und morgens sparsamliches Schneyen in Sternchen; entlicht; frü 13 G. K. tags über sich aufheiternd, Sonnenblicke, Windstille.

Den 1$^{\underline{\text{sten}}}$ November, umtrübt; von nachmittags feines Schne-Fallen, das zum spätern Abend aufhörte; zur Nacht 13 G. K.

Den 2$^{\underline{\text{ten}}}$ [November 1791], frü 12 G. K. düner umwölkt; abends 13 G. K. wie gestern Windstille; diese beide Tage fuhren nur kurz weiter, und da die Hütten zurückbleiben, so schlieffen nur, untern einfachen Rentierzelten.

Den 3$^{\underline{\text{ten}}}$ [November 1791] frü, der Wind aus NW gelinde, umtrübt, dem die Sonne etwas durchscheinte. Frü 10 G. K. heute, ein sich erweiterndem Tal, so an 9 Werste weiter.

Den 4$^{\underline{\text{ten}}}$ [November 1791], frü 9 G. K. tagsüber windig mit Schne-Treiben, heute fuhren biß zum Abend NW hin, weiter; der Weg teils bergigt, nachmittags kamen zu einem kleinem Fluß, ohne Weyden an seinen Ufern.

Den 5$^{\underline{\text{ten}}}$ [November 1791], frü 11 G. K. sich etwas aufheiternd, Windstille. Die Berge hier zum Meer hin niedriger. Heute fahrn.

Den 6$^{\underline{\text{ten}}}$ [November 1791], 20 G. K. heute 2 Werste, biß zum Fluß Welmai[215] weiter, woran Stilstehn; seine Ufer hier ohne Weyden, er mitler Breide von 80 Faden hier, er hat längst seinem Lauf gedehnte tiefe Strecken (Plösta)[216] und zu ihm sind mehrere Ausflüße, in Flüßgen, aus Inseen; seine Mündung zu einer Bucht deß

215 Saryčev nennt in seiner Reisebeschreibung den 5. November 1791 als ersten Tag, an dem die Mannschaft zum Flüsschen Vel'mo gelangte. Nach seinen Angaben fließt es in den Fluss Amguema. Vgl. dazu Anm. 13, S. 111 sowie Saryčev, Putešestvie po severo-vostočnoj časti sibiri, ledovitomu morju i vostočnomu okeanu, Moskau 1952, S. 253. Saryčev beschreibt wie Merck auf dem Weg mehrere kleine Binnenseen. Insgesamt mussten sie den Fluss dreimal überqueren.

216 Möglicherweise meint Merck hier das russische Wort *»plëso«*, das eine geradeaus gehende freie, breite Strecke im Wasser, im Fluss die Ufer entlang oder zwischen Inseln bezeichnet. J. Pawlowsky, Russisch-Deutsches Wörterbuch, 3., vollständig neu bearbeitete, berichtigte und vermehrte Auflage, Riga/Leipzig 1900, S. 1062.

Meeres, die doch seicht und woran Stilsizende-Tschucktschi wohnen; ihm tretten, wie den Inseen, Tschirok,[217] Malma[218] ein. Heute unumwölkt, Sonnenschein, mittags 22½ G. K. abends 26½ G. K.

Den 7ten [November 1791], frü 18 G. Kälte; nachmittags aus NW windig mit sparsam feinem Schneyen; spet 7 G. K. heute der Weg mehr niedrig bergigt.

Den 8ten [November 1791], aus NW windig mit Schne-Treiben, es sich zu später legte; heute biß zu einem Flüßgen weiter, das zum Welmai fält; hier wars Moos wieder ungefroren; vorher gedachten die meisten Tschucktschi jenseits dem Amkeijan[219] zu überwintern. Zur Nacht 20½ G. K. heute blieb uns zur Rechten ein Tal, das sie das Inseen-Tal benennen.

Den 9ten [November 1791], frü 17 G. K. tagsüber Windstille, die gelindes Wehen aus S-W mit sparsam feinem Schneyen, wie auch die Nacht durch; zur Nacht 20½ Gr. K. heute bergab[220] fahrn, über Tundra, längst lezterem Flüßgen, woran auch Rast.

[MS 62] Den 10ten [November 1791], aus NW windig mit Schne-Treiben, das sich mit dem Tagen verstärckte und gegen Mittag legte: frü 17 G. K.

Den 11ten [November 1791], Windstille, etwas aufgeheitert mit etwas durchscheinender Sonne.

Den 12ten [November 1791], frü 32¼ G K. heiteres Wetter mit Sonnenschein.

Den 13ten [November 1791], 33¼ G. K. ungewölkt, Sonnenschein; zur Nacht 34 G. K. das Quecksilber in einer eisernen Schaale ausgestelt; war nicht gefroren.

Den 14ten [November 1791] frü trüb aus NW windig mit etwas Schneyen, das sich zum Abend verstärckte, nachts über und den 15ten starck blieb, deßhalb wir auch stil lagen; zur nacht deß 14ten 24¾ G. K. frü deß 15ten 23, wie auch zur Nacht.

Den 16ten [November 1791], legte sich zum Nachmittag das Stürmen stosweis; heute kurz, zu einem Flüßgen weiter, woran niedriges Weydengebüsch.

217 Čir (*Coregonus nasus*) oder *ščokur*, große Maräne. Vgl. Anm. 147, S. 183.

218 Russ.: *Mal'ma*. Vgl. Anm. 191, S. 192.

219 Vgl. Anm. 13, S. 111.

220 Unsichere Lesart.

Den 17ten [November 1791] längst lezterem Flüßgen weiter, heiteres Wetter und am Amkeijanfluß Rast, woran höhere Weyden. Der Fluß ist mitler Breide und seine Ufer sind teils mindrig felsigt.

Den 18ten [November 1791] fuhren den Fluß über hier sein jenseitiges Ufer erhaben, an einem Flüßgen Rast, welches den Tschucktschi Elli-Weiam heißt.[221]

Den 19, 20 und 21ten [November 1791], dem Flüßgen näher; in einem sich almälich verengerndem Tal, aufwerts; die Tage aufgeheitert und Windstille; um Flüßgen Weydengebüsch, teils auch noch zum Fuß der Berge auf.

Vorm Amkeijan, sind die Berge niedrig, wie entfernter unter sich, der Schne liegt daselbst nur sparsam und stürmisches Schne-Treiben ist daselbst den Winter durch, meist; nicht so ists jenseits dieses Flußes, wo die Täler enger und das Gebirg immer höher wird, weßhalb auch die mehrsten der Rentiertschucktschi, jenseits ihm weiter überwintern.

Den 22ten [November 1791] war das Wetter etwas windig, biß wir einen mehr niedrig gedehntern Berg zum Anfang eines zweiten Tal überfuhrn, woselbst wieder Stille, daselbst einem Flüßgen hin, wo teils mehr Weydengebüsch.

Den 26ten [November 1791] kam den kleinen Fluß Achitiky[222] über, der aus einem Insee, der über 10 Werste der Länge hat und mit hohen Bergen umgeben ist, entspringt, nach der Übersetzung heißt er der nicht frierende Fluß, weil er teils bei seinem Ausfluß aus dem Insee, ein steht; um den Insee überwintern Tschucktschi, und an Fischen hat er, grose Quappen (Nalim)[223] Tschirrok und Walki.[224]

221 Vgl. Anm. 8, S. 110.

222 In Saryčevs Beschreibungen wird anstelle dieses Flusses ein anderer namens Tyrtygej genannt. Womöglich handelt es sich um ein und denselben Fluss, und Merck gibt lediglich die čukčische Bezeichnung dafür an, zumal er nachstehend eine Übersetzung anbietet. Vgl. Saryčev, Putešestvie po severo-vostočnoj časti sibiri, S. 254f.

223 Vgl. Anm. 149, S. 184.

224 Russ.: *valek* (*Prosopium cylindraceum*): Zwergweißfisch. Dieser Fisch kommt in Sibirien, u.a. in den Flüssen Ochota und Kuchtuj und auf Alaska vor.

Vom 27ten [November 1791] biß 2ten December fuhren längst dem Tschangojaninweiam,[225] der zum folgendem fleußt; den 5ten und 7ten längst dem kleinen Fluß Kirkinei, der in Amkeijan[226] fält, in ihm findt man zu 2 Faden Höhe Weyden, und an einer Stelle niedrig-buschigte Erlen.[227] Nach ihm fuhren über einen langen, minder breiden Insee, zwischen Bergen worin Kuntsche,[228] Tschirrok und Charjus.[229]

Nach mehreren Tagreisen kamen über einen mehr jähen Berg, von wo jenseits, wieder W hin, die Täler sich almälich erweitern, und nach einigen Tagreisen kamen zum kleinen Fluß Chuant-Weiam,[230] längst welchem den unsre Farth hin; an selbem finden sich Weyden und an einer Stelle buschigte Erlen, woselbst auf niedrigern Bergen dabei, gleiche Granitfelsen aufrecht stehn, wie diesseits Barani-Kamen[231] von der Kovyma aus; nach lezterm Fluß folgt der Wercho-Weiam,[232] vor dem wir zuerst einem Berg-Zweig überfuhrn, der sich vorm höherern Gebirg, NW zum Meer hin zieht, durch diesen Fluß, seiner Mündung zum Meer näher, ist ein Durchschwemen der wilden Rentieren; nach lezterm Fluß, komt nach gleichem niedriger Berge Jiney, Bachla-Weiam,[233] und hiernach, nachdem wir eben solchen Berg-Zweig kurz vorher übergefahren waren, folgt der Tschawa-Weiam oder Tschaun.[234] Der Tschawa-Weiam ist hier nicht über 40 Faden breid, und seine Ufer sind mit Weyden, wie Erlengebüsch besezt und breid; sein Lauf

225 Nach Saryčev lautete der Name des Flusses Čavan-Vagorin, welcher wiederum in den Fluss Tyrtygej mündet. Vgl. Saryčev, Putešestvie po severo-vostočnoj časti sibiri, S. 257.

226 Vgl. Anm. 13, S. 111.

227 In Frage kommt *Alnus crispa*, ein Strauch, der eine Höhe von drei Metern erreichen kann.

228 Russ.: *kundža* oder *kundša* (*Salvelinus leucomaenis*): ostsibirischer Saibling, gehört zur Gattung der Salmoniden.

229 Russ.: *charius* (*Thymallus*), eine Art aus der Gattung der Äsche.

230 Dieser Fluss heißt bei Saryčev Chuatu. Die Beschreibung des Umlandes stimmt überein. Vgl. Saryčev, Putešestvie po severo-vostočnoj časti sibiri, S. 257.

231 Kap Baranij Kamen'.

232 Saryčev berichtet, dass die Mannschaft am 4. Januar 1792 den Fluss Verkova überquerte. Vgl. Saryčev, Putešestvie po severo-vostočnoj časti sibiri, S. 257.

233 Vgl. Anm. 8, S. 110.

234 Vgl. Anm. 11, S. 111.

aus einer weiten Ebenen worin uns die Kälte weit stärker und bis den [MS 63] meist heiteren Tagen recht durchdringend war. Der Fluß hat offene Stellen, und wegen der ihn daher häuffig eintreffende Forellen, sol das Eis weit düner seyn; diese Fische sind gegen die Golzi in Kamtschatka gröser und wohl fet, sodaß man selbgen, einfach gekocht und einzig genoßen baldig überdrüßig wird, minder der gefrorenen, zu Spähnen geschnizt. Die Tschucktschi fangen angefürte Fische im December zum Jenner hin mit Stelnetzen aus Sehnenzwirn, auch ziehn sie selbge leichtlich, mit einem eisernen Hacken der an eine Stange unten befestigt ist, aus dem Wasser, sie bekommen, baldig einen Überfluß da sie den ihren Fang erndten noch die Rentiere haben, ins Gebirg zurück ziehn; sie führn diese Fische zu einer Ladung auf ihre Packschlitten und führn sie so mit sich. Die um dem Tschaun wohnende Tschucktschi, werden von den andern, Tschawa-Remkin oder an diesem Fluß wohnende, benenens, wo aber unsere Hütten zusammenstehn, die länger auf einer Stelle, weiters oder stehens, bleiben, so heißt ihnen dies Rajenaeht.

Unsre Führer hielten an diesem Fluß einige Tage Rasttag, teils um von den zerstreuten Hütten der Gegend, Fische zu bekommen, teils aber auch nur zu ihrer Rückreise, eine Abteilung ihrer Lebensmittel zurückzulaßen; was sie aber lezteren zurückließen, vergruben sie am grußigten Ufer deß Flußes und überzogen den die Fläche mit Wasser. Ehe die Tschucktschi den nach wieder antretten, gauckelten ihre Schamane zur Nacht in den Zelten, vorher aber stachen sie Opferrentiere ab, steckten die Köpfe derselben mit der Zunge außer nur einem Stückgen von der Seite der Rippe, das sie dem Feuer einwerffen, auf Stecken, dem kommenden Weg entgegen, wie Stückgen der Leber und von abgeschlachteten Kühen, die junge Frucht.

Nach dem Tschaun folgt baldig ein Flüßgen, den Russen Bolschoi-Recka,[235] das ohnweit von Barani Kamen ins Meer fält. Nach

235 Die Bol'šaja Reka, aus dem Russ. Großer Fluss, ist der bedeutendste Fluss an der Westküste von Kamčatka und mit seinem Nebenfluss Bystraja der zweitlängste der Halbinsel. Er ist rund 300 km lang und bis zu 150 m breit, entspringt einem See südlich von Načika und mündet in das Ochotskische Meer. Der Fluss Plotnikova bildet mit einem kleinen Nebenfluss, Bannaja oder Baanju, einen weiteren Nebenfluss der Bol'šaja Reka. Načika oder Načikin war ein Ostrog in der

einem kleinen Bergzweig, der sich zum Meer verflächt, und dem wir überfuhren, und nach noch zwei guten Tagreisen, ging unsre Farth einem Tal von höheren-Gebirgs aufwerts, biß wir drauf übers Gebirg selbst kamen, wonach 10 Wersten, nachdem sich das Tal almälich erweitert, die erste stehende Holzung komt; nach dem Überfahrn übers Gebirg, ists erste Flüßgen Rasamaka-Reka[236] und nach der Holzung ohnweit, entspringt aus beträchtlichem Insee, zum teil, der Suchoi-Annui:[237] längst lezterm legten wir zwei Tagreisen zurück, da unser Weg den rechts vom Fluß ab, einem Flüßgen aufwerts ging, das wir den wieder zwischen höherem Gebirg biß zu seinem Ursprung verfolgten und darnach das Gebirg selbst höher und steiler überfuhrn; in jenseitigen Tal kamen wir baldig zum Flüßgen Orlovka,[238] längst welchem biß zu seiner Mündung in grosen Annui,[239] noch 2 Tagreisen und von da eine Tagreise den Annui abwerts biß zum Ostroge, der von dem, dem Fluß zunächst einfallenden Flüßgen Angarka,[240] seinen Nahmen hat.

Der folgende Tag, da die Tschucktschi zum ersten stehenden Holz kamen, war ihnen ein Rasttag, – ihre Schamane beiserten[241] sich den fremden Boden zu bewilkommen, und einen unfreundlichen Empfang zu entfernen; – fast jeder Hauswirth stach jetzt eins auch mehrere ihrer Zugtiere ab, selbst Weibsen und Unbegüterte ahmten dies Opfern nach; – einen Darm mit Fet den ein zweiter mit einem Fangriemen hielt, stechen sie mit dem Spies oder Weib-

Nähe der Bol'šaja Reka mit heißen Quellen. Heute ist diese Ortschaft vornehmlich als Kurort mit natürlichen Heilbädern und einem breiten Phytotherapieangebot bekannt. Weitere Nebenflüsse der Bol'šaja Reka sind u.a. Čekavina und Načinilova.

236 Rosomacha ist ein 14 km langer Bach, der in den Fluss Burgachčan mündet.

237 *Suchoj Anjuj*, heute öfters *Malyj Anjuj* genannt. Vgl. Anm. 248, S. 208. Es gibt jedoch auch den Bach Suchoj, der 17 km lang ist und in den Fluss Orlovka mündet.

238 Der 127 km lange Fluss Orlovka mündet in den Fluss Bol'šoj Anjuj.

239 Der Bol'šoj Anjuj ist ein 693 km langer Fluss im nördlichen Ostsibirien. Er entspringt in der Gebirgsplatte Anadyrskoe ploskogor'e und bildet dann zusammen mit dem Fluß Malyj Anjuj den rechten, acht Kilometer langen Nebenfluss der Kolyma unter dem Namen Anjuj.

240 Die Angarka ist ein rechter Nebenfluss des Bol'šoj Anjuj im Norden Ostsibiriens.

241 Bemühten.

sen mit dem Messer um und warffen den was davon der fremden Erde hin, wie auch von ihren Wurzeln; den brachte jedes Weibsen von ihren Eßen aus Fet, Blut und aus Näpfen, die teils aus Schne geformt waren, zum Feuer und warffen davon demselben ein – alles wies ihnen ihre Schamane auf dem Tschaun befohlen hatten – mit den Worten »das ist auch meins oder meine [MS 64] Gabe; das lezte Standlager vom Ostroge, opferten sie meist wieder; so frey und herzhaft sie auch bei sich schienen, so zaghafft wurden sie nun, da sie sich dem Ostroge näherten, selbst, das Stehlen abgerechnet, blieben sie sich […],[242] wen sie zu mal zu Gaste kamen, ihre Blicke waren jetzt mehr auf den Boden als aufwerts gerichtet und sie wußten den so bescheiden in der Stube zu gehen, just als wen sie das Gehen noch haßten.

Um den kleinen Ostroge bei Angarka[243] (wohin die Kasacken von Nishne-Kovymskoi Ostroge[244] jetz zur Zeit der Tschucktschi nur hin kommen) wohnt ein Stam von Jukagern, der Zahl nach in die 20 Mann, die sich Tschuwenzi[245] nennen und teils Uberbleibsel von jenen vorher am Anadir gewohnten sind; sie reden ihre eigne Sprache, jetzt aber, da sie alle getauft sind, auch rußisch; sie besitzen nur wenige Rentiere und ernähren sich von der Jagd, weßhalb sie auch ihre Wohnstellen wechseln; auch fangen sie wilde Rentiere, teils mit Stelnetzen aus Elenns-Riemen.[246] Am grosen Annui, der viele Quellen hat und deßhalb auch winters, ob deß übertrettenden Wassers, mit Vorsicht zu befahren ist, von lezterem Ostroge eine Tagreise, mit Hunden, abwerts, wohnen stilsizende Jukagern (Cattasnoi die Stelle)[247] die nur Hunde haben, und gleiche wohnen auch am Suchoi-Annui,[248] beide sind durch gängig

242 Unleserliches Wort.

243 Vgl. Anm. 240, S. 207.

244 Nižne-Kolymskij ostrog war ein Ostrog in der Nähe der Mündung der Flüsse Bol'šoj Anjuj und Kolyma.

245 Die Čuvan waren ein Stamm der Jukagiren, der von den Čukčen weitgehend vernichtet bzw. assimiliert wurde. Vgl. Forsyth, Peoples of Siberia, S. 74 und 78-81.

246 Gemeint sind Riemen aus der Haut des Elchs.

247 Der Begriff oder die Bezeichnung ließ sich nicht ermitteln.

248 *Suchoj Anjuj* ist eine heutzutage nicht mehr so oft verwendete Bezeichnung des Flusses *Malyj Anjuj*. Der *Malyj* oder *Suchoj Anjuj* ist 718 Kilometer lang, entspringt in der Gebirgsplatte Anadyrskoe ploskogor'e und bildet dann zu-

getauft, reden ihre eigne Sprache; doch auch rußisch und nähren sich vom frülings als Herbst durch Schwermen der wilden Rentiere, von Fischfang und Jagd; ihre Anzahl ist nur gering.

sammen mit dem Fluß Bol'šoj Anjuj den rechten Nebenfluss der Kolyma unter dem Namen Anjuj. Vgl. Anm. 239, S. 207.

Abb. 10: Anemone cuneata (Keilblättrige Anemone), Familie Ranunculaceae (Hahnenfußgewächse). Angenommen wird, dass Anemone cuneata ein Synonym zu Anemone parviflora (Kleinblütige Anemone) ist, die wiederum auf Kamčatka, den Alëuten, in Alaska und im arktischen Nordamerika verbreitet ist.

Abb. 11: Polygonum humifusum (Niederliegender Knöterich), Familie Polygonaceae (Knöterichgewächse). Verbreitung: arktisches Nord-Asien.

Abb. 12: Präparat eines Gelbschopflundes (Alca cirrhata, ZMB 14447) am Museum für Naturkunde Berlin, gesammelt von C. H. Merck am 12.5.1789 auf der Insel Telek bei Tauisk oder im Juni 1790 auf Unalaška (Stresemann 1948).

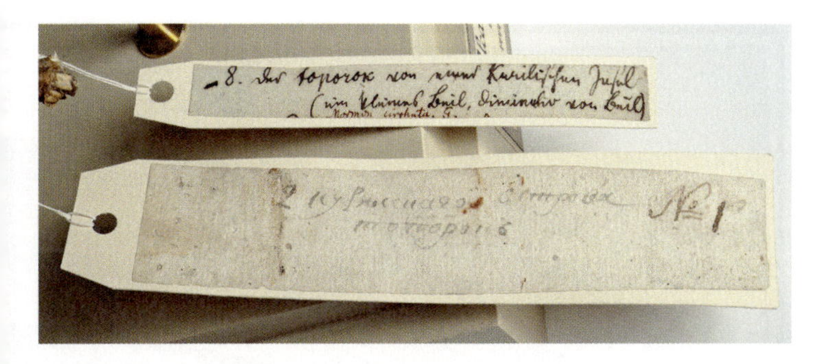

Abb. 13: Historische Etiketten des Gelbschopflundes (Alca cirrhata, ZMB 14447) am Museum für Naturkunde Berlin, gesammelt von C. H. Merck am 12.5.1789 auf der Insel Telek bei Tauisk oder im Juni 1790 auf Unalaška (Stresemann 1948).

Abb. 14: Čukčische unterirdische Behausung: Innenansicht. Originalzeichnung von Luka Voronin zur Handschrift »Beschreibung der Tschucktschi« von C. H. Merck.

Abb. 15: Čukčische unterirdische Behausung: Außenansicht. Originalzeichnung von Luka Voronin zur Handschrift »Beschreibung der Tschucktschi« von C. H. Merck.

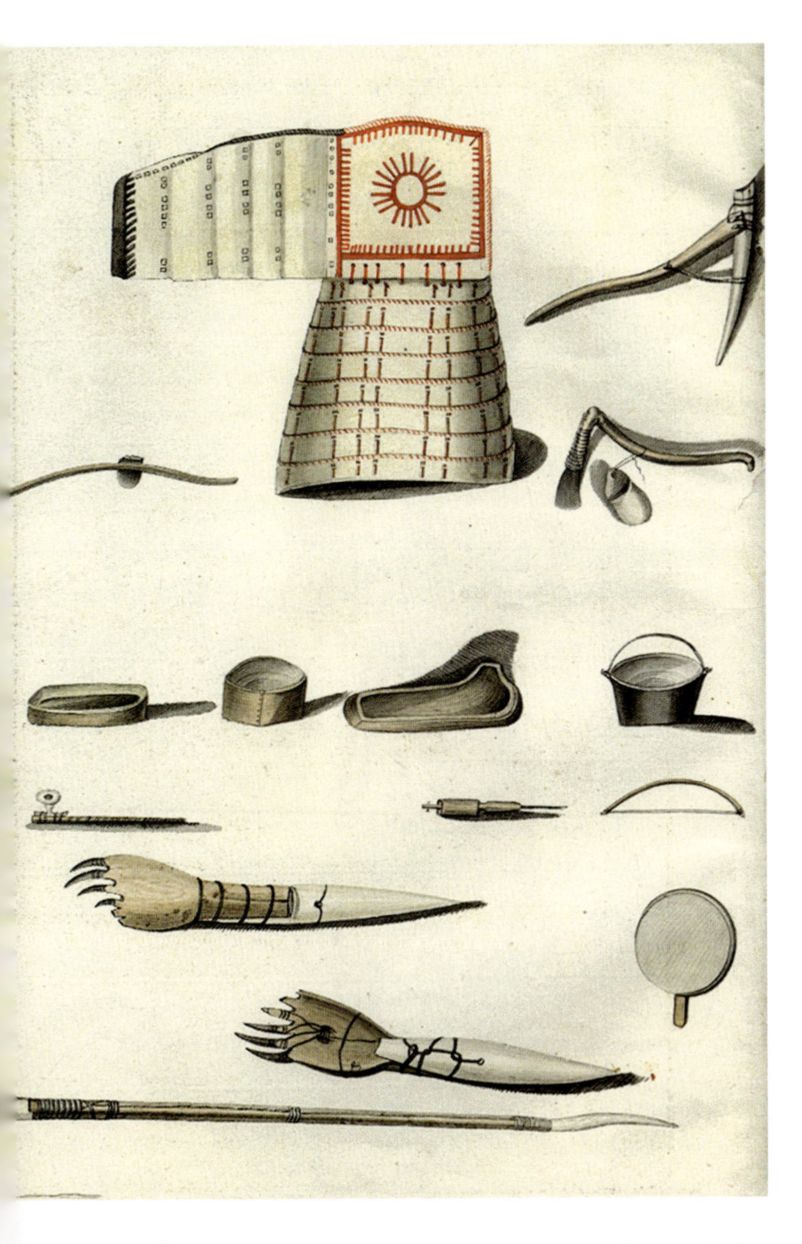

Abb. 16: Čukčischer Krieger und seine Ausrüstung; Haushaltsgerätschaften und Jagdwerkzeug. Originalzeichnung von Luka Voronin zur Handschrift »Beschreibung der Tschucktschi« von C. H. Merck.

Abb. 17: Vorderseite einer anthropomorphen Figur, möglicherweise ein Hausgott der Čukčen; aus der Zeit der Expedition.

Abb. 18: Čukče mit Frau und Kind. Originalzeichnung von Luka Voronin zur Handschrift »Beschreibung der Tschucktschi« von C. H. Merck.

Abb. 19: Čukčische Grabstätte. Originalzeichnung von Luka Voronin zur Handschrift »Beschreibung der Tschucktschi« von C. H. Merck.

1
6
7

Abb. 20: Tierfiguren der Čukčen aus Walroßelfenbein geschnitzt; gebraucht als Spielzeug, Spielsteine, Amulette oder Geschenke.

Abb. 21: Tabakpfeife der Čukčen aus der zweiten Hälfte des 18. Jahrhunderts; nach der Beschreibung aus dem Penisknochen eines Wals geschnitzt.

Abb. 22: 6-7 Weißnackentaucher (Gavia pacifica), 6 im Prachtkleid, 7 im Schlichtkleid.

Nachrichten von den Sitten und Gebräuchen der Tschuktschen, gesammelt von Dr. Karl Heinr. Merck auf seinen Reisen im nördöstlichsten Asien.[1]

(Aus einer Handschrift.)

Vorerinnerung.

[ZS 1] Der Doktor Merck in Irkuzk, einer der thätigsten naturgeschichtlichen Sammler für den verstorbenen Statsrath Pallas, mit dem er in genauer Verbindung stand, hat vieljährige Reisen in dem östlichen Rußland gemacht und höchst schätzbare Nachrichten über diese entfernten Gegenden gesammelt, die für den Länder-, Menschen- und Naturforscher besonders wichtig sind. Die naturgeschichtlichen Notizen hat Pallas in seinen Werken häufig benutzt; nicht so die geographischen und ethnographischen Nachrichten, die so viel Neues und Unbekanntes enthalten. Wir werden unsern Lesern aus diesen interessantesten Papieren nach und nach Mehreres mittheilen, wofür wir ihres Dankes zum voraus gewiß sind. – Den Anfang mache hier ein Auszug aus seiner Schilderung der Tschuktschen, die er zwar schon früher aber genauer noch als Begleiter des Kapitain Billings im Jahre 1791 kennen lernte. Sein Auftakt ist ganz original und weit ausführlicher als die Notizen, welche uns Mart. Sauer von Billings Aufenthalt bei dieser [ZS 2] Nazion gegeben hat.*) Von den bei der Handschrift befindlichen Handzeichnungen werden wir für unsere Leser die beiden vorzüglichsten in Kupfer gestochen zur Erläuterung beifügen.

---

*) *Vgl. Sauers Reise nach dem Russ. Asien. A. d. Engl. Weimar 1803. 8. S. 233. n.f.* [Die mit einem * versehenen Anmerkungen stammen von den Herausgebern des »Journals für die neuesten Land- und Seereisen und das Interessanteste aus der Völker- und Länderkunde zur angemessenen Unterhaltung für gebildete Leser in allen Ständen«.]

1 Abgedruckt in vier Folgen in: Journal für die neuesten Land- und Seereisen und das Interessanteste aus der Völker- und Länderkunde zur angenehmen Unterhaltung für gebildete Leser in allen Ständen, 1814, Bd. 16, S. 1-27, 184-192; Bd. 17, S. 45-71, 137-152.

I.

Ankunft in der St. Lorenzbucht – Landung bei den Tschuktschen – Billings und des Verf. Reise durch das Land der Tschuktschen – die Rennthier-Tschuktschen – die Stillsitzenden – die Schalaginsche Landecke – Fahrten ins Eismeer und nach Amerika.

Es war am 4ten August (so schreibt der Dr. Merck an den Statsrath Pallas) als wir in der St. Lorenzbucht, an der nordöstlichen Spitze Asiens, vor Anker gingen. Die Tschuktschen näherten sich uns zwar in einer Baidare, kehrten aber bald zurück, ohne zu uns an Bord zu kommen. Ich ging mit dem Befehlshaber (Billings) ans Land, wo uns mehrere der Küstenbewohner (Nimmillän)*) am Strande entgegen kamen. Sie gaben uns durch Zeichen zu verstehen, daß wir alles, was einem Gewehr gleiche, ablegen möchten, denn sie waren unbewaffnet und führten uns zu einem kleinen in der Nähe befindlichen Wohnplatze. Hier erhielten wir Nachricht von den aus Tschika hierher gesandten beiden russischen Dolmetschern und erfuhren, daß sich in der Nähe des Wohnplatzes eine sichere Ankerstelle befinde. Darauf führten sie uns zu einem größeren Wohnplatze, woselbst wir übernachteten und am folgenden Tage nach unserm Fahrzeuge zurück- [ZS 3] kehrten. Nun fanden sich, des Tauschhandels wegen, immer mehr Tschuktschen ein, und darunter auch Rennthier-Besitzende (Tschautschuo) oder herumziehende, die von einer südlichen Bucht an zwei Stellen ihren Sommeraufenthalt hatten; unter ihnen auch der Dolmetscher Daurkin. Die Baidaren oder Boote, in denen sie ankamen, wurden aufwärts gekehrt, und dienten ihnen statt der Zelte. Ich gab mir alle Mühe diese Nazion, ihre Sprache, ihre Sitten und Gebräuche näher kennen zu lernen und die langsame Reise, die ich mit dem Kapitän Billings**) durch ihr Land machte, gab mir [ZS 4] Gelegenheit und Muße meine Beobachtungen zu erweitern und zu berichtigen.

*) *Dr. Merck nennt sie die Stillsitzende, um sie von den umherziehenden Rennthier-Tschuktschen zu unterscheiden.*

**) *Der Kapitän Billings glaubte die nordöstlichen Küsten von Asien oder das eigentliche Tschuktschenland auf einer Landreise besser untersuchen zu können, da ihn das Eis verhinderte dieses zur See zu wagen. Er ging am 13ten August 1791 mit unserm Verfasser, einem Steuermann, einem Zeichenmeister, einem Unterwundarzt und 4 Mann ab, und zwar unter den besten Versprechungen der Tschuktschen,*

Die Tschuktschen theilen sich in Rennthierbesitzende oder herumziehende und stillsitzende ein; erstere halten sich im Sommer familienweise neben den Wohnplätzen der letzteren am Meere auf, treiben aber ihr Vieh, der Weide wegen, einige Tagereisen landein; denn bis jetzt wohnen nur wenige derselben diesseits des Anadirflusses beständig. Im Sommer leben sie in der Nähe der stillsitzenden einzig und allein von dem Fleische der Seethiere und sammeln sich davon an Thran, Fleisch, Wallfischbarden, rohen Häuten und dergl. einen Vorrath auf den Winter. Im Herbste ziehen sie mit Herden und Hütten langsamen Schrittes ins Gebirge zurück, wo sie herdenweise neben Flüssen oder Landseen überwintern, und selten früher ihre Plätze wechseln, als bis ihre Thiere mit der Weide fertig sind. Sie überlassen den Stillsitzenden für die Bedürfnisse, die sie von ihnen beziehen, Rennthierfleisch, welches jedoch eigentlich kein Tausch, sondern mehr eine Vergeltung nach Gutdünken ist. Sie nennen die stillsitzenden Aiwan, d. h. eigene Leute, während diese sich selbst Nimmillän, d. h. an einer Stelle wohnende, benamen.

Die Wohnplätze der Stillsitzenden erstrecken sich von dem herzförmigen Felsen (Serdze Kamen) bis unweit der Schelaginischen Landecke; auch wohnen einige Familien auf dem Eiland Kruynim, welches, nördlich von der St. Laurenz-Insel, der eigentlichen tschuktschischen Landecke gegenüber liegt. Die Tschuktschen behaupten, daß man die Schalaginische Landecke im Juli, wenn der Landwind das Treibeis wegführe, welches aber der Seewind bald wieder zurücktreibe, mit Baidaren umfahren und das Eismeer erreichen könne.

daß es der Reisegesellschaft in ihrem Lande an nichts fehlen solle. Den 14. (so erzählt Dr. Merck in seinem Briefe an Pallas) kamen wir zum Sommeraufenthalt der Rennthier-Tschuktschen, bei denen wir bis zum 26ten blieben. An diesem Tage traten wir unsere Reise an. Wir machten täglich ungefähr 10 Werste und ab und zu einen Ruhetag. Mit dem Oktober oder antretenden Winter wurden diese Rasttage aber immer seltener. Den 9ten Oktober verstattete mir ein Rasttag die unweit des Flusses Juchni befindlichen mineralischen Quellen zu untersuchen. Den 14ten kamen wir zur Bucht Kulutschin, nach einem kleinen Eilande so benannt, das vor ihrer Mündung liegt. Den 18ten November fuhren wir über den Omgojun-Fluß. Den 19 Januar passirten wir den kleinen Fluß Tschaun, und am 14ten Februar erreichten wir gesund, mit allen unsern Begleitern, den Ostrog am großen Annui bei der Mündung des Flusses Angaska, und hatten hiermit diese beschwerliche Reise geendet.

[ZS 5] Sie nennen dieses Meer Ilgy-ancha oder das weiße Meer und haben unter sich die Ueberlieferung, daß ehedem, da ihre Nazion weit zahlreicher war und sie noch auf den Streit auszogen, einige Stämme mit ihrem Gepäck und Thieren von obiger Landecke über das Eis nach dem festen Lande (von Amerika) geflüchtet und nur eine Nacht auf dem Eise zugebracht hätten.

Die Meerenge soll daselbst schmal seyn und in ihrer Mitte eine Insel liegen; ja, bei hellem Wetter soll man von dieser Landecke sogar das feste Land sehen können. Sie behaupten auch, daß im Frühjahre wilde Rennthiere, sogar Mäuse von dort herüber schwimmen, und erzählen, daß im Winter schon einzelne Tschuktschen in einem Tage hinüber gefahren wären und dort Waldungen und Menschen gefunden hätten, die ihre Sprache redeten und Rennthiere besäßen; da sie aber den Bewohnern nicht getraut hätten, so wären sie, ohne zu übernachten, heimlich zurückgekehrt.

2.

Sprache und Mundarten – Völkernamen – Ursprungsfrage – Höheres Wesen – Böse Geister – Hölzerne Götzen – Erforschungen der Zukunft – Opfer verschiedener Art.

In Ansehung der Sprache findet zwischen den Stillsitzenden und Rennthier-Tschuktschen ein wesentlicher Unterschied statt. Die Sprache der letzteren ist von der koriäkischen nur wenig verschieden. Die Stillsitzenden verstehen diese zwar durchgängig, haben aber dabei ihre eigene Sprache, welche wieder in 4 Mundarten zerfällt. Die Mundart auf der nordöstlichen Landspitze soll sich der amerikanischen nähern, welche auch [ZS 6] auf den Inseln*) des Kanals gesprochen wird; doch verstehen die Insulaner auch die Sprache der Tschuktschen.

Die Koriäken, ihre Nachbarn nennen sie Tängitan, d.h. Feinde, und die Tschuktschen werden von jenen eben so genannt. Die Russen heißen bei den Rennthier-Tschuktschen Milgi-Tangitan, d.h.

*) *Der bewohnten Eilande in dem Kanal oder in der Beringstraße sind drei: 1) Imaglin oder Imäglin, 2) Ingelin und 3) Okipen, und mehrere unbewohnte. Die Tschuktschen holen von daher Wallfischbarden und Treibholz zu ihren Booten.*

Feuerfeinde, weil sie mit Feuergewehren Krieg führen, zuweilen aber auch Laluremkitt (bei den Koriäken Lelujamkitt) d.h. bärtige Menschen. Die Stillsitzenden nennen die Russen Delüromky.

Die Rennthier-Tschuktschen besitzen, in Hinsicht ihres Ursprungs, keine Ueberlieferung, wohl aber die Stillsitzenden; und zwar erzählen sie, ein Wallroß habe an einem der oben erwähnten Eilande in dem Kanal einen Mann und ein Weib zur Welt gebracht, und diese seien ihre Stammältern; deshalb hielten sich diese Thiere auch so häufig in diesen Gegenden auf, um ihre Nachkommenschaft zu ernähren.

Sie glauben das Daseyn eines höheren Wesens, das anfänglich auf der Erde gelebt habe; diesem opfern sie, damit es die bösen Geister der Erde abhalte. Ihre Begriffe sind aber so verworren, daß es mir unmöglich ward, etwas Näheres über diesen Gegenstand mit Gewißheit zu erfahren. Doch scheinen sie mehr die bösen Geister zu fürchten, als dem höheren Wesen zu vertrauen. Noch nehmen sie eine Gottheit an (Engeng) die auf der Erde wohnen soll, und der sie ebenfalls Gaben bringen; auch glauben sie, daß Sonne, Mond und Fixsterne höhere Wesen sind, wovon sie erstere besonders [ZS 7] verehren. Wenn die Sterne auf unserer Reise häufig sichtbar waren, so hielten sie dies für ein Zeichen, daß wir gut gegen sie gesinnt wären.

Sie haben hölzerne Götzen (Chgirriger), die sie zum Feuer-Auswirbeln nutzen, und mit denen sie eben nicht glimpflich umgehen; denn sie werden hin- und hergeworfen und oben auf die Packschlitten geschnürt. Sie nennen sie die Götter ihrer Rennthiere und der Erde, schmücken sie bei ihren Festen, indem sie ihnen Weidegesträuch unterlegen, damit sie dafür sorgen, daß die Rennthiere sich beim Schneegestöber nicht von den Herden verlieren. Dazu kommen noch kleinere Götzen (Chamangau oder Okamak) die sie am Gürtel oder oben am Pelzhemde tragen und als ihre Beschützer und Erhalter ansehen. Sie schnitzen solche aus gabelförmigen Aesten, so daß die auslaufenden Zweige die Füße und das einfache Ende den Kopf bilden. Von diesen unterscheiden sie noch andere, die sie an ihren Packschlitten binden, Tainiatek genannt werden und noch größere und unförmlicher sind.

Noch haben sie ein anderes Idol (Tainugun genannt) welches sie versteckt halten und nur dann zum Vorschein bringen und auf ein weißes oder fleckiges Rennthierfell setzen, wenn sie ein Rennthier schlachten. Dieser Götze dient auch dazu, ihnen den guten oder schlechten Ausgang ihrer Unternehmungen anzuzeigen. Er hängt an einem Faden; bewegt er sich bei der Frage, so ist's ein Zeichen eines guten, wo nicht, eines schlimmen Erfolgs. Auch bei ihren Opfern glauben sie die Zukunft erforschen zu können, denn ehe sie das Thier tödten hängen sie ihm ein rothes Läppchen oder ein Büschel rothgefärbter Robbenhaare und dergl. in die Ohren und geben [ZS 8] nun Acht, welche Bewegungen das Thier macht, ehe sie ihm mit dem Spieß den Todesstreich versetzen. Gleichfalls achten sie auf das Fallen des getödteten Thieres. Setzt es sich auf den Hintern und fällt dann zurück, so ist es kein gutes Zeichen.

Selbst mit dem Schulterblatt des geschlachteten Thieres pflegen sie eine Probe zur Erforschung der Zukunft anzustellen. Sie brennen es an einem Fleck seiner dünsten Stelle über einer Kohle oder einer Lampe, bekommt die Stelle ein Loch, so ist es ein übles Zeichen, wird es aber ein Riß, so hören sie auf zu brennen, und urtheilen nun daraus und aus den Nebenrissen, ob eine Reise glücklich ausfallen werde, ob dieser oder jener Weg einzuschlagen und ob Hofnung zur Genesung von einer Krankheit vorhanden sei und dergl. mehr.

Zu den Opfern nehmen die Rennthier-Tschuktschen Rennthiere, die Stillsitzenden Hunde. Bei dem Tödten werfen sie jedesmal mit der hohlen Hand Blut gegen die Sonne. Oft fand ich solche Opfer von Hunden am Strande, mit dem Kopfe nach dem Meere zu liegen, die, Kopf und Füße ausgenommen, ganz vom Fell entblößt waren; eine Gabe der Stillsitzenden, um das Meer zu ihren Fahrten zu besänftigen, oder um sich einen glücklichen Erfolg ihrer Seefahrt zu verschaffen. Wenn sie in der Bucht bei Serdze mit ihren Baidaren glücklich durchgekommen sind, opfern sie bei einem steilen Felsen am Strande; jeder macht ein Feuer an, wirft Fett darauf und beklebt den Fels mit Fett. Auch opfern sie der Sonne und dem Monde und schreien dazu einige Worte, die so viel bedeuten, als: Sieh! Und nimm hin! –

3.
Seltsames Opfer – Schamane – Gaukeleien derselben – Ihre Belohnung – Kunststücke – Weibliche Tracht und Verrichtungen – die Einrichtung der Hütten – deren Gestelle und Bedeckung.

[ZS 9] Von ihren Opfern bei Krankheiten, Festen und auf Reisen werde ich sprechen, wenn von diesen Gegenständen selbst die Rede seyn wird. Nur einen Fall dieses Gebrauchs will ich, seiner Seltsamkeit wegen, hier mittheilen. Eine Tschuktschin hatte Nachts einen unruhigen Traum gehabt. Am Morgen brachte der Aelteste ihrer Verwandtschaft einen Hasenkopf vor die Hütte, stach ihn mit dem Spieß, so wie sie ihre Rennthiere abstechen, that auch, als wenn er Blut gegen die Sonne werfe und legte dieses erbärmliche Opfer, hart neben der Hütte, nach Süden hin.

Ihre Schamane (Aengaengheli) gaukeln, ohne besondern Anzug, in ihren Rennthierzelten sitzend, zur Nacht und zwar ohne Lampe. Sie, und besonders die Weiber, haben einen starken Hang zu diesen Gaukeleien; doch giebt es deren weniger unter den Rennthier-Tschuktschen, als unter den Stillsitzenden, die sich darin auszuzeichnen vermögten und sich eines besondern Ruf's rühmen könnten. Sie verstehen besonders bei diesen Gaukeleien in abweichender oder fremder, dumpfer Stimme zu antworten oder antworten zu lassen, womit sie den Haufen täuschen, als wenn die Geister ihren Fragen mündlich Bescheid ertheilten.

Da die Schamane bei Krankheiten und Unternehmungen jeder Art den Helfer und Wahrsager spielen, so haben sie es in ihrer Gewalt, die Aussprüche der Geister so zu lenken, daß diese gewöhnlich eins der besten Rennthiere der Herde fordern, welches dann ganz des Gauklers Eigenthum ist, bis [ZS 10] auf den Kopf, der zur Schau ausgestellt wird, oder die Geweihe, die auf dem Opferplatze zurückbleiben und einige Hände voll Blut, die gegen die Sonne geworfen werden. Haben sie es mit einem Begüterten zu thun, so führen sie auch wol ein lebendiges Thier mit sich fort.

Manche lassen sich, nachdem sie, in die Runde laufend, sich durch die Handpauke im Taumel geeifert, in die Zunge schneiden oder in den Leib stechen, wobei des Bluts nicht geschont wird. Ja, einige Tschuktschen wollten mir versichern, daß sie Gaukler hätten, die sich zu verbrennen und denn wieder aufzuleben verständen, die sich ins Wasser stürzten und erst nach langer Zeit wieder zum Vorschein kämen. Manche dieser Schamane bedienen sich, außer ihrer männlichen Tracht, auch oft der weiblichen, d.h. sie flechten ihre Haare in Zöpfe, tragen Ringe um die Arme u.s.w. Bei den Stillsitzenden traf ich sogar, was unter ihnen eben nicht selten seyn soll, einen Mann, der in einem weiblichen Anzuge mit einem anderen Manne als gute Hausfrau lebte. Auch die Gaukler der Koriäken behaupten von den Geistern zum weiblichen Geschlecht bestimmt zu seyn, und alles, was sie von männlichen Beschäftigungen angreifen, soll ihnen mißrathen oder unter ihren Händen zerbrechen, so daß sie wider ihren Willen und oft mit Thränen zur Nadel greifen. Uebrigens finden sie darin wieder eine Entschädigung, daß es kein Tschuktsche wagt, ihnen das Wechseln mit seinem Weibe abzuschlagen.

Die Hütten (Zarang) der Tschuktschen sind, je nachdem sie lange in einer Gegend verweilen, oder ihre Verwandtschaft groß ist und sie mehr oder weniger Rennthiere halten, von mehr oder weniger bedeutendem Umfange. Auf ihren Zügen aber und ihrer Reise nach Ischika und jetzt nach der Kowyma bedienen sie [ZS 11] sich ihrer kleineren warmen Zelte, die von den Weibern aufgeschlagen werden. Bei stürmischem Wetter spannen sie noch eine Decke aus kahlgeschornen Rennthierhäuten darüber. Eine geräumige Hütte, worin für 6 Rennthiere Zelte standen, hatte 20 Faden im Umfange und eine Höhe von 9 Fuß.

Die Stangen zu dem Gestelle der Hütte nehmen sie jedesmal auf ihren Reisen mit, und schleifen solche auf kleinen Schlitten, die gewöhnlich aus 2 Wallroßzähne bestehen, hinter ihren Packschlitten mit. Sie bedürfen an die 18 kürzere Stangen, die über 4 Schuh lang, und je 2 oder 3 oben zusammengeknüpft sind, und rings in der Hütte aufgestellt werden. Auf die Riemen, welche diese Gestelle oben verbinden werden zum festeren Anziehen, Robbensäcke mit Thran und andern Nahrungsmitteln oder auch Steine gelegt. Von dem einen Eingange der Hütte bis zum andern stehen die beiden, oben durch Stangen verbundenen, Hauptstützen des Dachs, von denen einige 30 Querlatten auslaufen, die in Schlingen stecken und auf den erwähnten niedern Seitengestellen ruhen.

Zur Bedeckung der Hütten nehmen sie ihre alten Rennthierzelte, und da sie solche jährlich mit neuen wechseln, so stumpfen sie sie dann kurz ab, und nehmen sie zu Decken, die sie anfänglich im Winter und wenn sie kahl werden, im Sommer gebrauchen. Sie werden mit Riemen über dem Gestell befestigt. An das untere Gestell binden sie inwendig noch Wallroßhäute, die rings bis auf die Erde herabreichen. [ZS 12]

4.

Die warmen Zelte – Sommerhütten – Wohnungen der stillsitzenden Tschuktschen – Ihre Sommerhütten – Winter- oder Erdwohnungen – Künstlicher Bau derselben – Innere Beschaffenheit.

Zu ihren warmen Zelten (Jairi) gebrauchen sie 6 bis 8, und wenn sie groß seyn sollen, auch wol 15 Rennthierhäute; sie sind viereckig, haben kleine Oeffnungen, durch die man hineinkriecht, und sind so niedrig, daß man nur knieend oder gebückt darin sich erheben kann. Auch diese Zelte ruhen auf einem einfachen Stangengestelle, woran nach hinten zu einer Querstange befestigt ist, woran sie ihre Handschuhe, Mützen, Pelzstrümpfe und leichte Stiefeln des Nachts über der Lampe aufhangen, um sie zu trocknen. Der Boden wird mit rohen Rennthierhäuten belegt, worunter noch eine Wallroßhaut ausgebreitet ist, und es ist nicht zu läugnen, daß man auch in einfachen Zelten, selbst bei der stärksten Kälte, sobald sie durch die Lampe und die Ausdünstung der Menschen erwärmt sind, den Eigentümern gleich, nackend sitzen kann. Ihre Winterzelte sind in der Regel zwiefach bedeckt; ihre Sommerhütten aber nur einfach und oft löcherig genug, so daß der Regen nicht selten durchdringt und das Innere kothig macht, weshalb sie die Stellen oft wechseln müssen.*)

Die Frauen haben im Winter in den Zelten ihre tägliche Arbeit; sie müssen die während der Nacht eingefrorne [ZS 13] Ausdünstung von den Menschen und dem Essen, mit Schlägeln von Rennthier-

*) *Die Hütten der Koriäken sind denen der Rennthier-Tschuktschen gleich, nur suchen sie solche fester aufzustellen, damit es den Tschuktschen beim ersten Anlauf nicht sogleich gelinge, sie zu zerstören. Das Innere derselben ist aber, weil sie stets in Waldungen stehen, voll Rauchs und in einem hohen Grade unreinlich und schmutzig.*

geweihen wieder losklopfen und ausschwingen, wobei ihnen aber die Männer auch helfen.

Die Sommerhütten der stillsitzenden Tschuktschen sind mit Wallroßhäuten bedeckt und mit Riemen überspannt, woran Wallfischgerippe zum festern Anziehen gebunden sind. Die warmen Zelten derselben sind, da sie solche nicht so oft erneuern können oder sich mit abgelegten behelfen müssen, schlecht und von Ungeziefer nie frei.

Die den Stillsitzenden eigenen Winterwohnungen (Khaigit) sind wirkliche Erdhütten auf Anhöhen oder Hügeln in der Nachbarschaft ihrer Sommerhütten. Doch sind diese Erdhütten nicht so häufig als die Sommerwohnungen, weil darin mehrere Familien zusammen wohnen. Sie sind nur einige Fuß höher aufgerundet als die umliegende Gegend und mit Rasen bedeckt. Oben zur Seite befindet sich ein viereckiges Loch, wodurch man gerade hinabsteigt. Um diese äußere Thür sind rings umher mehrere 7 Fuß hohe Wallfischkiefer aufgestellt, die oben mit Wallfischribben und Rasen bedeckt sind. Durch den Eingang kommt man zuerst in einen Vorhoff oder mit der Hütte gleichen langen Gang, der ungefähr 6 Fuß hoch und einen Faden breit ist. Die Wände desselben bestehen aus übereinanderliegenden Wallfisch-Wirbelbeinen und die Decke aus Wallfischkiefern, welche noch auf die Wände herabreichen, die noch überall mit Ribben und kleineren Beinstücken belegt sind. Von der Mitte dieses Vorhofes führt ein kurzer ähnlicher Gang, worin man sich bücken muß, ein wenig tiefer zur Wohnung selbst. Dieser ist immer vierseitig, gewöhnlich 14 Fuß lang und breit und etwa 8 Fuß hoch, doch wird sie auf zwei Seiten durch das Bergdach et- [ZS 14] was niedriger. Das Dach selbst besteht aus nebeneinander liegenden Wallfischkiefern von Wirbelbeinen unterstützt, worauf oben Steine und Erde liegen. Das ganze Dach ruht auf 4 in gleichen Entfernungen an den Wänden angebrachten Hauptkiefern. In den 4 Ecken der Hütte ist, etwa 3 Fuß vom Boden eine Querribbe mit Stützen angebracht, worauf längs den Wänden Bohlen liegen, die ihre Bänke abgeben und worauf sie schlafen. Der Boden ist mit Bohlen belegt, und unter den Bänken sind Wallroßhäute ausgebreitet.

Bei dem Eingange befindet sich eine viereckige Oeffnung im Dache, welche mit einer Darmhaut der Wallfischleber, deren sie sich auch statt eines Mantels gegen den Regen bedienen, bespannt ist. Vor diesem Fenster ist noch ein kleines Loch durch ein in das Dach gesetztes Wirbelloch angebracht, um den Dampf von ihren Lampen abzuleiten, deren in den vier Ecken immer eine steht. Einige der Dachkiefer fand ich weiß bemalt und mit Figuren von Wallfischen, Booten und dergleichen geschmückt, welches sie besonders zu ihren Festen zu thun pflegen.

Den Vorhof erhellt ein gleiches über den Gang zur Hütte angebrachtes Fenster. Noch hat die andere Seite des Vorhofes zwei oder drei Zugänge zu ihren Vorrathskammern. Oft haben auch zwei Hütten nur einen äußeren Eingang und Vorhoff. Jetzt, im Sommer, gewährten diese Hütten einen ekelhaften Anblick, da der Boden überschimmelt war und Thranpfützen hatte. Im Winter sollen sie mehr heiß als warm seyn. Sie kochen über ihren Lampen, die, weil sie Thran in Menge haben, größer sind, als bei den Rennthier-Tschuktschen. [ZS 15]

5.
Haupthaar – Hosen – Schenkelbekleidung – Strümpfe – Stiefel – Sohlen – Pelzhemden und Parken – Kopfbedeckung – Die Ueberzugskappe – Der Wolfskopf.

Das Haupthaar tragen die Männer geschoren, theils um von Ungeziefer frei zu bleiben, theils auch, damit es beim Ringen nicht hindere. Sie nässen die Haare mit Urin und scheren sie mit einem Messer ab.

Der Anzug der Männer ist warm und dem Körper ganz anpassend; gewöhnlich erneuern sie ihn zum Winter. Ihre bis zum Fuß herabreichenden Hosen (Chonaita) haben kein Band, wie bei den Amerikanern, sondern werden durch eine oben rings eingezogene Sehnenschnur vorn zugebunden. Eben so unten. So lange die Jahreszeit es erlaubt, tragen sie Hosen von Robbenfellen, seltener aus bereitetem Rennthierleder. Im Herbst und Frühling nehmen sie zu ihren äußeren Hosen die weißen Schienenlappen der Rennthiere, und im Winter die Häute der einjährigen Rennthiere, die sie dazu im August tödten. Auch tragen sie Hosen von den Wolfsfußlappen, woran sie auch wol einzelne Klauen sitzen lassen. Ihre Robbenhosen sind hinten vom Gesäß ab mit Striemen von schwarzem Hundsbalg bebrämt. Auch am Knie giebt es noch Verbrämungen, Riemen und Troddeln von rothgefärbter Wolle junger Robben.

Ihre kurzen Strümpfe (Pamjat) bestehen im Sommer aus Robbenfellen, die Haare nach innen gekehrt; im Winter aber aus den vollhaarigen Schienenlappen der Rennthiere, selten aus jungen Rennthierfellen. Der ersteren sind sie mehr gewohnt, weil die Füße darin nicht schwitzen.

Im Sommer tragen sie kurze Stiefel (Pinnighäit) [ZS 16] aus Robbenfellen mit den Haaren nach innen, oder von bereitetem Rennthierleder, und gegen Nässe aus gegärbten Robbenfellen. Sie werden unter die äußeren Hosen mit eingeschnürt und unten mit weißen oder rothen Riemen von bereitetem Robbenleder festgebunden. Noch tragen sie Wadestiefel von Robbenleder, die oft bis an die Schenkel reichen. Im Winter tragen sie meist kurze Stiefel aus den Schienenlappen der Rennthiere, die im Herbst abgestochen sind. Die weißen Lappen der Stiefel werden mit braunen oder schwarzen zugespitzten Zwickeln an den Seiten und oben mit fremdem Besatz verziert. Sind die Stiefel grau, so sind diese Verzierungen weiß. Die Sohlen der Stiefel bestehen aus Wallroßhaut mit den Haaren nach innen. Zum Sohlenfutter in den Stiefeln, ohne welches sie keine Wärme geben, nehmen sie trockenes, weiches Stroh oder auch das Schabsel von Fischbein.

Im Sommer bedecken sie ihren Körper mit zwei Pelzhemden (Iren) die theils schon dünngetragen sind, oder aus Lämmerfellen bestehen. Das untere Hemde bleibt auch im Winter. Das äußere für den Herbst und Frühling besteht aus den niedrighaarigen Fellen ihrer Kälber, die sie dazu bis zum 20ten Juli abstechen; für den Winter aber aus solchen einjährigen Kälbern, die später geschlachtet werden. Diese Parken haben oben nur einen geringen, gerundeten Ausschnitt auf der Brust, reichen bis zur Hälfte der Schenkel und werden durch den Gürtel eines ledernen Riemens, den sie durch Knochenstücke vorn zuknüpfen, etwas hinaufgeschürzt. Unten und um den Hals sind sie mit Hunds- oder Wolfspelz und vorn an den Aermeln mit Vielfraß verbrämt.

Der Kopf ist im Sommer, Herbst und Frühling, wenn [ZS 17] die Witterung es erlaubt, gewöhnlich unbedeckt. Zur Bedeckung tragen sie, besonders die Stillsitzenden, den Kranz einer Binde mit einer der Stirn fest anliegenden Wolfsverbrämung. Diese Mütze ist warm gefüttert, hat roth gefärbte Ohrenlappen und ist von außen mit Elendsborsten oder gelben Hundefellen verziert. Oder sie beschützen den Kopf, wie stets den Winter über, mit Schleiern von Lämmerfellen, welche die Ohren decken und mit Hund- oder Wolfspelz verbrämt sind. Auch nähen sie letztere wol aus den Schienenlappen der Rennthiere, mit runden den Nacken fest anliegenden Lappen, der in die Runde eine ausgezackte Verzierung von sämischem Leder hat.

Manche, besonders die Stillsitzenden, tragen im Sommer, bis zur Stirn hinauf einen vierseitigen breiten Schirm aus aneinander gereiheten Federspuhlen. Noch bedienen sie sich, vorzüglich Winters, über ihre Schleier einer Ueberzugskappe (Waarko), die rund über die Achseln, den Rücken und die Brust herabgeht, aus wohlbehaarten Rennthierfellen besteht und durch eine Riemenschlinge unter den Armen fest geschnürt wird. Diese Kappe, mit Wolfspelz gewöhnlich verbrämt, schützt das Gesicht und den unbedeckten Hals. Sie werden in der Regel mit den Haaren nach innen getragen. Junge, wohlhabende Männer verschönern diese Kappe dadurch, daß sie solche mit weißem Lämmerfell überziehen und Zotten von rothgefärbter junger Robbenwolle mit einnähen. Auch tragen einzelne, statt einer Mütze, die abgezogene Haut eines Wolfskopfes mit der vorstehenden Schnauze, den Ohren – und den Augenlöchern; nur hinten ist, des Windes wegen, ein schmales Rennthierfell angesetzt. [ZS 18]

6.
Regenhemden – Ueberzugshemden – Handschuhe – Vorlappen – Brustsäckchen und Geräthschaften – Messer – Beschäftigungen der Männer – Die Jagd – Beschäftigungen der Stillsitzenden.

Beim Regenwetter und bei den feuchten Nebeln, die hier im Sommer herrschen, tragen sie über ihre Kleidung die Regenhemden (Parutan); diese werden aus den kleinen vierseitigen Stücken der dünnen Darmhaut der Wallfische zusammengenähet, haben eine Kappe und werden an den Armen und um den Hals mit einer eingezogenen Sehnenschnur zugebunden. Unten ist rings ein schmales Stück Fischbein durchgezogen. Weil diese Hemden bei anhaltendem Regen zu durchnässen pflegen, ziehen sie zuweilen noch ein engeres darunter an, wozu sie sich oft der einfacheren Weiberhemden bedienen. Bei trockenem Wetter im Sommer und bei Schneestürmen im Winter tragen sie über ihre Kleidung ein Ueberzugshemde von sämischem Leder, das an den Achseln zuweilen mit Ringen und Korallen geschmückt ist. Nur selten tragen die Männer auf ihren Reisen im Winter die weiten Ueberzugs-Parken aus dickhaarigen Rennthierfellen, die zuweilen sogar doppelt sind. Doch hat ein jeder Tschuktsche einen solchen Anzug.

Ihre Daumenhandschuhe (Cili), die aus den Schienenlappen der Rennthiere gemacht werden, sind lang und geräumig, so daß sie unter die Aermel der Parke reichen, und sitzen, ungeachtet sie nur dünn sind, sehr warm. Ueberdies tragen die Tschuktschen noch einen um den Hals festgeknöpften Vorlappen von Rennthierschienen auf der Brust, damit die Parke oder die Ueberzugskappe durch die gleich einfrierenden Ausdünstungen nicht verderbe. Im Winter müssen sie jeden Abend ihre Kleidungsstücke ausklopfen und von dem Eise [ZS 19] und Schnee reinigen, wozu sie sich eines besondern Schlägels bedienen, den sie immer auf ihren Schlitten bei sich führen.

Bei ihrem passenden und alle Theile gleich gut bedeckendem Anzuge scheuen sie keine Kälte, die doch, bei eintretendem Winde, oft äußerst heftig ist. Selten erfrieren ihnen die Füße; nur Mangel an Achtsamkeit beim Trocknen der Strümpfe zieht ihnen dies Uebel zu. Beim Regenwetter gehen sie größtentheils barfuß.

An einem Riemen um den Hals tragen die Tschuktschen unter ihrem Pelzhemde auf der Brust in kleinen Säckchen von sämischem Leder folgende Sachen: ihren Tabak, den sie mit feinem Schabsel von Birkenholz vermischen, ihre Pfeife von Wallroßbein und Zinn, nebst Röhre, ganz nach Art der Jakuten, Stahl und Stein zum Feuerzeug, einen Wetzstein zum Abstreichen der Messer, die Beinröhre eines Kranichs, zum Wassereinschlürfen auf ihren Reisen, und ein kleines zusammengeschlagenes Messer, das sie zum feinen Schnitzen nicht entbehren können. Sonst trägt jeder Rennthier-Tschuktsche noch ein Messer am rechten Schenkel. Die Stillsitzenden prunken mit noch längeren Messern, die sie von den Russen eintauschen, und tragen sie an einem breiten Riemen unterm linken

Arm, oder in einer ledernen, mit Quasten und Troddeln gezierten Scheide am rechten Schenkel, jedoch so, daß der Griff zu sehen ist.

Die Beschäftigung der Männer bei den Rennthier-Tschuktschen ist sehr gering und besteht fast nur in der Aufsicht über die Heerde. Gewöhnlich weiden die Thiere einer ganzen Verwandtschaft beisammen und werden von zwei jungen Männern abwechselnd Tag und Nacht gehütet. Wollen sie ihren Wohnplatz verändern, so umschließen die Weiber [ZS 20] die Heerde vermittelst eines Riemens, damit die Männer die Thiere zum Ziehen ausfangen und solche den Schlitten vorlegen können. Zuweilen führen sie den Zug der Schlitten an; oft aber fahren sie in leichten Schlitten voraus, um die Stellen zum Futtern und zum Uebernachten auszusuchen, ein leichtes Feuer anzumachen, das Eis aufzutauen und Weidengestrippe zum leichten Aufkochen ihrer Rennthierfleisch-Kost zusammenzulesen. Dazu kommt noch die Ausbesserung ihrer Schlitten, die, weil es ihnen an Holz fehlt, leicht schadhaft werden. Die Jagd der wilden Rennthiere und Schafe ist bei ihnen, wegen ihrer Ungeschicklichkeit, von keiner Bedeutung. Den Wölfen stellen sie sehr nach, weil sie mit dem Fell derselben ihre Kleidung gerne verbrämen. Die Stillsitzenden beschäftigen sich, besonders mit der Jagd der Seethiere und einiger Landthiere, mit dem Handel, am meisten aber mit Raubzügen nach der amerikanischen Küste, und davon in der Folge ein Mehreres.

Der Hauptgegenstand der Sorgfalt der Rennthier-Tschuktschen erstreckt sich, auf ihre Thiere, und es verdient daher wol der Mühe das Merkwürdigste davon anzuführen.

7.

Die Rennthiere – Verlust der Geweihe – Brunst –
Zucht der Thiere – Rennthierbremse – Lieben den Urin –
Uebernehmen sich darin – Rennthierherden –
Jagd der Tschuktschen – Das Bewillkommen.

Mit dem Anfang des Septembers sind die meisten Rennthierkühe von dem rauhen Ueberzug an ihren Geweihen frei, also früher als die Hirsche, welche die Haut ihrer Geweihe erst um die Mitte des Monats verlieren. Die Thiere der Koriäken werden diese Haut früher los, weil sie sich mit [ZS 21] den Geweihen an den Bäumen reiben können. Bei ersteren bleibt sie aber stellenweise den Winter über angefroren, welches den Thieren Beschwerde macht. Ende Februars oder Anfang Märzes werfen die Hirsche ihre Geweihe ab; die Kühe nach dem Kalben. Leiden die frischen Geweihe der Hirsche bei den Tschuktschen zuweilen vom späten Frülingsfroste, so fallen die Thiere nieder, und man sucht sie durch Unterbinden mit Sehnenzwirn davon zu befreien. Bekommen diese Geweihe bei den Tungusen einen Schaden, so nehmen sie sie ab und kochen sie zum Genuß.

Mit der Hälfte des Septembers fängt die Brunst an und dauert bis in die Mitte des Oktobers. Dann finden sich zuweilen wilde Hirsche bei den Heerden an, wovon die, die sie besprechen, (wie sie wähnen) dabei bleiben und nach der Brunstzeit getödtet werden. Die Jungen, welche von den wilden fallen, sollen ausdauernder im Ziehen und schneller im Laufen seyn.

Ende Aprils und Anfangs Mai kalben im zweiten Jahre die Kühe und bringen eins, seltener zwei Junge, wovon sie das zweite gewöhnlich tödten. Den einjährigen Hirschen, die sie zum ziehen bestimmen, kauen sie im Herbste die Hoden, damit sie vertrocknen; auch pflegen sie solche zu dem Ende mit trockenen Sehnenfaden zu unterbinden. Beim Schlachten der jungen Rennthiere im Herbste geben die Kühe 3 bis 4 Tage noch wenig Milch, welche die Tschuktschen in Darmhautenden zu uns brachten. Sie melken dann, was sie ausserdem nicht kennen, durch Aussagen mit dem Munde, – welches das Schmackhafte eben nicht erhöht. In der Haut der Rennthiere erzeugt sich ein Wurm, den sie auszudrücken pflegen und woraus am Ende des Mai die sogenannte Renn – [ZS 22] thier-Bremse entsteht. Sonst wußten sie uns keine Krankheiten dieser Thiere weiter anzuführen. In den waldigen Gegenden, bei den Jukagern und Tungusen, leiden sie oft an den Hufen; der Fuß schwillt auf, die Hufe springen auseinander, und die Thiere pflegen zu sterben, wenn sie nicht getödtet werden.

Die Tschuktschen und Koriäken gewöhnen die Rennthiere an den Urin, den sie gern saufen und sich dadurch herbeilocken lassen. Mäßig damit getränkt sollen sie kraftvoller und ausdauernder werden; weshalb auch die Tschuktschen zum Wasserabschlagen ein tiefes Gefäß von Leder an ihren Schlitten hangend bei sich führen. Im Sommer werden sie nicht getränkt, aber im Winter sind sie danach so begierig, daß sie sich, wenn man sie nicht hütet, leicht übernehmen. Ich sah einst zwei dieser Thiere in dem Zustande eines solchen taumelnden Überzechens; das eine starb sogleich und das andere, welches so aufgedunsen war, daß es nicht auf den Füßen stehen konnte, brachten die Tschuktschen zum Feuer, damit ihm der Rauch die Nase reize, banden es dann mit Riemen, vergruben es bis an den Kopf in Schnee und ritzten es in der Nase zum Bluten. Da dies alles nichts half, so stachen sie es ab.

Die Tschuktschen haben nicht so beträchtliche Heerden als die Koriäken, denn wer bei ihnen 300 Hirschkühe zählt, wird schon für begütert gehalten. Die Hauptursachen sind die Frühlingsstürme, welche bis zur Mitte des Mais in den benachbarten Gegenden des Meeres, unweit der tschuktschischen Landecke, häufig wüthen, und so heftig sind, daß die Lämmer und zuweilen sogar einjährige Thiere erfrieren. Die [ZS 23] begüterten Familien ziehen sich daher im Winter tiefer ins höhere Gebirge.

Auch fallen die Thiere in diesen Gegenden Winters häufig aus Mangel an Futter, besonders im Frühjahr, wenn auf Thauwetter wieder starker Frost eintritt, und sie mit ihren Hufen die Nahrung nicht herausscharren können. Dann bemühen sich die Tschuktschen auf ihren leichten Schlitten solche Stellen aufzusuchen, wo der Schnee ungefroren geblieben. Die Koriäken haben auch deswegen stärkere Heerden, weil sie weniger Rennthiere schlachten, sich für den Winter mehr mit getrockneten Fischen versorgen und die Jagd der wilden Rennthiere und Elenthiere besser verstehen.

Wir übernachteten einst in einer Gegend, wo es viele wilde Rennthiere gab. Alle Männer der Tschuktschen fuhren daher auf ihren Schlitten voraus und suchten sie zu umringen; aber nur einem glückte es, ein Thier mit einer Schlinge zu fangen. Sie führen zwar auch immer Bogen und Pfeile bei sich, doch ohne die Geschicklichkeit des Treffens zu besitzen, weil sie sich darin nicht üben. Zum bessern Anziehn der Bogenschnur tragen sie, gleich den Amerikanern, am linken und rechten Vorderarm, denn sie sind rechts und links zugleich, eine elfenbeinerne Platte. Den wilden Schafen, die sich nur an den höheren Bergen aufhalten, jagen sie auf ihren Schlitten nach.

Erlegen sie ein Stück Wild, so bewillkommen sie es, legen es ans Feuer, schlachten auch von ihren zahmen Thieren ab und theilen es mit den nächsten Hütten. Auch beim Erhaschen eines Jewroschken ahmte ein altes Mütterchen mit ihrer Tochter dies Bewillkommen nach; sie machten vor der Hütte ein kleines Feuer und legten das Thierchen auf [ZS 24] Weidenzweigen davor hin, schnitten einige Stücke Fell von seinem Mundwinkel ab und warfen sie ins Feuer, weihten aus einer daneben stehenden Schaale mit Rennthierfett einige Bröckchen der Erde und zehrten den Rest des Fettes dann selbst auf.

8.

Ihre Art die Wölfe zu fangen – Ihre Schlitten – Packschlitten – Weiberschlitten – Bespannung – Pfeile und Leim – Panzer.

Den Wölfen, die sich auch in diesen nördlichen Gegenden den Winter über finden, und bei Stürmen den Herden oft Schaden zufügen, stellen sie auf folgende Art nach. Sie nehmen die abgestumpfte Spitze von dem schmalen Theil der Barden, legen diese dreifach zusammen in Stückchen von dritte-halb Zoll Länge mit gabelförmig ausgezackten Enden; nach dem sie solche mit Sehnenzwirn festgebunden, lassen sie sie frieren, schneiden den Faden weg und beschmieren diese fest in einander gefrornen Fischbeinstücke fingersdick mit Rennthier- oder Wallroßfett, das schon zu säuern beginnt. Dann graben sie in Anhöhen, von ihren Wohnungen etwas entfernt, kleine Gruben und legen vier oder fünf von diesen Stücken hinein und bedecken sie ein wenig mit Steinen; oder sie binden zwei von diesen eingeschmierten Stücken 4 Fuß hoch von der Erde an einen Stock, damit die Füchse sie nicht erreichen können, weil diese sie nicht zu verschlingen vermögen. Wenn nun die Wölfe durch den Geruch des Fettes herbeigelockt werden, so verschlucken sie diese Fischbeinstücken, die dann im Magen aufthauen und von einander gehen, so daß das Thier sterben muss. Erreichen die Tschuktschen den Wolf noch lebend, so werfen sie ihm eine Riemenschlinge um den Hals und führen [ZS 25] ihn auf ihren Schlitten nach Hause; hier legen sie ihn an ein Feuer, stechen wol zuweilen zwei von ihren Rennthieren ab und setzen ihm Fett oder sonstige Gerichte vor.

Ihre Schlitten schnitzen sie niedlich aus Birkenholz, nehmen sie nach dem Frühlinge auseinander und setzen sie im Winter wieder zusammen, indem sie sie jedesmal wieder weiß schaben und die dünnen Schleifen neu mit Barden belegen. Ihre Packschlitten sind schwer und aus Mangel an Holz oft sehr geflickt. Die Böcke darunter bestehen gewöhnlich aus Geweihbogen der wilden Rennthiere. Die Schleifen dazu suchen sie dadurch, daß sie sie mit nassem Moos und mit Fischbein umwickelt über dem Feuer halten, oder zwischen heiße Steine legen, vorn zu krümmen, wenn es ihnen nicht glückt, solche in Holzungen gekrümmt zu finden. Zum Befestigen der einzelnen Theile der Schlitten bedienen sie sich des Fischbeins und der Rieme von sämischem Leder. Ihr Gepäck, ihre Nahrungsmittel und was sie sonst an Pelzwerk zum Tausch mit den Russen bei sich führen, bedecken sie gegen Schnee und Nässe mit Wallroßhäuten.

Mühsamer gearbeitet und ebenfalls aus Birkenholz geschnitzt sind die bedeckten Schlitten ihrer Weiber, die vorn über einige schmale Brettchen oder Steckenbogen mit weißem oder fleckigem Fell überspannt sind. Diese Decke ist gewöhnlich unten rings mit einer ausgenähten Borte und mit kleinen ledernen Riemchen, statt der Franzen besetzt. Auch hinten ist dieser Schlitten mit Nähwerk geziert und in der Mitte hangen einige lange Troddeln aus rothgefärbter junger Robbenwolle herab. Diese Schlitten dienen dazu die Wöchnerinnen und die kleinen Kinder dem Zuge nachzuführen oder die Frau zu fahren, wenn sie ihren Mann zu einem Gelage begleitet. [ZS 26]

Diese Schlitten werden mit zwei Thieren, die Packschlitten nur mit einem Thiere bespannt, und zwar so, daß des einen schmaler Riemen der Mitte des Schlittens und der des zweiten auf der äußeren linken Seite angeknüpft ist. Von diesen Riemen geht ein breiterer um die Brust, der durch ein Querhölzchen unter dem rechten Vorderfuß eingeknüpft ist. Zum Regieren dient ein schmaler Riemen, der mit einer Schlinge an dem Geweih befestigt ist. Bei den Packschlitten binden sie diese Leiterriemen immer zur linken Seite des vorherfahrenden Schlittens an, so dass ein Mann 4, 8 bis 17 solcher Schlitten führt.

Zu den Hauptbeschäftigungen der Männer gehört noch die Verfertigung ihrer Pfeile und Panzer. Die Bogen tauschen sie von den Koriäken ein. Die Spitze ihrer Pfeile ist meist aus Wallroßzähnen oder dem Schaambein dieser Thiere mit einigen Widerhaken. Doch haben sie auch Spizzen von Eisen. Sie bedürfen zu den Pfeilen eines Leims, den sie aus der Haut des Keta oder Golzi in einem Kessel kochen oder in kleinen Säckchen zwischen heißen Steinen und nassem Moos verfertigen.

Ihr Panzer*) (Myrgau) besteht erstlich aus dem Rückenschild, welches ein anderthalb Fuß langes, einen Zoll dickes, mit weißer Robbenhaut überzogenes Holzbret ist und Rücken und Kopf deckt. Es ist am Rande und in der Mitte roth angestrichen und unten hangen gefärbte Troddel herab. Mit diesem Rückenschilde ist auf der linken Seite das beugsame Vorder- oder Brustschild verbunden, das aus dünneren Brettstücken besteht, eben so überzogen ist, und in der Mitte ein 6½'' breites Stück hat, aus zweifacher Seelöwen- [ZS 27] haut. Diese Stücken sind unter sich mit schmalen Riemen zusammengenähet und schiefen sich der Länge nach oben ab. Zur weiteren untern Bedeckung dienen in die Runde gebeugte starke Riemen aus doppelter Seelöwenhaut. Das Rückenschild ist dem obersten Riemen mit Riemchen aufgenähet, und letztere ist dem zweiten und so die folgenden auf einander geheftet, wodurch sich diese Bänder, um das Gehen zu erleichtern, bis zum Gürtel aufbinden lassen. Vorn ist dem obersten Riemen die, am Halse mit gerundetem Ausschnitt versehene, Brustdecke aus doppelter Seelöwenhaut angeheftet, woran an der linken Seite des Ausschnitts Knochen oder Fischbeinkrabben befestigt sind, die den Einschnitten an dem inneren Riemen entsprechen und zur Befestigung des Panzers dienen. Durch eine Schlinge im Innern des Schildes stecken sie den linken Arm. Auf der rechten Seite stehen die Bänder offen, so daß der Schild zurückgebeugt werden kann, doch ist er durch eine Schlinge auf der Brust befestigt. Mit diesem Panzer bekleidet pflegen die jüngeren Männer den Zügen, des Schutzes wegen, auf Nebenwegen zu folgen, und oft schleppen sie außerdem noch eine Last mit sich.

Auch besitzen die Tschuktschen eiserne Panzerhemden, die sie vorzüglich schätzen; sie bestehen aus länglich vierseitigen, durch Riemchen aneinander gereihten Blechstücken. Dazu kommt noch eine Haube mit Decken für Stirn und Ohren. Die Eiländer des Kanals tragen Panzer, einem Wamms ähnlich, der kaum über die

*) *Man vergleiche beiliegenden Kupferstich.* [Siehe Abb. 16]

Schaam reicht, aber vorzüglich Rücken und Kopf schützt. Diese Panzer sind aus 6« langen Brettchen von Wallroßzähnen oder Geweihen von wilden Rennthieren gemacht, die sie mit Lederriemen aneinander reihen.[2]

8. [Fortsetzung]
Jagd der Wallrosse – Jagd der Seelöwen – Fang der Wallfische – Die Fischerei – Beschaffenheit der Boote – Jagd der Bären, Fuchse, Hasen und Vielfraße.

[ZS 184] Die Beschäftigung der stillsitzenden Tschuktschen besteht hauptsächlich in der Jagd auf die Seethiere. Ende Septembers erlegen sie die Wallrosse und zwar in solcher Menge, daß selbst die weißen Bären sie den Winter über nicht mit aufzehren können. Die Wallrosse werden vorzüglich nördlich in der Bucht Kulutschin und in der St. Laurenzbai gefangen, südlicher vom Amkayanflusse mehr Wallfische und Robben. Gegen die Wallrosse ziehen sie in Haufen aus, laufen mit Geschrei auf sie zu und werfen mit der Wurfstange den Widerhaken auf sie ab, während andere an dem daran geknüpften Riemen ziehen; springt das festsitzende Thier dann ins Wasser, so legen sich andere Wallrosse zuweilen auf den Riemen und suchen mit dem Verwundeten fortzuschwimmen, wo sie es dann mit eisernen Spießen beim Brustbein tödten. Auch im Winter, gegen den Frühling hin, erlegen sie Wallrosse auf dem Eise, in dem sie sich ihnen, ihr Geschrei nachahmend, zu nähern suchen. Erlegen sie ein Thier auf dem Wasser, oder wirft es sich verwundet dahinein, so schneiden sie nur das Fleisch ab und lassen das Geribbe mit den Zähnen, die hier [ZS 185] einen guten Handelsartikel abgeben würden,*) untersinken. Auch stellen sie im Winter Netze aus Robbenriemen unter dem Eise für Robben und junge Seelöwen auf. Seebären kommen hier nur selten vor. Die Seelöwen erlegen sie auf folgende Art. Der Jäger setzt sich die Kopf-

*) *Man würde für 1 bis 2 Blätter Tabak einen Wallroßzahn von den Tschuktschen eintauschen und mehrere kleine Fahrzeuge damit beladen können.*

2 Der erste Teil endet hier mit dem Hinweis »(Die Fortsetzung folgt.)«. Der zweite Teil beginnt mit der Anmerkung »(Fortsetzung.)«.

haut eines solchen Thieres mit Schnauze und Borsten auf den Kopf, und nähert sich so kriechend der Stelle auf dem Strande, wo sie liegen. Merkt der Seelöwe den näherkommenden und hebt sich nach ihm hinsehend etwas auf, so bleibt der Jäger unbeweglich, jedoch so, daß er die Schnauze etwas bewegt und allenfalls mit den nachgemachten Klauen auf den Boden kratzt, wodurch sich das Thier täuschen läßt, und sich wieder zum Schlaf niederlegt. Behutsam nähert sich der Jäger immer mehr und wirft dann durch einen Zusprung den Widerhaken von der Wurfstange ab, und sucht zuletzt den Seelöwen mit dem untern stärkeren Knochenende der Wurfstange ins Auge zu treffen und so völlig zu erlegen. Um sich bei dieser Jagd das Fortrutschen zu erleichtern, binden sie unter den Vorderarm und das Knie Lappen von weißem Bärenfell.

Vom Frühling an bis zum Oktober fangen die Stillsitzenden Wallfische, was aber oft gefährlich wird, wenn sie sich mit ihrem Boote nicht schnell entfernen, sobald sie den Wallfisch angehauen haben. Die Harpune besteht fast gänzlich aus Wallroßbein; nur an der Spitze hat sie Eisen. Sie sitzt an einem festen Riemen, woran etwa 30 Faden von der Harpune ab, 3 aufgeblasene Robbenhäute, nach 20 Faden wieder zwei und nach gleicher Entfernung noch eine dergleichen befestigt sind. Diesen schwimmenden Zeichen folgen sie und suchen das ermattende Thier mit Spießen völlig zu tödten.*) [ZS 186]

Diese angeführten Seethiere geben den Stillsitzenden reichliche Nahrung; doch tritt auch zuweilen Mangel bei ihnen ein und besonders dann, wenn sich das Treibeis zu früh, z. B. schon um die Mitte Augusts, zum Strand drängt, und das Ausfahren auf den Fang verhindert. Das Fischen treiben sie nur so im Vorbeigehen zum frischen Genuß; nicht um Fische zu trocknen. Ihre Netze bestehen aus Wallfischsehnenzwirn oder aus Riemchen von Robbenfellen. Auch haben sie Hamen aus Fischbeinstriemen, dem unten ein Stein eingebunden ist. Für kleinere Fische haben sie Knochenangeln.

*) *Die stillsitzenden Koriäken am Kamenoi-Ostrog machen es ebenso. Sie binden den Riemen der Harpune an den breiten Schnabel ihrer ledernen Boote, womit sie dann, bei dem dreimaligen Kopfuntertauchen des ungeheuren Wallfisches, wie ein Pfeil mit fortschießen.*

Ihre Boote sind mit getheilten Wallroßhäuten überzogen und haben 4 Ruderbänke, wo auf der vorderen einer, auf den übrigen 2 bis 3 Ruderer und einer am Steuer, alle mit kurzen Rudern sitzen. Bei weiten Fahrten binden sie über die Mitte des Boots eine Stange und befestigen daran auf den beiden Aussenseiten eine ganze aufgeblasene Robbenhaut, wodurch sie das Einschlagen der Wellen hindern und ihre Fahrt sichern; weshalb sie sich auch ohne diese Blase nicht auf das weite Meer wagen. Das Segel zu ihren Fahrzeugen besteht aus sämischem Leder.

Die Bären jagen sie mit dem Spieß, und behaupten, daß die weißen Bären, denen sie auch auf dem Wasser nachstellen, leichter zu erlegen wären, als die schwarzen, weil letztere flinker im Wenden wären. Füchsen und Steinfüchsen legen sie Schlingen und suchen sie während des Treffens durch Zuziehen des langen Riemens zu erhaschen. Hasen treiben sie in Sehnennetze ein und dem Vielfraße jagen sie auf leichten Schlitten mit Rennthieren nach.

9.

[ZS 187] Ihre Schlitten – Streifzüge – Überfälle der Koriäken – Anfälle der Hütten – Wegführung der Gefangenen – Streit in offenem Felde – Fahrten nach Amerika – Weiberhandel – Verbindung mit Amerikanerinnen – Einwohner der Insel Okipen.

Im Winter fahren die Stillsitzenden mit Hunden. Ihre Schlitten sind ungefähr 5 ½ Fuß lang, 8 bis 10 Zoll hoch und 1 Fuß 4 Zoll breit. Auf den dünnen mit Fischbein belegten Schleifen stehen 7 bis 8 Geweihbogen, worauf einige leiterähnliche Stecken mit Fischbein gebunden sind. Hinten wird zuweilen ein Sitz für die Frauen angebracht, wie bei den Rennthier-Tschuktschen. An einzelne vorn an den Schlitten geknüpfte Riemen schirren sie die Hunde, 3 bis 7, nebeneinander an. Sie legen mit ihnen gute Tagesreisen zurück, besonders im Frühlinge, wo es den Hunden selten an Futter fehlt.

Nun noch etwas von den Streifzügen der Rennthier-Tschuktschen gegen die Koriäken, die sie noch nicht vergessen können, und ehemals gegen die Jukager, die durch ihre Beihülfe jetzt fast ausgerottet sind, und von ihren Handelsreisen nach den Eilanden in dem Kanale. Sie folgen in dergleichen Fällen einem Vormanne. Kommen sie in eine fremde, unbekannte Gegend, so lassen sie Weiber und Zelte zurück und der Vormann berathschlagt sich mit den Ältesten (denn die Alten werden immer um Rath gefragt in wichtigen Fällen) während die übrigen schweigen.

Die Anfälle auf die Hütten ihrer Feinde beginnen sie jedesmal mit der ersten Morgendämmerung; einige reißen die Hütten nieder, andere treiben, auf ihren leichten Schlitten sitzend, die Heerden in vollem Jagen weg. Zuweilen gelingt es den Koriäken, einige der Angreifenden mit ihren Büchsen aus den Hütten zu erlegen oder zu verwunden, da denn die Tschuktschen unverrichteter Sache wieder abzuziehen pflegen. Gelingt es ihnen aber die Hütte zu zerstören und der erste Schuß trifft fehl, so haben die Koriäken keine Zeit zum zweiten Male zu schießen; dann werden alle wehrhafte Menschen [ZS 188] mit den Spießen niedergemacht, und Weiber und Kinder weggeführt.

Die Weiber der Koriäken tragen kleine Messer an der Seite, womit sie bei solchen Überfällen ihre eigenen Kinder ermorden. Oft kommen die Verwandten der Gefangenen wenige Tage nachher schon zu den Tschuktschen, um die Ihrigen loszukaufen, ohne weitere Feindseligkeiten zu befürchten zu haben.

Ehe die Tschuktschen einen Streit im offenen Felde anfangen, opfern sie der Erde einige Rennthiere. Ihren getödteten Feinden nehmen sie die Kleidung, und legen sie, damit sie nicht noch einmal zur Sonne aufblicken mögen, mit dem Gesicht auf die Erde. Besonders Tapfern, die mehrere der Ihrigen getödtet haben, durchstechen sie noch den rechten Vorderarm mit der Pfeilspitze. Die stillsitzenden Tschuktschen lassen sich die getödteten Feinde in Figuren auf dem Arme ausnähen. Selten üben sie noch besondere Grausamkeiten an ihren Gefangenen aus. Doch haben sie schon einigen Kosaken die in ihre Hände geriethen, vorher mit glühenden Messern die Haut weggebrannt, ehe sie sie tödteten; andere auch wol der Erde geopfert.

Des Raubes wegen fahren die Stillsitzenden in ihren Baidaren nach Amerika über, überfallen dort einen Wohnplatz, tödten die Männer und schleppen Weib und Kind als Gefangene mit fort. Dadurch erhalten sie einen großen Theil ihres Pelzwerks, das sie an die Russen vertauschen. Die Rennthier-Tschuktschen kaufen von den Stillsitzenden für 12 Rennthierkühe oder für 10 Kühe und zwei zum Ziehen abgerichtete Hirsche ein amerikanisches Weib und die Kinder um geringeren Preis. Diese Gefangenen (Purels) werden dann zu steter Arbeit gebraucht, hart gehalten, Fremden Preis gegeben und müssen sich mit abgelegter Kleidung begnügen.

Durch diese Handelsgeschäfte werden die Stillsitzenden auch zuweilen Rennthierhaltende Tschuktschen, um mit diesen herum- [ZS 189] ziehen zu können, obgleich sie von letzteren nie so geachtet werden. Die meisten der Stillsitzenden besitzen einige Rennthiere, die sie bei den Heerden der Rennthier-Tschuktschen lassen. Man trifft auch häufig Koriäken und einzelne Jukagern, als Arbeitsleute unter den Tschuktschen an, die sie zuweilen mit armen Frauenzimmern unter ihnen verheiraten; auch nehmen die Stillsitzenden öfters Amerikanerinnen zu Weibern.

Nur wenige der Stillsitzenden gehen des Tausches halber nach Amerika. Im März oder April wagen sich wol einzelne von der nördöstlichen Landecke zu Fuß oder mit Hunden über das Eis, obgleich nicht ganz sicher, dahin. Gewöhnlicher tauschen sie ihre Eisenwaaren und Korallen auf den Inseln des Kanals um, wogegen sie Marder- und Mausparken, Wolfs-, Luchs-, Vielfraß-, Fuchs- und Fischotterfelle erhalten. Die Bewohner der Insel Okipen empfangen, nach ihrem Gebrauch, die Baidaren der Tschuktschen geharnischt und mit Pfeil, Bogen und Messern bewaffnet, und begleiten sie eben so beim Abfahren. Sie vertheilen ihre Gäste einzeln unter sich in den Hütten, und gehen und stehen gewöhnlich mit bloßen Messern. Sie haben oft 8 Weiber, mit deren Gunstbezeigungen sie gegen Fremde eben nicht geizig sind.

10.

Haarschmuck der Weiber – Das Ausnähen –
Abweichende Verzierungen – Ausnähen der Männer –
Ohrgehänge – Armbänder – Weiblicher Anzug –
Hosen und Stiefel – Ueberzugshemden – Verbrämungen.

Die Weiber flechten das Haupthaar an den Seiten in einen zweitheiligen Zopf; beide Zöpfe werden nahe am Nacken mit den Enden zusammengebunden. Das Ausnähen*) oder Verzieren ihres Körpers verrichten sie mit eisernen, zum Theil [ZS 190] vielseitigen Nadeln, welche letztere sie über der Lampe glühend machen und auf einem Steine aushämmern, indem sie die Spitze in das verbrannte, mit Thran vermischte Moos ihrer Lampen, oder auch in Bleistifterz,**) das sie mit Urin auf einem Stein abreiben, zuvor einflechten, und dann mit einem Faden von Sehnenzwirn zu nähen beginnen, wo dann jene Schwärze zurückbleibt, worauf sie die Stelle, die ein wenig aufschwillt, mit Fett beschmieren.

Die jungen Mädchen werden schon vor dem 10ten Jahre genähet, zuerst in 2 Linien längs der Nase zur Stirn hin; dann folgt das Ausnähen am Kinn; darauf das an den Bakken, und wenn sie mannbar werden, oder das 17te Jahr erreichen, längs dem Arme bis an die Hand, in Linienfiguren. Nur bei wenigen beschränkt sich dies Ausnähen blos auf den Vorderarm oder vorn an der Hand auf den Rücken derselben. Noch seltener sind die Weiber am Schulterblatt oder oberhalb der Schaam, einem Stern ähnlich ausgenähet.

Bei den Stillsitzenden werden auch die Männer ausgenähet, bei den Rennthier-Tschuktschen aber äußerst selten; es geschieht gewöhnlich im Gesichte, von der Achsel bis zur Brust, auf der Außenseite des Arms, wo sie die Figuren der von ihnen getödteten Feinde ausnähen. Im Gesicht haben sie sehr abweichende Figuren, besonders an den Augen- und Mundwinkeln, über den Augenbrauen und zwischen den Augen über der Nase. Auch unter der Kinnlade und auf den Backen werden von einigen Stern- und Linienverzierungen der Art angebracht.

Zu ihren Ohrgehängen gebrauchen die tschuktschischen Schönen die blauen Schmelzgranaten, doch scheinen ihnen unsere Ohrgeschmeide als Geschenke auch nicht zu mißfallen. [ZS 191] Selbst die Männer ahmen ihnen größtentheils diese Zierden nach. Auch die benachbarten Amerikanerinnen lieben die Granaten sehr, doch begnügen sie sich, in Ermangelung derselben mit gerundeten Ala-

*) *Es ist dies Ausnähen der Tschuktschen, wie wir sogleich näher sehen werden, ganz verschieden von dem eigentlichen Tatowiren.*

**) *Dieses Erz findet man reichlich in Stücken bei dem Wohnplatze Pnuchta und wird von ihnen, bei ihrem sonstigen Nähen, auch zum Abziehen des Zwirns gebraucht.*

basterröhrchen. Noch haben die Amerikanerinnen im Nasenknorpel ein Loch, worin sie eine blaue, bis auf die Lippe herabhängende, Koralle tragen.

Die Tschuktschinnen, und zuweilen auch die Männer, tragen auch Korallenschnüre um den Hals bis auf die Brust herabhangend, auch dergleichen Armbänder, oder auch, wie von den Amerikanerinnen schon angeführt, 3 eiserne Ringe um den Arm. Um den Hals tragen die Weiber überdies noch einen Riemen, der bis zu den Füßen herabgeht und daselbst eine, bei Mädchen auch wol zwei kleine Schellen hat.

Der weibliche Anzug (Kerker bei den Rennthierbesitzenden, Kachlibagyt bei den Stillsitzenden) schließt um den Körper seit an, bildet aber unten ein paar sehr weite Hosen, die sie unter dem Knie zuschnüren. Diese Kleidung wird von oben angezogen und hat, um den Eingang zu erweitern, einen Einschnitt auf der Brust, und einen etwas kürzeren auf dem Rücken. Die Ärmel sind weit und wie die übrigen Ausschnitte mit Hundsfell verbrämt. Diesen Anzug tragen sie doppelt; der untere ist aus Lämmerfellen und der äußere aus den spätern Herbstfellen gemacht, mit den Haaren nach außen.*)

Bei den Stillsitzenden tragen Männer und Weiber, zur Bedeckung der Schaam, kurze bis an die Schenkel reichende Unterhosen, worüber ihre Weiber noch andere aus Seehundsfellen mit den Haaren nach außen anziehen, welche bis zum Knie reichen, wo sie offen stehen. Dies ist eine Nachahmung der Bekleidung in Amerika. Die Weiberstiefeln gehen bis an das Knie, wo sie unter die Hosen geschnürt werden. So lange es die Jahreszeit erlaubt, bestehen sie aus [ZS 192] gegerbten Robbenfellen, im Winter aber aus den Rennthierfuß-Lappen, worunter sie noch Pelzstrümpfe tragen.

Über diese Kleidung tragen sie ein weiteres Pelzhemde, mit einer Kappe, das bis an das Knie reicht, und welches sie bei ihren Festlichkeiten und auf Reisen anziehen. Es hat auf beiden Seiten geründete Ausschnitte und wird mit den Haaren nach innen getragen. Wohlhabende tragen darüber auch wol noch ein zweites mit den Haaren nach außen, wozu sie dann weißfleckige und kurzhaarige Felle wählen. Das erstere ist gewöhnlich bräunlich gefärbt,

*) *Man vergleiche beiliegendes Kupferblatt.* [Siehe Abb. 18]

aber unten, statt des Saums, und oben, statt des Kragens, dunkelbraun. Die Bebrämung ist von Wolfs- oder weißen, langhaarigen Hundsfellen. Vom Halse hangen schwarze Hundsfußlappen mit ihren Klauen auf die Brust herab. Den Achseln, wie jeder Seite des Rückens, sind einzelne kleine Stücken Wolfsfell aufgenähet, von denen kleine Rieme von sämischem Leder herabhangen, woran Korallen hangen.

Wenn die Haare des Pelzhemdes nach außen gehen, so wechseln diese kleinen Rieme mit Troddeln aus schwarzer und rother Wolle von jungen Robben. Reichere haben gern breitere Wolfsverbrämungen und Fußlappen von Vielfraßen. Alte Mütterchen tragen, statt dieser Überzugsparken, einfache längere, die im Winter die Stelle des Schleiers vertreten. Die Weiberhandschuhe gleichen denen der Männer. Beim Regen tragen die Weiber auch einfache Regenhemden. Noch haben sie andere von gebleichter Darmhaut, die aber mehr zur Zierde dienen, als gegen Nässe schützen.[3]

11.
Nahrungsmittel – Rennthierfleisch – Winterspeise – Thrangericht – Wallfischgerichte – Vegetabilische Nahrungsmittel – Wurzelgerichte.

[ZS 45] Das weibliche Geschlecht besorgt die Nahrungsmittel, die Zubereitung der Thierhäute und das Nähen der Kleidungsstücke.*)

Das vorzüglichste Nahrungsmittel dieser Ostnordländer ist das Rennthierfleisch. Man schlachtet die Rennthiere zum Winter, wie in einem großen Theile der europäischen Länder die Schweine, ein. Auf ihren Wanderungen nehmen sie Rennthierfleisch, in Stücken geschnitten, mit. Wäh- [ZS 46] rend des Winters werden indessen von Zeit zu Zeit noch andere, zum frischen Genuß, abgeschlachtet. Gewöhnlich trocknen die Tschuktschen dies Fleisch im Rauche

*) *In dieser rohen Lebensart der Tschuktschen erblickt man das Bild der Sitten und Gebräuche der alten Germanen oder Deutschen.*

3 Der zweite Teil endet hier mit dem Hinweis »(Der Beschluß folgt.)«. Der dritte Teil beginnt mit der Bemerkung »(Beschluß.)« und folgt in Band 17 des »Journals«.

über ihrer Hüttenöffnung. Finden sie eher im Winter, in der Gegend, wo sie ihre Lagerstätte aufschlagen, niedere Gesträuche oder Weidengestrüppe, so kochen sie das Fleisch kurz ein oder lassen es frieren und klopfen es auf Steinen mit einem Schlägel mürbe. Auch wir fanden dieses Nahrungsmittel sehr bald schmackhaft.

Die heiße Brühe vom gekochten Rennthierfleische schlürfen sie aus runden Fischbeinschalen, und, mit Schnee vermischt, wird diese Brühe ihr durstlöschendes Getränk. Für die größten Leckerbissen vom Rennthiere halten sie das Knochenmark, Fett und Zunge, dem Fett ums Zwergfell geben sie jedoch vor allem den Vorzug. In den vom Unrath gereinigten Därmen, die sie auch zum Genuß trocknen, bewahren sie alles andere Fett auf. Die Knochen werden zerstoßen und das daraus gekochte Fett, welches wir von unsern Thierknochen zur Seife brauchen, abgeschöpft und auch genossen.

Im Winter bereiten die Weiber aus Rennthierfett und Fleisch ein wohlschmeckendes Gericht. Das letztere wird, wie Wurstfüllung, klein gestoßen und mit Mark geknetet. Dazu nehmen sie noch etwas Wallfischthran, um das Gefrieren zu verhindern. Die am Anadirflusse wohnenden Tschuktschen mischen noch zu diesem Preräm, wie sie die Speise nennen, die jungen Tannzapfen (der Pinus Cembra) hinzu. Der mittlere Raum der von den genannten Ingredienzien ausgestopften Häute wird von den reisenden Korjäken mit Mark ausgefüllt. Auch den Magenbrei, den die Männer Kilgyrit, die Weiber aber Zilgyzit nennen, weil diese den Buchstaben r nicht aus- [ZS 47] zusprechen vermögen, und das Blut der Rennthiere benutzen sie. Den erstern bewahren sie auf, so lange sich ihre Thiere noch von Weidenblättern nähren, mengen alsdann noch solche getrocknete Blätter hinzu, und füllen damit ganze Robbenhäute aus. Das giebt ihnen gleichfalls, mit Thran, Fett und Blut gemischt, eine angenehme Winterspeise.

Das Blut hängen sie, um ihm eine Art Säure zu geben, einige Zeit in ihren Hütten auf, und vermengen es mit klein geschnittener, am Feuer gerösteten Lunge und Leber. Im Winter führen sie es gefroren auf ihren Wagen bei sich. Die Fußsehnen werden zu Schnüren, die Rückensehnen aber zum Nähen gebraucht. Die Stillsitzenden kochen im Sommer die Wallfischfloßen und bewahren sie in ihren Kammern auf; im Herbste aber werden sie roh eingelegt. Das

Fleisch dieser Seethiere räuchern sie auf Stangen in ihren Hütten. Auch wird dies Fleisch, mit dem von Wallrossen, in aufgeblasene Robbenhäute gestopft, wovon es einen sauren Geschmack erhält, und entweder mit Thran oder gekocht genossen.

Oefters hängen sie größere Wallfischstücken auf langen Ribben dieses Seethieres auf, um sie an der Luft zu trocknen, und überziehen sie mit einem Netz, das sie aus der Haut des Wallrosses verfertigen. Unfern ihrer Hütten vergraben sie, am Seestrande, den Wallfischspeck und bedecken ihn mit dem Gerippe des Wallfisches. Das fließende Fett wird abgeschöpft, das Regenwasser aber, wie in ihren Kammern, durch eine Rinne abgeleitet.

Mit diesem, von der dicken Haut abgelösten Speck, füllen sie, in größere Würfel geschnitten, ganze Robbenhäute voll, worin er in Thran schmilzt, den sie eben sowohl genießen als in thönernen, oder auch steinernen Lampen bren- [ZS 48] nen. Anstatt des Dochtes bedienen sie sich des Mooses. Den, durchs Kochen, bis zur schwarzen Harzmasse eingedickten Wallfisch und Robbenspeck, kauen sie zum Zeitvertreib. Findet sich kein anderes Brennmaterial, so unterhalten sie das Feuer mit Wallfischknochen und Speck.

Von Vegetabilien benutzen sie vorzüglich zwei Arten von Weiden, nämlich die Knie- oder Rennthierweide (Salix repens) und die höhere, an Bächen wachsende Elentsthier- oder Sandweide (Salix arenaria). Von beiden Arten schälen sie die äussere Rinde der Wurzeln, selten vom Stamme ab, und genießen sie wie Blut, Speck und Fleisch der Wallfische und anderer Seethiere. Die Wurzelfasern kauen die Männer, wie die Ostindier ihr Betel, zum Zeitvertreibe und flechten daraus Zunder zum anzünden der Tabakspfeifen.

Von der Rennthierweide kochen sie die jungen zarten Blätter in thönernen Töpfen, die sie, wie ihr Holzgeschirr, aus Amerika erhalten, und genießen sie eben so, wie den Magenbrei, mit Speck.

Eine andere Pflanze (Polygonum divaricatum) ausgebreiteter Knöterig gehört auch zu ihren vegetabilischen Nahrungsmitteln. Die Wurzeln dieser Pflanze sammeln sie zu Anfang des Herbstmonats sorgfältig für den Winter. Sie hat einen zusammenziehenden Geschmack und wird mit Speck, in Blut eingetaucht, genossen. Mit den frischen Blättern derselben würzen sie das säuerliche Robbenblut und die Wallroßleber. Den eingedickten, vorher mit Händen ausgepreßten Saft, heben sie zum Winter auf. Zu eben dem Zwecke sammeln sie auch die Wurzeln von der Schweizer Esparsette (Hedysarum alpinum) und noch von einer anderen Graswurzel, die an sumpfigen Stellen wächst. Die Pflanze selbst hat viele lange und [ZS 49] und schmale Blätter. Selten graben die Tschuktschen diese Wurzeln selbst aus, sondern sie plündern zu Ende des Septembers die Hölen schwarzschwänziger Mäuse, welche sowohl diese Wurzeln, als auch die Wurzeln von anderen genannten Grasarten, in kleinen Stückchen, für den Winter eintragen. Die erwähnten Vorrathshölen legen jene Nagethiere unterm moosigten Wasen, an kleinen Flüssen an.

Seltener sammeln sie noch die süßlichten Wurzeln einer blasenförmigen Schotenpflanze (Astragalus) und von einer anderen rothblühenden Pflanze (Pedicularis) Läusekraut.

Das Werkzeug, womit die Tschuktschischen Frauenpersonen diese Wurzeln ausgraben, ist entweder ein Wallrosszahn, oder ein Theil des Rennthiergeweihes.

Auch Tang, eine bekannte Wasserpflanze, genießen sie, mit Wallfischspeck, Blut und Magenbrei ihrer Rennthiere. Die, auf Anhöhen wachsenden, Appenbeeren, sammeln sie zum frischen Genuß.

12.
Benutzung und Bearbeitung der Thierhäute – Heiratsgebräuche – Koriäkische Sitte – Kinderzahl – Kinderbekleidung.

Die Rennthierhäute reinigen die Tschuktschen von der dünnen Haut und dem Fett, mit einem scharfen Schiefer, oder mit einem andern ähnlichen Steine, der in ein rundes Stück Holz eingesetzt ist.

Diese innere Seite beizen sie mit Harn und Magenbrei der Rennthiere, und wiederholen diese Art zu gerben und [ZS 50] des Einweichens der Häute, bis sie die Beschaffenheit erhalten, welche sie haben sollen. Um den, hierauf getrockneten Häuten, die erforderliche Weichheit und Geschmeidigkeit zu geben, so treten und reiben sie dieselben mit den Fersen, welche sie mit einfachem oder doppeltem Leder überziehen, oder sie bedienen sich auch wohl dazu eines scharfen Sandsteines und reiben sie mit den Händen. Zum Färben der Rennthierfelle brauchen sie die Erlenrinde, die sie gröblich gestoßen, in Urin kochen. Dadurch erhalten sie eine lohbraune Farbe. Viele Tschuktschen färben aber auch die Häute mit einem rothen Eisenerz, das häufig an Flüssen gefunden wird, (vielleicht Sumpf- oder Moorerz, oder auch eine Art Blutstein, Haematit.) und das sie mit Urin, auf einem Steine abreiben. Besser ist es, wenn die Felle, anstatt des Harns, mit dem Magenbrei der Rennthiere zubereitet werden, so wie die Korjäken damit verfahren; denn sie werden weicher, nicht in der Kälte feucht und haben auch keinen urinösen Geruch. Fast auf eine ähnliche Art bereiten sie auch ihr sogenanntes sämisches Leder. Die Korjäken geben dem letztern, durch das Abkochen der trockenen Blätter der sibirischen Schneerose, eine gelbliche Farbe.

Zum Rothfärben der Wollhaare junger Robben nehmen sie das nördliche Laabkraut (Galium boreale), welche sie im Herbst sammeln, wählen die dunkelgelbern Wurzeln, nehmen dazu noch die Blätter von der Alpenbeere (Arbutus alpina) setzen etwas Asche (Kali) dazu, und kochen sie, zerstoßen, in Wasser. In diesen Extrakt werfen sie alle Felle, welche, nach ihrer Meinung, dauerhaft gefärbt sein sollen – Die Tschuktschen in festern Wohnsitzen, beizen die Robbenfelle mit Urin ab, und lassen sie im stärkeren Froste weicher und [ZS 51] blässer werden. – Damit besetzen sie ihre kleinen Halbstiefel und machen auch Riemen zum Binden dieser Fußbekleidung daraus. In eben der Absicht färben sie nicht minder manche Felle, mit Erlenrinde, roth. Jene kleinern sowohl, als auch die längern Stiefeln, die sie in der nassen Jahreszeit tragen, verfertigen sie, durchs Bestreuen mit Asche, aus gegerbten Robbenfellen. Die Lohe, woraus sich eine Gallussäure zieht und die vielleicht zufällige Schwefelsäure, färbt die Felle ungleich schwarz, aber dauerhaft. Sie nähen schnell, aber schlecht.

Die Verheiratung der Töchter hängt von der Einwilligung der Eltern ab. Der Ehelustige schläft mit der zu verehelichenden Tochter in einem Zelte. Gelingt ihm die Erreichung der höchsten Vertraulichkeit, so ist die Ehe geschlossen. Hat sie aber eine Abneigung gegen ihn, so steht es ihr frei mehrere ihrer Freundinnen auf diese Nacht einzuladen, welche dem Zudringlichen mit allen weiblichen Waffen – entgegen arbeiten.

Länger läßt eine Korjäkin ihren Liebhaber schmachten. Jahrelang strebt er vergebens nach diesem Ziele. In dieser Zeit besorgt er alle Hüttengeschäfte. Er holt Holz, hütet die Heerde und läßt sich keine Mühe und Arbeit verdrießen; ja, er duldet sogar nicht nur die Neckereien, sondern auch die Schläge von anderen – alles – um Beweise seiner Liebe zu geben. Ein einziger Augenblick weiblicher Schwäche lohnt – den Geduldigen dafür – mit der Erfüllung seines Wunsches. Zuweilen bestimmen die Eltern manche Kinder schon, von ihrer zarten Jugend auf, für einander zur Ehe, und lassen sie deswegen bei sich oder ihren Verwandten, mit einander aufwachsen. Eine Tochter erhält keine andere Mitgabe als einen, mit zwei Rennthieren bespannten, Schlitten, womit sie [ZS 52] ihrem Manne folgt; Beschenkt jedoch der Schwiegervater seinen Eidam mit Rennthieren, so erfordert die Dankbarkeit ihm eine gleiche Anzahl zurückzusenden.

Die Korjäken vertheilen ihre Heerden unter ihre Kinder, in gleiche Theile aus. Sie scheinen selten mehr als 4 Weiber zu nehmen. Die meisten haben drei, zwei und die minder wohlhabenden begnügen sich auch wohl mit einem Weibe. Stirbt einem Korjäken sein Weib, so heiratet er ihre Schwester, wenn sie eine hat, und die jüngeren Brüder verbinden sich mit den hinterlassenen Witwen ihres Vaters, auf eine eheliche Art. Ungebräuchlich ist es aber, daß der ältere Bruder die Witwe des jüngern heirathe. Unfruchtbare Ehefrauen werden sehr bald, ohne Beschimpfung von Seiten der Verwandten, verstoßen.

Es trifft sich deswegen nicht selten, daß junge Weiber schon dem vierten Manne zu Theil wurden, bis sie endlich von einem älteren, der schon eine Anzahl Kinder hat, ihrer Jugend oder Reize wegen, für immer aufgenommen werden. Die Gebährenden haben keinen anderen Beistand als die Natur; deswegen sterben aber auch nicht selten manche in Kindesnöthen. Die Nachgeburt belegen sie, unfern ihrer Hütte, mit Rasenstücken und einzelnen Steinen. Während der monatlichen Reinigung vermeiden die Männer den vertrauten Umgang mit ihren, in dieser Periode für unrein erklärten, Weibern, weil dies ihnen, wie sie wähnen, Rückenschmerzen zuziehe. Die korjäkischen Weiber treiben ihre Leibesfrucht, wenn sie gegen ihre Männer aufgebracht sind, ohne alle Umstände ab. Diese Tücke scheinen die Tschuktschischen Weiber nicht nachzuahmen.

Wenn sie ihren neugebornen Kindern einen oder mehrere [ZS 53] Namen beilegen wollen, so halten sie ein an einen Faden angebundenes Steinchen freischwebend in die Höhe, und rufen dann, nach dem Geschlecht des Kindes, die Namen ihrer verstorbenen Vorfahren, mit der Frage aus: N – Bist du gekommen? – Mit dieser Anfrage fahren sie so lange fort, bis sich das Steinchen mit dem Faden anfängt zu bewegen, und dann geben sie dem Säugling den Namen des zuletzt genannten.

Sie haben alle zwei, größtentheils unübersetzbare Namen, werden aber gewöhnlich nur mit einem gerufen. In Krankheiten wechseln sie jedoch öfters den erstern mit dem zweiten. Ihre Kinder lassen die Mütter so lange säugen, bis sie sich selbst entwöhnen. Oft haben sie zwei nachlaufende Säuglinge. Dies befördert die Erschlaffung der Brüste und das Verblühen der weiblichen Reize. Den Kindern lassen sie allen Willen und geben ihrem Eigensinne nach. In dem Familienzelte, worin ich während meiner Reise schlief, saugte noch ein Junge von 5 Jahren an der Brust seiner Großmutter, an die er sich mehr noch, als an seine Mutter gewöhnt hatte. Dabei fütterte sie ihn, unaufhörlich mit Fleischkost. Die schwachen Großeltern hatten diesen Enkelsohn so verzogen, daß er, beim geringsten Widerspruch, mit lautem Geschrei auf Mutter und Großmutter zuschlug. Diese Ungezogenheit machte dem Großvater eine gar herzliche Freude, und dafür küßte und liebkoste er seinen kräftigen Enkel. Die Mutter des Knaben, ein hageres langes Geschöpf, hatte für ihre Mutter eben keine zärtlichen Empfindungen, denn sie theilte ihr manchen Fußtritt und lieblosen Stoß zu.

Größtentheils leben die Männer mit ihren Weibern in Eintracht. Finden es jene aber für zweckmäßig, sie hand- [ZS 54] greiflich zu belehren, so lassen es die Weiber auch nicht am Gebrauch ihrer Waffen fehlen.

Ihre Kinder bekleiden sie mit Rennthierfellen, die Haare auswärts gekehrt, inwendig aber mit Lämmerfellen gefüttert. Auf dieselbe Art werden auch Stiefeln und Handschuh gemacht. Die Mütze oder Kappe bebrämen sie mit Hundefellen. Zwischen den Beinen sind sie mit einer Klappe bekleidet, die sich von vorn bis nach dem Hintertheil öffnet. Diese Klappe wird so lange als sich Kinder noch verunreinigen, mit Rennthierhaaren und Moos belegt, und öfters gewechselt. Alle Mütter tragen ihre Kinder auf den Schultern.

13.
Weiberwechsel – Uringelanterie – Das Reiben mit der Nase – Das Tabakrauchen – Sicherung gegen Krankheiten von Fremden.

Männer, die sich mit einander verstehen und sich als Freunde anerkennen, wechseln auch ihre Frauen. Gewöhnlich suchen sie dazu die Einwilligung derselben, die, wahrscheinlich aus Artigkeit, dieses Gesuch selten abschlagen. Sind beide Theile darüber einverstanden, so wird dieser Weiberwechsel jedes Mal, so oft sie einander nahe kommen, oder bei freundschaftlichen Gastmahlen sehen, wiederholt. Diesen Vertrag schließen die Männer, nicht zum innigen Verdruß ihrer Weiber, oft mit 6, 8 bis 10 andern Männern.

Ausschweifungen sind deswegen, unter den Eigenthümern der Rennthiere, auch selten zu finden. Sie sind zwar in Absicht der Schmeicheleien nachsichtig, aber gewisse andere Scher- [ZS 55] ze von Fremden erwidern sie mit Schlägen oder ins Gesicht spucken. Die Kinder gehorchen übrigens den fremden Vätern ebenso wie ihrem rechten Vater.

Der Weiberwechsel ist bei den Korjäken eine unbekannte Sitte; dafür sind sie desto eifersüchtiger. Ehemals bestrafen sie den Ehebruch mit dem Tode, jetzt nur noch mit Verstoßung.

Wahr ist es, das die Tschuktschen sich mit dem Urin ihrer Gewählten, als einem Beweise der Zuneigung, Gesicht und Hände waschen – nicht aber, wie man mit Unrecht sonst behauptete, daß sie ihn tränken.

Unsere Wirthin erhielt, während unserer langweiligen Herbstreise, öfters einen Besuch von einem solchen Cicisbeo.[4] In diesem Falle begab sich ihr Mann, ohne Zeitverlust zum Weibe des Besuchenden, oder in ein anderes Zelt. Bei dieser Zusammenkunft aßen

4 Ein Cicisbeo oder ital. Cavaliere servante bezeichnet seit dem 16. Jahrhundert in Italien einen Gesellschafter und Begleiter, Vertrauten oder gar Geliebten einer verheirateten Dame. Es kam sogar vor, dass der Umgang mit einem solchen vertraglich zwischen den Eheleuten geregelt und garantiert wurde. Ausgehend von bestimmten Bräuchen durfte der Ehegatte seiner Frau nur zu Hause Gesellschaft leisten. In der Öffentlichkeit, wie etwa beim Besuch des Gottesdienstes, war der Cicisbeo ihre Begleitperson. Im 19. Jahrhundert geriet dieser Brauch unter französischem Einfluss in Verruf und verschwand im Laufe des Jahrhunderts völlig.

sie besser, rauchten abwechselnd Tabak und die Stelle des Liebkosens und Küssens vertrat das Reiben mit der Nase, und der Gebrauch einer Schale zum natürlichen Bedürfnisse. –

Auch unter den Tschuktschen, welche nicht umherziehen, ist der Weiberwechsel im Gebrauch, aber die Vermischung der Rennthiertschuktschen mit jenen, findet nie statt, so wenig wie sie sich mit den Töchtern der erstern verheirathen, weil die Nichtwandernden von den nomadischen Tschuktschen verachtet werden. Deswegen weisen die Weiber der letztern immer jene Männer zurück, die Nomaden hingegen besuchen, dessenungeachtet, die Weiber derselben, ohne daß diese dazu scheel sehen. Sie finden sich dadurch sogar geehrt, und bewirthen Mann und Frau, wenn sie zu Gaste kommen, besser, und beschenken sie beim Abschiede mit frischgeschlachtetem Rennthierfleische. [ZS 56]

Zu den sinnlichen Genüssen oder Vergnügungen der Tschuktschen gehört auch das Tabakrauchen beider Geschlechter; denn die Weiber werden hierin kaum von den Männern übertroffen. Dieses betäubende Reizmittel der Geschmacksnerven ersetzt ihnen unsere geistigen Getränke. Sie ziehn aber den Rauch viel tiefer ein als unsere Tabakraucher, und blasen ihn, unter einem ekelhaften Aufstoßen und Hervorbringen des Speichels, von sich. Oft treiben sie dieses Rauchen so weit, daß sie das Bewußtsein verlieren. Darauf fangen sie an zu schwitzen und endlich erfolgt das Erbrechen. Diese Berauschung durch Tabakrauch kostet manchem Jakuten das Leben; denn zuweilen fallen sie in ihrer Betäubung ins Feuer und finden ihren Tod darin, oder andere stürzen beim Durchreiten eines Flusses vom Pferde und ertrinken.

Die Rennthiertschuktschen haben, gegen das Eeinbringen der Krankheiten von Fremden, folgende sonderbare Gebräuche eingeführt, wie wir es selbst erfuhren.

Das Weib und der Sohn unsers künftigen Wirthes unterhielten am Strande, als unsere Boote von den Ufern ihres Sommeraufenthaltes noch entfernt waren, zwei kleine Feuer. Als wir uns aber näherten, da zündeten sie Weidenreiser und Appenbeeren-Gestrippe an, mit welchem sie uns eben so wie mehrere Kinder, nebst Gruß und Geschrei entgegen kämen, und brennende Reiser zuwarfen.

Nachdem wir ans Land gestiegen waren, und unser Gepäck ausgeladen hatten, so stellten sich alle entgegenkommenden

Tschuktschen vor das Feuer und die Weiber warfen einzelne Stückchen von einer Masse, die sie aus Rennthierfett, Weidenblättern, Thran und Wallroßdärmen geknetet hatten, in die Flamme. Hierauf ging zuerst der Wirth und [ZS 57] dann unser Befehlshaber zwischen den beiden Feuern durch, wobei sie mit den Händen eine Bewegung machen, als strichen sie sich etwas daran Haftendes ab. Endlich folgten auch wir, nebst der uns begleitenden Menge von Eingeborenen, unter gleichen Gebräuchen, nach.

Auf eben dieselbe Art ward auch unser Gepäck zwischen den Feuern durchgetragen. Hierauf zog der Wirth seinen weißen Schafspelz aus und beschenkte unsern Befehlshaber damit, der ihn folglich anzog. Dafür gab dieser jenem zur Vergeltung ein Hemde, womit er sich ebenfalls bekleidete. Nach dieser Beschenkung wünschte uns der Wirth, Gesundheit und eine glückliche Reise zur Kowyma (einem Flusse) und führte uns zur Hütte.

Kehren die Ihrigen von den Flüssen Ischika und Kowyma zurück, so kommen ihnen die Zuhausegebliebenen einen Theil Weges entgegen, streifen mit den Spießen an der Ankommenden Kleidung herab, schießen über und neben ihnen Pfeile in die Luft, und lassen diese Zurückkehrenden dann ebenfalls zwischen den Feuerflammen durchgehen.

Fahren sie im Winter von den Tschuktschen in festen Wohnsitzen weg, so halten sie in einiger Entfernung von ihren Hütten mit ihrem Fuhrwerk stille, und rufen den Winden, als wären es böse Geister, zu: »Kehrt zurück, bei uns ist es kalt – bei uns werdet ihr frieren!« Mit dieser Zauberformel meinen sie ansteckende Krankheiten zu vertreiben oder zurückzuhalten.

[ZS 58] 14.
Bewillkommung – Das Rennthierschlachtfest – Festgebräuche – Tänze.

Kommt ein Tschuktsche zum anderen zu Gaste, so sagt er, anstatt des Grußes: Ich bin gekommen! Worauf der Wirth erwidert: du bist gekommen! Beim Weggehen sagen beide Theile: tamm, tamm, das heißt genug, genug.

Gewöhnlich nehmen sie zu den Gastgeboten ein Weib mit, weniger der Gesellschaft als eines anderen Interesses wegen.

Es ist nämlich unter ihnen Sitte, daß die Besitzer zahlreicher Rennthierheerden ihren Gästen, sobald sie ihre Weiber mitbringen, ein ganzes abgeschlachtetes Rennthier mitgeben.

Dies geschieht auch jedes Mal, wenn ein Weib ganz allein zu Gaste kommt. Solche Besuche sind deswegen für die ärmere Klasse einträglich! –

Das Schlachtfest der Rennthiere feiern die Tschuktschen sowohl im Frühlinge nach dem Kalben der Rennthiere, als auch vom 20sten Juli bis zum 20sten August. Ich erzähle, was ich bei diesem Feste sah. Die Rennthierheerde wurde von der Weide geholt und die Weiber aus unserer Hütte gingen ihr entgegen. Bei Annäherung der Thiere zündeten sie zwei lodernde Feuer an und opferten ihnen ein Gemisch von Wallfischfleisch, Thran, Speck, Blut und gesäuerten Weidenblätter, welches ins Feuer geworfen ward. Die deswegen hellbrennenden Reiser wurden hierauf der Heerde zugeworfen und die Ueberreste aus den hölzernen Schaalen verzehrt.

Hierauf ward die Heerde näher zur Hütte getrieben, und, [ZS 59] so weit ihre Fahrschlitten zureichten, mit diesen umstellt. Ein jeder Tschuktsche steckte seinen Spieß dazu. Der noch übrige Kreis ward um die Heerde mit Riemen geschlossen. Jedes Weib zündete alsdann zwischen oder vor den Fahrschlitten ihr eigenes Feuer an. Die Männer fingen nun, sobald die Feuer rundherum brannten, mit dem Abstechen der Thiere an.

Unser Wirth, als der Angesehenste unter seinen Verwandten, schlachtete das erste, weißgefleckte Kalb unweit dem Meeresufer ab. Eine Hand voll rauchendes Rennthierblut warf er mit den Worten in einen nach dem Meere zu strömenden Bach: Wir fürchten das Meer denn unsere Boote sind nur klein! – Eben so warfen sie auch der Sonne Blut entgegen, und nach der Gegend hin, die wir bereisen wollten. Dabei ward das getödtete Thier mit dem Kopfe, auf Weidenzweigen liegend, dem Gegenstande zugekehrt, für welchen sie eine handvoll Blut opferten. Ausser der Sonne, dem Meere und dem vorhabenden Wege brachten sie auch der Hütte ein solches Blutopfer. Sich selbst machen die Tschuktschen, so wie ihre Weiber und Kindern einen Blutstrich über die Stirn. Ferner bestreichen sie mit frischem Rennthierblute an verschiedenen Stellen ihre Schlitten, die Hüttendecke, ihre Kleidungsstücken und besonders die Stellen unter dem Arm. Damit ihnen die bösen Geister kein Leid zufügen können, und sie nicht von Krankheiten heimgesucht werden, so wird jedes Mal die untere Seite der Wallroßhaut, auf welcher sie die Rennthiere schlachten, mit Blut befeuchtet. An diesem Schlachttage sind die Weiber vorzüglich beschäftigt. Sie ziehen den Thieren die Häute ab, reinigen die Därme, sammeln den Magenbrei, füllen das Blut ein, lösen das Fleisch von den Knochen u. s. w.

[ZS 60] Zu ihren, oben bereits erwähnten unförmlichen Holzgötzen und zu ihren Köchern und Bogen, legten sie Rennthierläufte und mit Blut besprengte Weidenruthen. Dazu brachten sie noch die Schädel von einem Bären und einem Wolfe, und einige Lämmerviertel, welche Thiertheile schon auf einer rohen Rennthierhaut ausgebreitet hingelegt waren. Bevor alles Fleisch und die übrigen Geräthe weggetragen wurden, schlugen sie mit einem runden Steine einige größere Beinknochen auf, legten das daraus gezogene Mark in eine lederne Schale, die sie immer bei sich führen, bestrichen damit den Mund ihrer Götzen und stopften den Rachen der erwähnten Raubthierschädel damit aus.

Durch diese Zeremonie glaubten sie jene Raubthiere von ihren Heerden abzuhalten.

Die Rennthierbeine und mit Blut besprengten Weidenruthen hängen sie an die Stützen im Innern ihrer Hütten auf, damit die Mütter der geschlachteten Kälber, wie sie wähnen, aufhören, sich über den Verlust ihrer Kinder zu betrüben: denn – ungeachtet die Tschuktschen schon des Nachmittags am Schlachttage, die Heerden mehrere Werste von der Hütte entfernen, so kehren dennoch diese Thiere einige Tage hinter einander zurück und suchen ihre Kälber! – So mächtig wirkt der Naturtrieb zur Erhaltung der Thier-Racen! Die, noch am Stirnknochen festsitzenden Geweihe werden vom rauhen Ueberzuge gereinigt, dann aber lassen sie dieselben entweder auf der Stelle, wo das Thier getödtet ward, liegen, oder sie hängen sie in ihren Hütten auf.

Mit Anbruch des folgenden Tages waren unsere Hüttenweiber mit dem Kochen des Rennthierfleisches beschäftigt. Mit diesem Fleische füllen sie große Kessel voll.

[ZS 61] Auch kneten sie das Knochenmark mit Weidenblättern und einem kleinen Theile von Appenbeeren zusammen, desgleichen mischten sie aus Rennthierblut, Weidenblättern und Thran noch ein anderes Gericht. Endlich ward das Fleisch auf einer ausgebreiteten Haut in Stücken getheilt, und dann neben die Schalen, mit jenen besonders zugerichteten Speisen gesetzt. Nun ergriff unser Wirth einen kleinen Stock und schlug damit auf den Reif einer Handpauke. Auf dies gegebene Zeichen brachten, durch Reiben der Hölzer, zwei Weiber neues Feuer hervor, in welches die Männer rohes Mark, Tabaksblätter, geschnittenen Tabak und geschabtes Birkholz warfen.

Das gekochte Fleisch ward hierauf den Weibern der Nichtwandernden, die sich zahlreich einfanden, preisgegeben. Sie stopften sich dann, unter dem größten Andrange, ganze Säcke voll. Nachdem ihnen auch noch einige Tabaksblätter zugetheilt waren, so entfernten sie sich sämmtlich wieder aus der Hütte. Nach dieser Bewirthung ward die Hütte ausserhalb mit Wallroßhäuten überdeckt und die oben genannten in Schalen aufgetischten Gerichte wurden, mit den Fingern und dem größten Appetite, aufs reinste ausgeleert.

Zugleich wurden die Häute der am Tage vorher geschlachteten Thiere mit Kopf und Geweihen ans Feuer gelegt. Der Holzgötze, mit welchem sie Feuer anmachen, ward vor die Rennthierschädel, aber hinter die Flamme, gegen Süden gelegt. Nie, sagen sie, darf das Feuer verlöschen, und im Norden, dem finsteren Himmelsstriche, ist nicht die Wohnung der Sonne. Unser Wirth begann nun einen feierlichen Gang mit mehreren Zeltvätern, um die lodernde Flamme, wobei sie auf den Reif der Handpauke, die sie vorher mit Wasser an- [ZS 62] gefeuchtet hatten, damit sie sanfter tönen möchte, schlugen. Bei dieser Musik riefen sie abwechselnd ihren Holzgott an, und luden ihn zu Gaste ein!

Die älteren Tschuktschen sangen nunmehr einen langsamen Wechselgesang. Dazwischen riefen die Übrigen: ho! ho! ho! und dann wieder hei! hei! hei!

Die Männer fingen endlich einzeln an zu tanzen und schlugen dabei die Handpauke an. Auch die Weiber nahmen an diesem Tanze, wie es auch in Amerika Gebrauch ist, Theil. Nach und nach ward der Tanz immer lebhafter. Die Männer trabten von einer Seite zur andern und schlugen die Handpauke stärker und riefen alle zugleich einzelne Töne, um das Feuer tanzend, aus. Endlich wandte sich unser Wirth mit seinem Gesange, folgenden Inhalts, an den Rennthiergötzen:

»Hier bringen wir dir das schuldige Opfer und werden dich nie vergessen. Laß uns keinen Unfall treffen. Schütze unsere Heerden und erhalte unsere Weiber!« –

Nach diesem Gebete wandte er sich an einen Greis und sagte:

»Ich freue mich über die Gegenwart meiner Gäste nicht minder, als wenn uns Gott wilde Rennthiere zugeführt, oder in unserm rauhen Lande hätte Holz wachsen lassen. Möge uns alles Glück begleiten, damit wir gesund und wohlbehalten an Ort und Stelle kommen. Seht wie die Sonne mit ihrem erwärmenden Lichte auf uns scheint, wird uns das Glück nicht zur Seite gehn? Auf immer soll sich alles Mißgeschick von unsern Hütten entfernen.«

Auf diese frommen Wünsche antwortete der Greis immer: Thalmoa! Das heißt: so! so! oder Amen! [ZS 63]

Der Wirth fuhr endlich fort:

»Leid thut uns der Holzmangel! Möchte uns doch kein Wind das Weidengesträuch mit Schnee zuwehen, und uns hindern es aufzufinden!« –

Es schien uns zwar als wollten uns Krankheiten heimsuchen, aber, Dank unserm Gott! noch hat er uns damit verschont. Es wurden uns auch Seuchen vorher verkündigt, aber, wahrscheinlich gingen sie bei uns vorüber und ließen sich in anderen Zelten nieder.

Wir sind Freunde der Russen und freuen uns ihrer. Noch nie wohnten diese Fremden so unter uns. Uns und unser Land haben sie mit Tabak und Corallen beschenkt.

Nach dieser Apostrophe setzten die Männer ihren Tanz so fort, wie sie ihn angefangen hatten. Einige von ihnen sagten die glückliche Zukunft voraus, und andere schlossen mit erfreulichen Wünschen. Da trat ein Greis hervor und sagte: »Ein Rennthier vor dem Feuer scheint nach der Thüre zuzurücken!« –

Was bedeutet dies, fragten ihn die Anderen? Da ergriff er die Handpauke, setzte sich durch stärkere Schläge auf dieselbe in einer Art von Betäubung und erwiederte: »Er sähe in der Ferne die Erfüllung ihrer Wünsche!!« –

Auch die Frauenspersonen machten, zum Nebenspiel, tanzende Bewegung und hüpften auf ihrer Stelle, wo sie standen, in die Höhe. Dabei schnitten sie allerlei Grimassen, beugten sich vorwärts und sangen unverständliche Worte oder Exclamationen, als:

Enjomai, jo, jo, jo
Enjomai, je, je je
Numjen kejo – [ZS 64]
No, no, no –
Ko, ko, koi
Eho jo, u. d. m.

Diese Art der Tanzbelustigung währte bis gegen den Abend, worauf abermals unter häufigem Tabakrauchen volle Kessel geleert wurden.

15.
Tänze – Andere Leibesübungen – Das Kreislaufen – Das Ringen – Wettfahrten.

Die nichtwandernden Tschuktschen fangen ihre Gastereien und Tänze nach dem Wallfischfange, im November, December und Januar an. Die Menge der Speisen ersetzt ihnen die Güte derselben. Die Schädel der gefangenen und getödteten Robben reihen sie, zum Aufbewahren, an eine Schnur, und legen sie, am Schlusse des Monats Mai, wenn der Robbenfang geendet ist, auf Anhöhen, um sie der Erde zurückzugeben. Bei dieser Handlung nehmen sie Veranlassung zu neuen Schmausereien.

Die Tänze beider Geschlechter haben mit denen, der benachbarten Amerikaner, viele Ähnlichkeit. Ausser der Fußbekleidung tanzen die Männer völlig entblößt. Das Haupt allein schmücken sie mit einzelnen Schwungfedern. Ihre durchaus kunstlosen Tanzbewegungen und Figuren bestehn aus wilden Nachahmungen von Jagd und Streit. Bald nehmen sie die Stellung eines Bogenspänners, bald die eines Zielenden, oder sie drohen, fliehen, verfolgen sc. Ihre Weiber singen dazu [ZS 65] dazu und ahmen die Bewegungen, bei ihren Geschäften nach. Hier bücken sich einige, als sammelten sie Beeren, dort gießen sie Wasser in den Kessel, werfen Reiser in das Feuer sc. So werden diese Tänze natürliche mimische Ballette. Alle sitzen dabei dicht aneinander im Kreise auf der Erde, im Winter aber in der Hütte auf den Seitenbänken, schlagen den linken Fuß unter, den rechten aber strecken sie vor sich hin. Alle entblößen den rechten Arm und die rechte Brust, und machen öfters mit dem ersten eine langsame Bewegung nach der Brust zu, als wenn sie etwas von der Erde aufheben wollten. Nun bücken sie sich, strecken schnell den Arm wieder aus, und halten den Vorderarm aufrecht, und so wechseln sie mit verschiedenen mimischen Stellungen ab. Eine andere Art von Belustigung besteht im Schlagen der Handpauke vom Gesang begleitet. Dabei sitzen sie auf einer Wallroßhaut, zwei andere Tschuktschen halten ihnen Riemen über den Kopf gespannt. Der Sitzende hüpft nun in die Höhe, und die Riemhalter schwingen den Riemen schnell unter ihm weg.

In der guten Jahreszeit stellen die Tschuktschen fast jeden Abend ein Wett- und Kreislaufen an. Sie beginnen mit Traben, fahren im Schnellschritt fort und wetteifern zuletzt mit der größten Geschwindigkeit. Dazu gewöhnen sie sich von Jugend auf. –

Auch die bejahrten Väter gehen noch im Innern des Kreises mit herum, so weit es ihre Kräfte verstatten.

Nach dem Wettlaufen folgt das Ringen. Alle setzen sich in einen Kreis. Die ringenden Kämpfer legen ihr Pelzhemde ab und gehen langsam auf einander zu. Bevor sie sich anfassen, geben sie sich manchen Handschlag auf die bloßen [ZS 66] Arme und Schultern. Endlich drücken sie die Köpfe aneinander und halten die Füße rückwärts entfernt. Immer bemühen sie sich einander ein Bein unterzuschlagen oder auf den Erdboden hin zu schleudern. Oefters springen sie mit einem starken schreienden Laut auseinander, oder setzen sich auf den Boden, um ihren Gegner niederzuziehen und sich über ihn her werfen zu können. Der Sieger bleibt so lange auf dem Kampfplatze als immer wieder ein neuer Kämpfer gegen ihn auftritt, und er endlich unterliegt.

Im Winter halten die Rennthiertschuktschen auf kleinen leichten Schlitten Wettfahrten. Eine solche Belustigung stellte unser Wirth, während der Reise, wegen Genesung seines Sohnes an.

Er fuhr mit anderen Tschuktschen ungefähr 5 Werste von der Hütte ab, und jagte mit ihnen dahin wieder zurück. Als Ziel, standen unfern der Zelthütten, zwei, mit gekochtem Fleische angefüllte, hölzerne Schüsseln, dergleichen Knochenmark und von den, oben schon beschriebenen Gerichten, aus klein gestoßenem Fleische.

Ausserdem legte der Wirth noch für den, welcher zuerst ankommt, eine handvoll Tabaksblätter hinzu.

Aus den Fleischschüsseln wurden einige Stückchen dem Feuer geweiht, der Rest aber den Wettfahrenden als Preis überlassen. Zur Erinnerung blieb das Geweih des, zu dieser Belustigung geschlachteten, Rennthieres auf der Stelle, wo es getödtet ward, liegen. Als Erkennungszeichen band man queer über das Geweih, eine Weidengerte, mit Fischbein an.

Nach gehaltener Schlittenfahrt liefen die jüngern Mannspersonen in ihren Schafpelzen, Unterbeinkleidern und Pelzstrümpfen, einige Werste weit, mit einander um die Wette. [ZS 67] Den Schluß des ganzen Festes macht das Kämpfen oder Ringen, und gegen Abend kehrten alle, mit ihren Weibern in die Wohnhütten zurück.

16.
Krankheiten – Deren Heilungsarten – Schamane – Selbstmord – Leichenzeremonien – Aberglaube dabei.

Zwar finden sich selten Krankheiten unter den Tschuktschen, weil sie noch im freien Stande der Natur leben; aber wenn sie nicht Folgen des Klima's sind, so sind es doch die der Ansteckung von anderen Völkern. Die Lustseuche, sonst meistentheils unter den Wilden herrschend, ist ihnen bis jetzt noch unbekannt. Die Blattern haben, nach dem Jahre 1730, unter den nichtwandernden Tschuktschen gewüthet, und man findet noch, bis jenseits der Lorenzbucht, Reste ehemaliger Wohnungen von Menschen, die, wie die Tschuktschen sich darüber ausdrücken, von bösen Geistern wären erwürgt worden.

Seit dieser Zeit wissen sie aber nichts vom Blatterngift, welches nur die, an bestimmten Oertern wohnenden Tschuktschen hinraffte. Wahrscheinlich brachten es die wilden Rennthiere, die durch den Anadirfluß schwammen, mit.

Die wandernden Rennthiertschuktschen bleiben größtentheils von den Blattern befreit; denn, sobald sie Kunde von einer Krankheit oder Seuche haben, so ziehen sie sich mit ihren Heerden, landeinwärts, zurück. Nie verstatten sie einem Kranken, sich ihrer Hütte zu nähern. Eben so wenig erlauben sie den Fremden, wenn sich ein Siecher unter ihnen befindet, den Zutritt. [ZS 68]

Rothe, triefende Augen sind unter den Männern gewöhnlicher als bei den Weibern, die nur selten davon leiden. Mit Geschwüren, die den Bewohnern von Kamtschatka gefährlich sind, sind sie zwar auch behaftet, aber ihnen minder nachtheilig. Auch kennen die tschuktschischen Weiber nicht die hysterischen Zufälle anderer Weiber, in den benachbarten Gegenden. Eben so wenig ist ihnen die Heilkraft mancher Kräuter oder anderer Arzneimittel, noch weniger das Aderlassen bekannt. Nur von den Korjaken haben sie eine Heilart gelernt, die sie in manchen Fällen anwenden. Fühlen sie nämlich an irgend einem Theile ihres Körpers einen Schmerz, so brennen sie auf der schmerzhaften Stelle einen Pappel- oder Birkenschwamm ab.

In anderen Krankheitsfällen nehmen sie ihre Zuflucht zu den Schamanen, von welchen sie mit Gaukeleien beschäftigt werden. Eine solche Kurart habe ich an dem kranken Sohne unsers Wirths beobachtet. Er hatte sich den Magen überladen und bekam ein schwaches hitziges Fieber.

Der Vater ließ ihm, ausser der großen Hütte, ein kleines Zelt, nahebei, aufschlagen, weil ihm, wie sie meinten, unser Speisegeruch, besonders das gebrannte Fleisch und der Kuchenduft zuwider wäre.

Zwei Nächte hinter einander sang dieser Schamane mit angestrengter Stimme, von dem Getöse einer Handpauke begleitet. Darauf brachte er, nahe von der Hütte, der Sonne ein Opfer, und warf, unter dem Gemurmel unverständlicher Worte, einiges Fett vom Zwerchfell der Rennthiere verschiedene Male, ins Feuer, hierauf nach der Sonne zu und zuletzt auch das Feuer selbst. Nun strich er mit der Hand an seinem Schaf-, oder Lammpelz herab, und dann wieder den [ZS 69] Kranken, der, eingehüllt, auf einem Schlitten saß, mit der Hand übers Haupt und die Ohren. Dies war die ganze Operation, welche der Schamane zur Heilung des Kranken, vornahm. Sobald der Gaukelspieler dafür sein Rennthier erhalten hatte, begab er sich, ohne Zeitverlust, wieder nach Hause.

Als der Vater dennoch keine Verbesserung seines Sohnes wahrnahm, da schlachtete er einen Hund, und bestrich dem Kranken, mit dem Hundeblute, Stirn und Rücken. Die Weiber nahmen hierauf das Eingeweide aus dem Hunde, und ließen den Kranken unter den Därmen weggehen. Dabei murmelte der Vater einige Worte, um die Krankheit zu vertreiben, welche, nach dem Wahne der Tschuktschen, in den todten Hund fahre. Nachdem endlich auch dem Hunde das Fell abgezogen war, so machten sie vor dem Schlitten, worin der Kranke saß, Feuer an, und verbrannten einige Stückchen vom Omento, wobei der Vater genau auf das Verbrennen desselben Achtung gab, um für den Erfolg einen Schluß machen zu können.

Als endlich der Sohn wieder hergestellt war, da trieben sie, bevor der Zug begann, die Rennthierheerde zwischen zwei Feuern durch, damit, wie sie meinten, die Krankheit zurückbleiben möchte. Den folgenden Tag mußte der Genesene selbst ein junges Rennthier schlachten, und zwei Hände voll Blut gegen Süden werfen. Nach dieser Weltgegend hin legten sie nun auch das von der Basthaut gereinigte Geweih und den Fangriemen des geschlachteten Thieres. Zuletzt warfen Vater und Sohn eben dahin noch einige Stücken Fett. Dem Sohne wurden hierauf noch einige trockene Halmen in [ZS 70] den Bündel seines Schleiers eingeknüpft und damit die Genesungszeremonie geschlossen.

Wenn die Männer unter den Tschuktschen die Annäherung des Todes zu fühlen glauben, so lassen sie sich gewöhnlich von einem Freunde, deren Pflicht es ist, erstechen.

Ein solcher Tod ist für des Verstorbenen Söhne und Brüder vielmehr erfreulich, als daß sie sich darüber betrüben sollten: denn sie behaupten, daß er durch einen solchen Muth dem Weibertode und den Qualen der bösen Geister entgangen sei.

Auf unserer Reise fanden wir noch ein anderes Beispiel, daß ein Ehemann, seine alte kranke Frau, mit ihrer Einwilligung, um die Leiden der Krankheit zu endigen, im Zelte, nachdem er alle übrigen Mitbewohner aus demselben vorher entfernt hatte, erstach. Wir fanden die Entseelte auf ihrem Schlitten ausgestreckt in einem Schafpelz liegend, das Angesicht aber mit einer Kappe verhüllt, und auf der Brust das Messer, womit er sie getödtet hatte. Ausserdem hatte ihr Ehemann noch ihr Nadelfutteral und zu beiden Seiten des Kopfes einen Darm mit Fett, als Mitgabe, hingelegt.

Die Leiche wird weiß oder mit weißgeflecktem Zeuge bekleidet, und bleibt jedes Mal noch 24 Stunden in der Hütte.

Bevor aber der Leichnam herausgetragen wird, heben sie den Kopf desselben einige Mal in die Höhe, bis sie ihn für leicht genug halten. Kommt er ihnen aber noch schwer vor, so glauben sie, der Verstorbene habe noch etwas auf Erden vergessen, und wolle nicht fortgebracht seyn. Man bringt ihm deswegen verschiedene Nahrungsmittel, Nadeln oder andere Geräthschaften, und legt sie ihm auch wohl bei.

Nie wird die Leiche durch die gewöhnliche Hüttenthüre, [ZS 71] sondern nebenbei, durch eine andere Oeffnung gebracht, indem sie die Hüttendecke aufheben. Sobald die Träger mit dem Leichnam aus der Hütte treten, so gießt ein Tschuktsche, der schon darauf wartet, den Rest des Lampenthrans, welcher in den letzten 24 Stunden bei der Leiche gebrannt hat, nebst brauner Farbe von Erlenrinde, über den Weg.

Auch mit dem Schlitten nehmen die Tschuktschen noch den Versuch vor, um den letzten Willen des Verstorbenen zu erkennen. Sie legen nämlich dem Leichenschlitten zwei Querhölzer vor, und geben Acht, ob er leicht darüber hingleitet oder ob er knarrt. Im letztern Falle ist es ihnen ein Zeichen daß der Verstorbene andere Hirsche oder Rennthire vorgespannt haben wolle. Damit wechseln sie so lange, bis der Schlitten nicht mehr knarrt.[5]

[ZS 137] 17.
Verbrennung der Todten – Leibesgestalt der Tschuktschen – Ihre Gemütsart – Vorurtheile.

Die Leichname der verstorbenen Tschuktschen werden, nur einige Werste von der Hütte, auf einer Anhöhe verbrannt. Zur schnellern Beförderung des Verbrennens stechen sie die Leiche mit einer Stange in den Leib, damit die Eingeweide heraustreten, und die Flamme mehr Zugang finden kann, in welche sie auch des Entseelten Bogen, Pfeile, Spieß und Schlitten, in Stücken zerbrochen, werfen.

Fehlt es an Weidengesträuch zum Verbrennen des Todten, so wird er über der Erde, mit großen Steinen, nach Art der nichtwandernden Tschuktschen, belegt. Die Stätte, wo [ZS 138] die Leiche verbrannt worden ist, umlegen sie, in einer länglichen Gestalt, so, daß sie eine Menschenfigur bildet, mit Steinen. Der oberste dicke Stein wird gegen Mittag zu gelegt, und deutet den Kopf an.

5 Der dritte Teil endet hier mit dem Hinweis »(Der Beschluß folgt.)«. Der vierte Teil beginnt mit der Bemerkung »(Beschluß.)«.

Mit 2 Stangenstücken bilden sie, neben einander gelegt, die Füße und bedecken sie beide mit einem Steine. Den inneren Raum vom dritten Steine, der auf den Kopfstein folgt, belegen sie mit kleinern Steinen, um damit die zusammengeschlagenen Arme anzudeuten. Nebenbei legen sie die gereinigten Geweihe mit den Stirnbeinen von Rennthieren, in einen Haufen.

Auch die Rennthiere, welche den Leichnam gefahren haben, werden auf der Stelle geschlachtet, ihr Fleisch wird daselbst verzehrt, unter den Kopfstein wird Knochenmark oder Fett gelegt, und die Rennthiergeweihe werden zu jener schon gemachten Sammlung hinzugethan. Alle Jahre erinnern sie sich ihrer verstorbenen Angehörigen oder Freunde. Befinden sie sich in der Nähe ihrer Leichenstelle, so schlachten sie auf derselben Rennthiere; sind ihre Denkmäler aber entfernt, so fahren doch jährlich 5 bis 10 Schlitten von den Hinterlassenen, Verwandten oder Bekannten dahin, verbrennen daselbst ihren Holzgötzen, werfen ihm Mark zu und sagen: iß! Mit diesem Mark bekleben sie den Kopfstein aufs neue, halten dann ihren Schmaus, rauchen Tabak und vermehren den Geweihhaufen mit neuen gereinigten Rennthiergeweihen.

Fast auf eine ähnliche Art verbrennen auch die Korjaken ihre Todten.

Die Tschuktschen betrauern aber nicht nur den Tod der Erwachsenen, sondern auch der Kinder.

Kurz vor unserer Ankunft war in unserer Hütte ein Mäd- [ZS 139] chen gestorben, welche die Mutter noch jeden Morgen vor der Hütte sitzend, beweinte. Die Aeusserung ihrer Betrübniß war ein klagender Gesang mit abwechselndem Geheule, den sie noch auf unserer Herbstreise fortsetzte.

In dieser Trauerzeit wollte sie für keinen Fremden ein Geschäft übernehmen, und selbst der Vater nahm an den gemeinschaftlichen Beschäftigungen keinen Anteil. Diese Traurigkeit dauerte bis zur Ankunft der Heerde und dem Erinnerungsfeste an Verstorbene. Auch dem Bruder des entschlafenen Mädchens, ein Knabe von 12 Jahren, machte die Mutter in der Nacht, wenn er schlief, mit Molybdän oder Bleistifterz einen breiten Strich über die Nase und auf jeder Stirnseite einen großen Punkt, als das Zeichen der Trauer.

Die Tschuktschen sind stark, wohlgebaut, von mittlerer Größe und ausdauernd. Manche erreichen auch wohl eine Höhe von 6

Schuhen, und die meisten, bei einer dauerhaften Gesundheit, ein hohes Alter. Hierin ist unter beiden Klassen, den Nomadischen und den Nichtwandernden Tschuktschen wenig Unterschied. Diese körperlichen Vortheile sind die natürlichen Folgen ihrer Lebensart, denn ihre Nahrungsmittel sind zum Theil roh oder nur halb gekocht und sie leiden so wenig Mangel daran, daß sie deren fast immer in Ueberfluß besitzen. Nicht minder trägt dazu der beständige Genuß der freien Luft, die Abhärtung gegen rauhe Witterung und strenge Kälte bei.

Alle Abende machen sie sich, solange es ihnen ihr Alter, ihre wenigen Geschäfte und die Jahreszeit erlauben, tüchtige Leibesbewegungen. Fette oder dickleibige Menschen, wie unter den Jakuten, findet man nicht unter ihnen. Die Reichen unter jener Völkerschaft heißen Fürsten, haben eine [ZS 140] gute und volle Kost und überlassen die Arbeit und Mühseligkeiten des Lebens den Aermern.

Die Tschuktschen sind ein freies Volk, und wissen nichts von Unterthänigkeit. Anstatt des Geldes tauschen sie, wenn ihnen aber der zum Tausche angebotene Gegenstand nicht gefällt oder zu geringe scheint, so spucken sie darauf! Das Eigenthumsrecht steht bey ihnen in keiner großen Achtung; denn sie haben eine seltene Fertigkeit im Stehlen, besonders die, welche ihre Wohnplätze nicht verlassen. Bei den Rennthiertschuktschen giebt es jedoch noch einige Ausnahmen.

Zu allen diesen Diebereien darf aber der Fremde nichts sagen, wenn er nicht, ohne Umstände, ermordet sein will. Dem Befehlshaber entwandte ein Rennthiertschuktsche einen Sack mit Taback. Wir beklagten uns darüber bei den alten Tschuktschen. Aller Trost, den sie uns darüber gaben, bestand in der Entschuldigung: »Es sind junge Leute, die nach ihrem eigenen Willen Leben – kleine schnelle Bäche die bald ausfrieren.«

Wir hielten es deswegen für rathsam nicht auf die Rückgabe des geraubten Gutes zu bestehen, um uns nicht einer unfehlbaren Todesgefahr auszusetzen.

Selten kommt es unter ihnen zu Streitigkeiten. Ist dies aber der Fall dann enden sie gewöhnlich mit Mord. Wir sahen davon zwei Beispiele. Ein Vater machte seinem Sohne den Vorwurf, daß er, als sie mit einander ausfuhren, nicht schnell genug führe und daß er zum Kampfe gegen die Korjäken nichts tauge. Dieser Vorwurf setzte den gekränkten Sohn in eine solche Wuth, daß er seinen Vater auf der Stelle erstach.

Eben so entstand zwischen einem Oheim, dessen Sohne [ZS 141] und seinen beiden Neffen ein Zwist, als sie im Winter ein Garn zum Robbenfange aufstellen wollten, der sich mit der Ermordung des Vaters nebst dem Sohne, von den beiden Vettern endete.

Sie sind zwar gefällig und dienstfertig, aber dafür fordern sie auch alles was sie sehen und sich wünschen. Vom Schicklichen und Anständigen haben sie keinen Begriff. Ihre natürlichen Bedürfnisse verrichten sie im Hüttenzelte, ja sie nöthigen sogar die Fremden oft mit einem bittenden Stoße, die Schale auszuschütten. Das Ungeziefer welches sie in ihren Kleidern und Haaren finden, zerdrücken Männer und Weiber zwischen den Zähnen um die Wette. Es fehlt den Männern auch nicht an Tapferkeit, besonders gegen Feige und wenn ihre Menge größer ist. – Den Tod fürchten sie nicht. –

Das weibliche Geschlecht der Rennthier-Tschuktschen ist aus Gewohnheit züchtig und keusch, die festsitzenden sind es aber gar nicht. Diese haben ein weit freundlicheres Aussehen und angenehmere Gesichtsbildungen; geben sich aber – ohne die Schamhaftigkeit zu kennen – Preiß.

Niemand darf die beiden Stangenenden, womit sie auf den, mit Steinen belegten, Leichenstellen die Füße des Verstorbenen andeuten, in ihren Hütten verbrennen, und wenn sie noch so alt wären, denn sie halten sie für unrein.

Sie halten dafür, daß schon das Spaßen mit einem Messer, oder wenn man einem Andern damit durch die Kleidung fahre, den Tod zuziehe.

In den Schlitten, in welchem Frau und Kinder fahren, darf Niemand etwas Fremdes hineinlegen, oder wenn sie in [ZS 142] Gesellschaft fahren, den Schlitten aus der Reihe bringen und queerüber stellen.

Es ist unerlaubt Haare oder andere fremdartige Dinge, aus den Speisen wegzunehmen und fortzuwerfen.

Von dem Weidengesträuche, welches auf der Stelle, wo sie ihre Hütte aufschlagen, wächst, darf niemand etwas ausraufen.

Licht, aus einer andern Hütte, in die ihrige zu bringen, ist nicht erlaubt. Auch darf Niemand bei einem andern die Lampe anstecken, sondern dafür machen sie jedes Mahl, wenn es ihnen an Feuer gebricht, durch Reiben der Hölzer, neues Feuer.

18.
Karakter der Korjäken –
Rachsüchtig – Feige – gastfrei – unreinliche Weiber.

Die Korjäken sind eine kleinere und unansehnlichere Menschenrace als die Tschuktschen. In ihrem Gesichte ließt man, ohne Physiognom zu sein, ihre heimliche Tücke. Das Gefühl der Dankbarkeit scheinen sie nicht zu kennen, denn jede Gabe, die ihnen gereicht wird, vergessen sie, gleich nach dem Empfange. Beleidigungen rächen sie mit dem Tode, gleich den Tschuktschen. Diese Art der Rache scheint eine Eigenthümlichkeit der Nordasiaten zu seyn. Im Umgange muß man sich, wenn man sie nicht unwillig machen will, nach ihren Launen richten. Befehle und Strenge machen sie nur noch eigensinniger. Werden sie mit Schlägen gezüchtigt, so äußern sie weder die geringste Bitte, noch einen Laut. Vielmehr zei- [ZS 143] gen sie eine gleichmütige Unempfindlichkeit und einen boshafteren Starrsinn. Sie verbeissen, im eigentlichen Sinne, ihre Wut an ihrem Schafpelze, den sie während der Züchtigung kauen. Es ist aber auch die körperliche Strafe nur bei den Nichtwandernden, schon getauften Korjäken anwendbar, denn die herumziehenden oder nomadischen Korjäken, halten einen Schlag für härter als den Tod. Der Selbstmord ist für sie ungefähr eine eben so leichte Handlung wie das Einschlafen. Schon dem Drohenden trachtet der Korjäke nach dem Leben, und kann er seine Rachgier nicht befriedigen, so erwürgt er sein eigenes Weib und Kind, und zuletzt bringt er auch sich ums Leben. Die Verschiedenheit oder Neuheit unserer Geräthschaften und Kleidungsstücke hatte für sie nicht den geringsten Reitz. Andere Wilde begaffen doch wenigstens die Form derselben, wenn ihnen auch das Material bekannt ist.

Auch fehlt es den Korjäken an militärischer Herzhaftigkeit, denn so oft die ostroger Kosacken, welche ihrenthalben gegen die Tschuktschen zu Felde zogen, nur etwas ins Gedränge kamen, so waren sie die ersten, welche die Flucht ergriffen. Setzten sich die Kosacken mit in die Schlitten der Fliehenden, so stumpften sie jenen die Finger ab, damit sie sich nicht anhalten konnten, sondern aus dem Schlitten fallen mußten. Aus schriftlichen Nachrichten weiß man, daß die Korjäken oft mehr, von den ihnen beistehenden, Kosacken im Schlafe getödtet haben, als die Tschuktschen durch Pfeil und Bogen auf dem Kampfplatze. Doch, bevor man ein nachtheiliges Urtheil über die menschliche Natur fällt, so muß ich vorher noch anführen, daß die Korjäken von den Kosacken unter einem harten Soldatendruck gehalten werden. Zwar stehen sie den Korjäken im Kriege bei; aber dafür müssen sie sich [ZS 144] auch zu allen Sclavendiensten für sie hergeben. Gegen diesen Despotismus kann sie selbst die milde Regierung des russischen Thrones nicht schützen, weil die Gouverneure jener Gegenden, solche Bedrückungen, aus mancherlei Eigennutz, nicht zur Kenntniß desselben kommen lassen.

Sonst sind die Korjäken ebenfalls gastfrei, jedoch in einem geringern Grade als die Rennthier-Tschuktschen.

Die Weiber derselben sind so unreinlich, daß sie fast nie ihre Haare auskämmen, und die unsaubere Kleidung ist den Männern eine Bürgin für Keuschheit und eheliche Treue, ungeachtet sie ihre reizlose Gesichtsbildung nie beim Anblick eines Fremden zum freundlichen Lächeln, verziehn.

63.[6]

Rennthierkühe – Hundertjährige Thiere – Schaffelle – Alpenhase – Raubthiere – Metallbenennung – Beile – Branntwein – Elfenbein – Rennthierbezeichnung.

Mit Anfang des Frühlings schlachten die Korjäken tragende Kühe, um nach der Leibesfrucht zu urtheilen, wie lange es noch Zeit sei, bis sie kalben. Sie behaupten gegen alle Erfahrung, daß ein Rennthier das Alter von 100 Jahren erreiche, und, daß man an den Ringen der Hörner wilder Schafe, die Anzahl ihrer Lebensjahre erkenne. Die Felle der jüngern wilden Schafe ziehen sie allen andern Thierfellen, selbst denen der Rennthiere vor. Wahr ist es, sie sind weicher und dichter, und wärmen deswegen auch stärker! – Auch

6 Hier liegt ein Nummerierungsfehler der Herausgeber des »Journals« vor. Der Zählung nach müsste »19« folgen.

bedienen sie sich der schwarzen, gelbbräunlichen Felle des hiesigen unge- [ZS 145] schwänzten Alpenhasen, der sich an der St. Lorenzbucht aufhält, zur Bekleidung.

Von andern wilden Thieren, die gutes Pelzwerk liefern findet man weiße Bären, den sogenannten Vielfraß (Gulv.) Wölfe, Steinfüchse und Eidervögel.

Alle Metalle haben in der Sprache der Tschuktschen die Benennung von Eisen. So heißt z. B. Gold bei ihnen Sonneneisen, Silber, Mondeisen, Kupfer, Rotheisen.

Ihre Beile bestehen nicht, wie die der Americaner, aus Stein; sondern sie bedienen sich dazu des Eisens.

Die Lasten tragen sie, mit einem über die Brust gespannten Riemen.

Branntwein nennen sie eben so wie Meerwasser und Salz, schlecht Wasser.

Gegrabenes Elfenbein, wovon sich hier nur selten etwas findet, halten die Tschuktschen für Hörner von des bösen Geistes Rennthieren.

Ihre Rennthiere bezeichnen sie sich auf eine besondere Art, indem sie ihnen die Ohren ausbeissen.

20.
Fischfangen im Ostroga-Flusse – wilde Rennthierjagd – Beeren- und Nüssesammlung – Hasen- Raubthiere- und Schneehühner Fangen.

Der Ostroga-Fluß liefert den Tschuktschen eine Menge verschiedener Fische, die vom Ende des Monats Juli bis zum Anfang September, aus dem Nordmeere ins süße Wasser des genannten Flusses kommen, um ihren Rogen zur [ZS 146] künftigen Brut darin abzusetzen. Noch andere Fische verlassen den Fluß nie, und diese findet man folglich als beständige Nahrungsmittel. Manche dieser Fische werden mit großen Stellnetzen, andere mit Reusen gefangen. Viele werden im Sommer, die gewöhnlich sehr heiter und heiß sind, getrocknet. Aus der Leber eines gewissen Fisches, den die Tschuktschen Nalim nennen, kochten sie ein Fett in Kesseln, und die Reste davon genossen sie mit Blaubeeren. Den Fisch selbst warfen sie, sobald sie ihm die Leber genommen, wieder ins Wasser, zum Futter für andere Fische.

Aus einem noch anderen Fische (Seltetke genannt) der im Sommer, wenn die Landseen eintrocknen, in die Flüsse zurückkehrt, braten sie zwischen heißen Steinen, das Fett aus, und, wenn er, in der Mitte des Septembers, in den Ostroga-Fluß zum Laichen kommt, dann wird er häufiger gefangen, eingetonnt, und im Winter mit Hunden abgeholt.

Von der Mitte des Novembers bis ungefähr zum 10ten Januar dauert die Winterfischerei. In diesem Zeitraume durchsperren die Tschuktschen die Flüsse mit Netzen und belegen sie mit Reusen, worin sie alle die Fische, welche nach dem Meere zurückschwimmen wollen, fangen.

Zweimal gehen sie, alle Jahre, auf die wilde Rennthierjagd. Nämlich im Frühlinge vom 20sten Mai, bis zum ersten Juli und im Sommer, vom ersten August bis ersten September. In dieser Zeit fährt alles, was zum Haus- oder Hüttenstande der Tschuktschen gehört, ungefähr 160 Werste von der Mündung, auf Fahrzeugen, (Schitiken genannt) die 5 bis 6 Faden lang sind, dahin ab. Jedes Fahrzeug wird aus 80 bis 100 Rennthierhäuten verfertigt, und mit einem Seegel versehen. Ihre Hütten werden alsdann mit derselben Hautart [ZS 147] bedeckt. An der Stelle, wo die Rennthiere durch den Fluß schwimmen, setzen sie kleinere leichte Kähne aus, von welchen sie die Thiere mit ihren Spießen tödten. Sie werden hierauf unverzüglich enthäutet, das Fleisch wird von den Knochen gelöst, und dann reisen sie mit der Beute zurück. Viele lassen sie jedoch am Ufer liegen, nachdem sie den Thieren blos die Haut abgezogen haben.

Unter diesen wilden Rennthieren finden sich öfters Kühe, die keine Hörner haben, von welchen die Korjäken behaupten, sie kämen aus America. Auch die Stillsitzenden kommen zu dieser Zeit an den Ostroga Fluß, theils um die Jagd zu benutzen, theils aber auch des Tauschhandels wegen.

Im August und September sammeln die Weiber verschiedene Arten von Beeren und auch Cedernüsse. Sie kochen zum Wintervorrathe Blaubeeren, rothe und schwarze Johannisbeeren, Scharbocks, rothe Heidel- und Appenbeeren. Von den Wurzeln holen sie dieselben, welche die Tschuktschen sammeln, welche sie aber so wie diese, den Mäusen entwenden.

Ausser jener Jagdbeschäftigung fangen die Männer auch häufig Hasen in Schlingen, aus deren Fellen die Weiber, um Weihnachten, wenn die Haare am dichtesten stehen, Decken nähten. Im Frühlinge stellen sie, dieser Hasen wegen, Fallen auf, damit sie nicht zu viel von den jungen Weidensprossen abfressen. Andere Raubthiere, als Wölfe, der (sogenannte) Vielfraß und Füchse werden ebenfalls mit Fallen und mit vergifteter Kirrung, Schneehühner aber mit Schlingen gefangen.

[ZS148] 65.[7]

Elentsthierjagd – Ankunft der Schwimmvögel – Bewohner der Gegend um den Ischika Fluß – Schlußbemerkungen über Wintersanfang, und Grad der Kälte – Opfer auf fremdem Boden – Ehrfurcht der Tschuktschen am Ostroga Fluß – Tschuwangi und Jukageren – ein Völkerrest.

Mit dem ersten März beginnt die Jagd, der Elentthiere, ungefähr 50 bis 200 Werste seitwärts des Ostroga Flusses. Da dies noch im strengen Winter geschieht, so verfolgen die Korjäken diese Thiere auf Schneeschuhen mit Hunden, und tödten sie entweder mit Pfeilen oder auch mit gezogenen Kugelbüchsen. Gewöhnlich erlegen sie, bei einer solchen Winterjagd, 3 bis 400. Die Hälfte davon halten sie für eine schlechte Ausbeute.

Gegen den ersten April ließen sich hier schon die Schwäne, auf offenen Stellen der Flüsse sehen. Gänse und Enten kommen 4 Wochen später, zu Anfange des Maimonds. Die Enten ergreifen sie meistentheils beim Mausern oder Federwechsel.

Eine Handelsspekulation, auf kleinen Fahrzeugen, längst der Küste der Tschuktschen und so weiter hin, bis nach America, könnte vielleicht sehr einträglich und bedeutend werden.

Der Ischika Fluß ist bei weitem nicht so fischreich als es die Ostroga ist. Die Korjäken haben die Bewohner an der Ischika schon öfters mit ihren Rennthieren unterstützen müssen. Da aber diese Hülfe von der friedlichen Gesinnung der Korjäken abhängt,

6 Erneuter Nummerierungsfehler der Herausgeber des »Journals«. Der Zählung nach müsste »21« folgen.

so können jene armen Völker auch nicht mit Sicherheit darauf rechnen.

Die Tschuktschen unternehmen lieber die Reise nach der Ischika [ZS 149] Ischika als nach der Kowyma, des Tauschhandels wegen, weil sie auf dem Wege nach dem letztern Flusse weniger Moos für ihre Rennthiere finden. Auch finden sie da mehr Birkenholz zu ihren Fahrschlitten und andere Bedürfnisse.

Dafür geben sie den Anwohnern der Ischika Fleisch und Fett der Elennthiere. Auf dem Wege zu diesem Flusse und der umliegenden Gegend finden übrigens auch die Tschuktschen ihre Bekannten, welchen sie bei der Ankunft Geschenke mit Marder- oder Fuchspelzen machen.

Dafür tauschen die Korjäken ihre frischen Rennthiere mit den ermüdeten der Tschuktschen, zur Rückreise, und geben ihnen noch andere zum Schlachten, während derselben mit.*)

Auf 15 Baidaren der Stillsitzenden fuhr ich nun mit dem Capitän Billings am 13ten August 1791 ab. Bei der Fahrt über die Bucht kamen wir bei verschiedenen Wohnplätzen der Stillsitzenden vorbei, von welchen jeder seine besondere Benennung hat. Sie bestanden aus 5, 7 bis 12 Hütten. – Erlaubte es das Ufer, so ließen wir unsere Baidaren, jede von 4 bis 5 Hunden ziehen, die dazu abgerichtet sind.

Am 26ten Aug. sahen wir einzelne Enten, Mewen, Regenpfeiffer und Raben, und den folgenden Tag waren die stillstehenden Gewässer schon mit Eisrinde bedeckt.

Die niedrigen Gebirge waren am dritten September schon [ZS 150] mit dünnem Schnee bedeckt, und zehn Tage darauf, den 13ten September, hatten wir einen Grad Kälte, den folgenden Tag 3 Grad, den 17ten 4 Grad, den 19ten 8 Grad. Diese Kälte war die stärkste im September, aber mit dem ersten October waren die kleinen Flüsse gefroren. Von nun an stieg die Kälte immer höher, es fiel Schnee und der Wind trieb ihn auf den Ebenen umher. Am

*) *Hier schließt der D. Merck seine Reisebeschreibung, welcher noch ein Tagebuch von der Witterung während seiner Reise beigefügt ist, das aber für die Leser dieser Zeitschrift kein Interesse haben kann.*

Der Herausgeber hebt deswegen nur noch das heraus, wovon er sich überzeugt, daß es doch nicht ganz gleichgültig sein dürfte.

6ten November hatten wir 20 Grad zu Mittage und gegen Abend 26 und ½ Grad Kälte, die hierauf so zunahm, daß sie bis zum 13ten schon auf 33 und ¼ Grad stieg.*)

Bei der Fortsetzung unserer Reise kamen wir endlich an das erste Stammholz. Da hielten die Tschuktschen Rasttag.

Ihre Schamanen ließen es sich angelegen seyn, den fremden Boden zu begrüßen, um einem unfreundlichen Empfange auszuweichen. Ein jeder brachte sein Rennthier zum Opfer dar, sogar Weiber und Arme blieben nicht zurück. Männer durchstachen mit ihrem Spieße, Weiber mit Messern einen Fettdarm, an einem Fangriemen hangend, und warfen einen Theil davon nebst Wurzelgerichten dem fremden Lande zur Gabe hin. Dann brachten noch die Weiber besonders von ihrer Speise, aus Fett, Blut sc. bereitet, wie es, und was ihnen ihre Schamanen befohlen hatten, in Näpfen, aus Schnee geformt, dar, mit der Formel: hier ist auch meine Gabe!

Der größte Theil der Tschuktschen brachte, im letzten [ZS 151] Standlager vor dem Ostroga Fluß, ein neues Opfer. Bei Annäherung an diesen Fluß wurden sie sehr bescheiden und sittsam. Es schien sogar, als wenn sich ihre Herzhaftigkeit, ihr freies und helles Wesen, in Zaghaftigkeit umwandelte, je näher sie diesem Strome kamen. Sie schlugen die Augen nieder, und gingen in dem Wohnplatze so vorsichtig und behutsam, wie Kinder, welche die Bewegung des Gehens zuerst lernen wollen.

Zuletzt noch, bevor wir von unsern Lesern dieser Reise Abschied nehmen, noch ein Wort über eine besondere Menschenklasse, die sich Tschuwangi nennt.

Unweit der Ostroga bei Angarka wohnt ein Stamm von Jukageren, die den Namen Tschuwangi führen, die nur aus 20 Mann bestehen, und der Rest von einer Völkerschaft seyn sollen, von denen, welche am Anadir Flusse gewohnt haben. Sie sprachen zwar, seit der Zeit daß sie getauft sind, russisch, haben aber eine ganz eigenthümliche Sprache unter sich.

*) *Das ist der höchste Grad Kälte, dessen der nordische Reisende in seiner Winterreise erwähnt. Man lernt aber aus seinen Nachrichten den frühen Eintritt der Kälte, im August, und deren Stärke, im November kennen.*

Rennthiere besitzen sie nur wenige, denn sie ernähren sich vorzüglich von der Jagd. Deswegen bleiben sie auch nicht an einem Orte, sondern verändern, nach dem Zustande der Jagd, ihre Wohnstellen. Sie verfertigen Netze aus Elenns- Riemen und fangen damit die Rennthiere.

Desgleichen wohnen auch am großen, quellenreichen Flusse Annini stillsitzende, auch nicht zahlreiche Jukageren, die nur Hunde vor ihre Schlitten spannen. Der genannte Fluß muß des vielen zuströmenden Wassers wegen, welches selbst im Winter übertritt, mit vieler Vorsicht befahren werden.

Zu diesen Jukageren reiset man, mit Hundegespann, vom [ZS 152] Ostroga Ufer, in einem Tage. Sie sind alle getauft und sprechen russisch, ausserdem aber auch noch eine ganz fremde, eigenthümliche Sprache. Sie nähren sich vom Rennthierfange, wenn die wilden Rennthiere im Frühlinge und Herbste durch die Flüsse schwimmen, desgleichen vom Fischfange und von der Jagd.

Kurzer Bericht des Herrn C. A. Krebs, Mitgehülfe des Herrn Dr. Merk bei der geheimen See-Expedition des Capitain J. Billings*)[1]

1.

Kinderzucht – Undienstfertigkeit gegen Fremde – Störrischer Charakter – Knabenspiele – Feigbohnennahrung – gastfrei unter sich – mehr rohes als gekochtes Fleisch – Lupinenwurzel – Wallfische – deren Benutzung – Darmhemde – Strohmatten – geschickte Flechter.

[ZS 355] Die Bewohner der Kurilischen Inseln, Unalaschka, Ammaknak, Spierken ec. lassen ihre Kinder, ohne alle Zucht und Lei-[ZS 356] tung aufwachsen. Es ist deswegen keine seltene Erscheinung daß Knaben von 6 Jahren und drüber nach ihren Aeltern schlagen, oder wohl gar mit einem Messer auf sie losgehen, oder mit allem, was ihnen in die Hand fällt, nach ihnen werfen. Darüber sind die Alten so wenig unwillig, daß sie vielmehr dazu lachen.

Den ganzen Tag schreien und lärmen ihre Kinder, die man ohne die geringste Reinigung läßt. Sie werfen mit allerlei Unrath um sich, kratzen in die Erde und schlagen mit Händen und Füßen um sich. Ueber alle diese Unarten werden sie weder mit Worten noch mit andern Zuchtmitteln bestraft.

*) *Die Handschriftlichen Nachrichten des Herrn Krebs enthalten größtentheils nur ein Tagebuch über die tägliche Witterung und über dessen Beschäftigung mit Pflanzen und ausgestopften Thieren. Wir haben deswegen nur das, was die Leser dieser Zeitschrift interessieren kann, ausgehoben und hoffen ihnen damit manche nicht unwichtige Schilderungen, über die Sitten und Gebräuche der kurilischen Inseln, mitzutheilen. Die Reisegesellschaft ging im Monat August 1791 vom Vorgebürge der Tschuktschen-Bucht des heil. Laurentius, auf 16 ledernen Baidaren unter Seegel.* [Die mit einem * versehenen Anmerkungen stammen von den Herausgebern des »Journals«.]

1 Abgedruckt in: Journal für die neuesten Land- und Seereisen und das Interessanteste aus der Völker und Länderkunde zur angenehmen Unterhaltung für gebildete Leser in allen Ständen, 1814, Bd. 17, S. 355-391. Es ist unklar, warum Krebs diese eindeutig zu den Aleuten gehörenden Inseln hier und im Folgenden als »kurilisch« bezeichnet. Vgl. dazu den Beitrag von S. Frahnert in diesem Band, S. 72.

Sie sind reine Producte einer ungebildeten Natur und dadurch gesitteten Menschen durchaus beschwerlich! Ein boshafter, tükkischer, halsstarriger Sinn ist an diesen rohen Kindern der Natur nicht zu verkennen. Gegen fremde Nationen sind deswegen auch diese Insulaner, sowohl von beiden Geschlechtern als auch von jedem Alter, überhaupt, nicht dienstfertig. Nur die Furcht kann sie dazu bringen, wenn man sie nicht durch Freundlichkeit, Schmeicheln oder Belohnung zur Gefälligkeit bewegen kann.

Ist man genöthigt mit ihnen russisch zusprechen, welche Sprache viele verstehen, so wenden sie das Auge weg, stellen sich an als hörten sie es nicht und geben auch keine Antwort. Dieses störrige, hartnäckige Betragen gegen ihre Nachbaren und gegen Russen ist eine natürliche Folge ihrer Erziehung, weil ihnen in der Jugend aller Willen gelassen wird und sie niemals bestraft werden. Es ist nicht ungewöhnlich daß sie, beim Ausbruche ihres Zornes und ihrer Wuth einander ums Leben bringen.

[ZS. 357] Niemand achtet darauf, wenn die kleinen Kinder mit Pfeil und Bogen in der Hütte spielen und öfters Pfeile abschießen.

Die erwachsenen Knaben üben sich in verschiedenen Arten, die Pfeile zu werfen. Dazu bedienen sie sich eines, aus weichem Grase oder Moose gebildeten Balles, der mit einer Blase überzogen ist. Dieser Ball hat die Größe eines Apfels und wird auf ein, 2 Fuß langes Stöckchen befestigt. Davon traten sie ungefähr 4 Klaftern weit ab und schießen nach diesem Ziele. Jeder Knabe hat zu diesem Spiele zehn Pfeile, von welchen am Vorderende ein mit einem scharfzugespitzten, einen Zoll langen Knochen, von hinten aber mit zwei Federn versehen ist. Für Fehlschüsse bezahlt der Schütze, dem andern Mitspielenden, kleine runde platte Knochen. Hinter dem Balle errichten sie eine Wand von Strohdecken; in welcher die, das Ziel verfehlende Pfeile, stecken bleiben. Mit diesem Spiele bringen die Knaben oft drei und mehrere Stunden zu.

Ein anderes Knabenspiel besteht darin, daß sich die Spielenden 20 kleine Strohbündel fest zusammen rollen, von welchen jedes Bündel einen Finger lang und einen Zoll dick ist. Damit setzen sie sich auf die Erde und werfen ein Bündel nach dem andern in die Höhe. Sobald es nun wieder herabfällt, spießt einer von den Knaben mit einem kleinen Pfeile schnell darnach. Die nicht getroffenen werden dem Mitspielenden bezahlt und hat einer seine

Knochen verspielt, so muß der Gewinner wieder zwanzig Bündel werfen.

Nach einer dritten Spielart, machen die Knaben feste, ebenfalls aus Stroh gerollte Robben, welche die Strohlänge und zehn Zoll Dicke haben. Dabei sitzen sie beinahe fünf Faden von einander entfernt. Hierauf wirft einer den Strohrobben eine Arschien hoch empor, im Bogen zu, und der an- [ZS 358] dere spießt ihn, sobald er zur Erde kommt. Gewinn und Verlust wird, wie im vorigen Spiele, berechnet.

In den Wintermonaten nähren sich die Insulaner vorzüglich von der Wurzel der Feigbohne, (Lupinus) welche sie in dieser Jahreszeit aufsuchen und, da der Erdboden selten tief einfriert, ausgraben. Diese Wurzel hat einen angenehmen, süßen Geschmack und ist sehr fest; gewöhnlich wird sie roh genossen, wenn sie aber noch besser schmecken soll, so tauchen sie dieselbe in Wallfischthran. Schädlich muß diese Wurzel wohl nicht sein, denn ich habe nie gehört, daß sie Krankheiten verursache. Auch von einem medizinischen Gebrauche derselben habe ich nichts erfahren können. So viel aber, hieß es, hätte man bemerkt, daß sie eine Zeitlang blöde Augen mache, nachher aber werde die Sehkraft stärker. Deswegen genießen sie auch diese Wurzel besonders beim Schlafengehen, wenn sie den folgenden Morgen auf die Jagd oder auf den Robbenfang in die See gehen wollen; weil sie alsdann viel schärfer sehen.

Die Bewohner dieser Inseln kennen keine bestimmte Eßzeit. Wahrscheinlich ist der große Holzmangel davon die Ursache. Sie genießen alle Speisen roh und jedes Mal nur sehr wenig, aber desto öfter. Zu dieser Lebensart werden sie, von Jugend auf, erzogen. Man sieht sie wohl acht, neun, bis zehn Mahl essen. Wollen sie sich auf eine köstlichere Art bewirthen, so kochen sie etwas Robben- oder Cottickfleisch[2] bei Strohfeuer in einem kleinen Kessel, das für zwanzig Menschen hinreichend ist. Fängt einer einen Fisch oder erlegt ein Seethier, so theilt er seinen Fang mit den Andern, wobei das kleinste Kind nicht vergessen wird. Das alles aber wird ganz roh und ohne alle Zubereitung genossen. Eben so halten sie [ZS 359] es auch, wenn einer Angelica- oder Lupinenwurzeln ausgegraben hat. Ein jeder theilt mit was er gefunden hat. In diesem Falle

2 Cottick aus dem Russischen: *kotik* = der Seebär.

kennen sie keinen Eigennutz und nie giebt es, der Nahrungsmittel wegen, Streit unter ihnen; vielmehr stehen sie darin einander auf alle Art und Weise bei. Bei so geringer und sparsamer Kost findet man doch nie unzufriedene Menschen unter ihnen. Kommt dies vielleicht von der Unbekanntschaft mit einer bessern Lebensart her? –

Ihr vorzüglichstes Nahrungsmittel sind die, an den Küsten, gestrandeten Wallfische. Während der Sommerzeit tödten sie die kleinen oder jungen Wallfische mit Pfeilen, wagen sich aber nie an die großen Seethiere. Der Schütze, welcher dem Wallfische den ersten Pfeil einschießt, der hat auch das Recht sich die Zunge, Herz und Nierenhaut und den größten Theil der Gedärme zu nehmen. Die erstere wird zu den Buben[3] und zum Aufbewahren des Thrans, die andern Häute aber zur Verfestigung von Regenhemden benutzt, welche sie zur See über die Pelze von Vögelhäuten anziehen. Dasselbe Vorrecht genießt auch der Insulaner welcher einen gestrandeten Wallfisch zuerst gesehen oder gefunden hat. Zeigt er diesen Fund andern an, welche abwesend waren, so erhält er auch noch den größten Theil von den Vorder- und Hinterflossen, als den besten Theil vom Wallfische, desgleichen den vorzüglichsten Antheil von den Rückensehnen, die zu Stricken, Leibgürteln, dikken und dünnen Schnüren und zu mancherlei Zierrathen benutzt werden. Diese Sehnen vertreten auch die Stelle unsers Zwirns. Alles Uebrige vom Fleische, Knochen ec. wird gemeinschaftlich getheilt. Aus dem sogenannten Fischbein machen sie ihre Netze und Angelschnüre, brauchen ihn auch zum Binden und zur Verfertigung des Gitterwerks bei ihren [ZS 360] Baidaren. Diese Fahrzeuge überziehen sie mit den Häuten der Seelöwen, die sie aber auch vorher ganz dünn schaben. Die Wallfischknochen dienen zum Aufbau der Gerüste, unter welchen Wallfische, Seethiere und andere Fische getrocknet, hierauf in Stroh gewickelt und in der Erde aufbewahret werden. Diese Fleischvorräthe hebt jede Familie in ihrer Hütte, unter dem Kopfende ihrer Lagerstätte, auf. Ausser jenem Gerüste zum Fleischtrocknen, wendet man die Wallfischknochen auch zum Hüttenbau an und macht aus den kleinern die langen Pfeile, welche sie mit einem scharfen Hornsteine zuspitzen, woran sie

3 Aus dem Tschechischen für Pauke oder Trommel.

oft eine ganze Woche arbeiten, ohne die weibliche Arbeit, die zur Zierrath von Wallfischsehnen gemacht wird, zu rechnen.

An einem Regenhemde, zu welchem sie öfters die schmalen Robbendärme nehmen müssen, näht eine Frauensperson fast zwei Monate und an einer Strohmatte für Gäste, um darauf zu sitzen, oder für zwei Personen zu schlafen, arbeitet eine Frau den ganzen Winter über.

Diese Strohmatten oder Decken machen sie auf folgende Art. Im October schneiden sie ein, an den Seeküsten wachsendes breites Gras, und trocknen es alsdann an der Luft zur Hälfte. Dieses Gras wird in dünne Fäden zertheilt und zum Grunde der Decke bestimmt. Hierauf holen sie ein viel zarteres, weisses, schon zu Stroh gewordenes, ungewöhnlich hohes Gras, welches am Fuße der Gebirge, in Thälern und Ebenen wächst. Einen Theil von diesem weissen Grase legen sie einige Wochen in Urin, wodurch es eine rothe Farbe erhält. Nachdem sie es endlich abgespült haben, hängen sie es, halb getrocknet, in den Rauch, wodurch es eine rothe Farbe erhält. Damit bilden sie im Weben die Figuren in die Decke. [ZS 361] Die weißen Stellen entstehen durch die natürliche Farbe des Strohes, und die schwarze erhalten sie aus den dünngespaltenen Fischbeinstäben. Die Frauen haben die Decke, während der Arbeit vor sich, auf der Erde liegen und brauchen dazu nicht das geringste Werkzeug. Man muß in der That die technische Geschicklichkeit dieser ungebildeten Völker bewundern.

2.

Träge Männer – Lampenfeuer – Baden zum Erwärmen – Waschen – Mooslager – Strohdecken und Robbenfelle – Schlafengehen und Aufstehn – reinliche Weiber, warum? – Kunstnäherinnen – Parken – Zubereitung der Vogelhäute – wie machen sie Feuer?

Das männliche Geschlecht ist viel träger als das weibliche. Sie gehn zwar bei guter Witterung zur See, um einen großen Fisch oder ein anderes Seethier zu schießen; aber dies geschieht nur immer im äussersten Nothfall. Ausser ihren Pfeilen bekümmern sie sich im Hauswesen, um nichts. Werden die Baidaren schadhaft, so müssen sie von dem weiblichen Geschlechte ausgebessert werden. Die Männer bringen ihre Zeit fast immer auf einer Stelle zu, und schlafen so oft es ihnen beliebt. Gewöhnlich ziehen sie dabei die Füße unter den Leib und liegen in einer gekrümmten Stellung. Wenn sie nicht schlafen, so essen sie; von Arbeit ist aber nie die Rede.

Gegen den Frost schützen sie sich auf folgende Art. Sie hölen eine Art Schiefer oder Tripelstein, einen halben Zoll tief, aus, und gießen diese rundhole Fläche voll Fischthran. Anstatt eines baumwollenen oder leinen Dochtes, reiben sie ein wenig trockenes Stroh in der Hand zu Spreu, zünden sie an, [ZS 362] und lassen sie brennend in die steinerne Lampe fallen. Eine solche Lampe leuchtet, ohne neuen Aufguß, die ganze Nacht, und da beide Geschlechter beständig baarfuß und ohne Beinkleider, ausser wenn sie sich auf dem Fischfange befinden, gehen, so erwärmen sie sich durch dieses Lampenfeuer. Sie stellen sich nämlich um dasselbe herum und bedecken die Flamme mit ihrer Vogelhautparke, die einzige Bekleidung welche sie tragen, und das giebt allen die hinlängliche Wärme. Strümpfe und Hemden sind ihnen ebenfalls unbekannt. Fehlt es an Thran, so zünden sie in einer Grube Stroh an, stellen sich mit ausgebreiteten Beinen darüber und erwärmen sich damit, stehend. Ueberhaupt ist die Lebensweise dieser Insulaner sehr armselig und kläglich.

Ist die Kälte nicht zu groß, so suchen sich beide Geschlechter durch das Baden, in den inländischen Seen oder in kleinen Flüssen, zu erwärmen und sitzen dann, völlig entblößt, so lange am Wasser, bis der Leib wieder abgetrocknet ist.

Alle Morgen waschen sie sich, anstatt der Seife, mit Urin, Angesicht und Hände und spülen sich alsdann mit frischem Wasser ab. Da sie auch weder Leinwand noch andere baumwollene Zeuge haben, so trocknen sie sich die Nässe mit der Zunge ab.

Das innere Gefühl ihrer körperlichen Leiden und die Noth ihrer drückenden Lage, scheinen sie durch das häufige Stöhnen und die schweren Seufzer, die man, besonders von den Frauenspersonen, hört, wahrzunehmen.

Die Mütter waschen die kleinen Kinder täglich, über den ganzen Leib, mit Urin, und hierauf mit frischem Wasser und trockenen sie mit Gebirgsmoos ab. Damit wird auch das Lager für die zarten Säuglinge, anstatt der Federn, gemacht. [ZS 363] Ihre Wiege ist eine

Art hängender Trog und die Decke besteht aus Lappen von Vogelhäuten.

Erwachsene schlafen auf den schon erwähnten Strohmatten, und die reichern Insulaner auf einem Robbenfell und bedecken sich mit Cottikhäuten.

Aermere schlafen auf Stroh und ihre Decke ist ihr täglicher Anzug. Ihre Schlafstellen sind gewöhnlich sehr klein und beschränkt und deswegen können sie sich auch nicht ausstrecken; sondern müssen immer in einer gekrümmten Stellung liegen.

Die Männer legen sich, spätestens um 7 Uhr Abends schlafen, die Weiber aber arbeiten noch bis in die späte Nacht. Sobald die Sonne aufgeht steht auch alles auf und das erste Geschäft ist das Frühstücken, welches in einem Stück Wallfischfleisch oder in andern Fischen besteht. Das weibliche Geschlecht wäscht sich jedesmal nach dem Essen, um bei der Arbeit reinlich zu sein.

Sie benähen nämlich die Parken mit allerlei Zierrathen, besonders die weiblichen. Minder schön und ausgenäht sind die Alltagsparken von Cottikfellen, als die von Vogelhäuten, welche sie bei Tänzen, Lustbarkeiten und bei Besuchen tragen, die sie geben und empfangen.

Es ist unglaublich, welche ausserordentliche Mühe, welcher große Fleiß auf eine schöne Parke verwendet wird. Eine noch so fleißige Frauensperson hätte, wenn sie allein daran arbeitete, ein volles Jahr zu thun. Die unzählige Menge von Riemchen, Zierrathen und Kunstnähereien welche um einen solchen Anzug herumhängen, setzen jeden Betrachtenden in Erstaunen.

Auf einige Riemchen nähen sie Figuren von den längsten [ZS 364] Rennthieren und Ziegenbockhaaren aus, welche ihnen die Russen zuführen. Zu diesem Riemchen nehmen sie die Luftröhren von Robben und Cottik, schneiden davon fingerbreite Streifen und färben sie braunroth, wahrscheinlich mit einer Ockerfarbe. Diese gefärbten Riemen bestreichen sie mit einer Art Fischrogen, wovon sie einen Glanz erhalten, als wenn sie lackiert wären. So lange der Fischrogen noch nicht ausgetrocknet ist, so lange hält er auch noch den Glanz von aufgestreuten Bleiglanz und Bleischweif, womit sie die Riemchen auszieren. –

Die Vögelhäute, mit welchen sich die Insulaner bekleiden, werden drei und mehr Tage lang in Urin geweicht, gegerbt und dann mit

Seewasser gewaschen. Alsdann reiben sie dieselben mit Wallfischthran ein, lassen sie etliche Tage an der Luft hängen und saugen den Thran wieder aus, worauf sie nochmals im frischen Wasser ausgewaschen werden. Sind sie getrocknet, so werden sie mit den Händen noch weicher gerieben – und dann sind sie zum Anziehen fertig, die Parken sind um den Leib zugenäht und nur die säugenden Mütter haben unter dem Arme einen Einschnitt, zur Bequemlichkeit des Säuglings.

Oft fehlt es ihnen an Schwefel, dann machen sie sich das bekannte Feuer, durchs Reiben zweier Hölzer. Wenn sie aber Schwefel vorräthig haben, den sie von den feuerspeienden Bergen erhalten, so bringen sie das Feuer auf folgende Art hervor. Sie legen auf die Erde weich geriebenes Stroh und bedecken es mit feinen Federn oder Daunen von allerlei Vögeln, die sie mit, zu Staub geriebenen, Schwefel bestreuen. Dann bestreichen sie zwei feuergebende Steine, Quarz oder Hornstein, von der Größe einer kleinen Faust und schlagen [ZS 365] sie gegen einander, worauf sich der Federzunder sehr bald entzündet.

3.
Die Periode des weibl. Geschlechts – Bestrafung unvorsichtiger Frauen – wann ist sie wieder für unschuldig zu halten? – warum diese Strafe?

Während der Reinigungszeit sind die Weiber sehr mißvergnügt, betrübt und mürrisch. Auch müssen sie sich sogleich von ihren Männern entfernen und dürfen nichts für sie nähen oder flicken, so nöthig es auch sein möchte. Eben so wenig ist es ihnen erlaubt mit dem Manne zu essen oder zu trinken. Aus Mitleid reicht ihr jedoch derselbe ein Stückchen rohes Seethierfleisch oder Fisch zu. Die Spuren dieser Naturerscheinungen suchen die Frauen auf alle Weise zu verbergen. Es ist ihnen auch nicht erlaubt sich in dieser Zeit in Gegenwart ihres Schamanen zu zeigen, bis sie sich in einem Flusse gebadet haben. Die Entfernung der Frauen von allem Umgange mit dem Manne während dieser Periode, hat ihren Grund in der abergläubigen Meinung, daß die Männer alsdann kein Glück in der See hätten und nichts fangen würden.

Es ist unter den unvorsichtigen schwangeren Frauen der Insulaner kein seltener Fall, daß sie durch einen Sprung oder Fall zu früh gebähren. Dagegen haben die Schamanen eine Strafe eingeführt, um dieses Uebel zu verhindern. Ich erzähle sie hier, ihrer Sonderbarkeit wegen.

Mit Anbruch der Abendröthe wird nämlich hinter der [ZS 366] Hütte einer so verunglückten Frau ein großes Feuer von Stroh und Holz angezündet. Dann stopft man die Parke oder Cottikhaut oder den Pelz, welchen sie täglich getragen hat, mit Stroh aus und stellt sie dem Winde, zwischen dem Haus und dem Feuer, auf der Erde entgegen. Die Frau selbst muß hierauf hinter diese Parke treten, doch so, daß man nur ihr Angesicht erblicken kann, indem sie über ihre ausgestopfte Parke wegsehen muß. Darauf zeigt der Aelteste im Volke mit dem Finger auf sie und sagt: »diese ist die Uebelthäterinn!« –

Zur rechten Seite dieser Missethäterinn steht entweder ihr Bruder oder einer ihrer nächsten Blutverwandten, wenn sie aber keine mehr hat, ihr eigener Mann und dieser beistehende Verwandte schießt, nach der Erklärung des Volksältesten, mit einem Pfeil nach der Parke, worauf sie, mit derselben, augenblicklich zur Erde fallen muß. Ohne Verzug eilen alsdann jung und alt, Männer und Frauen hinzu und schlagen mit Knüppeln und Stöcken auf die Parke; Die Bestrafte schleicht sich aber stillschweigend davon.

Nach Verlauf von 24 Stunden darf dieselbe erst ihren Pelz wiederholen. In dieser Zeit darf sie sich auch nicht sehen lassen, selbst in der Hütte muß sie sich beim Lampenschein verhüllen. Sobald aber den folgenden Tag die Sonne untergegangen ist, dann darf sie sich wieder unter andern Menschen zeigen.

Eine solche Bestrafung halten sie deswegen für nothwendig, weil sie wähnen, daß für diesen Seelenmord sonst unstreitig noch ein Verwandter umkommen müsse und man erlebe es in kurzen, daß einer von ihnen im Meere ertrinke oder sonst verunglücke. Auch verfolge die Verwandten das Unglück und sie könnten nie auf einen guten Fang Rechnung machen.

4.
Entfernung männlicher Geräthe bei der Geburt der Kinder – Zwillinge und noch mehr – Mißgeburten – Verstorbene schwangere Frauen – Unfruchtbare suchen Hülfe – Schamanen Beschenkung – Unterstützung mit Lebensmitteln für die säugende Mutter – Verhinderung des Schwangerwerdens – Mittel gegen das Todtgebähren.

[ZS 367] Wenn eine Frau gebähren will, so wird allen Männern in der Hütte angezeigt, daß sie ihre männlichen Geräthe, als: Kleider, Geschütz, Pfeile und anderer ihnen zugehörende Sachen, entweder auf einen Haufen legen und mit Strohmatten zudecken, oder sie in eine andere Hütte tragen müssen; denn sie glauben daß die Blutverluste, bei der Geburt und Reinigung des weiblichen Geschlechts, einen nachtheiligen Einfluß auf die Männergeschäfte habe und ihnen das Unglück zuzöge daß sie der Seelöwe und das Männchen der großen Cottik in der See verfolge und in ihre Baidar, Löcher beiße, wodurch sie verunglücken müßten. –

In der Geburtsstunde pflegen sie alles Genießbare an Essen und Trinken, ja sogar alle leere Wassergefäße und Speisereste, zu bedecken, und alle Personen männlichen Geschlechts, groß oder klein, müssen sich aus der Hütte entfernen.

Das neugeborene Kind wird, sobald es das Licht erblickt, auf die Erde gelegt und nicht eher aufgehoben, so viel es auch weint, bis die Nachgeburt erfolgt. Bis zu dieser Operation fragt Niemand nach dem Geschlechte des Kindes; sobald aber jene abgenommen ist, dann hebt die Geburtshelferin das Kind von der Erde, löset die Nabelschnur und unterbindet sie mit Wallfischsehne. Anstatt einer Scheere bedienen sie sich einer scharfen Muschel, die, nebst den Abgängen, in die Erde vergraben wird. Das neugeborene Kind wird zuerst mit Urin [ZS 368] und dann mit frischem Wasser gereinigt; dann nimmt es die Hebamme in den Busen und setzt sich mit ihm über das oben beschriebene Lampenfeuer, um es zu erwärmen. Nun erst kann alles Zugedeckte wieder aufgedeckt werden und die Kleider werden wieder an ihre vorige Stelle gehangen. Alle Personen männlichen Geschlechts müssen sich aber hierauf in einem See oder Flusse baden und wenn es auch im strengsten Winter wäre. Nachdem das Kind erwärmt ist, wird es allen in der Hütte anwesenden Frauenspersonen, von jedem Alter, zum Küssen überreicht. Dasselbe Moos, welches man zum Verbande der Mutter braucht, wird auch zur Lagerstätte des Kindes angewandt. Es ist nichts Ungewöhnliches daß die Mütter schon am dritten Tage, nach ihrer Niederkunft, ausgehen um Wasser zu holen. Jede Mutter stillt ihr Kind selbst, ist sie aber zu schwach oder stirbt sie; so befestigt man ein Stückchen Robbenfett zwischen zwei kleine Hölzer, steckt dieses Fett dem Kinde in den Mund- und läßt es daran saugen. Durch jenes Queerhölzchen wird das Verschlucken des Fettstückchens verhindert. Einige Tage wird die Kindbetterin mit gekochten Schnecken, Muscheln und frischen Fischen gepflegt, dann aber muß sie alles wieder roh genießen, wie die andern.

Es giebt unter den Bewohnern der Kurilischen Inseln nicht selten Zwillingsgeburten und manche Mütter kommen auch wohl mit drei bis vier Kindern zu einer Zeit nieder. Eben so haben wir verschiedene Beispiele gefunden, von Menschen welche mit körperlichen Gebrechen geboren waren. Wir sahen manche mit einer Hand, andere mit einem Arm bis an den Elbogen, mit sieben Fingern, ohne Finger, mit verkehrten Füßen, die Fersen nämlich vorne und die Zehen nach der Nackenseite hingewandt, u. dgl. m. Von zusammengewachsenen [ZS 369] Kindern, doppelten Angesichten, taub- blind- oder stummgeborenen Menschen haben wir kein Beispiel entdeckt, auch wußte sich auch niemand, selbst von den ältesten Bewohnern der Insel, an eine solche Erscheinung unter ihnen zu erinnern.

Stirbt eine schwangere Frau vor ihrer Niederkunft, so wird sie geöffnet, nebst dem Kinde gereinigt und mit diesem in ein Grab gelegt.

Unfruchtbare suchen bei den Schamanen, ihren Priestern, Hülfe. In diesem Vertrauen beschenken sie ihn auf eine besondere Art, entweder mit einer schön geflochtenen Strohdecke, oder einem Regenhemde, mit zierlich gedrehten Schnüren zu den Pfeilen, und dergleichen Galanterieen mehr. Diese Sachen darf aber eine Frau dem Schamanen weder durch jemand zuschicken noch ihm selbst übergeben.

Die Art, mit welcher sie ihm diese Sachen zustellen, besteht darin, daß die hülfesuchende Frau dem Schamanen vor der Bezauberung, bei welcher sie nicht zugegen sein darf, ein oder das andere

Werk ihrer Hände auf die Straße hinwirft. Man versicherte mir aufs Gewisseste daß dieses Mittel sehr wirksam wäre.

An die Wiege der neugeborenen Kinder, beiderlei Geschlechts, hängen die Insulaner, theils schon vor der Geburt aber auch nachher sechs Monathe lang, von allem, was sie fangen oder genießen, täglich ein Stückchen. Vögel binden sie so; wie sie von ihnen gefangen oder geschossen werden, an die Lagerstätte der Säuglinge.

Vom Robben, Cottik oder andern Seethieren bringen sie ihm die Schnauze, als den zartesten Theil, von andern Fischen aber auch jeden Körpertheil, jedoch immer roh. Wird [ZS 370] die Wiege zu voll behangen, so fängt die Mutter an, das älteste Geschenk zu verzehren.

Diese Versorgung einer säugenden Mutter ist eine besondere Pflicht der nächsten Verwandten und vorzüglich des Vetters vom Kinde.

Wird den Insulanischen Weibern die Geburt zu schwer, und sie wünschen sich nicht mehr niederzukommen, so lassen die Kindbetterin nicht die Nachgeburt vergraben; sondern frei und offen, ans Gebirge oder auf jede andere Ebene hinwerfen, wo sie den Würmern oder Raubvögeln zur Nahrung überlassen wird.

Gebähren sie todte Kinder, so darf der Ehemann bei einer folgenden Schwangerschaft, niemals ein Rennthier an den Küsten oder auf den hervorragenden Klippen, mit dem Knüppel erschlagen, wohl aber mit Bogen und Pfeil erlegen. Eben so wenig ist es ihm, nach ihrer abergläubigen Meinung, erlaubt, von einem gestrandeten Wallfische etwas abzuschneiden.

5.
Der gemißhandelte Knabe – Krieg deswegen – Stürme und Seethiere – Rettungsmittel zur See – Ausmessung der Baidaren – Zaubermittel gegen den Sturm.

Die Insulaner erzählten uns, daß vor einigen Jahren auf der Insel Onegon ein Knabe ohne Hände wäre geboren worden. Als nun einst dessen Vater nach einer anderen Küste verreist gewesen sey, so hätten sich zufällig Gäste von der Insel Unmack in seiner Hütte eingefunden. Solche Be- [ZS 371] suche machen die Insulaner einander im Winter und dabei pflegen sie sich mit Tänzen zu belustigen. Bei dieser Gelegenheit begehrten nun auch die Gäste von dem verstümmelten Knaben zu tanzen. Da er sich aber weigerte, weil er doch ohne Hände weder Pauke noch Bube halten konnte, so zwangen ihn die Gäste dazu und banden ihm an die Armstümmel, diese musikalische Instrumente fest. Die Mutter des Knaben machte darüber, unter heißen Thränen, den Gästen bittere Vorwürfe, bis sie ihr Unrecht selbst einsahen und den Knaben mit einer Parke, mit ihren Beilen, Messern, großen und kleinen Korallen und anderen Sachen beschenkten. Hierauf reiseten sie zurück nach ihrer Insel. Als nun aber der Vater zu Hause kam und dieses Betragen seiner Gäste erfuhr, ward er darüber äusserst aufgebracht und wüthend; rottete auch mehrere Nachbaren zu seiner Familie und seinen Freunden zusammen und erklärte den Unmakern den Krieg, schiffte hinüber und rächte die Mißhandlung seines Sohnes mit vielem Blutvergießen.

Zu den gewöhnlichsten Unglücksfällen, von welchen die kurilischen Insulaner heimgesucht werden, gehören die Stürme und das Verfolgen von Seethieren.

Das Letztere geschieht oft, wenn die Insulaner andern Thieren nachjagen, um sie mit ihren Pfeilen zu erlegen. In ihrer Abwesenheit fallen alsdann die Seelöwen oder andere Seethiere die Baidaren an und beschädigen sie.

In diesem, und auch in jedem anderen Unglücksfalle, durch welchen ihr Fahrzeug Schaden leidet, helfen sie sich auf folgende Art. Sie nehmen bei jeder Seefahrt ein Paar kahle Robbenhäute mit, die von allen Seiten zugenäht sind und nur an einem Vorderflossen ist ein kleines hölzernes Röhrchen, mit angebundenem Pfropfen angebracht. Wird nun die Bai- [ZS 372] dare, durch irgend einen Zufall beschädigt und es wäre ihr Untergang zu fürchten; so bläset der Seefahrende, eine oder beide Robbenhäute, schnell auf und befestigt sie an beiden Enden der Baidare, wodurch sie sich über Wasser erhält. Reicht diese Anstalt noch nicht zu, so werden zwei Seelöwenblasen noch hinzugebunden, und so suchen sich die Verunglückten zur nächsten Küste zu retten.

Werden die Seefahrenden von einem großen Sturme überfallen, so suchen sie sich, auf folgende Art, nach dem Lande zu retten.

Fünf bis sechs, auch mehr Baidaren, sammeln sich in einer Reihe und diese werden mit Riemen an einander befestigt, doch so, daß immer eine Baidare von der andern eine Arschiene weit entfernt ist und an jeder sind, am Vorder- und Hintertheile, eine aufgeblasene Robbenhaut. Die Schiffenden in der Mitte rudern nicht, sondern halten die Baidaren rechts und links mit den Händen an einander; und nur die an den beiden Enden regieren den Zug mit Behutsamkeit, um sich allmählig dem nächsten Lande zu nähern. Einzelne Baidaren sind in diesem Falle jedes Mahl verloren, denn sie werden gewöhnlich von den großen Meereswellen umgeworfen.

Ich habe eine solche Baidare ausgemessen und gefunden, daß ihre Länge 18 Fuß 3 Zoll, nach dem Kiel zu 17 Fuß 10 Zoll, die größte Breite aber 4 Fuß 8 Zoll, und an der Spitze 1 Fuß 10 Zoll betrug. Das Hinterteil ist 2 Fuß 8 Zoll, die ganze Tiefe 1 Fuß 2 Zoll und die Weite der Rundung 5 Fuß 6 Zoll groß.

Erhebt sich ein heftiger Sturm, der fast alle 14 Tage kommt, besonders von den Nordgegenden her, dann nehmen die Insulaner ihre Zuflucht zu allerlei Zaubermitteln um die [ZS 373] Stürme zu beschwören. Da ich Gelegenheit hatte sie zu beobachten, so theile ich sie hier mit.

Läßt eine stürmische und raue Witterung nicht nach, so versammelt man junge Mädchen oder auch Söhne, von 15 Jahren und drüber, des Abends eine Stunde nach Sonnenuntergang, und diese schleichen, mit verdecktem Kohlfeuer und einem Bündel Stroh, in aller Stille, aus der Hütte dem Sturm entgegen – ungefähr einige hundert Schritt von ihrem Wohnorte entfernt. Da legen sie das Stroh und Feuer auf die Erde, welches sich durch den wehenden Wind sehr bald entzündet. Nun stellen sich die jungen Leute um das Feuer, fangen an zu tanzen und zu springen, zu singen und zu lärmen und machen endlich ein so großes Geschrei, daß sie den sausenden Wind übertönen, um ihm gleichsam Trotz zu bieten und ihn dadurch zu erschrecken. Hört endlich, aus physischen Gründen, der Sturm auf, dann schreiben sie dieses Phänomen ihrer Zauberkraft zu. Ungeachtet ich ihnen ihre Thorheit zeigen wollte, meinten sie doch, ihre Vorfahren hätten es geglaubt und sie wollten nicht klüger als diese sein.

6.
Ehefrauen – Trauer – Schwangerscheue – Männertrauer – Haarabschneiden, ein Zeichen der Trauer – Absterben ohne Testament – frühes Begraben – Hängematten – Mäusefeinde Grab – Schamanen sind prophetische Aerzte.

Wenn ein Ehemann stirbt oder sonst auf eine gewaltsame, unglückliche Art ums Leben kommt, so darf die Frau 30 Tage und Nächte nicht die Stelle verlassen, wo sie mit dem [ZS 374] Verstorbenen geschlafen hat. Es ist jedoch gleichgültig ob sie diese Zeremonie sogleich nach erfolgtem Todesfalle, oder auch späterhin ausführen will; wenn sie nur beobachtet wird.

Manche Mütter haben sogar den abergläubischen Wahn, daß der Umgang unverheiratheter Mädchen mit solchen Wittwen, einen Einfluß auf dieselben habe, damit sie nie schwanger würden. Die zu große Zärtlichkeit der Mutter verleitet deswegen diese, daß sie ihre Töchter bei dem Wittwen essen, trinken und schlafen lassen, denn sie wollen ihnen dadurch die Geburtsschmerzen ersparen.

Der Mann beobachtet nach dem Tode seiner Frau, dieselbe Zurückgezogenheit und bleibt auf derselben Stelle, wo er mit seiner Frau geschlafen hat; aber nur 20 Tage. Nach dem Tode des Vaters, der Mutter, der Schwester, des Bruders, Mannes oder Kindes, müssen die Frauenspersonen ihre Haare bis ans Genick abschneiden. Stirbt jemand von den Seitenverwandten, so werden die Haare am Hinterhaupte, von dem weiblichen Geschlechte, nur zwei bis drei Zoll abgenommen. In der Krankheit und im großen Zorne, lassen sie sich alle Haare, bis in den Nacken abschneiden.

Wenn ein Ehemann vor seinem Lebensende seinen letzten Willen nicht erklärt und angezeigt hat, wer seinen Nachlaß an Kleidern, Geräthen und Vermögen erben soll: ob er unter seine Frau und Kinder vertheilt oder sonst jemand zuerkannt sein soll; so wird ihm das Alles mit ins Grab gegeben. Für Frau und Kind ist immer hinlänglich gesorgt, da sie alle Lebensmittel unter einander gemein haben und jeden Bissen mit dem andern theilen.

Der Entschlafene wird noch an seinem Sterbetage in ein, mit Seethierknochen gegrabenes Grab verscharrt.

[ZS 375] Ist er im Leben sehr geliebt und geschätzt gewesen, so machen sie aus Robbenfellen eine Art Hängematte, ungefähr von derselben Art, wie die Schlafmatten für Seeoffiziere – und darin lassen sie ihn zehn und mehrere Tage in der Hütte hängen. Endlich begraben sie ihn nebst der Matte in die Erde.

Ist der Verstorbene ein großer Mäusefeind gewesen und hat deswegen gewünscht, nicht in die Erde begraben zu werden, so öffnen sie ihm den Leib, waschen und reinigen alles andere, legen dessen Eingeweide in eine Schachtel und hängen sie, nebst dem Körper, in einer Art Hängematte in hohlen Felsen auf. Am 16ten September 1791 fand ich auf der Insel Ammaknak ein solches Begräbniß. Die Hängematte bestand aus, mit Wallfischsehnen zusammengenähten Robbenhäuten; und war mit einer geflochtenen Strohmatte überdeckt. An beiden Enden waren zwei dicke Hölzer befestigt, an welchen die Häute, worin der Leichnam lag, hingen. Darunter stand ein hölzernes Trinkgeschirr, lagen etliche Pfeile und hölzerne Ueberreste einer Baidare. – Sobald der Leichnam begraben ist, so werden alle männlichen Freunde und Bekannte zusammengebeten und dabei erinnern sie sich des Verstorbenen mit Bedauern und Wehklagen. Sämmtliche Anwesende werden mit den nachgelassenen Nahrungsmitteln bewirthet.

Eben dieser Gebrauch wird auch beim weiblichen Geschlechte beobachtet.

Wird jemand unter ihnen krank, so wird bei ihrem Schaman Hülfe gesucht, der vorhersagen muß, ob der Kranke genesen werde oder nicht.?

Dafür lohnen ihm die Männer mit einer Baidare oder einem Pfeile, Bogen und Messer, oder auch mit einer Parke. [ZS 376] Andre beschenken ihn mit einer Art russischem Stemmeisen Werkzeuge, die zum Bau der Baidaren sehr nützlich sind.

Die Frauen bezahlen dem Schaman für seine Prophezeihung ein Regenhemde oder etliche Schnüre voll kleiner weißer Korallen. –

Wird der Kranke gesund, so wird der Glaube an den Schaman sehr gestärkt, stirbt jener aber, so heißt es: der Schaman versteh seine Sache nicht und man nimmt das Geschenk wieder von ihm zurück, es wäre denn, daß der Verstorbene es noch vor seinem Ende verlangt hätte, dann wird ihm alles, was er für seine Meinung erhalten hat, gelassen.

7.
Bräute werden gekauft – werbende Personen – Ausstattung – Erwiederung – Verwandten des Bräutigams sind Gäste – die Mutter der Braut bewirthet – nachsichtiger Bräutigam – Verwandtenheirath – Angelicawurzel – Zahnweh – Scorbut – häufige Aderlässe – Kupferkessel und Lehmbottiche – seit 50 Jahren besuchte Insel.

Von ihren Heirathsgebräuchen habe ich Folgendes erfahren. In den meisten Fällen müssen die Männer ihre Frauen erkaufen und zwar, entweder von deren Aeltern oder, wenn diese nicht mehr leben, von den nächsten Anverwandten. Arme bezahlen dafür verschiedene Seethierhäute oder ihre Parke, ihre Beile und ihr Messer; auch wohl große und kleine Korallen, hölzerne Trinkgefäße und andere ähnliche Kunstwerke mehr.

Eben dieselben Stücke bezahlen auch die Reichern, nur, [ZS 377] ausser denselben, noch einen Arbeiter oder eine Sclavin, die sie beim Gefechte gefangen genommen haben. Zuweilen, aber selten, wird jedoch auch seine Braut dem Bräutigam, ohne Kauf, überlassen.

Wenn der Letztere nicht selbst um die Braut werben will, so schickt er einen Mann oder eine Frau in diesem Geschäfte an die Aeltern oder Verwandten, und hält bei ihnen um die Geliebte an.

Der Vater stattet seine Tochter mit allen den Bedürfnissen aus, welche wir oben bei der Bemerkung erwähnt haben. Dazu tragen auch ihre Geschwister und Anverwandten bei. Soviel der Bräutigam vermag, beschenkt dieser ebenfalls wieder die Verwandten seiner Braut.

Zur Hochzeit werden nur 3 bis 5 Personen von den Verwandten des Bräutigams gebeten und bewirthet. Ihre Hauptspeise besteht in einem Stück rohen Fischflossen, oder in andern Fischen und dazu ein Seekohl, in Wallfischthran und Wasser, gekocht. Diese Mahlzeit besorgt die Mutter der Braut. Anstatt des Löffels bedient man sich einer starken Muschel. Alle anderen Verwandten, Bekannten und Freunde nehmen an diesem Gastmahle keinen Theil.

Nach der ersten Brautnacht äussert der Bräutigam keine Bedenklichkeit, wenn er auch dazu Ursache haben könnte, ersucht aber seine junge Frau ohne sein Vorwissen und ohne seinen Willen nie einem Andern Gunstbezeigungen zu erweisen.

In Rücksicht der Verwandtschaften haben die Insulaner kein Verbot; sie heirathen wen sie wollen nur nicht die leibliche Schwester. Sind keine Blutsfreunde vom Manne mehr am Leben, so empfiehlt er seine Frau einem Nichtverwandten, aber doch einem von ihm am meisten, bei Lebzeiten, geliebten Manne.

[ZS 378] Von den Heilkräften der Kräuter scheinen sie, die Angelicawurzel ausgenommen, gar keine Kenntniß zu haben. Diese Wurzel, in ihrer Sprache Conulug genannt, brauchen sie gegen innerliche Krankheiten und auch auf äussere Wunden gelegt. Zur Heilung der letztern brauchen sie auch Robbenfett, welches sie mit, im Munde, aufgeweichten Seethiersehnen aufbinden.

Gegen Zahnweh kennen sie kein anderes Mittel, als daß sie mit scharf geschnittenen Federn das Zahnfleisch zerstechen, wodurch sie das Blut hervortreiben.

Unter sich haben die Insulaner nie den Scorbut wahrgenommen, aber wohl, sobald sie sich entfernten und mit ihren Nachbaren ins Gefecht einließen. Werden sie aber davon befallen und können sie keine Speise zu sich nehmen, so sterben sie auch gewöhnlich an dieser Krankheit.

Ueberall, wo sie Leibesschmerzen fühlen, öffnen sie sich mit einem in Holz eingelassenen Horne, oder auch scharf gemachten Jaspissteine, eine Ader. Es giebt deswegen fast keinen Theil des Körpers, wo sie nicht Ader lassen. Vom Wirbel des Kopfes bis auf die Fußsohle, auf den Schultern und auf der Brust, auf den beiden Hüften und den Schultern, unter dem Knie und im Genikke.

Die reichen Insulaner bedienen sich zum Kochen kupferner Kessel, welche sie von Ausländern kaufen; die ärmern Einwohner aber verfertigen sich dazu große Bottiche von gutem Lehm, den sie mit fein gehacktem Stroh durchkneten. Sobald sie halb getrocknet sind, so werden sie mit der Leber vom Paltuß-Fisch[4] von aussen, stark eingerieben, wodurch sie eine größere Festigkeit erhalten. Da jedermann fast alle Speisen roh genießt, so sind sie damit auf viele Jahre versehen.

[ZS 379] Vor funfzig Jahren wurden diese Inseln von keinem Ausländern besucht, bis dahin bedienten sie sich des Jaspis und Hornsteines, zu Beilen und Messern; die Alten erinnerten sich aber

4 Russisch: *paltus*: der Heilbutt.

noch, daß ihre Vorfahren eiserne Messer hatten, welche sie aus den Nägeln schmiedeten, die sie in dem, vom Meere ans Ufer gespülten Holze fanden.

8.

Der Unalgaer Besuch in Spierken – ihre Aufnahme – Seekohl und Wallfischflossen – Empfangsgebräuche – Beschreibung der Hütte – Einladung zum Tanz – Eröffnung des Balles – Korallenputz.

Im Monat Februar 1792 kamen von der Küste Unalga auf 5 Baidaren verschiedene Männer nebst einer Frauensperson, nach der Insel Spierken zum Besuch. Bei einer solchen Lustfahrt müssen die Weiber, welche Männer zur Gesellschaft mitnehmen, im Hintertheil einer sehr kleinen Baidare liegen. Der Raum ihres Aufenthaltes ist so enge, daß sie sich kaum darin umwenden können, ohne befürchten zu müssen, daß dieser Kahn – umschlägt. Die Bewohner unserer Insel Spierken nahmen sie freundlich auf. Nach der Landung zogen sie ihre kleine Baidare aus der See und trugen sie auf unsere Hütte, ungefähr 30 Klaftern weit entfernt, zu. Von dieser Baidare machten sie das Fundament und aus kahlen Robbenhäuten, die Wände zu ihrer eigenen Hütte. Der Fußboden ward mit ein wenig Stroh bedeckt. Nachdem sie ihre Hütte zubereitet hatten, legten sie sich auf ihr Lager nieder. Nunmehr machten die Einwohner von Spierken Anstalten zu einer Lustbarkeit. Die Frauen holten eine Art Tang oder fei- [ZS 380] nen Seekohl, den sie in ihrer Sprache Tschakalkag nennen, legten ihn in frisches Wasser, thaten ein kleines Stückchen Wallfischfett hinzu und kochen damit das Gemüse ab. Dieses Gerichte brachte man hierauf, in kleinen hölzernen Geschirren, den Gästen, in ihre neugebaute Hütte. Anstatt des Löffels erhielt jeder eine große Seemuschel. Das zweite Gericht bestand in einem Stück rohen Wallfischflossen, welche von den Insulanern für den feinsten Leckerbissen gehalten werden. Sobald die Sonne untergegangen war und die Abendröthe noch am Himmel stand, sogleich begaben sich die Einwohner auch zu ihren angekommenen Gästen, um sie zum Tanze einzuladen, der in unserer größten Hütte gegeben werden sollte. Dabei beobachtete man folgende Ceremonieen. Alle in der Hütte befindlichen Personen, jung oder alt und von beiden Geschlechtern, verließen ihre Hütten und versammelten sich dann hinter die bestimmte Tanzhütte, doch so, daß es die Gäste nicht wahrnehmen konnten. Hierauf stiegen sie von hinten auf die Hütte und ließen sich, einer nach dem andern, von oben herab, eiligst hinunter. Dabei waren alle sehr reinlich gekleidet, die Männer trugen Parken von Vogelhäuten mit allerlei Zierrathen gestickt und mit einer Menge feiner und zarter Riemchen in Schleifen von kahler Cottikhaut behangen. Ein jeder von den Einsteigenden hatte in seiner Hand eine Trommel (Buben). Die Weiber waren in Parken von Cottikfellen, die mit weissen Korallen und mancherlei ausgenähten Verzierungen geschmückt waren, gekleidet. Ihr Hauptschmuck bestand in einem kahlen, schwarzen, breiten Stirnbande von Robbenleder, auf welches wiederum zehn, sehr schmale, weißlederne Riemen in die Runde herum gebunden waren. Der Rand dieses Bandes war oben mit Ziegenhaaren verbrämt. [ZS 381] Jede Frauensperson trug in der rechten Hand einen langen Pfeil mit einer daran gebundenen Robbenblase, in der linken aber eine solche Blase ohne Pfeil. Auf diese Frauenspersonen folgten die Männer die in der linken Hand ihre Buben, in der rechten aber eine Pauke mit einem Cottikfell bespannt, hatten. In dieser Ordnung schlichen sie, einer hinter dem andern leise aus der Hütte, in der Gestalt eines halben Kreises vor die Gasthütte, wo alsdann die Männer in eine Reihe traten, die Weiber aber sich dem Eingange derselben näherten, doch so, daß immer eine hinter der andern, mit dem Rücken nach dem Eingange gekehrt stand. Plötzlich fingen hierauf die Männer mit Gesang und Geschrei und mit Trommeln ihrer Buben, die Serenade an. Die Frauen sprangen nun in die Höhe indem sie Pfeile und Blasen schwangen. Dabei machten sie verschiedene mimische Bewegungen, bald rechts, bald links, je nachdem es der Gesang zu erfordern schien. Diese Musik und diesen Tanz wiederholten sie auf dreierlei verschiedene Arten. Ungeachtet die Hütte offen war, so trat doch nicht einer von den Gästen aus derselben heraus. Die Frauenspersonen kehrten endlich, ohne sich den Gästen zu nähern, in ihre Hütten zurück; die Männer aber gingen hierauf in die Gasthütte und luden die Fremden in ihre Hütten ein. Nach dieser Ceremonie kamen die Unsrigen zurück, die Gäste aber blieben noch in ihrer Hütte. Darüber vergingen noch 2 Stunden, welche man zu allerlei Anstalten und Vorbereitungen zu dieser Festlichkeit anwandte. Man ließ es sich besonders angelegen sein, die Hütte von ihrem unbeschreiblich großen Schmutze zu reinigen und brachte diese Unreinigkeiten ausserhalb, um und neben die Hütte.

[ZS 382] Zu besserer Verständigung will ich von der Hütteneinrichtung eine Zeichnung geben. Sie besteht aus folgender Figur.

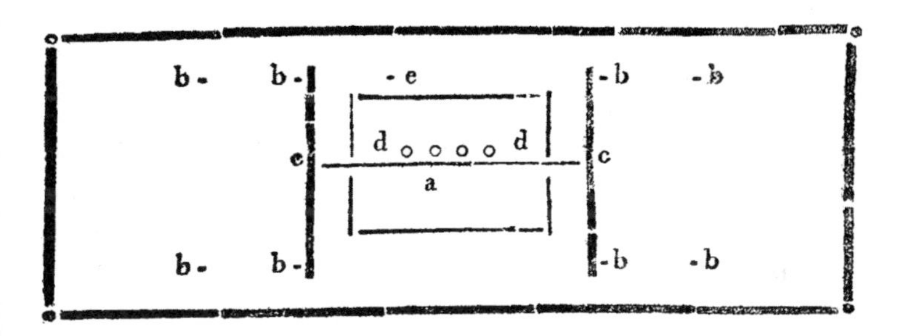

a) ist der gewöhnliche Eingang, auf einer Leiter, die aus den Baumstämmen gemacht wird, welche vom Meere ans Ufer gespült werden.

b) sind Pfeiler oder Stützen für die Hütte, an welchen, zur Erleuchtung, die Lampen hingen.

c) Stellt ein dickes Seil von Wallfischsehnen, vor, das an der Stütze befestigt ist.

d) ist eine dünne Schnur, an welcher vier Robbenblasen hingen, zwei Arschienen tief, von dem Eingange herab und eine Arschiene hoch von der Erde.

e) ist ein Pfeiler an welchem ein dicker Strick von Wallfischsehnen, mit einem Knoten am Ende, hing, ungefähr eine Arschiene lang.

Schon war es 8 Uhr nachdem man mit allen Anstalten erst in Ordnung gekommen war. Ihren Bitten gemäß begab sich hierauf der Aelteste von der Insel Spierken zuletzt in die Gasthütte, um die Fremdlinge einzuladen. Nach dieser Ehrenbezeugung fanden sich auch dieselben unverzüglich auf der Hüttenöffnung ein. Die Empfangenden standen im Innern der Hütte, bereit, mit Geschrei fingen sie an und mit Gesang und Trommelgeräusch hörten sie auf. Dazwischen wimmerten [ZS 383] die Weiber mit einer feinern Stimme, wobei sie beständig den linken Backen zogen um einen Triller zu schlagen. Die Gäste entkleideten sich nun von ihren Vögelpelzen und von den Stiefeln, die aus der Luftröhre des Seelöwen gemacht waren. Sie blieben nur mit den Beinkleidern, von weiß gegerbten Robbenhäuten, bekleidet. Diese Entkleidung geschieht aber jedesmal ausserhalb, oben bei der Einsteigeöffnung der Hütte, von welcher jeder Gast zuerst eine Robbenblase und dann seine Kleider hinab wirft. Unterdessen wird die schon erwähnte Musik mit Gesang und Buben fortgesetzt. Der Aelteste von den Hüttenwirthen zeigte nun den Gästen den Weg: die sich hierauf an der geflochtenen Wallfischsehne, (a) auf einem aufgeblasenen Robben durch die Oeffnung herunterließen. Dasselbe geschah auch an dem andern Seile so, daß immer wechselweise, einer nach dem andern, herabgelassen ward. Dabei pflegte man die Gäste, bevor sie auf die Erde kamen, zu schwingen. Jung und Alt sangen, schlugen die Buben und machten mancherlei Sprünge. Die Gäste lagerten sich gewöhnlich an die Wände, bei den Schlafstellen, auf die Erde, halb nackend auf Strohdecken. Nachdem alle Gäste herabgelassen waren, stellte man die gewöhnliche Leiter an die obere Hüttenöffnung. Die Bubenspieler, eilf Personen, nahmen hierauf am Ende der Hütte ihren Platz; alle Anwesende aber, setzten sich nunmehr zwischen die Gäste an die Wände, worauf ein neuer, brüllender Gesang mit begleitenden Trommelschlag und den feinen Weibertrillern, begann. Zur Erholung von einem so ermüdenden Geschrei, ward zuweilen eine Unterredung gehalten, die aber immer von der gewöhnlichen Musik unterbrochen ward. Es trat auch wohl ein Solotänzer, ein halb nakkender Jüngling auf, der sich aufs äusserste anstrengte, durch [ZS 384] seine hohen Sprünge zu gefallen, auch machte er, je nachdem es die Töne des Geschreies erforderten, besondere lebhafte Körperbewegungen, nach der Erde hin. Dabei schlug er ebenfalls seine Bube und dies war die Eröffnung des Balles. Nach und nach gesellten sich, mit gleichen Sprüngen, noch fünf andere, erwachsene Knaben, zu den ersteren. In einer andern benachbarten Hütte hatten sich unterdessen noch andere Einwohner maskirt und kamen einzeln die Leiter herab. Unter diesen befand sich einer, der sein Gesicht mit halb trockenem Moos gleich krausen schwarzen Haaren, fast überall bedeckt hatte. Auf der

Mitte des Kinns hatte er einen Fleck von schwarzem Cottikfell, und unter der Nase einen solchen Knebelbart angebracht. Es ward ihm in einem hölzernen Gefäße hellbrennendes Stroh mit Wallfischthran in die Hände gegeben, womit er, gleich einem Satyr in Bocksprüngen tanzte. Nachdem aber sein Feuer ausgebrannt war, warf er das Gefäß auf die Seite. Nun sprang ein halb entblößter Jüngling, in einem hüpfenden Sprunge, gegen ihn hervor, als wollte er mit ihm einen Kampf beginnen. Ich erkundigte mich, was die Ueberreichung des Flammenfeuers und der dabei angestimmte Gesang bedeute? Ich erhielt zur Antwort, die Worte bedeuteten: »das Dasein verdanke ich meinem Vater, er hat mir das Tageslicht und auch das Feuer gegeben, damit ich sehen soll.« Der Beschluß dieses Tanzes endigte sich mit großem Gejauchze. Nun erfolgte eine Pause des Geschreies und der Buben, die Frauenspersonen traten endlich ebenfalls, in ihrem schon erwähnten Putze, einzeln hervor. Dabei hielten sie die Hände, fast den Schultern parallel, empor und jede hüpfte besonders längs der Hütte hin. Dabei richteten sie sich genau nach Trommel- [ZS 385] schlag und Gesang und machten eine Leibesbewegung als wollten sie einen hier aufspießen. Ihr Angesicht hatten sie geschminkt und mit Bleiglanz, vom Mundwinkel über die Wangen weg, in einem schmalen Streifen bestreut. Nach den Augen zu wurden diese Streifen breiter. In der untersten Lippe und der Nase trugen sie spitze, scharfe Knöchelchen oder Zähne welches sie für eine große Zierde halten.

In der Nase tragen sie drei Zoll lange Schnürchen, von kleinen, weißen Korallen, welche über den Mund, nach dem Kinn zu, herabhängen. Vermögende Frauenspersonen tragen, in der Mitte jeder Schnur, ein weißes Röhrchen von kleinen Korallenästen ungefahr einen Zoll lang. Auf diesen Schmuck halten sie so viel, daß ich auf keine Weise einen solchen Korallenzweig von ihnen eintauschen konnte. Sie selbst erhalten diesen Zierrath aus Amerika, von ihren Nachbarn, und bezahlen sie sehr theuer. Man liest diesen Schmuck am Strande des Meeres auf, wohin ihn die Wellen auswerfen. Die armen Einwohner, welche diesen Schmuck nicht bezahlen können, bedienen sich dazu der dünnen Federkiele, von den Raben, die sie am Fahnenende der Feder abschneiden und zwischen den weissen kleinen Korallen tragen. In der That machen sie in der Ferne einen, den Korallenzweigen ähnlichen, Effekt. Auch in den Ohren tragen sie vier Paar solcher Röhrchen, die noch mit kleinen, einen halben Zoll langen, rund bearbeiteten Bernsteinstückchen, zwischen weissen Korallen, an fünf Zoll langen Schnüren, auf die Schultern herab hängen. Mit eben solchen kleinen weissen Korallen besetzten auch die Frauenspersonen ihre Ohrenränder, in welche sie sich oft mehr als zwanzig kleine Löcher stechen. Die Männer haben kaum halb so viel Löcher in den Ohren und tragen auch nur die kleinen weissen Koral- [ZS 386] len, an zwei bis vier Zoll langen Schnürchen, wenn sie Gäste bekommen.

Für ein Paar solcher Röhrchen nebst ein Paar Bernsteinstängelchen, bezahlen sie eine Baidare oder auch eine sehr gute Vogelhautsparke, die eine Menge mühsam genähte Zierrathen hat und welche nur auf Festgelagen getragen wird. Die Besitzer einer Menge solcher Röhrchen werden für sehr reich gehalten, weil sie Alles dafür einkaufen können.

9.

Maskenerscheinungen – mimische Tänze – die Möwe – der Adler – passive Gäste – Entfernung der gebrauchten [Masken] – Verfertigung der neuen – beschwerlicher Winter – übler Geruch – Rauch und Unreinlichkeit – keine Waschgelegenheit – Beschluß.

Ich komme nun zur Beschreibung des Tanzes zurück. Unter die tanzenden Frauenspersonen mischten sich allmählig einzelne, halb nackende Jünglinge. Ihre Bewegungen hatten viele Aehnlichkeiten mit den Stellungen im Kampfe gegen den Feind. Mitten unter diesen Tanzenden erschien unvermuthet ein zehnjähriger halb nackender Knabe, der ebenfalls mit allerlei Riemen und runden rothgefärbten kleinen Hölzern, behangen war. Er ahmte, in seinem Stunden langen Tanze das Hüpfen des wilden Geflügels nach.

Nun erschien mit einer andern Larve ein Mann im Regenhemde, mit einer künstlichen großen Nase und einem langen Barte. Anstatt der Mütze trug er ein, aus braunen Holzspänen gemachtes Thier, welches einen Fuchs vorstellen sollte.

Zuerst tanzte er ganz allein, Nach einer Weile aber [ZS 387] sprang ein anderer, ohne Larve, der sich ihm schleichend genähert hatte, auf ihn zu. Beide mußten sich aber, nach dem Gesange und Trommelschlage in ihren Leibesbewegungen richten.

Nach diesen Auftritte stieg, abermals, eine neue Maske mit einem aufgeblasenen Robben von der Hüttenöffnung herab. Sie zog dieses Thier mit einem Stricke an die Hinterflossen gebunden, langsam zaudernd, nach dem Ton der Buben, die Leiter herab. Dieser Mimiker katte keine Larve vor dem Gesichte; aber ein frisches und gesundes Ansehen, einen schwarzen Knebelbart und ein kleines hölzernes Hütchen auf dem Kopfe. Durch seine geschickten und natürlichen Wendungen gefiel er den Zuschauern ausserordentlich. Er zog den Robben nach dem Takte und Tone des Gesanges und der Musik bald schneller, bald langsamer, bis er ihn endlich zur Erde herab brachte. Man konnte in seinem Gesichte die große Freude über seine Beute lesen, indem er, auf eine zwangslose Weise, um sie herum hüpfte und tanzte. Endlich zog er einen langen, rothgefärbten Knüppel hervor mit welchem er auf den Robben zu ging und wieder zurück sprang, als wenn er sich vor ihm fürchtete.

Endlich gelang es ihm daß er das Thier, welches man durch Fäden in Bewegung setzte, auf den Kopf schlug und tödtete. Hierauf erfolgte eine neue Pause; bald darauf aber ließ sich, an der Hüttenöffnung, eine nicht minder häßliche Larve, als die vorige mit der großen Larve war, sehen. Sie stieg sehr schnell und behende die Leiter herab, lief überall in der Hütte umher und sah bald diesen bald jenen Gästen scharf ins Gesicht. Unter mancherlei Verbeugungen und Kratzfüßen, entstand über seine Anträge und Anfragen ein großes Gelächter. Er stellte eigentlich einen Kuppler vor und [ZS 388] fragte dabei die Männer ob sie nicht ein schönes Mädchen nöthig hätten? Nach allerlei Scherzen, Grimassen und Possen schlich auch dieser sich wieder zum Hüttenloche hinaus. Nach ihm trat ein neuer Schauspieler auf. Er erschien mit einem großen Hute und einer abscheulichen Larve vor dem Angesichte. Der Rand des Hutes war mit mehr als dreißig, einen Zoll langen Nägeln besetzt. Langsam schlich er sich in den Hintergrund der Hütte und duckte sich nieder. Rund um war diese Maske mit langen Pfeilen behangen, so, daß man dessen Figur kaum erkennen konnte. Alsdann tanzten die Frauenspersonen hüpfend auf ihn zu und nahmen ihm einen Pfeil ab, mit welchen sie bald rechts, bald links, in einer solchen Stellung verschiedener Seiten-Pas machten, als wollten sie ein Thier spießen. Sobald man im Gesange den Ausruf hörte: hu! hu! hu! hu! so fuhren sie mit dem Pfeile rasch zu; stimmten sie aber den Ausruf: hoh! hoh! hoh! hoh! an so machten die Tanzenden ihre Bewegungen langsamer. Zuletzt warfen sie den Pfeil in einen Winkel. Denselben Tanz wiederholten auch die Männer und lösten der Maske ebenfalls die Pfeile ab. Hierauf folgte eine Pause zur Erholung. Die nun, von ihren Pfeilen entblößte Maske, ward am Ende auf einer, braun und weiß gefärbten Bank, welche an vier Stricken befestigt war, zur Hüttenöffnung hinaus gezogen. Hinter ihr erhob sich eine, von Holz gemachte, mit zerriebenem Schwefel angestrichene, weisse Möwe, welche an versteckten Schnüren, emporgezogen und herabgelassen ward. Das Flattern, dieses Vogels, schien ihnen viel Vergnügen zu machen. Nach dem Verschwinden der Möwe kam eine krummnäsige Maske zum Vorschein, welcher die Gesellschaft mit den Anträgen, Empfehlungen und Späßen eines Kupplers unterhielt. Nachdem diese [ZS 389] Person sich entfernt, und die Buben eine Zeitlang angehalten hatten; so erfolgte nun der vorletzte Auftritt. Es erschien eine scheußliche Maske, welche in einem, von Leder gemachten, großen ausgehöhlten Adler, verborgen war. Anstatt der Federn hingen demselben kleine weiße gerundete, platte Hölzchen, um den Kopf. Die Flügel desselben waren weiß und schwarz, von Holzspähnen gemacht. Mit dieser Maske machte der Tanzende verschiedene Bocksprünge. Er schien sich durch ein zauberisches Kunststück auszeichnen zu wollen; denn, als einem Trommelschläger seine Bube platzte, da verbesserte er sie ihm sogleich auf folgende Art. Er zog einen Fleck von Wallfischdärmen hervor, ergriff hierauf einen Strohhalmen, kratzte sich damit in der Nase, bis sie zu bluten anfing. Mit diesem Blute bestrich er den Wallfischdarm, stopfte sich dann mit Stroh das Nasenloch zu, und leimte die beschädigte Trommel.

Endlich erhob sich der Adler, den man ebenfalls an dünnen, unsichtbaren Schnüren empor zog, mit ausgebreiteten Flügeln. Die Maske tappte unterdessen, nach dem Raubvogel suchend, umher, während dieser beständig über ihm flatterte.

Die Gäste, welchen man zu Ehren dieses Schauspiel und diesen Tanz gab, bewegten sich die ganze Nacht nicht von der Stelle; denn es ist nicht gebräuchlich unter ihnen, daß die Gäste Theil am Tanze nehmen. Auch wurden sie, ausser einem Trunk Wasser, weder mit Essen noch mit anderen Getränken bewirthet. Nach der gewöhnlichen Musikpause erschien eine, nicht minder häßliche, Maske, als die vorhergegangene am Einsteigeloche.

Sie hatte auf die Stirne einen halben Mond gezeichnet, von welchem, bis zu den Augen, eine Menge, von den schon [ZS 390] beschriebenen Hölzchen herab hingen. Seine tanzenden Bewegungen bestanden in wilden Sprüngen und in der Nachahmung einer hüpfenden Bewegung großer Vögel. Als nun schon der Tag anbrach und die Morgenröthe sich am Himmel zeigte, so ward der Beschluß dieses wilden und großen Balles, mit Bubenschlägen gemacht, welches die Frauenspersonen, mit ihren feinen und schneidenden Trillern, begleiteten.

Jeder Hüttenwirth bemüht sich übrigens alle Jahre, wenn er große Gesellschaft hat und einen Ball giebt, neue Vorstellungen zu zeigen. Die, im Winter gebrauchten Larven werden, vor Frühlingsanfang, eine Werste weit entfernt, nach den Gebirgen und Felsen getragen, wo sie verfaulen müssen. Ihres großen Holzmangels ungeachtet, ists nicht erlaubt sie zu verbrennen. In dem Herbste werden zu den Winterlustbarkeiten neue Larven, aus Weidenbäumen verfestigt, welche das Meer ans Ufer spült.

Des großen Holzmangels wegen hat man hier auch keine Oefen. Dies macht, nebst der beständigen Nässe und der großen Unreinlichkeit der Insulaner wegen, den Winter für Ungewohnte, ausserordentlich beschwerlich.

Die Hütten selbst geben wenig Schutz, denn die Oeffnungen zu denselben dienen auch zum Schornstein und zum Fenster, und man ist dem Sturm, Regen und Schnee, fast nicht minder ausgesetzt, als ausserhalb derselben. Auch tröpfelt es fast beständig durch die Decke.

Durch das Kochen in der Hütte leidet man ebenfalls von dem starken Rauche; denn das, an den Seeufern gefundene Schwemmholz, ist vom Salzwasser fast ganz durchzogen und niemals trocken genug. Man lebt deswegen in einer dicken Rauchluft und verdirbt sich besonders die Augen. Hierzu [ZS 391] kommen noch der üble Geruch schon verdorbener Lebensmittel, eine Menge Uringefäße, der Lampenduft vom Wallfischfett und andere Arten von Unreinigkeiten in der Hütte. Nach dieser Beschreibung kann man sich leicht eine Vorstellung von dem angenehmen und glücklichen Leben der kurilischen Inselbewohner machen. Zum Waschen sind hier keine Gefäße vorhanden, auch giebt es keine Gelegenheit, die Wäsche, im Winter, zu trocknen, weil es durchaus an Holz gebricht. So oft ich etwas Merkwürdiges in mein Tagebuch eintragen wollte, so oft war ich auch genöthigt, in der rauhen Jahreszeit, die Feder im Munde aufzuthauen. Es dünkt mich ein Wunder zu sein, daß ich bei allen diesen Leiden und dem gänzlichen Mangel an Pflege nicht krank geworden bin und mir die göttliche Vorsehung das Leben erhalten hat.

Hier endigt Herr Krebs seine Bemerkungen über Sitten und Gebräuche, welche er unter den Bewohnern der kurilischen Inseln gesammelt und größtentheils in Gedanke, auf der Insel Spierken, beschrieben hat. Sein Geschäfte bestand vorzüglich in der Aussuchung neuer Naturprodukte aus den drei Reichen der Natur. Sein Tagebuch enthält deswegen nur ein Verzeichniß von den täglichen Geschäften mit Beschreibungen von neuen Pflanzen, Thieren, Mineralien, desgleichen von der Richtung des Schiffes und des Windes – worunter wenig Anziehendes für den Leser zu finden ist.

О произхождении, вере и обрядах якутов.[1]

[C 117] Читатель верно будет меня спрашивать: был ли я у того народа, которой описываю? Сам ли я видел все его обряды, обычаи? Из каких источников почерпнул сведение о первобытном состоянии Якутов, до сего времени почти внимания на себя не обращавших, и проч., и проч.? – Вот каково показаться на поприще Историков! – Однакож, как я предчувствовал уже все сии вопросы, то легко могу [C 118] и ответствовать на оные: Я никогда не бывал в Якутской стороне, а послучаю достались мне записки бывшаго в Северовосточной Морской Экспедиции Доктора и Профессора Мерка, жившаго в Якутске несколько времени; и еще другия записки двух чиновников, находившихся в сем городе при должностях: оне были *причиною* сего описания. При том же, выбранное из них поверял я с одним моим приятелем там родившимся, и надеюсь, что не станут обвинять меня в несправедливости.

Произхождение, когда найдены Россиянами, в каких местах обитают и нынешнее количество

Г. Гаттерер, в предисловии своем во всеобщую историю, почитает Якутов Калмыцким поколением; другие производят их от Могольцов; но вернее можно сказать, что Якуты произошли от Татар, жывущих в Тобольской губернии по Барабинской степи Доказательством сему может служить:

1) что они лицом более похожы на сих последних, нежели на Могольцов;

2) что имеют не малое сходство в языке и

3) что некоторая часть Татар Крас- [C 119] ноярскаго уезда назывется *Саха*, как и Якуты сами себя называют; нынешиее же наименование дали им Россияне.

1 Abgedruckt in der Zeitschrift »Ljubitel' slovesnosti« [Der Literaturliebhaber], 1806, Nr. 2, S. 117-147.

У них отличаются от прочих два поколения. 1е. *Батулинское* произшедшее от *Омогой-бая*, который, не известно откуда, перешел через лежащую около Иркутска Бурятскую землю, и поплыл по Лене. К сему Якуты присовокупляют, что когда шел *Омогой* к Лене, тогда хотели на него напасть Буряты, но показавшийся ущерб луны воспрепятствовал их предприятию, ибо, по суеверию своему и до ныне ещё продолжающемуся, они в сие время ни чего не начинают. *Омогой* видя такой удобной случай, перешел с товарищами своими через горы, сделал плот, пустился в путь, продолжал оный до *Олекмы*, и наконец до того места, где ныне город Якутск. – 2е. Поколение производят от *Эллея*, чаятельно соотечественника Омогоя, которой узнавши об уходе последняго, отважился и сам пуститься в такую дальную и трудную дорогу. Он приплыл к тому же месту, соединился с Омогоем, приобрёл доверен- [С 120] ность его и женился на его дочери, от которой имел двенатцать сыновей. Размножывшиеся от них потомки всегда вручали начальство поколению старшаго Эллеева сына *Хангаласса*, по имени котораго называется ныне Хангаласской улус; и сие преимущество продолжалось до *Тыгына* – то есть, до времени покорения Якутов под Российскую державу, посредством одного отделившагося от них владельца *Мымаха*. Род же Омогоев, под именем Батулинскаго находится и ныне около Якутска, Верховилюйска, Устьянска и в других местах, но против поколения Эллеева в весьма меньшем количестве. К ним потом присоединились *Хоринцы* – народ жывший за Байкалом; но когда они присоединились и в каком числе, время из памяти истребило, однакож то известно, что и между Якутами они долго свой язык сохраняли. Сие доказывает и по ныне употребляющаяся пословица, ответствующая не вслушавщемуся в сказанныя слова: *(ведь) я говорю не по Хорински*. А ныне и язык, и обряды, и обычаи имеют уже общие.

[С 121] Первое весьма темное известие о Якутах получили Россияне от Мангазейских Козаков в 1620 году; но Ясак или подать с них взята темиже Казаками уже в 1630. Первой острог в Якутской земле построен был в 1632, но не там, где ныне город Якутск, а на правой стороне Лены, ниже 60ю верстами, на горе Чебыдал, куда упомянутый Мымах отправил с Россиянами для покорения Тыгына сорок человек вооруженных стрелами. Потомки сего Мымыха живут ныне в Намском Улысе, начинаясь в 30ти продолжаются до 200 верст вниз от Якутска.

Якуты обитают по Лене, начиная от реки Нюи, впадающей с западной стороны, между реками Витимой и Олекмой; по речке Гоке, текущей в реку Вилюй, и по сей до самаго устья. Живут в горах между Леною и Вилюем, за Вилюй простираются к западу около 250 верст; по рекам Оленеку, Мае и Алдану; между Алданом и Леною, где по причине лучшаго местоположения их гораздо более; также находится их некоторое [С 122] количество около Удскаго острога и Охотска, и по реке Яне от вершины до самаго устья; по реке Дулбалах впадающей в Яну, по рекам Индигирке, Ковыме и по Ледовитому морю между устьями Анадыра и Индигирки. – От 52 до 71 градуса северной широты, и от 125 до 175 долготы. – Числа их наверно определить не можно, а надобно думать, что не более семидесяти тысяч.

Жилища Якутов называются *Юртами*. Зимния делаются из бревен, с отверстием в потолке, через которое доставляется им свет, и от разводимаго посредине юрты огня дым выходит; а летния состоят из жердей покрытых берёстою. Сии удобно с места на место переносятся; ибо летом Якуты кочуют, для лучшаго продовольствия скота.

Вера, богослужение и крещение

Вера всех ныне живущих в Сибири Татарских народов прежде во многом сходствовала с верою древних Могольцов, хотя первые и не происходили от последних. Это утверждают продолжающиеся и по ныне некоторые обряды. Но поелику сии народы не знали грамоте, то [С 123] вера предков переходила к потомкам через одно только изустное предание, а как всякое предание подвержено бывает разным переменам, то по сей причине и их прежняя вера чревычайно ныне изкажена. Сему изкажению способствовало более переселение в разныя времена из места в место, от чего они принимали всегда новые обычаи, а старые забывали. Нынешний закон их более походит на *Языческой*.

Хотя Якуты и признают Бога, создателя и властелина всей твари, но весьма слабое имеют о нем понятие. Они называют его

Артоион (чистой господин), и думают что он имеет супругу, которую именуют *Кюбей-хотун* (почтенная госпожа). Говорят, что она предкам их явилась в виде лебедя, почему многие сию птицу не едят. По *Ар-тоионе* почитают содержащаго гром и молнию в своей власти, но нисшаго пред ним бога, называемаго ими *Сюга-тоион* (грозный господин). Верят так же, что есть за них ходатай у Бога, о ниспослании им детей, скота и всякаго имущества, ко- [C 124] тораго именуют *Жесюгай-тоион* (заступник), и что сей имеет жену называемую *Аксыт* (подательница). Есть так же у них посредник между божеством и человечеством, принимающий от них прозьбы к богу, к его супруге и другим богам, а им приносящий повеления; сего называют *Уехсыт*; по их мнению, он берёт разные виды скота и птиц, а более лошади и ворона. – Определённых к жертвоприношению сим божествам дней Якуты не имеют, а отправляют оное на своих праздниках и при бракосочетаниях. – Главное же богопочитание воздают они огню и солнцу: первому приносится жертва перед-обедом и ужином, состоящая в жире и квашеном лошадином молоке, ими Кымыс называемом. В огне признают Якуты некоторое существо,*) могущее их наказывать по своему хотению, зара- [C 125] жать болезнями, пожирать домы их, имение их самих. – Солнцу же ничего в жертву не приносят, поелику от него никакого зла не ожидают; и хотя почитают его благодетелем своим, но огонь уважают более. Люди всегда благоговейнее к тому, что им наводит ужас!

Воскресению мертвых и воздаянию за добрыя дела Якуты не верят, а безсмертие души несколько утверждают. По их мнению души Шаманов и Шаманок, соединяются с диаволами и делаются во всем им подобными: прочия же остаются между диаволами, но не равняются с ними. Якуты так же признают ад, называя оный *Мух-тар* (вечная мука) в котором считают восем поколений, управляемых вообще *Ажирай-Биошом* (сильный). Верят, что есть 27 воздушных мытарств, различающихся между собою по шерсти лошадей; начальника над оными именуют *Улу-тоион* (великий господин).

*) Самой ли огонь есть сие существо, или в огне обитает оное, Якуты сего объяснить не могут. – и мы не на все вопросы отвечать в состоянии. [Kommentar der Herausgeber der Zeitschrift »Ljubitel' slovesnosti«].

Ныне Якутов более крещеных; но как к принятию Христианскаго закона привлекают их более сопряженныя [С 126] с оным выгоды, то по крещении почти со всем внушаемаго священниками не наблюдают. В прочем от принятия нашего закона неотвлекают их ни родственники, ни знакомые, и окрестившиеся между ними не презираются, ни более почитаемы не бывают.

О шаманах

Шаманы суть род жрецов, или лучше сказать колдунов – то есть обманщики, заставляющие через проворство верить чудесам своим. Хотя чудеса сии нимало не похожи на Моисеевы, но имеют великое влияние на Якутов, и будут иметь оное до тех пор, пока лучь просвещения не озарит собою тьму их невежества; ибо уму вникающему в причины действий, ничто не кажется чудесным, все для него естественно, он удивляеться одной только природе. Всякой согласится, что чем более распростроняется просвещение, тем менее мы видим чудес, а современем и слово сие разве в одних только лексиконах употребляться будет. Прежде никто не думал, чтоб животное без перьев могло летать по воздуху; но Монгольфиер доказал нам сию возмож- [С 127] ность – мы удивились, и перестали удивляться; а если бы он жил в древние веки, то может быть заживо бы ему стали молиться.

Шаманов я постараюсь описать подробнее. Они начинают привыкать к шаманству с малолетства, передразнивая старых, и мало по малу привычка сия так в них усиливается, что наконец сами приходят в ужаснейшее неистовство: бесятся как безумные, мечутся в огонь и в воду, хватаются за оружие, и себя колют – к чему однакож верушие в них недопускают. Шаманы говорят, что они определены в сие звание по особливому к ним благорасположению диаволов, к которым Якуты имеют большое уважение, и для умилостивления которых употребляют Шаманов. Всякой народ любит сверх-естественное, и думает что его возвышают, когда уверяют в том, чего он понимать не может.

Когда Якут занеможет, то призывает к себе Шамана. Сей берет магической свой прут, навязывает на [С 128] оный несколько кистей из конской гривы, и начинает делать над больным свои чудеса: порожает себя ножом до самаго черена, который разкалывается, а железо остается во внутренности; рану же, из коей иногда показывается кровь, притирает ладонью, и несколько походя, выбрасывает нож из ноги или выпускает из горла. Потом подходит к больному, обнимает и переводит в себя одерживающих онаго диаволов, кои уведомляют его о причине, побудившей навлечь такую болезнь, и что они хотели не пременно прекратить жизнь страждущаго, но преклонившись на его прозьбу и его родственников отменили свое намерение, а требуют вместо того жертвы. Жертва диаволам нравится по большей части из коннаго и рогатаго скота. Когдаже оная приведена будет и точно такая, какую Шаман требовал: тогда приступает к ней и кричит, показывая что вселяет в нее диавола исторгнутаго из больнаго. На другой день отводят ее в место назначенное для жертвоприношения, снимают кожу оставляя [C 129] голову и ноги, и вешают на дерево, оборачивая головою в ту сторону, где по их мнению находится демонское селение. Оставшееся мясо тут же сьедают. По окончании сего обряда, жрец Якутской вторично начинает шаманить, для препровождения духа убитой скотины к тому диаволу, которому она была обещана. – Таковое шаманство продолжается ежедневно дотех пор, пока больной выздоровеет, или умрет. В первом случае Шаману бывает награждение, а в последнем только онаго лишается. Иногда и без болезни Шаман сказывает, что такого-то мытарства демоны намереваются такому-то Якуту нанести вред, уговаривая заблаговремянно принести им что нибудь в жертву, и сие приказание исполняется безотговорочно.

Подобный же обряд бывает во время заражения скота язвою, и когда Якуты намереваются итти на промыслы. В сие время у них обыкновеннее приносятся в жертву звериные кожи. Повеся в своей юрте обещают кожу тому диаволу, котораго более других уважают, и хранят [C 130] оную до самаго окончания жизни приносителя; а по смерти его зарывают с ним вместе в землю.

Платье шаманское делается из лосинной или из телячей кожи, короткое, оканчивающееся несколько ниже поясницы тупоконечным углом; полы онаго несходятся, а завязываются ремешками; и как Шаманы надевают сие платье на голое тело, то для благопристойности привешивают еще род передника с длинными кистями, в верху котораго пришиваются два железные круга, представляющие груди, а в низу изображения птиц, рыб, солнца, и луны. Рукава узкие, обложенные железными же полосами, которые называют они крыльями. По спине и наподоле висят разныя побрякушки, производящия во время шаманства ужасной шум, умножаемой еще барабаном или бубном, которой Шаманы всегда с собой носят. – Не вселит ли это благоговения?

О присягах

Удивительно как дошла присяга до Якутов, ибо мне кажется, она тогда уже выдумана когда нравы развратились, а у [C 131] Якутов могли ли они быть когда нибуть хорошими? Какая может быть там нравственность, где нет ни малейшаго просвещения? Подобно животворному солнцу, извлекающему из земли вредные пары, просвещение очищает нашу душу от свойств ее посрамляющих, и через сие, так сказать, улучшает оную, напротив того невежество, затмевая разсудок, не давая познавать различия между добром и злом, укореняет наши страсти и пороки. Оно не сняло еще с Якутов пагубнаго своего покрова. Вот так производится у них присяга: – призывают Шамана; он кладет свое платье и бубен перед огнем. Бросает на уголье несколько топленаго масла, и заставляет присягающаго утверждать невинность свою заклинаниями: лишиться всего для него любезнейшаго, отца, матери, жены, детей и имения, и душе его сойти в вечную муку. Исполнивший сие должен перешагнуть через Шаманское платье и бубен, подойти к огню, глотать происходящий от брошенаго масла дым, и наконец оборотясь к солнцу говорит, что если [C 132] присягнул несправедливо, тобы оно лишило его света и теплоты. Иногда во время сего обряда присягающий кусает так же медвежью голову, ибо Якуты думают, что этот зверь знает все прошедшее и непременно сьест сделавшаго присягу ложную. После сего подозреваемый делается совершенно невинным; но ежели в последствии вина его откроется, то наказывается всеобщим презрением и недопускается ни в советы, ни в свидетельство.

О свадьбах и обрядах при том бываемых

У Якутов нет определеннаго числа жен; всякой может брать столько, сколько содержать в состоянии, однакож первая предпочитается. – Сватание их начинается таким образом: жених посылает свата к невестиным родителям; они получа согласие своей дочери, полагают за нее *калым*, то есть выкуп, состоящий в конном и рогатом скоте, нередко даже и в битом, и договорившись назначают день когда приехать жениху. Сие обыкновенно бывает зимою для лучшей перевозки мяса, и непременно *по рождении месяца*, потому что [С 133] прочее время почитается у них не благополучным: Жених приезжает с родственниками, привозя с собою некоторую часть выкупа; входит в юрту один во всем дорожном платьи, приближается к комельку, которой делается по средине, становится на правое колено, и приподняв несколько шапку кланяется трижды. Тогда Шаман, сидящий с отцом и метерью невесты, бросает в огонь топленаго коровьяго масла, и оборотясь к жениху, желает ему жить с женою мирно, породить многих детей, и размножить скотовство. После сего жених уходит, скидывает дорожное платье, возвращается с отцом своим и всеми с ним приехавшими, идет в передний угол, где бывает поставлена кроват невесты, загороженная досками и садится на оной так, чтоб никто его не видал. – Здесь верно читатель ожидает чего нибудь приятнаго, но напрасно: невеста на все это время уходит в другую юрту. – Отец жениха велит вносить привезенное мясо, по отдаче котораго начинается ужин и все лажатся [С 134] спать, а на другой день отдают скот, пригнанный так же в число калыма, и получа сами подарки, отъезжают. Жених посещает после сего невесту, и хотя пользуется уже всеми правами мужа, но не называется оным до тех пор пока выплатит весь положенный за невесту выкуп, после чего требует ее к себе. Отец и мать ея с прочими родственниками везут ее к нему, и не доезжая до его юрты, которая на тот случай всегда бывает новая, посылают двух человек. Сии известивши жениха возвращаются и привозят невесту, которая сперва на погосте, потом в сенях и наконец в дверях делает по нескольку коленопреклонений. В дверях ставят двух молоденьких девочек, держащих какую нибудь зелень, и невеста дарит им по кольцу. Пришедши в горницу она делает тоже самое, что и жених при первом посещении. Шаман повторяет прежния свои слова, и сим бракосочитание кончится. Невеста остается, а ея родственники, получа подарки, уезжают домой. – Надобно сказать, что у Якутов не счи- [С 135] тается за грех жениться на родне, даже и на самой ближней.

О праздниках

Праздники у Якутов начинаются с первых чисел Июня и продолжаются по 25 того же месяца. Ето время потому у них назначено, что обыкновенно тогда приготовляется *Кымыс.**) Когда онаго накопится довольно количество, тогда Якуты приглашают к себе родственников, соседей и знакомых и для сего случая юрты свои переносят на новое место. Гости съезжаются по утру, Шаманы садятся в передний угол на разостланную лошадиную кожу, подле них старшины и так далее. Первой Шаман приказывает избранному им молодому [С 136] человеку налить в стопу Кымыса и стать перед потухшим уже огнем к востоку. Сие немедленно исполняется. Молодой человек, стоя на восток, держит стопу несколько минут против груди, отливает трижды на пепел, и несколько поворотившись тоже повторяет: первое означает жертву творцу, а последнее его супруге: потом оборачивается на юг для жертвоприношения другим божествам; на запад воздушным мытарствам, и на конец на север властителям преисподней. Подобное же делает и душам умерших Шаманов и Шаманок, соединившихся с диаволом; после них богине скотоводства именуемой *Ынахсыт*. Окончивши это, опять обращается к востоку и тогда Шаман громким голосом произносит к богу молитву, благодарит за оказанныя им милости, просит чтоб он и в будущее время даровал всякое плодородие, размножение скота, и избавил бы от всех

*) Не угодноли послушать как делается их Кымыс или по произношению Русских Кумыс: в мешок, сшитый из коровей кожи, вымоченный в крови и вывешенный в дыму, наливают лошадинаго смешаннаго с водою молока, болтают по нескольку часов, от чего молоко скисается и получает такую остроту, что употребляющие онаго неумеренно делаются пьяны. Зажиточные накопляют Кымыса до тысячи ведер. [Kommentar der Herausgeber der Zeitschrift »Ljubitel' slovesnosti«]

напастей; снимает шапку и кричит *урай* (подай или благоволи) в чем и все присудствующие ему подражают. Потом берет стопу с оставшимся [C 137] Кымысом, сам пьет и подает другим. Надобно приметить, что те из мужчин, которые в том месяце замечены были в каком нибудь преступлении, или которые были при покойнике, не удостоиваются вкусить сего освященнаго напитка; а женщины и вообще не только к оному недопускаются, но не могут и в юрту входить во все продолжение обряда.

Опорожнив ту стопу выходят из юрты, садятся не в одном месте, а разными полукругами, лицем к солнцу, и начинают пить передавая Кымыс один другому по течению сего светила. Сделавшись несколько пьяны, разделяются на две партии, заводят игры, борются, скачут на лошадях, бегают в запуски, прыгают на одной ноге и проч.

Музыки у Якутов ни какой нет, даже нет и песен, а когда вздумают позабавитъся, тогдаже и сочиняют оныя ex-promptum: припевают к зверям и птицам, описывают свои странствования и случившияся нещястия, и почти все на один голос. Пляска у них бывает более между женщинами.

[C 138] У Якутов рост средний, лице широкое, щоки полные, нос плоский, губы толстые, волосы и глаза чорные, цвет лица смуглой.

Платье у них гораздо чище и богатее нежели у других Сибирских народов, и если бы я не страшился оскорбить наших щоголей, то бы сказал, что оно делается у них даже *со вкусом*, хотя моды и не приходят туда ни из Парижа, ни из Лондона. Якуты носят шубы песцовыя и бельи, суконныя и шелковыя, опушенныя бобром и другими хорошими мехами. Как сии шубы бывают не длиннее колена, то сверху надевают другия, шерстью наружу, называемыя *Санаяхи*: делаются из рысьяго меху и опушаются спереди Россомахой, а сзади Бобром. Рукавицы из лисьих лапок, ошейник из беличьих хвостов. Нижнее платье лосинное, и весьма короткое, к которому привязываются длинные кожаные чулки с подошвами, служащие и за сапоги; сверх онаго для тепла надевают *Сутуры* из заячьего меху. Рубашки фанзовыя; для экономии они спят без рубашек. Все [C 139] верхнее платье вышивается узорами довольно приятными; для большагоже украшения привешиваются корольки разных цветов. Летом Якуты ничем головы не прикрывают, а зимою носят шапки из кожи какого нибудь зверя, и столько не учтивы, что никогда не скидывают оных даже и перед прекрасным полом.

Женщины имеют весьма сходное с мужским одеяние, но несравненно более разпещренное. Сверх сказаннаго платья оне надевают еще длинныя шубы, крытыя красным сукном, и называемыя *Тагалай*. Оныя вынизываются Китайскими корольками разных цветов, и обвешиваются медными серебряными кружками. Без *Тагалаев* женщины свекру и прочим родственникам с мужней стороны считают за грех показаться. Серёг носят по три и по четыре, кои состоят из больших серебряных колец и к которым подвязывают еще по нескольку маленьких. Ожерелье и зарукавья так же серебряные, вычеканненые по неискуству Якутов весьма грубо. Шапки женския подобны мужским, кроме того что [C 140] у женских пришиваются спереди два рога величиною с вершок, а назади журавлиныя перья которых концы загибаются также на перед.

Девки заплетают косы; по сторонам отпускают небольшия корольковыя нитки с побрякушками, а назади висит лента шириною в ладонь, вышитая разными узорами и унизанная также корольками. – Прежде Якутки не иначе показывались мужчинам как с покрытым лицом, а теперь не многия это наблюдают; шея и груди у них тщательно закрываются, потому что в противном случае Якутки небольшое бы доставили удовольствие, даже и самым Якутам. Якуты более любят русских женщин, за то и женщины им часто в этом подражают.

О болезнях и погребение умерших

Всякому кто жил в Сибири известно что северныя страны пространнаго сего царства очень здоровы, и что между обитающими там народами ни каких почти опасных болезней не бывает. Особливо Якуты сложения отменно крепкаго; от малаго спанья и безпрестанных трудов [C 141] мысль имеют свежую и память удивительную: *mens sana in corpore sano*. Самая мелочныя произшествия, случившияся за несколько лет, они могут разсказывать с великою подробностию, от чего, как делаемое им добро, так и зло никогда не забывается.

Когда случится Якуту почувствовать какой нибуть недуг, то он не потомков Эскулапия призывает, которых и нет у них, а призывает Шамана, о чем сказано и прежде. – Опаснейшими там болезнями почитаются оспа и корь, и то потому, что не знают как с ними обходиться. Первая свирепствовала там в 1758, а другая в 1774; тогда не только семейства, но и целыя волости почти совершенно истреблялись, и Якуты так теперь боятся сих болезней, что заразившихся оставляют одних на произвол судьбы, а сами переходят в другия юрты, от чего те нещастные очень редко выздоравливают.

На умершаго, разумеется не крещенаго, надевают при погребении лучшее платье, и кладут с ним в гроб еще несколько [С 142] пар: убивают любимую его верховую лошадь, которую также со всем прибором зарывают вместе в могилу. Подле могилы делают с кровлею струб, и вешают в оном пять или шесть коневьих кож с головами, обращая их к западу. После сего присудствующие садятся на лошадей, и удаляются объехавши могилу три раза по течению солнца; родственники к сему месту не приближаются, и из дали кричат самым громким и пронзительным голосом. – Как Якуты почитают умерших съеденными диаволом, то жившие вместе с покойником, боятся и впредь посещения сего очевиднаго к их дому недоброжелателя, переселяются в другую юрту, а прежнюю на всегда оставляют.

Погребение Шаманов отличается от других только тем, что подле могилы их вешают проломленной бубен и кладут с ними несколько съестных припасов, для того чтобы их души, переходя до определеннаго им места, не терпели голоду. – Крещоных Якутов хоронят в худом платье, без всяких [С 143] церемоний и на дорогу никакаго не дают им запасу. – Прежде они сожигали покойников, но с некотораго времени это прекратилось.

О промыслах

Промышленность Якутов заключается в скотоводстве, звериной и рыбной ловле. Стада суть все их богатство; но как Якуты на зиму для оных корму не запасают, предоставляя лошадям и коровам самим себя прокармливать разгребанием снега, то по сей причине всегда много скота вымирает, а через это и Якуты ни когда не бывают богаты. – Звериная ловля производится у них только зимою, а рыбная летом; в северных улусах последняя составляет главное их пропитание. Торговли с другими народами кроме Руских не имеют, и то только во время Ярмонки, бываемой в Якутске.

О языке якутском

Для любопытства приведу здесь несколько Якутских слов с Руским переводом. Может быть, какой нибудь ученой, охотник до словопроизведений, по наречию Якутов, узнает скорее о них происхождении, и докажет, что сей язык также [С 144] возымел свое начало при разрушении столпа Вавилонскаго.

Счет якутской

бир	один
ики	два
юь	три
тиорьдь	четыре
бесь	пять
алта	шесть
сеття	семь
агыс	восемь
тоус	девять
он	десять
оно до бир	одинадцать
оно до ики	двенадцать
	и так далее,
сюрьба	двадцать
сюрьба бирь	двадцать один
отут	тридцать
тиордион	сорок
бессион	пятьдесят

алтоон	шестьдесят
сеттяон	семдесят
агысон	восемьдесят
тоусон	девяносто
[C 145]	
сюсь	сто
сюсь харчи	рубль; *он мун* тысяча

Ага	отец
Че	мать
Уола	сын
Кыса	дочь
Убаим	старший брат
Сурджюм	младший
Агаса	старшая сестра
Балта	младшая
Кыс	девица
Кысого	девушка
Иниби	двое братьев
Есе	дед
Эбе	бабка
Минь	мой
Кини	его
Кюнь	день, солнце
Кюнюсь	днём
Кесе	вечер
Хотун	госпожа
Кулут	слуга
Кирдик	правда
Симиенан	неправда
Ичугай	хорошо
[C 146]	
Кусаган	худо
Сарцын эрде	завтра поутру
Кель беттах	поди сюда
Калере беттах	подико сюда
Капсе догор	скажи, здоров ли друг мой?
Хаита холороон	каково поживаешь

Багарабын	хочу
Дже бер барем	пойду домой
Дже битигер барех	пойдем домой
Угром	целоваться
Сигерым сыса	приветствия:
Догорум сыса	любезной, милой
Таптыр догорум	друг
Ичугаидык олороун	здороволи живешь?
Тапгара итер	слава богу, бог хранит
Асехпын кулу	дай есть
Исехнын кулу	дай пить
Минь иинь берке тапты бын –	Я тебя очень люблю
Ень тапты хын	любишь ли ты?
Ень тапта бакын	ты не любишь
Угра сех	поцелуемся

Минь иинь агыным берке – Я по тебе очень соскучился.

Вот и целой период, дабы более иметь понятия о гармонии сего языка:

[C 147] *Таптыр догорум, хайтах тох олороун минь и-инь кытта эрь керсю битям, аттанан кельмиаха, минь берке ээриом иинь кытта корюстях пына.*

Это значит:

Любезный друг, как ты поживаешь, я с тобой очень давно не видался; приезжай ко мне, я чрезвычайно рад буду, как тебя увижу.

Von der Herkunft, dem Glauben und den Bräuchen der Jakuten[1]
(Übersetzung von Natalia Astrin)

[S 117] Der Leser wird mich sicher fragen, ob ich selbst bei dem Volk gewesen bin, welches ich beschreibe? Ob ich mit eigenen Augen alle seine Bräuche und Rituale gesehen habe? Aus welchen Quellen ich die Kenntnis von dem Urzustand der Jakuten geschöpft habe, die bis jetzt kaum Aufsehen erregt hätten, etc. etc. So ist es, wenn man sich auf das Hoheitsgebiet der Historiker wagt! Dennoch, da ich bereits alle diese Fragen vorausgesehen habe, kann ich diese auch leicht [S 118] beantworten: Ich war noch niemals im jakutischen Landstrich, habe aber zufällig die Aufzeichnungen des Professors Doktor Merck bekommen, der an der Nordostmeerexpedition teilgenommen und einige Zeit in Jakutsk gelebt hatte; und auch andere Aufzeichnungen von zwei Beamten, die in dieser Stadt Ämter bekleidet hatten: Sie waren auch die *Ursache* dieser Beschreibung. Darüber hinaus habe ich das daraus Ausgesuchte mit einem Freund abgeglichen, der dort geboren wurde, und hoffe, dass man dies nicht missbilligen wird.

Herkunft, wann von den Russländern entdeckt, an welchen Orten wohnhaft, und jetzige Anzahl

In seiner Einführung in die allgemeine Geschichte hält *G. Gatterer* die Jakuten für eine kalmückische Sippe,[2] andere schreiben ihnen

1 Abgedruckt in: »Ljubitel' slovesnosti« [Der Literaturliebhaber], 1806, Nr. 2, S. 117-147.

2 Gemeint ist der Göttinger Historiker und Geograph Johann Christoph Gatterer (1727-1799), der 1765 einen »Abriss der Universalhistorie […]« und 1771 eine »Einleitung in die synchronistische Welthistorie« vorlegte. Als Universalgelehrter der Aufklärung befasste Gatterer sich unter anderem auch mit Geographie. In der »Einleitung zur synchronistischen Welthistorie« erwähnt Gatterer auf S. 147 die Jakuten und schreibt, dass sie »vielleicht« von den Kalmücken abstammen. Gatterers Arbeiten waren in Russland, wie dies Annelies Lauch in ihrer Studie »Wissenschaft und kulturelle Beziehungen in der russischen Aufklärung.

mongolische Abstammung zu; doch eher kann man sagen, dass die Jakuten von den Tataren abstammen, die im Tobolsker Gouvernement in der Barabinsker Steppe[3] leben. Als Beweis dafür kann Folgendes dienen:

1) dass sie mit ihren Gesichtszügen eher den Letzteren ähneln als den Mongolen;

2) dass sie keine geringe Ähnlichkeit in ihrer Sprache haben und

3) dass ein Teil der Tataren aus dem Krasnojarsker Uezd Sacha genannt wird, so wie die Jakuten sich auch selbst nennen; der jetzige Name wurde ihnen von den Russländern gegeben.[4]

Zwei ihrer Sippen unterscheiden sich erheblich von den anderen: 1. die *Batulinskoe,* die von Omogoj-Baj abstammt, der, unklar woher, das neben Irkutsk liegende Burjatenland durchschritten hat und auf der Lena gefahren ist.[5] Dazu fügen die Jakuten hinzu, dass als *Omogoj-Baj* Richtung Lena wanderte, ihn die Burjaten[6] über-

Zum Wirken H. L. Ch. Bacmeisters, Berlin 1969«, passim, gezeigt hat, durchaus bekannt.

3 Auch als Barabasteppe oder Baraba-Tiefebene bezeichnet. Gemeint sind die südlichen Gebiete Westsibiriens zwischen den Flüssen Ob' und Irtyš, in denen turksprachige Ethnien leben. Der Forschungsreisende Wilhelm Radloff thematisiert sie in seinem Werk »Die Mundarten der Barabiner, Taraer, Toboler und tümenischen Tataren«, St. Petersburg 1872.

4 Die Selbstbezeichnung der Jakuten lautet »Sacha«. Die Bezeichnung *jakuty* oder *jakol'cy* übernahmen die Russen im 17. Jahrhundert von den Ėvenken. Die Jakuten zählen zu den größten indigenen Ethnien Sibiriens. Die Forschung geht davon aus, dass die Vorfahren der Jakuten in das mittlere Lena-Flusstal aus der Bajkal-Region migrierten und sich dort mit Ėvenken und Jukagiren vermischten. Zur jakutischen Ethnogenese sollen sowohl die Tungusen als auch turk-mongolische Ethnien Sibiriens beigetragen haben. Die Formierung der Ethnie wurde im 12. Jahrhundert abgeschlossen.

5 Die ethnologische Forschung geht davon aus, dass die Sacha (Jakuten) ihre Herkunft aus der Vermischung dreier älterer Ethnien ableitete: dem Ėllej-Stamm (auch Kangalass- oder Changalass-Stamm genannt), dem Omogoj-Stamm (auch Batulin-Stamm, russ.: Batulinskoe, genannt) und dem Chori-Stamm. Es existiert zudem die Meinung, dass die *batulincy* eine rein mongolische Ethnie und auch die Vorfahren der Burjaten seien.

6 Das ursprünglich nomadisierende Volk der Burjaten (Selbstbezeichnung: *burjaaduud, burjaat*) zählte im Russischen Reich zu den größeren indigenen Gruppen im ostsibirischen Irkutsker Gouvernement und in Daurien bzw. Transbaikalien (russ: *Zabajkal'skaja oblast'*). Heute bevölkern die Burjaten zum Großteil die russische Republik Burjatien. Burjatisch gehört zur mongolischen Gruppe

fallen wollten, doch der abnehmende Mond, der sich auf einmal zeigte, ihre Absicht verhindert hätte, denn wegen ihres bis heute anhaltenden Aberglaubens fangen sie zu jener Zeit nie etwas an. *Omogoj* erkannte diese Gelegenheit und durchquerte mit seinen Kameraden das Gebirge, baute ein Floß und fuhr los, setzte seine Reise fort bis *Olekma*[7] und endlich bis zu dem Ort, wo heute Jakutsk liegt. 2. Die andere Sippe soll von *Ellej* abstammen,[8] vermutlich einem Landsmann von Omogoj, der, als er von der Abreise des Letzteren erfuhr, auch selbst diesen schwierigen und weiten Weg angetreten hat. Er kam zum selben Ort, vereinte sich mit Omogoj, gewann sein [S 120] Vertrauen und heiratete seine Tochter, von der er zwölf Söhne bekam. Die von ihnen abstammenden Nachfahren ernannten immer die Sippe des ältesten Sohnes von Ellej *Changalass* zum Anführer, dessen Name für den heutigen Changalassker Ulus[9] [*Bezirk oder Sippe – N.* A.] Pate stand; und dieser Vorteil währte bis *Tygyn*[10] – d.h. bis zu der Zeit, als die Jakuten unter das

der Altaj-Sprachfamilie und unterteilt sich in 15 Dialekte. Neben Burjatisch wird von den Burjaten nicht selten auch Mongolisch gesprochen.

7 Olëkma ist ein 1.436 Kilometer langer, rechter Nebenfluss der Lena.

8 Ellei oder Ellej Booture gehört wie Omogoj (Omogoi) zu den mythischen Gründervätern der Jakuten.

9 Changalasskij ulus ist ein Bezirk in Zentraljakutien mit einer Gesamtfläche von 24.000 Quadratkilometern. Er liegt im Lena-Flusstal, das administrative Zentrum ist die Stadt Pokrovsk. Der Begriff »Chanagalasskij« taucht in den Quellen seit 1632 auf, d.h. seit der Ankunft der russischen Kosaken in der Region. In den heutigen Grenzen wurde Changalasskij ulus 1930 gebildet, 1937 erfolgte die Umbenennung in Ordžonikidzevskij ulus. 1992 wurde die ursprüngliche Bezeichnung wiederhergestellt.

10 Tygyn Darchan war ein Fürst (*tojon*) des kangalassischen bzw. changalassischen Stammes der Jakuten, ein Held und Protagonist in mehreren jakutischen Legenden. Tygyn Darchan war eine real existierende historische Figur, die an der Wende vom 16. zum 17. Jahrhundert lebte und ihre Abstammung von Ėllej herleitete. Die Einschätzung der historischen Bedeutung von Tygyn ist in der Geschichtsschreibung nicht einhellig. Der sowjetische Wissenschaftler Okladnikov vertrat die Meinung, dass Tygyn ein talentierter Militärstratege und Politiker gewesen sei, weswegen es ihm gelang, mehrere einzelne jakutische Stämme unter seiner Macht zu vereinen. Vgl. A. P. Okladnikov, Iz istorii obščestvennych otnošenij jakutov v XVII veke. Legendy o Tygyne i istoričeskaja dejstvitel'nost', in: Sovetskaja ėtnografija, 1949, Nr. 2, S. 98-118. Nachgewiesen ist jedoch, dass Tygyn als einer der führenden jakutischen Fürsten mit der Situation des erstmaligen Kon-

Russische Reich geführt wurden mit Hilfe eines sich von ihnen abgespaltenen Herrschers *Mymach*.[11] Die Sippe Omogojs lebt unter dem Namen Batulinskoe bis heute unweit Jakutsk, Verchoviljujsk, Ust'jansk und an anderen Orten, doch ist sie im Vergleich zu Ellejs Sippe in deutlich geringerer Anzahl. Später schlossen sich ihnen die *Choriner* an,[12] ein Volk, das hinter dem Bajkal-See lebte; wann genau sie sich jedoch angeschlossen haben und in welcher Zahl, das hat die Zeit aus dem Gedächtnis gelöscht, doch ist bekannt, dass sie unter den Jakuten ihre eigene Sprache noch lange beibehielten. Dies bezeugt auch jenes bis heute erhaltene Sprichwort, welches man anwendet, wenn jemand nicht richtig zugehört hat: »*Ich spreche (doch) nicht Chorinisch*«.[13] Heute haben sie mittlerweile eine gemeinsame Sprache, Bräuche und Gewohnheiten.

[S 121] Die erste sehr dunkle Nachricht von den Jakuten erhielten die Russländer von den Mangazeischen Kosaken im Jahr 1620;[14] doch Jasak oder Tribut haben selbige Kosaken schon 1630 erhoben. Der erste Ostrog im Jakutenland wurde 1632 errichtet, aber nicht dort, wo heute die Stadt Jakutsk liegt, sondern am rech-

taktes mit den russischen Kosaken am Fluss Enisej konfrontiert wurde. Danach begannen mehrere bewaffnete Konflikte, aber auch diplomatische Verhandlungen zwischen den Jakuten und den Russen.

11 Mymach Minjuev, jakutischer Fürst des Namskoj ulus. Den russischen Überlieferungen zufolge war Mymach der erste jakutische Herrscher, der nach einigen Widerständen in den 1630er bzw. 1640er Jahren sich doch den Russen unterwarf. Vgl. ausführlicher Vasilij Ivanov, Chronika: Važnejšie sobytija istorii Jakutii, in: Istoričeskij kulturologičeskij žurnal ILIN, Nr. 2 (29), 2002. Zit. nach der Online-Version: http://ilin-yakutsk.narod.ru/2002-2/hronika1.htm. Letzter Zugriff am 3.10.2013.

12 Chori, auch Chori-Burjaten oder Choriner (russ. *chorincy*), sind der größte burjatische Stamm. Als Chori-Burjaten werden auch die im Choriner Bezirk lebenden Burjaten bezeichnet. Der Chori-Stamm besiedelte Transbaikalien vom Fluss Uda im Norden bis zum Fluss Onon im Süden. Ursprünglich eine nomadisierende Volksgruppe, wurden die Choriner unter russischem Einfluss langsam sesshaft und übernahmen auch den Ackerbau. Der Dialekt der Chori bildet die Grundlage der modernen burjatischen Literatursprache.

13 Dieser Satz findet sich auch in dem Artikel über die Jakuten aus der St. Petersburgischen Zeitschrift, hg. von August von Oldekop, 9. Bd., 1823, S. 190-226, hier S. 193.

14 Vgl. Ivanov, Chronika: Važnejšie sobytija istorii Jakutii.

ten Lena-Ufer, 60 Verst stromabwärts, auf dem Berg Čebydal,[15] wo der bereits erwähnte Mymach den Russländern 40 bewaffnete Schützen zur Unterwerfung von Tygyn beigab. Die Nachfahren von Mymach wohnen heute im Namsker Ulus,[16] der 30 Verst stromabwärts von Jakutsk beginnt und sich auf weitere 200 Verst erstreckt.

Jakuten leben entlang der Lena, beginnend am Fluss Njuja,[17] der vom Westen her mündet, zwischen den Flüssen Vitima[18] und Olekma;[19] entlang des Flüsschens Goka,[20] das in den Fluss Viljuj[21] mündet, und entlang dessen bis zu seiner Mündung. Sie leben in den Bergen zwischen Lena und Viljuj, hinter Viljuj erstrecken sie sich zum Westen hin über ca. 250 Verst; entlang der Flüsse Olenek,[22] Maja[23] und Aldan;[24] zwischen Aldan und Lena, wo aufgrund der besseren Lage sehr viel mehr von ihnen leben; auch lebt eine gewisse Anzahl von ihnen [S 122] neben dem Udskij Ostrog[25] und Ochotsk,[26] sowie entlang des Flusses Jana von seinem Anfang bis

15 Čebyda ist ein Fluss in Jakutien, der einen rechten Nebenfluss von Viljuj bildet und in den Nordwesten fließt.

16 Der Begriff »Ulus« hat verschiedene Bedeutungen. Im Allgemeinen steht »Ulus« für das Volk, die Generation. »Ulus« kann auch eine militärische Einheit bedeuten. Im heutigen Russland wird als »Ulus« eine territoriale Einheit bzw. eine landwirtschaftliche Region mit klar definierten Grenzen bei Burjaten und Jakuten bezeichnet. Namskij ulus ist heute eine territoriale Verwaltungseinheit in Zentral-Jakutien (Republik Sacha) mit einer Gesamtfläche von 11.900 Quadratkilometern. Das administrative Zentrum von Namskij ulus ist das Dorf Namcy, ca. 85 Kilometer von Jakutsk entfernt.

17 Njuja ist ein linker, 798 Kilometer langer Nebenfluss der Lena in Jakutien.

18 Der Fluss Vitim ist ein 1.837 Kilometer langer ostsibirischer Fluss, der genauso wie die Olëkma einen rechten Arm des Flusses Lena bildet.

19 Vgl. Anm. 7, S. 330.

20 Gemeint ist möglicherweise der 802 Kilometer lange Fluss Čona in Ostsibirien, der tatsächlich einen rechten Nebenfluss des Viljuj bildet.

21 Viljuj, ein linker Nebenfluss der Lena von rund 2.000 Kilometern Länge.

22 Olenëk ist ein 2292 Kilometer langer ostsibirischer Fluss, mündet in die Laptev-See.

23 Maja ist ein 1.053 Kilometer langer Fluss, ein rechter Nebenfluss des Aldan.

24 Aldan ist ein 2.273 Kilometer langer, rechter Nebenfluss der Lena.

25 Udskij Ostrog wurde 1679 am linken Ufer des Flusses Uda gegründet.

26 Vgl. Anm. 173, S. 187.

zur Mündung, entlang des Flusses Dulgalach,[27] der in die Jana mündet, entlang der Flüsse Indigirka[28] und Kovyma[29] und am Eismeer zwischen den Mündungen von Anadyr[30] und Indigirka; zwischen dem 52. und dem 71. Grad der nördlichen Breite und zwischen dem 125. und dem 175. Längengrad. Ihre Zahl kann nicht sicher bestimmt werden, man könnte jedoch annehmen, dass sie 70.000 nicht übersteigt.[31]

Die Wohnungen der Jakuten nennt man *Jurten.*[32] Die winterfesten Jurten baut man aus Holzstämmen, mit einer Öffnung in der Decke, durch welche sowohl Licht hereinkommt, als auch der Rauch vom Feuer aus der Mitte der Jurte entweichen kann; die Sommerjurten bestehen aus Stäben, die mit Birkenrinde bedeckt sind. Diese können leicht von einem Ort zum anderen getragen werden; denn im Sommer werden die Jakuten zu Nomaden, damit das Vieh bessere Nahrung bekommt.

Glaube, Kultausübung, Taufe

Der Glaube aller heute in Sibirien lebenden tatarischen Völker ähnelte früher in vielen Bereichen dem Glauben der alten Mongolen, obwohl die Ersteren nicht von den Letzteren abstammten. Dies bekräftigen auch einige bis heute anhaltende Bräuche. Doch da diese Völker analphabetisch waren,[33] [S 123] konnte der Glaube der Vorfahren nur durch mündliche Überlieferung zu den Nachfahren gelangen, und wie jede mündliche Überlieferung verschiedenen Änderungen unterworfen ist, ist ihr jetziger Glaube heute außer-

27 Dulgalach ist ein 507 Kilometer langer Fluss in Jakutien, der zusammen mit dem Fluss Sartang den Fluss Jana bildet.

28 Zu dem Fluss Indigirka vgl. Anm. 12, S. 380.

29 Zu dem Fluss Kolyma vgl. Anm. 38, S. 121.

30 Zu dem Fluss Anadyr' vgl. Anm. 1, S. 109.

31 Nach den heutigen statistischen Angaben zählt die burjatische Ethnie etwa 380.000 Menschen.

32 Die Jurte ist ein Zelt, das aus einem Holzgerüst besteht und mit Tüchern und Fellen bedeckt wird. Das Dach hat die Form einer Kuppel und ein Loch in der Mitte. Sie ist leicht ab- und aufzubauen.

33 Um die Mitte des 19. Jahrhunderts entwickelte sich bei der indigenen Bevölkerung die Schriftlichkeit auf russischsprachiger Basis.

ordentlich verzerrt. Jene Verzerrung begünstigte die Übersiedlung zu unterschiedlichen Zeiten von Ort zu Ort, wobei sie immer neue Bräuche annahmen und die alten vergaßen. Ihr heutiges Gesetz ist dem *heidnischen* am ähnlichsten.

Obschon die Jakuten Gott anerkennen, den Schöpfer und Herrscher über alles Lebende, haben sie eine sehr schwache Vorstellung von ihm. Sie nennen ihn *Ar-toion* (weißer Herr), und glauben, dass er eine Gattin hat, die sie *Kjubej-chotun* (ehrbare Frau) nennen.[34] Man erzählt, dass ihnen ihr Vorfahr als ein Schwan erschien, weshalb viele auf den Verzehr dieses Vogels verzichten.[35] Nach *Ar-toion* verehren sie einen Gott, der zwar Donner und Blitz in seiner Gewalt hat, doch *Ar-toion* unterlegen ist, und nennen ihn *Sjuga-toion* (schrecklicher Herr). Sie glauben auch, dass sie einen Fürbittsteller bei Gott besitzen, dank dem sie Kinder, Vieh und Eigentum bekommen, den sie [S 124] *Žesjugaj-toion* (Verteidiger) nennen, und dass dieser eine Gattin besitzt, die *Aksyt* (Spenderin) genannt wird. Sie haben auch einen Vermittler zwischen der Gottheit und der Menschheit, der ihre Bitten an Gott, seine Gattin und andere Götter empfängt und ihnen Befehle überbringt; dieser wird *Uechsyt* genannt;[36] ihrer Meinung nach nimmt er unterschiedliche Vieharten und Vögel [*zum Opfer – N. A.*] an, am liebsten Pferde und Krähen. Die Jakuten haben keine bestimmten Opfertage für diese Götter, sondern entrichten die Opfer an ihren Festtagen und

34 Zu den Religionsvorstellungen der Jakuten vgl. die ausführliche Darstellung: Wilhelm Schmidt, Der Ursprung der Gottesidee, Bd. XI, Abt. 3: Die Religion der Hirtenvölker, Bd. V: Die asiatischen Hirtenvölker. Die primär-sekundären Hirtenvölker der Jakuten und der Sojoten-Karagassen sowie der Jenisseier und die Synthese der benachbarten Nicht-Hirtenvölker, Münster 1954, Kap. I-IX. Schmidt verweist darauf, dass die religiösen Vorstellungen der Ost- und der Westjakuten voneinander abweichen und auch die Benennungen der Götterwelt unterschiedlich sind.

35 Dies läßt sich nicht nachweisen.

36 In der religiösen Vorstellung der Jakuten gibt es mindestens sieben Himmel, teilweise wird in der Forschung auch von neun Himmeln gesprochen, in denen die Götter leben und die eine hierarchische Gliederung aufweisen. Gemeint ist hier vermutlich die Geburtsgöttin-Mittlerin Aisüt. Schmidt, Ursprung der Gottesidee, Bd. XI, Abt. 3, Bd. 5, S. 28. Ein Gott mit dem Namen »Uechsyt« lässt sich nicht ermitteln. Eyexsit ist der Name des Schutzengels bzw. der Göttin, die den Menschen überallhin begleitet. Ebd., S. 35.

bei Eheschließungen. – Die meiste Verehrung genießt bei ihnen das Feuer und die Sonne:[37] Das Feueropfer wird vor dem Mittag- und dem Abendessen dargebracht in Form von Fett und saurer Stutenmilch, auch Kumys genannt. Im Feuer glauben die Jakuten an ein gewisses Wesen,*) das sie nach seinem Gutdünken strafen, [S 125] mit Krankheiten anstecken, ihre Häuser, ihren Besitz und sie selbst fressen kann. – Der Sonne wird kein Opfer dargebracht, da sie kein Übel von ihr erwarten; und obschon sie diese als ihren Wohltäter betrachten, so verehren sie das Feuer doch mehr. Die Menschen haben immer mehr Respekt vor dem, was sie in Schrecken versetzt!

An die Auferstehung von den Toten und die Belohnung für gute Taten glauben die Jakuten nicht, doch die Unsterblichkeit der Seele bejahen sie teilweise. Sie glauben, dass sich die Seelen der Schamanen und Schamaninnen mit den Dämonen vereinen und ihnen in allem gleich werden: die anderen bleiben unter den Dämonen, werden ihnen aber nicht gleich. Die Jakuten glauben an die Hölle, die sie *Much-tar* (ewige Qual) nennen,[38] in der sie acht Generationen zählen, die von *Ažiraj-Bioš* (der Starke) regiert werden. Sie glauben an die 27 Höllenkreise [*wörtlich übersetzt: Luftqualen – N. A.*], die sich durch Pferdehaare unterscheiden; den Herrscher über diese nennen sie *Ulu-toion* (der große Herr).[39]

Heute bilden getaufte Jakuten die Mehrheit; doch da sie zur Annahme des christlichen Gesetzes vor allem durch damit verbundene Vorteile bewegt werden, so befolgen sie nach der Taufe fast nichts

*) *Ob dieses Wesen selbst das Feuer sei oder nur im Feuer lebe, können die Jakuten nicht erklären. – Und wir sind auch nicht in der Lage, alle Fragen zu beantworten.* [Kommentar der Herausgeber der Zeitschrift »Ljubitel' slovesnosti«]

37 Zum Feuergott bzw. Feuergeist vgl. ebd., S. 151-154, hier S. 154: »Der Kult des Feuers erstreckt sich bei den Jakuten nur auf das Herdfeuer.« Eine besondere Verehrung der Sonne ist in der jakutischen Religion nicht nachweisbar.

38 Die Bezeichnungen lassen sich nicht nachweisen. Die Jakuten glaubten an eine Unterwelt, aber nicht an eine Hölle im christlichen Sinn. Auch die Vorstellungen über diese Unterwelt, Aufenthaltsort der Toten und von Geistern, waren nicht sehr ausgeprägt.

39 Ulutüyer Ulü Toyon (der allmächtige Herr des Unendlichen) ist der Gegenspieler des höchsten Wesens, wohnt je nach religiöser Richtung entweder im dritten Himmel oder auf der Erde. Ein Glaube der Jakuten an Höllenkreise oder Luftqualen lässt sich nicht ermitteln.

davon, was die Geistlichen vorschreiben.[40] Im Folgenden werden sie weder von Verwandten noch von Bekannten von der Annahme unseres Gesetzes abgehalten, und die Getauften unter ihnen werden weder verachtet noch extra geehrt.

Über die Schamanen

Schamanen sind eine Art Priester oder besser gesagt Hexer – also Betrüger, die durch Geschicklichkeit an ihre Wunder glauben machen.[41] Obwohl diese Wunder keineswegs denen von Moses ähnlich sind, haben sie doch einen mächtigen Einfluss auf die Jakuten und werden solchen weiterhin ausüben, bis der Strahl der Aufklärung die Finsternis ihrer Unwissenheit erleuchten würde; denn einem Verstand, der sich in die Ursachen der Handlungen hineindenkt, erscheint nichts als wunderbar, alles ist für ihn selbstverständlich, er staunt nur über die Natur. Jeder wird zugeben,

40 Da blutige Verfolgungen und Zwangstaufen der indigenen Ethnien Sibiriens bis zur Mitte des 18. Jahrhunderts keine großen Erfolge gebracht hatten, gingen Regierung und orthodoxe Kirche dazu über, beim Übertritt zum Christentum materielle Anreize wie etwa Bekleidung oder Metallwerkzeuge anzubieten. Dies führte zu der im Text angesprochenen oberflächlichen Christianisierung.

41 Der Schamanismus, abgeleitet von dem evenkischen (tungusischen) Wort *Šaman*, ist ein religiös-magischer Glaube, in dem die Welt in Himmel, Erde und Unterwelt geteilt ist. Im Zentrum steht der Schamane, seltener eine Schamanin, der sich aufgrund seiner Ausbildung und seiner Berufung (Initiationsriten) sowie durch Einnahme von Drogen in ekstatische und tranceartige Zustände versetzen kann, in denen er Kontakt mit den Geistern aufnimmt, die entweder zu ihm kommen oder zu denen er reist. Er kann böse Geister bannen oder erhält von guten Geistern Beistand und Hilfe für seine Sippe oder Ethnie. Der Schamane heilt auch Krankheiten und bewahrt die Geschichte seiner schriftlosen Ethnie oder seines schriftlosen Volkes. Wichtige Requisiten des schamanischen Rituals waren die Trommel, der Stock und das Schamanenkostüm, das mit zahlreichen magischen Gegenständen behängt ist. Trommel und Stock sind, wie das Kostüm, Abbild der kosmischen Welt und drücken die Verbindung zu den Geistern aus. Der Stock findet oft als seherisches Hilfsmittel Verwendung. Die Trommel war bzw. ist zudem auch das »Transportmittel«, mit dem der Schamane zu den Geistern reist bzw. diese zu ihm. Den Forschungsreisenden des 18., teils auch noch des 19. Jahrhunderts galt der Schamanismus als deutlicher Ausdruck des Aberglaubens und die Schamanen galten als Gaukler und Betrüger.

dass je weiter sich die Aufklärung verbreitet, desto weniger Wunder sehen wir, und mit der Zeit wird dieses Wort nur noch in den Lexika gebräuchlich sein. Früher hat niemand geglaubt, dass ein Tier ohne Federn durch die Luft fliegen kann; doch Montgolfier[42] hat uns diese Möglichkeit [S 127] bewiesen – wir staunten, und hörten auf zu staunen; doch wenn er zu den alten Zeiten gelebt hätte, hätte man zu ihm vielleicht auch zu Lebzeiten gebetet.

Ich versuche, die Schamanen etwas ausführlicher zu beschreiben. Schon von Kind an beginnen sie, sich an den Schamanismus zu gewöhnen, indem sie die Alten nachahmen, und nach und nach nimmt diese Gewohnheit bei ihnen so überhand, dass sie schließlich selbst in ungeheure Raserei geraten: toben wie Verrückte, werfen sich ins Feuer und ins Wasser, greifen zu den Waffen und stechen sich selbst – was allerdings die an sie Glaubenden nicht zulassen. Die Schamanen sagen, dass sie aufgrund einer besonderen Zuneigung der Dämonen, die bei Jakuten besonders respektiert und durch die Schamanen günstig gestimmt werden, in diesen Stand erhoben wurden. Jedes Volk liebt das Übernatürliche und denkt, dass es erhöht wird, wenn es von etwas überzeugt wird, was es nicht verstehen kann.

Wenn ein Jakute krank wird, ruft er den Schamanen. Dieser nimmt seinen magischen Stab, bindet [S 128] an diesen einige Büschel aus der Pferdemähne, und beginnt, über dem Kranken seine Wunder zu vollziehen:[43] verletzt sich mit dem Messer bis auf den Knochen, welcher zerspringt, und das Eisen bleibt im Inneren stecken; die Wunde, aus der manchmal Blut austritt, reibt er mit der Handfläche, und, etwas später, wirft er das Messer aus dem Bein oder aus der Kehle heraus. Dann tritt er an den Kranken heran, umarmt ihn und überführt die ihn beherrschenden Dämonen auf sich, die den Schamanen über die Ursache unterrichten, die dazu geführt hat, eine solche Krankheit zu schicken, und dass sie unbedingt dem Leben des Leidenden ein Ende setzen wollten,

42 Franz.: *Montgolfière*, russ.: *Mongol'f'er* ist ein Heißluftballon, benannt nach seinen Erfindern, den Brüdern Joseph-Michel und Jacques-Étienne Montgolfier. Er gilt als das älteste menschliche Luftfahrzeug. Die erste Heißluftballonfahrt fand am 5. Juni 1783 in Frankreich statt.

43 Vgl. Anm. 41, S. 336.

Abb. 23: Geisterbeschwörung eines jakutischen Schamanen zur Heilung eines Kranken, Kupferstich, 1806.

doch auf seine und seiner Verwandten Bitte hin diese Absicht aufgegeben hätten und dafür ein Opfer verlangen würden. Am liebsten mögen die Dämonen Pferde- oder Rinderopfer. Wenn ein solches herbeigeführt wird, nämlich genau so eines, wie der Schamane verlangte: dann tritt er an dieses heran und schreit, damit zeigt er, dass er den aus dem Kranken entfernten Dämon in das Opfer überführt. Am nächsten Tag wird das Opfer zum dafür bestimmten Ort geführt, enthäutet, [S 129] wobei der Kopf und die Beine ausgespart werden, und an einen Baum gehängt, mit dem Kopf in die Richtung, in der sie das Dämonendorf vermuten. Das übrig gebliebene Fleisch essen sie sofort auf. Nach Beendigung dieses Brauchs fängt der jakutische Priester wieder an zu schamanen, um den Geist des getöteten Viehs zu jenem Dämon überzubringen, dem er versprochen wurde. Dieser Schamanenbrauch wird jeden Tag wiederholt, bis der Kranke gesund wird oder stirbt. Im ersten Fall bekommt der Schamane, eine Belohnung, im zweiten Fall wird ihm diese verwehrt. Manchmal erzählt der Schamane, auch ohne dass jemand krank ist, dass Dämonen aus einem bestimmten Höllenkreis (»Luftqual«) beabsichtigen, einem Jakuten Leid zuzufügen, und überzeugt sie davon, frühzeitig ein Opfer zu bringen, und dieser Befehl wird widerspruchslos befolgt.

Ein ähnlicher Brauch findet statt, wenn ein Vieh vom Geschwür befallen wird, und wenn die Jakuten jagen gehen wollen. Zu dieser Zeit opfern sie für gewöhnlich Tierhäute. Indem sie die Tierhaut in ihrer Jurte aufhängen, versprechen sie diese dem Dämonen, den sie am meisten verehren, und bewahren [S 130] sie auf, bis der Versorger stirbt, und nach seinem Tod vergraben sie die Haut mit ihm zusammen.[44]

Das Schamanenkleid wird aus der Elch- oder Kalbshaut gemacht, es ist kurz und endet knapp unterhalb des Kreuzes in einem stumpfen Winkel; die Enden des Kleides kommen nicht zusammen, sondern werden mit Riemchen zusammengebunden; und da die Schamanen ihr Kleid auf den bloßen Körper anziehen, so hängen sie anstandshalber noch eine Art Schürze mit langen Bommeln um, in ihrem oberen Teil werden zwei Eisenringe angenäht, welche Brüste darstellen sollen, und im unteren Teil werden Vögel, Fische,

44 Dieses Ritual lässt sich nicht nachweisen.

Sonne und Mond dargestellt. Die Ärmel sind eng und ebenfalls von Eisenstreifen belegt, die sie Flügel nennen. Auf dem Rücken und am unteren Saum hängen unterschiedliche Klappern, die während des Schamanenkults einen schrecklichen Lärm verursachen, der durch Trommel oder Schellentrommel, die Schamanen ständig bei sich führen, noch vermehrt wird. – Wie soll dieses keine Ehrerbietung einflößen?

Über den Eid

Es ist verwunderlich, wie der Eid die Jakuten erreichen konnte, denn mir dünkt es, dass er erst erfunden wurde, als die Sitten bereits verdorben waren, doch konnten denn diese bei den Jakuten jemals gut gewesen sein? Wie soll es jeglichen Anstand dort geben, wo nicht die geringste Aufklärung vorhanden ist? Wie die lebenspendende Sonne, die schädliche Dämpfe aus der Erde herausholt, bereinigt die Aufklärung unsere Seele von schändlichen Eigenschaften, und dadurch, sozusagen, verbessert sie diese, im Gegenteil festigt die Unwissenheit, indem sie den Verstand verschleiert und das Gute von dem Bösen nicht unterscheiden lernen lässt, unsere Leidenschaften und Laster. Sie hat die Jakuten noch nicht von ihrer verderbenden Verschleierung befreit. So wird bei ihnen der Eid abgelegt: – man ruft den Schamanen; er legt sein Kleid und seine Schellentrommel vor das Feuer, wirft auf die Kohlen etwas geschmolzene Butter, und zwingt denjenigen, der einen Eid ablegt, seine Unschuld durch Beschwörungen zu beteuern: dass er alles einbüßt, was ihm teuer ist, Vater, Mutter, Frau, Kinder und Eigentum, und seine Seele in die ewige Qual heruntersteigt. Wer dieses vollzogen hat, soll über das schamanische Kleid und die Schellentrommel treten, ans Feuer herantreten, den Rauch der geschmolzenen Butter schlucken, und schließlich, zu der Sonne gewandt, sagen, dass, wenn [S 132] er einen falschen Eid abgelegt hat, sie ihm ihr Licht und ihre Wärme entziehen möge. Manchmal beißt der Beeidigte während dieses Rituals auch in einen Bärenkopf, denn die Jakuten glauben, dass dieses Tier über alles Vergangene Bescheid weiß und unbedingt jenen fressen würde, der einen falschen Eid ablegt. Dadurch wird der Verdächtigte völlig unschuldig; doch wenn später seine Schuld aufgedeckt wird, so wird er durch allgemeine Verachtung gestraft und weder zur Beratung noch zum Zeugnis zugelassen.[45]

Von Hochzeiten und sie begleitenden Bräuchen

Die Jakuten haben keine bestimmte Anzahl von Ehefrauen; jeder kann sich so viele nehmen, wie er unterhalten kann, doch die erste wird bevorzugt.[46] – Ihre Vermählung fängt folgenderweise an: Der Bräutigam entsendet einen Brautwerber zu den Eltern der Braut; diese, nachdem sie das Einverständnis ihrer Tochter eingeholt haben, setzen einen *Kalym*[47] für sie an, d.h. eine Auslösung, die aus – nicht selten sogar – geschlachteten Pferden und Rindern besteht, und nach dem Übereinkommen bestimmen sie einen Tag, wann der Bräutigam kommen darf. Dies geschieht für gewöhnlich im Winter wegen des besseren Fleischtransports und unbedingt nach der *Geburt des Mondes* [*Neumond – N. A.*], weil [S 133] sie andere Zeiten nicht als wohlgeeignet betrachten. Der Bräutigam kommt mit seinen Verwandten und bringt einen gewissen Teil der Auslösung mit; er betritt die Jurte allein, mit seinen Reisekleidern, nähert sich der Feuerstelle, die in der Mitte angelegt wird, kniet sich aufs rechte Knie hin, lüftet einige Male seine Mütze und verbeugt sich dreimal. Dann wirft der Schamane, der bei dem Vater und der Mutter der Braut sitzt, geschmolzene Rinderbutter ins Feuer, wendet sich zum Bräutigam und wünscht ihm, friedlich mit seiner Frau zusammenzuleben, viele Kinder zu zeugen und das Vieh zu mehren. Danach geht der Bräutigam, wirft sein Reisekleid ab, kehrt zurück mit seinem Vater und allen, die mit ihm angereist sind, geht zur vorderen Ecke, wo das durch Bretter zugebaute Bett der

45 Zum Eid bei den Jakuten vgl. Schmidt, Ursprung der Gottesidee, ebd., S. 75-77. In einigen Religionen nomadisierender Ethnien Sibiriens gilt der Bär als Urvater aller Menschen. Dieser Glaube lässt sich bei den Jakuten jedoch nicht nachweisen.

46 Bis ins 19. Jahrhundert hinein blieb die Tradition der Vielweiberei unter den Jakuten erhalten, war aber nicht durchgängig verbreitet. Dabei wohnten die einzelnen Ehefrauen oft getrennt voneinander und führten jeweils ihren eigenen Haushalt.

47 Gemeint ist der Brautpreis; das Wort *Kalym* stammt aus dem Türkischen.

Braut steht, und setzt sich darauf so, dass ihn keiner sieht. – Hier würde der Leser wohl etwas Angenehmes erwarten, doch umsonst: Die Braut geht für die ganze Zeit in eine andere Jurte. – Der Vater des Bräutigams lässt das mitgebrachte Fleisch hereintragen, und nach der Übergabe beginnt das Abendessen, und alle legen sich [S 134] schlafen, und am nächsten Tag übergeben sie das Vieh, das ebenfalls zum Kalym gehört, und fahren wieder, nachdem sie selbst beschenkt worden sind. Der Bräutigam besucht hiernach die Braut, doch obwohl er schon alle Rechte des Ehegatten genießt, wird er dennoch nicht als solcher bezeichnet, bis er die ganze für die Braut angesetzte Auslösung bezahlt hat, danach befiehlt er sie zu sich. Ihr Vater und ihre Mutter sowie andere Verwandte bringen sie zu ihm, und bevor sie seine Jurte erreichen, die für diesen Fall immer neu ist, schicken sie zwei Leute. Diese benachrichtigen den Bräutigam, kommen zurück und holen die Braut, die erst auf dem Hof, dann in der Diele und schließlich in der Tür einige Kniebeugungen macht. In die Tür werden zwei junge Mädchen gestellt, die irgendwelche Pflanzen halten, und die Braut schenkt ihnen je einen Ring. Wenn sie in die Stube eintritt, macht sie das Gleiche wie der Bräutigam bei seinem ersten Besuch. Der Schamane wiederholt seine Worte von ehemals und damit endet die Vermählung. Die Braut bleibt, und ihre Verwandten fahren, nachdem sie ihre Geschenke empfangen haben, nach Hause. – Man sollte erwähnen, dass es bei den Jakuten keine Sünde ist, Verwandte, auch ganz enge, zu heiraten.[48]

48 Zu den Hochzeitsritualen der Jakuten vgl. den Artikel »Yakuts«, in: Practical Dictionary of Siberia and the North, Moskau 2005, S. 1038-1046, hier S. 1040. Sowohl Schwagerehen (Levirate) als auch Schwesterehen (Sororate) waren bis zum 19. Jahrhundert unter den Jakuten verbreitet. Jedoch waren Abstammungslinien bei der Eheschließung grundlegend zu berücksichtigen.

Über die Feste

[S 135] Die Feste bei den Jakuten fangen in den ersten Junitagen an und dauern bis zum 25. des gleichen Monats.[49] Diese Zeit haben sie deshalb bestimmt, weil dann gewöhnlich *Kymys**) zubereitet wird.[50] Wenn von diesem genug da ist, laden die Jakuten ihre Verwandten, Nachbarn und Bekannte zu sich ein und verlegen zu diesem Anlass ihre Jurten auf einen neuen Platz. Die Gäste kommen morgens an, die Schamanen setzen sich in die vordere Ecke auf die ausgebreitete Pferdehaut, neben ihnen die Ältesten u.s.w. Der erste Schamane befiehlt einem von ihm ausgewählten jungen [S 136] Mann, Kymys in einen Becher einzuschenken und sich Richtung Osten vor dem bereits erloschenen Feuer hinzustellen. Dies wird unverzüglich ausgeführt. Der junge Mann, zum Osten gewandt, hält den Becher einige Minuten vor der Brust, kippt dreimal etwas von dem Inhalt auf die Asche, dreht sich einige Male um sich und wiederholt das Gleiche noch einmal: Das Erste bedeutet ein Opfer an den Schöpfer, das Letzte – an seine Gattin: Dann kehrt er sich gegen Süden zwecks Opferbringung an andere Götter; gegen Westen für die Lufthöllenkreise [*Luftqualen*] und schließlich gegen Norden für die Herrscher der Hölle. Dasselbe macht er auch für die Seelen der gestorbenen Schamanen und Schamaninnen, die sich mit dem Dämon vereint haben; nach ihnen für die Göttin der Viehzucht namens *Ynachsyt*.[51] Wenn dies beendet ist, wendet er sich erneut gegen Osten, und dann spricht der Schamane mit einer lauten Stimme ein Gebet an Gott, bedankt sich für die erwiesenen

49 Gemeint ist hier das traditionelle Sommerfest der Jakuten: Ysach oder Ysyach.

*) *Lassen Sie uns erzählen, wie deren Kymys oder, wie die Russen es aussprechen – Kumys – zubereitet wird: in einen Beutel, der aus Kuhhaut zusammengenäht, in Blut eingeweicht und später geräuchert wurde, gießt man eine Mischung aus Stutenmilch und Wasser hinein, schüttelt man den Beutel einige Stunden lang, wobei die Milch so sauer und scharf wird, dass diejenigen, die sie trinken, völlig besoffen davon werden. Wohlhabende Jakuten sammeln an Kymys bis zu tausend Eimer.* [Kommentar der Herausgeber der Zeitschrift »Ljubitel' slovesnosti«].

50 Kumys als vergorene Stutenmilch ist auch in der türkischen, tatarischen, kasachischen, kirgisischen und usbekischen Küche verbreitet.

51 So nicht nachweisbar. Das Götterpaar der Viehschützer trägt die Namen Mogol Toyon und Usunkuyar Xotun. Schmidt, Ursprung der Gottesidee, ebd., S. 29.

Gnaden, bittet, dass er auch in Zukunft jedwede Fruchtbarkeit und Vermehrung des Viehs schenken und von allen Missgeschicken bewahren möge; dann zieht er die Mütze und ruft *uraj* (gib oder sei gnädig),[52] was alle Anwesenden ihm gleich machen. Dann nimmt er den Becher mit dem übrig gebliebenen [S 137] Kymys, trinkt selbst und reicht den anderen. Man sollte erwähnen, dass Männer, die in jenem Monat bei irgendeinem Verbrechen bemerkt worden oder bei einem Toten gewesen sind, nicht in die Ehre kommen, von diesem geheiligten Getränk zu kosten; und Frauen werden nicht nur zu diesem nicht zugelassen, sondern dürfen auch gar nicht die Jurte betreten während des ganzen Verlaufs dieses Rituals.

Wenn sie den Becher geleert haben, treten sie aus der Jurte heraus, setzen sich nicht an einer Stelle, sondern in unterschiedlichen Halbkreisen hin, mit dem Gesicht zur Sonne, und beginnen zu trinken, indem sie den Kymys von dem einen zum anderen reichen in der Richtung, die der Sonnenbahn entspricht. Wenn sie etwas betrunken werden, teilen sie sich in zwei Parteien auf, beginnen mit den Spielen, kämpfen, reiten, machen Wettrennen, hüpfen auf einem Bein etc.

Die Jakuten haben keine Musik, sogar keine Lieder, wenn sie Lust haben sich zu amüsieren, dann komponieren sie welche expromptum: ahmen Tiere und Vögel nach, beschreiben ihre Reisen und geschehenen Unglücke, und fast alle mit der gleichen Stimme.[53] Tänze finden meistens unter den Frauen statt.[54]

[S 138] Die Jakuten sind von mittlerer Körpergröße, haben ein breites Gesicht, volle Wangen, platte Nase, dicke Lippen, schwarze Haare und Augen, ihr Gesicht ist von dunkler Farbe. Ihre Kleider sind sehr viel sauberer und reicher als bei anderen sibirischen Völkern, und wenn ich keine Angst hätte, unsere Dandies zu beleidigen, würde ich sagen, dass sie sogar *mit Geschmack* gemacht werden, obwohl weder Pariser noch Londoner Mode sie dort erreicht. Die Jakuten tragen Pelze aus Polarfuchs- und Eichhornfell, aus

52 Vermutlich ist der Freudenausruf »Uru« gemeint. Schmidt, ebd., S. 111 f.

53 Dies ist unzutreffend. Musik war und ist bei den Jakuten weit verbreitet und weist eine ganze Reihe von Varianten auf. Vgl. Practical Dictionary of Siberia, S. 1043 f.

54 Auch dies ist unzutreffend. Vgl. ebd., S. 1045 f.

Tuch und Seide, beschlagen mit Biberfell und anderen guten Pelzen. Da diese Pelze nicht unters Knie reichen, ziehen sie darüber noch andere an, mit Fell nach außen, *Sanajachi*[55] genannt: Sie werden aus Luchsfell gefertigt und von vorne mit Vielfraßfell sowie von hinten mit Biberfell beschlagen. Handschuhe aus Fuchspfoten, Halsband aus Eichhornschwänzen. Das Unterkleid ist aus Elch [*Haut – N.* A.] und sehr kurz, daran werden lange Lederstrümpfe mit Sohlen gebunden, die auch als Stiefel dienen können; über das Unterkleid ziehen sie zwecks Wärme *Sutury*[56] aus Hasenfell an. Die Hemden sind aus Fansa [*chinesisches Gewebe aus Wolle und Seide – N.* A.]; aus Spargründen schlafen sie ohne Hemden. Das ganze [S 139] Oberkleid wird mit recht angenehmen Mustern bestickt; für mehr Verzierung werden bunte Metallkugeln [im russischen Text: *korol'k*] angehängt. Im Sommer tragen die Jakuten keine Kopfbedeckung, im Winter tragen sie Mützen aus irgendeiner Tierhaut und sind derart unhöflich, dass sie diese niemals abnehmen, sogar nicht vor dem schönen Geschlecht.

Die Frauenkleider ähneln sehr denen der Männer, sind aber um ein Vielfaches ausgeschmückter. Über das erwähnte Kleid ziehen sie noch längere Pelze an, die mit rotem Tuch beschlagen sind und *Tagalaj* heißen.[57] Diese werden mit chinesischen Metallkugeln [*korol'ki – N. A.*] unterschiedlicher Farben besetzt und mit runden kupfernen und silbernen Plättchen behängt. Die Frauen halten es für eine Sünde, ohne Tagalajs vor ihren Schwiegervater und andere Verwandte ihres Mannes zu treten. Sie tragen drei oder vier Ohrringe, die aus großen Silberringen bestehen und an die noch einige kleine gebunden werden. Halsketten und Ärmelschmuck sind ebenfalls aus Silber, doch wegen mangelnder Kunstfertigkeit der Jakuten sehr grob geprägt. Die Frauenmützen ähneln den männlichen, abgesehen davon, dass [S 140] an die weiblichen vorne zwei Hörner so groß wie eine Spanne angenäht werden, und hinten Kranichfedern, deren Spitzen ebenfalls nach vorne gebogen sind.

Die Mädchen flechten Zöpfe; an den Seiten lassen sie kleine Fäden mit Metallkugeln [*korol'kovye nitki – N. A.*] und Blechzeug

55 Vgl. dazu ebd., S. 1039.

56 Ebd.

57 Der Begriff lässt sich nicht nachweisen.

herunterhängen, und hinten hängt ein handbreites Band, das mit verschiedenen Mustern bestickt ist und ebenfalls mit Metallkugeln [*korol'ki – N. A.*] besetzt. – Früher haben sich die Jakutinnen den Männern nicht anders gezeigt als mit bedecktem Gesicht, und jetzt halten sich nicht viele daran; der Hals und die Brüste werden sorgfältig bedeckt, da die Jakutinnen sonst kein großes Vergnügen bereiten würden, auch nicht den Jakuten selbst. Die Jakuten bevorzugen russische Frauen, deshalb eifern die Frauen ihnen in diesem nach.

Über Krankheiten und die Bestattung der Toten

Jeder, der in Sibirien gelebt hat, weiß, dass die nördlichen Länder dieses geräumigen Reiches sehr gesund sind und dass unter den dort lebenden Völkern fast keine gefährlichen Krankheiten auftreten. Besonders die Jakuten haben einen vorzüglich kräftigen Körperbau; von wenigem Schlaf und unaufhörlichem Arbeiten [S 141] besitzen sie frisches Denken und erstaunliches Gedächtnis: mens sana in corpore sano. Über das geringste Ereignis, das innerhalb einiger Jahre geschehen ist, können sie mit größter Ausführlichkeit berichten, so dass weder das Gute, was man ihnen tut, noch das Schlechte von ihnen jemals vergessen wird.

Wenn ein Jakute sich unwohl fühlt, ruft er nicht die Nachfahren des Äskulap, die es dort gar nicht gibt, zu sich, sondern einen Schamanen, worüber bereits früher berichtet wurde. – Für die gefährlichsten Krankheiten werden dort Pocken und Masern gehalten, das aber auch nur, weil sie nicht wissen, wie man damit umgeht. Die erste wütete dort im Jahre 1758, und die andere 1774; damals wurden nicht nur Familien, sondern ganze Gebiete fast vollständig vernichtet, und jetzt haben die Jakuten eine solche Angst vor diesen Krankheiten, dass sie die Erkrankten ihrem Schicksal überlassen und selbst in andere Jurten umziehen, wovon diese Unglücklichen sehr selten gesund werden.[58]

58 Gegen die von den russischen Eroberern eingeschleppten Krankheiten wie Masern, Pocken oder Scharlach wussten die Schamanen als traditionelle Krankenheiler keine Mittel. Daher wurden die daran Erkrankten sich selbst überlassen.

Dem Toten – selbstverständlich nicht getauft – wird bei der Bestattung sein bestes Kleid angezogen, und zu ihm in den Sarg werden noch einige [S 142] andere Kleider gelegt:[59] Sein Lieblingsreitpferd wird getötet und ebenfalls mit kompletter Ausstattung mit ihm zusammen begraben. Neben dem Grab wird ein überdachter Holzverschlag errichtet und in diesem fünf oder sechs Pferdehäute samt Köpfen aufgehängt, zum Westen gerichtet. Hiernach setzen sich die Anwesenden auf ihre Pferde und entfernen sich, nachdem sie das Grab dreimal in Richtung der Sonnenbahn umrundet haben; die Verwandten nähern sich diesem Platz nicht, und schreien aus der Ferne mit der lautesten und durchdringendsten Stimme. – Da die Jakuten glauben, dass die Toten vom Dämon verspeist werden, fürchten diejenigen, die mit dem Toten zusammengelebt haben, auch für die Zukunft den Besuch des ihrem Hause gegenüber offensichtlich feindlich Gesinnten, ziehen in eine andere Jurte und verlassen ihre alte für immer.[60]

Die Bestattung der Schamanen unterscheidet sich von den anderen nur darin, dass neben ihr Grab eine gebrochene Schellentrommel gehängt wird und einige Lebensmittel hingelegt werden, damit ihre Seelen bei dem Übergang zu dem ihnen bestimmten Platz keinen Hunger leiden müssen. – Getaufte Jakuten werden im schlechten Kleid und ohne jegliche [S 143] Rituale bestattet, ihnen werden keine Vorräte auf den Weg mitgegeben. – Früher haben sie die Toten verbrannt, doch seit einiger Zeit hat das aufgehört.[61]

59 Practical Dictionary of Siberia, S. 1041.

60 In der Vorstellung der Jakuten ergriff der Dämon nach dem Tod die Seele des Menschen und führte sie an die Orte, an denen der Mensch gesündigt hatte, um sie dafür zu züchtigen. Dies dauerte eine Nacht lang. Allerdings hielt sich die Seele des Verstorbenen drei Tage in der Nähe seiner alten Behausung auf und beobachtete alles, was vor sich ging. Deshalb sprachen die Lebenden in Gegenwart von Toten nur sehr vorsichtig. Schmidt, Ursprung der Gottesidee, ebd., S. 196.

61 Von Totenverbrennungen der Jakuten berichtete nur Johann Georg Gmelin, Reise durch Sibirien von dem Jahr 1733 bis 1743, 4 Teile, Göttingen 1751/52, hier Teil 2, S. 477. Diese lassen sich jedoch nicht belegen.

Über die Wirtschaft

Die Wirtschaft der Jakuten besteht in der Viehzucht, der Jagd und im Fischfang. Ihre Herden sind ihr ganzer Reichtum; doch da die Jakuten keinen Winterfuttervorrat für jene anlegen und die Pferde und Kühe bei der Futtersuche im Schnee sich selbst überlassen, stirbt deswegen immer viel Vieh weg, und dadurch sind die Jakuten nie reich. – Die Jagd findet bei ihnen nur im Winter und der Fischfang nur im Sommer statt; in den nördlichen Ulusen[62] bildet Letzterer ihre Hauptnahrungsquelle. Sie führen keinen Handel mit anderen Völkern außer mit den Russen, und selbst das auch nur während der Jarmonka, die in Jakutsk stattfindet.[63]

Über die jakutische Sprache

Zur Wissbegierde führe ich hier einige jakutische Wörter mit russischer Übersetzung an. Vielleicht findet irgendein Gelehrter, der sich für Wortherkunft begeistert, aufgrund des Dialekts der Jakuten ihre Herkunft heraus und beweist, dass diese Sprache ihren Anfang ebenfalls [S 144] bei der Zerstörung des Turms von Babylon genommen hat.[64]

Die jakutischen Zahlen

bir'	eins
iki	zwei
jus'	drei

62 Im heutigen Russland wird als »Ulus« eine territoriale Einheit bzw. eine landwirtschaftliche Region mit klar definierten Grenzen bei Burjaten und Jakuten bezeichnet.

63 Gemeint ist wahrscheinlich die Handelsmesse in Jakutsk; russ. *jarmarka.*

64 Die jakutische Sprache gehört zum nördlichen Zweig der Turksprachen. Dass die Trennung der Sprachen durch die sogenannte babylonische Sprachverwirrung aufgrund der Zerstörung des »Turmes von Babel« entstanden war, gehörte bis zur Wende vom 18. zum 19. Jahrhundert zu den verbreiteten Anschauungen, auch unter Wissenschaftlern.

tior'd'	vier
bes'	fünf
alta	sechs
settja	sieben
agys	acht
tous	neun
on	zehn
ono do bir	elf
ono do iki	zwölf
	und so weiter,
sjur'ba	zwanzig
sjur'ba bir'	einundzwanzig
otut	dreißig
tiordion	vierzig
bession	fünfzig
altoon	sechzig
settjaon	siebzig
agyson	achtzig
touson	neunzig
[S 145]	
sjus'	hundert
sjus' charči	Rubel
on mun	tausend
Aga	Vater
Če	Mutter
Uola	Sohn
Kysa	Tochter
Ubaim	älterer Bruder
Surdžjum	jüngerer Bruder
Agasa	ältere Schwester
Balta	jüngere Schwester
Kys	Mädchen
Kysogo	junge Frau
Inibi	zwei Brüder
Ese	Großvater
Ėbe	Großmutter
Min'	mein

Kini	sein
Kjun'	Tag, Sonne
Kjunjus'	tagsüber
Kese	Abend
Chotun	Herrin
Kulut	Diener
Kirdik	Wahrheit
Simienan	Unwahrheit
Ičugaj	gut
[S 146]	
Kusagan	böse
Sarcyn ėrde	morgen früh
Kel' bettach	komm her
Kalere bettach	komm mal her
Kapse dogor	sag, ist mein Freund gesund?
Chaita choloroon	wie geht es dir?
Bagarabyn	ich will
Dže ber barem	ich gehe nach Hause
Dže bitiger barech	gehen wir nach Hause
Ugrom	sich küssen
Sigerym sysa }	Begrüßungen
Dogorum sysa }	teurer, lieber
Taptyr dogorum }	Freund
Ičugaidyk oloroun	geht es dir gut?
Tangara iter	Gott sei Dank, Gott bewahrt
Asechpyn kulu	gib zu essen
Isechnyn kulu	gib zu trinken
Min' iin' berke tapty byn	Ich liebe dich sehr
En' tapty chyn	liebst du (mich)?
En' tapta bakyn	Du liebst (mich) nicht
Ugra sech	küssen wir uns
Min' iin' agynym berke	Ich vermisse dich sehr

Hier noch ein ganzer Satz, um mehr Verständnis für die Grammatik dieser Sprache zu wecken:

[S 147] *Taptyr dogorum, chajtach toch oloroun min' i-in' kytta ėr' kersju bitjam, attanan kel'miacha, min' berke ėėriom iin' kytta korjustjach pyna.*

Dies bedeutet:

Lieber Freund, wie geht es dir, ich habe dich so lange nicht gesehen; komme zu mir, ich würde mich außerordentlich freuen, dich zu sehen.

Die Rapporte von Dr. Merck an den Kapitän Billings über das Sammeln und Absenden in die Akademie der Wissenschaften von Seltenheiten aus der Tier-, Pflanzen- und Mineralienwelt; über die Ernennung von Mercks Gehilfen und über seine Versorgung mit allen Notwendigkeiten[1]

№ 3.

Seiner Hochwolgebohrnen, dem Befelshaber der geheimen Unternehmung Joseph Billings

Bericht,

den 3ten Mai langte ich mit meinen Leuten, gesund auf Sundar[2] an.

Von der mir vom jakutzkischen Commandanten, Herrn Oberst L. Marklofskij,[3] zur Bezalung der Pferde biß Olenskoi,[4] hin und

1 Raporty doktora Merka kapitanu Billingsu po sobraniju i otsylke v Akademiju Nauk redkostej iz životnogo, rastitel'nogo i mineral'nogo mira; po naznačeniju k Merku pomošnikov i snabženiju ego vsem neobchodimym, in: Russisches Staatliches Marinearchiv (RGAVMF), fond 214, opis' 1, delo 24. (Übersetzung des Aktentitels aus dem Russischen durch die Herausgeber/innen). Weitere Berichte von Merck an Joseph Billings, den Leiter der Expedition, waren nicht aufzufinden, auch wenn die Nummerierung deutlich macht, dass es weitere Rapporte gegeben haben muss. Auf einigen Briefen findet sich oben rechts eine Paginierung, die jedoch nicht eindeutig Merck zuzuordnen ist. Teilweise sind die Ziffern durchgestrichen.

2 Suntar ist eine kleine Ortschaft in der Nähe des gleichnamigen Binnensees Suntar (aus dem Ėvenkischen *suntar*: tief) am Fluss Viljuj. Den Namen Suntar-Chajata trägt auch ein 450 km langer und bis zu 2.959 m hoher Bergkamm in der Republik Sacha, durch welchen der Fluss Suntar fließt. Der Bergkamm und der Fluss Suntar liegen jedoch östlich der Lena und können deswegen von Merck an dieser Stelle nicht gemeint sein.

3 Vornamen und Lebensdaten sind unbekannt.

4 In seinem Tagebuch bezeichnet Merck diesen Ort auch als »Olenskoi Gorod«. Carl Heinrich Merck, Das sibirisch-amerikanische Tagebuch aus den Jahren 1788-1791, S. 93. Dabei handelt es sich um eine Stadt, die 1634, im Jahr ihrer

zurück, dargereichten Sume von 56 Rubl. 16 Cop.[5] habe biß hierher, für 1310 Werste, nach der Jakuten Angabe, (jede zu einem halben Cop.) 33 Rubl. 15 Cop. ausgezahlt.

Den Steuermans Lehrling Guilloff,[6] nebst einem Kosacken, traf ich auf Sundar an, seiner 2 übrigen Kosacken hatte er den einen nach Jakuzk, den zweiten nach Olenskoi abgefertigt; lezteren nahm ich auf seinem Weg mit zurück und ersterer langte baldig [Seitenumbruch] nach. – Da Klagen über Guilloffs viele Anordnungen auf dem Wege bei mir einlieffen, so habe ihn, wie seinen damit verwickelten Dolmetscher alhier bestraft, um den Jakuten zu zeigen, welchen Mißfallen der Befelshaber an solchen Bübereyen hegt, auch habe das von einem Fürsten zurückgeforderte Gelt, in dem ich von seinen Pelzereien verkauft, wieder zugestelt.

Ich würde diesen Kosacken nicht nach Jakuzk senden, wen ich nicht durch Guilloff mer Leute bekomen, als ich nützen kan und die auch meistens ohne einige Zwieback sind, deßhalb ich auch einen zweiten noch, von Olenskoi aus, wieder dahin absenden werde. [Seitenwechsel]

Zur Bezahlung seines Pferds, hat Überbringer, nach der Meßung deß Lehrlings zu 800½ Werste gerechnet, (auf 3 Pferde jede zu einem Cop.) 2 Rubl. 66¼ Cop. empfangen.

Ich verharre mit aller Hochachtung Euer Hochwolgebohrnen ergebenster Diener
CHMerck.
Sundar den 12ten Mai 1788.

Gründung, noch Viljujsk hieß. Seit 1783 hat der Ort den Status einer Stadt erlangt und wurde zwischen 1783 und 1821 in Olensk umbenannt.

5 Kopejka.

6 Aleksej Gilev war einer der wenigen Mannschaftsmitglieder, die Billings und Merck während ihrer Reise mit den Rentierčukčen durch Čukotka begleiteten. Er nahm das nordöstliche Küstengebiet dieser Halbinsel selbstständig auf. Im Sommer 1790 fertigte er zudem im Auftrag von Billings provisorische Beschreibungen der Kurilen-Inseln von Kamčatka aus an. Die Fahrten wurden auf itel'menischen Baidaren unternommen. Vgl. Order I. I. Billingsa seržantu geodezii A. Gilevu ob opisanii Kuril'skich ostrovov (1790 g. aprelja 22), in: RGAVMF, fond 214, opis' 1, delo 60, Bl. 24. In sonstigen Expeditionsunterlagen wird er als Geodät (russ.: *seržant geodezii*) geführt. Vgl. G. A. Sarytschew, Reise durch den Nordostteil Sibiriens, das Eismeer und den östlichen Ozean, Gotha 1954, S. 330.

№ 4

Seiner Hochwolgebohrnen dem Befelshaber der geheimen Unternehmung, Joseph Billings

Bericht,

Den 26ten July langte nebst dem Zeichenmeister,[7] denen zwei mitgegebenen Leuten und einem Dolmetscher mit 11 Pack und 3 Reitpferden in Jakuzk an.

Die zwei auf Sundar vom Herrn Collegien-Secr. Rothe[8] erhaltene Bötte habe unter empfangener Quittung in Olenskoi-Gorod[9] stehngelaßen.

Von denen in Jakuzk empfangenen 1000 Rubl. welche Euer Hochwolgebohrnen folgende Ausgaben 140 Rubl. dem Zeichenmeister vorgeschoßen.

9 Rubl. 80 Cop. dem Jäger Jendrichensky.[10]

8 Rubl. 35 Cop. für aufgezeichnete kleinere Notwendigkeiten.

16 Rubl. noch zum Bezahlen der Pferde biß Jakuzk. Zu gleichem Endzweck, wie bei einer Seitenreise längst dem Marcha Fluß,[11] habe die noch, vom in Jakuzk empfangenen Gelt, rückständige 22 Rubl. 87 Cop. ausgelegt.

Jakuzk, den 26 July 1788 Dr. Merck.

---

7 Gemeint ist höchstwahrscheinlich der Expeditionszeichner Luka Voronin.

8 Vornamen und Lebensdaten sind unbekannt.

9 Vgl. Anm. 4, S. 353.

10 Vornamen und Lebensdaten sind unbekannt.

11 Die Marcha (aus dem Jakutischen *mar*: Moossumpf) ist ein linker Nebenfluss des Viljuj von 1.181 Kilometern Länge.

№ 5.[12]

Seiner Hochwolgebohrnen dem Befelshaber der geheimen Unternehmung, Joseph Billings

Bericht,

Folgende, für die kaiserliche Akademie der Wissenschaften gesamlete Natur Producten, habe unter Siegel bei seiner Hochwolgebohrenen dem Herrn Creishauptmann Garnovskij[13] abgesezt. 13 Kisten mit Mineralien, mit M bezeichnet; ebenso noch 2 Kästchen.

2 Umschläge mit getrockneten Pflanzen, den einen mit A, den zweiten mit P bemerckt.

Jakuzk den 3ten August 1788

C. H. Merck der Arzneikunde Doktor.

№ 7.

Seiner Hochwolgebohrnen dem Befelshaber der geheimen Unternehmung, Joseph Billings

Bericht,

hierbei übersende EurHochwolgebohrnen ein Kästchen mit P bemerckt für seinen Hochwolgebohrnen, den Herrn Collegen Rath und Ritter Pallas.

Von meinen zum Abschicken nach St. Petersburg fertigen, in Jakuzk bei seiner Hochwolgebor. dem Herrn Creishauptman Garnovskij stehn gebliebenen Kasten, sind die zwei Verschläge der eine mit A, der zweite mit P und die 14 Kisten, wo-

12 Bei den drei folgenden Berichten sind die jeweils in der rechten oberen Ecke des Blattes befindlichen Nummerierungen offensichtlich von fremder Hand verändert worden. Der Datierung nach muss der mit № 7 nummerierte Bericht vor dem Bericht №. 6 stehen.

13 Vornamen und Lebensdaten sind unbekannt.

von der eine noch in Judomskoikrest[14] zurück blieb alle mit M bezeichnet.

Den 19ten Sept. 1788

Doctor Carl Merck

№ 6.

Seiner Hochwolgebohren dem Befelshaber der geheimen Unternehmung, Joseph Billings

Bericht,

Um die Gegend um Ochozk vor unserm Abgehn zur See so viel möglich noch zu untersuchen bitte Sie: Hochwolgebohrnen um nachfolgendes,

1) um entweder mit Pferden, Rentieren oder Hunden noch winters oder mit dem ersten Früling von hier oder von Ochozk nach Tauisk[15] abreissen zu können um daselbst die erste Ankunft der Zugvögel zu erwarten, den die Küste langsam zurück zu untersuchen;

2) bitte zu meiner nötigen Beihülfe, um den Zeichenmeister, den Ausstopfer, den Jäger Bapenof[16] und noch um einen Jäger; um einen Tischler und einen tungusischen Dolmetscher gleichfals um einen Termometer auch wen es seyn kan Barometer wie um hin-

14 Die Judoma ist ein 765 km langer, rechter Nebenfluss der Maja in Nordostsibirien. Die Judoma entspringt in 100 Metern Höhe südlich der Suntar-Chajata, einem südöstlichen Ausläufer des Verchojansker Gebirges. Zunächst fließt die Judoma in südliche Richtung in einem weiten Tal parallel zum *Judoma-Kamm* (russ.: *Judomskij chrebet*), einem der höchsten Teile des Judoma-Maja-Hochlandes. Dann wendet sich der Fluss in westliche bis südwestliche Richtung und schneidet an dieser Stelle die Straße nach Ochotsk. Diese Ortschaft, wo sich heute eine Telegraphenstation befindet, trägt den Namen *Judomskij krest* (aus dem Russischen übersetzt: Judoma-Kreuz).

15 Tauisk ist eine 1652 gegründete Ortschaft nordöstlich von Ochotsk in der Nähe der Mündung des Flusses Tauj ins Ochotskische Meer.

16 Vornamen und Lebensdaten sind unbekannt.

länglich Schrot und Pulver nebst weißem Papier. Hierüber Bitte an Herrn Capt. Hall[17] Befehl zu erteilen.

Verchskoi Plotpische[18] den 25. Sept. 1788

Doktor Carl Merck

№ 8.[19]

Seiner Hochwolgebohrnen dem Befelshaber der geheimen Unternehmung, Joseph Billings

Bericht,

Morgen als den 30ten Merz werde meine Reise von hier nach Tauisk antretten, außerm Zeichenmeister begleiten noch 2 Jäger mit dem Ausstopfer und ich hoffe gegens Ende deß July in Ochozk wieder einzutreffen. Für die gütige Beihülfe zu meiner Abfertigung von Herrn Capitaine Hall sage Euer Hochwolgebohrnen den erge-

17 Robert Hall (Robert Romanovič) wurde 1761 in England geboren. 1774 trat er in den russischen Militärdienst ein, ohne dabei die britische Staatsbürgerschaft aufzugeben, und wurde bis 1779 in der Ostsee eingesetzt. In den Jahren 1779-1782 nahm Hall an Seereisen aus Kronštadt nach Italien und England teil, bis er 1783 nach Archangel'sk versetzt wurde. 1785-1795 agierte er als guter Offizier und zuverlässiger Ingenieur beim Schiffsbau im Rahmen der Billings-Saryčev-Expedition, betrieb aber selbst keine wissenschaftliche Forschung. In den Jahren 1795-1800 nahm Hall an russischen Seefahrten in der Nord- und Ostsee teil. 1803 wurde er zum Konteradmiral befördert, 1805-1807 als Engländer wegen der angespannten britisch-russischen Beziehungen vom Dienst suspendiert. Trotz dieser Dienstunterbrechung wurde er bereits 1807 noch einmal befördert, dieses Mal zum Vizeadmiral der russischen Flotte. 1810 nahm Hall die russische Staatsangehörigkeit an. 1811 wurde er zum Kommandanten der Schwarzmeerflotte und 1816 zum Kommandanten des Rigaer Hafens ernannt. 1830 wurde er endlich zum Admiral befördert und zum Militärgouverneur von Archangel'sk berufen. Er starb im Jahre 1844. Sarytschew, Reise durch den Nordostteil Sibiriens, S. 327f.; russ. Fassung: Saryčev, Putešestvie po severo-vostočnoj časti Sibiri, S. 297f.

18 Wortwörtlich aus dem Russischen: *verchskoj plotbišče*: die obere Werft. Hier handelt sich es jedoch um eine Ortschaft, die diesen Namen trägt.

19 Offensichtlich erfolgte die Nummerierung der Rapporte pro Jahr, anders ist die Nummerierung als Nummer 8 nicht zu erklären.

bensten Dank. ([20]Weil der Vorrat von weißem Papier hier gering, so bitte Euer Hochwolgebohrnen zu meinem Gebrauch auf unsre vorstehende Seereise, an zehn Rieß[21] in Jakuzk erkauffen zu laßen, damit ich dereinst nicht genötigt seyn mögte, meine Arbeiten, besonders im Pflanzentrocknen zu versäumen.
Ich verharre mit aller Hochachtung

Euer Hochwolgebohrnen
gehorsamster Diener
CH Merck, der Arzeneikunde Docktor.

Ochozk den 29 März 1789.

№ 9.

Dem Hochwolgebohrnen Herrn, dem Befehlshaber der geheimen Unternehmung Joseph Billings

Bericht,

Um die für die kaiserliche Akademie der Wissenschaften gesamlete Naturalien nach Jakuzk absenden zu können bitte Eur. Hochwolgebohren um einen Paß auf sechs Pferde.

CH Merck der Arzneikunde Docktor.

Ochozk den 14ten August 1789.

---

20 Die Klammer am Ende des Satzes fehlt.

21 Ries oder Rieß ist ein altes Papiermaß, das etwa 500 Bogen umfasste.

№ 10.

Seiner Hochwolgebohrnen dem Befelshaber der geheimen Unternehmung, Joseph Billings

Bericht,

Der in hiesigen Cronsdinsten als Buchbinder gestandene Ausländer, Herr Carl Andreas Krebs[22] macht sich zu meiner Beihülfe im Kräutertrocknen, Samlen der Seeproducten, wie übrigen Arbeiten, in seinem schriftlichen Ansuchen an mich unter folgenden Bedingungen anheischig.

1) daß er ein jährliches Gehalt von 200 Rubl. erhalte, 2) See- als Landprovision onedaß sie ihm von obigem Gehalt abgezogen werde.

Da die zu erwartende Mithülfe mich also in Stande sezt, den Punckten der erhaltenen Vorschrift nun nachzukommen, so habe die Ehre Euer Hochwolgebohrnen hierüber vorzustellen.

Sollten Euer Hochwolgebohrene dies Gesuch einßweilen bewilligen, so bitte ergebenst demselben ein Fahrtgehalt zum Vorausreichen zu laßen, weil er den, zur nahen Abreise noch Verschiedenes benötigt.

CH Merck, der Heilkunde Doctor.
Ochozk, den 19ten August 1789.

№ 11.

Dem Hochwolgebohrnen Herrn, dem Befelshaber der geheimen Unternehmung, Joseph Billings

Bericht,

22 Karl/Carl Andreas Krebs war Mercks Assistent, der die Aufgabe hatte, Zeichnungen und Bilder jener Vogel- und Tierarten zu machen, die Merck auf seinem Wege beobachtete, erforschte und präparierte. Seine Beschreibungen der Alëutischen Inseln werden in diesem Band gesondert abgedruckt. Vgl. dazu Einleitung, S. 34 und S. 285-312.

Um den natürlichen Untersuchungen, laut denen mir vorgeschriebenen Punckten genauer nachkommen zu können, hoffe gegens Beginnen deß Merzes von hier nach Galygina[23] und die die Gegenden von Osernoi[24] abzureißen, worüber die Ehre habe Euer Hochwolgebohrnen zu berichten, anbei bittend, um deren gütiges Bestimmen in Ansehung der Zeit, da ich meine Rückkunft minder fest zu setzen habe, damit ich, über beides, an Herrn Collegen Rath und Ritter Pallas das Glück haben kan, mit Beilage meines Berichts, vorzustellen.

Außer meinem Gehülfen bitte noch um den Zeichenmeister, einen Ausstopfer und den Jäger Stephanow[25] nebst dem zur Aufwartung von Eurer Hochwolgebohrn für mich bestimten Jäger; hierbei ersuche ergebenst, in Ansehung der nötigen Schlitten und Hunde zu meiner Farth wie auch der Pferde von Bolschoiretskoi[26] aus, zu meiner Rückreise, um die von Euer Hochwolgebohren zu erteilende Befehle, so wie um die Benachrichtigung, wie viel für beide die hier bestimte Tage der Bezahlung.

Auch erlauben Euer Hochwolgebohrnen, demselben für den, auf die festzusetzende Zeit erforderlichen Proviant zu ersuchen wie um den Befehl, an mich 15 lb Pulver 2 Pude Blei, zwei Pud Nerz, ein Stück Segeltuch abzulaßen, und um dero Erlaubniß verschiedene Sorten Drath durch den Schmied wie einige Schreinerarbeit für mich, hier noch können machen zu laßen.

CHMerck, der Heilkunde Doctor.

PPhaffen,[27] den 7ten November: 1789.

---

23 Russ.: *Golygina*. Hierbei handelt es sich um einen Fluss am südlichen Zipfel der Halbinsel Kamčatka, der in das Ochotskische Meer mündet.

24 Südlich des Flusses Golygina mündet der Fluss Ozernaja ebenfalls in das Ochotskische Meer. An der Mündung befindet sich die Ortschaft Ozernovskij.

25 Vornamen und Lebensdaten sind unbekannt.

26 Bol'šereck oder *Bol'šoj Reckoj Ostrog* wurde um 1700 als Ostrog im Nordwesten Kamčatkas gegründet und entwickelte sich schnell zum Verwaltungszentrum der Halbinsel. Der Ostrog lag an dem kleinen Fluss Gol'covka, einem Nebenfluss der *Bol'šaja Reka* (Großer Fluss). Zu *Bol'šaja Reka* vgl. Anm. 235, S. 206.

27 Der Peter-Pauls-Hafen (Petropavlovsk) befindet sich an der südöstlichen Küste Kamčatkas. Vgl. dazu den Kupferstich von 1806, in: Carl Heinrich Merck, Das sibirisch-amerikanische Tagebuch aus den Jahren 1788-1791, S. 56f.

№ 17.

Received 4[5] April 1790 in Bolshoiretzk.[28]

Seiner Hochwolgebohrnen dem Befelshaber der geheimen Unternehmung, Joseph Billings

Bericht,

den 30ten Merz hatte die Ehre das Schreiben Eurer Hochwolgebohrnen zu erhalten.

Nie war es meine Absicht, so wünschungswert es auch zu meinen Untersuchungen wäre, unumgänglich die erste kurillische Eylande zu besuchen, sondern nur wens Zeit und Umstände erlaubten; eine Sache worin ich die Entscheidung einzig, mit Beifügung aller nötigen Zweiffeln und der Kürze meiner Zeit, dem Urteil der hiesigen Kamtschadalen[29] zu überlaßen dachte, als Leuten, die da sie jährlich diese Fart machen, auch deß Meeres, deß Abgehn deß Eises vom Strande und der mergewönlichen Witterung dieser Jahrszeit kundig sind.

Um nun, so viel möglich alle nur auszuweichende Beschwerlichkeiten in Ansehung meiner Rückreise den Kamtschadalen zu haben, da Futter für die Hunde hier fast mangelt und der Weg auch immer schlechter wird, so hoffe, mit denen zwei Baidaren, die deß Fangs halber zum zweiten kurillischen Eyland[30] abgehn, in 5 Tagen von hier abzureißen und ohne diese Eylande zu berühren meine Fart nach dem Haffen fortzusetzen, wobei auch die Kamtschadalen in Ansehung der früheren Zeit, keine Versäumung leiden dürffen.

28 *Bol'šoj Reckoj Ostrog*, vgl. oben Anm. 26, S. 361. Handschriftliche Notiz von Billings. Es bleibt unklar, was die hochgestellte Zahl 5 nach dem Tagesdatum bedeuten soll.

29 Itel'menen, vgl. dazu Anm. 131, S. 178.

30 Die Kurilen sind eine Inselkette, die sich von Kamčatka aus bis zur japanischen Insel Hokkaido erstreckt, eine Länge von etwa 1.200 km hat und das Ochotskische Meer vom Pazifischen Ozean trennt. Die Erforschung dieser Inselkette gehörte zu den Aufgaben der Billings-Saryčev-Expedition, die Merck in seinem Tagebuch festhielt. Vgl. Carl Heinrich Merck, Das sibirisch-amerikanische Tagebuch aus den Jahren 1788-1791, S. 144ff.

Doch um alle Vorsicht zu gebrauchen werde zu erst um die Lapatka[31] zu komen suchen, biß wohin man zwei Tagereisen rechnet, erlaubts den die Möglichkeit und sehe keine Hinderniße in Betracht deß Eises im Wege, so setze meinen Gang weiter fort, wo diese aber sich vorfinden solten, so eile sogleich zurück, um nach dero gegebenen Vorschrift, zur bestimten Zeit in PPhaffen eintreffen zu können.

Ich verharre mit aller Hochachtung

Euer Hochwolgebornen
untertänigster Diener
Carl Heinrich Merck,
der Heilkunde Doctor

JawenskoiOstroschik[32] den 30ten Merz 1790.

№ 18.

Received 2. November 1790[33]

Seiner Hochwolgebornen dem Befelshaber der geheimen Unternehmung, Joseph Billings

Bericht,

Anbei habe die Ehre Euer Hochwolgebornen Bericht nebst Beilage an Seine Hochwolgebornen den Herrn Collegen Rath und Ritter Pallas zu übergeben.

31 Das Kap Lopatka liegt an der Südspitze der Halbinsel Kamčatka.

32 *Javinskoj Ostrog* oder *Javinskoj Ostrožnik*, wahrscheinlich heute das Dorf Javino, befand sich in der Nähe des Innensees Kuril'skoe an einem kleinen Fluss mit dem Namen Javina, der zwischen den Flüssen Ozernaja (vgl. Anm. 24, S. 360) und Opala fließt. Der Fluss wurde von Krašeninnikov erwähnt. Unter den Russen wurde er auch als Iščačan mit dem Nebenfluss Aangan bekannt. Vgl. Krašeninnikov, Opisanie, Bd. 1, S. 68.

33 Handschriftlicher Vermerk von Billings' oder einer fremden Hand.

Was ich von Ochozk aus an Naturalien abgefertigt habe hierüber habe die Ehre gehabt an seine Hochwolgebornen den Herrn Collegen Rath und Ritter Pallas zu berichten.

Was in Kamtschatka noch zurückbleibt, hierüber kan noch nicht bestimen weil noch alles nicht gehörig gepackt worden. Was übersenden jetzt von Naturalien betrift so erfordern merere Sachen, laut dem 10 § meiner Instruction, nach Endigung dieser Unternehmung vorheriges Durchsehn und von Mineralien wage nichts mehr wegzuschicken, weil von den 14 Kisten mit Mineralien, die ich laut Bericht unter der Nr. 7 an Euer Hochwolgebornen zu übergeben die Ehre hatte, eine zerbrochen in Jakuzk zurückgeblieben und von der Ankunft der übrigen nach der Hauptstadt ich noch keine Nachricht erhalten habe.

P. Phafen den 6ten November 1790.

CH Merck der Heilkunde Doctor

№ 19.

Received 16 December[34]

Seiner Hochwolgebohrnen dem Befelshaber der geheimen Unternehmung, Joseph Billings

Bericht,

Zur Packung der gesamleten Naturalien bitte Euer Hochwolgebornen um Dero Befele, mir 15 Arschinen[35] dünes Segeltuch wie zum Umnehen der Kisten 15 lederne Proviantsäcke abzulaßen.

PPhaven den 11ten December 1790.

CH Merck der Heilkunde Doktor

---

34 Handschriftlicher Vermerk von Billings' oder einer anderen fremden Hand.

35 Russ.: *aršin*: die Elle, ein altrussisches Längenmaß.

№ 21.

Received 5 May 1791[36]

Seiner Hochwolgebohrnen dem Befelshaber der geheimen Unternehmung, Joseph Billings

Bericht,

Zu seiner vorstehenden Reise bitte Euer Hochwolgebohrnen um dero Befele, daß mir 20 lb[37] Schießpulver, 1 ½ Pud Blei, 10 lb feines Schrot und 40 Stück Feuersteine abgelaßen werde.

Carl Heinrich Merck, der Heilkunde Doktor.[38]

Received 18 May 1791[39]

Seiner Hochwolgebohrnen dem Befelshaber der geheimen Unternehmung, Joseph Billings

Bericht,

Um bei jetziger Gelegenheit, was ich bißher für die Kaiserliche Academie der Wissenschaften gesamlet, nach Ochozk eins weilen zu übersenden, bitte Euer Hochwolgebohren um dero Befele an den Steuermann Herrn Lavzof,[40] damit alles mit dem sich nach Ochozk abfertigenden Farzeug könne abgesandt werden.

CH Merck, der Heilkunde Doktor,

PPHaven den 7ten Mai 1791.

---

36 Handschriftlicher Vermerk von Billings' oder einer anderen fremden Hand.

37 Lat.: libra: Pfund.

38 Undatierter Bericht.

39 Handschriftlicher Vermerk von Billings' oder einer anderen fremden Hand. Nummerierung fehlt.

40 Vornamen und Lebensdaten sind unbekannt.

№ 40

Высокоблагородному и высокопочтенному Р. флота господину капитан перваго ранга Иосифу Иосифовичу.

Рапорт,

На повеление Вашего Высокоблагородия полученное мною сего м-ца 27 числа относително назначения Государственной Адмиралтейств-Коллегии чрез посредство интенданской експедиции – места по избранию Вашему для хранения собранния мной редкостей: донести честь имею коих из числа теперь на руках моих вещей, есть такие, как то птицы разных родов, травы и тому подобные, требуют крайней в сырости предосторожности. Из коих теперь многие вещи и просушиваютца[,] в разсуждении чего неугодно ли будет о сём известить помянутую коллегию[.] я же со своей стороны согласен зделать [Seitenwechsel][41] и то, что есть угодно Государственной Адмиралтейств Колегии: но чрез оное все те редкости собираемые довольно время и с великими казне убытками, неподвергнуть к расмотрению господина профессора Палласа никуда негодными.
Доктор Карл Мерк

в 30$^{\underline{\text{го}}}$ Июня
1794 года

№ 41.

Высокоблагородному и высокопочтенному Р. флота господину капитан первого ранга Иосифу Иосифовичу

Рапорт.

Веденную мной о расходах по должности моей книгу за вашею печатию, данной на сорока четырех листах, представе присем к Вашему Высокоблагородию, равно и денги по остатку, всего

41 Am Seitenende eine nicht zu entziffernde Datierung.

зотцать рублей девяносто девять с половиной копейки покорнейше прошу в приеме приказать дать расписку. Доктор Карл Мерк.

в 10 $^{\underline{го}}$ Июля
1794 года

Anbaldig.[42]

№ 43

Высокоблагородному и высокопочтенному господину флота капитану первого ранга Иосифу Иосифовичу.

Рапорт,

в силе полученнаго от Вашего Высокоблагородия сего числа приказания, препровождаю присем собранные в 1791-ом и 1792ом годах в Камчатке и на острове Уналашке, разные тех земель прозядений,[43] семена. В какой же земле оное растение имели, значится на каждой капсуле немецкой надписью. Ковымские и вилюйские семена оправлены от меня в разные времена господину Статскому Советнику и Кавалеру Петру Симоновичу Палласу: о чем Вашему Высокоблагородию донести честь имею. Доктор Карл Мерк.
в 25 $^{\underline{го}}$ июля
1794 года

Anbaldig.

42 Am Seitenende eine nicht zu entziffernde Datierung; links von Mercks Hand »An baldig«.

43 Unsichere Leseart.

Colymbus tschukotzkyensis[1]

[S 1] Der Schnabel gerade, gespizt: die Spitze stumpflich; die obere Helfte gerundet, die untere etwas dreiseitig; beide ohnweit der Schärfe[2] wenig gedrückt, wodurch beim Schließen eine mäßige Furche wird; ihre Farbe schwarz. Die Oberkinlade 1/5''' lenger, zu ihren Seiten, 1'', 3''' von der Spitze, liegen biß nächst die Stirn, die sich erweiternde Nasenlöchern; sie sind biß auf die längliche, außerm hinteren rundlichen Ansatz von oben, strichförmige Ofnung, durch schwarze Haut geschloßen, worauf mit spitzem Winckel befiedert, so daß ein gleicher Ausschnit am Rücken bleibt. Die Schärfe, mit recht so, hat merere Lückchen;

Die Zunge reicht in der Rinne der Unterkinlade an halb und fält sie aus; unten ist sie gewölbt mit etwas loser Haut, vorn mitten, biß ans spitzliche aufhören, mit hornartiger, glatter Haut; oben mer gleich, speckicht, mit dünem, etwas losem Häutchen. Jenen ist sie biß zur Spitz kumpelich:[3] hinten ist der Knorpel doppelt, beide nahen sich baldig, verwachsen und verwandeln sich den in einen. Gegen Grund besizt sie anliegende kegelförmige Wärzchen, gleiche sind am Gaumen, über die Helfte der Kinlade häuffig.

Das Regenbogenhäutlein, bräunlich-rot, fast rein ziegelrot. Der Augenstern, duncklich himmelblau.

Die Stirn ist an Schnabel hin, rein schwärzlich-aschfarben, das hintenhin almälich bleicht, mit anliegenden, kürzeren Federn; gegens Hinterhaupt wird die Befiederung gegen die Helfte deß Nakken, hoch, wie bauschicht, weißlich, so daß nur wenig aschgrau untermengt scheint: (biß dahin, wie am Hals, fült sich die Befiede-

1 Die Überschrift in runden Klammern. Das Original dieser Vogelbeschreibung mit dem Titel »Colymbus tschukotzkyensis« liegt lose dem sibirisch-amerikanischen Tagebuch von Carl Heinrich Merck bei. Die beiden Original-Dokumente werden im Darmstädter Merck-Archiv in einer Mappe unter der Signatur A/80 aufbewahrt. Vgl. ausführlicher zu den ornithologischen Sammlungen von Merck und zur Identifizierung dieses Vogels als *Gavia pacifica* (dt.: Weißnackentaucher) den Beitrag von S. Frahnert in diesem Band, S. 74. Die Abbildung von *Gavia pacifica* siehe in diesem Band unter der Nr. 22.

2 Möglicherweise sind die Schneiden gemeint.

3 Vermutlich von Kump oder Kümpel abgeleitet: gerundet oder gewölbt.

rung reicher.) Die Ribchen der Federn sind eintzler und ohnweit dem Kiele, fein federich; hinten wird der Nacken aus dem aschfarbenschwarz, wie den Rücken und Steis bleiben; [S 2] untern Augen sind die Seiten deß Kopfs schwärzlich-braun, unten ist der Kopf schwarz an der Kele mit weißlichen Fleckchen, vorn bleibt die Kelhaut unbefiedert: welches schwarze minder ächt als übrige; das mit Glanz und wenig ins grünliche schimert; vom Hals trennen unten den Kopf, kurze aufstehende weiße Linien, von sich beigedruckten Federspitzen der Fahnen:[4] so an 9; unter selben, zeichnen die schwärzliche Halbseiten etwas höhere, an 4 biß 5 mit Furchen dazwischen; beim Kopf sind die Seiten mit mereren gestreift, deren längere mitlere, doch nicht bei die Flügel reichen; gegen Nacken wirds weiße und gegen Kropf das schwärzliche derselben, schmäler; diese Linien sind meist gleich aus, seltener vereinigen sich je zwei früher. Der Hals ist veilchenrötlich mit Schimmer; der Kropf ist nebst Brust, Bauch, After, Seiten deß Rumpfs weiß. Über die Afteröfnung zieht sich in die Quere eine schwärzliche Binde, wie auch die unteren Schwanzdeckfedern sind: längst dem Rande oben, mit weißer Einfaßung.

Der Schwanz besteht aus 20 steifen Richtfedern; sie sind schwarz, unten hin wolartig und weißlich-grau. Ihre äußere Fahne ist mitten gleich und schmälert sich den, den Seiten zu. Ihre Kiele wie bei den Enten gebeugt, oben schwarz, untenhin weißlich grau, wie innen fast ganz.

Der Schwingfedern an 30; den 2ten die längste 8'', 3'''. Die ersten 11, schieben sich am Aufhören innenhin weg, die übrigen sind da mer gleich, um wenig rundlich. Sie sind nebst den Deckfedern schwarz, nach unten an beiden Fahnen weißlich-grau: weiße länglich-rundliche Tuppen zeichnen die Ober- als Unterdeckfedern deß 2ten Glieds, die oberen deß ersteren kaum eintzle. Die falschen Flügeln[5] sind schwarz: die Rückenflügeln sind die Quere, mit weißen Binden, an 13, den Deckflügeln hin wol gezeichnet; der Rücken mit weit kleineren in doppelter Reihe, an 10, – von drüber biß gegen die Mitte der ersteren. Innen sind die Flügel weiß.

4 Gemeint ist hier der zu beiden Seiten der Feder mit Fasern besetzte Teil des Kiels.

5 Möglicherweise sind die Schulterfedern gemeint.

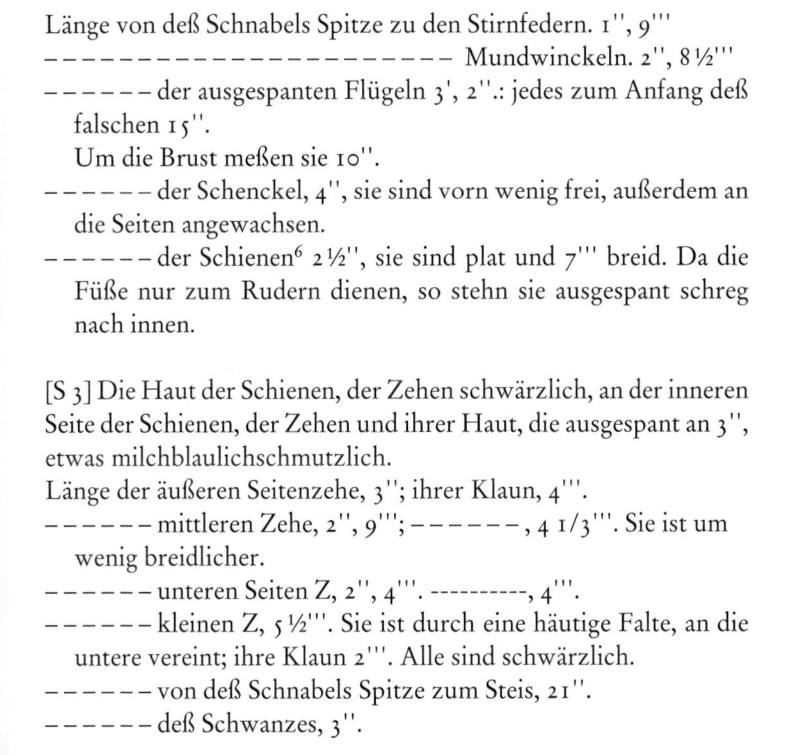

Länge von deß Schnabels Spitze zu den Stirnfedern. 1'', 9'''
\- Mundwinckeln. 2'', 8½'''
\- - - - - - der ausgespanten Flügeln 3', 2''.: jedes zum Anfang deß falschen 15''.
Um die Brust meßen sie 10''.
\- - - - - - der Schenckel, 4'', sie sind vorn wenig frei, außerdem an die Seiten angewachsen.
\- - - - - - der Schienen[6] 2½'', sie sind plat und 7''' breid. Da die Füße nur zum Rudern dienen, so stehn sie ausgespant schreg nach innen.

[S 3] Die Haut der Schienen, der Zehen schwärzlich, an der inneren Seite der Schienen, der Zehen und ihrer Haut, die ausgespant an 3'', etwas milchblaulichschmutzlich.
Länge der äußeren Seitenzehe, 3''; ihrer Klaun, 4'''.
\- - - - - - mittleren Zehe, 2'', 9'''; - - - - - - , 4 1/3'''. Sie ist um wenig breidlicher.
\- - - - - - unteren Seiten Z, 2'', 4'''. ----------, 4'''.
\- - - - - - kleinen Z, 5½'''. Sie ist durch eine häutige Falte, an die untere vereint; ihre Klaun 2'''. Alle sind schwärzlich.
\- - - - - - von deß Schnabels Spitze zum Steis, 21''.
\- - - - - - deß Schwanzes, 3''.

Ums Ufer deß Eismeeres, wie auf Teichen dabei, doch eintzel, in der Kovyma[7] nicht. Sie schlaffen am Strande und hart, so daß ich nahe, um einen herumlief, ohne ihn zu wecken und er ohne zu erwachen, biß ich ihn mit einem Stein zum lezten Taumel weckte.

6 Gemeint sind die Hautschuppen (Beschilderungen) der Zehen.
7 Vgl. Anm. 38, S. 121.

Beschreibung einiger sibirischer Fische, darunter des Coregonus sardinella Valenciennes bzw. des Coregonus merkii Günther

Die nachfolgend abgedruckte Beschreibung mehrerer Fische des nordostpazifischen Raumes von Carl Heinrich Mercks Hand mit Randbemerkungen von Wilhelm Gottlieb Tilesius von Tilenau[1] gehört zu einem Konvolut von Handschriften, das Tilesius mit einiger Sicherheit von Peter Simon Pallas kurz vor dessen Tod erhalten hat, wie er auf einem der Blätter eigenhändig vermerkte. Dazu gehörten unter anderem Handschriften und Zeichnungen von Pallas, Georg Wilhelm Steller, Johann Anton Güldenstädt und Tilesius selbst.[2] Tilesius stand in der zweiten Hälfte der 1830er Jahre mit dem Naturwissenschaftler und Afrikaforscher Eduard Rüppell, der seit 1841 Zweiter Direktor der Senckenbergischen Naturforschenden Gesellschaft war, in brieflichem Kontakt. Da Tilesius seine Materialien offensichtlich im Archiv der Gesellschaft besser aufgehoben fand als in seinem privaten Besitz, übersandte er sie an Rüppell.[3]

Bei einer »Durchsicht« des Archivs stieß Ferdinand Richters auf diesen Bestand und veröffentlichte einige Manuskripte bzw. Teile der Manuskripte. Richters war seit 1877 Mitglied der Senckenbergischen Naturforschenden Gesellschaft und Leiter der Sektion Krebstiere. Seine wissenschaftlichen Abhandlungen beschäftigen sich dementsprechend mit jenen

1 Wilhelm Gottlieb Tilesius (1769-1857) studierte in Leipzig Medizin. In dieser Zeit kam auch sein Zeichentalent zum Vorschein, als er Abbildungen seltener Tiere und Pflanzen veröffentlichte. Nach seiner Promotion trat er in die Dienste der russischen Krone und nahm an der Erdumsegelungsexpedition 1803-1806 unter dem Befehl von Adam Johann von Krusenstern teil. Seine Erfahrungen schilderte er in seinem Werk »Naturhistorische Früchte der Ersten Kaiserlich-Russischen unter dem Kommando des Herrn v. Krusenstern glücklich vollbrachten Erdumsegelung«, St. Petersburg 1813. Aufgrund seiner Verdienste wurde er in den Adelsstand erhoben und trug fortan den Namen Tilesius von Tilenau. Vgl. dazu Heike Heklau, Wilhelm Gottlieb Tilesius (1769-1857), ein Thüringer Naturforscher, in: Haussknechtia 12, 2012, S. 59-69.

2 Ferdinand Richters, Über einige im Besitz der Senckenbergischen naturforschenden Gesellschaft befindliche ältere Handschriften und Fisch-Abbildungen, in: Bericht über die Senckenbergische naturforschende Gesellschaft. Mit neun Tafeln, Frankfurt a.M. 1890, S. 3-36, hier S. 3.

3 Ebd., S. 3-5. Vgl. dazu auch die Korrespondenz zwischen Tilesius und Rüppell.

Krustentieren.[4] In seinem Beitrag »Über einige im Besitz der Senckenbergischen naturforschenden Gesellschaft befindliche ältere Handschriften und Fisch-Abbildungen« veröffentlichte Richters' Manuskripte von Steller und einen kurzen Auszug aus Mercks Handschrift. Dieses Manuskript, das mit Randbemerkungen von Tilesius versehen ist, umfasst vier Folioblätter und wird in der Universitätsbibliothek Johann Christian Senckenberg Frankfurt a.M., Lesesaal Handschriften, Sign. 4 HS 34-4, aufbewahrt. Richters bemerkte zu der Handschrift, dass dies die »ersten eingehenden Beschreibungen dieser für Sibirien charakteristischen Fische« seien. Da keine Originalbeschreibungen von Merck veröffentlicht seien, so drucke er, »schon aus historischem Interesse« die Ausführungen zu dem nach Merck benannten *Coregonus merkii* Günther, heute als *Coregonus sardinella* Valenciennes bezeichnet.[5]

Wir danken der Universitätsbibliothek Johann Christian Senckenberg für die freundliche Genehmigung zum Abdruck des ganzen Manuskriptes und der Abbildungen.

4 Vgl. dazu Ferdinand Richters, Beitrag zur Kenntniss der Crustaceenfauna des Behringmeeres. Separatdruck aus den Abhandlungen der Senckenbergischen naturforschenden Gesellschaft, Frankfurt a.M. 1884. Zu seiner Biographie vgl. den Nachruf von A. Jassoy, in: 46. Bericht der Senckenbergischen Naturforschenden Gesellschaft, 27. Juni 1916, Frankfurt a.M. 1916, S. 168-175.

5 Die Bezeichnung dieses Fisches geht zum einen auf Albert Günther, zum anderen auf Achille Valenciennes zurück, die unabhängig voneinander diese Fischart beschrieben haben. Da die Beschreibung Valenciennes die zeitlich ältere ist, so ist seine Bezeichnung der heute gültige Name des Fisches. Die Schreibung des Namens »Merk« statt »Merck« war im 18. Jahrhundert durchaus verbreitet. Auch Peter Simon Pallas und Wilhelm Gottlieb Tilesius schrieben in der *Zoographia Rosso-Asiatica* den Namen in rund 90 % der Fälle ohne »c«.

Turkutschan der Tungusen ist Salmo Omul Pallas Zoogr. Ross. As. III 406. in Pallas Reise III autumnalis in Georgi Reise I. migratorius und in Lepechins Reise III Omul genannt tab 14 fig 1.

Tschakuttschan der Jakuten. Cyprinus leptocephalus est rubripinnis Krasnoper Russorum in Dauria.

der Kopf länglich, [illegible]; das Stirnplatt [illegible], [illegible] abwärts zur rundlichen ein wenig aufwärtsstehenden [illegible] Schnauze, worunter der Rachen, der mehr als halb von der Runde einen Zirkel hat: an seinem Rand oben als unten [illegible] zweiseitig, mit dicker Haut bedeckter Knorpel, der sich den Seiten hin begleitet; und seinen Bogen verbindet sich ein [illegible] gerundeter [illegible] feiner Wulst, der sich zu unterst in zwei gleiche halb runde, unter sich gegen Rand hin abschiessenden Lappen ausbreitet, die mitten ein wenig vereinigt sind; der Wulst hat oben auf eine doppelte Reihe drüsenartiger gerundeter Körperchen, [illegible] kleinere [illegible] gleiche besitzen die Lappen oben überall; [illegible] die ihren Rand rundlich gekerbt machen. sie sind [illegible] durchscheinend und durch [illegible] schuppenfrei.

Dr Merck war Arzt auf Captne Billings Exped. als Lieutenant der nachmalige Admiral Sarytschew beiwohnte.

[illegible] war gleichsam, wo seine [illegible] breitlich, mitten mit schwacher Einbiegung; unten ist er zwischen Brust und Bauchflossen, gewölbt.

die Seitenlinie läuft unter dem oberen Ansätzen der Kiemen, nach ihrem schuppigen [illegible] Rand, biegt sich nach [illegible] und läuft dann gerade zur Mitte der Schwanzflossen hin, so dass sie mit [illegible] förmigen Ausschnitt an jeder Schuppe [illegible]; zwischen Brust und Bauchflossen ist sie dem Rücken 1/3 näher.

der Kiemenstrahlen (radii branchiostegi) zu 3, mit dünnem Fleisch und weißer Haut gedeckt, die sich besonders zwischen [illegible], der [illegible].

Regenbogenhäutlein goldlich, [illegible], schwärzlich [illegible] gerandet. Augensterne dunkel himmel-blau.

Luft-blase, durch ein Zusammenziehen zweiteilig: die obere Hälfte [illegible], [illegible] in weißer Haut; die untere 1/3 länger, [illegible] sich [illegible] zum rundlichen aufhören.

Die Farbe ist oberhalb graubräunlich, [illegible] schwärzliche, der Seiten hin langsam schwindend, so dass die Schuppen unterhalb,

Kan Cyprinus leptocephalus Pallas Zoogr. Ross. III p. 312 findet sich eine Abbildung in den Nov. Act. Petrop. I. 357. Tab. XI fig 10. [illegible] im Onon [illegible] wird aber nicht sehr geschätzt weil er voller Gräten ist, [illegible] Cyprin [illegible] einer Uebersicht des ganzen Karpfengeschlechts genus Cyprin nach Pallas Anordnung habe ich den Güldenstädtschen Manuscripten beigefügt [illegible] Pallas [illegible] seiner Reise [illegible] der [illegible]

Abb. 24. Erste Seite der Handschrift von Merck mit Randbemerkungen von Tilesius

[S 1][6] Tschahnkutschchan den Jakuten,[7] der Kopf länglich, 4 seitig;

6 Eingangsbemerkung von Tilesius: »Turkutschan den Tungusen ist Salmo Omul Pallas Zoogr. Ross. As. III 406. in Pallas Reise III autumnalis in Georgis Reise 1 migratorius und in Lepechins Reise III omul genannt tab 14 fig1.« Tilesius versah Mercks Text mit Hinweisen auf Übereinstimmungen in der Literatur wie etwa bei Pallas, Lepechin oder Georgi, präsentiert also eine Synonymieliste. »Autumnalis« bezieht sich auf *Salmo autumnalis* Pallas, 1776, heute gültig als *Salmo autumnalis* (Pallas, 1776); »migratorius« bezieht sich auf *Salmo migratorius*, Georgi 1775, heute gültig als *Coregonus migratorius* (Georgi, 1775). Auf die Problematik der formalen Klassifizierung kann hier nicht eingegangen werden.

Johann Gottlieb Georgi (1729-1802) begann seine wissenschaftliche Laufbahn mit dem Besuch der Höheren Schule im Bereich der Pharmazie und wurde zunächst Apotheker. Im Interesse der Wissenschaft reiste er nach Schweden. Dort fand er Lehrer wie Johann Henrich Ferber oder Carl von Linné, die seine wissenschaftliche Entwicklung maßgeblich beeinflussten. Nach dem Abschluss der Promotion arbeitete er kurzzeitig als Apotheker und Lehrer, bevor er in die Dienste der Akademie der Wissenschaften in St. Petersburg trat. 1770 wurde er mit der Aufgabe betraut, als Assistent die vom schwedischen Naturforscher Johan Peter Falck geleitete Orenburgische Expedition, ein Teil der Akademie-Expedition von 1768 bis 1774, durch die Kirgisensteppe und Westsibirien zu begleiten. Zwei Jahre darauf wurde er Pallas' Expedition ins Landesinnere des Russischen Imperiums zugeteilt, in deren Verlauf er Material sammelte und eine für die nächsten Jahrzehnte gültige Karte anfertigte. Auch dieser Forschungsreisende publizierte seinen Reisebericht »Bemerkungen einer Reise im Russischen Reich im Jahre 1772«, 2 Bde., St. Petersburg 1775. Infolge seiner intensiven Forschungen wurde Georgi 1776 als Mitglied in die Akademie aufgenommen und war später als Professor für Chemie tätig. Ivan I. Lepechin (1740-1802) war ebenfalls einer der Teilnehmer der Akademie-Expedition von 1768 bis 1774 und bereiste sowohl Sibirien als auch die Gebiete an der Volga, im Ural und am Kaspischen Meer. Seit 1774 leitete er den Botanischen Garten in St. Petersburg. Sein auch auf Deutsch publiziertes Reisewerk trägt den Titel: Herrn Iwan Lepechin der Arzneygelahrtheit Doktors und Professors bey der kaiserl. Akademie der Wissenschaften zu St. Petersburg Tagebuch der Reise durch verschiedene Provinzen des Russischen Reiches im Jahr 1771, 3 Bde., Altenburg 1774. Auch Pallas verfasste als Teilnehmer der Akademie-Expedition eine Beschreibung seiner Reise: Reise durch verschiedene Provinzen des Russischen Reiches, 3 Bde., St. Petersburg 1771-1776, Nachdruck Graz 1967. Der von Tilesius als »Salmo Omul« identifizierte Fisch gehört zu den *Coreginae* (Maränen, Felchen etc.) und damit zu den *Salmonidae* (Lachsfische). Zu dieser gehören u.a. auch Renken und Felchen, also eurasische Süßwasserfische, die als Wanderform auch im Meer anzutreffen sind. Es handelt sich hier um die Arktische Maräne (*Coregonus autumnalis*). Wie Tilesius vermerkt, hatte Peter Simon Pallas diesen Fisch erstmals im dritten Band seiner Reisebeschreibung »Reise durch verschiedene Provinzen des Rußischen Reiches«, 1776 erschienen, beschrieben, danach dann ausführlich in seinem umfassenden Werk »Zoographia

das Stirneplat gleichlich, sparsamlich abwerts zur rundlichen um

Rosso-Asiatica, sistens omnium animalium in extenso imperio Rossico et adjacentibus maribus observatorum, recensionem domicilia, mores et descriptiones, anatomen atque icones plurimorum«, 3 Bde., St. Petersburg 1831 beschrieben. An der Bearbeitung und Herausgabe des 3. Bandes war Tilesius beteiligt. Beschreibungen dieses Fisches finden sich auch in den oben genannten Reisewerken von Georgi und Lepechin.

7 Bemerkung von Tilesius am rechten Rand: »Cyprinus leptocephalus est rubripinnis Krasnoper Russorum in Dauuria. [Der *Cyprinus leptocephalus* Pallas, 1776 (heute *Pseudoaspius leptocephalus* (Pallas, 1776)) ist rotflossig; Rotflosse den Russen in Daurien: russ: *krasnoperyj*: rotflossig; Daurien oder Transbaikalien ist die Bezeichnung der Landschaft zwischen dem Baikalsee und dem Amur]. Vom Cyprinus leptocephalus Pallas Zoogr. Russ. III p. 312 findet sich eine Abbildung in den Nov Act Petrop 1 357 Tab. XI fig. 10. Er lebt im Onon in der Ingode wird aber nicht sehr gesucht weil er voller Gräten ist, er sieht fast aus wie cyprin aspius Lin [gemeint ist *Cyprinus aspius* Linnaeus 1758, heute *Leuciscus aspius* (Linnaeus, 1758)], eine Übersicht des ganzen Karpfengeschlechts genus Cyprins nach Pallas Anordnung habe ich dem Guldenstadtschen Manuskripte beigefügt, er starb früher darum mußte Pallas die Herausgabe seiner Reise besorgen der auch Sauer und«. Tilesius' Notiz bricht, ohne den Satz zu beenden, ab. Tilesius bezieht sich hier nicht nur auf Pallas' *Zoographia Rosso-Asiatica*, sondern auch auf die wissenschaftliche Zeitschrift der Petersburger Akademie, die *Nova Acta Academiae Scientiarum Imperialis Petropolitanae*, die zwischen 1783 und 1806 publiziert wurde. Im ersten Band, S. 347-362, erschien ein Aufsatz von Pallas, in dem er neu entdeckte Fischarten beschrieb. Ansonsten ist die Rede von den *Cyprinidae*, den Karpfenfischen. Der Onon, in dem sie leben, gehört mit einer Länge von über 1.000 km zu den längsten Flüssen Ostasiens. Zudem bildet er den rechten Quellfluss des Flusses Šilka, welcher nach über 500 km Verlauf in den Amur mündet. Die Ingoda, der zweite genannte Fluss, entspringt dem Chentii-Gebirge, russ: *Chėntėjskij chrebet*, und ist der linke Quellfluss der Šilka.

Johann Anton von Güldenstädt (1745-1781) war Arzt und Forschungsreisender, der im Zuge der von der Petersburger Akademie der Wissenschaften von 1768 bis 1774 durchgeführten Expeditionen das Russische Reich und besonders intensiv den Kaukasus erforschte. J. A. Güldenstädt, Reisen durch Rußland und im Caucasischen Gebürge, 2 Bde., St. Petersburg 1787/91. Da Güldenstädt sein Werk nicht beendete, wurde es nach seinem Tod von P. S. Pallas herausgegeben; später erschien eine veränderte Fassung, an der auch Tilesius beteiligt war: Reisen nach Georgien und Imerethi. Aus seinen Papieren umgearbeitet und verbessert herausgegeben, und mit erklärenden Anmerkungen begleitet von Julius von Klaproth, Berlin 1815; ders., Beschreibung der Kaukasischen Länder. Aus seinen Papieren umgearbeitet und verbessert herausgegeben, und mit erklärenden Anmerkungen begleitet von Julius von Klaproth, Berlin 1834. Martin Sauer war Sekretär des Expeditionsleiters Joseph Billings. Er kam aus England und war nach eigenen Angaben mit Peter Simon Pallas, Reverend William Coxe, Fellow am King's College in

wenig aufwerts stehenden speckigten Schnauze, worunter der Rachen, der mer als halb von der Runde eines Circkels hat: an seinem Rande oben als unten ein zweiseitig, mit fester Haut bedeckter Knorpel, der sich den Seiten hin beigleicht; und seinen Bogen verbind sich ein schwanigter gerundeter außerdem freier Wulst, der sich zu unterst in zwei gleiche halb runde, unten sich gegen Rand hin abschieffenden Lappen ausbreidet, die mitten um wenig nur vereint sind; der Wulst zählt oben auf eine doppelte Reihe drüsenartiger gerundeter Körperchen, außenher kleinere: (wie alle Gaumen welcher) gleiche besitzen die Lappen oben überal; (die ihren Rand rundlich gekerbt machen) sie sind wie unten dünbehäutet und durch schleimiges Wesen schlüpfrig.[8]

Cambridge, sowie mit Sir Joseph Banks bekannt. Banks, der James Cook als Botaniker auf dessen erster Weltumsegelung begleitet hatte, war seit 1778 Präsident der Royal Society und stand mit allen Größen der damaligen Gelehrtenwelt in persönlichem oder brieflichem Kontakt. Dazu zählten Peter Simon Pallas und Albrecht von Haller. Vgl. dazu Wendland, Peter Simon Pallas, S. 184; John Gascoigne, Joseph Banks and the English Enlightenment. Useful Knowledge and Polite Culture, Cambridge 1994, S. 89; Hubert Steinke/Martin Stuber, Haller und die Gelehrtenrepublik, in: Steinke/Boschung/Proß (Hg.), Albrecht von Haller, S. 381-414, hier S. 394. Sauer widmete Banks seine umfassenden Reisebeschreibungen: Geographisch-astronomische Reise nach den nördlichen Gegenden Rußlands und zur Untersuchung der Mündung des Kowima, der ganzen Küste der Tschuktschen und der zwischen dem festen Lande von Asien und Amerika befindlichen Inseln. Auf Befehl der Kaiserin von Rußland, Catharine der Zweiten in den Jahren 1785 bis 1794 unternommen von Kapitän Joseph Billings und nach den Original-Papieren herausgegeben von Martin Sauer, Sekretär der Expedition, Berlin 1802, S. V; engl. Original: Account of a Geographical and Astronomical Expedition to the Northern Parts of Russia […], London 1802; im gleichen Jahr auch eine frz. Ausgabe, Paris 1802; eine ital. Übersetzung erschien in Mailand 1816. Von Sauers Bericht erschienen zwei weitere deutsche Übersetzungen: Reise nach den nördlichen Gegenden vom russischen Asien und America: unter dem Commodor Billings in den Jahren 1785-1794, aus Original-Papieren verfaßt, übersetzt und mit Anmerkungen versehen von M. C. Sprengel, Weimar 1803 sowie: Reise nach Siberien, Kamtschatka und zur Untersuchung der Mündung des Kowima-Flusses auf Befehl der Kaiserin von Rußland, Katharina der Zweyten, in den Jahren 1785 bis 1794 unternommen von Kapitän Joseph Billings und nach Original-Papieren herausgegeben, Berlin, Hamburg und Wien 1803. Zitiert wird nach der erstgenannten Fassung.

8 Bemerkung von Tilesius: »Dr. Merck war Arzt auf Capten Billings Exped. als Lieutenant der nachmalige Admiral Sarytschew beiwohnte.«. Neben Joseph

Sein Rücken mer gleich aus, von seiner Finne breidlich, mitten mit schwacher Einbuge; unten ist er zwischen Brust und Bauchfinne, gewölbt.

Die Seiten Nath[9] kurz unterm oberen Ansitzen der Kiehmen, nach ihrem schuppen freien Rand, beugt sich erst kaum und lauft den gerade zur Mitte der Schwanzfinne hin, so daß sie mit herzförmigen Ausschnit an jeder Schuppe mercklich; zwischen Brust und Bauchfinne ist sie dem Rücken ⅓ näher.

Der Kiehmenstrahlen (radii branchiostegi) je 3, mit dünem flächig mit weißer Haut gedruckt, die sich besonders zwischen selben, der Länge nach fein runzelt.

Regenbogenhäutlein[10] goldlich, außen braun, schwärzlich fein gepunckt. Augenstern duncklich himmel-blau.

Luft-Blase, durch ein Zusammenziehen zweiteilich: die obere Helfte dicklich, vorn mit einer Einbugen, in weißer Haut; die untern ⅓ länger; ringert sich sparsam zum rundlichen aufhören.

Seine Farbe ist oben her graubräunlich, worins schwärzliche, den seitens hin langsam schwind, so daß die Schuppen unterhalb, [S 2] außer einigen Püncktchen ums Aufliegen der folgenden, war silberlich; bei den Kiehmendeckel besonders untenhin blickts Bleich-Gelbliche wenig durch. Untenher ist er weiß, wodurch mans Glänzende wenig durchmerckt.

Billings war der russische Leutnant Gavriil Andreevič Saryčev (1763-1831) Führungsoffizier der Nordostpazifischen Expedition. Bereits als fünfzehnjähriger Zögling des Kronštadter Seekadettenkorps unternahm er 1778 seine erste Seereise aus Kronštadt nach Reval (Tallinn). Seit 1781 hatte der frisch ernannte Unterleutnant weitere seemännische Erfahrungen auf Fahrten im Mittelmeer und in der Ostsee sammeln können. Sein besonderes Interesse an der Hydrographie und ein entsprechendes Talent auf diesem Gebiet veranlassten das Petersburger Admiralitätskollegium, den jungen Offizier für die Reise in den Nordostpazifik zu verpflichten, denn zu den Prioritäten der Expedition gehörte unter anderem das genaue Kartografieren der zu erkundenden Regionen sowie die Vervollständigung und Korrektur der bereits vorhandenen Karten. Vgl. Donnert, Billings-Saryčev-Expedition, S. 1026. Seine Eindrücke und Forschungsarbeiten wurden nach der Expedition veröffentlicht. Zu den Schriften von Gavriil A. Saryčev über die Expedition vgl. das Literaturverzeichnis in diesem Band.

9 Gemeint ist die Seitenlinie, auch als Seitenlinienorgan bezeichnet. Durch dieses Kanalsystem nimmt der Fisch hydrodynamische Stimuli wahr.

10 Gemeint ist die Iris, also die Augenfarbe des Fisches.

Seine Schuppen länglich: ihre kürzere Seiten schieffen sich ungleich und rundlich.

Seine größte Länge, anderthalb Schu.

Die dün umhäutete Roggen beiderseits der Blase, aus dem Weißlichen ins Honiggelbe.

Brust finne 17-18 Gräten: die vorderen stehn in ihrem Steigen der 5 als 6ten wieder nach, als die übrigen hinteren im Abnehmen.

Bauch finne 10 Gr.! Die 4 als 5te von außen werden die längsten.

Rücken f. 11 Gr. wovon die vordere die längste: wobei noch 2 kleinere.

Schwanz f. 18 Gr.: beiderseits zu unterst 6 rundrig-steigende; von der 4ten jederseits begint der schregliche Ausschnit.

After f. 7-8 Gr. Deren 3te und 4te vom After an von Länge eins. Ihre Gräten gegen die der übrigen feinen, um wenig stärcker.

Die Farbe der Finnen gelb-braun mat, bei den Gräten ins schwarz grauliche: bei Schwanz als Rückenfinne merckt man ersteres, durchs schwärzliche, kaum durch, bei Jungen das schwärzliche minder unds gelb-bräunliche matter. Seine Nasenlöcher ohnweit den Augen. Er hält sich in der Kovyma[11] stets, doch sparsam auf, ebenso in der Indigirka.[12] Er liebt steinigen Grund deßhalb mer in solchen Flüßen, wie der Dogdo[13] deß Werchojanskischen Gebirgs,[14] die Einwohner achten ihn nicht, sie eßen nur den Kopf unds Übrige taugt zu Hundsfutter.[15]

11 Zum Fluss Kolyma vgl. Anm. 38, S. 121.

12 Die Indigirka, jakutisch: *Indigir*, ist ein Fluss in der heutigen russischen Republik Sacha. Sie entspringt im Verchotur'er Gebirgsbogen, fließt rund 1.700 km durch das jakutische Festland und mündet in die Ostsibirische See.

13 Der Fluss Dogdo befindet sich im Jana-Tal im östlichen Sibirien.

14 Russ.: *Verchojanskij Chrebet*, bezeichnet den westlichsten Gebirgszug des Ostsibirischen Berglandes.

15 Bemerkung von Tilesius: »Coregonus 280. Maxilla superiore retusa subtruncata inferiore acuta carinata laminis mystaceis lunatis pinna ani rad. 14. Salmo clupeoides Seldetkan Pall Zoogr Ross. As. III 410 Tungusis ad Cowimam fluv. Seldetkan. und Icon tab VI.« Beschrieben wird hier der Ober- und der Unterkiefer des Fisches; auf dem Unterkiefer befindet sich ein spitzer Kiel; die Afterflosse besteht aus 14 Flossenstrahlen. Die Tungusen am Fluss Kolyma nennen den Fisch Seldetkan. Tilesius bezieht sich hier erneut auf Pallas, Zoographia Rosso-Asiatica, und nennt zunächst die Nummerierung 280, dann die S. 410, unter der bzw. auf der sich die Beschreibung dieses Fisches findet. Gemeint ist hier der Fluss

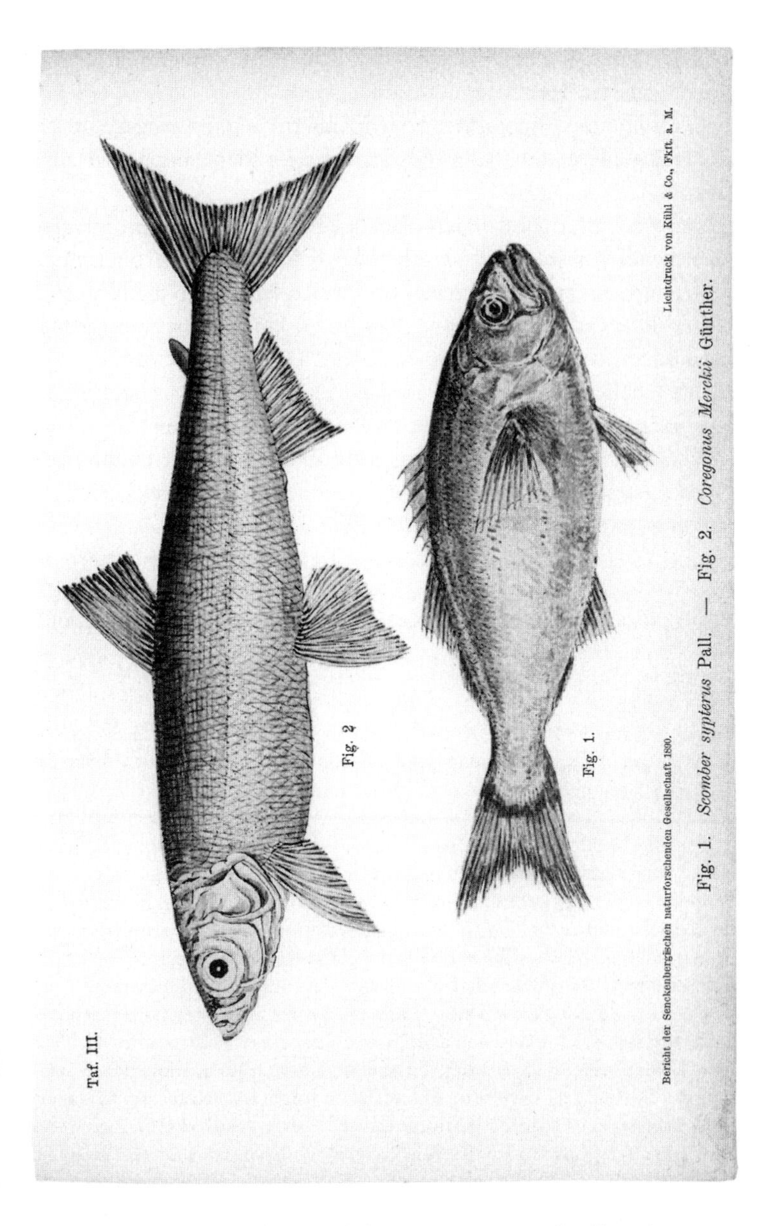

Abb. 25: Coregonus merkii Günth. bzw. Coregonus sardinella Valenciennes

Ihre Länge zur Schwanzfinne 12 Zol, selten einen halben oder ganzen drüber. Ihre Seiten breidlich an 2½ '' der Bauch an einen.

Oben nehmen sie vor der ersten Rückfinne um wenig zu, drauf almälich ab. Unten, kurz hintern Bauchfinnen schneller zu, den langsam ab.

Der Rachen ein umrundetes längliches-vierseit: die obere kürzere [S 3] Seite, von den sich vereinenden Knöcheln deß Oberkiefers, schreglich aufwerts; die untere, von der sich vorrundenden Mitte deß Unterkiefers (deßen Seiten im Rachen schieflich) ist vorstehend, aufgebeugt, dicklich und minder breid. Das Stirnplat durch sparsamen Rücken zweiseitig.

Die Zunge fast knorpelich, vorn, sonst minder, specklich: ihre Seite sich schmälernd mit rundlichem Aufhören, woselbst frei unten.

Die Augen gros, plat. Regenbogenhäutlein meßing-gelblich. Augenstern schwarz-blau.

Kolyma. Der von den Tungusen als Seldetkan bezeichnete Fisch wurde in der Tat von Pallas an der von Tilesius angegebenen Stelle formal und korrekt erstmalig beschrieben und mit dem Namen *Salmo clupeoides* versehen. Heute wird diese Art jedoch der in Anm. 5, S. 374 bereits erwähnten Gattung *Coregonus* zugerechnet. Daraus ergibt sich für Pallas' Artnamen eine sogenannte sekundäre Homonymie, da von Bernard Germain Comte de La Cépède der Name *Coregonus clupeoides* bereits 1803 für eine andere Art der Gattung vergeben wurde. Das jüngste verfügbare Synonym für die von Pallas beschriebene Art ist der von Valenciennes 1848 aufgestellte Name *Coregonus sardinella*, der folglich heute als gültig angesehen wird. Der deutschstämmige Albert Günther, der schon früh als Kurator an das Naturkundemuseum in London ging, vergab im Jahr 1866 einen weiteren Namen für diese Art und nannte ihn *Coregonus merkii*, was heute als jüngeres und damit invalides Synonym gelten muss. Jedoch fußen alle drei Beschreibungen von Pallas, Valenciennes und Günther auf dem von Merck auf seiner Reise gesammelten und beschriebenen Exemplar, das heute leider nicht mehr auffindbar zu sein scheint. Pallas und Tilesius verweisen in dem Eintrag über diesen Fisch ausdrücklich auf Mercks Beschreibung des Fisches, die sie übernahmen. Pallas, Zoographia Rosso-Asiatica, Bd. 3, S. 411. Verwiesen sei hier auf die folgende Literatur: Bernard Germain Comte de La Cépède, Histoire naturelle des poissons, Bd. 5, Paris 1803, S. 698; Georges Cuvier/Achille Valenciennes, Histoire naturelle des poissons, Bd. 21, S: Paris 1848, S. 536 und 607-633; Albert Günther, Catalogue of the Physotomi, containing the families Salmonidae, Percopsidae, Galaxidae, Mormyridae, Gymnarchidae, Umbridae, Scombresocidae, Cyprinodontidae, in the Collection of the British Museum, Bd. 6, London 1866, S. 195; zu Günther vgl. Neue Deutsche Biographie, Bd. 7, Berlin 1966, S. 267 ff.

Die Seiten-Nath nach ihrem schreglichen Beginnen; gleich aus, kaum dem Rücken näher.

Ihre Farbe, obenher, längst Haupt und Rücken grau-bräunlich, (wie auch die Seiten, nach der Richtung oben, dunckler dieser Farbe bei älteren) mit schwärzlichen Püncktchen: leztere gehäuffter am Haupte, ums Aufliegen der Schuppen und sich gegen die unteren Finnen verlierend. Ihre Seiten silberlich: die Kiehmen obenhin meßinglich, sonst nach der Richtung, ob der Nath ins purpurliche, drunter ins Milchblaue. Untenher ist ihre Farbe weiß, um wenig ins Silberliche.

Die Luftblase, eine dem Rückrat innen angeheftete Haut.

Die Schuppen gros, ungleich 6 seitig, decken ziegel formig.

Ihre Finnen weiß-graulich, an der unklaren Haut mit schwärzlichen Püncktlein: eintzel und nicht überal bei den Brust- und After finnen, bei den übrigen gehäuffter.

Die Kiehmen-Strahlen meist je 6-7, dün behäutet.

Brustfinnen, 14-15-16 Gräten.

Bauch f. 11 Gr.!

Die ersten Rücken finne 12 Gr. die erste, die unten kaum noch einen kleinen Ansatz, gegen die zweite an ¾ und die gegen die 3te zur Helfte kürzer.

Das hintere Rücken Finchen, specklich, schieft sich den Rand hin weg, woselbst es wie die übrigen durch der Gräten Teilung aufs Ansitzen fein geschupt.

Schwanz f. 20 Gr. mit spitzlichem Ausschnit: den jederseits an 9 halt grätchen, deren längste beinahe halb der ersten.

After f. 12-13-14 gr. nebst 2 niedrigen vorn. [S 4] Um die Küste deß Eismeeres fülten sie fast eintzig nur unsre Wade (Nenrod).[16] Mit dem Anfang deß Augusts tretten sie, aufs reichlichste in die Mündung ein und gehn biß an 100 Werste, vom mitleren Ostroge[17] aufwerts, den wen der Strom mit den ersten Schollen treibt, nebst den übrigen Gangfischen zurück. Bei ihrem Kommen tretten sie in die, um den unteren Ostroge so häuffige, Ausflüße der Teichen

16 Die Bedeutung und Herkunft des Begriffes »Nenrod« konnte nicht ermittelt werden.

17 Vgl. dazu Anm. 63, S. 143.

(Wisska)[18] ein, (in den Omolon[19] nicht) wo sie von den Dasigen meist nur gefangen werden. Man sammelt ihre Roggen, stößt sie zu Brei und kocht sie gequirlt mit Wasser, selten mit Milch. Man trocknet sie ganz, nur ausgenommen, oder hebt sie gefroren auf. In die Alesee,[20] tretten sie nur biß 90 Werste von der Simowie[21] abwerts, (biß wie weit auch nur Nelma[22] Omul[23] und Muxun[24] gehen, der Tschahir[25] aber, der Simowie weiter aufwerts) (leztere liegt vom mitleren Ostroge 90 Werste nach Westen.) In der Indigirka kommen sie biß um Saschiwersky[26] (mit dem mitleren Ostroge so in gleicher Breide) mit Nelma, Omul, Muxun zugleich;[27] der Tschir

18 Russ. *viska*, ein Bach oder kleiner Fluss, der größere Flüsse oder Binnenseen miteinander verbindet.

19 Der Fluss Omolon ist ein rechter Nebenfluss des Flusses Kolyma, hat eine Länge von 1.114 Kilometern und entspringt westlich des Flusses Gižiga. Der Fluss Gižiga (vermutlich aus dem Korjakischen *kitiga*, *chitiga*: Morgenfrost) mündet in die Gižiginskaja-Bucht im Norden des Šelichov-Golfs. Der Fluss Omolon ist der größte Nebenfluss der Kolyma. Er entspringt im goldreichen Kolymagebirge unweit von dessen Hauptkamm, westlich entlang des Jukagirenplateaus und weiterhin in Richtung Norden fließend, mündet der Fluss im Ostsibirischen Tiefland, kurz vor dem Mündungsdelta der Kolyma, in diesen Fluss.

20 Gemeint ist der ostsibirische Fluß Alazeja, 1.590 km lang, der in das Ostsibirische Meer mündet.

21 Wahrscheinlich meint Merck hier das russische Wort *zimov'e* und bezeichnet damit jene Wohnplätze, die die Čukčen in der Winterzeit benutzen.

22 Nel'ma, sibirischer Weißlachs. Vgl. dazu Anm. 146, S. 183.

23 Vgl. Anm. 6, S. 376.

24 Russ.: *muksun* (*Coregonus muksun*, Pallas, 1814), eine Art der Gattung *Coregonus*.

25 Russ.: *čir* oder *ščokur* (*Coregonus nasus,* Pallas, 1776); vgl. Anm. 147, S. 183.

26 Russ.: *Zašiversk* oder *Zašiverskij ostrog*. Die Siedlung Zašiversk wurde 1639 am ostsibirischen Fluss Indigirka gegründet. 1783 erhielt Zašiversk den Status einer Kreisstadt der jakutischen Provinz des Irkutsker Gouvernements. Die Stadt hatte vor allem die Funktion eines administrativen Zentrums zum Sammeln des Tributs (russ.: *jasak*) von der indigenen Bevölkerung. Jeden Winter wurden hier zudem traditionelle Jahrmärkte veranstaltet, zu denen neben der russischen die indigene Bevölkerung nicht nur aus dem Indigirka-Flusstal, sondern auch aus den Gegenden um die Flüsse Kolyma und Alazeja herum anreiste. »Sachiversk« wird auch als Distrikt in Jakutien erwähnt bei: John Pinkerton, A General Collection of the Best and Most Interesting Voyages and Travels in all Parts of the World, Bd. 6, London 1809, S. 751.

27 Bemerkung von Tilesius am linken Rand und fortlaufend im Text: »[unleserliches Zeichen] Corregoni subedentuli, submacrolepidoti, squamula ad pinnas

geht noch weiter. Sein Rachen, 4seitlich: die obere Seite wie abgestumpft, breid; die untere gerundet, vorstehend, sparsam aufgebeugt, in der Mitte mit aufhin stehenden Knöcheln.

Seine Farbe obenher graubräunlich, mit schwarzen Pünctleins: am Haupte gehäuffter, den Seiten hin verlieren sie sich langsam. Seine Seiten silberlich, das ob der Nath ins matblauliche und wie drunter nach der Richtung ins mat-gelbe spielt. Untenher ist er weiß, wodurchs Silberliche wenig merklich.

Die Seitennath ⅕ dem Rücken näher.

Augenstern duncklich-blau mat.

Die Kiehmen sind den Seiten ähnlich, nur mer ins Gelbe, noch mer das Regenbogenhäutlein, in die Runde mit schwarzen Pünckleins: die obenhin gehäuffter, sonst mer mat.

Die Zunge steif, oberhalb wenig wie der Gaumen ist, Rauch; die Unterkinlade ist innen vorn, so kaum.

Seine Länge zur Schwanz finne von 2 ¼ zu 3 Fuß, auch drüber. [S 5] Er nimt zur Rücken- und Bauch finne um wenig zu, den almälich ab. Seine Seiten sind zwischen ersteren an 6'' breid und am Rücken ist er 2'' am Bauch 1'', auch drüber, dick.

Sein Gewicht 20-25-30 die schwersten an 40 lb, welche winters oder früjahrs gefangen werden und in Gruben stehn bleiben.

Die Finnenhaut mat mat blaulich, die Gräten ins weisliche: bei den oberen und Schwanz finne, sind die schwarzen Püncktchen mer, wie auch an der Haut.

Brust finnen, 16 Gräten.

Bauch finnen 10-12 Gräten.

ventrales, cauda furcata. Pallas Zoogr. Ross. As. III. p. 392 no 271. P. Reise II. p 716, no. 33. Salmo Nelma Güldenstedt Nov Com. Petropo XVI. p. 531 Salmo Nelma. Salmo Leucichthys. Nelma maxilla inferiore longiore, superiore depressa, capute producto.« Tilesius bezieht sich hier wiederum auf Pallas, Zoographia Rosso-Asiatica, und auf den zweiten Band der Reisebeschreibung sowie auf die Publikation Güldenstädts in den »Novi Commentarii Academiae Scientiarum Imperialis Petropolitanae«: Salmo Leucichthys et Cyprinus Chalcoides. Descripti, S. 531-547. Hier ist *Salmo leucichthys* Güldenstädt, 1772, heute als *Stenodus leucichthys* (Güldenstädt, 1772), gleichfalls zu den *Coregoninae* gehörend, gemeint. Übersetzung des lateinischen Textes: Der Coregonus ist fast zahnlos, ziemlich großförmige Schuppen, kleine Schuppen bis zu den Bauchflossen, gabelförmiger Schwanz. Die Nelma ist gedrückt durch eine innere, längere und höher gelegene Kinnlade, wobei der Kopf nach vorne gezogen ist.

After finne 14-15 Gr. 2-3 kleinere vorn.

Rücken finne 12-13 Gr. 2 niedrigsteigende vorn.

Schwanz f. 19 gr. beiderseits merere Steigende, wovon die größte beinah zur Helfte der ersten.

Kiehmenstrahlen, 10-11.

Bei ihrem Eintretten in den Strom, ziehen sie mit dem 1ten July beim oberen Ostroge vorbei, sind daselbst 10 Tage durch häuffig und nehmen drauf almälich ab, biß sie mit dem ersten August daselbst ganz fehlen; mit ihnen zu gleich Omuli und beide bleiben der Mitte deß Flußes mer treu. Bei den Sommerwohnungen nächst der Mündung deß Omolon, finden sie sich gegens Ende deß Mai ein, und bleiben daselbst biß zum halben July hin.

Nelma und Tschahir geben den Dasigen somers ein wolschmeckendes Öl; sie kochen ihre Eingeweiden, den Kopf, den Rückrad in einem Keßel vol Wasser zwei Stunden durch über starckem Feuer und schöpffen den das Öl ab. Beider Roggen trocknen sie an der Luft und brauchen sie meistens zum Bereiden der Häute, sie mischen selbe zerstoßen mit Wasser, bestreichen die mit einem Stein oder Meßer vorher etwas gegerbte Häute damit und walcken sie den untern Händen geschmeidig; auch machen sie aus diesen Fischen nur Jukaly:[28] sie schneiden die Bauchseite lang gespizt aus, und trocknen die Seiten den, ohne Kopf und Rückrad, biß zur Schwanz finne geteilt und allenthalben mit [S 6] Querschnitten versehn, und in der Luft ~~trocknen~~;[29] die Bauchseite frisch oder getrocknet mit Beeren gekocht ist eins ihrer lecker Bißlein.

Tschir.[30]

28 Gemeint ist wohl Jukola, ein Trockenfischgericht der ostsibirischen Ethnien.

29 Bemerkung von Tilesius am linken Rand: »Pallas Zoogr. Ross. As. III 401. No 275 tab. 84 fig. 2 Salmo nasutus Pallas Reise Salmo nasus III p. 705 append. n. 44.« *Coregonus nasus* (Čir), auch zu den *Coregoninae* gehörend, ist gemeint; vgl. Anm. 147, S. 183. Tilesius verweist hier erneut auf die Schriften von Pallas, Zoographia Rosso-Asiatica, und Reise durch verschiedene Provinzen, Bd. 3, Anhang.

30 Bemerkung von Tilesius: »Lepechin Reise III tab. 13 Rossis in Sibiria tschiir.« [Die Russen nennen ihn Čir]. Verweis von Tilesius auf den dritten Band der Reisebeschreibung Lepechins und die Bezeichnung des Fisches durch die Russen in Sibirien: Tschiir und durch die Tungusen: Torachan. Am linken Rand fährt Tilesius fort: »Tungusis Torachan. Coregonus ore parvo rostro retuso pinnis dorsi anique

1/ Ein Rachen, ein längliches 4seit: die obere Zwischenseite, breid rundlich dick; die untere mit rundlichem Rand, kaum gegen die obere kürzer.

Die Zunge breidlicher, um den Rand nur lose.

Die Kiehmenstrahlen, 7-8-9.

Das Regenbogenhäutlein bleich-gelblich um wenig ins Kupfer-Rötliche mit schwarzen Püncktleins.

Der Augenstern dunckel-blau.

Vom Haupte erhebt er sich kurz, wenig mercklich, den biß zur Rücken finne sparsamlich: Sein Rücken vor der Finne weitlich, den gerundet.

Seine Länge 18-20 Zol. Breide seiner Seiten von der Rücken- zur Bauch finne 6 Zol, in Teichen wird er wie gerundet dick, breidlicher, kaum länger.

Seine Farbe, längst Haupt und Rücken grau-blaulichmat; an den Seiten auf duncklichem Grund aus dem silberlichen ins Meßing-Gelbe, mit schwärzlichen Püncktleins, die ums Schuppen aufliegen gehäufft. Untenher ist seine Farbe weißlich.

Die Seitennath beinah ⅓ dem Rücken näher.

Seine Finnen grau-blaulich mat: Brust-, Bauch-, After finnen beim Ansitzen ins weißliche.

Brust finnen, 16-17 Gräten.

Bauch f. 11 Gr.

After f. 12-13 vorn mit kleinem Ansatz.

Rücken finne, 11, 12, 13, Gräten nebst 3 niedrigen vorn.

Schwanz f. 19 Gräten, den jederseits an 9 halt Grätchen.

Winters sind sie im Strom sparsam, im Sommer reichlich, im Herbst wenig. In die mit dem Strom durch aus Flüße vereinte Teiche trit er satsam ein und vermert sich daselbst gut: die kleinsten heißen den den[31] Kasaken, auf Jakutisch ürunchai (ein weißes Fischen) und gegen die mittlere Größe Torachan [7] oder auf rußisch Nerpeke;[32] je junger desto mer ins Silberliche.

rad. 13. Ventralium appendice brevissima«. Übersetzung: Die Tungusen nennen ihn Torachan. Der Coregonus hat einen kleinen Mund, der Schnabel stumpf, die Rücken- und Schwanzflossenstrahlen 13. Der Magen hat einen sehr kurzen Appendix.

31 Unsichere Lesart. Vermutlich liegt eine Verschreibung Mercks vor.

32 Gemeint ist vermutlich Nerka (*Oncorhynchus nerka*), der Rotlachs.

Nelma und Tschahir sind den Dasigen ihre schmackhaftste Nahrung, nur ist ersterer, im unteren Ostroge, zu fet. (so wie auch die übrigen Ganzfischen daselbst fetter) und ihr steter Genuß, mindert zum Glück der Bewohner, nicht den Lusten dernach.[33]

Muxun.[34]

Farbe der Finnen, deß Hauptes graublaulich, dunckler dieser Farbe eher Rücken, kurz den Seiten hin; leztern sind bleich-meßinglich, nach der Richtung bei der Nath ins Kupfer Rötliche; untenher bleibt er weiß. Am Rücken besitzen die Schuppen, an ungleicher Stelle, je eins, seltener zwei runde Tupchen, deren Farbe schwächer; an den Seiten ist jede Schuppe, nächst dem Rücken und Bauche nicht, in ihrer Mitte, nicht biß vors Aufliegen der folgenden, mit weichem, weißlichem, länglichem, niedrig-gerundetem, strichförmigem Auswuchs versehn.

Nach den Augen erhebt sichs Haupt biß zum Beginnen deß Rücken, schreg auf, zimlich, dan bleibt er zur Rücken finne nur gleich aus und 2 seitlich, hinter lezterm rundlich.

Augenstern schwarz blau. Regenbogenhäutlein silberlich, bleich.

Kiehmen-Strahlen meist 8.

Zunge etwas länglich, vorn rundlich, woselbst wenig lose.

Die obere kürzere Seite deß Rachens breid und dicklich, die untere etwas kürzer, an ihrer Mitte um wenig vorgerundet.

Seine Länge biß zur Schwanz finne meist 21 Zol selten zu 2 Fuß. Breide seiner Seiten von der ersten Rückenfinne, 4'', 8'''. Nach selber mitten 3½''.

Brust finnen, 16 Graten.

Bauch f. 11. Gr.

Rückenf. 12-13 Gr. mit doppeltem Ansatz vorn.

33 Bemerkung von Tilesius: »Salmo muxun tab 83. fig 2. Zoogr. Ross As. III p. 398 no 273. Rossis in Sibiria Muksun Pallas Reise III appendix p. 705. Ostiacis et wogulis Mucksun.« Wiederum verweist Tilesius auf Pallas, Zoographia Rosso-Asiatica, und den dritten Band der Reisebeschreibung und nennt die Bezeichnung des Fisches durch die Russen in Sibirien: Muksun und durch die Ostjaken (heutige Bezeichnung Chanten) und Wogulen (heutige Bezeichnung Mansen): Mucksun.

34 Bemerkung von Tilesius: »Coregonus corpore lato dorso gibbo pinna dorsi 13 rad. maxilla superiore prominula bituberculata.« Übersetzung: Der Coregonus hat einen breiten Körper, auf dem Rücken einen Höcker, die Rückenflosse hat 13 Strahlen. Die obere Kinnlade etwas herausragend, mit kleinem Höcker.

After finne, 13-14 Gr. vorn mit einem Ansatz.

Schwanzf. 19 Gräten, mit ähnlichen Halt grätchen. [S 8][35] Im Strom geht er nur, almälich wieder, ohnweit deß mitleren Ostroge

35 Bemerkung von Tilesius am oberen und linken Seitenrand: »13. Aus Stellers Merks Güldenstaedts Georgis und Pallas und Gmelins Manuscript hat Pallas die sämtlichen Fischbeschreibungen im dritten Bande der Zoogr. Rossica zusammengetragen, es sind also dieses wichtige Documente für das Archiv eines wissenschaft. Instituts.« Gemeint ist hier Georg Wilhelm Steller (1709-1746), der seine wissenschaftliche Laufbahn als Arzt begann und von 1737 bis 1743 als Adjunkt an der Zweiten Kamčatka-Expedition teilnahm. Während seines Forschungsaufenthalts verfasste er unter anderem die Beschreibung der Seekuh, die nach ihm benannt wurde. Die Stellersche Seekuh (*Hydromalis gigas als* Synonym wird *Rhytina stelleri* verwendet), russ.: *stellerova korova* war eine Art aus der Ordnung der Seekühe (*Sirenia*) und im nördlichen Pazifik heimisch. Früher wurde sie aufgrund ihrer dicken Haut auch Borkentier genannt. Diese Art wurde zum ersten Mal von Steller im Winter 1741/42 auf der Beringinsel beschrieben. »Ich würde mich einer weitläuftigen Beschreibung enthalten haben, wenn ich nicht gesehen hätte, dass alles, was man von der Meerkuh beschrieben findet, zu kurz, zu frostig, auch voll Fabeln und ungereimter Meinungen wäre [...] Ich bin vielmehr beflissen gewesen, zuerst eine klare und umständliche Nachricht von der äusserlichen Gestalt zu geben; hernach den Bau der inwendigen Theile, und deren Übereinstimmung mit anderen Thieren, oder den Unterschiede von einander zu erforschen [...] Endlich habe ich auch den Nutzen oder Gebrauch seiner Theile zur Speise, zur Artzney und zu andern Dingen, und zuletzt was ich von der Bewegung, Natur und Verhalten an dem lebendigen Thier selbst gesehen, mit rechtem Grunde der Wahrheit hinzu gesetzet.« Georg Wilhelm Steller, Ausführliche Beschreibung von den sonderbaren Meerthieren, mit Erläuterungen und nöthigen Kupfern versehen, Halle 1753, unveränderter Nachdruck Stuttgart 1774, S. 91 f. Obwohl zur Zeit Stellers, Anfang bis Mitte der 1740er Jahre, zahlreiche Seekühe um die Beringinsel herum lebten (»Die Menge dieser Thiere um diese eintzige Insel ist so groß, dass die Einwohner in Kamtschatka sich davon beständig allein ernähren können.« Ebd., S. 105), wurde die Stellersche Seekuh bereits zehn Jahre nach ihrer Entdeckung von den russischen Jägern fast vollständig ausgerottet. Das letzte Tier dieser Art wurde vermutlich 1768 von Robbenjägern bei der Beringinsel erschlagen. Vgl. dazu Wieland Hintzsche/Thomas Nickol (Hg.), Die Grosse Nordische Expedition, Georg Wilhelm Steller (1709-1746). Ein Lutheraner erforscht Sibirien und Alaska, Halle 1999, S. 285. Heutige Kenntnisse beruhen auf den Beschreibungen von Steller. Johann Georg Gmelin (1709-1755) war ebenfalls ein Teilnehmer der Zweiten Kamčatka-Expedition und bedeutender Naturforscher und Forschungsreisender des 18. Jahrhunderts. Er fertigte den ersten vollständigen Bericht einer mehrjährigen Reise durch Sibirien an. Zu seiner Biographie vgl. Dittmar Dahlmann (Hg.), Einleitung, in: Johann Georg Gmelin, Expedition ins unbekannte Sibirien, Sigmaringen 1999, S. 7-84, hier S. 59 ff.

aufwerts; es ist die einzige Gangart die häuffig, in den schmal strömenden Omolon eintrit; die übrigen nur eintzel und selten. Mit dem August geht er bei den Dörfern am Omolon, eine Woche durch, auch länger oder kürzer, nachdem er häuffig aufwerts, den fehlt er ganz, und im September kommt er zurück.[36]

36 Bemerkung von Tilesius unterhalb Mercks Beschreibung: »Ich schicke Ihnen hier Dr. Mercks eigene und Güldenstedts Handschrift nebst Pallas eigener Handschrift, leider aber werden die Abbildungen der Fische bey der R. Academie der Wiß. in Spetersb. noch nicht gestochen, da dort alles nach der Reihe gehen muß und die H v. Baer und Dr. Brand nun ganz andre Einrichtung mit der Ausgabe gemacht haben, als ich gemacht hatte. Bey mir sollten die Kupfer gleich mit dem Scripte ausgegeben werden. H Brand giebt sie aber Heft wie Exemplar so wie sie aus der Kupferdrukkerei kommen und bis jetzt sind erst 2 Hefte heraus und das sind noch immer dieselben Tafeln, die schon bey meiner Abreise von Petersb. gestochen waren. 1814, wenigstens habe ich bis jetzt nicht mehr als 2 Hefte erhalten d. s. 1 felis manul [Die von Pallas und Tilesius benutzten Bezeichnungen lassen sich nicht immer zweifelsfrei in die heute gebräuchliche Terminologie übertragen.] Hier ist die Pallaskatze gemeint, der Manul (*octolobus manul*), beschrieben in Bd. 1 der Zoographia Rosso-Asiatica, S. 20-23, 2 catolynx [Felis catolynx: Rohrkatze (*Felis chaus* Schreber, 1777), Zoographia Rosso-Asiatica, Bd. 1, S. 23-25] 3 canis aureus [*Canis aureus* Linneaus, 1758, gemeint ist der Goldschakal, Zoographia Rosso-Asiatica, Bd. 1, S. 39-41] 4 CCorsac [Canis corsac: Korsak oder Steppenfuchs (heutige Bezeichnung: *Vulpes corsac*, Linnaeus 1758), Zoographia Rosso-Asiatica, Bd. 1, S. 41-43] 5 Sorex Güldenstedtii u. suaveolens Gmelini u pygmaeus [gemeint sind vier Arten der Spitzmaus, deren Beschreibung sich in Zoographia Rosso-Asiatica, Bd. 1, S. 132-136 findet] Cervus alce [Elch, heutige Bezeichnung: *Alces alces* (Linnaeus, 1758), Zoographia Rosso-Asiatica, Bd. 1, S. 201-206] aegoceros ammon [vermutlich ist der Widder gemeint, Zoographia Rosso-Asiatica, Bd. 1, S. 229]. Der zweite fascikl aegocerotes cornua [Steinbock, Zoographia Rosso-Asiatica, Bd. 1, S. 224] Aegoceros Ammon Mudimon [gemeint sind Widder und Mufflon, Zoographia Rosso-Asiatica, Bd. 1, S. 229-231. Es bleibt unklar, warum Tilesius »aegoceros ammon« zweimal erwähnt.] Argali [Wildschaf, Zoographia Rosso-Asiatica, Bd. 1, S. 231-232] Antilope Saiga [Saiga Antilope, Zoographia Rosso-Asiatica, Bd. 1, S. 252-253] Equus asinus onager [Asiatischer Esel, auch als Onager bezeichnet, Zoographia Rosso-Asiatica, Bd. 1, S. 263-265] Rosmarus [Walroß, Zoographia Rosso-Asiatica, Bd. 1, S. 269-271] Manatus [Seekuh, Zoographia Rosso-Asiatica, Bd. 1, S. 272-273] Delphin Leucas [Beluga oder Weißwal (*Delphinapterus leucas* (Pallas, 1776)), Zoographia Rosso-Asiatica, Bd. 1, S. 273-283]. Man ist also noch nicht bis zum zweiten Theile, zu den Vögeln, gekommen, von denen noch weit mehr Handzeichnungen zu gravieren sind als zu den Säugethieren. Es wird also wohl in 10 Jahren nicht an die Fische d. h. an den dritten Theil (den ich completirt habe) kommen und dann fragt sichs, ob sie einen Ichthyologen wie Bloch oder Pallas oder Schneider bey der Acad.

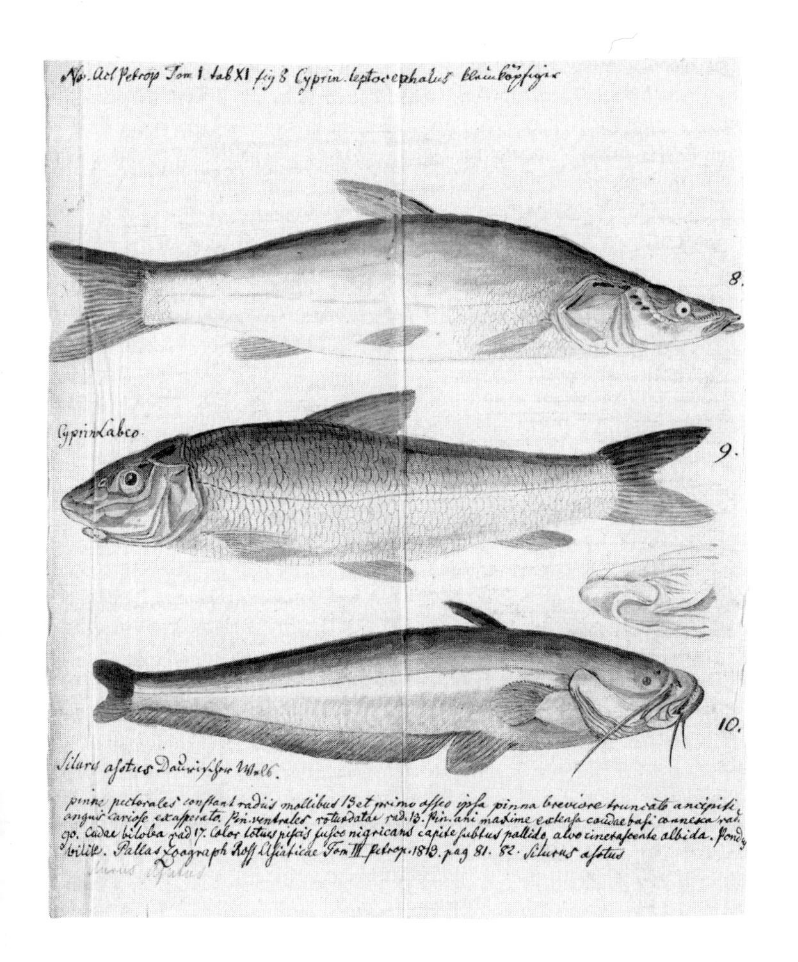

Abb. 26: Zeichnung aus der Handschrift von Tilesius von Tilenau. Abgebildete Fische: Cyprinus leptocephalus (kleinköpfige Karausche, heute als Pseudoaspis leptocephalus [Pallas, 1776] bezeichnet), Cyprin[us] labeo (heute als Hemibarbus labeo [Pallas, 1776] bzw. Barbel steed bezeichnet), Silurus asotus (Linnaeus, 1758) Daurischer Wels oder Amur-Wels.

[Die hier abgebildete Zeichnung (Abb. 13) stammt aus einem neunseitigen, titellosen Manuskript von Wilhelm Gottlieb Tilesius von Tilenau, das sich in der Handschriftenabteilung der Johann Senckenberg-Universitätsbibliothek Frankfurt a. M. unter der Signatur Hs 34 5 befindet. Wir danken der Bibliothek für die freundliche Genehmigung zum Abdruck. Es sind folgende Fische abgebildet:

- *Cyprinus leptocephalus* (kleinköpfige Karausche, heute als *Pseudoaspis leptocephalus* [Pallas, 1776] bezeichnet);
- *Cyprin[us] labeo* (heute als *Hemibarbus labeo* [Pallas, 1776] bzw. *Barbel steed* bezeichnet;
- *Silurus asotus* (Linnaeus, 1758) Daurischer Wels oder Amur-Wels.

haben; denn die heutigen jungen H[errn] umfaßen alle Wißenschaften zugleich – sind meistens systematische Nahmenschöpfer u Naturphilosophen.«

Tilesius bezieht sich in seinen Ausführungen auf die komplizierte Geschichte der Drucklegung von Pallas' *Zoographia Rosso-Asiatica*, die erst nach seinem Tod in drei Bänden erschien und deren letzter Band bis heute nicht publiziert wurde. Vgl. dazu Wendland, Peter Simon Pallas, S. 394-414.

Der Deutschbalte Karl Ernst von Baer (1792-1876) studierte in Dorpat Medizin und arbeitete als Naturforscher an Problemen der Entwicklungsgeschichte, welche er selbst begründete; unter anderem gelang ihm die Entdeckung des Säugetiereies. Seit 1834 war er Mitglied der St. Petersburger Akademie der Wissenschaften, in deren Auftrag er als Forschungsreisender tätig war. Seine Schriften »Beiträge zur Kenntnis des Russischen Reiches« wurden in 26 Bänden zwischen 1839 bis 1871 veröffentlicht. Aufgrund seiner wissenschaftlichen Verdienste wurde er auch »Alexander von Humboldt des Nordens« genannt. Johann Friedrich von Brandt (1802-1879) war Arzt und Naturforscher, seit 1831 durch eine Empfehlung unter anderem Alexander von Humboldts Mitglied der Akademie der Wissenschaften in St. Petersburg und Direktor des Zoologischen Museums, in dem er für die aus unterschiedlichen Expeditionen stammenden Präparate verantwortlich war. Marcus E. Bloch (1723-1799) war ein deutscher Arzt und Naturforscher. Zu seiner bedeutendsten Errungenschaft gehört die Anfertigung des ichthyologischen Standardwerks »Allgemeine Naturgeschichte der Fische«, das in zwölf Bänden in Berlin zwischen 1782 und 1795 erschienen ist. Johann Gottlieb Theaenus Schneider (1750-1822), Altphilologe, Naturwissenschaftler sowie Mitglied der Preußischen und ab 1809 der Bayerischen Akademie der Wissenschaften. Zu Beginn des 19. Jahrhunderts fertigte er eine korrigierte und vervollständigte Überarbeitung von Marcus E. Bloch »Systema Ichthyologiae iconibus ex illustratum«, Berlin 1801, an. Seine Forschungen beschäftigten sich zudem mit Reptilien und Amphibien.

Der Text lautet:

> No. Act Petrop Tom I tab XI fig 8 Cyprin leptocephalus kleinköpfiger [Karausche]
> Cyprin labeo [*Hemibarbus labeo* (Pallas 1776) bzw. Barbel steed]
> Silurus asotus Daurischer Wels. [Amur-Wels]
>
> Pinne pectorales constant radiis mollibus 13 et primo osseo ipsa pinna breviore truncato ancipiti angulis cariose exasperato. Pin. ventrales rotundatae rad. 13. Pin. ani maxime extensa caudae basi connexa rad. 90. Caudae biloba rad. 17. Color totus piscis fusco nigricans capite subtus pallido, alvo cinerascente-albida. Pondus bilibre. Pallas Zoograph Ross Asiatica Tom III, 1819. pag 81. 82. Silurus asotus.
> Übersetzung: Die Brustflossen bestehen aus 13 weichen Strahlen und zwar ist die Flosse selbst am ersten Knochen kürzer, dieser ist verstümmelt, an den beiden doppelköpfigen Ecken morsch aufgeraut. Die Bauchflossen sind abgerundet mit 13 Strahlen. Die Afterflosse ist in höchstem Maße ausgedehnt. Die mit dem Unterleib verbundenen Schwänze haben 90 [Strahlen], die zwei Lappen des Schwanzes haben 17 Strahlen. Die ganze Farbe des Fisches ist dunkelbraun schwärzlich, wobei der Kopf unten bleich ist, der Unterleib ist aschgrau weiß. Das Gewicht des beschriebenen [Fisches] ist ungefähr zwei Pfund.

Tilesius bezieht sich hier erneut auf Pallas, Zoographia Rosso-Asiatica, Bd. 3, Seiten 81 und 82, auf denen der Daurische Wels abgebildet und beschrieben ist.

Merck'sche Wortlisten[1]

1 Sprachwissenschaftliche Sammlungen von Carl Heinrich Merck, die in diesem Band abgedruckt werden, gehören zu dem Nachlass Friedrich von Adelung im Bestand der Handschriftenabteilung der Russischen Nationalbibliothek in St. Petersburg. Vgl. dazu die Einleitung in diesem Band, S. 27, S. 36-38. Zur wissenschaftshistorischen Bedeutung dieser und anderer linguistischer Sammlungen aus der Billings-Saryéev-Expedition vgl. den Beitrag von Michael Knüppel in diesem Band, S. 81-106.

[Vergleichsaufstellung der Wörter aus dem Čukčischen nach Košelev, Rohbeck und Merck][1]

1 Das Dokument ist Bestandteil des Nachlasses Adelung in der Abt. für Handschriften, Russische Nationalbibliothek in St. Petersburg, fond 7 (Adelung), opis' 1, delo. 131, Bl. 59.

Koscheleff	Merk		Robeck	
	[illegible]	[illegible]	[illegible]	[illegible]
1. ataschek	innen	attashlik	wörtlich übereinstimmend mit Merk	
2. malgok	neriach	malguch		
3. pigajut	ngroch	pingaju		
4. ishtamat	ngrach	istäma		
5. tatlimat	mylningä	tachlima		
6. sewinläk	nanmyligin	atatschi mag-ligin		
7. nalguk	niriach myli-gin	malgukaveil		
8. pigajunju	angrotkin	pingaju		
9. agbin-lik	chonatschink	stamma		
10. kullä	myngytke	kulle		

59.

Wörtersammlung in siebzehn Dialekten[2]
[auf Kamčatka]

2 Das Dokument ist Bestandteil des Nachlasses Adelung in der Abt. für Handschriften, Russische Nationalbibliothek in St. Petersburg, fond 7 (Adelung), opis 1, Nr. 133, Bl. 68-69ob. Zu den itel'menischen Materialien aus Kamčatka und zur Gesamtakte Nr. 133 vgl. den Beitrag von Michael Knüppel in diesem Band, S. 92-94.

I.

Sprache der Kamtschadalen

~~in~~

~~Siebzehn Dialekten~~

68

A. Wörtersammlung in siebzehn Dialekten.

Die hier mitgetheilte Sprachprobe enthält hundert Wörter in siebzehn Kamtschadalischen Dialekten, über deren Quellen und Glaubwürdigkeit ich folgende kurze Erklärung vorausschicken zu müssen glaube.

1. Dialekt von Werchnej-Kamtschatka.
   Aus den Papieren von Pallas. Handschr.

2.
3. } Dialekte um den Fluss Tigil.
4.

No. 2. Aus den Papieren von Pallas. Handschr.

No. 3. Von dem Dr. Robek gesammelt, welcher den Capt. Billings auf seiner Entdeckungs-Reise als Wundarzt begleitete. Diese Sprachprobe ist gedruckt in dem Anhange zu der Reise des Capt. Billings durch das Land der Tschuktschen u.s.w. St. Petersb. 1811. in 4. S. 91. — 129.

No. 4. Aus den noch unbenutzten Papieren des Dr. Merk, der ebenfalls die Expedition von Billings begleitete. Seine linguistischen Sammlungen verdanke ich der Güte des unvergesslichen Pallas. Handschr.

5.
6.
7. } Dialekte am Flusse Kamtschatka.
8.
9.

No. 5.
No. 6. } aus Pallas Papieren. Handschr.

No. 7.
No. 8. } Im Jahre 1806. von dem Schiffs-Lieut. Schwostoff gesammelt, und mir durch die Güte des Hrn. Capt. v. Krusenstern mitgetheilt. Handschr.
No. 9.

10. Dialekt zwischen den Flüssen Kitschtschiak und Bologolowa.
    Aus den angeführten Papieren des Dr. Merk. Handschr.

11.
12. } Dialekt um Bolscherezkoj, in der Gegend des Bolschaja Reka (der grosse Fluss), von den Kamtschadalen
13. } Kikscha oder Kitschka genannt.
14.

69

No. 11. Von Kraschennikof, aus Pallas Papieren. Handschr.

No. 12. Von Pallas, aus eigenen Sammlungen zusammengetragen. Handschr.

No. 13. Von Dr. Robek auf der Billingsschen Expedition gesammelt. Abgedruckt in dem Anhange zu Billings Reise durch das Land der Tschuktschen u.s.w. St. Petersburg 1811. in 4° S. 91–129.

No. 14. Aus Dr. Merk's Papieren. Handschr.

15. Dialekt von Nishnej-Kamtschatka.

aus Bacmeister's Papieren. Handschr.

16. Dialekt von Kolofskoj, am Flusse Kol.

Gesammelt und mitgetheilt von Dr. Robek. Handschr.

17. Dialekt an dem Flusse Jelowka und auf der seiner Mündung gegenüberliegenden Insel gleiches Namens.

Aus Bacmeister's Papieren. Handschr.

Der Kürze halben werden diese verschiedenen Sprachproben in der Zusammenstellung nur durch die Zahlen bezeichnet, welche sie in dieser Aufzählung führen, so daß z. B. 13. den Bolscherezkischen Dialekt nach der Wörtersammlung des Dr. Robek; 15. den von Nishnej-Kamtschatka aus Bacmeister's Papieren u.s.w. bedeutet.

Zwischen Kyktschik und Belogolowa[3] [auf Kamčatka]

3 Das Dokument ist Bestandteil des Nachlasses Adelung in der Abt. für Handschriften, Russische Nationalbibliothek in St. Petersburg, fond 7, opis' 1, Nr. 133, Bl. 85-86ob.

55./
C./

225 Wörter des Dialekts

Zwischen Kyktschik und Belogolowa.
gesammelt von Dr. Merk.

1.	Tochter	Suing.
2.	Knabe	Nanatschla.
3.	Leute	Jgnal Skamshod.
4.	Gesicht	Chuang.
5.	Naslöcher	Chyngaschin.
6.	Augenbrauen	Tyllted
7.	Augenwimpern	Tschuaned.
8.	Kehle	Kuiko.
9.	Lippen	Ts-chon.
10.	Hals	Haityng.
11.	Schulter	Tnitan.
12.	Arm	Chkätsch.
13.	Ellnbogen	Khamtung
14.	Nagel	Chkod.
15.	Brust	Kohaitatsch.
16.	Rücken	Kagatsch.
17.	Knie	Sussyng
18.	Herz	Gulgutsch
19.	~~Magen~~ Haut	Kunhuitsch.
20.	~~Blut~~ Fleisch	Thallthall.
21.	Knochen	Tekulltekull.
22.	Hören.	Kymma – Tylukschesshen.
23.	Sehen	Kymma – Tylktschkuisshen.
24.	Schmecken	Kymma – Tylltschchnysshen.
25.	Riechen	Kymma – Tynschkaisshin.
26.	Stimme	Choichashyn.
27.	Wort	Kashluchtsch.
28.	Name.	Chailaang.
29.	Geschrey	Kalkish.
30.	Geräusch	Chagahakysh.
31.	Geheul.	Chuaoasshintschimatschid.
32.	~~Wein~~ Ich weine	Kymma – Tyschunschik.
33.	Ich lache	Kymma – Dysshingschk
34.	Ich singe	Kymma – Tangyschushuk
35.	Ich niese	Kymma – Tatschyangshik.
36.	Ich zittere	Kymma – Tyngyschkutschen
37.	Ich stöhne	Kymma – Tlunglusshkytschen
38.	Ich gähne	Kymma – Tyltschangshkytschen
39.	Ich pfeife	Kymma – Tchuituishkytschen.
40.	Ich liege	Kymma – Tyssylskutschen.
41.	Ich gehe	Kymma – Tkylashk.
42.	Gehe fort	akangyngkeiltsch.
43.	Traum	Myklnung.
44.	Ich springe	Kymma – Tschchnigashuk.
45.	Ich halte	Kymma – Tynkshuun.
46.	Ich liebe	Kymma – Tylchtluashyggn.
47.	Ich freue mich	Kymma – Tkluastysk
48.	Ich traure	Kymma – Tkuodashishk.
49.	Schmerz	Lungdush.
50.	Arbeit	Tkushushk.
51.	Faul	Tkngstyshk
52.	Er	Dangun.
53.	Wir	Mussha.
54.	Ihr.	Tussha
55.	Sie	Duad.
56.	Ich war	Kymma – Duchlyk
57.	Ich esse	Kymma – Sdushk
58.	Du issest	Kyssha – Sduchtsch
59.	Er isset	Dangun – Sdushuun.
60.	Ich nähre	K. Tnushin.
61.	Ich nehme	K. Tmatashun.
62.	Ich schlage	K. Tklyshn.
63.	Ich trage.	K. Tymltyshk.
64.	Ich werfe	K. Tkylym.
65.	Ich reisse	K. Tschyshin.
66.	Ich giesse	K. Tlunshishin.
67.	Gib	Tkuolch
68.	Ich schneide	K. Tynshashyshyn.

85

69.	Ich verberge.	K. Tampyshin
70.	Stärke	Takashtàkashla.
71.	Gebähren	Ens-chatyshyn
72.	Hochzeit	Challalushtschen.
73.	Wittwe	Sish.
74.	Leben	Chaitlalchtsch.
75.	Geist	Kintsch.
76.	Seele	Nitä
77.	Tod	Tysh-hak.
78.	alt	Chäkatsch.
79.	Jung	Ushlachtall.
80.	Hoch	Knygyllah
81.	~~Ishulak~~ Niedrig	Ishulah
82.	Heiss	Kikangydang.
83.	Gesund, gut.	Chatschiktschik.
84.	Schlecht.	Chaksytsch.
85.	Dumm	Ntakynsytsch.
86.	Klug	Knitainsytsch.
87.	Scharf	Kynslah.
88.	Rund	Pkòlla.
89.	Leicht	Nums-chulla.
90.	Schwer	Kyshlla.
91.	Hart, stark	Ktella
92.	Schwach.	Is-alch.
93.	Dünn	Kchtschulla
94.	Dick	Kusellach.
95.	Breit	Kutalach
96.	Geschwind	Nyngsalch.
97.	Langsam	Talwatschch.
98.	Himmel	Kàis-ch.
99.	Nebel	Mýsha.
100.	Wolke	Myshaad.
101.	Regenbogen.	Emtchuas-hyggyn.
102.	Luft	Ikysk.
103.	Sturm.	Kchokashushun
104.	Dampf	Tyshuun.
105.	Thau	Dadym.
106.	Hagel	Kualkual.
107.	Schnee	Chollaal.
108.	Eis	Kultyd
109.	Licht	Attchattch
110.	Schatten	Chuatatch.

111.	Finster	T-chuningi.
112.	Morgen	Unkolsh.
113.	abend	Tschadysh
114.	Ost	Atschuash-Spylshuin
115.	West	~~Kmang~~ Schaingad - Spylshuin
116.	Nord	Kmang - Spylshun.
117.	Süd	Nyngan-Spylshun.
118.	Sommer	Damll.
119.	Winter	Kuankush
120.	Herbst	Tchashtysh
121.	Frühling	Chllatä.
122.	Zeit	Dadaincht
123.	See	Kotlch
124.	Wellen	Keach.
125.	Sand	Symsymtsch
126.	Staub	Pyngangydak
127.	Koth	Imaal
128.	Ufer	Knyshym
129.	Thal	Kuntsch.
130.	Tiefe	Amla
131.	Höhe	Knyhyllah
132.	Breite	Kutlah
133.	Länge	Julligul
134.	Loch	Schallpchall.
135.	Grube	Choall
136.	Höhle	Aad.
137.	Salzig	Sypainsyin.
138.	Gras	Chlylla.
139.	Kraut	Syschyd.
140.	Wald	Uud.
141.	Pfahl	Uip.
142.	Wurzel	Pyngulpyngul.
143.	Stumpf	Komus-chull
144.	Rinde	Udch.
145.	Ast	Tschanktsch
146.	Blatt	Plapla
147.	Blume	Platschinungchad.
148.	Beere	Kangynydignall.
149.	Nuss	Kund
150.	Feld.	Tzirilasymt.

151.	Thier	Tschmätsch	185.	Kahn	Tchtym
152.	Fisch	Yntschid	186.	Fuhre	Ning.
153.	Wallfisch	Junjutschā	187.	ich fahre	Kymma Duchshik
154.	Krebs	Kauing	188.	ich baue.	Kymma Tskyssyn
155.	Wurm	Chyblyb	189.	Kleidung.	Tajang
156.	Fliege	Kumltsch	190.	Mütze	Sachall
157.	Mücke	Kaltschuitsch.	191.	Gürtel	Sytt
158.	ameise	Matschakoschad	192.	Speise	Dunym
159.	Spinne	Sikoykatsch.	193.	roh	Soallah
160.	~~wildes Schaf~~	Kos-ha	194.	ich koche	Kymma Tyllchuisch
161.	Horn	Ntenn.	195.	Dieb	Tschirikitlh
162.	Bär	Kash	196.	Krieg	antlymasyhin
163.	Wolf	Chaiganatsch	197.	Krieger	Takaschlahskamsh
164.	Fuchs	Tzälaï	198.	Zank	Tschmalkisch
165.	Hase	Miltsch.	199.	Schlägerey	Lungulkyschtsch
166.	Maus	Laahkotsch.	200.	Spiess	Kokänutsch.
167.	Gans	Ksaash	201.	Noth	Skagansk
168.	Ente	Saïtsch	202.	Freund	Klalch
169.	Adler	Statsch	203.	Feind	Kmajanukskamsh
170.	Rabe	Chajachl	204.	Herr	Sallahchuischutsch
171.	Krähe	Kutchatscha	205.	Knecht	Kaschukitl
172.	Schwalbe	Chainkatsch	206.	Anfang	Uschuschatsch
173.	~~Feder~~ Nest	Tiitsch	207.	Ende	Inleüntsch
174.	~~Nest~~ Hütte	Bichlätsch	208.	~~Jetzt~~	Ichua
175.	Haus	Atynym	209.	Zuvor	Kumat
176.	Thür	Dutsch	210.	Nachher	Nymchl
177.	Heerd	Tschinsch	211.	Nahe	Duninch
178.	Boden	Utd	212.	Fern	Mytschah
179.	Dorf	atnutschh	213.	Hier	Mtà.
180.	Axt	Kuasch-ch	214.	Dort	Munk
181.	Maass	Ankmgydym	215.	Gestern	ating
182.	Messer.	Chualtsch	216.	Heute	Dad
183.	Kessel	Kukatsch	217.	Morgen	aschuschk
184.	Fass	Okam	218.	Siehe da	Skikitsen.
			219.	Wie?	Ynkchall.
			220.	Wo?	Ma
			221.	Wann?	Ita

86

222. Was ? Ynkcha
223. Wer ? Kada
224. ~~Mit wem~~ ? Womit? Ynkchallſkyſhyn.
225. ~~Womit~~ ~~Unter~~ Zahl. Chainyn
~~226.~~
~~227.~~
~~228.~~
~~229.~~
~~230.~~

An der Bolschaja Reka [auf Kamčatka]
1. Aus Dr. Merk's Papieren; 2. Aus Robek's Papieren; 3. Aus Krascheninnikof; 4. Aus Pallas Papieren[4]

4 Das Dokument wird aufbewahrt in der Abt. für Handschriften, Russische Nationalbibliothek in St. Petersburg, fond 7 (Adelung), opis' 1, Nr. 133, Bl. 87-89ob.

55.d.)

An der Bolschaja Reka.

	1. Aus Dr. Merk's Papieren.	2. Aus Robeck's Papier.	3. Aus Kraschenninikof.	4. Aus Pallas Papier.
1. Gesicht	Chuang.	Chuaag.	—	—
2. Nasenlöcher.	Kaiko.	Kangyd.	—	—
3. Augenbrauen	Tyttäd.	Tyttad.	—	—
4. augenwimpern	Tschüanud.	Tschüanud.	—	—
5. Kehle	Kuikä.	Kuikä.	—	—
6. Lippen.	T-schyddä.	Tschyddé.	Zchüdda.	—
7. Hals	Chaitell.	Chaitell.	—	—
8. Schulter	Tanutan.	Tanutan.	—	—
9. Arm	Sutu.	Sutu.	Tanoum.	—
10. Ellnbogen	Kamtuch.	Kamtuch.	—	—
11. Nagel	Kuuda.	Kuuda.	—	—
12. Brust	Ingeta.	Ingetà.	Íngyta.	—
13. Rücken	Itschü.	Itschu.	Tschaha.	Kaschhidda.
14. Knie	Susa.	Susa.	—	—
15. Herz	Nugvuik.	Nugwuik.	Nüügu.	Lytang.
16. Haut	Saschhak.	Saschkak	—	—
17. Fleisch	Tutthal.	Tatthall.	—	—
18. Knochen	Tĕkudd.	Tekudel.	—	—
19. Sehen	Kotschkuichtsch.	Kotschkuichtsch.	Tyttschkuschik.	Týlkaschik.
20. Riechen.	Kaschkeichtsch.	Kaschkeichtsch.	—	—
21. Name.	Chauag.	Chauog.	—	—
22. Schreien.	Kaishikiked.	Chkaichtsch.	—	—
23. Weinen	Chuoashikik.	Chuoashikik.	Tyngháson.	Tyngháson.
24. Lachen.	Assukashkik.	Assukashkik.	Taschyukáschk.	Taschekoschik.
25. Niesen	aktschischchaing-schich.	atschisch chaing-schich.	—	—
26. Zittern.	Chyushikik.	Chyushikik.	—	—
27. Stöhnen	atterstsch.	atterstsch.	—	—
28. Gähnen	Tschutschänshik.	Tschutschänshik.	—	—
29. Pfeiffen	Kuichushischik.	Kuichushischich.	—	—
30. Liegen	anach.	anach.	—	—
31. Stehen.	Koshischchtsch.	Koshisch-chtsch.	Füschüschik.	Tyrschischik.
32. Gehen	Chussumk.	Chussumk.	—	Kelhautscha.
33. Gehe fort!	Koschchtsch.	Kosch-chtsch.	—	—
34. Traum.	Kaschhett.	Kaschhett.	—	—
35. Springen.	Kschchedeuschkusch.	Kschchedeuschkusch.	—	—
36. Halten.	Kunnitch.	Kunnitch.	—	—
37. Lauffen.	Kasschyleshych.	Kaschyleshych.	—	—
38. Lieben	Kannuchdelm.	Kannuchd-dkm.	—	—

87

39.	Liebe	Nuchttodām	Nuchttodam.		
40.	Froh	Kunnauschtyschk.	Kunnauschtyschk.		
41.	~~Freude~~ Kummer	Kuadaschehschk.	Kuadashischk.		
42.	Schmertz	Tynungnushtsch.	Tynungnushtsch.		
43.	arbeit	Kushutschyk.	Kashutschyk.		
44.	Faul	Channuschtsch.	Channuschtsch.		
45.	Nehmen	Emgatysch.	Emgatisch.		
46.	Schlagen	Stäckschitschi.	Stäktschitschi.		
47.	Tragen	Tyschchushtschi.	Tyschchushtschi.		
48.	Werfen	Stykeshchashtschi.	Stykesh chashtschi.		
49.	Reissen	Tachatschichch.	Tachatschisch-ch.		
50.	Giessen	Kajuschich.	Kajuschich.		
51.	Schneiden	Kassha.	Kashsha.		
52.	Verbergen	Sylktuan.	Sylktuan.		
53.	Stärke	Takkashn.	Takkashn.		
54.	Gebähren	Tyyshak.	Tyyshhak.		
55.	Hochzeit	Challalushk.	Challalushk.		
56.	Wittwe	Ssush.	Ssush.		
57.	Leben	T-shuschik.	T-shuschik.	Kokówa.	Kóultschitsch.
58.	Seele	Ktschachutsch.	Ktschachutsch.		
59.	Sterben	Kitschiashk.	Kitschiashk.		
60.	Tod	Kitschiä.	Kitschiä.	Kytschikyn.	Kitschéina.
61.	Alt	Kyshakysh.	Kyshakysh.		
62.	Jung	Uspaaïtschitsch.	Uspaaïtschitsch.		
63.	Gross	Chitschinu.	Chytschinu.	Chutschin.	Gitschinna.
64.	Klein	Tschinguim.	Tsinguim.	Tschungujung.	Tschunjüng.
65.	Hoch	Daschnu.	Daschnu.	Kuun.	Gakan.
66.	Niedrig	Ikum.	Ikum.	Tschung.	Nikmulu.
67.	Kälte	Sackainuk.	Sakkainuk.		
68.	Heiss	Kikkà.	Kikka.		
69.	Gesund	Akoschchschig	akosch-chschig.		
70.	Gut	Tschinakschig.	Tschinakschig.		
71.	Böse	Hakdanum.	Hakdanum.		
72.	Schlecht	Atkaa.	attkaa.		
73.	Dumm	Saakan.	Saakan.		
74.	Klug	Utaa.	~~A~~ Utaa.		
75.	Scharf	Jynskfyg.	Jynskfyg.		
76.	Ball Rund	Killatschuschua.	Killatschuschua.	Pokkoschutschin.	Konjäschetschan
77.	Leicht	Numschchua.	Numschchua.		
78.	Schwer	Kyshea:	Kýshea.		
79.	Stark	Kyttaa.	Kyttaa.		
80.	Schwach	Ishalangtyshi.	Ishalangtyshi.		

81.	Dünn	Tschünang.	Tschunäng.	—	—
82.	Dick	Chommè.	Chomà.	—	—
83.	Breit	Kuttoa.	Kuttaa.	—	—
84.	Geschwind	Nushalk.	Nushalk.	—	—
85.	Langsam	Tshachak.	Tshachak.	—	—
86.	Himmel	Koachall.	Koachall.	—	—
87.	Nebel	Myshatt.	Myshatt.	—	—
88.	Wolke	Assakym.	Assakym.	Uischáa.	Myshanna.
89.	Regenbogen.	Emtchua.	Emtchua.	—	—
90.	Wirbelwind	Pyschautsch.	Pyschautsch.	—	—
91.	Sturm	Chachüshusch.	Chachushusch.	Tschichutscha	Uchtschuschitsch.
92.	Dampf	Uitysh.	Uitysh.	—	—
93.	Thau	Dädym.	Dädym.	—	—
94.	Hagel	Tkoashich.	Tkoashich.	Koáda	—
95.	Schnee	Kullall.	Kullall.	Kólaal.	Kollàl.
96.	Eis	Kújull.	Kujull.	—	—
97.	Feuer	Sangytsch.	Sangytsch.	Sangytsch.	Sangitsch.
98.	Licht	attua.	attua.	attych.	Nútchak.
99.	Schatten.	Uattasch.	Uattatsch	—	—
100.	Finster	Duchschua.	Duchschua.	Duchschanna.	Nuchschak.
101.	Morgen	Bukkush.	Bukkush.	Bokotschosh	Mókkon.
102.	Abend	atynsh.	atynsh.	aatyku.	attakyng.
103.	Sommer	adámstasch.	adamstasch.	—	—
104.	Winter	Koalkush.	Koalkush.	—	—
105.	Herbst	Kyttchäsh.	Kyttchäsh.	—	—
106.	Frühling	Ochchashysch.	Ochchashysch.	—	—
107.	Jahr	Tchashu.	Tchashu.	—	Gyttcharudo.
108.	Erde	Kyttchym.	Kyttchym.	Semt	Schimta
109.	Wasser	I_i.	Ji.	Ji.	Ji.
110.	Meer	Ningyll.	Ningyll.	Ninget.	Kaijan.
111.	Fluss	Kigha.	Kiga.	Kiha	Kyggkang.
112.	See	Kschu.	Ks_chu.	Kschscha.	Kurogo_tschotsch.
113.	Wellen	Keiahad.	Keiahad.	—	—
114.	Sand	Kashymt.	Kashyme.	Kaschemt.	Maschmaddo.
115.	Staub	Pingasha.	Pingasha.	—	—
116.	Koth	Imaai.	Imaai.	Imáhai, aktschinatsch	Kytchym
117.	Berg	Ae_ell.	Äell.	Namud	Enschida.
118.	Ufer	Eahaïutsch.	Eahaïutsch.	—	—
119.	Hügel	Pautsch.	Pautsch.	Faakotschitsch.	Tschangiung, Intschitschutsch.
120.	Thal	Kuiad.	Kuiad	—	—
121.	Tiefe	ama.	ama	—	—
122.	Höhe	Kauk.	Kuuk	—	—
123.	Breite	Kutyny.	Kutyny	—	—
124.	Länge	I_uwan.	I_uwan	—	—
125.	Loch	Schappcham	Schappcham.	—	—
126.	Grube	Kchoaby.	Kchoaby.	—	—
127.	Höhle	aäh.	aäh.	—	—

88

128.	Gras	Sysyd	Sysyd	Sedsda	Schischnatsch.
129.	Baum	U-u.	Uu.	Oo.	Uuda.
130.	Wald	Itschud	Itschud	Ooda.	—
131.	Pfahl	Upping	Upping	—	—
132.	Wurzel	Pyngell.	Pungell.	Pynpelpyn.	Ilmelkotsch.
133.	Rinde	Udch	Udch	—	—
134	Ast	Tzänktsch.	Tzänktsch.	—	—
135.	Blatt	Pashaad.	Pashaad.	Paschaad	Paschàda.
136.	Blume	Kolchonung.	Kolchonung.	—	—
137.	Beere	Tsunad.	Tsunad.	—	—
138.	Zwiebel	Schkeibush.	Schkeibush	—	—
139.	Nuss	Kydkyd.	Kydkyd.	—	—
140.	Feld	Us-ch.	Us-ch.	—	—
141.	Thier	atschumchod.	atschumchod.	—	—
142.	Fisch	Ettschu.	Ettschu.	—	—
143.	Wallfisch	Dai.	Dai.	—	—
144.	Krebs	Kaüng.	Kaüng.	—	—
145.	Wurm	Chybchyb.	Chybchyb.	—	—
146.	Fliege	Ramshytsch.	Ramshytsch.	—	—
147.	Mücke —	Chaatschum.	Chaatschum.	—	—
148.	Ameise	Mutschakoshok	Maslakoshok	—	—
149.	Spinne	Sygykachynitsch.	Sygykachynitsch.	—	—
150.	wildes Schaf	Ruad	Ruad.	—	—
151.	Horn	Nyttell.	Nyttell.	—	—
152.	Hund	Koschch.	Koschch.	—	—
153.	Bär	Kásha.	Kasha.	—	—
154.	Wolf	Chottai	Chottaj.	—	—
155.	Fuchs	Tschassiai.	Tschassiai.	—	—
156.	Hase	Müstsch.	Müstsch.	—	—
157.	Maus	Näustschitsch.	Naustchitsch.	—	—
158.	Gans	Ksoaiss.	Ksoaiss	—	—
159.	Ente (vogel)	aschumktschitsch.	atsch-umktschitsch	—	—
160.	Adler	Siatsch.	Siatsch.	—	—
161.	Rabe	Käkch.	Kakch.	—	—
162.	Krähe	Kaulgok	Kaulgok.	—	—
163.	Schwalbe	Kchainktschitsch.	Kchainktschitsch.	—	—
164.	Feder	Tschichtschuch.	Netschichtschuch.	—	—
165.	Ey	Nygachtsch	Nygachtsch.	—	—
166.	Nest.	~~Jütsch~~ Jütsch.	Jütsch.	—	—
167.	Hütte	Bichlätsch.	Bachlätsch.	—	—
168.	Haus	Itid.	Itid.	Kischit	Kistschutsch.

169.	Thüre	Nutschu.	Nutschu	Nutschu.	Onnotsch.
170.	Heerd	Tschischutsch.	Tschischutsch.	—	—
171.	Dorf	Tyssuchtschitsch.	Tyssachtschitsch.	—	Tanschada (Wohnungen).
172.	Axt	Koschschua.	Koschhua.	—	—
173.	Maass	Sylkbanim.	Sylkbanim	—	—
174.	Messer	Vuatschu.	Uatschu.	Uatschü	Uatschau.
175.	Kessel	Kukka.	Kukka.	Kukua	Kukatsch.
176.	Tisch	Chusschittl.	Chusschittl.	Tbuki - tschitat.	—
177.	Bank	Sätänum	Satatschym	—	—
178.	Fass	Ukam.	Ukam.	—	—
179.	Fuhre	Uangasch.	Uangasch.	—	—
180.	Führen	Ts_chatassitschi	Tschata-ssitschi.	—	—
181.	Fahren	Tyschchaschtyschk.	Tyschchaschtyschk.	Uschaschich.	—
182.	Bauen	Tsyhysuschk.	Tsugisuschk	—	—
183.	Mütze	Challalutsch.	Challalutsch.	Chaljalutsch.	Haljálutsch.
184.	Gürtel	Sitt.	Sitt.	Kóau.	Kóʃüáu.
185.	Speise	Adung	Adung.	—	—
186.	Roh	Suak	Suak	—	—
187.	Kochen	Tylchuischk.	Tylchuisschtsch.	—	—
188.	Dieb	Tkuaschua.	—	—	—
189.	Krieg	Assypschig.	Assypschig.	—	—
190.	Krieger	Assypscha.	Assypbscha.	—	—
191.	Zank	Sytyngskik.	Sytyngskik.	—	—
192.	Schlägerey	Nungschynäd.	Nungschynöd.	—	—
193.	Harnisch	Tschat.	Tschat.	—	—
194.	Spiess	Kuakuannytsch.	Kuakuannytsch	—	—
195.	Noth	Kätschan.	Katschan.	—	—
196.	Freund	Kallalch.	Kallalch.	—	—
197.	Feind	Majach.	Majach.	—	—
198.	Herr	Chuischutsch.	Chuischutsch.	arm.	Annánym.
199.	Knecht	Tschechuatsch.	Tschechuatsch.	Tschikoatsch	Tschókókul.
200.	Anfang.	Uschuschitsch.	Uschuschitsch.	—	—
201.	Ende	Uschiutsch.	Uschiutsch.	—	—
202.	Jetzt	Sasch.	Sasch.	—	—
203.	Zuvor	Chykamtsch.	Chykamtsch.	Koasakü.	Koáschakyng.
204.	Nachher	Sinall.	Sinall.	Sakky.	—
205.	Nahe	Duuk.	Duuk	—	—
206.	Fern	Nischk.	Nischk.	—	—
207.	Hier	Nutt.	Nutt.	—	—
208.	Dort	Nâ.	Oengua Nâ.	—	—
209.	Gestern	Aaty.	Aaty	Aaty.	aatyk.
210.	Heute	Danggy.	Danggu.	Dángu.	Koaschákung.
211.	Morgen	Bockoa.	Bokkoan.	Bokuan	—
212.	Siehe da	Tschiaka.	Tschiaka.	—	—

83

213.	Wie?	Nackchaisch.	Nakchaisch.	—	—
214.	Wo?	Nackchallak.	Nakchalk.	—	—
215.	Wann?	Ittäa.	Ittäa.	—	—
216.	Was?	Nackchäi.	Nakchäi.	—	—
217.	Wer?	Koatsch.	Koatsch.	—	—
218.	Womit?	Nakchaiss.	Nockchaiss.	—	—
~~219.~~	Ich	Kymma.	Kymma	—	—
~~220.~~	Du	Gyrr	Kusch	—	—
221.	Er	Inkhan.	Taakwii.	—	—
222.	Wir	Muri	Musch	—	—
223.	Ihr	Turri	Susch	—	—
224.	Sie.	Ingchanad.	Taákwá.	—	—
225. ~~Ich esse~~	Ich esse.	Тудushkkym.	Тудushkkym.	Tschichüschkik.	Käiduchtsch[ends at page edge]
226.	Du issest	Kyshk cheiduchtsch.	Kyshkcheiduchtsch.	—	—
227.	Er isst.	Annaidushkik.	Annaidushkik.	—	—
228.	Ich steche	~~Komma Tus~~ —	—	Kemma – tüschüschik	Koncha – tyr-schischen
229.	Du stichst	—	—	Kysch – schischitsch.	Kyschscha – irschisch[ends at page edge]
230.	Er sticht.	—	—	Üdda – schischikik.	Tsche – schischikik.
231.	Wir stechen.	—	—	Musch – Uschischang	Muschgè – uschtsch[ends at page edge] schkin.
232.	Ihr stechet	—	—	Schuch – Schischisch.	Schuschgè – schischi[ends at page edge] kischcha.
233.	Sie stechen.	—	—	Itchuia – Schischikik	Tsche – schischikiki[ends at page edge]

Wörtersammlung der Jukagirischen Mundart aus Werchnekovimsk[5]

Bey der Billingsschen Expedition
von Dr. Merk gesammelt

5 Das Dokument wird aufbewahrt in der Abt. für Handschriften, Russische Nationalbibliothek in St. Petersburg, fond 7 (Adelung), opis' 1, Nr. 137, Bl. 2-8 ob. Vgl. dazu auch den Beitrag von Michael Knüppel in diesem Band, S. 97-98.

Hertz Tschuentscha.
Magen Nimenschintscha.
Blut. Lobkul oder Labkul. — —
Milch Juitschu.
Haut. Kaar.
Fleisch Tschul.
Knochen Amun.
Gehör Moktijk. auch hören, auch so viel als nachricht.
Gesicht ⎫ beides ist einerley,
Sehen ⎭ Juk, Diess. Jumot, ich habe gesehen.
Geschmack. Tschangitsch.
Geruch. Mutul.
Riechen Laemle.
Gefühl Moitik, d.i. er hört mit den Ohren daß man ihn anruft.
Nieren Ornae.
Geschrey Orul.
Hunger Tonmula.
Reden Annjak.
Mord — .
Nasen. Neiv.
Schreien Orinach
Geräusch Mungtscha. —

Geheul Lultschu
Weinen Jvalek.
Trähnen Angtschangtontschu
Lachen Noock.
Niesen Tschangnei.
Kratzen Pantalijtsch
Zittern Tirkuntschei.
Singen Jaktak, auch singe du
Röchen Nyngellemochijtsch
Ächtzen eben so.
Pfeiffen Tschuntschu.
Lügen Kontok, auch lüge du.
Kuss Onggok.
Gehen oder gehe du Jjak.
Gehe fort Ingerkutak.
Schlafen Jontschuk auch schlafe d[u]
beides noch Jontschol.
Der Schlaf — .
Schwingen Menmanka
Halten Maik auch halte d[u]
Laufen Tschuentschu.
Fallen Ningkai.
Spielen Liota
Tantzen Longtok
Lieben Angurak. eben so die Lieb[e]

…ch – Eijak er freut sich
…nde Eijei.
…euer. Artschtschuntscha.
…rcht Ingtlisch auch fürchterlich.
…chmerz Joatsch, auch der Schmerz.
…ähe Angkorbei.
…erbeil. Uil.
…äulchen Alangne
…g – Mattak.
…du Tattak.
…er Tuntal.
…wir Müttak.
…ihr Tütlak.
…sie Tünba
…ügen ———.
…ich bin ———.
… bist ———.
… ist ———.
… ist. Lei –
…wir sind ———.
…ihr seid ———.
…sie sind ———.
…dar Toadtscha ich bin da gewe…
…en.
…en Langdak.

essen Lagk.
du issest Tattlagk.
ich esse Mattak oder Malangdega
trinken Ontschok.
füttern Lagitak – füttre du.
nähren eben so.
nehmen Mingtschit.
tragen Moril.
werfen Poltschittschaik
reissen Tschalschankateik weg ab
geben ———.
gieb Keik
gieb ab, oder weg Tandik
schneiden Tschok auch schneide.
verbergen Angictak.
schlagen – Kogtak
Stärke Tonbei. auch Stärke hat
Kraft eben so.
Gewalt ———.
gebähren Uintsch.
Geburt eben so.
Geschlecht Omo.
Hochzeit Torrei.

4

Ohr ——.
Wetter Pontovole
Leben Tek
das Leben eben so.
Leib Tschul - eben so auch Fleisch.
Geist Luttscha.
Seele eben so.
Schatten Aivi.
Sterben ——.
Todt - Amda.
alt Ligai.
nicht sehr alt Ongai.
Jung Antilgon.
Groß Tschoman.
Klein Luckon.
Hoch Pudangma
Niedrig Ledeimmi.
Kalt Pondshetsch.
Warm Pugatsch.
Heiß eben so.
Gesund Tauritsch ..
gut eben so.
Krank ——.
das Böse Tarkani, auch unartig, böß

Geschlecht. Erritsch.
Dumm Juentsch.
Klug Onmanni.
Kriegend Neintalitsch.
Scharf. Natschen, als messer &c.
Rund Pomne.
Umkreis Pomtschellenni.
Kugel Loatscha.
Leicht Ararje
Schwer Ninkojon
Stark Addÿ. Jubion im Sta— [illegible]
Schwach Nonrai
Fest, hart, Iklon.
Dünn Keivei.
Dick Inglong.
Breit Kanbunne.
Geschwind. Omtuk.
Langsam Anindscha.
Weiß - Poinne.
Schwartz Aimive.
Roth - Kelenni
Grün Tschakkolonni.
Gelb. eben so.

lau Lubantschanni.
onne: Jelondscha
Mond Kinindscha.
tern Lerungutschai
imel Kuntschu
Nebel Tarill auch Tscharill
T. u. Tsch: ist ihnen fast eine einerley
olden Kaar.
egenbogen Pugunnonara
trahl Jelontschintikeie
ufft aber so rein Nebel.
ind Illejenni.
asser Pukiintschei.
irbelwind Jedondointeleje
turm Tschemontileia
unst, Dampf. Lutsche
egen Tjipa.
au Nunbur.
agel Jarkantiwa
onner Jentu.
litz Porondschille
chnee Pukölle
älte Dschentscha
rost. aber so.

Eis. Jerka
Feuer Lottschell.
Licht Pondschirka
Schatten Aivi.
Finster Emmitsch
Tag. aber so ein Licht.
Nacht Emmil
Morgen Ungagel.
abend Poinjuletsch.
Ost. Jelontschedukttschimpa
West Eivinta.
Nord Letjnda
Süd Pondschirkaputil.
Sommer Buga.
Winter Tschentscha.
Herbst Nada.
Frühling Pora.
Stunde ——.
Woche ——.
Jahr Nekinmolgol.
Zeit Indada.
Welt ——.
Erde Levija
Wasser Ondschy.

Meer Tschobul.
See Jalgÿl
Fluß Onnung
ein kleiner Fluß Nallÿtscha
Bach Onunchtie
Wellen Moingkoje
Insel Aimul.
Schwimmen Jarey.
Sand Nonka.
Thon eben so.
Staub Pukiündschei.
Loch – Kundun.
Berg Peä.
Ufer Jehÿll.
Thal. Pennÿngatschel.
Tiefe Tschagiinmon.
Höhe Putenmei.
breite Kanbunnei.
Länge Tschitne.
Loch Kontschu.
grube Inger.
graben eben so.
Höhle ———.
Stein Pea, fell Stein Tschoil.

gold ———.
Silber ———.
Kupfer ———.
Eisen. Luntul.
Zinn. ———.
Bley ———.
Saltz Logotunkeinu, auf Himi…
Tschindscha
gift ———.
Gras u. Kraut. Ulega.
Baum Tschal.
Wald Jungkul.
Pfahl. ———.
Holz. Jeremma.
Wurzel Larkul.
Wipfel Koikil.
Rinde Tschangar.
Ast. Tschilga
Blatt. Poltschitscha
Blume Podrie
Frucht Leveentie
Saamen ———.
Apfel ———.
Nuß Tschoillie, die Nuß der Zirbelkiefer, andere Nüsse kennen sie nicht.

[…]en Leveentie.
[Zw]iebel ——"
[…]ich ——.
[W]einstock ——"
[F]eld Ponschorkoni
[H]irsen ——"
[G]etraide ——"
Roggen ——"
Weizen ——"
Haber ——"
Gerste ——"
Erbsen ——"
Thier. Tolläw —
Hirsch Annjÿll.
[…]en Kelnÿntscha
[W]allfisch Ondschÿ Tollau, eigentlich ein Thier das im Wasser lebt.
Krebs ——"
Schlange ——"
Frosch Aluntulla
Fliege Nillentoma
Ameise Jojokontscha
[…]ienen Mannagateibi
Bienen ——"

Ochse — der vom Rennthier und das Männlein der Thiere Ointsche
Kuh — die vom Rennthier und überh[aupt] der Thiere Irongkontsche
Kalb — das junge der Thiere überhaupt Tschakalloa
Schaf ein widder Monnocha
Widder ——"
Ziege ——"
Horn. Onmut.
Pferd Jakendätsche ein jakutisch Rennthier. Jakel ein Jakut. ätsche ein Rennthier.
Esel ——"
Kameel ——"
Schwein ——"
Hund Tavacke
Bär ——"
Katze ——"
Löwe ——"
Bär Tschallonti
Wolf Kodel.
Fuchs Tschakala
Hase Tschulgora
Hirsch Ongeu
Elephant ——"

Maus Tschalball.
Laus Pomma.
Floh ——— "
Hase ——— .
Hüse ——— "
Gans wilde Langdscha
Ente wilde Ondschijnnonda.
Taube ——— "
Adler Kannill
Sperling ——— "
Schwalbe Tschovia
Rabe Kachle.
Feder Pouchelbÿ so nennen sie die haarige und federige Bedeckungen aller Thiere.
Eÿ - Nondondail.
Nest Auüt.
Hirte Potschel
Garten Koniba einen hölzernen Umzäunung eines Feldes, auch ein Ostrog.
Pflügen ———.
Der Acker ———.
Pflug ———.
Egge ———.
Früchte ———.
Grenze ———.

Hütte Numa ihre so wohl Winter als Sommer Wohnung.
Zelt ——— "
Haus eben so wie Hütte.
Thüre Anbandangel.
Heerd Jvir.
Boden Lebi – Erde.
Stadt Tschukta.
Dorf ———.
Axe ——— "
Beil Numuntschÿ
Messer Tschaugoja
Dolch ——— "
Schale ——— "
Tisch ———.
Bank ———.
Fahrzeug ——— "
Faß ———.
Maaß ——— "
Nahe Aktscha
Schiff ———.
Ruder ———.
Führen Ellegik.
Fahren Kondille oder Reiten
Fahre oder Reite Konkg.
Bauen Ak.

[Kle]id, Kleidung Negir magil eine
[a]rt Kurtze, winter u. Sommer
tragen die Tungusen ihr gleich.

[P]elz ———"

[Sch]munck u. Pferd — haben für beides
keinen Nahmen; aber alles was
sie nach ihrer art an der Kleider
tragen nennen sie Murra — im
Russischen Odyba

Gürtel Juo.

[K]reuzigen Morok — giebt es

[W]olle ———"

Baumwolle ———"

Flachs ———"

Begriffe Lagul alle art von Begriff

Roß — Ongei.

Kochen Pandak koche.

Wasser ———"

Bier ———"

Wein ———"

Oel ———"

Butter ———"

Brodt ———"

Geld Pongda.

Dieb Olonungga.

Krieg.

Krieger

Theil Neretschankati. auch Kimtsche-
ingi —

Schlägerey eben so.

Streiten zanken Iledangi.

Harnisch Lembul

Spieß Tschovinna.

Schild ———"

Helm ———"

Gefahr Uilgætsch.

Noth ———"

Elend ———"

Sieg Altschidsch. bedeutet bey ihnen
als wenn ein Haufen den andern ver-
schlägt.

Freund Agyma.

Feind Eridtschangtscheitschor oromok.
item ein übelgesinnter Mensch.

Herr Alnintscha, der zu befehlen hat.

Dienst. Poo.

Fürst — sie haben den russischen Nahmen
Князь. oder Князецъ.

Befehlshaber Tschemondalnintschek.

König ———"

Gesetz ———"

Gesinnung Onma.

Gebrauch ———"

Joch ———"

Lebens Strafe ———

Erlösung ——— "
Richter ——— "
Arzt ——— "
Opfer Pontakgepulotschu. wie opfern
Opfer Priester Alma / so viel als Schaman
Zaubern eben so.
Heilig ——— "
Sünde Soja.
Priester Chaidingtschaja, ein Lehrer oder Täuffer der sie zu Christen macht.
Paradies ——— "
Höllen ——— "
Lesen ——— "
Schreiben Tschoriladtschu, er schreibt
Zahl. Tschungun.
Eins Irgoen.
Zwey Antaglon.
Drey Jalon.
Vier Jelaglon.
Fünf Enganbon.
Sechs Malgijjalon
Sieben Pourgijjon
Acht Malgealaglon.
Neun Kuneirkinelendschi oder just so viel als Zehen weniger eins.

Zehen Kunelon.
Zwanzig adda Kunelon
Hundert ——— .
Tausend ——— "
Anfang Kudelerka
Ende. Itschagi. eigentlich das eines Stocks oder Riemens
Ja. Tatt.
Nein. Oille.
Jetzt. Intschi.
Vorher Angnuma.
Nachher Indada.
Hier Tuë.
Dort Talei.
Gestern Nengatsche
Heute Pontschirkoma.
Morgen Ongoije.
Tief Tintij.
oder ——— "
Klein Kondamjel.
Groß Kolléa.
Neu. Channin.
Alt Lomlendak.
Leer Kinetda.

…uit Humun od: Lumun
…üter Tangmunol, es liegt was
…darunter, die Wort zu theilen ist
…ein Räthsel.
…ber. Budendaja es liegt etwas
über die Ferne, Aldangmuntschuen
…Ihr ——— „
…Du. ——— „
…ine Mulde von Holz Tschauvoga.
…mentschier fett, Tschuenba.
…ine Hündin Omnunga.
…ogel. Nonda.
…instern Alwark.
…agel von Holz Dukna.
…in Tschiningkamï.
…irbel Jontschamar.
…orderzähne Koiel Töti.
…ittel dto. – Itschengel.
…inter dto. Eïn.
…aume Angijr.
…ahnfleisch Totinpolil.
…e Schläfe Lukantangtscha.
…rüste der weiber Joidschi.
…in warzen derselben Niatscha.
…ur welchen Mila.

Zu lenden Talagje.
Faust Memmul.
Nabel Nudni.
Waden Tschintscha.
Ferse Tschaagindikil.
Lunge Korpol.
Gehirn Jonchonda.
Marck der Knochen Noenchonda.
Blutadern Labgintschuda.
Gedärme Jonchginditscha.
Leber Kudentscha.
Zwerchfell Kudentschedtschul.
Milz Laie.
Gallen Himentschintscha.
Träume Jondonertscha.
Runzel Natschirondolitsch.
Hosen Oh.
Mütze Mochga.
Brustschürtz Ningemon.
Glasperlen Kpuntschalondon.
Ohrgehänge Niumalundol.

8

Vergleichende Wörtersammlungen aus den Sprachen der Bewohner von Kad'jak, der Flussufer des Tigil'

bey der Billingsschen Expedition
von Dr. Merk gesammelt.

6 Sravnitel'nye slovari jazykov žitelej o. Kad'jak, poberež'ja rek Tigil'i Kamčatki, o. Unalaški, Bol'šerecka i drugie, in: Russische Nationalbibliothek in St. Petersburg, Abt. für Handschriften, fond 7, opis 1, Nr. 138. (Übersetzung des

und der Kamčatka, der Insel Unalaška, von Bol'šereck und andere

	Kadjak	Tigill.	Kamtschatka Fluß.
[illegible]		Nuschtachtscha	Nuschtiachtschitsch.
[illegible]	Atágä	Ischch	Eppep.
[illegible]	Anaga	Läschch	Amgang.
[illegible]	Awaguttaga	Pemÿtsch	Peetsch.
[illegible]	Panniaga	Ekotsch	Tschidepetsch.
[illegible]	Annÿngaga) älterer bruder ojuagah - jüngerer bruder	Shlatumch	Kÿllsch.
[illegible]	Ellkaga.	Lÿlichl	Tichtum.
[illegible]	Nugelpiach.	Kamshan	Kumshan.
[illegible]	Ahanak.	Ngÿtsch	Tschichengutsch
[illegible]	Enachtak.	Ekotsch	Uchtschitsch.
[illegible]	Tennuhak.	Pämÿtsch	Petschutschutsch.
[illegible]	Uschwuitchak.		Parenglisch.
[illegible]	Ssuk.	Tschamdshandlia	Krohlang
[illegible]	Ssuut.	Tschamdshandlon	Kineeng.
[illegible]	Naskosk.	Komtholl	Kommull.
[illegible]	Chinak	Wüeang	Uen.
[illegible]	Knak	Kekang	Käckó.

Artikels aus dem Russischen durch die Herausgeber/innen). Zur Akte Nr. 138 vgl. den Beitrag von Michael Knüppel in diesem Band, S. 95.

	Kadjack	Tigill	Kamtschatka Slu[illegible]
Naslöcher	Patschihuk.	chijngaschin	Kangaschit.
Augen	Ingeleek	Long	Llo.
Augbrauen	Kablut.	Tijlten	Tijlted.
Augenwimpern.	Kmheet.	Laaschchutt	Tschröllod.
Ohr	Tschudik.	Elwalung	Illud.
Stirn	Kauk.	Ktschitsch	Pän.
Haar	Nüett.	Kmijn	Tschröd.
Wangen	Utluhik	Palhan	Präd.
Mund	Chanijk.	Kijschch	Sijks.
Lefzen	Iglak.	Kijkf	Kuikf.
Lippen	Kchlük	Kijelchlin	Nätsch.
Zähne	chüdet.	Kpeen	Kijppijd.
Zunge	Ulū.	Ltschel	Dijtschel.
Kehle	Ungit.	Luol	Lūd.
Hals	Ujahud.	Aiten	Heid.
Schulter	Tuik.	Ntnäng	Kupchtscho.
Ellbogen	Igushik.	Lōtt	Tlott.

Kadjack.	Tigill.	Kamtschatka Fluß.
Aiged.	Kÿtsch	Sotto.
Süaad.	Luchlin	Kickked.
Stüd.	Kuchkuch	Kuud.
Katienga.	Wajatÿgĕr	Lütten.
Aksek.	Kcheltch	Kalita.
Pchuk.	Kaalÿ	Itsch.
Jug.	Kehtang	Katho.
Tschischkuk.	Sheshung	Soso.
Kannük.	Lÿnglÿng	Gulltuk.
Schuhak.	Keltch	
Auk.	Mchlÿm	Bchlym.
Mük.	Luchan	Duchchon
Amek.	Anschth	Salsh.
Kmÿjk	Tchaltchal	Talthal.

3

	Kadjack	Digill	Kamtschatka Ku[illegible]
Hören	Ninnod	Tscham	Kotchontsch
Gehör		Tylchsushen	Ishlshitsch
Sehen	Tanghu	Tylktschuishik	Iltschkuishitsch
Gesicht		Tylktschuishk	eben so wie Sehen
Geschmack		Ktälan	Tal'tal
Geruch		Unkaschkashitsch	
Riechen	Tschingahu	Tynskyshin	Tynschkäshiku
Gefühl			
Stimme	Oecnä	gleiche Benennung mit der Kehle	Karuh
Reden	Neuchtuk	Tgneluschkin	Kashl-ushitsch
Rede		beide bedeuten mit Rede einerley	Lechlush
Wort			Lutusch
Nahmen	Attcha	Elaang	Chourentsch
Kreischen	Aguchiuk	Ktaingaschkin	Orantyshitsch
Geschrey		gleich wie kreischen	Shilshitsch
Geräusch	Auiguluk	Wikleaingin	eben so wie geschrey

	Kadjak.	Tigill.	Kamtschatka Fluß.
…ül.	— „ — „ — „ —	gleich wie grauer — „ —	eben so wie gelbgrau
…unn	Keahuk. — „ — „ —	Tschatschaaschtschin — „ —	Yngaschitsch.
…n –	Ulajachtuk. — „ —	Tchnlüschischtschin — „ —	Schischitsch
…nn –	Atuchtuk. — „ —	Mrepskusch — „ —	Engischukäpgäng
…n –	Aksniachkuk. — „ —	Ekschchaltsch — —	Ekschnaistschitsch
…rn –	Ulchtuk. — „ —	Tschnischck — „ —	Uiuschitsch.
…unn	Knächtuk. — „ —	Atylschtsch — „ —	Muschitsch.
…unn	Aitochtuk. — „ —	Uänschkin — „ —	Elchloschitsch.
…ßtn	Gumiachtuk. — „ —	Ujepschaschkin — „ —	Uchschischilistsch.
…gen –	Inachtuk. — „ —	Koschillungachtsch — „	Chalikschhaschik
… –	Nangachtn. — „ —	Tchaschuchschuchtsch —	Kschichtsch.
…n –	Peuchtuk. — „ —	Mpikik — „ —	Tulleschik.
…fort.	— „ — „ — „ — Acua — „ —	chpikichtsch — „ —	Teút.
…lm –	Kawachtuk. — „ —	Elchalkeik. — „ —	Tungiklesshik
…l.	— „ — „ — „ —	— „ — „ — „ —	Sükßch.
…gen	Ktchauk. — „ — „ —	— „ — „ — „ —	Chontschkoroschok.

	Kadjack	Kigill.	Kamtschatka Aleut.
Halten	Tchū.	Känchtschik	Bnikeku.
Laufen	Kÿmächtuk	Mschthajashuk	Kunshlelaché.
Tantzen	Tchlieltuk	Mÿmchltiauk	Kÿgdélk.
Lieben	Kunukaga.	Tÿlchtlashik	Kÿlchtulak.
Leben			
Groß	Kosueiuchtuk.	Tÿgintchajaschkik.	Chajushatylshik.
Freund	Nunianachtschuk.		Kaajuk.
Dummer	Umiueschuktuk	Tkeneshischk	Kodeshim.
Schwartz	Anghkuk.	Tÿnkschchÿshk	Loodonum.
Müde		Tkeshushk	Kàshónum.
Arbeit.	Kubuelluchtuk.		
Faul.	Ksatachtuk.	Tekschingeschkin	Kälsfinglu
Ich	Chwÿ.	Kÿmma	Kymma
Du	Lchpÿd.	Kÿsshà	Kysska.
Er	Um.	Enna	Due.
wir	Chunkuda.	Asusha	Bushe

Iadjail	Tigill.	Kamtschatka Ruß.
Lpdschi. – „ – „ –	Tusha – „ – „ –	[Ÿnkeld.] Susche
Okud. – „ – „ –	Tusha – „ – „ –	Ÿnkeld.
– „ – „ – „ –	– „ – „ – „ –	– „ – „ –
– „ – „ – „ –	– „ – „ –	– „ – „
– „ – „ – „ –	„ – „ – „	– „ – „ „
– „ – „ – „ –	– „ – „ –	– „ – „ –
– „ – „ – „ –	– „ – „ – „	– „ – „
– „ – „ – „ –	– „ – „ – „	– „ – „
– „ – „ – „ –	– „ – „ – „	– „
– „ – „ – „ –	Tÿnglchk – „ – „ –	Jchlén.
Pidogo – „ – „ –	Lchmankesh – „ – „ –	Ligshhai.
Pioogo. – „ – „ –	Tnushk – „ – „ –	Tellushik
Lchpÿd-pidohu. – „ –	Nuchtsch – „ – „ –	Kallolck.
Um pidoha – „ – „ –		– „ –
Tangahu. – „ – „ –	Tÿkschchunshk – „ –	Tÿkuschchushik.
Alschchu. – „ – „ –	Kchlenuschch – „ – „	Chnalulk.
Tchu. – „ – „ –	Kliech – „ – „ –	Bratan.

5

	Kadjak.	Tigill.	[illegible]
Schlagen	Ilaschahu.	Ktalalatk	Kmitschilk
Tragen	Angashu.	Kÿnässjulälatk	Chlÿntelkuk.
Werfen	Ishiu.	Chtkÿlch	Knikelk.
Reißen	Tschakshiu.	Krauitÿgin	Kattchatschischcher
Gießen	Kuchju.	Kehlÿnshch	Kÿlluschak.
Geben	Tunniu.	Kashÿlch	Kÿshilk
Gieb	Tajahu.	Kutchÿch	Kattau.
Schneiden	Pillachtohu.	Tÿnpaschchÿnatlin	Lshäk.
Verbergen	Nusseau.	Tÿngiatlin	Kchewelik.
Stärke			
Kraft.	Tukniuk.	Nketuokyn	Täkeshdäk.
Gewalt.			
Gebähren	Aksiahlük.	Inshachtnÿn	Treuchten.
Geschlecht.			
Ehe.			
Hochzeit.		Newenülan	
Wittwer.	Uillihak.	Amshankamhimsch	Sösh.

Kadjak	Tigill	Kamtschatka Fluß
Chuannitschikugutt	Juneschkin	Utchltsch
"	"	"
"	Kÿlÿchlch	Krürch
"	"	"
"	"	"
"	Tschichtsch	Tschichtsch
Tukojuchtuk	Tschchatsch	"
"	Tschaasch	Jzanu
Changiachlåk	Tschekchltsch	Tschachtschitsch
Tschumchak	Utschchtschamshalch	Ushlachtallé
Anguk	Pläach	Pramulkin
Mickkok	Nenükejajag	Chumtschinakch
Kannachtuk	Thamkeen	Dasschuló
Kchidok	Tschulch	Dishul
Patznachtuk	Lhÿkashutsch	Likchai
Uknachtuk	Omkushutsch	Omom
Makachtuk	Glÿlkai	Lakekanglÿ
Tschajukneiduk	Cheitschikletsch	Klubak
Ashachtuk	Cheitschik	ebenso wie [illegible]

6.

	Ladjak.	Tigill	Lautschaka Fluß
Roth.	– " –	– " –	– " –
Böse	Kumchtaktuk.	Kchaak (zu Böse und Schlecht)	chakalschitsch.
Schlecht.	Asſüduk.		
Dumm.	Nahliumuk.	Eteltejunklai	Dipuremlu.
Lang.	Usuitugh.	Keneſhuik	Kichlutanging.
Schön.	Tangchnaktuk.	Tschininglee.	– " –
Scharf.	Ipchtuk.	Nirwikin	Kytschkakkalu.
Rund.	Akahanchtuk.	Kamlelyngkil	Kirulechtſch. (zu Rund, Dreist und Ball)
Dreist.	Kasſ-chiaganuk.	– " –	
Ball.	– " –	aber so wie rund	
Leicht.	Okichtuk.	Maichken	Nymſchhuk.
Schwer.	Ukamatuk	Kyſhlah	Nynkſchk.
Tief.	– " –	Ktlah	Dyſtk. (zu Tief und Hart)
Hart.	Lungogdok.	aber so wie tief	
Schwach.	Chadſchuungok.	Ektuklain	– " –
Dumm.	Amiduk.	Ktſolliah	Duchtſchulk.

	Kadjak.	Tigill.	Lamutschatka Fluß.
…d.	Lchuk.	Naumchken	Chumk.
…t.	Kangtuk.	Anglah	Kotaloh.
…freund.	Tschugaludn.	Itschgalk	Dikch.
…Mann	Tschukcidok.	Telwetschch	Dyngyngchlk.
…l.	„	„	„
…iß.	Katchtuk.	Atchlah	Chonkalo.
…warz	Tannechtuk.	Ktyelleh	Drello.
…ß.	Kauichtuk.	Nirchaan	Tschetschaló
…ün.	Keuak.	„	Dochkrallo
…lb.	Keuak.	„	„
…l	Tschungeskak.	Lungulänschlä	„
…un.	Tschinguhuk.	Laatsch	Kuletsch.
…nd	Igaluk.	Lailgan	ebenso wie Sonne.
…rn.	Mittak	Ngneschin	Eshengitsch.
…mmel.	Killack.	Kyschch	Kachöl.
…bel.	Teiduk.	Ingajun	Kocht.
…lden	Ameglun.	Ajaad	Gurebkol.
…enbogen	Agluhak.	Kelpuselp	Ymtch.
…ssel.	„	„	„

7

	Kadjak	Tigill	Kamtschatka Russ
Luft.	–	–	Erän
Wind.	Aklak.	Jugin	Sÿpl
Wehen	–	–	–
Wirbelwind.	–	–	Twätwä.
Sturm.	Aklak-pitschegkeigduk	Wjalwjal	Täschchtäschch.
Dunst.	Ahäila.	Gülgÿl	Täshitsch
Regen	Kidak.	Tschuchtschuch	Tschuchtsch.
Thau.	Juechtuk.	Lältÿtsch	Bädÿm.
Hagel.	–	Kleuata	Kakomkashitsch
Donner.	Kalüchtuk.	Gÿgetschkin	Kichkich.
Blitz.	–	Mÿrgriliatschkin	Mrchkashitsch
Schnee.	Anneu.	Kolaal	Krel.
Kälte.	Nÿngÿla	Lkchleletschkin	Kÿnetsch.
Frost.			
Eis.	Tzigu.	Ktool	choltd.
Feuer.	Knck	Ÿmchl	Brumchtsch.
Lüft.	Tankÿgdück.	Tchsaatsch	Atchat.

	Kadjack	Kigill	Kamtschatka Fluß
Gatten	Tagnak	Uilgüil	Chwoëtatsch
…uster	Tamlÿchtuk	Tchunkaschutsch	Liachulta
…g	Hÿnnak	Kehlal	Taasch
…ust	Unuk	Kunik	Kunnük
…orgen	Unnak	Turmitif	Ettem
…bruder	Akuoachtuk	Aiwelchat	—
…t	Ungalak	—	—
…st	Tchlanek	—	—
…ord	Wasiak	—	—
…d	—	—	
…ner	Kechtuk	Laml	Adamschtasch
…uter	Ukschogduk	Kuankusch	Koankasch
…ht	Uksjioachtuk	Tchylé	Kÿthél
…ling	Ubnhaktuk	Kachtang	Uchchalasch
…ude	—	—	—
…ohe	—	—	—
…er	—	Giwigiw	Katchasch
…t	—	Ennoincht	—
…et	—	Mnÿlchkÿsch	—

	Kadjack.	Tigill.	Kamtschatka Fluß
Erde.	Nuna.	Schymt	Sÿmt.
Wasser	Tangak.	J.	Ásham.
Meer	Jmack.	Kÿh	Eshuch
Fluß.	Kwichak.	Kih	Kih.
Bären.	Nannuak.	Kolch	Kröch.
Wallfisch	Kaguÿachtuk.	Mugmu	Keia.
Insel.	Kÿktahok.	Lembkul	Lupkol.
Sand	Kahuja	Toschch	Bishlk.
Thon	Kigu.	Ktchym	Kÿtchÿm.
Staub.		Chamjachom	
Torf.	Ika.	Kenschl	Tschuesh.
Berg	Pnak.	Kengelchan	Enshitsch.
Ufer.	Kudÿtt	Uitlwunn	Kämen.
Hügel		Achuntsch	
Thal.		Uchten	Kuntsch.
Fisch	Tusskak.	Amlah	Am-am.
Höhe.		Kÿllgiklah	Krönk

	Kadjak	Tigill	Kamtschatka Fluß
…nit	Kangtuk	Kootlah	Kolkot.
…ünge	Tackuk	J-ulāh	Diullu.
…och	Tschaknak	Pchaalpchall	Phalpchal.
…ruber	Lagak	Koem	choël.
…raben	– " –	– " –	– " –
…öhle	Chajukonak	[~~Kooch~~]	– " –
…rin	Jämak	Kooch	Kual'
…old	– " –	– " –	– " –
…lber	– " –	– " –	– " –
…upfer	Kannujak	– " –	– " –
…lan	Tschauik	Palluant	– " –
…un	– " –	– " –	– " –
…eÿ	– " –	– " –	– " –
…eltz	– " –	– " –	[Eÿpim salzig]
…alt	– " –	– " –	– " –
…ft	– " –	– " –	– " –
…under	– " –	Jauskille	– " –
…ad	Abūett	Nutelljorchen	} Sisl
…aut	– " –	Schischs	}

	Tadjack.	Tigill.	Kamtschatka Fluß
Baum	Keyschak.	U	U.
Holtz	Knachked.	U	Uud.
Schaft.	Nebachtak.	Upujew	Plätsch.
Wurtzel.	Ammak.	Ptnechul	Pyngelpyngel.
Stumpf.		eben so wie Wurzel	Enmenkul.
Rinde.		Jlaal	Udchtsch.
Ast.		Shittl	Katschachk.
Blatt.	Tschuje	Mchlimchl	Paratsch.
Blume			
Frucht.			
Same.			
Beere.	Kylchett.	Lungul	Kengenutsch
Zwiebel.			
Nuß.		[Kuntlil zirbelbaumnuß]	Kuned.
Apfel.			
Kirsche.			
Weinstock			
Feld.		Reglang	Äemtsch.

Kadjak.	Tegill.	Kamtschatka Fluß.
″	″	″
″	″	″
″	Reglang	Äemtsch.
″	″	″
″	″	″
″	″	″
″	″	″
″	″	″
″	″	″
Ungalched.	Unekt	Kärtkening
Ikahliutt	Nyntsch	Entsch.
Ahuk.	Jungei	Deen.
Uttchuek.	Sheschalch	″
″	″	″
″	″	″
Kabloot	Lgulch	Chybtsch
Tschuak.	Cholomchlen	Kolomchtsch.
Mankuilatt	Keltschuin	Keltschengytsch
″	Toshun	Tauashitsch.

10

	Kadjak.	Tigill.	Kamtschatka Fluß.
Spinne.	Atmaik.	Schikuk	Sikwyjkatsch.
Biene.			
Honig.			
Ochse.			
Kuh.			
Kalb.			
Schaf.		[Ktep wild Schaaf]	[Kleem wild Schaaf]
Widder.			
Ziege.			
Horn.		Nten	Nettel.
Pferd.			
Kameel.			
Esel.			
Schwein.			
Hund.	Piuchta.	Koschch	Koschch.
Katze.			
Kater.			
Bär.	Pagunak.	Unaill	Käsch.

	Kadjak.	Tigill	Kamtschatka Fluß.
olf.	Kahannä.	Aigne	Kÿrch
uchs.	Koffiak.	Tschaël	Essingsch
ase.	Ukaïd.	Minchltsch	Biltsch.
naud.	Uhÿnak.	Lelkutsch	Deultsch.
ache	—	—	—
uchs.	—	—	—
und	Nackchlak.	Kschaas	Käschuäsch.
tte	~~Kumagÿk~~ Sakoligak.	Galgahalch	Detschimatsch.
aub.	—	—	—
Adler	Kumagÿk	Schletsch	Silliatsch.
abe.	Kalnak.	Hejekl	Kackehr.
räh.	—	Klakl	Kuëllutsch.
gel.	—	Galgatt	ebenso wie Ente.
erling.	—	—	—
walb.	Tschungathtschuahett.	Klealin	Uallauallalitsch.
der	Tschuluk	Scheschinq.	Suschudsch.
ÿ	Manik.	Lhÿlch	Dulchtsch.
st.	Ungulutt	Aschch	Jiitsch.
rtn.	—	Choranjolan	—

11

	Kadjak.	Sigill.	Kamtschatka Küs[…]
Pflügen			
Pflughaken			
Pflug.			
Eggen.			
Erndten.			
Gräntze.			
Haut.		Kischt	Bautanu.
Hütte.	Tschukluak.	Kaingycht	Bashabash.
Zelt.			
Thür.	Amick.	Nutsch	Onnotsch.
Heerd.		Ojojolgin	Tschinschusch.
Boden.			Channotsch.
Stadt.			
Dorf.			
Axt.	Annién.	Kooschch	Kuash.
Maaß.		Tenumten	Lunkablun.
[illegible]	Tschingilik.	Chwaltsch	Wallatsch.

	Kadjak.	Tigill.	Kamtschatk. Fluss.
…el	[Dorf- Aschuk.]	Kuketsch	Kucketsch.
…rsch.	"	Wiusch	"
…und.	"	"	"
…aß.	"	Uchaim	Ulkan.
…ufe.	"	"	
…ich.	"	Tchtym.	Tachtem.
…n.	[Ledernes Boot- Chajachpak]		
…frau.	"	Ning	Anangas.
…frau.	"	Ningatschch	"
…frau.	"	Pikeastsch	Schesnik schesnich.
…mm.	Nlitzkud.	Skaschnin	"
…nidung	Akluth.	Kofchan	Tajang.
…ltz.	"	"	"
…umpf.	"	"	"
…u.	"	"	"
…ütze	Saliochpak.	Pegchel'	Hallalitsch
…ürtel	Kitklähunn	Schil	Schett.
…ch.	"	"	"
…alle.	"	"	Enl.
…mmwolle.	"	"	"

12

	Kadjack	Tigill.	Kamtschatka A…
Fleisch.			
Gemüse.		Nonim	Alotlnym
Roß.	Ahÿpellnuk.	Kamysch-chinkin	Kyshuak.
Taschen	Knichtuk.	Kokashochtsch	Koshok.
Bier.			
Wein			
Oel.			
Brod.			
Geld.		Mÿlkutschin	
Dieb.	Tÿgÿlnachtuk.	Tulaalan	Ischchkoshua
Krieg.		Tanintschatschischkÿsch	
Krieger.		Taninkÿrgin	
Zauberer.	Kumchtuk.	Tschmalshoschtsch	Litschkalushitsch
Schwägerinn.	Inÿachouduk.	Tschinestschitschischkisch	Elloschimoshitsch
Harnisch.		Mÿrhew	Tillud.
Helm.			
Schild.			

	Kadjak.	Tegill.	Kamtschatka fluß.
…irß.	Pánā	Poigÿnn	Kakennutsch.
…off.	"	Tkoneshischk	"
…ng.	"	"	"
…und.	Tsnaga	Inchalek	Keilelch.
…ind.	Tsnaganijtaha	"	"
…rr	"	Meingtchlchan	Uishutschitsch.
…ß.	"	chlenaschch	Karro.
…rst.	"	ebenso wie Herr.	"
…nig.	"	"	"
…ster	"	"	"
…z.	"	"	"
…h.	"	"	"
…nn	"	Chlneg	"
…reiben.	"	Köligin	"
…fang.	"	Janotan	Ushonom.
…d.	"	Inchlwun	Dächushetsch
…	"	Melsclul	Läh.
…ein.	Piduk.	chām	chi.
…t.	chwenechpak.	Nänn	Diulk.
…ror.	Itziok.	Kaat	Uschenen.

13

	Kadjak.	Tegill.	Kamtschatka Russ
Wasser	Ataku	Tliamal	Dumchlaku
Nase	Kanduk	Tmaal	Dulluk
Stern	Jaichtuk	Nuräa	Ttalk
Hier	Ettuk	Utaenk	Tetschch
Dort	Awani	chukchen	Täkwij
Gestern	Akchuak	Atschenÿschk	Etil
Heute	Gÿnchpak	Nēn	Dengij
Morgen	Unaku	Mitiw	Thashelku
Bist du	Chuai	Tichtenu	Tetschch
Oder	—	—	—
Wir	chaju	Mankÿng	Inkenel
Wo	Naima	Mā	Binne
Wann	Kaku	Itä	Itte
Was	Tschaai	ÿnka	Nktsch
Wer	Kinna	Kä	Koed
Mit wem	—	Käenk	—
Warum	—	ynkel	Nknel

	Kadjak.	Tigill.	Kamtschatka Fluß.
[illegible]	—	—	—
[illegible]	—	—	—
[illegible]	—	—	—
[illegible]	—	—	—
[illegible]	—	—	Danchlinasch
[illegible]	Althallok	Choning	Dischk.
[illegible]	Mallok	Kaschthan	Kasch.
[illegible]	Pingain	Tschothan	Tschök.
[illegible]	Stamen	Tschathan	Tschaak.
[illegible]	Talhimen	Komÿlth	Komtk.
[illegible]	Agwinligin	Kÿlkch	Kilkuk.
[illegible]	Malchungin	Etchtonok	Etchtunuk.
[illegible]	Ingellulin	Tschochtonuk	Tschuchtunuk.
[illegible]	chollunguin	Tschachtanuk	Tschachtanak.
[illegible]	Kollin	Tusch	Tschumchtak.
[illegible]	Atchtuk	—	Dischk-kannaschaka.
…zwanzig.	Swinuk	Kaschchtusch	Kÿlekel°.
…ßig.	—	Tschochtusch	Tschooch tschimchtak.
…undert.	Tallimen swinett	—	Tschimchtak tschimchtaka
…send.	—	—	Uschitalsch.

14

Bey der Bill
durch Dr.

Expedition

gesammelt.

	Rennthier habende Tschuktschen.	Stillsitzende Aivanski	Nagunalaschka.	Andrean Inseln
Gott.	Engeng.	Aghat.	Augugoch.	Aghoge
Vater	Illigin.	Maka	Ada.	Addan
Mutter	Illïa	Anak.	Anna.	Annan
Sohn	Ekuk.	Rinaka.	Lang	Lan.
Tochter	Neuvekuk.	Pannika	Asschining.	Asschi
Bruder	Itschamitumgin	Anechluktik	Agÿtasking	Agÿtu
Schwester	Tschakÿgytsch	Najahak	Onging	Unchn
Mann	Ojachutsch.	Uika.	Ugÿng	Ugiin
Weib.	Näuvkan.	Nulliak	Ajagang.	Aijagh
Mädgen	Nevÿtsch chait.	Nubiachtschak	Asschodgÿk.	[illegible]
Knabe	Ekekächai	Nuckelpäak.	Annikluk.	Lack.
Kind.	Kminga	Mikischkak.	Tschidak.	
Mensch	Chlaull.	Juk.	Tajach	Tajahu
Leute	Chlaullet.	Jukulaiktu	Tajahon	Tajagho
Dorf.	Leut.	Naskok	Kaimhak	Kamhÿ
Rumpf.	—	—	—	—

16

Bolscheretsk.	zwischen dem ostrogh. Kyktschik & Belogolov.
Nuschtiachtschitsch.	Nusstichtscha
…schch. – – – –	Jsch.
…näschch. – – –	Lächsch.
Paatsch. – – – –	Spätsch.
…uing. – – – –	Suing
…ttschisch – – –	Plachtsüsch.
…tschischa. – – –	Liliehl.
…lkug. – – – –	Kamschan.
…lkuā. – – – –	Nÿngitsch.
…chiaksssch. – –	Ktschitsch.
…ahatschitsch. – –	Nañatschla.
– – – – – –	
…chkamsch. – – –	Skamsch.
…aad. – – – –	Jgnal Skamschod.
…huscha – – –	Tschÿsch.
– – – – –	– – – – –

	Renthier habende Tschuktschen	Stillsitzende Aivanski.	Nagunalaschk.	Andreanow Inseln
Antlitz	Löolchell	Iniack	Sageghkudak	Sagÿma
Nase	Jachchaja	Chÿnga	Angoschin	Anhussi
Nasenlöcher	Hängirillgin	Chyngak	Ghuun	Yullak
Auge	Lillet	Jik	Dak	Dak
Augenbrauen	Rilgut	Chablutt	Kaptik	Kamik
Augenwimpern	Lillärgÿd	Kamghajet	Däkakscha	Dackak
Ohr	Vilüt	Tschiftuchk	Tutuschi	Tuttusch
Stirn	Kyrdshēl	Kavak	Tänig	Tannik
Haar	Kÿrvÿt	Nüjet	Imlin	Imlisch
Wangen	Hÿllpÿd	Ullÿngik	Ullughok	Ulluhak
Mund	Gikurgin	Kandak	Agilgak	Agÿllgÿ
Kehle	Pilgin	Jaak	Tschokak	Tschüka
Lippen	Vemÿlki	Tschundua	Hattik	Chattÿk
Zähne	Rÿttyntä	Vuttinka	Agallun	Agallusch
Zunge	Gül	Ullin	Umschuk	Umschuk

Bolscheretsk.	Zwischen den Ostrosh Kyktschik u. Belogolovo.
chuang. - - -	chuang.
Kaiko - - -	cheichyng.
Kangÿd. - - -	chÿngaschin
Nanÿd. - - -	Lÿll.
Tÿttäd - - -	Tylltēd.
Tschüanud. - -	Tschuaned
J:ud. - - -	Illuiling
Tschÿllkua	Ktschetsch.
Kumÿd - - -	Kÿbed.
Paada - - -	Pallchan.
Käs=ch. - - -	Kÿschcha
Küikä. - -	Kuiro.
T=schÿddä -	Ts=chön.
Kÿppÿd. - -	Kpad.
Nÿtschell. - -	Lschell

	Rennthier-fest Tschuktschen	Festsitzende Aivanski	Nagunaloschka	Adrianofs Inseln
Bart	Valkalyrgyd	Uinka	Inglakun	Suchujuf[illegible]
Hals	Hitten	Ujakunka	Uijok	Iktschchi[illegible]
Schulter	Kilpyd	Tuichka	Kanglik	Kangli
Arm	Myngitt	Tallichka	Tullak	Tschak
Hand	ein arm	—	Tschak	ein arm
Ellbogen	Kirouetta	Ikuichka	Tschangikluk	Tschangikl[illegible]
Finger	Killgit	Aihanka	Athuk	Attchusj
Nägel	Vägytt	Setunka	Kahalgak	Kaghallg[illegible]
Brust	Mattcho	Tschainka	Schimschin	Simschis[illegible]
Bauch	Nankyn	Aktschachka	Kilmak	Kimlak
Rücken	Kaptyn	kulichka	Gulgak	Kudyyk
Fuß	Hyttkalnin	Iuchka	Kitak	Kittak
Knie	Ngralnin	Tschirkuka	Tschirgirak	Ughughy
Herz	Lingling	Ichtschakuk	Kannok	Kannuk
Magen	Kängjack	Achtschakuka	Kilpak	
Blut	Mullimul	Auka	Aimhik	Amhyk

Bolscheretsk	Zwischen Kyktschik u. Belogolovo.
Kŭkud. – –	Luoll.
chaitell. – –	Haitÿng.
Tanŭton. – –	Tnŭtan.
Sutw. – – –	Chkätsch.
Sutw. – – –	chkätsch.
Kamtuch – –	Khamtung
Pkuina – –	Pkod.
Kuuda. – – –	chkod.
Jngeta. – – –	Kchaitatsch.
Kschuch. – – –	Ksllch.
Itschu. – – –	Kagatsch.
Schkuatschu	Kcktang.
Susa. – – –	Sÿssÿng.
Nugruik – –	gulgutsch.
– – – – –	– – – – –
Nÿssÿm – –	Nchlÿm.

	Rennthier habenden Tschuktschen	Nellsitzende Aiwanski	Naganalaschka	Adrean Insel
Milch	Lioiren	Ittuk	Maktaká	Makd…
Haut	gÿlgin	Amik	Igluka	Kats…
Fleisch	Tÿrgÿtÿr	Kÿmÿka	Olok	Ullú
Knochen	Hätt-m	Nÿnnuka	Kagnak	Kagna…
Gehör	—	—	Tuttakuning	Tuttá…
Gesicht	—	—	—	—
Sehen	Chÿitt	Schaku	Ukuchtada	Ukuc…
Geschmack	—	—	—	—
Geruch	—	—	—	—
Riechen	Chaivÿttinga	Kackÿgha	Umtádà	Umta…
Gefühl	—	—	—	—
Athem	Kachullilät	Agÿtik	Anhÿk	Tunn…
Reden	Inneinmitschergin	Kanachtak	Tunnuktáda	Tunn…
Rede	—	—	—	—
Wort	—	—	Tunnuschida	wie R…
Nahmen	—	—	Assak	Assá…

Bolscheretsk	Zwischen Kÿkitschik u. Belogolovo.
Nukkoll. – – –	Lkoll.
Saschhak. – – –	Kuchutsch.
Tatthall – – –	Schallthall.
Tekudd. – – –	Tekulltkoll.
– – – – – –	ist höher Kyma Kÿluttschaschen.
– – – – – –	ist roth Kyma Tÿlktschkuischen.
Kotschkuichtsch.	– – – –
– – – –	ist schwartz Kyma Tÿlltschchnÿschen.
– – – – –	ist weiß Kyma Tynschkaischin
Kaschkeichtsch.	– – – – – – –
– – – –	– – – – – – –
	Choichaschÿn.
chkaschuchtsch.	ist rothe Kyma Tkaschluschik
– – – –	– – – – – –
– – – – – –	Kaschluchtsch.
chauag. – – –	Chailaang

	Rennthier Tsch: Tschuktschen	[illegible] Aivanski.	Kagunalaschka	[illegible]
[illegible]	Neineurkin	Tuskluachtuk	Machtada	Jnatsch…
[illegible]	—	—	—	Amillg…
[illegible]	—	—	—	—
[illegible]	—	—	—	—
Weinen	Terngatirkin	Kïa	Kingelk	Kÿdall…
Lachen	Tengeurkin	Aliachtu	Aluchtÿll	Kasska
Singen	Chttipengerkin	Atüchtuk	Unnughada	Angatsch…
Niesen	Chatschaglia	Tagigha	Asschüll	Akischch…
Zittern	Keuerkin	Chuttanga	Uschchullik	Uschchut…
Nähen	Vuannatÿrkin	Angiachitach	Nungilk	Nanagÿ…
Gähnen	Vängillatä	Etauchta	Aghilk	Agillik
Schreien	Kchaujobtscha	Ujungèa	Mihalasch	Migadel…
Liegen	Charetschholli	Jnachtuk	chojuda	Koijoghe…
Rufen	Javo	Tataku	Ankäda	~~Aigaksch~~
Gehen	Mnÿllchÿst	Auliachlük	Aigÿgÿng	Aigaksch…
Gehe ~~fort~~	Koro	Taï	Hitscha	Amanu…

Bolscheretsk.	Zweiter Kyktschik u Belogolowo
chkaichtsch. — — —	ist dritte Kyma tchaachaschk
Kaischikiked. — — —	Kalkisch.
— — — — — — — — —	Chagahakÿsch.
— — — — — — — — —	Chuavaschin tschimatschid.
Chuoaschikik — — —	ist zwein Kyma Tÿschünschik
Assukaschkik — — —	ist laufr. Kÿma, Dÿschingschk
Ktschaamchtsch. — —	ist sieg Sangÿschuschuk.
Aktschischchaingschich.	ist vierte Satschÿangschik.
chÿuschikik — — —	ist Zitter Kÿma Tyngÿschkÿtschen
Atterstsch — — —	ist Röm Kyma Slunglußkÿtschen
Tschutschänschik — —	ist gähn Kÿma Tschutschangschkÿtschen.
Kuchuschischik — —	ist zfrit Kyma Tschuitukskÿtschen
Ånach — — — — —	ist liegr. Kÿma Tÿschÿlskutschen
Koschischchtsch. — — —	— — — — —
chussumsk. — — — —	ist groß Kyma Tkÿlaschk.
Koschchtsch. — — —	Akangÿng Keiltsch.

	[illegible] Tschuktschen	[illegible] Aivanski	Naguntaschka.	Adrian [illegible]
Komm her / ~~Geh fort~~	Källkchätt.	Ahulak. — —	Ackadä. — — —	Ackäd
Schlafen	Mindshilkchai	Chaboul. — — —	Sachang. — —	Saghä
— ~~Erwachen~~ ~~Aufstehen~~ —	Haretilim —	chabanchtu. —	Tschngagin.	Sngach
— Springen	chkpingku. —	chatchatulu —	Ilyghtscha — —	Hyghy
— Halten	kchärä — —	Ajuachu — —	Schuktadá — —	Sukta
— Laufen	chärkillä — —	Achmäät. — —	Ighdaqtada. — —	Ackel
Tanzen	chpÿttura — —	Puttura — —	Kanghallgolla	Talich
— Lieben —	Niglöigÿm	Aletak. — — —	Ittuktäda, — —	Illakt
— Liebe —	———	——— — — —	Jaktakung. —	Jagnay
— Froh — —	geräitÿm. —	Kujangu — —	Utellik. — —	Kaghä
— Freund —	——— —	——— —	——— — —	———
— Kummer	Häppÿneglin	Tschumachtachtm	Kingulgulik	Kingn
— Schmerz	Nÿtÿlchÿn —	Tschajekach	Kangulking	Nanaj
— Müde	— —	— — —	Käjunilk —	— —
— Arbeit	Nitemingitim	Tschanako. —	Auhga. — —	Augh
— Faul. —	———	——— — — —	Schachtalik. —	Saik
Ich. — —	ghÿm — —	Vij — — — —	Sing — — —	Sing —

	Bolscheretsk	Zwischen Kyktschik u. Belogolovo.
– –	Emishkochtsch – – –	Mtkyng. Kualchtsch.
– –	Kungekha – – – –	ich schlafe Kyma Tymgkschak
– –	Kashhett. – – – –	Myklnung.
…hik	Kschchedeushkusch.	ich springe Kyma Tschchnigashuk.
– –	Kunnitch – – – –	ich falle Kyma Tynkshuun.
– –	Kaschylishych –	ich laufe Kyma Tschlashushk.
–	Kagydaschch. – – –	ich tanze Kyma Tyshtyllsk
–	Kannuchodm. – – –	ich liebe Kyma Tylichtluashyggyn
…ilka.	Nuchtlodam. – –	– – – – –
…ik –	Kunnaushtyshk –	ich freue mich Kyma Tkluashysk.
– –		– – – – – –
–	Kuadashteschk. – –	ich traure Kyma Tkuodashishk.
– –	Tynungnushtsch. –	Lungdush.
– –	– – . – –	– –
–	Kashutschyk. – –	Tkashushk.
– –	channuschtsch – – –	ich bin faul Kyma Tkngstyshk.
–	Kymma – – –	Kymma

	[illegible] Tschuktsch.	[illegible] Aivanski	Nagunalaschk
du	Gyrr	Avulpuk.	Thijn
er	Inkhaw.	Sană	Ingen.
wir	Muri.	Vangkuta	Tchymen.
ihr	Turri	Aulpitschi	Thijtsch.
sie	Ingchanad.	Taku.	———
war	———	———	Uallinak
Essen	———	———	Kang.
ich esse	Gymatchvametvyrkin	Vangkutauachtlpuk	Kackuchi
du issest	Kchametva	Illpuknahä.	Kackukin
er isst	Kachametvyrkin.	———	Kakuing
Trinken	Migutschia.	Emagli	Tangang
Nähen	Nekchamyttratyk.	Nägäli	Atschchud
Nehmen	Treiminim	Tiguliaku	Schuda.
Schlagen	Mintalaivuaw	Chytaghlach	Tugada.
Tragen	———	———	Ackaschi
Werfen	Knintigin	Hijju	Annushid
Reißen	Chanlapaiting	Chtagujuk	Ungashida

…ranofs …sprache	Bolscheretsk	zwischen Kyktschik u. Belogolovo.
…	Küsch	Küscha
…an	Taakvui.	Dangun.
…in.	Musch.	Musscha.
…schik	Susch.	Tusscha.
…ghakusch	Taakva.	Duad.
…kang	Küschkeichnutt.	uß zwar Kyma Dychlüsk
…lich.	chäiduchtsch.	——
…g kallik	Tüduschk kym	kyma Tduschk.
… kallik	Küschkcheiduchtsch.	Kyssha Tduchtsch.
…att.	Annaiduschkik.	Dangun Tduschkun.
…yalli.	Tüischk.	uß trink. Kyma Tküilschk.
…ch chüschgha	Tschninschtsch.	uß nähn Kyma Tnuschin.
…lka	Emgatüsch	uß nehm Kyma Tmataschun
…allka	Stäkschitschi.	uß schlage Küma Tklüschn
…güschilka	Tüschchuschtschi	uß trage Küma Tymltüschk
…iktaschilkuk	Stükeschchaschtschi.	uß wasche Küma Tküljm
…illgilkak.	Tachatschischch.	uß reiße Küma Tstüschin.

	Renth: lab. Tschuktsch.	Stillsitzende Aivanski.	Nagunalaschka	Adrianofs Inseln
Dienen –	Chattagÿn –	Kubing – – –	Juda – – –	Chiuschka.
geben –	Milgÿmyk.	Tunim. – – –	agàda – –	Nañagada
Dieb –	Chÿlgin. –	Tunni. – – –	Ackÿtscha	Achatschch
Schneiden	Chatschvÿgin	Pilliagha. – –	Igajeda – –	Agydÿkschi
verbergen	Chnatschiga –	Jchm. – – –	Agutscha –	Aghuschka
Stärke –	Katütschã –	Ikniachu.	Kàjw. – –	Keijusch
Kraft –	——— –	——— – –	——— – –	———
Gewalt	——— – –	——— – –	——— —	———
gebären	Kÿgmÿgetje	Erÿneng – – –	Aghulik –	Aghukagi
geschlecht	———	——— – –	——— – –	— —
Ehe – –	———	———	——— –	— —
Hochzeit	Nautÿrkin	Tiutliachkin –	——— –	Aijagajac
Witwer –	Jandanga.	Uilgatschu –	——— – –	Ughugÿch
Leben –	Mnitvam –	Lehuta – –	Anhahida	Jl. alka.
das Leben	———	———	———	———
Leib – –	gÿlgÿl – –	Kÿmÿk – –	Katschch.	———
Wunsch.	——— –	——— – –	———	———

Bolscharitsk.	zwischen Kyktschik u. Belogolovo.
– – Kajuschich.	ich giesse Kyma Tliinzisin.
– – Tyschschich. – – –	ich gebe Kyma Tyssynsin.
– Kottkormanak.	Tkuolch.
– – Kassha. – – –	ich schneide Kyma Tynshaschyssyn.
– – Syjlktuan. – – –	ich verberge Kyma Tampyshin.
– Tackashn. – – –	Tâkashtâkashla.
– – – – – – – –	– – – – –
– – – – – – – –	– – – – –
– Tyjyshhak. – –	Enschatyshyn.
– – – – – – – –	– – – –
– – – – – – – –	– – – –
– – challalushk. –	challalushtschen.
ak. Sush. – – – –	Sush.
– Tschuschik. – –	Leben, chaitkalchtsch.
– – – – – – – –	– – –
– Kyjgh. – – – –	Kylylch
– – – – – – – –	– – – – –

	Renthier hab: Tschuktsch.	Festsitzende Nivonski.	Nagunalaschk:	A
Geist	—	—	—	—
Seele	Vujegryjgin.	Aniognock.	Anhÿdghÿk.	U
Sterben	Vÿei.	Tuckko.	Aschanaschi.	As
Tod	—	—	Aschhak.	N
alt	Enpÿnelli	Enpÿnätschi	Alik	Ta
Jung	Oratschik	Atschik	Sugunhashuk.	Se
groß	Nÿmejenkin.	Nymejenkin	Angùnak.	An
klein	Terkin	Ekritáchtu.	Angùnellkin.	Tsc
hoch	Nivuken.	Ekichtuk	Kajakuk	Ka
niedrig	Tschiftachen.	Ekechitachtu.	Kajallagin	Ka
Kälte	Tschachtschangerkin	Ningchlichtu.	Kÿngadÿll	Ki
Warm	Äkägni.	Matschachtug.	Tschinglischill.	Ac
heiß	—	—	Tschinglä.	Ug
gesund	Emÿlelli.	Pingäha.	Matschischkok 1)	An
gut.	Mätschinka.	Mätschinka.	Ukidjonok NB 2)	Ka
Wohl.	—	—	—	—
böse	—	—	—	—
schlecht.	—	—	Matschchÿshlik	Ka

…s	Bolscheretsk.	Zwischen Kyktschik u. Belogolovo.
— — —	— — —	Kiutsch.
…). — — —	Ktschachutsch. —	Nitá.
…ik. — — —	Kitschiaschk. — —	[illegible] Kyma Tÿschaaschk.
…gitakallik	Kitschiā. — — —	Tÿsch-hak.
…hullak. — —	Kÿschakÿsch. — —	chäkatsch.
…ÿk. — — —	Usspaaïtschitsch	Uschlachtall.
…k. — — —	Chÿttschinu. — —	Pllah.
…dak. — — —	Tschinguim — —	Nanutschkall.
— — —	Daschnu. — — —	Knÿgÿllah.
…lak. — — —	Jkum. — — — —	Jsulah.
… — — —	Sackainuk. — —	Lchkaingÿdang
…. — — —	Nam-a. — — —	Kikah.
…lik — —	Kikka. — — —	Kikangÿdang
…alik. — —	Akoschkschig. —	Chatschiktschik
…k. — — —	Tschinakschig. —	chatschiktschik
— — —	— — —	— — —
— — —	Hakdanum. —	— — —
…ullak. —	Attkaa — —	chakschÿtsch

	[illegible]	[illegible] Aivanski.	Nagunalaschk.	[illegible]
Dumm —	Niurachkin –	Uningatachtu –	Daikaghalak. –	Dack…
Klug —	Neitepchijn	Umjuachtuk. –	Hangijgullak. – –	Idac…
Schön —	— — –	— —	Ekchamànuku –	
Scharf —	Nirvukin	Ipochtok – –	Kijtschäku. – –	Tann…
Rund / [illegible] / Ball	Kuvlioko	Akamlüchtuk	Kijtschitoklok. –	Imü…
Leicht —	Nikuglakei.	Ukijjachtuk	Kagighnälak. –	Ignay…
Schwer —	Nitschachin	Ukichtuk. – –	Kagighnät. – –	Igna…
Hart / Stark.	Nitaken. –	Mangkuchtuk.		Tung…
Schwach —	Nimyrkuchyn.	Ukujutachtu	Kajüchijllgak	Kräj…
Dünn — –	Nijtkijn – –	Amitachtu –	Hannijtulkijn	Ighi…
Dick — –	Nhumkin –	Tschittlihuk. –	Hannijtulk. – –	Tum…
Breit — –	Nirkuchen.	Nukutug. – –	Schlaghschik –	Schla…
geschwind	Ipä – –	Unionyok. – –	Angijjak – –	Ang…
Langsam	Mezinda –	Lschmalechtu. –	Attatalkijn –	Alla…

	Bolscheretsk.	Zürsches Nyktschik d Belogolovo
ullak.– –	Paakan. – – –	Nitakÿnschÿtsch.
ügullak	Utaa. – – – –	Knitainschÿtsch.
	– – – – – – –	– – – – – – –
n. – – –	Jÿnskschÿg – – –	Kÿnslah
– – –	Killatschuschua	Pkolla.
k – – –	Numschchua – –	Numschulla
– – – –	Kÿshea. – – – –	Kÿshlla
k – – –	Kÿttaa. – – –	Ktella
– – – –	Ishalangtÿshi. – –	Isalch.
– – – –	Tschünang. – – –	Kchtschulla
k – – –	Chomè. – – – –	Kusellach
– – – –	Kuttaa. – – –	Kutalach
– – – –	Nushalk. – – –	Nÿngsalch
– – – –	Ishachak. – – –	Talvatschch.

	Rennth: hab. Tschuktschen.	Festsitzende Aivanski	Unalaschka.
Weiß – –	Niljachyn.	Kachtschuchtuk	Komekuk. – –
Schwarz – –	Nuhuchyn –	Tanjachtu – –	Kacktscheßschik
Roth – –	Nitschelkachen	Kavachtuk – –	Ullüdak. – –
grün – –	——— – –	——— – –	Tschidryk – –
gelb – –	——— – –	——— – –	Lutschkajak –
blau – –	——— – –	———	wie grün. – –
Sonne – –	Tirkitir. – –	Matschak. – –	Ahadak. – – –
Mond – –	Geilgin. –	Jrallük – –	Tugydak. – – –
Stern – –	Engerenger –	Jralikatach. – –	Stak. – – –
Himmel –	Jing – – –	Keilak. – – –	Inkak. – – –
Nebel – –	Gingei – –	Tetuk – – –	Aijingik – –
Wolken –	Jeäijak. – –	Keilak – –	Inmeogh. – –
Regenbogen	Tschelgiajaik	Angmytavachta	Tudingillak –
Frost – –	——— –	——— –	——— – –
Luft – –	——— –	——— –	——— – –
Wind –	Jojo. – –	Anüka – –	Maduk. – –
Wehen – –	——— –	——— – –	——— – –
Wirbelwind	Kenkeßchiung.	Kallingochta.	Kyttmyllak.

…nofs …ln.	Bolscheretsk.	Zwischen Kÿktschik & Belogolovo.
…allik – – –	Attÿg – – –	Attchall.
…chigdalik	Tÿhang. – – –	Ktÿalich.
…alik – – –	Tschcang – – –	Tschatschalla
…hajullik	Nuchschinu. – –	chluilla
…achschik	rein grün. –	– – – –
…ghÿllik	Tÿhall. – – –	– – – – –
…k. – – –	Kuaatsch – –	Laatsch.
…k – – –	Chuingua. – –	Laatsch.
– – – –	Aschangÿd. – –	Aschangÿd.
– – – –	Koachall. – –	Käis=ch.
…k – – –	Mÿshatt. – – –	Mÿsha.
…ähusk – –	Assakÿm. – –	Mÿshaad.
…llgik – –	Emtchua – –	Emtchuas=kÿgÿn
– – –	Sukkaschi. – –	– – – – –
– – –	– – – – –	Skÿsk
– – –	Tschichtschua	Spell.
– – –	– – – – –	– – – – –
…jllatt.	Pyschautsch. –	– – – – –

	Rennth. habende Tschuktschen	Stillsitzende Aivonski	Nagunaloschik
Sturm	— — — —	— — —	Kÿtsch. — — —
Dampf. –	Chauwetscharkin.	Apjukut — —	Huihrÿk. — — —
Regen –	Koiti. — — —	Imägnachta. — —	Itschchonok. — — —
Thau –	Litell. — — —	Litell. — — —	Uchlag. — — —
Hagel –	Eteinge. — — —	Tschikutaurachta.	Kackatku. — — —
Donner –	Urgirgerkin. —	Katlüchtá. — —	Suruk. — „ — „
Blitz –	Ilkä — — — —	wie Donner. — —	Amuk. — — —
Schnee	Ellell. — — —	Anighu. — — —	Taganÿk — — —
Kälte –	} Tschachtscha. —	Nintliachtuk.	Kÿngadÿll — — —
Frost			Kÿtschak. — — —
Eis —	Pintin. — —	Tschikuta. — „ —	Kdak — — —
Feuer –	Milgimil — —	Eknök — „ —	Tignak. — — —
Luft —	Hergrole — —	Chta. — „ — „	Angÿlik. — — —
Schatten	Yuiloil. — —	Tahnhak — —	Ugumkajak — —
Finster –	Yutschkumtschiku	Unimhuk. — —	Chachtschikajak
Tag –	Liongot. — — —	Aghÿnak — „ —	Angalliak — — —
Nacht –	Nkita — — —	Unümkukoni. —	Amhik. — — —
Morgen	Tingerkin. — —	Kaklua — „ —	Killaha — — —

…nofs …	Bolschretzk.	zwischen Kyktschik und Belogolovo.
…ukschik –	Chachuschusch. – –	Kchokaschuschun.
…k – – – –	Uitysch. – – –	Tyschuun
…uk. – – –	Tschuschich – – –	Tschuschuhun
…laghyllik –	Dädym. – – –	Dadym
…tuchsfyk –	Tkoaschich – – –	Kualkual.
…ujagallik	Kaghykschich. – –	Kychsygyn
…lik – – –	Muchtschkysch –	Pangyd.
…ik. – – –	Kullall. – – –	Chollaal.
…nak – –	Lockchainuk –	Tlchkeelk.
…jak – – –	Sockchainuk. –	Tlchkeelk.
… – – – –	Küjull – – –	kultyd
…k. – – –	Pangytsch. – –	Pangtsch.
…lik – – –	Attua. – – –	Attchattch.
…gullak –	~~Duchschua~~ Uattatsch. – –	chuatatch.
…chikschik	Duchschua – –	Tschuningi
…lläk – –	Kschall. – – –	Klchall.
…ik – – –	Kullkua – –	Kunnk.
…ha. – – –	Bukkusch. – –	Umkolsch.

German	Rennthier habende Tschuktschen	Festsitzende Aivanski	Kagunalaschka.	Adr… Ju…
Abend —	Yulkutvui.	Jntlvakatah. —	Angillking — — —	Anga…
Ost — —	Pirkinini.	Matschaivachtu.	Kighakuk. — — —	Kac…
West — —	Tirkÿtÿtvoÿ	Atschivakatachtu	Nädanachtak. — —	Nagh…
Nord — —	Keralgin. —	Nighäk. — — —	Kigaidak. — — —	Tschu…
Süd. —	Tirkipatha	Kukagha — —	Namadänachtak.	Na…
Sommer —	Elek. — —	Kegmÿ — — —	Sakudhÿk — —	Slō…
Winter —	Läglängkä	Ukjumi — — —	Kanhyk. — — —	Kan…
Herbst —	Gÿtha. — —	Gÿtha. — — —	Sakudking — —	Saku…
Frühling	Nivlevrugui.	Anchtoha. — —	Amliak — — —	Kan…
Stunde	— —	— —	— — — —	—
Jahr —	Ilict. — —	Aipagni — —	Schluk. — — —	—
Zeit — —	— —	— —	— — — —	—
Welt —	— —	— —	— — — —	—
Erde —	Nutenut —	Nuna — —	Tschiktanak — —	Tan…
Wasser	Mimil —	Emak — — —	Tangà. — — —	Tang…
Meer —	Angka. —	Imak — — —	Aliäch — — —	Alla…
Fluss —	Veijem — —	Kuigÿtt — — —	Tschigànak — —	Tschi…
See —	Gÿtgha — —	Ukioghkogha —	Haniak — — —	Han…
Wellen	Eitschi. — —	Kenguchta —	Tahak. — — —	Alú…
Insel	Ilir — —	Ilir — — —	Tangÿk — — —	Tann…

	Bolscherezk.	zwischen Kyktschik & Belogolowo.
…a. – – –	Atynsch – – –	Tschadysch
…htak. – – –	——— – – –	Atschuasch Spylschüll
…k. – – –	——— – – –	Chaingad spylschün.
…nachtak.	——— – – –	Kmang Spylschün.
…. – – –	——— – – –	Nyngan spylschün
– – –	Adamstasch –	Damll.
– – – –	Koalkusch – –	Kuankusch.
…a – – –	Kyttschäsch. –	Tschaschtysch.
…a – – –	Ochchaschtysch –	Chllata.
– – – –	———	———
– – – –	Tschaschw – –	Tschatchasch.
– – – –	———	Dadainicht.
– – – –	———	———
– – – –	Kyttchym – –	Symtt.
– – –	Ji. – – – –	J.
– – –	Hingyll – –	Käich.
– – – –	Kigha – – –	Kigh.
– – –	Kschu. – – –	Kotlch
– – –	Keiahad. – –	Keach.
– – –	Samatsch. – –	Lamtsch.

	Renthierhabende Tschuktschen.	Sitzende Aiwanski.	Unalaschk.	Adrianofs Inseln
Sand	Tschigei.	Kaujak	Tschuguk.	Tschughuk
Thon	Käirach.	Uchak	Tschigduk	Kudjguk.
Staub	—	—	Kinnugigaschilk	Chuahasch
Torf	Tscheri.	Ickā.	Tschakik	Kukdatu
Berg	Neit.	Ingrit.	Aigik.	Aighjsch
Ufer	Angchatschuma	Angchatschuma	Lamatschida.	Tannaschi
Hügel	—	—	—	—
Thal	—	—	—	—
Tiefe	Njmkchan	Ulüpkaka	Kamdalik	Kamdätsch
Höhe	Nivukchun.	ÿkÿchtuk.	Kajätsch	Kaijellik
Breite	—	—	Schlachsch.	Schlakschi
Länge	—	—	Aganutsch.	Adütscha
Loch	Patÿrgin	Chÿlpänuk.	Achschachtak	Akschana
Grube	Ergili	Läluk.	Hanguk.	Igtek.
graben	—	—	—	—
Höhle	—	—	Adōk	Aduk.
Stein	Vugun.	Uigam	Kugànak	Kugànak

Bolschrezk.	zwischen Kyktschik u. Belogolowo
Kaschymt. - -	Symfsymtsch
- - - - - - - -	- - - - - -
Pingascha - -	Pyngangÿdak
Imaai. - - -	Imaal.
Aell. - - - -	Aall.
Eahaïutsch. -	Knÿschym
Paiutsch. - -	- - - -
Kuiad. - - -	Kuntsch.
Ama - - -	Amla.
Kuuk - - -	~~Kuttak~~. Knÿhyllah
Kutyny - - -	Kuttah.
[illegible]uvan. - -	Julligul
Tchappcham.	Tchallpchall.
Tchoabÿ. - -	Choal.
- - - - - - - -	- - - - -
Aäh - - - -	Aad
Uatsch - - -	Uatsch.

	Renth-fahrend Tschucktschen.	[illegible] Aivanski.	Naganalaschk.	Adriano Insulan
Kupfer –	Tschedlopluiat	Kanüjak – –	Kannujak – –	Kannuj
Eisen –	Pilvuntin –	Tschavÿkak. –	Kumliahuk.	
Saltz –	Tiagju. – –	Tiagju. – –	– – –	– –
Gifft.	– –	– – –	– – –	– –
Pulver	– –	– – –	– – –	
Gras –	Vehei. – –	Evuk. – – –	Keigak. – –	Küigha
Kraut. –	– –	– – –	– – –	– –
Baum	Utuut – –	Unächtschek	Jàgak. – –	Jàgak.
Wald –	– –	– –	Jàgak. – –	Jàgak.
Schaft.	Ghenpili. –	Napakach. –	Kärjek. – –	Asschu
Wurtzel	Tynmÿkin. –	Akuk. – –	Taschik – –	Atghu.
Stängel	– –	– – –	Tschukäsha –	– –
Rinde –	Jomut. – –	Amighak. –	Kangutschin, auf Katschchi. –	– –
Ast – –	Kittel. – –	Akachkuk. –	Tàlik – –	Taçhli
Blatt	Vijtvÿtt. – –	Kchiovack. –	Juljak – –	Syglàk
Blume	– –	– –	– – – –	Kumal
Frucht.	– –	– – –	– – –	– –
Samen	– –	– – –	– – –	– –

2

Bolscheretsk	zwischen Kyktschik u Belogolowo
— — —	— — —
— — —	— — —
— — —	Salzig Sypainsyin.
— — —	— — —
— — —	— — —
Syssyd — — —	Chlylla.
Syssyd. — — —	Syschyd.
Uu. — — —	U.
Itschud. — — —	Uud.
Upping — — —	Uip.
Pyngell — —	Pyngyll pyngüll.
Komyskull — —	Komuschull.
Udch. — — —	Udch.
Tzänktsch. — —	Tschanktsch.
Pashaad. — —	Flapla.
Kolchonung — —	Platschinungchad.
— — —	— — —
— — —	— — —

	Rentirische Tschuktschen.	Festsitzende Aivanski	Unalaschka	Kodian[...] Insulan[...]
Beere — —	Vunelgin. —	Akulilchak. —	Kàjak — — —	Angsch[...]
Zwiebel — —	—— —	—— —— —	—— — —	— —
Nuß — —	—— —	—— —— —	—— — —	— —
Feld — —	—— —	—— —— —	—— — —	— —
Thier — —	Levÿlü. —	Tüntu. — — —	Algak. — —	Algha[...]
Fisch — —	Enna —	Ikahlük — — —	Kach. — — —	Kack.
Wallfisch —	Reaw. — —	Abuk. — — — —	Alàk. — — —	Allak.
Krebs — —	chängko —	chängko. — —	Amhok. — —	Akana[...]
Schlange —	—— —	—— — — —	—— — —	— —
Frosch — —	—— —	—— — — —	—— — —	— —
Wurm —	Kÿmyk. —	Kÿmÿkÿm — —	Nukajak — —	Nukaj[...]
Fliege —	Kopoljotsch	Jakallingitscha	Khumikadak.	Aghun[...]
Mücke — —	Mren. — —	Mren. — — —	Ulniak — —	weisse [...] auf der [...]
Ameise —	—— —	—— — — —	— — — —	— —
Spinne — —	Epäjepä	Epäjepä. — —	Kinkak. — —	Jekana[...]
Biene — —	—— —	—— — — —	—— — —	— —
Schaf wildes	Tikep. —	Apniak — —	—— — —	— —
Horn — —	Kitten —	Tschirunok.	— —	— —

	Bolschoretzk.	Zwischen Nykstschek u. Belogolowo.
– – –	Ischunad. – – – – –	Kangÿnÿdignall.
– – –	Schkeibusch. – – –	– – – – – –
– – –	Kÿdkÿd. – – – –	Kund.
– – –	Usch. – – – – –	Tzinilasÿmt.
– – –	Atschumchod. – – –	Tschmatsch.
– – –	Etttscha. – – – –	Üntschid.
– – –	Dai. – – – – –	Junjutscha.
– – –	Kauing. – – – –	Kauing
– – –	– – – – – –	– – – – –
– – –	– – – – – –	– – – – –
– – –	Chÿbchÿb – – – –	Chÿblÿb
…hÿk	Ramschÿtsch – . – –	Kumltsch.
…l brin… …rsonders.	Chaatschum. – – –	Kaltschaitsch.
– – –	Matschakoschok. –	Matschakoschad.
…lkado.	Sÿgÿkachÿnitsch –	Sikoÿkatsch.
– – –	– – – – – –	– – – – –
– – –	Kuad. – – – –	
– – –	Nÿttell. – – – –	Ntenn

	Rennthiere habende Tschuktschen	Stillsitzende Aironski.	Unalaschka	Romanofs Inseln.
Hund	Hätten.	Kÿkmÿk	Aikok.	Aikok.
Bär	Keingin.	Akliak	Tanhak.	Tanhak.
Wolf	Hinga	Keilunak.	Elliachgik	Aleghkik
Fuchs	Rekokalgin.	Kavÿlguräh	ukfschi	Ukutschin
Hase	Milüt.	Ukairach.	Halluk.	—
Maus	Pipichalin.	Abfilngara.	Tschakak.	wissen nicht, keine vorhand
Gans	Eitut.	Eitut.	Kamghang.	Läghÿsk.
Ente	Galga.	Liukali.	Sack.	Sack.
Adler	Tackall	Upuchlük	Tiäghlak.	Tÿghlak.
Rabe	Jelliä.	Metachlük.	Kalkahojak.	Kalngak.
Krähe	—	—	—	—
Vogel	Galgal	Gatschgamk	Sack.	
Sperling	—	—	—	—
Schwalbe	—	—	Agamydach.	—
Feder	Ting	Tschullü.	Hackká.	Hackak.
Ei	Ligli.	Manni.	Samlak.	Samlak.
Nest	Kÿtschial.	Unlüd.	Tschchá.	Tschkadak.

Bolscheretsk.	Zwischen Kyktschik u Belogolova
Koschch. – – – –	Koscha.
Kascha. – – – –	Kasch.
hottaï. – – – –	Chaiganatsch.
Tschassiai. – – –	Tzalaï.
Müstsch. – – –	Miltsch.
Naustschitsch. – –	Laahkotsch
Ksoaiss – – –	Ksaasch.
Tschumktschitsch –	Saïtsch.
ïatsch. – – –	Slatsch
äach. – – –	chajachl
aulgok. – – –	Kutchatscha.
ein futr. – – –	– – – – –
– – – – – –	– – – –
chainktschitsch	chainnatsch.
Schichtschuch. –	Tylltlytscha
Lyygachtsch – – –	Lyygylych
ütsch. – – –	Jütsch.

	Rennthier habende Tschuktschi.	Stillsitzende Airanski.	Unalaschka	Adrea[...]
Hirte	Indshie.	—	—	—
Hütte	Eranga.	Ennit.	Ulak.	Ulla[...]
Haus	—	—	—	—
Thür	Tittel.	Amit.	Setmalik	Kam[...]
Heerd	—	—	—	—
Boden	—	—	—	—
Dorf.	—	—	Tannadhuschik	—
Axt.	Algatta.	Kalchapak.	Annighsh.	Ann[...]
Maal	—	—	—	—
Messer	Walia.	Schebijja	Umhaschischek.	Uk[...]
Kessel.	Kukenga.	Kulümtscha	Ashuk.	As[...]
Tisch	—	—	Kaluk.	—
Bank.	—	—	—	—
Faß.	—	—	—	—
gros ledern Boot	Hättvut.	Hangjak	Nig.	Jek.
klein dito.	Endahättvut.	Chajak.	Ikjak	Jekj[...]
Feuer	Ngul.	—	—	—
[illegible]	—	—	—	—

	Bolscheretzk.	zwischen Kyktschik u. Belogolova.
– –	Achtschungisch.	– – – –
– – –	Bichlätsch. – –	Bichlätsch.
– – –	Ittid. – – – – –	Atynym
– – –	Nutschu – – –	Dutsch
– –	Tschischutsch. – –	Tschinsk
– – –	Symt. – – – –	Utd.
– –	Tysachtschitsch	Atnutschkh.
…häk	Koschchua – –	Kuasch-ch.
– –	Sylkbanim – –	Ankmgydym
– –	Vuatschu. – –	chualtsch.
– –	Kukka. – –	Kukatsch.
– –	chuschitll. – –	– – – –
– –	Sätänum. –	– – – –
– –	Ukam. – – –	Okam
– –	– – – – –	– – – –
– –	Tachtym. – –	Tektym
– –	Uangasch – –	Niing.
– –	Tschatasitschi –	ist führn Kyma Nyngtynchlaschkytschen

	Russisch Kab. Tschut.	Wallfischfang Aivanski.	Unalaschka
Hosen	Mneachaimuk	Pugulta	—
Baum	Myntcikymit.	Tschanada.	Agutka.
Kleidung	Irät.	Attiku.	Hächschan.
Pelz.	—	—	—
Ihre art Verschlanzug	Pläket.	Kamgyk.	Ullighik.
Mütze	Pängken	Keeli	Schalihuk.
Gürtel	Irit.	Tapschi.	Tschatschhuk.
die Weiber	—	—	Käschikan.
Roß.	Neachan	Agipatuk	Ukdyggdak.
Bogen	Kuitik.	ghassi.	changaktak.
Dieb	Tullächi	Tingillingachta	Tschchag.
Ring	Rinnolett.	Tschugat.	Angydutschell.
Ringe	—	—	—
Zank	Ploutkuchinat.	Mijtyratuch.	Chutkitallaki.
Schlägerey	Marauzkin.	Pichlutakuk.	Tajägulimask
Harnisch	Jeghjev.	Kunlüat.	Jahyn.
Degen	Poigin	Pannia	Kadamahut.

…ianofs …ynai	Bolscheretsk.	Zwischen Kyktschik u. Belogolovo
-------	Tyschchaschyschk.	uf Fahr. Kyma Duchshik.
	Tschyhysushk.	uf baun Kyma Tschkyshyn
…usch. ---	Tyngachyd	Tajang.
---	-------	-------
	Schuanud. ---	
…achudak. ---	Challalutsch. --	Pachall.
…tschhuk --	Sitt. -----	Sytt.
…gadesch. ---	Adung. ---	Dunym
…ygysch ---	Suak. ----	Soallah.
…llik ---	Tylchuishk --	uf Fahr. Kyma Tyllchuishn.
…akallik --	Tkuashua --	Tschirikitlk.
…utschagyllik	Aschypscheg. --	Antlymaschkin.
…ak ----	Aschypscha. --	Takaschlahskamsch.
…ukschik --	Sytyngskik --	Tschmalkisch.
…llik ---	Nungschynäd -	Lungulkyshtsch.
…kallisch --	Tschat. ----	------
…naghun. --	Kuakuannytsch	Kokanutsch

	Kamtschadal.	Tschuktschen Kivanski	Unalaschka	Adrianofs Inseln
Bogen	Kitt.	Tschaikak.	Saighak	Saigisch
Pfeil	Miakam	Chutt.	Ahadak.	Agadága.
Büchse	Kevutka	Ekeki.	—	—
Noth	—	—		Ashakusha
Ring	—	—	—	—
Freund	Inagliä.	Eghubaha	Angishasch.	Illa.
Feind	Akkal.	Angujak	Angaktell.	Illangulla
Herr	Ermitschen	Umelikatscha	Angunahusch.	Annungah
Knecht	Amuli.	Lighak.	Dakotscha od. Augha.	Makssijna
Fürst	—	—	—	—
Meister	—	—	—	—
Anfang	—	—	Amagha.	Ittangischi
Ende	—	—	Angta.	Angtangis
Ja	I.	I.	Ang.	Ang.
Nein	Uinga	Piidok	Kòhú.	Nanga
Jetzt	Gijnmil	Vanni.	Uajam	Vuajam
Zuvor	Hättol.	Tschivulün	Uankadàn.	Ittangisch

Rolspratsch.	zwischen Kÿktschik u. Belogolowa.
Tzÿschtsch – –	Tschētsch.
Kacha. – – –	Kälch.
– – – – – –	– – – – –
Kätschan. – –	Skagansk.
– – – – – – –	– – – – –
Kallalch. – –	Klalch.
Majach – –	Knajanutschkamsk.
Chuischutsch. –	Fallah chuischutsch.
Tschechuatsch	Kaschukitll.
– – – – – –	– – – – –
– – – – – –	– – – – –
Uschuschitsch	Uschuschatsch
Uschiutsch. – –	Inluuntsch
Lä. – – – –	ä.
Jschki. – – –	Chailaang
Sasch. – – –	Jchua.
Chÿkamtsch. –	Kumat.

	[illegible] Tschuktsch.	[illegible] Aivanski.	Unalaschka	Adrianofs Inseln
Wasser	Plitku	Takko.	Tatschimulk	Tatschimul
Nase	Tschumchtscha	Chantachtu	Amatghelkak	Sagnighull
Stirn	Javo	Tatako.	Amatghell	Sagnillik
Hier	Vutku.	Vanni.	Uajé.	Uckallghah
Dort	Nenku.	Imani.	Ackeije.	Amangusch
Gestern	Aivo.	Intlibak.	Jam.	Achsfijnak
Heute	Ignit.	Vanni.	Guinangalla.	Uonangalla
Morgen	Ergàtik.	Unniok	Kÿllagÿn	Killagan
Diese da	Votchan.	Unnia.	Vàja.	Ingan
oder	———	———	Uan-ï.	uan-ï
Nein	Minkri.	Nattina	Alkòschik	Allkullik
Ja	Emmi.	Nā.	Katà.	Kañangus
[illegible]	Tita.	Kambak.	Kannÿjam	Kannajān.
[illegible]	Tiagnut.	Tschunia.	Alik.	Allik
[illegible]	Mengin.	Kingin.	Kiin.	Kiin
[illegible]	———	———	———	———
Womit	Kiachchà	Tschamü.	Alku	
Unter	———	———	———	———

…olschnitzk.	gärischen Kyktschik u Belogolovo–
…uall. — — —	Nÿmchl
…uuk. — — —	Duninch
…ishk — — —	Mÿtschah.
…utt. — — —	Mtà.
…ä. u Oenguai.	Munk.
…tÿ. — — —	Atling
…nggu — — —	Dad.
…ckoa — —	Ashuschk.
…hiaka — —	Skikitschn.
— — — —	— — —
…ukchaish. —	Ÿnkchall.
…ukchallak.	Má.
…ää. — — —	Ita.
…ukchäi. — —	ÿnkchu
…atsch. — —	Kada
— — — —	— — — —
…kchaisj —	ynkchall-skÿshÿn.
— — —	— — —

	[illegible] Tschuktschi	[illegible] Aiwanski	Unalaschka	Adre[…] Ja[…]
Ueber	— —	— —	— —	— —
Ohne	— —	— —	— —	
In	— —	— —	— —	—
Zahl	— —	— —	Samuschin	Asha
Eins	Innen	Attaschlik	Attakyn	Atta
Zwey	Niriach	Malguch	Allak	Alla
Drey	Ngroch	Pingaju	Kankun	Kann
Vier	Ngrach	Istäma	Sitschi	Sitsc
Fünf	Mylningä	Tachlima	Tschang	Tscha
Sechs	Nanmyligin	Attaschimagligin	Attung	Attu
Sieben	Niriachmyligin	Malgukaveil	Ullung	Ullü
Acht	Angrotkin	Pingaju	Komtsching	Kam
Neun	Chonatschinki	Stama	Stsching	Atta
Zehn	Myngytke	Kulle	Aschuk	Asch
Elf	Mingytkin min=parol	Atchangar	Taksiggnak	Atta
Zwanzig	Chlikkin	Juinak	Allhat	Allg
Dreyßig	Chlykin mingetkin=parol	Kolisystaga	Kannkunett	Ang
Hundert	Millangchlekin	Millangchlekin	Sisfak	Sisf

	Belsprache.	zwischen Kykhtschik & Belogoloto
– – –	– – – – – – – –	– – –
	– – – – – – – –	– – –
– – –	– – – – – – – –	– – –
– – –	Saiid – – – – – –	Chainggyn
– – –	Dishk – – – – – –	Konning
– – –	Kāsch – – – – – –	Kaash.
– – –	Tschōk – – – – –	Tschook.
– – –	Tschaak. – – – – –	Tschaak.
– – –	Kuumdak – – – –	Kumnuk
– – –	Killkuk – – – – –	Kyllkhuk.
– – –	Idachtuk – – – –	Itchtunuk.
– – –	Tschōktunk – – –	Tschuchtunuk
…lak. – –	Tschaktak – – – –	Tschachtanak.
– – –	Kumchtuk. – – – –	Tuusha
…natak	Dushk sinna – – –	Konningshinakill
…ÿk – –	Kāsh kumchtuk – – –	Kash tus-had.
…atgÿk	Tschōk kumchtuk – –	Tschooktus-had.
– – –	Kumchtuk kumchtuka	Tuus tuschaï.

Tausend — — — — — — —

27

Mundart von Unalaschka außer den Wörtern b[illegible]

Weiberbrüste — Makdak.
Nabel — Keilakdak.
Ferse — Etpahusch.
Der Hintere — Jtschädak.
Gebären — Anjak
Leber — Aghik.
Geh fort — Amanÿda.
Bringe her — Ackassuda.
Lege weg — Ingaunahadá.
Weibes [illegible] — Jgonak.
Bergkoppe — Kehotsch.
Rauch — Uak.
Hitze — Akinell.
[illegible] — Jttchajok
Schmetterling — Achlichadak.
Der ganz kleine alt. — Kneit.
Der andern kleinen alt. — Kuniujok.
Die größesten [illegible] — Gÿdak.
Flügel — Jghetschek.
Ich liebe — Jtochtokm. u. Massatukum.
[illegible] — Hungutscha.
[illegible] — Amadhaku
[illegible] — Amatchalatchyn. u. chuallÿggr.

Schaufel	Schrak.
Riemen	Keidemak.
Schenkel	Chatschimak.
Zunge	Umghik
Die Adern	Amydghynging
Braut	Kangulkin und Nenelli.
alter Greis	Aliachschilch.
Junger Mensch	Suhangash.
Schneiden	Issida.
Brechen	Ukkscha.
Tödten	Asschatscha.
Jagd	Myjak.
Gehirn	Kylleghyn.
Mark im Knochen	Tumtuk.
Penis	Ung
Vulva	Abak.
Waschen	Anüsch.
Vergraben	Anguhada.
Sinn	Tschamluk.
Loben	Gyllchachtell.
Verachten	Matschchisshilk
Trinken	Tschaduchsch.
Lachen	Angechsch.
Stehlen	Tschchäel.
Schmecken	Achschik.

Dreizehn	Tuchtashghÿda
Haar	Kaluk
Krümmung	Anuk
Brandung	Hanak
Asche	Utchin
Bein	Tschikijak
Gib	Hackettscha
Nein	Iming
Kind	Ukückull
Einäugig	Attakadak
Taub	Tutthakolla
Name	Tunudagallak
Athemholen	Anch
Der große Zeh am Fuß	Tchimÿgnok
Er schreit sehr	Adallulok
Er lügt	Adaluk
Rauch	Tukuk
Arm	Tughnanak
Gedächtniß	Chackatuku
Vergessen	Ughunuchtell
Ich weiß nicht	Daglaka
Buche	Illgada
gefunden	Uckull
verlieren	Ichkischk

29

Kaufe —————— Ackida.
Kochen ———— Unada
Mache ———— Aghuda
mach das fertig —— Chachsatta.
weggewendet ——— Ajuschik
Kinder ———— Sahuda
Fege ———— Kodugshik
Noch ———— Kajuk
Ein gesetzter Mann —— Hannatok
Eine schwangere Frau — Jehtshelgesch.
Ein dreister Mensch —— Igatahulluk
[illegible] ———— Schablakudak
Schlaf ———— Akalluk.
Eine Landenge ——— Sischchik
Ein Zeichen das sie sich machen
um nicht zu erfrieren ein ge-
[illegible] auch auf Torf.
schlagen ———— Anetschhun
Komm herein ——— Kanguda.
Kurtz ———— Adullokin.
Zwinkern, winken ——— Kollogkshik
Vessolovs Wohnung —— Tatschikella.
Testrekofs dito ——— Igochnok.
Waffen ———— Hachtikuk.
Baidarki [illegible] —— Kasschigok.

sich freuen — Uttelik
traurig seyn — Kingudgull
zurück kommen — Udasschik
Umwenden — Jmädá.
Linden — Taghuda
Erle — Kaňoghluhsch
Brosshaus — Jsschatik
Sack von Gedärmen — Jmlok.
Sandbank — Itassak.
Fliegen — Tankÿk
Fulian — Keghutsch kÿgnaghei
Lyss Roggen — Tschitsch-schu
gelben Glas — Tschitsch
Reisen — Jgatsch.
Nähnadel — Italleisch
Zwirn — Tschillanach.
Schauen — Chohodak
Den Schraum — Tsch-chok
Muschel — Tschalak.
Krabbe — Jllghakuk
Den Fang — Umjak
Ein Luft — Uedak
Nässen — Challuda

30

Mit dem Pfeil schießen — Ingatscha.
Anverwandte — — — Illäsch.
Schwieger Vater — — Siatemhi.
— — Mutter aber sein Schwieg: Vater.
Schwager — — — Nahuch.
Es regnet — — — Tschunukhackak.
es schneit — — — Tapaniak hackak
es friert — — — Kyngadyll
es taut — — — Hulmakuk.
Thal — — — — Tschanganak
Brett — „ — — Hallajak
Fischbein — „ — Kaihsak
Haare von Thieren — Tschnga.
Eine Laus — — Asschallaknak
Sepia — „ — — Amhuk.
Eine Qualle — — Kitschiklak.
— See Rübe — — Agóhnak
Klingen — — — Igachtalli
Schwimmen — — — Gutschichsch.
Feuerstein — — — Igdak.
Feuerzeug — — — Igdakak
Grasmatte — — Schüütuk
Blutader — — . Hamiak

Ich rede — — — — — Tonochtok.
Frau — „ — „ — Tschaduk.
Eine Qualle medusa — — „ Ujalik
Eine feiste Qualle — „ — „ Hänhuk.
Der Rotz — „ — „ — „ Kumhuk.
Warze — „ — „ — Tatschi.
Erdbeben — „ — „ — Adghillak
Daum — „ — „ — „ Huttak
Zeigefinger — „ — Tschugagosik.
Mittelfinger — „ — Tÿklak.
Ohrfinger — „ — „ Itschillakedak.
Goldfinger — „ — „ Haschitÿkla.
Der Gipfel eines Berges — „ Kangà.
Graue Haar — „ — „ Kÿdajan
Mond — — — — — Chughduk.
Erdschwamm — „ — „ Choghdakumkanga.
Landenke — „ — „ Jach.
Schielen — „ — „ Dekichagatztell.
Blind — „ — „ — Uckukul.
Einäugig — „ — „

Winter monathe.

1. December — — Tugidÿgamuk. } Ihr Fest monath
2. Januar — — — — Anulgilak.
3. Februar — — — — Kadakisſiguñak.

Frühlings monathe.

1. Mertz — — — Agallogok. } der Löwen
2. Aprill — „ — „ — Suchaſhangol. } u.
3. May — „ — . — Amlitugida } der ottern Jagd.

Sommer monathe.

1. Juni — „ — „ — Igochtugida } kleiner der
2. July — „ — Tſchaghallichtugida } und
3. August — „ — „ Sadigkachtugida. } Vögel Jag

Herbstmonathe.

1. September — „ — „ Ugnamtugida.
2. October — „ — „ — Tſchmullimtugida } die zubereit
3. November — — „ — Kimingimtugida } der bären

den Bärenfang.

Anhang

Maße und Gewichte

'	Zeichen für einen Fuß, entspricht meist 12 Zoll oder 30 bzw. 48 Zentimeter
''	Zeichen für ein Zoll, keine Normgröße im 18. und frühen 19. Jahrhundert: ca. 2,54 Zentimeter
'''	Zeichen für eine Linie: 1/12 Zoll entspricht 0,21 Zentimeter oder 1/10 Zoll entspricht 0,254 Zentimeter
Aršin/ Arschin	russisches Längenmaß, entspricht 28 Zoll oder 0,7112 Meter
Copejken, Cop./Kopejka	Kopejka, kleinste russische Geldeinheit (Kopeke)
Elle	im 18. und frühen 19. Jahrhundert keine Normgröße, eine Aachener Elle entsprach 66,72 cm, eine Frankfurter Elle 54,73 cm
Faden	entspricht dem russischen sažen' oder 2,1336 Meter
Fuß	im 18. und frühen 19. Jahrhundert keine Normgröße, ca. 28 bis 32 cm
lb.	lat.: libra / Pfund
Ries/Rieß	ein altes Papiermaß, ca. 500 Bogen
Rubel	russische Geldeinheit
Pude/Pud	16,36 Kilogramm
Schuh, Schu	Naturmaß: zwischen 25 bis 34 Zentimeter
Spanne	20 bis 25 Zentimeter
Versta/Werst	russ.: versta 1,06 Kilometer
Zoll	Zwei bis drei Zentimeter, meist der zwölfte Teil eines Fußes

Abkürzungsverzeichnis

a. a. O.	am angegebenen Ort
Abb.	Abbildung
Acad.	Akademie
Anm.	Anmerkung
Aufl.	Auflage
Bd., Bde.	Band, Bände
Betr.	betrifft
Bl.	Blatt
bzw.	beziehungsweise
ca.	circa
Capt.	Capitän/Kapitän
cm	Zentimeter
Cop.	Copejken/Kopejka (Kopeke)
d. h.	das heißt
ders.	derselbe
dgl.	dergleichen
dies.	dieselbe
ebd.	ebenda
engl.	englisch
etc.	et cetera
Expl.	Exemplar
f., ff.	folgende
frz.	französisch
HAL	Herbarium Martin-Luther-Universität Halle-Wittenberg
Handschr.	Handschrift
Hg., Hrsg., hg.	Herausgeber, herausgegeben
hl.	heilig
insbes.	insbesondere
ital.	italienisch
Jg.	Jahrgang

Kap.	Kapitel
kg	Kilogramm
KGaA	Kommanditgesellschaft auf Aktien
Km	Kilometer
lat.	lateinisch
m	Meter
MS	Manuskriptseite
ob.	oborot (Rückseite)
Petersb.	St. Petersburg
pl.	Plural
Rubl.	Rubel
RAN	Rossijskaja Akademija Nauk (Russländische Akademie der Wissenschaften)
RGAVMF	Rossijskij Gosudarstvennyj Archiv voenno-morskogo flota, St. Petersburg (Russländisches Staatliches Marinearchiv)
russ.	russisch
S.	Seite
sc.	scilicet: nämlich
sg.	Singular
Sign.	Signatur
Sp.	Spalte
SPb	St. Petersburg
u. d. m.	und desgleichen mehr
u. s. w.	und so weiter
v.	von
v. a.	vor allem
Verf.	Verfasser
vgl.	vergleiche
Z.	Zeile
z. T.	zum Teil
z. B.	zum Beispiel
ZMB	Zoologisches Museum Berlin
ZS	Zeitschriftenseite

Quellen- und Literaturverzeichnis

Archivmaterial

Archiv der Russländischen Akademie der Wissenschaften, Filiale St. Petersburg

(Archiv Rossijskoj Akademii Nauk, Filial St. Petersburg, Archiv RAN)

Meteorologičeskie nabljudenija, proizvedennye Krebsom, pomošnikom d-ra Merka, s 22.09. po 31.12.1792, razrjad I, opis' 1/6, Nr. 9

Pallas, Peter Simon, Instruction für Doctor Merck, der an Stelle des Assessors Patrin den Capitain Billings auf der Expedition als Naturforscher und Reisebeschreiber begleiten sollte, fond 37, opis' 1, Nr. 5

Pis'mo Adelunga P. S. Pallasu ot 22 janvarja 1810. Černovik, fond 89, opis' 1, Nr. 114

Pis'ma akademika Pallasa Adelungu, Kalmuk-Kara, 1809, 1810, fond 89, opis' 2, Nr. 81

Firmenarchiv Merck, Darmstadt

Merck, Carl Heinrich, Sibirisch-amerikanisches Reisetagebuch 1788 biß 1791, Sign. A/80

Merck, Carl Heinrich, Colymbus tschukotzkyensis, Sign. A/80

Merck, Carl Heinrich, Beschreibung der Tschucktschi. Von ihren Gebräuchen und Lebensart, Sign. A/78 (Mikrofilm-Kopie)

Merck, Wilhelm, Tagebuch. Erstes Heft aus 1797, Sign. A/556

Russische Nationalbibliothek, St. Petersburg (Rossijskaja Nacional'naja biblioteka, St. Petersburg), Abteilung für Handschriften

An der Bolschaja Reka. 1. Aus Dr. Merk's Papieren 2. Aus Robek's Papieren 3. Aus Krascheninnikof 4. Aus Pallas Papieren, fond 7, opis' 1, Nr. 133, Bl. 87-89 ob.

Dialekt zwischen Kyktschik und Belogolowa gesammelt von Dr. Merk, fond 7, opis' 1, Nr. 133, Bl. 85-86 ob.

Merck, Carl Heinrich, Beschreibung der Tschucktschi. Von ihren Gebräuchen und Lebensart, Nemeckij F. IV, Nr. 173 (Kopie im Firmenarchiv Merck)
Merk, Karl, »Plemena čukčej.« Otryvki iz zapisok v perevode i častično pereskaze Ju. I. Bronštejna, fond 1000, opis' 3, Nr. 670
Sravnitel'nye slovari jazykov žitelej o. Kad'jak, poberež'ja rek Tigil' i Kamčatki, o. Unalaški, Bol'šerecka i drugie, sobrannye K. Merkom, fond 7, opis' 1, Nr. 138
Vergleichsaufstellung der Wörter aus dem Čukčischen nach Koševel, Rohbeck und Merck, fond 7, opis' 1, delo 131, Bl. 59
Wörtersammlung in siebzehn Dialekten, fond 7, opis' 1, Nr. 133, Bl. 68-69 ob.
Wörtersammlung der Jukagirischen Mundart aus Werchnekovimsk von Dr. Merk, fond 7, opis' 1, Nr. 137, Bl. 2-8 ob.

Russländisches Staatliches Marinearchiv, St. Petersburg (Rossijskij Gosudarstvennyj Archiv voenno-morskogo flota, St. Petersburg, RGAVMF)

Raporty doktora Merka kapitanu Billingsu po sobraniju i otsylke v Akademiju Nauk redkostej iz životnogo, rastitel'nogo i mineral'nogo mira; po naznačeniju k Merku pomošnikov i snabženiju ego vsem neobchodimym, fond 214, opis' 1, delo 24
Order I. I. Billingsa seržantu geodezii A. Gilevu ob opisanii Kuril'skich ostrovov (1790 g. aprelja 22), fond 214, opis' 1, delo 60

Stadtarchiv Alsfeld

Schulprotokolle der Alsfelder Lateinschule von 1774 bis 1787 und Schülerlisten

Universitätsbibliothek Johann Christian Senckenberg Frankfurt a. M.

Brief Tilesius an Rüppell, 18.5.1836, Archiv des Senckenberg-Instituts, Band: Briefe an Eduard Rüppell
Brief von Wilhelm Gottfried Tilesius an Eduard Rüppell vom 9. April 1836, Sign. 1614 A
Handschrift von Merck mit Randbemerkungen von Tilesius, Sign. 4 HS 34 Nr. 4
Handschrift von Tilesius. 9 Blätter, Sign. 4 HS 35 Nr. 5
Tafel Coregonus Merckii, Sign. 8 Q 17-230

Universitätsarchiv Gießen

Freundschaftsalbum von Carl Heinrich Merck 1780-1784, Sign. BS 1216 b

Zentralarchiv der Evangelischen Kirche in Hessen und Nassau

Taufregister 1760, 1761, 1763, Best. 244, KB Darmstadt Nr. 7, Film Nr. 2761

Zoologisches Museum Berlin

Illiger, Johann Karl Wilhelm, Verzeichnis der Vögelsammlung des Zoologischen Museums Mai 1812, Museum für Naturkunde Berlin Historische Bild- u. Schriftgutsammlungen (Sigel: MfN, HBSB), Sign. S I, Verz. Vögel 1812

Veröffentlichte Schriften von C. H. Merck

Carl Heinrich Mercks ethnographische Beobachtungen über die Völker des Beringmeers 1789-91. Nach seinem Tagebuch bearbeitet von Arnold Jacobi, in: Beassler-Archiv 20, 1937, S. 113-137

Merck, Carl Heinrich, Das sibirisch-amerikanische Tagebuch aus den Jahren 1788-1791, hg. von Dittmar Dahlmann, Anna Friesen und Diana Ordubadi, Göttingen 2009

Ders., Dissertatio inauguralis: De anatomia et physiologia lienis eiusque abscessu feliciter curato, Gießen 1784

Nachrichten von den Sitten und Gebräuchen der Tschuktschen, gesammelt von Dr. Karl Heinr. Merck auf seinen Reisen im nordöstlichen Asien. Aus einer Handschrift, in: Journal für die neuesten Land- und Seereisen und das Interessanteste aus der Völker und Länderkunde zur angenehmen Unterhaltung für gebildete Leser in allen Ständen, 1814, Bd. 16, S. 1-27, 184-192; Bd. 17, S. 45-71, 137-152

Opisanie obyčaev i obraza žizni čukčej, in: Titova, Zoja D. (Hg.), Ėtnografičeskie materialy severo-vostočnoj geografičeskoj ėkspedicii 1785-1795, Magadan 1978, S. 98-150

O proischoždenii, vere i obrjadach jakutov, herausgegeben von N. F. Ostolopov, in: Ljubitel' slovesnosti, 1806, Nr. 2, S. 117-147

Slova aleutskogo jazyka, vstečajuščiesja v tekste rukopisi K. Merka o žiteljach o. Unalaški, in: Titova, Zoja D. (Hg.), Ėtnografičeskie materialy severo-vostočnoj geografičeskoj ėkspedicii 1785-1795 gg, Magadan 1978, S. 94-97

Slova čukotskogo jazyka, vstečajuščiesja v tekste rukopisi K. Merka o čukčach, in: Titova, Zoja D. (Hg.), Ėtnografičeskie materialy severovostočnoj geografičeskoj ėkspedicii 1785-1795 gg., Magadan 1978, S. 151-153

Slova ėskimosskogo jazyka, vstečajuščiesja v tekste rukopisi K. Merka o čukčach, in: Titova, Zoja D. (Hg.), Ėtnografičeskie materialy severovostočnoj geografičeskoj ėkspedicii 1785-1795 gg., Magadan 1978, S. 153-154

Pierce, Richard A., Siberia and Northwestern America 1788-1792. The Journal of Carl Heinrich Merck, Naturalist with the Russian Scientific Expedition led by Captains Joseph Billings and Gavriil Sarychev, Kingston/Ontario 1980

Veröffentlichte Quellen

Adelung, Johann Christoph/Vater, Johann Severin, Mithridates oder allgemeine Sprachenkunde mit dem Vater Unser als Sprachprobe in bey nahe fünfhundert Sprachen und Mundarten, IV. Theil, Berlin 1817

Adelung, Friedrich von, Übersicht aller bekannten Sprachen und Dialekte, St. Petersburg 1820

Aus der »Anweisung des staatlichen Admiralitätskollegiums für den Herrn Kapitänleutnant der Flotte Joseph Billings, Leiter der geographischen und astronomischen Expedition in die nordöstlichen Teile Russlands, in: Sarytschew, G. A., Reise durch den Nordostteil Sibiriens, das Eismeer und den Östlichen Ozean, Gotha 1954, S. 300-324

Baer, Karl Ernst von (Hg.), Statistische und ethnographische Nachrichten über die Russischen Besitzungen an der Nordwestküste von Amerika. Gesammelt von dem ehemaligen Oberverwalter dieser Besitzungen, Contre-Admiral v. Wrangell, Nachdruck der Ausgabe 1839, Erstes Bändchen, Osnabrück 1968

Bergsland, Knut (Hg.), Ancient Aleut Personal Names: Materials from Billings Expedition 1790-1792. Kadaangim Asangin/Asangis, Fairbanks 1998

Bertuch, Friedrich Justin, Bilderbuch für Kinder enthaltend eine angenehme Sammlung von Thieren, Pflanzen, Blumen, Früchten, Mineralien, Trachten und allerhand andern unterrichtenden Gegenständen aus dem Reiche der Natur, der Künste und Wissenschaften; alle nach Originalen gestochen und mit einem kurzen wissenschaftlichen, und des Verstandes-Kräften eines Kindes angemessenen Erklärung begleitet, Bd. 2, Weimar 1803

Bleechey, Frederick William, Narrative of a Voyage to the Pacific and Beering's Strait, to co-operate with the Polar Expeditions: Performed in his Majesty's Ship Blossom, under the Command of Captain Frederick Bleechey, R. N., F. R. S. & c., in the years 1825, 26, 27, 28. Published by Authority of the Lords Commissioners of the Admiralty, 2 Bde., London 1831

Bloch, Marcus E., Allgemeine Naturgeschichte der Fische, 12 Bde., Berlin 1782-1795

Chamisso, Adelbert von, Bemerkungen und Ansichten auf einer Entdeckungsreise unternommen in den Jahren 1815-1818 auf Kosten Sr. Erlaucht des Herrn Reichs-Kanzlers Grafen Romanzoff auf dem Schiffe Rurick unter dem Befehle des Leutnants der Russisch-Kaiserlichen Marine Otto von Kotzebue von dem Naturforscher der Expedition Adelbert von Chamisso, Weimar 1821

Ders., Reise um die Welt. Kamtschatka, die aleutischen Inseln und die Beringstraße, in: ders., Sämtliche Werke in vier Bänden (einbändige Ausgabe), Bd. 4, Berlin/Leipzig 1885

Ditmar, Karl von, Reisen und Aufenthalt in Kamtschatka in den Jahren 1851-1855. Zweiter Theil, Erste Abhandlung, in: Schrenck, L. v./Maximowicz, C. J. (Hg.), Beiträge zur Kenntniss des Russischen Reiches und der Angrenzenden Länder Asiens. Dritte Folge, Bd. VIII, Nachdruck der Ausgabe 1900, Osnabrück 1970, S. 196ff, Neuausgabe, hg. von Michael Dürr, Norderstedt 2011.

Georgi, Johann Gottlieb, Bemerkungen einer Reise im Russischen Reich im Jahre 1772, 2 Bde., St. Petersburg 1775

Gmelin, Johann Georg, Reise durch Sibirien von dem Jahr 1733 bis 1743, 4 Theile, Göttingen 1751-1752

Güldenstädt, Johann Anton von, Reisen durch Rußland und im Caucasischen Gebürge, 2 Bde., St. Petersburg 1787/91

Ders., Beschreibung der Kaukasischen Länder. Aus seinen Papieren umgearbeitet und verbessert herausgegeben, und mit erklärenden Anmerkungen begleitet von Julius von Klaproth, Berlin 1834

Ders., Reisen nach Georgien und Imerethi. Aus seinen Papieren umgearbeitet und verbessert herausgegeben, und mit erklärenden Anmerkungen begleitet von Julius von Klaproth, Berlin 1815

Hagedorn Friedrich von, Sämtliche Poetische Werke Erster Theil, Carlsruhe 1777

Herz, J. D./Riedel, G. F., Angenehmes und lehrreiches Geschenk für die Jugend: Theils zum Nutzlichen Zeitvertreib, theils zu Erweckung eines innerlichen Antriebs, nicht nur die Naturhistorie zu erlernen, [...], Bd. 1, Augsburg 1783

Kapitän Billings Reise durch das Land der Tschuktschen von der Beringstraße zum Ostrog Nishne-Kolymsk, in: Sarytschew, Gavriil A., Reise durch den Nordostteil Sibiriens, das Eismeer und den Östlichen Ozean, Gotha 1954, S. 249-289

Kotzebue, Otto von, Entdeckungsreise in die Süd-See und nach der Beringstraße zur Erforschung einer nord-östlichen Durchfahrt, 3 Bde. in einem, Weimar 1821

Ders., Zu Eisbergen und Palmenstränden. Mit der »Rurik« um die Welt 1815-1818, hg. von Detlef Brennecke, Lenningen 2004

Krašenninikov, Stepan P., Opisanie zemli Kamčatki, 2 Bde., St. Petersburg 1755. Unveränderter Nachdruck, St. Petersburg/Petropavlovsk-Kamčatskij 1994

Kurzer Bericht des Herrn C. A. Krebs, Mitgehilfe des Herrn Dr. Merk bei der geheimen See-Expedition des Capitain J. Billings, in: Journal für die neuesten Land- und Seereisen und das Interessanteste aus der Völker und Länderkunde zur angenehmen Unterhaltung für gebildete Leser in allen Ständen, 1814, Bd. 17, S. 355-391

Lepechin, Ivan I., Herrn Iwan Lepechin der Arzneygelahrtheit Doktors und Professors bey der kaiserl. Akademie der Wissenschaften zu St. Petersburg Tagebuch der Reise durch verschiedene Provinzen des Russischen Reiches im Jahr 1771, 3 Bde., Altenburg 1774

Leuschner, Ulrike u. a. (Hg.), Johann Heinrich Merck. Briefwechsel, 5 Bde., Göttingen 2007

Dies. u. a. (Hg.), Johann Heinrich Merck. Gesammelte Schriften, Bde. 1, 3 und 4, Göttingen 2012/2013

Maydell, Gerhard Baron von, Reisen und Forschungen im Jakutischen Gebiet Ostsibiriens in den Jahren 1861-1871. Erster Theil, in: Schrenck, Leopold von/Schmid, Friedrich (Hg.), Beiträge zur Kenntnis des Russischen Reiches und der angrenzenden Länder Asiens, Vierte Folge, Bd. 1, St. Petersburg 1893

Pallas, Peter Simon, Linguarum totius orbis vocabularia comparative. Sravnitel'nye slovari vsech jazykov i narečij [augustissimae cura coll. P. S. Pallas], Sectio prima: Linguas Europae et Asiae complexae, Pars secunda, St. Petersburg 1789

Ders., Reise durch verschiedene Provinzen des Russischen Reiches, 3 Theile, St. Petersburg, Erster Theil 1771, Zweyter Theil 1773, Dritter Theil 1776; Nachdruck Graz 1967.

Ders., Spicilegia Zoologica quibus novae imprimis et obscurae Animalium Species Iconibus, descriptionibus atque commentariis illustrantur, Bd. 5, Berlin 1769

Ders., Zoographia Rosso-Asiatica: Sistens Omnium Animalium In Extenso Imperio Rossico Et Adjacentibus Maribus Observatorum Recensionem, Domicilia, Mores Et Descriptiones, Anatomen Atque Icones Plurimorum, 3 Bde., St. Petersburg 1811-1831

Pinkerton, John, A General Collection of the Best and Most Interesting Voyages and Travels in all Parts of the World, Bd. 6, London 1809

Pis'mo I. I. Billingsa G. A. Saryčevu o peredače emu komandovanija sudnom »Slava Rossii« ot 1791 g. avgusta 12, in: Alekseev, A. I. / Makarova, R. V. (Hg.), Russkie ėkspedicii po izučeniju severnoj časti Tichogo okeana vo vtoroj polovine XVIII v. Sbornik dokumentov, Moskau 1989, S. 294-297

Putešestvie kapitana Billingsa črez Čukotskuju zemlju ot Beringova proliva do Nižne-Kolymskogo ostroga, in: Saryčev, G. A., Putešestvie po severo-vostočnoj časti Sibiri, Ledovitomu morju i Vostočnomu okeanu. Pod redakciej i so vstupitel'noj stat'ej N. N. Zubova, Moskau 1952, S. 233-268

Radloff, Wilhelm, Die Mundarten der Barabiner, Taraer, Toboler und tümenischen Tataren, St. Petersburg 1872

Reise nach den nördlichen Gegenden vom russischen Asien und America: unter dem Commodor Billings in den Jahren 1785-1794, aus Original-Papieren verfaßt, übersetzt und mit Anmerkungen versehen von M. C. Sprengel, Weimar 1803

Richters, Ferdinand, Beitrag zur Kenntniss der Crustaceenfauna des Behringmeeres. Separatdruck aus den Abhandlungen der Senckenbergischen naturforschenden Gesellschaft, Frankfurt a. M. 1884

Ders., Über einige im Besitz der Senckenbergischen naturforschenden Gesellschaft befindliche ältere Handschriften und Fisch-Abbildungen, in: Bericht über die Senckenbergische naturforschende Gesellschaft. Mit neun Tafeln, Frankfurt a. M. 1890, S. 3-36

Sauer, Martin, An Account of a Geographical and Astronomical Expedition to the Northern Parts of Russia, for Ascertaining the Degrees of Latitude and Longitude of the Mouth of the River Kovima; of the Whole Coast of the Tshutski, to East Cape; and of the Islands in the Eastern Ocean, Stretching to the American Coast. Performed, by Command of Her Imperial Majesty Catherine the Second, Empress of all the Russias, by Commodore Joseph Billings, in the Years 1785 & to 1794, London 1802

Ders., Geographisch-astronomische Reise nach den nördlichen Gegenden Rußlands und zur Untersuchung der Mündung des Kowyma, der ganzen Küste der Tschuktschen und der zwischen den festen Lande von Asien und Amerika befindlichen Inseln. Auf Befehl der Kaiserin von Rußland, Catharine der Zweiten in den Jahren 1785 bis 1794 unternommen von Kapitän Joseph Billings und nach den Original-Papieren herausgegeben von Martin Sauer, Sekretär der Expedition, Berlin 1802

Ders., Reise nach den nördlichen Gegenden vom russischen Asien und America: unter dem Commodor Billings in den Jahren 1785 bis 1794, aus Original-Papieren verfaßt, übersetzt und mit Anmerkungen versehen von M. C. Sprengel, Weimar 1803

Ders., Reise nach Siberien, Kamtschatka und zur Untersuchung der Mündung des Kowima-Flusses auf Befehl der Kaiserin von Rußland, Katharina der Zweyten, in den Jahren 1785 bis 1794 unternommen von Kapitän Joseph Billings und nach Original-Papieren herausgegeben, Berlin, Hamburg und Wien 1803

Saryčev, Gavriil A., Account of a Voyage of Discovery to the North East Sea, 2 Vols., London 1806

Ders., Gawrila Sarytschew's Russisch-Kaiserlichen Generalmajors von der Flotte achtjährige Reise im nordöstlichen Sibirien, auf dem Eismeere und dem nördlichen Ozean, übersetzt von Johann Heinrich Busse, Band Tafeln, Leipzig 1806

Ders., Robert Hall's und Billings, Kapitains von der Flotte in kaiserlich rußischen Diensten Reisen im nordöstlichen Ocean und durch das nördlichste Sibirien, nebst einem Wörterbuche dortigerVölkerschaften und der dem Kapitain Billings ertheilten Instrukzion, Leipzig 1815

Ders., Putešestvie flota kapitana Saryčeva po severo-vostočnoj časti Sibiri, Ledotovitomu morju i Vostočnomu okeanu, v prodolženie os'mi let, pri geografičeskoj i astronomičeskoj morskoj ėkspedicii, byvšej pod načal'stvom flota kapitana Billingsa, s 1785 po 1793 god, St. Petersburg 1802

Ders., Putešestvie kapitana Billingsa črez Čukotskuju zemlju ot Beringova proliva do Nižnekolymskago ostroga: i plavanie kapitana Galla na sudne Černom Orle po Severovostočnomu Okeanu v 1791 godu. S priloženiem Slovarja dvenadcati narečij dikich narodov, nabljudenija nad stužeju v Verchnekolymskom ostroge, i nastavlenija dannogo kapitanu Billingsu iz Gosudarstvennoj Admiraltejstv-Kollegii, St. Petersburg 1811

Ders., Putešestvie po severo-vostočnoj časti Sibiri, Ledovitomu morju i Vostočnomu okeanu. Pod redakciej i so vstupitel'noj stat'ej N. N. Zubova, Moskau 1952

Sarytschew, Gavriil A., Reise durch den Nordostteil Sibiriens, das Eismeer und den Östlichen Ozean, Gotha 1954 (diese Neuübersetzung basiert auf der russischen Ausgabe in Moskau aus dem Jahre 1952)

Steller, Georg Wilhelm, Ausführliche Beschreibung von den sonderbaren Meerthieren, mit Erläuterungen und nöthigen Kupfern versehen, Halle 1753, unveränderter Nachdruck Stuttgart 1774

Ders., Beschreibung von dem Lande Kamtschatka, dessen Einwohnern, deren Sitten, Nahmen, Lebensart und verschiedenen Gewohnheiten.

Unveränderte Neudrucke der 1774 in Frankfurt, 1793 in St. Petersburg und 1753 in Halle erstmals erschienenen Werke. Mit einer Einleitung herausgegeben von Prof. Dr. Hanno Beck, Stuttgart 1974

Ders., Beschreibung von dem Lande Kamtschatka. Neudruck der Ausgabe von 1774, hg. v. Erich Kasten und Michael Dürr, Bonn 1996

Schneider, Johann Gottlieb Theaenus, Systema Ichthyologiae iconibus ex illustratum, Berlin 1801

Tilesius, Wilhelm Gottlieb, Naturhistorische Früchte der Ersten Kaiserlich-Russischen unter dem Kommando des Herrn v. Krusenstern glücklich vollbrachten Erdumsegelung, St. Petersburg 1813

Uz, Johann Peter, Sämmtliche Poetische Werke, Zweyter Band, Neue Auflage, Leipzig 1772

Wieland, Christoph Martin, Beiträge zum Teutschen Merkur, Band 13 der Oßmannstedter Wieland-Ausgabe, Berlin 2011

Witsen, Nicolaes, Noord- en Oost-Tartarye, ofte bondig Ontwerp van eenige dier Landen en Volken, zo als vormaels bekent zijn geweest, beneffens verscheide tot noch toe onbekende en meest nooit voorheen beschreve Tartersche en nabuurige gewesten Lantstrecken, Steden, Rivieren, en Plaetzen in de Noorder en Oosterlykste Gedeelten van Asia en Europa, zoo buiten en binnen de Rivieren Tanais en Oby, als omtrent de Kaspische, Indische- Ooster, en Swarte Zee gelegen; gelijk de Lantschappen Niuche, Dauria, Jesso, Moegalia, Kalmakkia, Tangut, Usbek, Noorder Persie, Georgia, Circassia, Crim, Altin enz mitsgaders Tingoesia, Siberia, Samojedia, en andere Hare Zaerze Majesteiten Kroon gehoorende Heerschappyen: met derzelver Landkaerten: zedert nauwkeurig onderzoek van veele Jaren, en eigen Ondervindinge beschreven, getekent, en in't Licht gegeven door Nicolaes Witsen, T'Amsterdam in't Jar 1672, 2. Aufl. 1705

Nachschlagewerke

Andreev, A. V. (Hg.), Vodno-bolotnye ugod'ja Rossii, Bd. 4: Vodno-bolotnye ugod'ja Severo-Vostoka Rossii, Moskau 2001

Ausführliches Lexikon der griechischen und römischen Mythologie, Bd. 4, Leipzig 1915

Benzing, Johannes, Lamutische Grammatik. Mit Bibliographie, Sprachproben und Glossar, Wiesbaden 1955

Bergsland, Knut, Aleut Dictionary. An Unabridged Lexicon of the Aleutian, Pribilof, and Commander Islands Aleut Language, Unangam tunudgusii, Fairbanks 1994

Bol'šaja sovetskaja ėnciklopedija, 30 Bde., 3. Aufl., Moskau 1790-1981

Cincius, Vera I., Sravnitel'nyj slovar' tunguso-man'čžurskich jazykov. Materialy k ėtimologičeskomu slovarju, Bd. 1, Leningrad 1975

Dal', Vladimir, Tolkovyj slovar' živogo velikorusskogo jazyka Vladimira Dalja, 4 Bde., St. Petersburg/Moskau 1903-1905. Unveränderter Nachdruck, Paris 1954

Deutsches Wörterbuch von Jacob Grimm und Wilhelm Grimm, 16 Bde., Leipzig 1854-1960

Doerfer, Gerhard/Hesche, Wolfram/Scheinhardt, Hartwig, Lamutisches Wörterbuch, Wiesbaden 1980

Doerfer, Gerhard/Knüppel, Michael, Armanisches Wörterbuch, Nordhausen 2013

Fortescue, Michael, Comparative Chukotko-Kamchatkan Dictionary, Berlin/New Haven 2005

Friedrichs, Elisabeth, Die deutschsprachigen Schriftstellerinnen des 18. und 19. Jahrhunderts. Ein Lexikon, Stuttgart 1981

Il'ičev, V. D./Flint, V. E./Böhme, R. L. u. a. (Hg.), Handbuch der Vögel der Sowjetunion, Bd. 1: Erforschungsgeschichte. Gaviiformes. Podicipediformes. Procellariiformes, Lutherstadt Wittenberg 1985

Janhunen, Juha/Salminen, Tapani, UNESCO Red Book on Endangered Languages: Northeast Asia, URL: http://www.helsinki.fi/~tasalmin/nasia_report.html, zuletzt aufgerufen am 13.2.2013

Kondakov, S. N., Spisok russkich chudožnikov, t. II, St. Petersburg 1916

Lenz, Wilhelm, Deutschbaltisches biographisches Lexikon 1710-1960, Köln u. a. 1970

Maslova, Elena, A Grammar of Kolyma Yukaghir, Berlin/New York 2003

Mudrak, Oleg A., Ėtimologičeskij slovar' čukotsko-kamčatskich jazykov, Moskau 2000

Pawlowsky, J., Russisch-Deutsches Wörterbuch, 3., vollständig neu bearbeitete, berichtigte und vermehrte Auflage, Riga/Leipzig 1900

Schulz, Otto August (Hg.), Allgemeines Deutsches Bücher-Lexikon, oder Vollständiges alphabetisches Verzeichnis derjenigen Schriften, welche in Deutschland und in den angrenzenden, mit der deutschen Sprache und Literatur verwandten Ländern gedruckt worden sind. Erster Band, die von 1828 bis Ende 1834 erschienenen Schriften enthaltend. Erste Abtheilung A-L, Leipzig 1836

Vasmer, Max, Russisches Etymologisches Wörterbuch von Max Vasmer, Bd. 1: A-K, 3. unveränderte Aufl., Heidelberg 2012

Vol'cenburg, O. E./Gorina, T. N. (Hg.), Biobibliografičeskij slovar'. Chudožniki narodov SSSR XI-XX v., Bd. 2, St. Petersburg 2002

Forschungsliteratur

Adelung, Friedrich von, Catherinens der Grossen Verdienste um die Vergleichende Sprachenkunde. Nachdruck der Ausgabe von 1815 mit einer Einleitung und einem bio-bibliographischen Register von Harald Haarmann, Hamburg 1976

Alekseev, A. I., Učenyj čukča Nikolaj Daurkin, Magadan 1961

Angere, Johannes/Menges, Karl Heinrich, Eine Bibliographie der paläosibischen Sprachen, in: Ural-Altaische Jahrbücher 32, 1960, S. 133-135

Archaimbault, Sylvie, Peter Simon Pallas (1741-1811), Un Naturaliste Parmi les Mots, in: Histoire – Épistémologie – Langage, 32, 2010, H. 1, S. 69-92

Aus dem Leben des Hofrats Dr. med. Franz Christian Merck, Physikus in Alsfeld, und seines Sohnes Jacob Carl Christian Merck, Advokat und Sekretär zu Gießen, in: Mercksche Familienzeitschrift 16, 1939, S. 109-112

Aus dem Leben des Kriegsrats Joh. Heinrich Merck und seiner Kinder, in: Mercksche Familienzeitschrift 5, 1926, S. 9-35

Aus der Jugendzeit des Alsfelder Amtsphysikus Dr. Franz Christian Merck, in: Mercksche Familienzeitschrift 11, 1929, S. 39-41

Aus Merckschen Stammbüchern. II. Karl Heinrich Merck, Kaiserlich Russischer Hofrat, in: Mercksche Familienzeitschrift 12, 1931, S. 22-35

Averbeck, Hubertus, Von der Kaltwasserkur bis zur physikalischen Therapie, Bremen 2012

Balzer, Marjorie M., Flights of the Sacred. Symbolism and Theory in Siberian Shamanism, in: American Anthropologist 98, 1996, S. 305-318

Basilow, Wladimir N., Sibirische Schamanen. Auserwählte der Geister, Berlin 2004

Benedum, Jost, 375 Jahre Medizin in Gießen. Eine Bild- und Textdokumentation von 1607-1982. Mit Bildnissen und Würdigungen von Leben und Werk der ehemaligen Gießener Fachvertreter der Medizin, 2. Aufl., Gießen 1983

Berg, L. S., Otkrytie Kamčatki i ėkspedicii Beringa, Moskau/Leningrad 1946

Bogoras, W., The Chukchee. Reprint der Ausgabe 1904-1909, New York 1975

Bogoraz, Vladimir G., Materialy po izučeniju čukotskogo jazyka i fol'klera, sobrannye v Kolymskom okruge, St. Petersburg 1900

Ders., Material'naja kul'tura čukčej, pod redakciej I. S. Vdovina, Moskau 1991

Bouda, Karl, Die Verwandtschaftsverhältnisse der Tschuktschischen Sprachgruppe (Tschuktschisch, Korjakisch, Kamtschadalisch), in: Acta Salamaticensia 5, 1952, S. 69-78

Bronštejn, Ju./Šnakenburg, N., Zapiski doktora K. Merka – učastnika ėkspedicii Billingsa Saryčeva v 1785-1792 gg., in: Sovetskaja Arktika, 1941, Nr. 4, S. 76-88

Bucher, Gudrun, »Von Beschreibung der Sitten und Gebräuche der Völker«. Die Instruktionen Gerhard Friedrich Müllers und ihre Bedeutung für die Geschichte der Ethnologie und der Geschichtswissenschaft, Stuttgart 2002

Dies., Die kulturelle Herkunft der ethnographischen Objekte. Das tungusische Schamanengewand, in: Hauser-Schäublin, Brigitta/Krüger, Gundolf (Hg.), Sibirien und Russisch-Amerika: Kultur und Kunst des 18. Jahrhunderts. Die Sammlung von Asch – Göttingen, München u. a. 2007, S. 150-165

Černenko, M. B., Putešestvija po Čukotskoj zemle i plavanie na Alasku kazač'ego sotnika Ivana Kobeleva v 1779 i 1789-1791 gg., in: Letopis' Severa, 1957, Nr. 2, S. 121-140

Dahlmann, Dittmar, Sibirien vom 16. Jahrhundert bis zur Gegenwart, Paderborn 2009

Ders., Sibirien: Der Prozess der Eroberung des Subkontinents und die russische Zivilisierungsmission im 17. und 18. Jahrhundert, in: Barth, Boris/Osterhammel, Jürgen (Hg.), Zivilisierungsmissionen. Imperiale Weltverbesserung seit dem 18. Jahrhundert, Konstanz 2005, S. 55-71

Ders. (Hg.), Einleitung, in: Johann Georg Gmelin, Expedition ins unbekannte Sibirien, Sigmaringen 1999, S. 7-84

Dekker, René W. R. J., Type specimens of birds in the National Museum of Natural History, Leiden. Part Two, Passerines: Eurylaimidae – Eopsaltriidae (Peters's sequence), Leiden 2003

Ders./Quaisser, C., Type specimens of birds in the National Museum of Natural History, Leiden, Part Three, Passerines: Pachycephalidae – Corvidae (Peters's sequence), Leiden 2006

Diehl, Wilhelm, Eine Silhouette Friedrich Christian Laukhards aus dessen »Eulerkapperzeit«, in: Hessische Chronik 5, 1916, S. 21-23

Ders., Silhouetten aus einem Gießener Stammbuch, in: Hessische Chronik 4, 1915, S. 129-132

Doerfer, Gerhard/Knüppel, Michael (Hg.), Lamutische Märchen und Erzählungen. Teil I: Kategorisierte Märchen und Erzählungen. Nach dem Tod des Verfassers herausgegeben, eingeleitet und kommentiert, Wiesbaden 2011

Doerfer, Gerhard, Lautgesetz und Zufall. Betrachtungen zum Omnicomparatismus, Innsbruck 1973

Donnert, Erich, Die Billings-Saryčev-Expedition in den Nordostpazifik 1785-1793 und der Naturforscher Carl Heinrich Merck, in: ders. (Hg.), Europa in der Frühen Neuzeit. Festschrift für Günter Mühlpfordt,

Bd. 6, Mittel-, Nord- und Osteuropa, Köln/Weimar/Wien 2002, S. 1023-1036

Ders., Russlands Ausgreifen nach Amerika. Ein Beitrag zur eurasisch-amerikanischen Entdeckungsgeschichte im 18. und beginnenden 19. Jahrhundert, Frankfurt a. M. 2009

Dotter, Karl, Studierende aus Alsfeld vor 1700, Darmstadt 1909

Drei Dokumente zum Tode der Dichterin Johanna Maria Elisabeth Merck, geb. Neubauer, in: Mercksche Familienzeitschrift 9, 1923, S. 109-115

Dreyer, Hans, Ein Stammbuch aus der Werther-Zeit, in: Das Antiquariat 8, 1952, S. 129f.

Ebner, Fritz, Johann Heinrich Merck (1741-1791). Ein Leben für Freiheit und Toleranz, Darmstadt 1991

Ėdel'man, Džoj I., Burušaskij jazyk, in: Volodin, Aleksandr Pavlovič, Jazyki mira: Paleoaziatskie jazyki, Moskau 1997, S. 204-220

Eine Alsfelder Dichterin des vorigen Jahrhunderts, in: Mercksche Familienzeitschrift 6, 1918, S. 91-93

Eliade, Mircea, Schamanismus und archaische Ekstasetechnik, Frankfurt a. M. 1994

Enke, Ulrike (Hg.), Die Medizinische Fakultät der Universität Gießen: Institutionen, Akteure und Ereignisse von der Gründung 1607 bis ins 20. Jahrhundert, Wiesbaden 2007

Federhofer, Marie-Theres, »Moi simple amateur«: Johann Heinrich Merck und der wissenschaftliche Dilettantismus im 18. Jahrhundert, Hannover 2001

Dies. (Hg.), Chamisso und die Wale mit dem lateinischen Originaltext der Walschrift Chamissos und dessen Übersetzung, Anmerkungen und weiteren Materialien, Norderstedt 2012

Flaherty, Gloria, Shamanism and the Eighteenth Century, Princeton 1992

Forsyth, James, A History of the Peoples of Siberia. Russia's North Asian Colony 1581-1990, Cambridge 1994

Fortescue, Michael, Language Relations across Bering Strait. Reappraising the archeological and linguistic evidence, London 1998

Fritzsche, Robert Arnold, Aus alten Gießener Stammbüchern, in: Ludoviciana, 1917, S. 5-9

Gascoigne, John, Joseph Banks and the English Enlightenment. Useful Knowledge and Polite Culture, Cambridge 1994

Georg, Stefan/Volodin, Alexander P., Die itelmenische Sprache. Grammatik und Texte, Wiesbaden 1999

Gernet, Katharina, Evenen – Jäger, Rentierhirten, Fischer. Zur Geschichte eines nordostsibirischen Volkes im russischen Zarenreich, Stuttgart 2007

Dies., Zur Vielfalt der Ethnonyme der Evenen, in: Donnert, Erich (Hg.), Europa in der Frühen Neuzeit. Festschrift für Günter Mühlpfordt, Bd. 7, Köln/Weimar/Wien 2008, S. 819-826

Gnüg, Hiltrud/Möhrmann, Renate (Hg.), Frauen. Literatur. Geschichte. Schreibende Frauen vom Mittelalter bis zur Gegenwart, 2. Aufl., Stuttgart 1999

Goedeke, Karl, Grundriß zur Geschichte der Deutschen Dichtung. Aus den Quellen, Vierter Band, Erste Abteilung, Unveränderter Neudruck, Berlin 1955

Gogol', N. V., Polnoe sobranie sočinenij, Bd. 14, Moskau/Leningrad 1952

Greiling, Werner (Hg.), Andreas Georg Friedrich von Rebmann, Briefe über Jena, Jena 1984

Gross, Heinrich, Deutschlands Dichterinnen und Schriftstellerinnen. Eine Literaturhistorische Skizze, Zweite Ausgabe, Wien 1882

Haarmann, Harald, Das Wörterbuchprojekt Katharinas der Großen: Ein Paradebeispiel aufklärerischer Kulturpolitik in Rußland, in: European Journal for Semiotic Studies 11, 1999, S. 207-258

Ders., Die Rolle der Sprache in der Kulturpolitik Russlands zur Zeit Katharinas der Großen, in: Meier, Jörg/Ziegler, Arne (Hg.), Deutsche Sprache in Europa. Geschichte und Gegenwart, Wien 2001, S. 443-455

Ders., Nation und Sprache in Rußland, in: Gardt, Andreas (Hg.), Nation und Sprache. Die Diskussion ihres Verhältnisses in Geschichte und Gegenwart, Berlin/New York 2000, S. 747-824

Hammerstein, Notker, Aufklärung und Universitäten in Hessen, in: Bernd Heidenreich (Hg.), Aufklärung in Hessen. Facetten ihrer Geschichte, Wiesbaden 1999, S. 27-34

Heklau, Heike, Wilhelm Gottlieb Tilesius (1769-1857), ein Thüringer Naturforscher, in: Haussknechtia 12, 2012, S. 59-69

Hintzsche, Wieland/Nickol, Thomas (Hg.), Die Große Nordische Expedition, Georg Wilhelm Steller (1709-1746). Ein Lutheraner erforscht Sibirien und Alaska, Halle 1999

Hoppál, Mihály, Schamanen und Schamanismus, Augsburg 1994

Ders., Shamanism in Eurasia, 2 Bde., Göttingen 1984

Jacobi, Arnold, Der Forschungsreisende Carl Heinrich Merck und sein Tagebuch, in: Mercksche Familienzeitschrift 15, 1937, S. 46-51

Jakobson, Roman/Hüttl-Worth, Gerta/Beebe, John Fred, Paleosiberian peoples and languages. A bibliographical guide, New Haven 1957

Jassoy, August, Ferdinand Richters, in: 46. Bericht der Senckenbergischen Naturforschenden Gesellschaft, 27. Juni 1916, Frankfurt a.M. 1916, S. 168-175

Jochelson, Waldemar, History, Ethnology and Anthropology of the Aleut, Washington, D. C. 1933. Nachdruck Oosterhout 1966 und 1968

Joost, Wolfgang, Über einige im Naturkundemuseum Leipzig vorhandene Vögel, die Carl Heinrich Merck (1761-1799) als Teilnehmer der Expedition von Joseph Billings (1758 oder 1761-1806) auf Kamtschatka sammelte, in: Veröffentlichungen Naturkundemuseum Leipzig 22, 2003, S. 60-65

Karl Heinrich Merck, Kais. Russischer Hofrat und seine Nachkommen, in: Mercksche Familienzeitschrift 7, 1931, S. 14-21

Kämpfe, Hans-Rainer/Volodin, Alexander P., Abriß der tschuktschischen Grammatik auf der Basis der Schriftsprache, Wiesbaden 1995

Keipert, Helmut, Die Pallas-Redaktion der Petersburger Vocabularia comparativa und ihre Bedeutung für die Entwicklung der slavischen Sprachwissenschaft, in: Historische Linguistica 40, H. 1/2, 2013, S. 121-149

Klippel, Diethelm, Johann August Schlettwein and the economic faculty at the University of Gießen, in: History of political thought 15, 1994, S. 203-227

Knüppel, Michael, Buchbesprechung, in: Orientalistische Literaturzeitung 107, 2012, 2, S. 132-138

Ders., [Besprechung von] Irina A. Nikolaeva, A Historical Dictionary of Yukaghir, Berlin/New York 2006, in: Orientalistische Literaturzeitung 105, 4-5, 2010, S. 624-629

Ders., Jakutisches in C. H. Mercks »Sibirisch-amerikanischem Tagebuch« (1788/91), in: Turcica 43, 2011, S. 541-552

Ders., Noch einmal zum historischen Wörterbuch des Jukagirischen, in: Rocznik Orientalisticzny LXVI, 2, 2013, S. 109-116

Ders., Wer war Julius von Stubendorff?, in: Central Asiatic Journal 2012, z. Zt. im Druck

Krauss, Michael E., Alaska Native Languages. Past, Present and Future, Fairbanks 1995

Ders., Eskimo-Aleut, in: Thomas A. Sebeok (Hg.), Native Languages of the Americas, Bd. 1, New York/London, S. 175-281

Kublik, Steffen, Justus Christian Loder (1753-1832). Vom ambitionierten Hochschullehrer zum Leibarzt des Zaren, in: Fleck, Christian u. a. (Hg.), Wegbereiter der modernen Medizin. Jenaer Mediziner aus drei Jahrhunderten – Von Loder und Hufeland zu Rössle und Brednow, Jena 2004, S. 49-71

Lauch, Annelies, Wissenschaft und kulturelle Beziehungen in der russischen Aufklärung. Zum Wirken H. L. Ch. Bacmeisters, Berlin 1969

Laukhard, Magister Friedrich Christian, Der Mosellaner- oder Amicisten-Orden nach seiner Entstehung, inneren Verfassung und Verbreitung auf den deutschen Universitäten dargestellt und zur Zurechtweisung der Schrift: Graf Guido von Taufkirchen, wie auch zur Belehrung über das akademische Ordenswesen für Universitätsobrigkeiten und Studierende, Halle 1799

Ders., Eulerkappers Leben und Leiden. Eine tragischkomische Geschichte, Gießen 1804

Ders., Sein Leben und seine Schicksale von ihm selbst beschrieben, hg. von Heinrich Schnabel, München 1912

Liapunova, R. G., Essays on the ethnography of the Aleuts. At the End of the 18th and the First Half of the 19th Century, Fairbanks 1996

Linnhoff, Ursula, »Zur Freiheit, oh, zur einzig wahren –«. Schreibende Frauen kämpfen um ihre Rechte, Köln 1979

Ljapunova, R. G., Aleuty. Očerki ėtničeskoj istorii, Leningrad 1987

Matissof, James A, On Megalocomparison, in: Language 66, 1990, 1, S. 106-120

Merck, Peter, Eine »deutsche Sappho« aus Alsfeld. Zum 230. Geburtstag der Dichterin Johanna Merck, in: Gießener Anzeiger Februar 1967, Nr. 8, Sonderausgabe Heimat im Bild

Ders., Die Dichterin Johanna Merck, geb. Neubauer, in: Mercksche Familienzeitschrift 23, 1968, S. 228-237

Merkel, Kerstin/Wunder, Heide (Hg.), Deutsche Frauen der Frühen Neuzeit. Dichterinnen, Malerinnen, Mäzeninnen, Darmstadt 2000

Mertens, Robert, Eduard Rüppell. Leben und Werk eines Forschungsreisenden, Frankfurt a.M. 1949

Meyer, Michael, Wirbeltierpräparate aus den zoologischen Sammlungen von Peter Simon Pallas (1741-1811) im Naturkundemuseum Leipzig, in: Veröffentlichungen Naturkundemuseum Leipzig 22, 2003, S. 46-59

Mlíkovský, J./Loskot, V. M., Neotypification of *Larus cachinnans* Pallas, 1811 (Aves: Laridae), in: Zootaxa 3637 (4), 2013, S. 478-483

Moning, Silke Cecilie, Die studentischen Stammbücher des 18. Jahrhunderts, in: Aus mageren und aus ertragreichen Jahren, Gießen 2007, S. 120-144

Nikolaeva, Irina A., A Historical Dictionary of Yukaghir, Berlin/New York 2006

Okladnikov, Aleksej Pavlovič/Gurvič, Il'ja Samojlovič, Drevnie poselenija v del'te r. Indigirki, in: Kratkie soobščenija 27, 1957, S. 42-51

Ordubadi, Diana, »Brennendes Eis, jeden Traum verscheuchende Stürme und merkwürdige Fremde«. Carl Heinrich Merck und sein Beitrag zur Erforschung des russischen Nordens, in: Duchhardt, Heinz (Hg.), Russland, der Ferne Osten und die »Deutschen«, Göttingen 2009, S. 79-96

Otčet Imperatorskoj publičnoj biblioteki za 1887 g., St. Petersburg 1890

Paepke, Hans-Joachim, Eine alte Fischhaut erzählt, in: Damaschun, Ferdinand/Hackethal, Sabine/Landsberg, Hannelore/Leinfelder, Reinhold (Hg.), Art – Ordnung – Klasse. 200 Jahre Museum für Naturkunde, Berlin 2010, S. 98-99

Pinnow, Heinz-Jürgen, Die Na-Dene-Sprachen im Lichte der Greenberg-Klassifikation, 2. Aufl., Westerland/Sylt 2006

Pietzsch, Friedrich August, Unklarheiten in der Studentengeschichte (Ordensverbindungen), in: Einst und Jetzt 14, 1969, S. 62-70.

Pivovar, Helena, Carl Heinrich Mercks Forschungsarbeiten auf den Halbinseln Kamčatka und Čukotka während der Billings-Saryčev-Expedition 1785-1795, in: Kasten, Erich (Hg.), Reisen an den Rand des Russischen Reiches: Die wissenschaftliche Erschließung der nordpazifischen Küstengebiete im 18. und 19. Jahrhundert, Fürstenberg/Havel 2013, S. 77-90

Praetorius, Otfried/Knöpp, Friedrich, Die Matrikel der Universität Gießen, Neustadt an der Aisch 1957

Press, Volker, Die Hessische Gelehrte Gesellschaft. Das Gießener Akademieprojekt im 18. Jahrhundert, in: ders./Peter Moraw (Hg.), Academia Gissensis, S. 313-359

Raßmann, Friedrich, Literarisches Handwörterbuch der verstorbenen deutschen Dichter und zur schönen Literatur gehörenden Schriftsteller in acht Zeitabschnitten, von 1137 bis 1824, Leipzig 1826

Rédei, Károly, Zu den uralisch-jukagirischen Sprachkontakten, in: Finnisch-ugrische Forschungen 55, S. 1-58

Rösch, Siegfried, Die Professorengalerie der Gießener Universität. Ikonographische und genealogische Betrachtungen, in: Festschrift zur 350-Jahrfeier der Ludwig-Universität – Justus Liebig-Hochschule 1607-1957, Gießen 1957, S. 433-442

Šapalov, A. V., Tabak v Zapadnoj Sibiri v XVII-XVIII vv., in: Čuždoe – čužoe – naše. Nabljudenija k probleme vzaimodejstvija kultur, Novosibirsk 2000, S. 107-121

Schiefner, Franz Anton, Beiträge zur Kenntnis der jukagirischen Sprache, in: Bulletin de l'Académie Impériale des Sciences 3, 16, 1871, S. 373-399

Schiller, Friedrich von, Sämtliche Werke, Bd. 1, Stuttgart/Thübingen 1812

Schilling, Ruth/Sabine Schlegelmilch/Susan Spittler, Stadtarzt oder Arzt in der Stadt? Drei Ärzte der Frühen Neuzeit und ihr Verständnis des städtischen Amtes, in: Medizinhistorisches Journal 46, 2011, S. 99-133

Schilling, Ruth, Stadt und Arzt im 18. Jahrhundert. Johann Friedrich Glaser, Stadtphysicus in Suhl, in: Würzburger medizinhistorische Mitteilungen 30, 2011, S. 310-332

Schwinges, Rainer Christoph, Immatrikulationsfrequenz und Einzugs-

bereich der Universität Gießen 1650-1800. Zur Grundlegung einer Sozialgeschichte Gießener Studenten, Marburg 1982, S. 247-295
Schübler, Walter, Johann Heinrich Merck 1741-1791. Biographie, Weimar 2001
Schüling, Hermann, Dissertationen und Habilitationsschriften der Universität Gießen im 18. Jahrhundert, Gießen 1976
Širina, Danara A., Peterburgskaja Akademija Nauk i Severo-Vostok 1725-1917, Novosibirsk 1994
Steinke, Hubert/Stuber, Martin, Haller und die Gelehrtenrepublik, in: ders./Boschung, Urs/Proß, Wolfgang (Hg.), Albrecht von Haller: Leben – Werk – Epoche, Göttingen 2008, S. 381-414
Stolberg, Eva-Maria, Sibirien: Russlands »Wilder Osten«. Mythos und soziale Realität im 19. und 20. Jahrhundert, Stuttgart 2009
Stresemann, Erwin, Dr. C. H. Mercks ornithologische Aufzeichnungen während der Billingsschen Expedition von Ochotsk nach Alaska (1787-1791), in: Zoologische Jahrbücher, Abt. für Systematik, Ökologie und Geographie der Tiere 78, 1948, H. 1, S. 97-132
Strieder, Friedrich Wilhelm, Grundlage zu einer Hessischen Gelehrten- und Schriftsteller-Geschichte. Seit der Reformation bis auf gegenwärtige Zeiten, Bd. 8, Cassel 1781
Ders., Grundlage zu einer Hessischen Gelehrten- und Schriftsteller-Geschichte. Seit der Reformation bis auf gegenwärtige Zeiten, Bd. 9, Cassel 1794
Swadesh, Morris, Linguistic Relations across Bering Strait, in: American Anthropologist LXIV, 1964, S. 1262-1291
Tebben, Karin (Hg.), Beruf: Schriftstellerin. Schreibende Frauen im 18. und 19. Jahrhundert, Göttingen 1998
Trunz, Erich (Hg.), Goethes Werke. Hamburger Ausgabe in 14 Bänden, Bd. 10, Achtzehntes Buch, Hamburg 1948
Viellard, Stéphane, Catherine II: De la Langue aux Langues, in: Histoire Épistémologie Langage 32, 2010, H. 1, S. 31-46
Volodin, Aleksandr Pavlovič, Itel'menskij jazyk, Leningrad 1976
Walsdorf, Ariane, Sprachkritik als Aufklärung. Die Deutsche Gesellschaft in Göttingen im 18. Jahrhundert, Göttingen 2005
Wannhoff, Ullrich, Beobachten – sammeln – konservieren: Ornithologische Aufzeichnungen zur Billings-Expedition in den Tagebüchern von Carl Heinrich Merck (1761-1799) sowie der Verbleib ausgewählter Vogelbälge, in: Philippia 15, 2011, 1, S. 65-80
Weber, Hans, 500 Jahre Sippengeschichte Dambmann – Dampmann – Dantmann 1463-1970, Darmstadt 1972
Wendland, Folkwart, Peter Simon Pallas (1741-1811). Materialien einer Biographie, 2 Bde., Berlin/New York 1992

Werner, Heinrich, Die Jenissej-Sprachen des 18. Jahrhunderts, Wiesbaden 2005

Wynne, Michael J., An Early Collection of the Red Alga *Mikamiella ruprechtiana*. Made by Carl Heinrich Merck on the Billings Expedition to Alaska (1785-94), in: Arctic, Vol. 59, Nr. 4, S. 365-369

Zuev, Andrej S., Prisoedinenie Čukotki k Rossii (vtoraja polovina XVII-XVIII vek), Novosibirsk 2009

Bildnachweis

Abb. 1, S. 10	Johann Caspar Lavater, Physiognomische Fragmente, zur Beförderung der Menschenkenntniß und Menschenliebe, Bd. 4, Leipzig und Winterthur 1778, S. 379. Nach dem Exemplar im Besitz des Fimenarchivs Merck, Darmstadt.
Abb. 2, S. 13	Carl Heinrich Merck, Dissertation über die Physiologie und Anatomie der Milz, 1784, Exemplar der Staats- und Universitätsbibliothek Göttingen.
Abb. 3, S. 24	Naučnoe nasledie P.S. Pallasa. Pis'ma. 1768-1771 gg., sostavitel' V.I. Osipov, St. Petersburg 1993, S. 2.
Abb. 4, S. 31	A.I. Alekseev, Gavriil Andreevič Saryčev, Moskau 1966, unpag.
Abb. 5, S. 48; Abb. 6, S. 108	Firmenarchiv Merck, Darmstadt.
Abb. 7, S. 117; Abb. 8, S. 124f.; Abb. 9, S. 151; Abb. 14, S. 214f.; Abb. 15, S. 216f.; Abb. 16, S. 218f.; Abb. 18, S. 221; Abb. 19, S. 222f.	Handschriftenabteilung der Russischen Nationalbibliothek in St. Petersburg, Nemeck. F. IV, Nr. 173.
Abb. 10, S. 210; Abb. 11, S. 211	Martin-Luther-Universität Halle-Wittenberg, Institut für Biologie, Institutsbereich Geobotanik und Botanischer Garten.
Abb. 12, S. 212; Abb. 13, S. 213	Foto: H.J. Götz, Museum für Naturkunde Berlin.
Abb. 17, S. 220; Abb. 20-21, S. 224	Ethnologisches Museum der Georg-August-Universität Göttingen, Sammlung Baron Thomas Georg von Asch.
Abb. 22, S. 224	V.D. Il'ičev / V.E. Flint / R.L. Böhme u.a. (Hg.), Handbuch der Vögel der Sowjetunion, Bd. 1: Erforschungsgeschichte. Gaviiformes. Podicipediformes. Procellariiformes, Wittenberg Lutherstadt 1985, unpag.
Abb. 23, S. 338f.	Gawrila Sarytschew‘s Russisch-Kaiserlichen Generalmajors von der Flotte achtjährige Reise im nordöst-

	lichen Sibirien, auf dem Eismeere und dem nördlichen Ozean, übersetzt von Johann Heinrich Busse, Band Tafeln, Leipzig 1806, unpag.
Abb. 24, S. 375; Abb. 25, S. 381; Abb. 26, S. 391	Universitätsbibliothek Johann Christian Senckenberg Frankfurt am Main. Abb. 25 außerdem abgedruckt bei F. Richters, Über einige im Besitz der Senckenbergischen naturforschenden Gesellschaft befindliche ältere Handschriften und Fisch-Abbildungen, in: Bericht über die Senckenbergische naturforschende Gesellschaft in Frankfurt am Main, mit neun Tafeln, Frankfurt a. M. 1890, Tafel III.
Karte	Originalkarte aus der Billings-Saryčev-Expedition mit der Bestimmung der Fahrt der Schiffe, entworfen von Gavriil Saryčev, ins Deutsche 1806 übertragen. Gawrila Sarytschew's Russisch-Kaiserlichen Generalmajors von der Flotte achtjährige Reise im nordöstlichen Sibirien, auf dem Eismeere und dem nördlichen Ozean, übersetzt von Johann Heinrich Busse, Band Tafeln, Leipzig 1806, unpag.

Geographisches Register

Personenregister

Bolscheretsk.	Zwischen Kyktschik u Belogolova
Koschch. – – – –	Koscha.
käscha. – – – –	Käsch.
hottaï. – – – –	chaiganatsch.
schassiai. – – –	Tzalaï.
Müstsch. – – –	Miltsch.
Naustschitsch. – –	Laahkotsch
Ksoaiss – – –	Ksaasch.
tschumktschitsch –	Säitsch.
ratsch. – – – –	Slatsch
äkch. – – –	chajachl
aulgok. – – –	Kutchatscha.
in fut. – – –	– – – –
– – – – – –	– – – –
chainktschitsch	chainkatsch.
chichtschuch. –	Tylltlytscha
yygachtsch – –	Lyyglych
ütsch. – – –	Jütsch.

	Rennthier fahrende Tschuktschi.	[illegible] Sirenski.	Unalaschka	Adrea[…] Ins[…]
Hirte	Indshie.	—	—	—
Hütte	Eranga.	Ennik.	Ùlak.	Ulla[…]
Haut	—	—	—	—
Thür	Tittēl.	Amik.	Setmalik.	Kam[…]
Heerd	—	—	—	—
Boden	—	—	—	—
Dorf	—	—	Tannadhuſhik.	—
Axt	Algatta.	Kalchapak.	Annighſh.	Ann[…]
Maal	—	—	—	—
Messer	Walia.	Schebijja	Umhaſchiſhek.	Uk[…]
Beutel	Kukenga.	Kulümtſcha	Aſſuk.	Aſſ[…]
Tisch	—	—	Kàluk.	—
Bank	—	—	—	—
Faß	—	—	—	—
groß lederne Kahn [?]	Hättout.	Hangjak	Nig.	Jek.
klein dito.	Endahättout.	Chajak.	Ikjak	Jekja[…]
Fuchs [?]	Ngul.	—	—	—
Füchsinn [?]	—	—	—	—